国家社科基金
后期资助项目
GUOJIA SHEKE JIJIN HOUQI ZIZHU XIANGMU

宋代《周礼》学史

Studying History of *The Rites of Zhou* in
Song Dynasty

夏微　著

中国人民大学出版社
·北京·

国家社科基金后期资助项目
出版说明

后期资助项目是国家社科基金项目主要类别之一，旨在鼓励广大人文社会科学工作者潜心治学，扎实研究，多出优秀成果，进一步发挥国家社科基金在繁荣发展哲学社会科学中的示范引导作用。后期资助项目主要资助已基本完成且尚未出版的人文社会科学基础研究的优秀学术成果，以资助学术专著为主，也资助少量学术价值较高的资料汇编和学术含量较高的工具书。为扩大后期资助项目的学术影响，促进成果转化，全国哲学社会科学规划办公室按照"统一设计、统一标识、统一版式、形成系列"的总体要求，组织出版国家社科基金后期资助项目成果。

全国哲学社会科学规划办公室

2014 年 7 月

序

　　"十三经"是中国传统文化最珍贵之文化遗产，阮元《十三经注疏》集"十三经"整理之大成。由"五经"、"七经"、"九经"到"十三经"，不断积累发展了儒家文化遗产，其中最能体现儒家对古代制度文化遗产整理者莫过于礼与乐。《乐经》早已亡佚，或谓乐师乐谱，供演奏用，本就无《乐经》之书。礼呢？有《仪礼》《礼记》《周礼》。《仪礼》是古代礼制条文；《礼记》是解释古代制礼之精义，偏向社会学、宗教学与哲学的诠释；《周礼》相传是周公致平天下的书，就书的内容性质言，它包括政治史、思想史、经学史、学术史、科技史、经济史、宗教史等，可以说是研究早期儒家外王之学很重要的一部著作。它将政府体制分为天官、地官、春官、夏官、秋官、冬官，是隋唐以后六部（吏、户、礼、兵、刑、工）的由来。对于如此一部有影响的书，它的来源、时代与传授发展及政争的纷扰，使得它长期以来处于烟雾缭绕的氛围中，研究著述相较其他经书而言较少，且未得到应有的重视，这是十分可惜的事。

　　从《周礼》的作者与书籍产生的过程而言，它既不是周公个人著述，也非刘歆伪造。在西汉初年，河间献王献书前未见此书，河间献王也没有提到此书的作者与传承，只说是"与《尚书》、《礼》（即《仪礼》）、《礼记》、《孟子》、《老子》之属，皆经传说记，七十子之徒所论"①，并说此书名为《周官》（后人或称《周典》《六典》）。到了贾公彦《序周礼废兴》引马融《周官传》说："秦自孝公已下用商君之法，其政酷烈，与《周官》相反，故始皇禁挟书，特疾恶，欲绝灭之……至……歆校理秘书，始得列序……时众儒并出共排，以为非是。唯歆……务在广览博观，又多锐精于《春秋》，末年乃知其周公致太平之迹……弟子杜子春……能

---

① （汉）班固：《汉书》卷五三，北京，中华书局，1962。

通其读，颇识其说。郑众、贾逵往受业焉。"① 是知，《周官》经刘歆提倡，王莽使用作为施政，弟子杜子春传郑众、贾逵，一时大显。此句更值得注意者是刘歆通《春秋》，故读《周官》认定为"周公致太平之道"，且《周官》所载政治实行之道与秦政之道不同，此点已指出《周官》通经致用之价值，已不输给《春秋》之依经治狱。其立国政规模之宏大，有值深思者。

"周礼"原为广义的制度，并非专指书名，如《左传》韩宣子所说"周礼尽在鲁"。陆德明说："王莽时，刘歆为国师，建立《周官经》，以为《周礼》。"则《周礼》之名，有可能是刘歆为抬高《周官》地位而改名。其后郑玄作《周礼注》，《周礼》之名遂正式取代《周官》。

由于《周礼》与政治上"通经致用"密切相关，而历史上实施《周礼》之朝代，如新朝的王莽，北宋的王安石，近代的洪秀全，或非正统，或党争意气，遂使《周礼》始终处在作者、时代、真伪之讨论中，无法深入《周礼》一书之价值，这也就是《周礼》的兴盛、衰亡、隐晦与研究不足的原因。

虽然如此，《周礼》学史，还是有一较明显的发展之迹，即汉唐、宋元明清及近代。而在这三个阶段中，汉唐是以文献注疏整理为主，成果较著者为郑玄《周礼注》和贾公彦《周礼疏》。基本上尊重经典文本，并且采用"疏不破注"的原则。到了宋代，由于政局需要，宋人经学大多以疑经、改经为主，发挥"六经注我"之精神，进行了很大的变革。而宋人对《周礼》的注疏，既前承汉唐，也提出许多疑义，开发了不少可供思考之新园地，其后元明清之《周礼》学基本上都受到宋代《周礼》学的影响，因此宋代《周礼》学实具有承先启后的重大意义。到了近代，由于已非帝制，政治归政治，学术归学术，加上西学东渐，治学视野更加开阔。出土文献的不断出现与社会史、政治史的全面比较研究的进行，使得深入研究《周礼》本身之价值也成为重写古代史的一项迫切议题。然知今不知古谓之陆沉，欲使《周礼》研究深化并展现新貌，怎可斩断学术与文化的脉络？但迄今为止，不仅未见一部《周礼》学通史，也未见一部《周礼》学断代史（勉强可见的，有丁进《周礼考论》、彭林《〈周礼〉主题思想与成书年代研究》及杨宽、杨向奎、沈文倬、钱玄等时贤有关古代史之著作），

---

① （汉）郑玄注，（唐）贾公彦疏：《周礼注疏》卷首，见（清）阮元校刻《十三经注疏》，北京，中华书局，1980。

目　录

第一章 宋代《周礼》学的研究基础

《周礼》初名《周官》①，又名《周官经》②，是"十三经"中唯一一部详言班朝治军、设官分职的制度之书。洪业先生曾评价此书："影响于后世之政治制度殊大，如由北周迄于清末之吏户礼兵刑工六部即隐师《周礼》之意者也。"是书文繁事富，体大思精，举凡政法文教、礼乐兵刑、征赋度支、城乡建置、天文历法、宫室车服、农商医卜、工艺制作几乎无所不包，是研究我国古代政治史、官制史、思想史、社会生活史的重要典籍。

因为《周礼》对我国古代政治制度影响深远，在经学、史学研究方面又有着非常重要的价值，故自西汉末以来，历代研究论著层出不穷，援引《周礼》议政者更是不胜枚举。宋代是《周礼》研究较为繁荣的历史时期，也是《周礼》研究范式从考证之学向论辩之学转变的重要阶段。宋代《周礼》学不仅深深影响了元、明、清初的《周礼》学，对清代乾嘉以后的《周礼》研究也大有启示，因此宋代的《周礼》学史值得我们研究。

第一节 宋代以前的《周礼》学文献与《周礼》研究

为了更加准确地认识宋代《周礼》学及其在《周礼》学史上的地位，我们首先回顾一下宋代以前的《周礼》研究。

---

① 《周官》之名始见于《史记·封禅书》，《汉书·礼乐志》《汉书·王莽传上》《汉书·郊祀志》中俱载是名。杨天宇先生在《关于〈周礼〉的书名、发现及其在汉代的流传》（杨天宇：《经学探研录》，153～168 页，上海，上海古籍出版社，2004）一文中指出："《周官》之改名为《周礼》，当在王莽居摄之后、居摄三年之前（公元 6—8 年）。"

② 见《汉书·艺文志》。

一、两汉《周礼》学文献与《周礼》研究

两汉是《周礼》一书被发现，首次被奉为经典，进而获得发展的重要时期。

(一) 两汉《周礼》学文献

朱彝尊《经义考》著录的汉代《周礼》学文献有 10 种，如：杜子春《周官注》、郑兴《周官解诂》、郑众《周官解诂》、贾逵《周官解故》、卫宏《周官解诂》、张衡《周官训诂》、马融《周官礼注》、郑玄《周官礼注》等。

王锷先生《三礼研究论著提要》在此基础上增补了 6 种，分别是：班固《周礼班氏义》、胡广《周官解诂》、卢植《周官礼注》、临硕《周礼难》、郑玄《答临硕周礼难》和《周礼序》。

故现今可考知的汉代《周礼》学文献约有 16 种，今存 10 种，除郑玄《周礼注》外，皆为清人辑佚之作。如马国翰《玉函山房辑佚书》收录了杜子春《周礼杜氏注》2 卷、郑兴《周礼郑大夫解诂》1 卷、郑众《周礼郑司农解诂》6 卷、贾逵《周礼贾氏注》1 卷、马融《周官传》1 卷，王仁俊《十三经汉注》收录班固《周礼班氏义》1 卷，王谟《汉魏遗书钞》收录马融《周官传》1 卷。

(二) 两汉的《周礼》研究

西汉，河间献王开献书之路，得《周礼》于民间，《汉书·艺文志》所载《周官传》四篇很可能就是河间王国研治《周礼》者撰著的。[①] 然河间献王将《周礼》等古文经典奏献朝廷后，武帝指《周礼》为"末世渎乱不验之书"，藏于秘府，"五家之儒莫得见焉"。后刘向、刘歆父子校理秘书，《周礼》再次面世，然西汉今文经学家并出共排，以为非是，唯刘歆独识之，以为"周公致太平之迹，迹具在斯"[②]。西汉末年，王莽对《周礼》特加提倡，其居摄时，置《周礼》博士，《周礼》一跃成为"经"，备受瞩目，而《周礼》学在西汉末年有了相当规模的发展传播。

---

① 王葆玹先生在《今古文经学新论》（增订版，北京，中国社会科学出版社，1997）中主张："河间献王既重视《周官》，便极有可能组织编写《周官传》四篇，构成《周官》经传系统。"

② （汉）郑玄注，（唐）贾公彦疏：《周礼注疏》卷首《序周礼废兴》，北京，北京大学出版社，1999。

至东汉，刘歆弟子杜子春在民间传授《周礼》之学，郑众、贾逵皆出其门，而传注《周礼》之作渐多，目前尚可考知的就有杜子春《周官注》、郑兴《周礼解诂》、郑众《周礼解诂》、卫宏《周礼解诂》、贾逵《周礼解诂》、胡广《周礼解诂》、班固《周礼班氏义》、张衡《周官训诂》、马融《周官传》、卢植《周官礼注》、郑玄《周礼注》。因《周礼》多古字，所载名物制度亦纷繁复杂，故正字读、训名物和考制度成为东汉学者传注《周礼》的重中之重。值得一提的是，马融和郑玄推重《周礼》，不仅以《周礼》移释他经，更将其他经义纳入礼学的阐释系统①，东汉末年，《周礼》《仪礼》《礼记》并称"三礼"，而《周礼》居"三礼"之首，可见《周礼》已经发展成为东汉古文经学的一面旗帜。杨天宇先生曾评价曰："尽管终东汉一代《周礼》没有立博士，然实堪称东汉古文经学之'素王'。"②

二、魏晋南北朝《周礼》学文献与《周礼》研究

（一）魏晋南北朝《周礼》学文献

《经义考》著录魏晋南北朝时期的《周礼》学文献有 24 种，如：王肃《周官礼注》和《周礼音》、司马伷《周官宁朔新书》、傅玄《周官评论》、陈邵《周官礼异同评》、徐邈《周礼音》、李轨《周礼音》、虞喜《周官驳难》、干宝《周官礼注》、伊说《周官礼注》、宋氏《周官音义》、刘昌宗《周礼音》、孙略《周官礼驳难》、崔灵恩《集注周官礼》、沈重《周官礼义疏》、王晓《周礼音》、戚衮《周礼音》等。

王锷先生的《三礼研究论著提要》在此基础上新增 8 种，分别是：王朗《周官传》、干宝《周礼音》、袁准《周官传》、雷次宗《周礼注》、刘芳《周官音》和《周礼义证》、沈重《周礼音》、熊安生《周官义疏》。

我们在此基础上再补充 3 种，分别是：王晓《周官音训三郑异同辨》（见《通志·艺文略》）、陈邵《周礼详解》（见《江南通志》）、张冲《周官义证》（见《江南通志》）。

---

① 杨志刚先生在《中国礼学史发凡》（陈其泰、郭伟川、周少川编：《二十世纪中国礼学研究论集》，北京，学苑出版社，1998）中写道："从两汉之际始，学界渐以《三礼》尤其是《周礼》移释他经。及至马融、郑玄，更突出地将其他经义纳入礼学的阐释系统。"

② 杨天宇：《略述中国古代的〈周礼〉学》，见《经学探研录》，204 页，上海，上海古籍出版社，2004。

因此，现今可考知的魏晋南北朝时期的《周礼》学文献约有 35 种，今存 4 种，皆为清人辑佚之作。如马国翰《玉函山房辑佚书》收录干宝《周官礼干氏注》1 卷，王谟《汉魏遗书钞》收录干宝《周官礼注》1 卷，孙诒让《周礼三家佚注》收录干宝《周官礼注》。

（二）魏晋南北朝的《周礼》研究

曹魏正始年间（240—249），郑玄所注《周礼》增置为博士，《周礼》再次得到官方认可，跻身于经典行列。曹魏中后期，王肃所撰《周官礼注》亦被立于学官，由于"肃善贾、马之学，而不好郑氏"①，故经注处处与郑玄立异。西晋时，郑玄《周礼注》、王肃《周官礼注》皆置博士，但"晋初郊庙之礼，皆王肃说，不用郑义"②。永嘉之乱后，东晋元帝减省博士，置《周礼》博士一人，宗郑玄《周礼注》。南北朝分立时代，虽"南北所治，章句好尚，互有不同"，然《周礼》之学"则同遵郑氏"。由此奠定了郑玄《周礼注》官方学术的权威地位。

此时期，学者一方面沿袭汉代学风，采用"传""注"等体式诠释《周礼》，如王朗《周官传》、伊说《周官礼注》、干宝《周官礼注》、袁准《周官传》、雷次宗《周礼注》、崔灵恩《集注周官礼》；另一方面，引入新的训诂体式——"音义体"和"义疏体"诠释《周礼》，如王肃《周礼音》、干宝《周礼音》、徐邈《周礼音》、李轨《周礼音》、聂熊《聂氏周礼音》、宋氏《周官音义》、刘昌宗《周礼音》、戚衮《周礼音》、沈重《周礼音》、刘芳《周礼音》、熊安生《周官义疏》、沈重《周官礼义疏》。但无论是传注体，还是音义体或义疏体，他们诠释《周礼》的重点仍在于文字音韵、训诂名物和考论制度，这同汉代《周礼》学是一脉相承的。

三、隋唐《周礼》学文献与《周礼》研究

隋唐天下统一，南北经学亦归于一统，"三礼"皆立博士，皆宗郑玄《三礼注》，郑玄"三礼"之学益成独尊之势。

（一）隋唐时期的《周礼》学文献

《经义考》著录的隋唐时期的《周礼》学文献有 4 种，分别是：贾公彦《周礼疏》、陆德明《经典释文》中《周礼音义》、王玄度《周礼义决》、

---

① （清）皮锡瑞：《经学历史》，105～106 页，北京，中华书局，2004。
② 同上书，109 页。

杜牧《考工记注》。我们在此基础上补充 1 种：王度《周礼说》（见《箓竹堂书目》）。

因此，现今可考知的隋唐时期的《周礼》学文献约有 5 种，贾公彦《周礼疏》、陆德明《周礼音义》、杜牧《考工记注》流传至今。

（二）隋唐时期的《周礼》学

"三礼"之中，唐人最重《礼记》，《周礼》《仪礼》则研究较少，甚至"殆将废绝"。然官方颁布用以科考取士的标准读本——贾公彦《周礼疏》，以"注不驳经，疏不驳注"之体例，对精简的郑玄《周礼注》进行了详密的疏解，在很大程度上丰富和补充了郑《注》中的训诂和考证。宋代大儒朱熹评价此书曰："五经中，《周礼疏》最好。"① 清代的四库馆臣亦赞此书曰"亦极博核，足以发挥郑学"②。此外，陆德明《经典释文》中的《周礼音义》采用"音义体"诠释《周礼》，既以反切注音，又广集汉魏六朝的《周礼》注解和陆氏本人所作释义对《周礼》经注加以训释、校勘，亦有功于《周礼》学。

第二节 宋代《周礼》学文献概述

《周礼》是宋人议论最盛、研究最多的儒家经典之一。③ 富于变古创新精神的宋代学者大胆批评、驳斥以郑玄《周礼注》、贾公彦《周礼疏》为代表的汉唐《周礼》学权威，在《周礼》本经解释方法上开以义理解《周礼》、以议论解《周礼》之研究新途径，从而突破以训诂考证为中心的

---

① （宋）黎靖德：《朱子语类》卷八六，2206 页，北京，中华书局，1994。

② （清）永瑢：《四库全书总目》卷一九《周礼注疏》提要，149 页，北京，中华书局，1965。

③ 卢国龙在《宋儒微言》（北京，华夏出版社，2001）中说："儒学复兴表现为推阐《易》理，发挥《春秋》微言大义，研述《周礼》典章制度……在儒家经典中，《周易》讲变通，讲变通中的一以贯之之道，有助于从思想理论上解决体与用、师古与用今等问题，所以在北宋儒学复兴中，《周易》始终是一门显学……《春秋》是一部有关政治批评的经典，它在庆历学术初兴之时，能起到破沉滞的作用，而且《春秋》包含'尊王'之义，包含'攘夷'的引申义，对于政治上增强民族凝聚力、抵御北方异族侵扰，思想排斥释老，都具有现实意义，所以在庆历学术中很凸现。至于《周礼》，更是儒家推求政治制度的经典依据，所以庆历和熙宁的儒学复兴以及政治变革中，发挥了直接作用。"张国刚、乔治忠《中国学术史》（上海，东方出版中心，2006）中说："宋代学者治经开始集中在'三经'即《易》、《周礼》和《春秋》上，之所以独钟'三经'，在于《易》讲抽象的通理，宋代学者乐于借此发挥自己的哲学思想；《春秋》讲名分，《周礼》讲兴治太平的教训和策略，适合北宋巩固统一政权的需要。"

汉唐《周礼》学窠臼，变"考证之学"为"论辩之学"，卓然自成一派，与汉唐《周礼》学分庭抗礼。

　　宋代《周礼》学文献是我们研究宋代《周礼》学的基础，此部分我们将概述宋代《周礼》学文献的数量、存佚和分类。

一、宋代《周礼》学文献的数量及其存佚情况

　　与汉唐相较，宋代《周礼》学文献的数量有大幅度增加。如清人朱彝尊《经义考》著录的汉唐时期《周礼》学文献共有 38 种，而宋代《周礼》学文献有 97 种；王锷先生《三礼研究论著提要》著录的汉唐时期《周礼》学文献共有 52 种，而宋代《周礼》学文献有 106 种。

　　我们参考历代公藏目录、私藏目录、序跋目录、史志目录、省府地方志等文献，也对宋代《周礼》学文献的数量进行统计，认为目前尚可考见的宋代《周礼》学文献大致有 120 种，其中的 28 种流传至今。① 这 27 种流传至今的宋代《周礼》学文献包括 17 种专著和 10 种论解之作。本文界定的《周礼》学专著是指专门诠释《周礼》，或专门借《周礼》抒议的著作，或专一诠释《考工记》的著作，皆独立成书，并刊行于世；本文界定的论解《周礼》之作，是指宋人著述或文集中的一章或一部分专论《周礼》者，其内容或从整体上论解《周礼》一经，或论解《周礼》所载某一职官、某项制度，甚或某句经文，不独立成书，附于著述或文集传世。

　　宋代《周礼》学文献流传至今的 17 种专著分别是：李觏《周礼致太平论》10 卷、王安石《周官新义》②、黄裳《周礼义》2 卷、王昭禹《周礼详解》40 卷、胡铨《周礼解》6 卷、史浩《周礼讲义》③、黄度《周礼说》5 卷、俞庭椿《周礼复古编》1 卷、叶时《礼经会元》4 卷、夏惟宁《礼经会元节要》4 卷、易祓《周官总义》④、郑伯谦《太平经国之书》11 卷、朱申《周礼句解》12 卷、魏了翁《周礼折衷》4 卷、王与之《周礼订

---

　　① 宋人夏休《周礼井田谱》20 卷，《经义考》云"未见"，今北京大学图书馆藏有抄本《周礼井田谱》20 卷，作者不明，是否为夏氏之书有待考证。如北京大学图书馆所藏确为夏氏之书，则现存宋代《周礼》学文献为 28 种。

　　② 据王安石《周官新义序》云，此书共 23 卷，《郡斋读书志》《直斋书录解题》记载的王安石《周官新义》是 22 卷，清人辑佚的《周官新义》是 16 卷附《考工记解》2 卷，《考工记解》乃郑宗颜著。

　　③ 据《玉海》记载，此书原本 14 卷，今残存 8 卷。

　　④ 关于此书卷帙有两种记载：一是 30 卷，见于《郡斋读书志·附志》《玉海》；另一是 36 卷，见于《宋史》卷二〇二《艺文志一》。清人辑佚的《周官总义》是 30 卷。

义》81 卷、林希逸《鬳斋考工记解》2 卷、无名氏《周礼集说》①。这其中王安石《周官新义》、黄度《周礼说》、易祓《周官总义》本已佚亡，我们今天所见到的是清人的辑佚本。

宋代《周礼》学文献流传至今的 10 种论解之作分别是：刘敞《七经小传》卷中《周礼》、张载《经学理窟》中《周礼》、陈埴《木钟集》卷七《周礼》、《朱子语类》卷八六、《丽泽论说集录》卷四《门人集录周礼说》、叶适《习学记言》卷七、王应麟《困学纪闻》卷四《周礼》、黄震《黄氏日抄》卷三〇《读周礼》、《六经奥论》卷六《周礼经》、章如愚《群书考索》卷四《六经门·周礼类》。

除此之外，宋代还有关于《周礼》的序跋和论说《周礼》单篇文章 27 种，如胡宏《极论周礼》、范浚《读周礼》、林之奇《周礼讲义序》、陈傅良《进周礼说序》、楼钥《书周礼井田谱》、王焱《周礼论》、方大琮《周礼疑》、洪迈《周礼非周公书》、黄仲元《周礼》等。

二、宋代《周礼》学文献的分类

参照《中国丛书综录》的《周礼》学文献的分类方案，我们也将宋代《周礼》学文献分传说之属、分篇之属、专著之属、图之属四类进行介绍。

(一) 传说之属

传说之属《周礼》学文献，是指对《周礼》经文进行注疏、论说的文献。此类文献占据宋代《周礼》学文献总量的绝大部分，可以说是宋代《周礼》学文献的主流。根据诠释方式的差异，我们再将宋代"传说之属"《周礼》学文献分为五类进行介绍。

1. 依经诠义类

宋代依经诠义类《周礼》学文献，依旧保持着传统的传注形式，即随

---

① 元人陈友仁在《周礼集说序》中云："《周官》六典，周公经制之书也。画井田，立封建，大而军国调度、礼乐刑赏，微而服御饮食、医卜工艺，毫芥纤悉，靡不备载。六官之属，各从其长，其要则统于天官，大纲小目截然有纪，万世有国者之龟鉴也，周家太平气象不可复见。愚于此书窃有志焉，然而诸儒训释甲是乙非，无所折衷，学者病之，余友云山沈君则正谓余曰：'近得《集说》于雪，手泽尚新，编节条理与《东莱诗记》《东斋书传》相类，其博雅君子之为欤，名氏则未闻也。'……于是携其书以归，是岁留于山前表伯之西楣，就而笔之，训诂未详者，则益以贾氏、王氏之疏说；辨析未明者，则附以前辈诸老之议论。越明年，是书成，非特可以广其传，亦予之夙志也，姑叙梗概于卷末。"据此可知，南宋末年，无名氏撰《周礼集说》，然未及刊行，后沈则正于雪县得到此部书稿，沈氏友陈友仁爱重此书，对其重新编辑润色，遂刊行于世。南宋无名氏《周礼集说》原稿虽未能流传至今，但陈友仁《周礼集说》是在此书基础上编撰而成的，故也可视此书见存。

经文章句训字释经，变化的是诠释重点，不再以训诂考证为中心，而侧重阐发《周礼》制作之精义、圣人之微旨。

兹举一例说明，《膳夫》："大丧则不举，大荒则不举，大札则不举，天地有灾则不举，邦有大故则不举。"郑玄注曰：

> 大荒，凶年。大札，疫疠也。天灾，日月晦食。地灾，崩动也。大故，寇戎之事。郑司农云："大故，刑杀也。《春秋传》曰：司寇行戮，君为之不举。"

郑玄训释此句经文，重点放在对"大荒""大札""天灾""地灾""大故"的解释上，即以训诂名物为中心。王安石《周官新义》卷三注解此句经文，侧重点则放在经文蕴义的阐发上，曰：

> 王以能承顺天地，和理神人，使无灾害变故，故宜飨备味，听备乐。今不能然，宜自贬而弗举矣。

此处，王安石不再对名物进行新的训解，而是阐发经文字里行间蕴含的微言大义。

此类《周礼》学文献占据宋代"传注之属"《周礼》学文献的绝大部分，如王安石《周官新义》、王昭禹《周礼详解》、易祓《周官总义》、黄度《周礼说》、朱申《周礼句解》、郑锷《周礼解义》、史浩《周礼讲义》等皆属此类文献。

2. 借经抒议类

宋代借经抒议类《周礼》学文献，不再保持传统的传注形式，既不列经文，也不随经文章句训字释经，而是采取别立标题的方式阐发《周礼》制作之精义，并结合古今历史，婉转地表达对现实政事的建议。

兹举一例说明，叶时《礼经会元》依据《周礼》所载先王制度，别立100标题，其中卷四下《诅盟》一篇曰：

> 穀梁子曰：诰誓不及五帝，盟诅不及三王。愚谓五帝非无诅盟也，而后之诰誓则不及五帝之时。三王非无盟诅也，而后之盟诅则不及三王之时。盖虞氏未施信而民信，夏后氏未施敬而民敬，商人作誓而民始叛，周人作会而民始疑。商人且尔，他可知也，故曰诰誓不及五帝。蚩尤惟始作乱，苗民弗用，灵民兴胥，渐泯泯棼棼，罔中于信，以覆诅盟。苗民且尔，他可知也，故曰诅盟不及三王。今《周官》有诅祝，有司盟，先正横渠亦尝疑之，以为王法不行，人无所取

直，故要之于神，决非周公之意，亦不可以此病周公之法，又不可以
此病周礼。夫既不以盟诅病周公之意，而又曰不可以此病周公之法，
盖周公立法，非为当时虑，为后世虑也。周公知时变之不可回，人情
之不可遍，故事为之制，曲为之防，如缰马堤川，庶其无蹄踯滥溢之
患。虽其蹄踯滥溢有不可遍，不犹愈于坏堤彻缰乎。《诗》云：侯诅
侯祝，靡届靡究，君子屡盟，乱是用长。周公逆知后之必至此也，是
故诅祝有官，掌作盟诅之载辞，以叙国之信用，以质邦国之剂信。司
盟有官，掌盟载之法与盟约之礼仪，邦国之有疑会同者，则北面诏明
神盟，万民之犯命者，诅其不信者，有狱讼者，使之盟诅焉。夫所以
盟诅者，狱讼一也，有疑会同二也，万民犯命不信三也，有是三事而
盟诅焉，则诏之于明神，歃之于牲血，祈之以酒脯，约之以载辞，亦
期于相信而已。故诅祝盟诅之辞，亦惟叙信用尔，曰质剂信尔，此所
以先结其信于未叛之前也，既盟诅矣，而又有不信者，则司约如所
掌，若有讼者，则珥而辟藏，其不信者服墨刑，若大乱，则六官辟
藏，其不信者杀也。又以太史所掌邦国、官府、都鄙辨法者考焉，不
信者刑之，六官之所登若约剂，乱则辟法，不信者刑之也。此所以继
施其刑于不信之后也，岂有王法不行，人无所处置，而姑一听之神
邪！且以诅祝一官，固为礼之属，而在大史之前，司盟一职，是为刑
官之属，而继于司约之后，是其始焉之不信者，固有盟，终焉之不信
者，则有刑也。不然，则大司寇凡大盟约莅，其盟书登于天府。以司
寇而莅盟，特以天府而藏盟书，亦已重矣，又何以使太史、内史、司
会及六官皆受其贰而藏之，何邪？昔展禽有言曰：周公、太公股肱王
室，成王劳而赐之盟曰：世世子孙无相害也。载在盟府，太史职之。
周公、太公固无待于盟载，然后人必以盟而为据，则人心之赖盟者亦
固矣，迫至春秋之时，斯盟替矣。《春秋》之作始于隐公元年，所书
未遑他事，首之以邾之盟，继之以宋之盟，自时厥后，有书来盟，有
书莅盟，有书同盟，然盟墨牲血之未干，使聘邦交之未反，而相侵相
伐之兵已环四境，是盟也果有信用之叙，果有剂信之质否乎？观《周
礼》之司盟，而知世变之犹可防，观《春秋》之书盟，而叹世变之不
可遏。故尝谓周公立法，为衰世虑，而孔子作《春秋》，亦所以救周
礼之坏，而拯世道之穷，不独诅盟一事为然也。田制坏，而《春秋》
以税亩田赋书；军赋坏，而《春秋》以丘甲三军书；三日之役不均，
而《春秋》以城筑书；九伐之法不正，而《春秋》以侵伐书；讲武之

田不时，而《春秋》以大蒐、大阅书；救荒之政不施，而《春秋》以大饥请籴书；宗伯之宾礼废，而《春秋》有来朝来聘之书；司徒之封疆废，而《春秋》有归田、易田之书；太史之告朔不颁，而《春秋》书不视朔；司烜之火禁不修，而《春秋》书宣榭火；保章失其官，而《春秋》书日食、书星孛；职方失其官，而《春秋》书彭城、书虎牢；圜丘之祀不典，而《春秋》以卜郊书、以犹望书；庙祧之序不明，而《春秋》以立宫书、以跻祀书；昏姻之礼失，而《春秋》书曰夫人于齐、曰季姬归鄫；贡献之礼失，而《春秋》书曰家父求车、毛伯求金；典命之职务不修，而《春秋》书曰天王使来锡命；天府之藏不谨，而《春秋》书曰盗窃宝玉、大弓。此类实繁，未易殚举，无非以权衡一字之微，而救礼经三百之坏也。周公虑后世之深，于是乎详曲防之制，孔子救后世之力，于是乎严直笔之书。世道盛衰，实赖二圣人先后为之维持也，不然孔子何拳拳于周公之梦，而戚戚于周公之衰欤！

此篇无引用《周礼》一句经文，叶时仅是依据《周礼》记载的诅祝、司盟、司约、大史、内史、司会、大司寇诸职与盟诅相关的职事展开议论，表达周公立法"事为之制，曲为之防"的见解。

宋代"借经抒议"类《周礼》学文献，完全摆脱了汉唐《周礼》学文献对经文亦步亦趋的训诂考证，作者可依据经文大意，更多阐发自己的政治见解、伦理观点，这种议论解经的方式与其说是注经，倒不如说以经注己更为贴切。此类"传注之属"《周礼》学文献是宋代《周礼》学文献的一大特色，李觏《周礼致太平论》、黄裳《周礼义》、叶时《礼经会元》和郑伯谦《太平经国之书》等皆属此类文献。

3. 补亡《冬官》类

宋代补亡《冬官》类《周礼》学文献，是作者依据己意重新编次《周礼》六官经文，再对割裂、改窜的《周礼》经文加以论解。

兹举一例，俞庭椿的《周礼复古编》曰：

天官之属：大宰、小宰、宰夫、宫正、宫伯、膳夫、庖人、内饔、外饔、亨人、甸师、兽人、渔人、鳖人、腊人、医师、食医、疾医、疡医、兽医、酒正、酒人、浆人、凌人、笾人、醢人、醯人、盐人、幂人、宫人、掌舍、幕人、掌次、玉府、大府、内府、外府、司会、司书、职内、职岁、职币、司裘、掌皮、内宰、内小臣、阍人、

寺人、内奄、九嫔、世妇、女御、女祝、女史、典妇功、典丝、典
枲、内司服、缝人、染人、追师、屦人、夏采。凡六十有三。今编：
兽人、渔人、鳖人、兽医，右冬官之属也。后人因膳夫、庖人之属，
遂置之"天官"，非也。《天官》掌供王之膳羞，固也，而兽人、渔
人、鳖人则非所掌。至于兽人①附列于医师，此尤不可者。按《月
令》："季春之月，命司空曰：田猎置罘罗罔毕翳，馁兽之药毋出九
门。"用是以知此四官属司空无疑也。盖九职"三曰虞衡，作山泽之
材，四曰薮牧，养蕃鸟兽"乃司空之职，则兽人、兽医、渔人、鳖人
不为天官属亦明矣。《月令》虽非必圣人之书，或出于秦，亦去古未
远，有古之遗事焉。司裘、染人、追师、屦人、掌皮、典丝、典枲，
右冬官之属也。司空掌百工，凡此四者，工人之官，所以供王之服
御，而掌皮、典丝、典枲则备工之用，而典治丝枲，饬化八材，属之
司空曰宜。官凡十一，宜在司空，今存者六十有三，三为羡，去十有
一焉，于是阙其八矣，八者杂之春官，见于后。

俞庭椿先是列出天官所属的 63 职官，而后进行新编，先将兽人、渔人、
鳖人、兽医 4 官委之于冬官，说明理由；再将司裘、染人、追师、屦人、
掌皮、典丝、典枲 7 官委之于冬官，说明理由。经此安排，天官系统的
63 职官中，有 11 职官属于冬官系统，余 52 职官，距离俞庭椿所构想的
每一职官系统 60 职官，还差 8 官，他指出目前缺少的 8 官，杂见于春官
系统，他将在春官系统部分进行说明。

　　"补亡《冬官》"类《周礼》学文献是宋代《周礼》学文献的一大创
造，汉唐不存在此类《周礼》学文献，而受宋代影响，元明时期的"补亡
《冬官》"类《周礼》学文献骤增，由此产生《周礼》研究史上的"《冬官》
不亡"派。宋代俞廷椿《周礼复古编》、王与之《周礼补遗》即属此类
文献。

　　4. 集解类

　　宋代集解类《周礼》学文献，一般以"集传""集说""集注"命名，
采用传统的传注形式诠释《周礼》，其特点在于能够汇聚众家《周礼》学
说，有的还能折中己见。

　　兹举一例，王与之《周礼订义》注解《内宰》"掌书版图之法，以治

---

① 从下文内容判断，此应是"兽医"，而非"兽人"。

王内之政令"一句，先列贾公彦之说，

> 贾氏曰："书，谓书之于版。"

次列郑玄之说，

> 郑康成曰："版，谓宫中阍寺之属及其子弟录籍。图，王及后、世子之宫中吏府官之形象。"

次列王昭禹之说，

> 王昭禹曰："王内，后宫也。"

次列郑锷之说，

> 郑锷曰："小宰所治之王宫，乃王之六寝；此所治之内宫，盖后、夫人所居之宫，乃王之北宫。夫以王者之尊严，后、夫人之宠贵，而中宫之事乃以朝廷下大夫统治而宰制之，其意以为，第裯既交，则情与爱洽，颜辞媚熟，则公为私夺，故虽宫闱之政令一以付之，示大公至正，以塞险诐私谒之原，故名官曰内宰，而使掌书版图之法焉。"

次列黄度之说，

> 黄氏曰："康成谓政令施阍寺者，非均稍食、分人民，皆为政令，不独施于阍寺。"

可知，"集解"类《周礼》学文献在每句经文后排列诸家之说，是汇集众家之说解经的。

"集解"类《周礼》学文献南北朝时已然出现，宋代的王与之《周礼订义》、黄钟《周礼集解》和无名氏《周礼集说》即属此类文献。

5. 辨疑类

宋代辨疑类《周礼》学文献，在诠释《周礼》本经方法上发扬宋学的怀疑精神，质疑《周礼》真伪、《周礼》作者、《周礼》残缺、《周礼》内容，批驳郑玄《周礼注》、贾公彦《周礼疏》，勇于提出新见，其论瑕瑜互见。

因宋代"辨疑"类《周礼》学文献几乎已佚亡，我们仅能通过宋人的征引了解其特色。兹举一例，王与之《周礼订义》征引陈汲《周礼辨疑》之说102条，其间涉及陈汲对《周礼》真伪、《周礼》作者的讨论。

> 陈及之曰：胡五峰云："先王之制，凡官府次舍列于库门之外，

所以别内外、严贵贱也，今宫正乃比宫中之官府、次舍之众寡，又曰去其奇邪之民，则是妃嫔与官吏杂处，帘陛不严而内外乱矣。"殊不知宫正所掌者，宫中徒役之民与夫典妇功、典丝枲、染人、屦人等官，皆士人也，皆有官庐、官署在内，虽在宫中，不应与妃嫔杂处。汉郎吏舍、卫士庐，周匝殿内，自后世而观，亦与宫嫔杂处耶。稍有政事，亦必有节制矣，如胡氏之说，则凡在外朝者悉士民可也，凡在宫中者悉妃嫔可也。①

　　陈及之曰：《周礼》一书，周家法令政事所聚，或政典，或九州，或司马教战之法，或《考工记》。后之作史者，纂其典章法度而成一代之书，有周公之旧章，有后来更续者，犹风、雅、颂通谓之"周诗"，誓、诰、命通谓之"周书"也。信之者以为周公作，不信者以为刘歆作，皆非也。②

关于《周礼》的真伪问题，陈汲驳斥胡宏的疑经之论，指出胡宏所论过于绝对化，其对《周礼》的怀疑是无根据的。关于《周礼》作者问题，陈汲既不赞成周公作《周礼》说，也不赞成刘歆伪造《周礼》说，他认为《周礼》的确记载了周代的典章制度，其中就包括西周初年周公所制之法，但《周礼》中也有后世增添的内容，崇《周礼》为周公亲撰或诋《周礼》为刘歆伪作皆失之于偏颇。

宋代"辨疑"类《周礼》学文献，一般以"辨疑""释疑""辨学""辨义""辨略""考疑"命名，杨时《周礼辨疑》、董濬《周官辨疑》、王居正《周礼辨学》、徐焕《周官辨略》、尤袤《周礼辨义》、薛季宣《周礼释疑》、陈汲《周礼辨疑》、乐思忠《周礼考疑》、包恢《六官辨疑》、杨恪《周礼辨疑》、马晞孟《周礼辨学》皆属此类文献。

（二）分篇之属

分篇之属《周礼》学文献，是指就《周礼》中的一官、一篇展开注疏、论说的文献。宋代此类文献较之汉唐有大幅增加，内容也更加丰富。目前尚可考知的宋代分篇之属《周礼》学文献有 14 种，根据诠释内容的差异，我们再将宋代分篇之属《周礼》学文献分为三类进行介绍。

1. 就《周礼》中一官进行传说类

宋代"分篇之属"《周礼》学文献中就《周礼》中一官进行的传说类

① （宋）王与之：《周礼订义》卷五，见文渊阁《四库全书》，第 93～94 册，上海，上海古籍出版社，1987。

② （宋）王与之：《周礼订义》卷首《论周礼纲目》。

文献，是指以《周礼》所载六官系统中的一职官为中心进行诠释的《周礼》学文献。如易祓《周官总义职方氏注》、周必大《周礼庖人讲义》即分别围绕职方氏、庖人二职官进行注解、论说，属于此类文献。

2. 就《周礼》中一篇或几篇进行传说类

宋代"分篇之属"《周礼》学文献中就《周礼》六官系统中一官或几官系统进行的传说类文献，是指以《周礼》中的一篇或几篇为中心进行诠释的《周礼》学文献。如史浩《周礼天地二官讲义》（又名《周礼讲义》）、曹叔远《周礼地官讲义》、江与山《周礼秋官讲义》、尹躬《冬官解》即属此类文献。

3. 就《考工记》进行传说类

宋代"分篇之属"《周礼》学文献中就《考工记》进行传说类文献，是指专一诠释《考工记》的《周礼》学文献。如陈用之《考工记解》、赵溥《兰江考工记解》、林亦之《考工记解》、王炎《考工记解》、叶皆《考工记辨疑》、林希逸《鬳斋考工记解》即属此类文献。

（三）专著之属

专著之属《周礼》学文献，是指针对《周礼》所载制度或《周礼》学问题进行专门研究的文献。此类文献汉唐时期已经出现，如郑玄《答林孝存周礼难》、陈邵《周官礼异同评》。

目前尚可考知的宋代专著之属《周礼》学文献有 3 种：夏休《周礼井田谱》、魏了翁《周礼井田说》和程霆《周礼井田议》，研究主要集中于井田制度。因为宋代实行"田制不立""不抑兼并"的土地政策，这就造成土地不均，继而引发严重的社会危机。这一社会现实问题反映在经学研究上，就表现为宋人对《周礼》井田制度特别地重视，这也体现了宋代《周礼》研究讲求实用的特点。

（四）图之属

图之属《周礼》学文献，是指通过绘制礼图的方式注解《周礼》的文献。汉唐时期有以图注解"三礼"的文献，但没有单独以图注解《周礼》的文献，图之属《周礼》学文献是宋代《周礼》学文献的一大贡献。

目前尚可考知宋代图之属《周礼》学文献计有 9 种，其中 8 种已佚亡，王洙《周礼礼器图》是奉宋仁宗之命而撰，其内容包括车服、冠冕、笾豆、簠簋等礼器的具体图形；魏了翁《周礼井田图说》则是宋儒以"图说"形式关注理想田制——井田制度的著作；其余礼图之作如：龚原《周礼图》、吴沆《周礼本制图论》、郑景炎《周礼开方图说》、项安世《周礼丘乘图说》等，内容已不得其详。存世 1 种是杨甲《六经图》中的《周礼文物大全图》，共 65 图，此书今有《四库全书》本传世。

第三节　宋代《周礼》学研究现状述评

《周礼》是宋人议论最盛、研究最多的儒家经典之一，宋代《周礼》学在《周礼》学史上占据着承上启下的重要地位，但 20 世纪以来，宋代《周礼》学的研究相对薄弱，不能与宋代《周易》学、《春秋》学、《诗经》学的研究现状相比。我们以下分通论性研究、专题性研究、个案性研究、资料辑录四方面对 20 世纪以来的宋代《周礼》学研究成果进行介绍。

一、通论性研究

20 世纪以来，尚无一部通论宋代《周礼》学的专门性研究著作，不过吴万居先生《宋代三礼学研究》（台湾政治大学中国文学研究所博士论文，指导教授：李威熊，1995 年 6 月）和杨世文先生《走出汉学——宋代经典辨疑思潮研究》（成都，四川大学出版社，2008）、姜广辉先生主编的《中国经学思想史》（北京，中国社会科学出版社，2010）第三卷中有部分章节对宋代《周礼》学进行了探讨。

吴万居先生《宋代三礼学研究》中的第三章是"宋代之《周礼》学"，吴先生分别从"宋代治《周礼》之学者及其著作""宋儒治《周礼》之重点""王安石及其《周礼义》""宋儒治《周礼》之特色"四方面，对宋代的《周礼》学文献、宋人研究《周礼》的重点、王安石《周官新义》在宋代《周礼》学中的地位、宋代《周礼》学的特色进行了论述。吴万居先生认为："宋儒研究《周礼》之重点有五，或考其作者，或辨其讹缺，或阐其礼意，或详其制度，亦有主复古礼者也。"① 还指出"王安石之变法及其《新经周礼义》之修撰，与宋代《周礼》学之荣枯，有莫大之关系"②。这些观点颇有见地，能给予人启发。但另一方面，吴先生对宋代《周礼》学的论述明显偏重于"述"，即罗列了很多宋人解说《周礼》的资料，"论"的部分则稍显不足，且概述宋人研治《周礼》的著作，有的沿袭了

---

① 吴万居：《宋代三礼学研究》，87 页，台湾政治大学中国文学研究所博士论文，1995。
② 同上书，160 页。

朱彝尊《经义考》中的误说。

　　杨世文先生《走出汉学——宋代经典辨疑思潮研究》中的第十一章是"《周礼》的辨疑",分两种《周礼》观、《周礼》制度辨疑、《周礼》时代考辨、《冬官》不亡"说四部分,对赞美或怀疑《周礼》的两种对立观点、宋儒考辨《周礼》制度的主要内容、宋儒考辨《周礼》成书时代的几种观点以及"《冬官》不亡"说的源起、发展和影响进行了较为详尽的分析,论述鞭辟入里。杨先生指出:"宋代的《周礼》学以熙丰变法为转折。变法之前,尊崇《周礼》是经学史的主流;变法以后,由于王安石与《周礼》的关系,讨论、研究《周礼》的人日渐增多,围绕《周礼》的争论也变得激烈了。无论尊《周礼》,还是疑《周礼》,都不能绕过王安石。"①还指出"不切实际"和"不合'圣人之心'"是宋儒考辨《周礼》制度的主要内容②。这些观点具有卓识。美中不足的是,杨先生主要是从立足经典辨疑的角度探讨宋代《周礼》学,更关注宋儒对《周礼》经注的怀疑,对宋儒尊尚《周礼》,持传统观点的一面则强调得不够。

　　姜广辉先生主编的《中国经学思想史》(第三卷)专论宋明经学,其中王启发先生撰写的第五十五章"在经典与政治之间——王安石变法对《周礼》的具体实践",探讨了王安石变法的《周礼》诠释学依据,这对理解《周官新义》通经致用的经学特点大有裨益。此外,姜广辉先生撰写的第四十七章"锐意革新的宋明经学——宋明经学思想概说"的"四、宋明时期经学的主要成绩——名家名著述要",在"三礼学"部分简述了王安石的《周礼新义》,王启发先生撰写的第七十章"以'理'诠礼,化礼成俗——朱熹的礼学思想"的"一、朱熹对三《礼》文本及汉唐礼学著述的议论和评价",论述了朱熹对《周礼》文本的认识以及对郑玄《周礼注》的评价。以上研究成果立足宋明经学整体发展,视野宏阔,观点具有启发性;但因全书主要以人物为线索,偏重经学思想的阐释,对宋代《周礼》学的论述局限于个别大儒,缺乏对整体成就、特点的评述。

　　就论文而言,姚瀛艇先生的《宋儒关于〈周礼〉的争议》[《史学月刊》,1982(3)]和《宋儒对〈周礼〉的研究与争议》(《宋代文化史》,开封,河南大学出版社,1992)二文,从宋儒对《周礼》一经的态度入手,

<hr/>

　　① 杨世文:《走出汉学——宋代经典辨疑思潮研究》,438 页,成都,四川大学出版社,2008。

　　② 同上书,445~456 页。

探讨了宋代围绕《周礼》而起的旷日持久的复杂争议。惠吉兴先生《宋代学者对〈周礼〉的争论》[《管子学刊》，2001（4）]一文，分析了宋代学者围绕《周礼》的尊信说、怀疑说、折中说、"《冬官》不亡"说、《周礼》不行于世说。李国玲、杨世文二先生《从〈周礼〉一书略说宋代周礼学》[《四川图书馆学报》，2005（3）]一文，从宋代《周礼》学的时代特点、熙丰变法对宋代《周礼》研究的意义、浙东事功学派极重《周礼》三方面对宋代《周礼》学进行了探讨。夏微《宋代〈周礼〉学文献述论》[《史学集刊》，2008（4）]对尚可考见的宋代《周礼》学文献进行了梳理，并分析了宋代《周礼》学文献的特点及其价值。张玉春和王祎《从〈四库提要〉看经学变古时代的〈周礼〉学》[《史学月刊》，2009（4）]分析了宋代《周礼》学的时代特点。

　　此外，清代今文经学家皮锡瑞《经学通论·三礼》（北京，中华书局，1954）、刘师培《经学教科书·宋元明之〈礼〉学》（《中国中古文学史讲义》，北京，中国人民大学出版社，2004）、钱基博《经学通志·三礼志》（《近百年湖南学风》，北京，中国人民大学出版社，2004）、陈克明《群经要义·"三礼"简介》（北京，中国人民大学出版社，2006）、白玉林、党怀兴主编《十三经导读·〈周礼〉导读》（北京，中国社会科学出版社，2006）、杨天宇《略述中国古代〈周礼〉学》[《南都学坛》，1994（4），后收入《经学探研录》，上海，上海古籍出版社，2004]、周书灿《20世纪以前的〈周礼〉学述论》[《河北师范大学学报》（哲社版），2006（4）]中也都有关于宋代《周礼》学的精简介绍。

二、专题性研究

　　在《周礼》学史中，历代学者就《周礼》学中的某些问题进行持续性的探讨，遂形成了《周礼》研究史中的若干专题。就宋代《周礼》学而言，关于《周礼》的作者的争论、《周礼》是否实行于世、"《冬官》不亡"说等皆是宋代学者关注的《周礼》学专题。

　　20世纪以来，宋代《周礼》学的专题研究成果屈指可数。杨世文先生《宋儒"〈冬官〉不亡"说平议》[《中国典籍与文化》，2005（1）]系统研究了宋儒首倡的"《冬官》不亡"说之源起、发展及其影响，这是系统探研此问题的第一篇文章，具有开先之功。而其他宋代《周礼》学的专题研究目前还乏人问津，需要进一步展开。

三、个案性研究

20 世纪以来，关于宋代《周礼》学的个案性研究专著有夏微《〈周礼订义〉研究》（长春，吉林人民出版社，2011）。《周礼订义》是宋代完整流传至今的唯一一部集解体《周礼》学著作，集宋人论《周礼》之精华，书中采摭广博，且所引不少宋人著述已经失传，此书遂成后人辑佚宋代《周礼》学文献之渊薮，是研究宋代《周礼》学史的必读书。《〈周礼订义〉研究》一书系统考论了《周礼订义》作者王与之生平、《周礼订义》的撰著流传，尤其对书中征引诸家《周礼》著述进行了详细地考述，在此基础上揭示了《周礼订义》一书的学术意义与价值。

关于宋代《周礼》学的个案性研究论文正在不断增加中，如刘坤太先生《王安石〈周官新义〉浅识》[《河南大学学报》（社会科学版），1985 (1)]、土田健次郎《制度与人——王安石对〈周礼〉的解释》（《国际宋代文化研讨会论文集》，成都，四川大学出版社，1991）、夏微《王安石〈周官新义〉的经学特点及其学术影响》（《宋代文化研究》第二十一辑，成都，四川大学出版社，2014）、美国学者包弼德《王安石与〈周礼〉》（《历史文献研究》总第 33 辑）四文通过《周官新义》一书集中探讨王安石的《周礼》学；蔡方鹿先生《胡宏对王安石经说及〈周礼〉的批评》[《中国社会科学院研究生院学报》，2008 (4)] 一文，论述了胡宏对王安石经说及所依傍的《周礼》的批评，认为胡宏开理学家批评《周礼》之先河；杨世文先生《魏了翁〈周礼折衷〉析论》（《蜀学》第六辑，2011）、郭齐先生《魏了翁〈周礼折衷〉学术价值初探》（《四川大学古籍整理研究所建所三十年纪念文集》，成都，四川大学出版社，2013）、夏微《魏了翁的〈周礼〉观》（《巴蜀文献》第一辑，成都，四川大学出版社，2014）、夏微《魏了翁〈周礼折衷〉经学特点探析》[《西华大学学报》（哲学社会科学版），2014 (3)]，以上四文通过对《周礼折衷》系统分析，论述了魏了翁的《周礼》观、魏了翁的《周礼》学成就和《周礼折衷》的学术价值；殷慧、肖永明二先生《朱熹的〈周礼〉学思想》（《湖南大学学报》[社会科学版），2008 (1)]、周林先生《朱熹〈周礼〉的时代背景及其内容探析》[《芒种》，2012 (9)]，主要论述了朱熹的《周礼》学思想的形成脉络、轨迹及其内容；夏微《李觏〈周礼〉学述论》[《史学月刊》，2008 (5)] 一文就李觏对《周礼》的基本认识、诠释《周礼》的方法和旨归诸问题进行了分析；韩蕊的硕士学位论文《〈礼经会元〉研究》（天津师范大学，

2007）从成书背景、阐释方式等四方面论述南宋学者叶时的代表作《礼经会元》；俞庭椿《周礼复古编》是《周礼》学史上"《冬官》不亡"派的开山之作，因所持观点颇受清儒诟病，故学界鲜有研究，夏微《俞庭椿〈周礼复古编〉的经学史价值》（《四川大学古籍整理研究所建所三十年纪念文集》，成都，四川大学出版社，2013）主要论述《周礼复古编》的学术史价值；潘斌先生《王与之〈周礼订义〉的宋学特征及学术价值》[《古籍整理研究学刊》，2015（6）]一文，分析了王与之《周礼订义》一书的宋学特征和学术价值；张如安、杨未二先生的《叶适门人孙之宏及其〈周礼说〉考述》一文[《中共宁波市委党校学报》，2014（6）]一文中，论述了永嘉学派宗师叶适门人孙之宏的《周礼》学观点；刘杰、尔仁二先生的《宋代江西〈周礼〉学"四派"》（《朱子学刊》总第20辑）一文，分析了宋代江西学者的《周礼》学说及其贡献。

　　此外，宋代还有很多《周礼》学名家、《周礼》学名著，如陈傅良、黄度、郑伯谦、林希逸、《周礼详解》、《周官总义》、《周礼句解》、《太平经国之书》等，目前没有著作或论文对其进行研究。

四、资料辑录

　　宋代《周礼》学文献丰富，但亡佚颇多，清人根据《永乐大典》《周礼订义》等书进行辑佚整理，只辑出王安石《周官新义》、易祓《周官总义》、黄度《周礼说》三部宋代《周礼》学著作。20世纪以来，学者仍致力于王安石《周官新义》一书的辑佚整理，如刘坤太先生《〈周官新义·夏官〉补佚》[《河南大学学报》（社会科学版），1985（1）]、程元敏先生《三经新义辑考彙评（三）——周礼》（台北，"国立编译馆"，1987）都在清代四库馆臣辑佚《周官新义》的基础上搜集佚文，尤其是程元敏先生在辑佚整理的基础上，汇集南宋以来评论王安石《周礼》学说之文，这极大地丰富了《周官新义》一书的学术内容，增进了学界对王安石《周礼》学说的认识，颇有功于《周官新义》。此外，肖永奎《清初"大典本"〈周礼新义〉之"地夏二官"存缺考》[《中国哲学史》，2015（1）]一文，纠补了程元敏先生的未考之处；张涛先生《王安石〈周礼新义〉佚文补辑》（《宋史研究论丛》，2012）一文，在前贤汇集佚文的基础上，又补充佚文25则，殊为难得。与此同时，更多有价值的宋代《周礼》学文献的整理和辑佚研究至今仍乏人问津。

　　总之，20世纪80年代以来，中国经学研究持续升温，对《周礼》本经的研究取得了可观的成果，如对《周礼》成书时代的探讨、对《周礼》所载制度的发掘、对《周礼》宏大庞杂的思想体系的研究。但学界对《周礼》学史的研究相对滞后，迄今尚无一部中国《周礼》学史或断代《周礼》学史问世。宋代《周礼》学是中国《周礼》学史中承上启下的重要一环，具有重要的研究价值和研究意义。目前学界在宋代《周礼》学研究方面，个案研究日渐增加、趋于丰富，通论研究和专题研究还较薄弱，有进一步加强的必要，以充实我们对宋代《周礼》学的认知。

第二章　北宋《周礼》学

960年，宋太祖赵匡胤取后周政权而代之，建立宋王朝，改年号建隆，定都开封，为避免新王朝成为下一个短命王朝，宋太祖"事为之防，曲为之制"，在政治、军事和财政方面制定了一系列强化集权政治的措施。太宗太平兴国四年（979），灭北汉，结束了中原和长江流域地区自唐安史之乱（755—763）以来两百多年战乱、割据、分裂的历史。

北宋前期的太祖、太宗、真宗三朝，实行因循守旧的政治路线，仁宗时期（1023—1063），隐伏的危机逐渐暴露，国家呈现"积贫积弱"之势，朝野士人要求朝廷寻思变革之道，纷纷"言政教之源流，议风俗之厚薄，陈圣贤之事业，论文武之得失"，亟欲摆脱困境的宋仁宗任用了一批新锐之士，庆历三年（1043），范仲淹等提出了以整顿吏治为中心的十项改革纲领，"新政"触犯了官僚阶层利益，遭到强烈反对，很快失败，社会问题并未得到解决，"世之名士常患法之不变"。神宗熙宁二年（1069），独负天下大名三十年的王安石出任参知政事，次年任宰相，变法全面展开，但招致朝野上下"议论汹汹"，加之司马光等人强烈反对，熙宁七年（1074），王安石被迫罢相，后虽一度复相，也难再振变法雄风。元丰八年（1085），神宗去世。哲宗幼年即位，次年（1086）改元"元祐"，新法被全盘否定，史称"元祐更化"。元祐八年（1093），哲宗亲政，次年（1094）改元"绍圣"，决心恢复神宗新法，却难以摆脱蜀、洛、朔、新党争纷纭。徽宗即位（1100）后，统治集团日渐腐朽，朝政更加一蹶不振。宣和七年（1125）年底，金军围开封，徽宗让位，钦宗即位，改元"靖康"（1126—1127），虽惩处蔡京等"六贼"，起用抗战派李纲，但终以割地赔款求和。靖康元年八月，金军再次南下，闰十一月，攻破开封。靖康二年（1127），金军掳掠徽、钦二帝及大批宗室人员北归，北宋亡。

本章先分析论述北宋《周礼》学发展概况，而后以个案分析的方式论述北宋传世的重要《周礼》学文献，包括李觏《周礼致太平论》、王安石

《周官新义》和王昭禹《周礼详解》。

第一节　北宋《周礼》学述论

受时代学风影响，北宋《周礼》学在探索中前行，并逐渐形成了独特的研究路径，在《周礼》学观点上以辨疑为特色，在《周礼》解释方法上开创了以义理解《周礼》、以议论解《周礼》两种方法，这些突破了魏晋以来形成的《周礼》"汉学"研究范式，为已陷入呆板而固化氛围中的《周礼》研究注入了新鲜的活力。

我们以下将分三个时段论述北宋《周礼》学的发展，分别是：建隆（960—963）至康定（1040—1041）年间，庆历（1041—1048）至治平（1064—1067）年间，熙宁（1068—1077）至靖康（1126—1127）年间。

一、建隆至康定年间

建隆（960—963）至康定（1040—1041）年间，是宋太祖、太宗、真宗、仁宗统治前期。此时期处于庆历（1041—1048）以前，即庆历年间是我们划分前后时段的节点，原因在于：庆历年间，既是北宋尝试政治变革的转折时期，也是学风转变的重要时期。宋代《周礼》学独树一帜的研究特色是在庆历以后逐渐形成的，表现为怀疑传统的《周礼》学观点，在《周礼》解释方法上，开始驳斥郑玄《周礼注》，创造出以议论解《周礼》的新方法，这是宋代《周礼》学开新之始。所以，我们将庆历以前的建隆至康定年间，划定为北宋《周礼》学发展的第一阶段，以示《周礼》研究在庆历前后发生了转变。

建隆至康定年间，学界对《周礼》的研究相当有限，这从数量少得可怜的《周礼》学著述中可以间接探知。此时期，较为重要的《周礼》著述包括聂崇义《三礼图注》和石介《二大典》。聂崇义的《三礼图注》是将《周礼》《仪礼》《礼记》涉及的器物、礼制绘制成图形、图表，并进行简单的注解，这其间也包括与《周礼》有关的器物图、礼制图；石介《二大典》一文，主要论《春秋》和《周礼》，石介倍加推崇《周礼》经邦济世的功用，并对《周礼》不能用世深感遗憾。

通过这些《周礼》著述，我们知道：在《周礼》真伪问题上，石介主张尊《周礼》为经；在《周礼》作者问题上，石介主张周公作《周礼》；

在《周礼》解释方法上，聂崇义《三礼图注》的解释中心在名物训诂与制度考证，这与《周礼》"汉学"研究范式的经典解释方法并无不同。

整体而言，建隆至康定年间，学界对《周礼》的研究仍因循《周礼》"汉学"研究范式。《周礼》"汉学"研究范式形成于魏晋以后，研究者奉东汉郑玄《周礼注》和唐代贾公彦《周礼疏》为权威。就《周礼》"汉学"研究范式言，在《周礼》真伪上，尊《周礼》为周公致太平之书，奉为经典；在《周礼》作者上，主张周公作《周礼》；在《周礼》流传上，主张《周礼》遭东周诸侯严重破坏，又遭秦焚书，因此，西汉时再现于世，已缺失《冬官》一篇，汉人以《考工记》补之；在《周礼》解释方法上，侧重于名物训诂和制度考证。建隆至康定年间，学界对《周礼》的研究从学术观点到经典解释方法无不承绪《周礼》"汉学"研究范式。客观而言，这种因循是从唐代经学统一开始的，延续到了北宋前期，长久的因循使《周礼》研究陷入呆板而固化的氛围中，缺乏新意，《周礼》曾经有的经邦济世的社会功用渐趋淡薄，成为少有人研究的儒家经典之一，几乎陷入不绝如缕的境地，如何打破既有的《周礼》"汉学"研究范式，发掘《周礼》经邦济世的制度资源，让《周礼》研究重新活跃起来，成为摆在宋人面前的时代课题。

二、庆历至治平年间

庆历（1041—1048）至治平（1064—1067）年间，包括仁宗统治后期和英宗统治时期。此时期，可以说是宋代《周礼》学发展的转折期，辨疑打破了《周礼》"汉学"研究范式造成的沉滞，《周礼》研究重新活跃起来。

南宋陆游曾谈及庆历前后学风的转变，曰：

　　唐及国初，学者不敢议孔安国、郑康成，况圣人乎！自庆历后，诸儒发明经旨，非前人所及。然排《系词》，毁《周礼》，疑《孟子》，讥《书》之《胤征》《顾命》，黜《诗》之《序》，不难于议经，况传注乎！①

清末皮锡瑞曾补充陆游此段话，曰：

　　宋儒拨弃传注，遂不难于议经。排《系词》谓欧阳修，毁《周

_____
① （宋）王应麟：《困学纪闻》卷八引"陆务观曰"，见文渊阁《四库全书》第854册。

礼》谓修与苏轼、苏辙，疑《孟子》谓李觏、司马光，讥《书》谓苏轼，黜《诗序》谓晁说之。此皆庆历及庆历稍后人，可见其时风气实然，亦不独咎刘敞、王安石矣。①

以上所论，言及庆历前后学术风尚发生了转变，对儒家经典的辨疑全面展开。

在《周礼》研究上，庆历至治平年间出现了重要的《周礼》学著述：一是刘敞的《七经小传》卷中《周礼》，二是李觏的《周礼致太平论》。我们以为，二书之于宋代《周礼》研究的重要性更多地体现在《周礼》解释方法的开新上。刘敞在《七经小传》卷中《周礼》中，以其博识自信，多处质疑、驳斥郑玄《周礼注》对经文的解释，甚至改动《周礼》经文，以达成他认为对经意正确地阐释，其特点是怀疑；李觏的《周礼致太平论》创造了一种新的经注体例，以"别立标题，借经抒议"的方式，潇洒地摆脱了经文的束缚，自由地抒发治国义理，其特点是议论。刘敞的怀疑，在《周礼》解释方法上挑战了郑玄《周礼注》的权威，对《周礼》"汉学"研究范式的经典解释方法造成冲击；李觏的议论，则跳脱了《周礼》"汉学"研究范式在《周礼》解释方法上的框框，另辟蹊径，独树一帜。时代学风造就了他们著作所独具的学术魅力，也引领了此后《周礼》学的路向。

此时期，《周礼》"汉学"研究范式主张的《周礼》学观点受到挑战。在《周礼》真伪上，尊《周礼》为经的观点受到不同程度的怀疑，学界对《周礼》真伪的认识开始趋向多元化，并形成了三种观点：一是尊《周礼》为经，如李觏。二是在尊《周礼》为经的前提下怀疑，或者怀疑《周礼》官制冗滥、田制不合实用，如欧阳修；或者怀疑经文存在讹误，如刘敞。三是怀疑《周礼》非经，如蔡襄从"奔者不禁"有碍人伦教化入手，怀疑《周礼》不堪为经。但在《周礼》作者问题上，主张周公作《周礼》的观点仍被大多数学者所接受，如李觏、刘敞、司马光。

整体而言，庆历至治平年间，《周礼》研究的特点是以开新为主，兼有守旧气象。《周礼》研究的新气象体现在，以辨疑为重要手段，在《周礼》学观点、《周礼》解释方法上，突破《周礼》"汉学"研究范式。守旧则体现在对《周礼》"汉学"研究范式的部分因循，如在《周礼》作者上，周公作《周礼》的观点仍被大多数学者所认可。我们认为，他们的承袭是

---

① （清）皮锡瑞：《经学历史》之《八　经学变古时代》。

盲目的，原因在于他们接受了传统观点，但缺乏对接受原因的论证说明，这和北宋神宗熙宁（1068—1077）以后的《周礼》学是有很大区别的。熙宁以后，无论是北宋，还是南宋，都存在对《周礼》"汉学"研究范式学术观点的承袭，但承袭者多会就其承袭原因论证一番。我们认为，虽然都是承袭，两种承袭的态度是有区别的，熙宁以前偏向惰性地接受，熙宁以后更倾向研究后的理性选择。

三、熙宁至靖康年间

熙宁（1068—1077）至靖康（1126—1127）年间，是神宗、哲宗、徽宗和钦宗统治时期。我们将熙宁年间作为划分前后的节点，原因在于：北宋神宗熙宁年间，王安石变法，亲撰《周官新义》以缘饰新法，引发政界、学界对《周礼》空前的关注，研究者随之增多，突破《周礼》"汉学"研究范式的特色愈益鲜明。所以，我们将熙宁至靖康年间，划定为北宋《周礼》学发展的第三阶段，以示此时期的《周礼》研究接续庆历以来开创的新气象，继续突破《周礼》"汉学"研究范式，并逐步确立《周礼》"宋学"研究范式。

此时期，最为重要的《周礼》著述当属王安石《周官新义》，此书兼具政治意义与学术价值，颇具影响力。政治层面上，熙宁年间是北宋进行政治改革的重要时期，王安石主持了变法，也遭遇了重重阻力，为了驳斥反对派对新法的谩骂攻击，更顺利地推行新法，他撰写了《周官新义》，作为缘饰新法的经典外衣；学术层面上，王安石本着"以经术经世务"之思想，在《周官新义》中开创了以义理解《周礼》的新方法，将诠释重点从训诂考证转移到义理阐发，这是对《周礼》"汉学"研究范式经典解释方法的根本性突破，其学术开创意义尚在以议论解《周礼》之上。伴随《周官新义》颁于学官，政治层面上，反对变法者为了更有力地攻击新法，对《周礼》的关注增多了；学术层面上，学子们为了应付科考，要熟读《周官新义》，从义理的角度阐释《周礼》，这既提升了学界对《周礼》的关注，也影响到熙宁以后的《周礼》诠释方向，如撰著于这一时期并流传至今的两部《周礼》学著述——黄裳《周礼义》和王昭禹《周礼详解》，就都重视从义理角度解释《周礼》。总之，熙宁以后政界、学界对《周礼》关注之多、研究之多是空前的，它们共同促成了宋代《周礼》研究的盛况。

此时期，学界对《周礼》真伪的认识，延续了庆历至治平年间趋向多元化的特点，主要形成四种观点：一是尊《周礼》为经，如黄裳、王昭禹；二是在尊《周礼》为经的前提下怀疑局部或个别经文，如张载怀疑盟诅之事不合周公制礼作乐本旨，王安石怀疑复仇之事会造成社会混乱，二程怀疑《周礼》有讹缺，王开祖怀疑有经文不合"圣人之心"，杨时怀疑盟诅非盛世事；三是怀疑《周礼》非经，如苏轼认为"《周礼》非圣人之全书"，其间有"战国所增之文"，苏辙认为《周礼》一书"秦汉诸儒以意损益之者众矣，非周公之完书也"，他们怀疑的焦点都在制度；四是诋《周礼》为伪书，代表人物是晁说之，他评价《周礼》"诞迂不切事"，不过是"适莽之嗜"的"残伪之物"。此时期，在《周礼》真伪认识上，怀疑开始压倒尊崇，小占上风，晁说之提出的《周礼》是伪书的观点，更是达到了北宋评价《周礼》之极致。在《周礼》作者上，周公作《周礼》说不再能一家独大了，形成五种观点：一是周公作《周礼》，王昭禹持此论；二是《周礼》非周公所作，但同周公关系密切，张载、程颢和程颐持此论；三是战国人作《周礼》，苏轼持此论；四是秦或汉初人作《周礼》，苏辙持此论；五是汉代人作《周礼》，晁说之持此论。

　　整体而言，熙宁至靖康年间的《周礼》研究，延续了庆历至治平年间的新气象，还更上层楼，全面突破《周礼》"汉学"研究范式，初步确立《周礼》"宋学"研究范式。此时期对《周礼》"汉学"研究范式的突破体现在方方面面，在学术观点上，辨疑范围遍及《周礼》真伪、作者等问题；在《周礼》解释方法上，批评郑玄《周礼注》以训诂考证为中心的解释方法破碎大道，模糊了圣人精义微旨，攻驳郑玄《周礼注》蔚然成风，除以议论解《周礼》外，开始侧重以义理解《周礼》，经典解释的重点从训诂考证逐渐转移到义理阐发、托古议今。这些都标志着《周礼》"宋学"研究范式初步形成了。

第二节　李觏《周礼致太平论》

　　李觏（1009—1059），字泰伯，世称盱江先生，北宋建昌军南城（今江西省资溪县）人。他博通经术，俊辩能文，但仕进之路并不顺利，景祐年间（1034—1038）二次应试均不第，庆历元年（1041）举茂才异等，又不中。返乡后，李觏创立了盱江书院，以教授自资，四方学子前来就学者常数十百人，曾巩、邓润甫皆为其高足。后得范仲淹、余靖推荐，皇祐二年（1050）旨授李觏为将仕郎、试太学助教；嘉祐二年（1057），用国子监奏，召为太学说书；嘉祐三年（1058），除通州海门主簿，太学说书如故；嘉祐四年（1059），令其权同管勾太学，因迁葬祖母，请假还乡，卒于家，时年51岁。李觏一生著述颇多，包括《平土书》《富国策》《安民策》《强兵策》《周礼致太平论》《礼论》《礼论后语》《常语》《明堂定制图序》等。

李觏一生主要生活在以寻求变革之道为主旋律的仁宗朝，儒家诸经中，他特重《周礼》，这同他关心现实政治、积极探寻改革弊政的抱负是分不开的。《周礼致太平论》是李觏的代表作，也是他诠释《周礼》最为重要的著作，我们将从撰著流传、内容、体例入手，探讨李觏的《周礼》学观点以及《周礼致太平论》一书的经学特点和学术影响。

一、李觏《周礼致太平论》的撰著流传情况

据宋人魏峙所撰《李直讲年谱》记载，《周礼致太平论》一书初作于庆历三年（1043），当时为30篇，此后近十年间，李觏又断续增补是书，至皇祐四年（1052），《周礼致太平论》10卷以单刻本的形式刊行于世。

宋元时期，单刻本《周礼致太平论》流传较广，如《郡斋读书志》卷五记载曰：

李泰伯……《周礼致太平论》十卷……

《直斋书录解题》卷一一著录曰：

李泰伯……《周礼致太平论》十卷……

《文献通考》卷二三五著录曰：

李泰伯……《周礼致太平论》十卷……

至明代，左赞将李觏诗文合编为37卷，前列《年谱》1卷，后附《外集》3卷，名曰《旴江集》，其中卷五至一四即收录《周礼致太平论》，但此后单刻本《周礼致太平论》就不再见于著录了。

现今传世的李觏《周礼致太平论》仍见收于文集之中，如《四库全书》本《旴江集》《直讲李先生文集》等。四川大学古籍整理研究所编撰的《全宋文》第42册，卷九〇一至卷九〇五收录李觏《周礼致太平论》全文，且施以现代标点，颇便省览。

二、李觏《周礼致太平论》的内容和体例

我们是以《四库全书》本《旴江集》中的《周礼致太平论》为例，介绍此书的内容和体例的。

(一) 内容

李觏在《周礼致太平论序》中曾自述此书内容，曰：

> 天下之理由家道正，女色阶祸，莫斯之甚，述《内治》七篇；利用厚生为政之本，节以制度，乃无伤害，述《国用》十六篇；备预不虞，兵不可阙，先王之制则得其宜，述《军卫》四篇；刑以防奸，古今通义，唯其用之有所不至，述《刑禁》六篇；纲纪既立，持之在人，天工其代，非贤罔乂，述《官人》八篇；何以得贤，教学为先，经世轨俗，能事以毕，述《教道》九篇终焉。并《序》凡五十一篇，为十卷，命之曰《周礼致太平论》。

据此可知，李觏《周礼致太平论》共 10 卷，51 篇，包括《序》1 篇、《内治》7 篇、《国用》16 篇、《军卫》4 篇、《刑禁》6 篇、《官人》8 篇、《教道》9 篇。我们下面介绍《旴江集》所收此书的分卷内容：

"卷五"包括李觏《自序》1 篇和 7 篇标题文章，分别是《内治第一》《内治第二》《内治第三》《内治第四》《内治第五》《内治第六》《内治第七》。

"卷六"包括 5 篇标题文章，分别是《国用第一》《国用第二》《国用第三》《国用第四》《国用第五》。

"卷七"包括 5 篇标题文章，分别是《国用第六》《国用第七》《国用第八》《国用第九》《国用第十》。

"卷八"包括 6 篇标题文章，分别是《国用第十一》《国用第十二》《国用第十三》《国用第十四》《国用第十五》《国用第十六》。

"卷九"包括 4 篇标题文章，分别是《军卫第一》《军卫第二》《军卫第三》《军卫第四》。

"卷一〇"包括 6 篇标题文章，分别是《刑禁第一》《刑禁第二》《刑禁第三》《刑禁第四》《刑禁第五》《刑禁第六》。

"卷一一"包括 4 篇标题文章，分别是《官人第一》《官人第二》《官人第三》《官人第四》。

"卷一二"包括 4 篇标题文章，分别是《官人第五》《官人第六》《官

人第七》《官人第八》。

"卷一三"包括 5 篇标题文章,分别是《教道第一》《教道第二》《教道第三》《教道第四》《教道第五》。

"卷一四"包括 4 篇标题文章,分别是《教道第六》《教道第七》《教道第八》《教道第九》。

(二) 体例

李觏《周礼致太平论》的撰著体例可谓独树一帜,既不同于汉代出现的传体、注体,也不同于南北朝以来大行其道的义疏体。此书解经不列经文,也甚少涉及对经文的训诂、考证,经文成为李觏表达思想的工具,不再是注解的中心,即全书的诠释重点不是注解经文,而是表达作者思想。从目前传世的《周礼》学文献来看,李觏《周礼致太平论》是"别立标题,借经抒议"这一全新撰著体例的开创者,其后继踵者颇多,如北宋黄裳的《周礼义》,南宋叶时的《礼经会元》、郑伯谦的《太平经国之书》等。以下从两方面分析此书体例。

第一,别立标题。

李觏《周礼致太平论》以"致太平"命名,其意在于从《周礼》这部古老的经典中寻找对现实政治有助益的政治资源和法度资源,期望能达成"兴致太平"的理想。因其如此,《周礼致太平论》一书突破了传统诂经之作的体例,全书不列经文,也甚少注解经文字句,而是分立 6 大主题:《内治》《国用》《军卫》《刑禁》《官人》《教道》每一主题下再分若干篇,如《内治》下分 7 篇、《国用》下分 16 篇、《军卫》下分 4 篇、《刑禁》下分 6 篇、《官人》下分 8 篇、《教道》下分 9 篇。

每一主题的表达主旨,李觏都有清晰的设计,他认为"天下之理由家道正,女色阶祸,莫斯之甚",所以作《内治》7 篇,阐述《周礼》中正家道,理天下的举措及其用意;"利用厚生为政之本,节以制度,乃无伤害",故作《国用》16 篇,阐发《周礼》中的理财制度;"备预不虞,兵不可阙,先王之制则得其宜",李觏作《军卫》4 篇是为了阐述《周礼》中的军制,期待能对现实政治有所裨益;"刑以防奸,古今通义,唯其用之有所不至",故作《刑禁》6 篇阐发《周礼》中的刑罚制度;"纲纪既立,持之在人,天工其代,非贤罔乂",作《官人》8 篇是想阐述《周礼》中的君王纲纪和驭人法度;"何以得贤,教学为先,经世轨俗,能事以毕",作《教道》9 篇是为了阐述《周礼》中的教民之法。这些主题主要依据李觏的表达意图确立,而《周礼》经文及其注解被浓缩并打散,分置于不同主题之下，服务于李觏的议论。

第二，借经抒议。

李觏《周礼致太平论》的诠释重点不在于注解《周礼》经文，经文仅是李觏表达思想的工具，他主要是借经典阐释抒发议论，表达自己的思想。兹举一例以资说明：

> 内小臣，奄上士四人。寺人，王之正内五人。内竖，倍寺人之数。酒人，奄十人。浆人，奄五人。笾人，奄一人。醯人，奄一人，醢人，奄二人，盐人，奄二人。幂人，奄一人。内司，服奄一人。缝人，奄二人。舂人，奄二人，馈人，奄二人。稾人，奄八人。守祧，奄八人。内小臣称士者，异其贤，其余盖皆不命也。夫宦官之位，天象所有。指其居次，则或在帷薄之内，论其职掌，则或闻床第之言，固不可以诎辱俊乂，浑淆男女。其用腐身之类，是乃制事之宜矣。然而先王不以恩夺义，不以私废公，虽其亵臣，无得过宠。奄称士者，止于四人，况可为卿大夫乎哉？汉文帝时，赵谈骖乘，爰盎伏车前曰："天子所与共六尺舆者，皆天下豪英。今汉虽乏人，独奈何与刀锯之余共载？"如使之尸天官，又非骖乘之比也。自郑众谋诛窦宪，为大长秋，封侯，其后孙程定立顺之功，曹腾参建桓之策，续以五侯合谋，梁冀受钺。高冠长剑，纡朱怀金者，布满宫闱；苴茅分土，南面臣人者，盖以十数。故曰："三世以嬖色取祸，嬴氏以奢虐致灾。"西京自外戚失祚，东都缘阉尹倾国，岂不哀哉！唐之北司，同归于乱。《说命》曰："事不师古，以克永世，匪说攸闻。"信矣！①

此篇是"官人"这一主题的第八篇，主要论及《周礼》中驾驭奄官的方法。文章开篇首先一一罗列《周礼》中的奄官，而后指出除了特别突出的贤能之士，奄官皆没有爵命，即便有爵命，也仅为士，这体现了先王不以恩夺义，不以私废公的设官意图，所以奄官虽为王左右之亵臣，但没有发生因奄官受到过度宠信而引发统治危机。而后，李觏结合后世历史展开议论，指出西汉时文帝与宦官赵谈骖乘，爰盎尚能直言不讳，而自东汉郑众开宦官封侯之始，宦官势力日大，甚至可以参与皇帝的废立，这种宦官专权的局面最终导致了东汉的覆灭，唐代的宦官专权也同样严重，最终也使

---

① （宋）李觏：《盱江集》卷一二《周礼致太平论》之《官人第八》，见文渊阁《四库全书》。

强盛一时的唐王朝日趋没落。最后，李觏发出"事不师古，以克永世，匪说攸闻"的感叹，希望统治者能从《周礼》中吸取驾驭奄官的为政策略，同时吸取历史教训，避免重蹈覆辙。

《周礼致太平论》中其余 49 篇也大体类此，《周礼》经文不再是解释的核心，不被一字一句地加以训诂、疏解，李觏完全按照自己的意图择取《周礼》中的内容，提炼其间的政治思想，再结合历史或现实展开议论。当李觏围绕某一主题开展纵横捭阖的议论，《周礼》经文及其注解就成为辅助议论的工具，而李觏的这些议论，并不是为了单纯地解经，而是有着鲜明的现实政治针对性，可以说是借经论发表的政论。

总之，李觏《周礼致太平论》采用"别立标题，借经抒议"的体例，摆脱了经文的束缚，能更灵活自由地表达思想。由此体例引出的以议论解《周礼》的解释方法更是开创了宋代研究《周礼》的新途径，影响深远。

三、从《周礼致太平论》看李觏对《周礼》本经的认识

以下我们以《周礼致太平论》为主要资料，分析李觏对《周礼》本经的态度和对《周礼》作者的认识。

（一）对《周礼》本经的态度

西汉刘歆在王莽的影响下，推崇《周礼》，曾曰"其周公致太平之迹，迹具在斯"[①]。东汉郑玄承其说，主张："周公居摄而作'六典'之职，谓之《周礼》，营邑于土中，七年致政成王，以此《礼》授之，使居雒邑治天下。"[②] 李觏以《周礼致太平论》命名其论解《周礼》的精心之作，可知他赞同刘歆、郑玄的见解，对《周礼》抱持着尊崇的态度，主张《周礼》乃周公兴致太平之书。

《周礼致太平论》一书中，李觏也一再表达对《周礼》一经的推崇之情。其曰：

> 故圣人设官，必于谷之将熟，巡于田野，观其丰凶而后制税敛焉，丰年从正，亦不多取也，凶荒则损，何取盈之有哉？然则龙子所见盖周之末世，周公虽贡，未尝闻其不善也。[③]

----

① （汉）郑玄注，（唐）贾公彦疏：《周礼注疏》卷首《序周礼废兴》引马融《传》。
② （汉）郑玄注，（唐）贾公彦疏：《周礼注疏》卷一《天官》"惟王建国"下"注"曰。
③ （宋）李觏：《盱江集》卷七《周礼致太平论》之《国用第十》。

　　　　盖帝道宽简，抑时世之然，未若周公之典，垂后昆之题也。①

在李觏看来，《周礼》是周公为后世垂范的经典，而其中所载的圣人之法未尝不善。

　　（二）对《周礼》作者的认识

　　儒家诸经之中，《周礼》最晚出，始见于西汉，历代学者就其书之真伪及成书时代问题一直聚讼纷如。刘歆推尊《周礼》，认为"周公致太平之迹，迹具在斯"，而何休、林孝存怀疑《周礼》，斥其书为"六国阴谋之书""末世渎乱不验之书"②。由于郑玄的《周礼注》由汉迄唐久立学官，成独尊之势，故他所力主"周公居摄而作'六典'之职，谓之《周礼》"的见解被普遍接受，代表着颇具权威性的官方意见。

　　李觏赞同刘歆、郑玄的主张，旗帜鲜明地维护传统之见，力倡《周礼》为周公致太平之书。其曰：

　　　　觏窃观"六典"之文，其用心至悉，如天焉有象者在，如地焉有形者载。非古聪明睿智，谁能及此？其曰周公致太平者，信矣。③

他还斥责何休、临硕，曰：

　　　　鄙儒俗士，各滞所见，林之学不著，何说《公羊》诚不合礼，盗憎主人，夫何足怪？④

在李觏看来，何休、临硕等人对《周礼》的怀疑不过是狭隘之论，实不足信。

　　在《周礼致太平论》中，李觏从《周礼》文本的内容和思想入手，认为《周礼》"言其大则无事不包，言其小则庶事之一"⑤，可谓文繁事富，体大思精，非周公无人能及此，故相信《周礼》是周公所作治国平天下的圣典。李觏之后，郑伯谦、王与之等皆尊信《周礼》为周公致太平之书，推崇《周礼》所载诸制度，由此形成宋代《周礼》研究中尊《周礼》的一派。

四、李觏对郑玄《周礼注》的态度⑥

　　李觏是北宋杰出的平民思想家，他"善讲论六经，辩博明达，释然见

---

①　（宋）李觏：《盱江集》卷一一《周礼致太平论》之《官人第三》。
②　（汉）郑玄注，（唐）贾公彦疏：《周礼注疏》卷首《序周礼废兴》。
③④　（宋）李觏：《盱江集》卷五《周礼致太平论序》。
⑤　（宋）李觏：《盱江集》卷二《礼论后语》。
⑥　我们考察李觏对郑《注》的态度，就《周礼致太平论》一书而言，李觏并无异说，所见多同于郑《注》，但在《明堂定制图序》中，李觏多驳斥郑《注》。为了能客观说明李觏对郑《注》的态度，我们在这一节的论述中采用了《周礼致太平论》一书以外的李觏《周礼》学说，特此说明。

圣人之旨"①，乃至"东南士人，推以为冠"②。诸经之中，李觏"尤长于
《礼》"③，而《周礼》最受其推重。翻检李觏之著述，《周礼致太平论》10
卷是专门诠释《周礼》之作，而在《礼论》《富国策》《安民策》《强兵策》
《平土书》《常语》《明堂定制图序》等带有政论性和学术性的文章中，《周
礼》也是李觏在阐述自己观点时最常援引的儒家经典，以下我们就通过这
些资料探讨一下李觏对郑玄《周礼注》的态度。

（一）对郑玄《周礼注》的采纳

在经学研究上，李觏坚决反对完全摒弃注疏、以己意解经的空疏之
学。在《答宋屯田书》中，他说：

> 然六经近为狂妄人所椎埋，如是者甚众，且使觏坚其壁，主其
> 盟，执事当奇所谋，鸣鼓而阵焉。主盟之命，虽不可当，若狂妄椎
> 埋，岂惟执事患之，抑愚心未始释然也。

李觏斥责当时学者"专肆己欲，弃传违注"的解经之学为狂妄，并清晰地
表明立场，要与此派学者鸣鼓对阵。

在《周礼致太平论》中，李觏就大量引用他认为精当的郑玄《周礼
注》之说讲论《周礼》中的制度。如《内治第一》，李觏论解《内宰》"以
阴礼教六宫""以阴礼教九嫔"两句，曰：

> 六宫，谓后也。
> 不言教夫人、世妇，举中以见，上下省文也。

此处李觏对"六宫"的注解、对言"九嫔"而不言"夫人"与"世妇"的
解释就采纳了郑玄之说。

再如《内治第六》，李觏论解《春官》"内宗，凡内女之有爵者""外
宗，凡外女之有爵者"二句，先解释"内女""外女"曰：

> 内女，王同姓之女，有爵，其嫁于大夫及士者。
> 外女，王诸姑姊妹之女。

李觏此处对"内女""外女"的注解也采纳了郑玄《周礼注》之说。

---

① 此为范仲淹对李觏的评价，见于《盱江集》中《盱江外集》卷一《范文正公二首》。
② 此为宋仁宗所颁《告词》中对李觏的评价，见于《盱江集》中《盱江外集》卷一《告
词》。
③ 此为明人罗伦所撰《建昌府重修李泰伯先生墓记》中语，见于康熙年间《江西通志》卷
一三〇，录自文渊阁《四库全书》，第513～518册。

郑玄《周礼注》囊括大典，网罗众家，是汉代《周礼》学集大成之作，书中对《周礼》名物的训诂、制度的考证都取得了后人难以超越的成就，被后世学者奉为圭臬，成为研究《周礼》的必读书。李觏研究《周礼》能注意吸收郑玄的训诂考据成果，是较有见地的，唯其如此，李觏关于《周礼》纵横捭阖的议论才能建立在扎实的学术基础之上。

（二）对郑玄《周礼注》的驳斥

另一方面，李觏也承认汉唐注疏之学有缺陷，其曰：

> 五经传注及正义，诚有未尽善，志于道者宜其致诘。①

李觏不仅号召宋儒驳斥汉唐注疏的不合理之处，他本人也身先士卒，论解《周礼》时，不再亦步亦趋地谨守郑玄《周礼注》之说，而是依据己意批驳他认为失当的郑玄《周礼注》之说。

如《考工记·匠人》记载了"夏后氏世室""殷人重屋""周人明堂"，郑玄注解认为"夏后氏世室""殷人重屋""周人明堂"三者制度相同，皆为五室。后学多承其说，莫有异议，李觏却不以为然，他在《明堂定制图序》中驳斥郑玄提出的明堂五室说。曰：

> 既曰明堂将以事上帝也，宗庙将以尊先祖也，而以己之正寝与之同制，盖非尊祖事天之意也。矧郑之此说，并由胸臆，必谓明堂、宗庙、路寝同为五室，三代皆然。

在李觏看来，郑玄的注解不过是臆断之说，与经义不合。所以，他在博综经籍、调和众说的基础上，对明堂制度做了全新的阐释。

总之，李觏论解《周礼》，对郑玄《周礼注》之说有取有驳，他取舍郑玄《周礼注》的标准固然是以己意裁断其是否符合经典本义，有武断之弊，但较之一味弃传违注的解经者，其说确有高明之处。此后，王安石、王昭禹、王与之等人的《周礼》学著作皆对郑玄《周礼注》之说据己意加以裁断，或引或驳，这也成为宋代注解《周礼》的特色之一。

五、李觏《周礼致太平论》的解经特色

李觏所处之时代，疑经惑传、直探经典义理的新儒学方兴未艾，作为此学风的推波助澜者，李觏论解《周礼》已迥然有别于汉唐经师。以下将从三方面对《周礼致太平论》的解经方法做一分析。

---

① （宋）李觏：《旴江集》卷二八《答宋屯田书》。

　　第一，以己意裁断郑玄《周礼注》之说。

　　关于此方面，本节第四部分"李觏对郑玄《周礼注》的态度"论之详矣，兹不赘述。

　　第二，以议论解《周礼》。

　　李觏的《周礼致太平论》不是以经典为中心、亦步亦趋的解经之作，全书未从文字、音韵、训诂和名物制度考证方面注解《周礼》，仅是选择《周礼》中与齐家治国、利用厚生密切相关的官制，分立主题，诸如《国用》《刑禁》《官人》《教道》等，再以各主题为中心议题，述论《周礼》中相关的制度与思想，再重点阐发李觏对经典中所蕴微言大义的领悟、对历史事件的评价、对时政的建议。

　　如《周礼致太平论》中的《内治第二》，李觏先述天官首长冢宰统属九嫔、世妇、女御等六宫女官，而后对如此安排职官体系提出质疑，曰：

　　　　且夫六宫内也，如家人，家人私也；六官外也，乃国事，国事公也。外内异处，国家异分，公私异宜。然而使嫔妇属天官，无外内、国家、公私之辨者，何哉？

天官冢宰位高职尊，能统御百官以辅佐王，但九嫔等女官身居六宫，又为王所爱幸，她们隶属于六官之长冢宰确有外内不分、公私不辨的嫌疑，此问一出，令人疑云顿生。李觏于是笔锋一转，自答曰：

　　　　圣人之意，于是深矣！彼妇人女子，而当于至尊，幽居九重，人弗得见，则骄蹇自恣，无所不至也。是故使之分职于内，而附属于外。有职则当奉其法，有属则必考其功。奉法则不敢不谨，考功则不敢不慎。举官中之人而知所劝勉者，官有其长之效也。

李觏认为，九嫔等女官隶属于冢宰，正是先王设官分职的精义所在，因为家道正则天下理，九嫔等既得王之爱幸，其言行举止足以旋转天地，引来祸福，故更应对她们有所约束。而先王设官分职之时已对此有所考虑了，所以授予九嫔等女官职务，且使其隶属于天官冢宰，防止她们因得王之宠幸而骄横妄为，促使她们谨言慎行，成为宫人效仿的典范。李觏还进一步征引汉高祖欲废太子，立戚夫人之子为储君的历史掌故，评价后世人臣不得参与内事的制度确有其弊，进而赞叹先王设官的寓意实在深远。在此基础上，李觏又抒发己见，曰：

　　　　天子所御，而服官政，从官长，是天子无私人。天子无私人，则群臣焉得不公？庶事焉得不平？"无偏无党，王道荡荡"，此之谓也。

通过对先王设官分职所蕴精义的阐发，李觏描绘了公正无私的王道政治，这未尝不是他所怀抱的政治理想的别样表述。

第三，寓通经致用思想于经文论解之中。

李觏论解《周礼》，尤其重视挖掘书中具有先王政治经典意义的制度资源和思想资源，想从《周礼》中寻求解决现实问题的出路，诚如他在《周礼致太平论序》中所言："岂徒解经而已哉！唯圣人君子知其有为言之也。"一语道破了他论解《周礼》的真正意图，是想借诠释经典提出对现实政治的建议，而不是单纯为了解经而解经。

如《周礼》中大宰、宰夫、司会诸官在考核官吏方面彼此关联，李觏在《周礼致太平论》之《官人第三》中就总结先王的考官制度。他指出大宰、宰夫、司会每逢岁终都要考核各级官吏，依据官吏们的政绩决定废置，置者进其爵禄，废者退其爵禄，每三年，大宰再从总体上考核各级官吏的政绩以行诛赏，无功者不只是退其爵禄而已，还要问罪；有功者也不仅仅增禄进爵，还予以嘉奖赏赐。李觏对此考官制度甚为推崇，评价曰：

> 先王所以课吏考功，如是其密也。日入其成，是无一日而可敖荡；岁终废置，是无一岁而不劝惩。三年有成，则申之以诛赏。有功者骤获其利，无功者卒伏其辜。虽能言之类，亦知劝勉愧耻矣，况智者乎？①

他认为先王考官制度周密而严格，能促使各级官吏勤政廉洁、奋发有为，有助于国家的长治久安。

李觏诠释大宰等考官职事，当然不只是为了论述《周礼》中的制度，而是想对当朝不合理的考官制度有所建议。宋朝的考官制度是无功无过者升、有过有罪者不废黜其位，在这样的制度下，各级官吏多因循守旧，不思有所建树，但求三年能升一官。有鉴于此，李觏才对先王考官制度的精义进行阐发，并引用董仲舒之论：

> 古所谓功者，以任官称职为差，非谓积日累久也。故小材虽累日，不离于小官；贤才虽未久，不害为辅佐。②

---

① （宋）李觏：《盱江集》卷一一《周礼致太平论》之《官人第三》。
② （汉）班固：《汉书》卷五六《董仲舒传》，北京，中华书局，1962。

他赞同董仲舒的观点，主张擢升贤材，斥退庸人，反对不论政绩好坏，仅凭年资升官的弊政，他说：

> 不求功实，而以日月为限，三年而迁一官，则人而无死，孰不可公卿者乎？①

可见，李觏对当时不辨贤庸，不求功过，只讲论资排辈的考官制度深感愤慨，视其为误国害民之政。

再如宋代承唐代土地变革的现实，实行"田制不立""不抑兼并"的新政，土地兼并日益严重，甚至达到贫者无立锥之地，富者地连阡陌的程度。李觏一生贫困坎坷，对土地问题和民间疾苦深有感触，他尖锐地指出，虽然生民之道食为大，但生民之本在于土地，土地对于农民生存具有不可或缺的重要意义。在《周礼致太平论》中，李觏论解《周礼》中与井田制度密切相关的职官职事，如"大司徒""小司徒""载师""遂人""匠人"等，对他理想中的周代的平土之法——井田制度加以阐释。他还言及井田之善，曰：

> 皆以均则无贫，各自足也。此知其一，未知其二。必也人无遗力，地无遗利，一手一足无不耕，一步一亩无不稼，谷出多而民用富，民用富而邦财丰者乎！②

在此李觏不仅明确指出井田制度有安民之效，还自信地认为推行井田之制必可富民富国。他甚至认为后世惰民增加、土地荒芜、饥馑不断、贡赋减少等祸患皆因"阡陌之制行，兼并之祸起"，即将其归罪于井田制度的破坏。

李觏诠释《周礼》中的井田制度，当然不仅仅是阐发经义而已，他更想从中找到解决当时土地不均问题的良方。因此，与苏洵所主以限田之策逐渐解决土地兼并问题的观点相左，李觏主张恢复井田制度，用平土均田的办法抑制土地兼并的恶性膨胀。李觏的井田之议虽然得到张载、胡宏、杨简等人的拥护，甚至林勋还试图在桂州践行井田之法，但寄希望于理想化的井田制度以抑制无节制的土地兼并，均平土地，在宋代只能是一场梦。

---

① （宋）李觏：《旴江集》卷一一《官人第三》。
② （宋）李觏：《旴江集》卷六《国用第四》。

六、李觏《周礼致太平论》的学术影响

李觏的《周礼致太平论》无论是撰著体例还是解经方式，对宋代的《周礼》研究皆产生了较大影响，以下拟从三方面进行论述。

第一，从撰著体例来看，《周礼致太平论》一书与汉唐时期论解《周礼》的注疏之作判然有别，是采用了别立标题、借经抒议的全新方式对《周礼》加以解释，全书解释的中心不再是《周礼》经文，而在于表达作者自己的思想，经文仅是作者表达思想的工具。李觏《周礼致太平论》开创的这种撰著体例，开启了宋代以议论解《周礼》的研究新风，对此后宋人的《周礼》研究产生了较为深远的影响，如黄裳的《周礼义》、叶时的《礼经会元》、郑伯谦的《太平经国之书》等皆采用这种体例进行撰著。

第二，从解经方式来看，朱熹曾评价李觏解经"皆自大处起议论"①，并称赞《周礼致太平论》诠释《周礼》与己见不谋而合。以议论解经是李觏论解《周礼》的重要方法，此方法直接影响了宋人解释《周礼》的方式。如郑伯谦的《太平经国之书》、叶时的《礼经会元》皆别立标题，借经抒议；陈傅良的《周礼说》则结合古今，以史论经。客观而言，议论解经自有其新意，便于作者抒发思想，但也有离经言他的缺点，使经典解释与经典本义二者处于离合状态。

第三，从解经方式来看，李觏以经世致用的思想解释《周礼》对此后宋人的《周礼》研究也影响颇深。如王安石、叶时、郑伯谦、易祓、魏了翁等人的《周礼》学著作，或解释经文阐明变法革新的理论依据，或讲论制度对时政有所建议，他们无一例外地寓经世思想于《周礼》解释中，这也成为宋代解释《周礼》的重要特色之一。

总之，《周礼》既是李觏学术思想的经典依据，也是其"功利思想"的理论源泉，无怪乎清代学者王士禛评价曰："李泰伯觏文章皆谈经济，其本领尤在《周礼》一书。"②

第三节　王安石《周官新义》

王安石（1021—1086），字介甫，抚州临川（今江西省抚州市）人。

---

① （宋）朱熹：《御纂朱子全书》卷六五，见文渊阁《四库全书》，第720～721册。
② （清）王士禛：《居易录》卷一一，见文渊阁《四库全书》，第869册。

幼从父宦游，庆历二年（1042）中进士，此后二十多年间，历任签书淮南判官、鄞县知县、舒州通判、群牧判官、常州知州、提点江东刑狱、度支判官、知制诰、纠察在京刑狱。熙宁元年（1068），被召为翰林学士兼侍讲，不久越次入对，向神宗陈述其托古改制的改革方略，颇得神宗信重。熙宁二年（1069），升任参知政事，开始进行改弦更张的变法运动，先后颁行青苗、募役、保甲、市易等新法。在反对派攻讦和变法派内部倾轧的夹缝中，王安石的执政生涯可谓举步维艰，曾一度于熙宁七年（1074）罢相，出知江宁府。熙宁八年（1075），王安石再次被神宗委任为相，此时反变法的元老重臣虽均已失势，但变法派内部的攻讦却势同水火，终使复相后的王安石在政治上无所作为。熙宁九年（1076），仕途疲惫的王安石固辞宰相之职，神宗挽留不得，终下诏罢其为镇南节度使、同平章事判江宁府。此后十年，王安石食祠禄，赋闲金陵，寄情山水，啸歌讴吟，但仍时时系念朝廷政局，眷念熙宁功业。元祐元年（1086），王安石病逝于金陵。王安石学问渊博，生平著述甚丰，有《易解》《洪范传》《周官新义》《论语解》《孟子解》《老子注》《庄子解》《淮南杂说》《字说》《临川先生文集》等。

《周官新义》既是王安石诠释《周礼》的力作，也寓含其借鉴古制改革弊政的变法思想，由于《周官新义》曾颁于官学，其书所开创的以义理解《周礼》的方法引领了北宋中后期的《周礼》研究风尚，对南宋的《周礼》研究亦有影响，进而成为宋代解释《周礼》的重要特色。又因为王安石与《周官新义》同熙宁变法有着千丝万缕的联系，这使《周礼》受到更多的关注，争论也随之纷纭不休，从而促成了宋代《周礼》研究的盛况。我们将从撰著、流传、内容、体例入手，探讨王安石的《周礼》学观点以及《周官新义》一书的经学特点和学术影响。

一、王安石《周官新义》的撰著背景

北宋中期以后，政治风气和学术风气都发生了剧变。一方面，因循持重的政治气氛下隐伏的社会危机日益暴露，国家呈现积贫积弱之势，朝野士人皆欲摆脱内忧外患的困境，纷纷"言政教之源流，议风俗之厚薄，陈圣贤之事业，论文武之得失"[①]，寻求变通之道逐渐成为北宋中期政治思

① （宋）范仲淹：《范文正集》卷七《奏上时务书》，见《四部丛刊初编》，第135册，上海，商务印书馆，1926。

想的主流。另一方面，庆历以后，学风丕变，"宁道孔圣误，讳闻郑服
非"① 的汉学藩篱逐渐被打破，诸儒探研经学不再固守汉唐传注义疏之
学，莫不发明经旨，力图阐发经典中的微言奥旨，甚至大胆疑经改经。

　　受此影响，宋人研治《周礼》不再满足于汉唐传注义疏之学对名物制
度的训诂考证，而是强调在《周礼》中寻求先王治国平天下的制度资源和
思想资源，以经世致用作为诠释经典的重要旨归，这成为北宋中期以后经
学研究的新趋向。如庆历三年（1043）李觏撰《周礼致太平论》，以议论
解经的方式，阐发抑止兼并、均平土地赋役和富国强兵的思想，力图从
《周礼》中为范仲淹主持的"庆历新政"寻找理论依据。王安石视李觏为
江南士大夫能文者，曾曰"某与纳焉"②，而李觏高足曾巩、邓润甫也同
王安石志趣相投，关系密切，故李觏《周礼致太平论》以经术经世务的思
想对王安石是有一定影响的。

　　熙宁四年（1071），王安石罢诗赋和明经诸科，以经义论策试士，因
其认为汉唐注疏之学深奥烦琐，蒙蔽了先王精义和修经大旨，只会陷溺人
心。熙宁六年（1073），设置经义局，要重新训释儒家经典，力倡通经致
用之学，以经术造士。熙宁七年（1074），王安石主持的变法遭遇挫折，
他第一次罢相，出知江宁府。在此期间，他重新诠释《周礼》，亲撰《周
官新义》。在此书卷首，王安石自序曰：

　　　　惟道之在政事，其贵贱有位，其后先有序，其多寡有数，其迟数
　　有时，制而用之存乎法，推而行之存乎人，其人足以任官，其官足以
　　行法，莫盛于成周之时。其法可施于后世，其文有见于载籍，莫具乎
　　《周官》之书。盖其因习以崇之，赓续以终之，至于后世，无以复加，
　　则岂特文、武、周公之力哉！犹四时之运昼夜，积而成寒暑，非一日
　　也。自周之衰以至于今，历岁千数百矣，太平之遗迹，扫荡几尽，学
　　者所见，无复全经。于是时也，乃欲训而发之，臣诚不自揆，然知其
　　难也。以训而发之之为难也，则又以知，夫立政造事、追而复之之
　　为难。

宋人有崇古、复古情结，王安石因此推崇西周政治，认为其间体现了历代

──────────

　　① （唐）元行冲：《释疑》，见（清）董诰等编：《全唐文》卷二七二，北京，中华书局影
印，1983。

　　② （宋）王安石：《答王景山书》，见曾枣庄、刘琳：《全宋文》卷一三九三，成都，巴蜀书
社，1992。

圣王长期政治经验的积累和升华，而被奉为儒家经典的《周礼》就记载了西周制度，虽非"全经"，但其中仍蕴含着具有先王政治经典意义的制度资源和思想资源。王安石"欲训而发之"，实际就是想借诠释《周礼》为正遭遇巨大阻力的变法革新寻找具有经典意义的理论依据，同时驳斥政敌对新法的诬蔑、攻击，实现"以所观乎今，考所学于古"①，即以经术经世务。

"每当社会变革的时代，便有重新诠释经典的迫切需要……经典诠释活动常常反映出人们在新与旧之间、活的与死的之间进行选择的制度焦虑与人生焦虑。"② 北宋中期以后，政治风气和学术风气急剧变化，朝野之士常患法之不变，他们在儒家经典中寻找改革弊政的理论依据，为治国安民谋求出路，体现了宋代知识分子忧国忧民的情怀。《周官新义》就是在这样的大背景下成书的，王安石亲撰此书的重要目的就是通经致用，既驳斥反对派对新法的攻击，同时也为各项新法举措披上先王政治的经典外衣，从而为变法革新奠定理论基础。

二、王安石《周官新义》的流传与辑佚

王安石《周官新义》不仅一度成为官方教本和科举考试标准，还直接推动了宋代以义理解《周礼》研究新风的形成，可谓是宋代《周礼》学文献中卓有影响者。遗憾的是，清代乾隆年间编撰《四库全书》，倾全国之力也无法寻觅到此书，大约已佚亡于明代了。鉴于此书重要的经学价值、学术史价值，清代和现代学者皆曾辑佚此书，所以我们今天看到的王安石《周官新义》非原书旧帙，是辑本。

（一）流传

熙宁八年（1075），《周官新义》连同《尚书新义》《诗经新义》颁之于学官。此后，王安石对包括《周官新义》在内的《三经新义》不断修改，如元丰三年（1080），王安石就有《乞改三经义札子》上奏朝廷。

据文渊阁《四库全书》钱吉仪辑本所载王安石"原序"曰：

以所观乎今，考所学于古，所谓见而知之者。臣诚不自揆，妄以为庶几焉，故遂昧冒自竭，而忘其材之弗及也。谨列其书为二十有三

---

① （宋）王安石：《周官新义》卷首《周官新义序》，见文渊阁《四库全书》，第 91 册。

② 姜广辉：《中国经学思想史》，第一卷，"绪论"，41 页，北京，中国社会科学出版社，2003。

卷，凡十余万言，上之御府，副在有司，以待制诏颁焉。谨序。

据此可知，王安石北宋时上于御府、等待颁行的《周官新义》共23卷。

然晁公武《郡斋读书志》卷一上、陈振孙《直斋书录解题》卷二记载，《周官新义》一书22卷，解经止于秋官，不解《考工记》。为什么王氏自序所云卷数和《郡斋读书志》《直斋书录解题》所载宋代流传本卷数会出现差异呢？笔者以为，王安石上奏御府的《周官新义》，书前当有官方牒文、自序、他序等内容，因内容较多故自成1卷，连同正文22卷，共23卷。而南宋时王安石遭受政治抨击，《周官新义》也受牵连，书前的官方牒文、他序等内容很可能被删去，仅保留自序和正文，故《郡斋读书志》《直斋书录解题》记载的《周官新义》少1卷，是22卷。

元代，《周礼集说》《周官集传》皆援引王安石《周官新义》之说，《宋史·艺文志一》和《文献通考》卷一八一也记载此书。明初，编修《永乐大典》曾采录王安石《周官新义》一书，至万历年间（1573—1619），张萱所撰《新定内阁藏书目录》著录"荆公《周礼义》三册"。可知，《周官新义》一书明代万历年间仍见存于世。清初，《经义考》卷一二二著录此书，云"未见"，乾隆年间的四库馆臣称此书"外间实无传本，即明以来内阁旧籍，亦实无此书"①。王安石《周官新义》一书大约已经佚亡于明末了。

（二）辑佚

梁启超曾评价王安石《周官新义》曰："吾尝窃取读之，其精要之处盖甚多，实为吾中国经学辟一新蹊径，自汉以迄今日，未有能过之者也。"② 正因此书具有重要的经学价值，故后世学人才致力于辑佚，现流传于世的《周官新义》就有清代钱吉仪辑本、台湾程元敏辑本。

清人钱吉仪据《永乐大典》《周礼订义》辑佚王安石《周官新义》16卷附2卷③，辑本收入《四库全书》"经部礼类"中。此辑本《天官》、《春官》、《秋官》、附卷上《考工记一》、附卷下《考工记二》是据《永乐大典》征引辑佚；《地官》《夏官》是据《周礼订义》征引辑佚。需要说明

---

① （清）永瑢：《四库全书总目》卷一九《周官新义》提要。
② 梁启超：《王荆公》，见《梁启超全集》，1798 页，北京，北京出版社，1999。
③ 据《四库全书总目提要》卷一九《周官新义》提要，收入《四库全书》的《周官新义》是根据《永乐大典》辑佚而来的。因《永乐大典》所引《周官新义》缺《地官》《夏官》部分，故据王与之《周礼订义》所引"王氏曰"辑佚《地官》《夏官》部分，《钦定四库全书考证》卷八的记载可资查证。

的是，王安石《周官新义》不解《考工记》，而《永乐大典》所载《周官新义》包括对《考工记》的训释，这部分非王安石所撰，系宋人郑宗颜据王安石《字说》解《考工记》之作，因《永乐大典》载其说，且作王安石之解，故附录于辑本之后。

20 世纪 80 年代，台湾学者程元敏搜考群书，重新辑佚王安石《周官新义》。1987 年 12 月台北编译馆出版《三经新义辑考汇评（三）——〈周礼〉》，这一新辑本收录有清代辑本没有收录的若干佚文，对《地官》《夏官》部分也做了尽可能的补充，且在每一节佚文后附相关评说，程元敏先生的这一辑本已经成为目前研究王安石《周官新义》重要的参考资料，学术价值自不待言。2012 年，张涛在汇集前贤佚文的基础上，又辑佚《周官新义》佚文 25 则，撰成《王安石〈周礼新义〉佚文补辑》一文，发表在《宋史研究论丛》，殊为难得。

三、王安石《周官新义》辑本的内容与体例

我们以《四库全书》本《周官新义》为例，介绍此辑本的内容和体例。

（一）内容

清代四库馆臣钱吉仪所辑《周官新义》共 18 卷，其中卷一至卷五是《天官》，卷六至卷七是《地官》，卷八至卷一一是《春官》，卷一二至卷一三是《夏官》，卷一四至卷一六是《秋官》，后附《考工记》2 卷。

据《郡斋读书志》《直斋书录解题》记载，王安石所撰《周官新义》解经止于《秋官》，不解《考工记》，此辑本所附《考工记》2 卷，非王安石所作，乃宋人郑宗颜据王安石《字说》解《考工记》之作，因《永乐大典》作王安石说，故钱氏将其附录于辑本之后。因附卷《考工记》非王安石所作，所以我们下面所述《周官新义》辑本的内容不包括《考工记》部分。

以下分述每卷内容：

卷一《天官一》，内容包括"天官叙官""大宰"；

卷二《天官二》，内容包括"小宰""宰夫"；

卷三《天官三》，内容包括"宫正"至"腊人"的 12 职官；

卷四《天官四》，内容包括"医师"至"掌次"的 18 职官；

卷五《天官五》，内容包括"大府"至"夏采"的 29 职官；

卷六《地官一》，内容包括"地官叙官"和"大司徒"至"媒氏"的

24 职官；

　　卷七《地官二》，内容包括"司市"至"槁人"的 47 职官；

　　卷八《春官一》，内容包括"春官叙官""大宗伯""小宗伯"；

　　卷九《春官二》，内容包括"肆师"至"职丧"的 19 职官；

　　卷一〇《春官三》，内容包括"大司乐"至"视祲"的 26 职官；

　　卷一一《春官四》，内容包括"大祝"至"家宗人"的 17 职官；

　　卷一二《夏官一》，内容包括"夏官叙官"和"大司马"至"节服氏"的 28 职官；

　　卷一三《夏官二》，内容包括"大仆"至"都司马"的 39 职官；

　　卷一四《秋官一》，内容包括"秋官叙官""大司寇""小司寇""士师"；

　　卷一五《秋官二》，内容包括"乡士"至"衔枚氏"的 47 职官；

　　卷一六《秋官三》，内容包括"大行人"至"家士"的 15 职官。

　　整体来看，《四库全书》辑佚本《周官新义》《天官》部分内容最为丰富、完整，《春官》和《秋官》部分次之，《地官》和《夏官》部分内容残缺最为严重。

　　（二）体例

　　从《四库全书》辑佚本来看，王安石《周官新义》一书的注经体例与汉唐的经注模式基本一致，皆先列经文，用大字，顶格书写，次列注解，另起一行，也用大字，低经文一格书写。兹举两例说明：

　　《小宰》："小宰之职，掌建邦之宫刑，以治王宫之政令，凡宫之纠禁。"王安石注解曰：

　　　　小宰治王宫之政令，而内宰治王内之政令。王内，后宫也。内宰治后宫之政令，故小宰独治王宫之政令，至于后宫之纠禁，则小宰兼之，故曰凡宫之纠禁也。①

　　《小宰》经文一句顶格书写，后列王安石注解，另起一行，低经文一格书写。

　　《占梦》："占梦掌其岁时，观天地之会，辨阴阳之气，以日、月、星辰占六梦之吉凶。一曰正梦，二曰噩梦，三曰思梦，四曰寤梦，五曰喜梦，六曰惧梦。"王安石注解曰：

---

　　① （宋）王安石：《周官新义》卷二。

> 人之精神与天地同流通，万物一气也。《易》曰"乾道变化，各正性命，保合太和，乃利贞"，故占梦掌其岁时，观天地之会，辨阴阳之气，以日、月、星辰占六梦之吉凶。掌其岁时，则掌占梦之岁时而已。寤梦，若狐突梦太子申生。正梦，郑氏谓平安自梦。①

此处《占梦》经文一句顶格书写，后列王安石注解另起一行，低经文一格书写。

总体而言，《四库全书》辑本《周官新义》体例皆如此，与传统诂经之作无甚分别，此书所标举的"新"主要新在对经义的解释上，而非撰著体例。

四、从《周官新义》看王安石对《周礼》的态度

王安石对《周礼》一书极为推崇，认为是书记载了周代致太平之法。其曰：

> 惟道之在政事，其贵贱有位，其后先有序，其多寡有数，其迟数有时，制而用之存乎法，推而行之存乎人，其人足以任官，其官足以行法，莫盛于成周之时。其法可施于后世，其文有见于载籍，莫具于《周官》之书。盖其因习以崇之，庚续以终之，至于后世，无以复加，则岂特文、武、周公之力哉！犹四时之运昼夜，积而成寒暑，非一日也。②

在王安石看来，成周的致太平之法"后世无以复加"，而此法的形成非特"文武周公之力"，是历代圣王政治经验的总结，蕴含先王政治的精华，《周官》一书正是"见于载籍"的致太平之法，而此法王安石认为可施于后世。

宋人推崇《周礼》者，多将《周礼》的著作权委之于周公，以周公的圣人权威来佐证《周礼》的神圣与经典，而王安石对《周礼》的推崇则是源于《周礼》本身的内容。在《周官新义》辑本中，我们找不到他对周公与《周礼》关系的论述，在《周官新义》的字里行间，我们能发现讲求实用的王安石更多关注《周礼》中的为政精华，在他看来《周礼》记载的成周政治贵贱有位、后先有序、多寡有数、迟数有时，"制而用之存乎法，推而行之存乎人，其人足以任官，其官足以行法"，其中的为政经验有不

---

① （宋）王安石：《周官新义》卷一〇。
② （宋）王安石：《周官新义》卷首《周官新义序》。

少可资现实政治借鉴。

四库馆臣曾评价王安石对《周礼》的态度，曰：

> 然《周礼》之不可行于后世，微特人人知之，安石亦未尝不知也。安石之意，本以宋当积弱之后，而欲济之以富强，又惧富强之说必为儒者所排击，于是附会经义，以钳儒者之口，实非真信《周礼》为可行。迨其后用之不得，其人行之不得，其道百弊丛生，而宋以大坏，其弊亦非真缘《周礼》以致误。

四库馆臣以为，王安石知道《周礼》不可行于后世，但他惧怕变法以致富强之说为儒者所排击，所以"附会经义，以钳儒者之口"，即拉《周礼》做挡箭牌，而他本人"实非真信《周礼》为可行"。

我们从王安石对《周礼》的态度判断，认为四库馆臣之见有偏颇处，王安石确实推崇《周礼》，认为其中蕴含成周致太平之法，也着力挖掘《周礼》中的政治资源，希望能"以所观乎今，考所学于古"，通古制于今政，并非仅仅以《周礼》为挡箭牌而已，王安石本人是深信《周礼》不疑的。

五、从《周官新义》看王安石对郑玄《周礼注》的态度

郑玄《周礼注》和贾公彦《周礼疏》是反映汉唐《周礼》学成就的代表作，也是学界公认的对经典的权威解释。王安石研治《周礼》不盲从郑玄、贾公彦的注解，而是敢于挑战权威，或补充新解，或提出新见。如《天官》叙官"酒人，奄十人"一句，郑玄训释"奄"曰：

> 奄，精气闭藏者，今谓之宦人。《月令》：仲冬"其器闳以奄"。

贾公彦疏曰：

> 案《月令》冬三月皆云"其器闳以奄"，独引仲冬者，以其十一月一阳初生，以其奄人虽精气闭藏，犹少有精气故也。

王安石对郑、贾之说进行补充，训诂"奄"字曰：

> 郑氏以奄为精气闭藏者，盖民之有是疾，先王因择而用焉，与籧篨蒙镠、戚施直镈、聋瞆司火、瞽蒙修声同。若以是为刑人，则国君不近刑人，而况于王乎？若以为刑无罪之人而任之，则宜先王之所不忍也。[1]

————————

[1]　（宋）王安石：《周官新义》卷一。

王安石从推崇先王政治的角度出发，补充郑玄、贾公彦对"奄"字的训解，主张王宫中充任酒人之职的"奄"，既非刑余之人，也非对无罪之人施刑，而是选择天生患病者居之，如此安排就能体现先王政治无微不至的仁爱。王氏此说新颖，可视为对郑注、贾疏的补充。需要指出的是，此说的立意是出于对先王之政的阐发，不纯然是训诂经文。

再如《天官·医师》"岁终，则稽其医事以制其食。十全为上……"一句，郑玄训"全"曰：

> 全犹愈也。

贾公彦从郑玄之说。而王安石提出新见，曰：

> 郑氏为全犹愈也，人之疾固有不可治者，苟知不可治而信，则亦全也，何必愈？①

王安石认为，因为人的有些疾病是无法治愈的，所以医师能诊断病人所患之病是不可治愈的，后经验证无误，也算诊断正确，不一定是全部治好才算"全"。王安石此说丰富了"全"的内涵，没有将"全"单一的解释为治愈，可谓新颖而不穿凿。虽不尽从郑玄之说，但却不失为一家之言。二程对此处经文的解释，也有与王安石相近的见解，可谓不谋而合。

总之，从《周官新义》辑本来看，王安石对郑玄《周礼注》之说既有采纳，又有驳斥。

六、王安石《周官新义》的解经特点

王安石《周官新义》之于宋代《周礼》学的发展影响甚大，这种影响是和政治因素扭合在一起的，促成了两宋学界对《周礼》这部儒家经典的重视，推崇也罢，诋毁也罢，似乎都不能绕过王安石《周官新义》。即使单纯从学术层面评价，我们也不难发现这部书的经学价值是得到学界公认的，无论是被目为新学一流的北宋王昭禹，还是强烈反对以《三经新义》取士的南宋林之奇，在撰著他们自己的《周礼》学著作时，都或多或少受到王安石《周官新义》的影响，及至南宋王与之《周礼订义》、元代陈友仁《周礼集说》都"颇据其说"②，而清代《钦定周官义疏》"亦不废采

---

① （宋）王安石：《周官新义》卷四。
② （清）永瑢：《四库全书总目提要》卷一九《周官新义》提要。

用"①。以下我们就从三个方面论述王安石《周官新义》的经学特点。

第一，以字解经，好立新说。

郑玄注经简约，往往"注"的字数要少于"经"的字数，他曾概括自己的注经方法，曰：

> 举一纲而万目张，解一卷而众篇明，于力则鲜，于思则寡，其诸君子亦有乐于是与?②

王安石《周官新义》的解经方法颇类郑玄，也多从文字训诂入手训释经文，注解简约。清代全祖望就曾评价曰："荆公解经，最有孔、郑诸公家法：言简意赅。"③ 兹举几例以资说明：

如《大宰》："正月之吉，始和，布治于邦国都鄙。"王安石注"正"字曰：

> 正者，政也。
> 政欲每岁改易，故改岁之一月谓之正月。④

此处，王安石创造性地单独训释"正月"之"正"为"政"，并以此为基础，阐发先王每逢岁终都修改政令，在新年伊始再颁行新法，因为颁行新法在正月，所以"正"蕴含着"政"的意思。王安时同时也借此发挥，阐述因时修法是理所当然的先王之政，为变法革新进行辩护。

王安石认为汉唐诸儒奉为圭臬的东汉许慎《说文解字》，在文字训释方面仍不完备，亦有错误，故王安石虽从文字训诂入手解释经文，但他对经文的训诂往往不遵从传统成说，而是别创新解。如许慎《说文解字》卷十上释"法"字曰：

> 灋，刑也。平之如水，从水。廌，所以触不直者。去之，从去。方乏切。⑤

《周官新义》卷一训"法"云：

---

① （清）永瑢：《四库全书总目提要》卷一九《周官新义》提要。
② （汉）郑玄：《毛诗正义》卷首《诗谱序》，见影印阮校《十三经注疏》，264 页，北京，中华书局，1980。
③ （清）黄宗羲、全祖望：《宋元学案》卷九八《荆公新学略》，见《儒藏》，第 18 册，102 页，成都，四川大学出版社，2005。
④ （宋）王安石：《周官新义》卷一。
⑤ （汉）许慎撰，（宋）徐铉校定：《说文解字》卷十下，202 页，北京，中华书局影印，1963。

> 灋之字从水，从廌，从去。从水，则水之为物，因地而为曲直，因器而为方圆，其变无常，而常可以为平；从廌，则廌之为物，去不直者；从去，则灋将以有所取也。

王安石同许慎一样，也从字形（从水、从廌、从去）入手阐明"灋"字的意思。许慎认为，刑法"平之如水"，故"从水"；而王安石却从水的柔性、善于变化入手，说水因地、因器之不同而处于变化的状态，故"灋"字从水，也当如水一般，因时、因势而变化发展，不能固守不变。王安石此说新颖，虽不同于许慎，但也言之成理，同时借此阐发了因时变法的思想。

第二，别立新解，不从郑玄《周礼注》之说。

本节"五、从《周官新义》看王安石对的郑玄《周礼注》的态度"，对此论之详矣，兹不赘述。

第三，依经诠义，发明圣人微旨。

郑玄注《周礼》囊括大典，网罗众家，在名物训诂、制度考证方面取得了后人难以超越的成就。魏晋以后，郑玄《周礼注》不仅久立学官，还被学界奉为圭臬，此后注解《周礼》的著述虽多，不过是郑玄《周礼注》的支流，皆难脱训名物、考制度之研究窠臼。王安石《周官新义》以"新义"为名，重点阐发《周礼》经文间蕴含的圣人之旨、微言大义，开辟了以义理解《周礼》的研究新途径。

如《膳夫》："大丧则不举，大荒则不举，大札则不举，天地有灾则不举，邦有大故则不举。"郑玄对此句经文的训释，着重于训诂名物，分别解释"大荒""大札""天灾""地灾""大故"。贾公彦沿袭郑说，引经据典对上述名物进行了补充解释。王安石不再对名物进行新的训解，而是着重阐发此句的经义，曰：

> 王以能承顺天地，和理神人，使无灾害变故，故宜飨备味，听备乐。今不能然，宜自贬而弗举矣。①

王安石认为，王若能顺承天地，和谐神人关系，使天下平安，无灾害变故，则可以享受美食、美乐；如若不然，天下发生灾荒变故，王就应该减省饮食以示自贬。

再如《大卜》："以邦事作龟之八命，一曰征，二曰象，三曰与，四曰谋，五曰果，六曰至，七曰雨，八曰瘳。"郑玄引郑众之说，并参以己见，

① （宋）王安石：《周官新义》卷三。

注解"征""象""与""谋""果""雨""瘳"。贾公彦从郑说，征引经典进一步解释郑注。王安石则不措意于考辨郑、贾之得失，而是在他们训诂经文的基础上，着重阐发经义。曰：

> 征，事大及众，故征为先。瘳，不及众，私忧而已，故瘳为后。象，则天事之大。雨，则天事之小。天事之大而在征后，则天道远，人道迩故也。先雨后瘳，则雨及众故也。

王安石从事情大小、与天人关系的角度，阐发人事重于天事、关系众人之事要比关系个人之事更为重要的思想，从而赋予具有神秘色彩的占卜之语以新的解释。

从中我们不难发现，王安石释经的路径与郑玄、贾公彦是不同的，名物训诂、制度考证已非王安石解经的重点，他更重视对经文中体现的先王政治精髓的发掘，实际是借阐述先王政治的微言大义来表达自己的思想，经学的旧瓶借助经义的阐释装上了新酒。

七、王安石《周官新义》的学术影响

王安石《周官新义》是宋代《周礼》学文献的代表作，卓有影响，以下我们拟从两个方面评析王安石《周官新义》的学术影响。

第一，开辟以义理解《周礼》的研究新途径。

王安石斥应试科举之学为"俗学"，主张对经义做新的解释，并以此来"一道德"。所以《周官新义》在经典解释路径上，摆脱了以训诂名物、考证制度为中心的汉唐《周礼》学窠臼，而是采用依经诠义的方式，侧重发明《周礼》蕴含的圣人微旨和先王治国平天下的大义，开辟了以义理解《周礼》的研究新途径。

伴随《三经新义》（包括《诗经新义》《尚书新义》《周官新义》）颁之于学官，《周官新义》以官方教本的姿态，引导了学界此后研究《周礼》的路向，如黄裳《周礼义》、王昭禹《周礼详解》、黄度《周礼说》、易祓《周官总义》等在经典解释方面特重经义阐发，且精义迭出，远胜先儒，从而形成了宋代《周礼》研究以发明义理见长的特色。

梁启超曾评价《周官新义》曰："吾尝窃取读之，其精要之处盖甚多，实为吾中国经学辟一新蹊径，自汉以迄今日，未有能过之者也。"① 总之，

---

① 梁启超：《王荆公》，见《梁启超全集》，1798 页。

王安石《周官新义》在汉唐训名物、考制度研究范式之外，开辟了以义理解《周礼》的研究新范式，并深深影响了宋、元、明、清的《周礼》研究。

第二，"以所观乎今，考所学于古"①，倡导从通经致用的视角研究《周礼》。

王安石是抱着强烈的使命感和目的性解释《周礼》的。其曰：

> 自周之衰以至于今，历岁千数百矣，太平之遗迹扫荡几尽，学者所见无复全经。于是时也，乃欲训而发之，臣诚不自揆，然知其难也。以训而发之之为难也，则又以知夫立政造事、追而复之之为难，然窃观圣上致法，就功取成于心，训迪在位，有冯有翼，亹亹乎乡六服承德之世矣。以所观乎今，考所学于古，所谓见而知之者。臣诚不自揆，妄以为庶几焉，故遂昧冒自竭，而忘其材之弗及也。②

王安石此处自云自不量力，不仅"欲训而发之"，通过重新解释《周礼》阐发先王政治的精华，还要"立政造事、追而复之"，使先王的致太平之法在北宋重光。可知，王安石《周官新义》是借助经义阐释，探寻先王治国平天下的制度资源和思想资源，为遭遇困境的变法寻求理论依据，通经致用的意图非常明显。

如青苗法颁行后，出现一些弊端，韩琦、范镇等人遂指斥青苗法为"盗跖之法"。为驳斥政敌对新法的攻击，王安石诠释《旅师》："掌聚野之锄粟、屋粟、间粟，而用之，以质剂致民，平颁其兴积，施其惠，散其利，而均其政令。"曰：

> 掌聚野之锄粟、屋粟、间粟而用之者，聚此三粟而用以颁、以施、以散也。施其惠，若民有艰阨，不责其偿。③

于此王安石清晰地阐明了青苗法的经典依据和制作本意。他申明向百姓借贷属先王之政，目的是施惠于民，而今自己结合历史新形势，将先王之政变通行之，颁行青苗法，目的也是帮助百姓渡过难关，抑止土地的兼并，增加国家财政收入，并非以取息敛财为终极目的。

再如《大司徒》："掌建邦之土地之图，与其人民之数，以佐王安扰邦国……以土均之法，辨五物九等，制天下之地征，以作民职，以令地贡，

---

① ②　（宋）王安石：《周官新义》卷首《周官新义序》。
③　（宋）王安石：《周官新义》卷七。

以敛财赋，以均齐天下之政。"王安石解曰：

> 掌土地之图，则土会、土宜、土均之法可施，王国之地中可求，邦国之地域可制。掌人民之数，则地守、地职、地贡之事可令，万民之卒伍可会，都鄙之室数可制。夫然后可以佐王安扰邦国。……民职、地贡、财赋，则有政矣。然远近多寡之不均，先后缓急之不齐，非政之善，于是乎以均齐天下之政。①

王安石认为，民职、地贡、财赋的不均、不齐皆非政之善者，主张要均齐天下之政，在此他阐发了均平赋役的思想。而均平赋役的前提就是要知悉天下土地之图和人民之数，据此制定赋役，才能均平合理。因为先王之政就以大司徒掌管天下土地之图和人民之数，作为征发贡赋劳役的标准，所以在全国范围内清丈土地、统计人口就是仿效先王的治国安邦之举。由于大司徒在制定地征之时贯彻了"土均之法"，讲求"均""齐"，所以均税、均役就是重光先王之政。王安石借经文诠释既阐明实行方田均税法的必要性，也为方田均税法披上了经典的外衣，使其更具权威的说服力。

在《周官新义》中，王安石还积极为募役法寻找经典依据。如《大宰》"三岁，则大计群吏之治而诛赏之"一句经文，王安石解曰：

> 任民以其职，然后民富；民富，然后财贿可得而敛。②

王安石主张通过发展生产来达到富国的目的。基于这种思想，他变宋初实行的差役法为募役法，免除农民和工商业者的劳役束缚，鼓励发展生产。还解释宫正、宫伯、膳夫、庖人的叙官部分曰：

> 有藏则置府，有书则置史，有征令之事则置徒，有徒则置胥，有市贾之事则置贾。府、史、贾、胥、徒，皆赋禄焉，使足以代其耕；故市不役贾，野不役农，而公私各得其所。③

由于官府中的"府、史、贾、胥、徒"诸职不可或缺，所以由政府征钱募人充役，这样公私兼顾，农民和工商业者可专心务农、务工、务商，官府所募之人也能安心本职工作，进而增加国家的财政收入。

为强兵御侮，王安石颁行了保甲法，在《周官新义》中他也阐释了制定保甲法的根据和意图。其训释《宫正》"会其什伍而教之道艺"一句曰：

---

① （宋）王安石：《周官新义》卷六。
② ③ （宋）王安石：《周官新义》卷一。

会其人以为伍，合其伍以为什，使之相保，然后教之道艺也……
然后邦有大事，可责以听政令而守也；于是无事矣，思患预防
而已。①

王安石根据先王推行的什伍之制把地方民户组织起来，教习武艺，从事生
产，国有战事可出征或镇守，平时无事也可防御并维持地方社会秩序，于
此王安石寓兵农合一的军事思想于经文诠释之中。

在变法与反变法斗争最为激烈的时刻，王安石撰著《周官新义》，从
通经致用的视角出发解释《周礼》，阐发了政治、经济、刑法、军事等思
想，以论证新法的可行性和必要性，批驳政敌对新法的诬陷与攻击。清代
学者全祖望就曾评论曰："荆公生平，用功此书最深，所自负以为致君尧
舜者，俱出于此。是故熙丰新法之渊源也。"②

伴随熙丰变法，王安石亲撰的《周官新义》成为众矢之的，二程高弟
杨时更撰著《周礼义辨》专门攻驳此书。然而王安石将通经致用作为解释
经典的重要旨归的做法，深深影响了北宋中期以后的《周礼》学研究，无
论是信《周礼》而诋《新义》的杨时、王居正，还是毁《新义》而疑《周
礼》的胡宏、洪迈，或是薛季宣、陈傅良、黄度、王与之等人，他们的
《周礼》研究都无一例外地继承了《周官新义》通经致用的学术特色，从
而形成宋代《周礼》解释学的一大特色，即贯注通经致用思想于经文解释
中，希望借助经典解释为现实政治提供帮助。

第四节　王昭禹《周礼详解》

王昭禹，字光远，北宋徽宗、钦宗时人，生平不详。《宋元学案》卷
九八《荆公新学略》将其列为"荆公门人"，可视其为"新学"一系的学
者。王昭禹撰有《周礼详解》一书，颇为后人所重，陈振孙《直斋书录解
题》卷二评价曰"近世为举子业者多用之"。

王昭禹《周礼详解》一书注解《周礼》，深受王安石新学的影响，被
视为北宋新学一派注解《周礼》的代表作。此书完整地流传至今，我们将

---

① （宋）王安石：《周官新义》卷三。
② （清）黄宗羲、全祖望：《宋元学案》卷九八《荆公新学略》，见《儒藏》第 18 册，102
页。

从内容、体例入手，探讨王昭禹的《周礼》学观点以及《周礼详解》一书的经学特点。

一、王昭禹《周礼详解》的流传情况

王昭禹《周礼详解》，是为数不多完整流传至今的宋代《周礼》学文献，此书在宋代即刊行于世。如《直斋书录解题》卷二载曰：

> 《周礼详解》四十卷，王昭禹撰，未详何人，近世为举子业者多用之，其学皆宗王氏新说。

《玉海》卷三九载曰：

> 王昭禹撰《详解》四十卷，宗王氏。

元代，此书仍有流传，卷帙也没有变化，仍是 40 卷。如《宋史·艺文志一》载曰：

> 王昭禹《周礼详解》四十卷。

《文献通考》卷一八一载曰：

> 《周礼详解》四十卷。陈氏曰：王昭禹撰，未详何人，近世为举子业者多用之，其学皆宗王氏新说。

明代的官私书目，如《文渊阁书目》《内阁藏书目录》《秘阁书目》《授经图义例》《菉竹堂书目》等皆著录此书，可知此书在明代也颇有流传。

清代，王昭禹《周礼详解》被收入《四库全书》"经部礼类"和《四库全书珍本初集》"经部礼类"中，卷帙皆为 40 卷。此外，清代还有三种《周礼详解》的抄本传世：一是旧抄本，书上有"武林卢文弨写本""钱塘抱经堂藏""汪氏振绮堂藏书"三印，今藏南京图书馆；二是清抄本，有丁丙跋，今藏上海图书馆；三是民国大邑张氏世留堂精抄本，16 册，今藏四川省图书馆。其中《四库全书》本《周礼详解》是此书目前较为常见的版本。

二、王昭禹《周礼详解》的内容和体例

我们以《四库全书》本《周礼详解》为例，介绍王昭禹《周礼详解》的内容和体例。

（一）内容

王昭禹《周礼详解》共 40 卷，卷首有王昭禹自序、《周礼互注总括》，

其中卷一至卷八为《天官冢宰》,卷九至卷一六为《地官司徒》,卷一七至卷二四为《春官宗伯》,卷二五至卷二九为《夏官司马》,卷三〇至卷三四为《秋官司寇》,卷三五至卷四〇为《冬官考工记》。

现陈述此书的分卷内容:

卷一《天官冢宰》,内容包括"大宰"1官;

卷二《天官冢宰》,内容包括"大宰"1官;

卷三《天官冢宰》,内容包括"小宰"1官;

卷四《天官冢宰》,内容包括"宫正"至"亨人"的7官;

卷五《天官冢宰》,内容包括"甸师"至"疾医"的8官;

卷六《天官冢宰》,内容包括"疡医"至"幂人"的11官;

卷七《天官冢宰》,内容包括"宫人"至"职币"的13官;

卷八《天官冢宰》,内容包括"司裘"至"夏采"的21官;

卷九《地官司徒》,内容包括"大司徒"1官;

卷一〇《地官司徒》,内容包括"大司徒"1官;

卷一一《地官司徒》,内容包括"小司徒"至"乡大夫"的3官;

卷一二《地官司徒》,内容包括"州长"至"充人"的11官;

卷一三《地官司徒》,内容包括"载师"至"媒氏"的11官;

卷一四《地官司徒》,内容包括"司市"至"掌节"的13官;

卷一五《地官司徒》,内容包括"遂人"至"委人"的11官;

卷一六《地官司徒》,内容包括"土均"至"槀人"的28官;

卷一七《春官宗伯》,内容包括"大宗伯"1官;

卷一八《春官宗伯》,内容包括"小宗伯"至"司尊彝"的6官;

卷一九《春官宗伯》,内容包括"司几筵"至"守祧"的7官;

卷二〇《春官宗伯》,内容包括"世妇"至"乐师"的8官;

卷二一《春官宗伯》,内容包括"大胥"至"鞮鞻氏"的16官;

卷二二《春官宗伯》,内容包括"典庸器"至"大祝"的11官;

卷二三《春官宗伯》,内容包括"小祝"至"保章氏"的11官;

卷二四《春官宗伯》,内容包括"内史"至"神仕"的10官;

卷二五《夏官司马》,内容包括"大司马"至"行司马"的5官;

卷二六《夏官司马》,内容包括"司勋"至"掌畜"17官;

卷二七《夏官司马》,内容包括"司士"至"司兵"的15官;

卷二八《夏官司马》,内容包括"司戈盾"至"校人"的14官;

卷二九《夏官司马》,内容包括"趣马"至"家司马"的19官;

卷三〇《秋官司寇》，内容包括"大司寇"至"士师"的 3 官；

卷三一《秋官司寇》，内容包括"乡士"至"貉隶"的 23 官；

卷三二《秋官司寇》，内容包括"布宪"至"伊耆氏"的 25 官；

卷三三《秋官司寇》，内容包括"大行人"至"司仪"的 3 官；

卷三四《秋官司寇》，内容包括"行夫"至"家士"的 12 官；

卷三五《冬官考工记》，内容包括"考工记叙""轮人"；

卷三六《冬官考工记》，内容包括"轮人"至"桃氏"的 6 官；

卷三七《冬官考工记》，内容包括"凫氏"至"幌氏"的 12 官；

卷三八《冬官考工记》，内容包括"玉人"至"梓人"的 8 官；

卷三九《冬官考工记》，内容包括"庐人"至"车人"的 4 官；

卷四〇《冬官考工记》，内容包括"弓人" 1 官。

(二) 体例

王昭禹《周礼详解》一书，就注经体例而言仍遵循汉唐训诂经文的模式，但存在删经文的情况，以下我们就分三方面介绍此书体例。

第一，王昭禹《周礼详解》遵循汉唐训诂经文的模式，采用先列经文，次列注解的方式，其中经文用大字顶格书写，注解则低经文一格，用双行小字记注于经文之下。兹举一例以资说明：

《大宰》"一曰治典，以经邦国，以治官府，以纪万民"一句，作为经文，用大字，顶格书写。其下是注解，曰：

> 直而有常谓之经，小而有所系谓之纪。治典颁之于邦国，治其直而不致其曲，治其常而不致其变，制其经而已，故以经邦国。扬子曰："大作纲，小作纪，如纲不纲，纪不纪，虽有纪纲，恶得一日而正诸？"盖纪者纲之目，而系乎纲者也，纲大则能持众，纪小则不能通物，纪之而已。万民王所自治，其事致详焉，故治典所以纪万民、官府。治之法所自出，故特曰治官府有经则宜有纬，有纪则宜有纲，经而纪之者典也，纲而纬之，存乎其人矣。先邦国而后官府，先官府而后万民，小大之序。①

注解另起一行，低经文一格，采用双行小字的形式记注于经文之下。

第二，王昭禹《周礼详解》也对经文中的生僻字进行注音，注音采用的是反切的方式，注音不再另起一行，而是采用双行小字的方式直接列在

---

① （宋）王昭禹：《周礼详解》卷一，见文渊阁《四库全书》，第 91 册。

经文后。兹举几例说明：

例1：《大宰》"八曰官计，以弊邦治"一句，是经文，顶格书写，作大字，王昭禹给"弊"注音，曰：

弊，必世反。①

此注音不另起一行，而是以双行小字的形式记注于经文之下。

例2：《大宗伯》"以血祭祭社稷、五祀、五岳，以貍沈祭山林、川泽，以疈辜祭四方百物"一句，作为经文，顶格大字书写，王昭禹给"貍"和"疈"注音，曰：

貍，亡皆反。疈，孚逼反。②

注音部分承接经文，采用双行小字的形式，记注于经文之下。

第三，基本删去"叙官"部分经文。

"叙官"位于《天官》《地官》《春官》《夏官》《秋官》每篇的起始部分，皆以完全相同的五句话开头，即："惟王建国，辨方正位，体国经野，设官分职，以为民极。"而后以四个格式整齐对称、文字略异的文句，如"乃立天官冢宰，使帅其属而掌邦治，以佐王均邦国"，简明扼要地介绍五大官的执掌及其职责。其后，再分述各官编制，这包括五大官所属官员的官名、爵等、人数等。"叙官"之后，每篇才分述各官的所属职事、职权范围等。

王昭禹《周礼详解》基本删去了"叙官"部分的经文，但也有部分保留，以下具体进行说明：《天官》部分保留的"叙官"经文如下：

惟王建国，辨方正位，体国经野，设官分职，以为民极。乃立天官冢宰，使帅其属而掌邦治，以佐王均邦国。治官之属：大宰，卿一人；小宰，中大夫二人；宰夫，下大夫四人。上士八人，中士十有六人，旅下士三十有二人。府六人。史十有二人，胥十有二人，徒百有二十人。

《地官》部分保留的"叙官"经文如下：

惟王建国，辨方正位，体国经野，设官分职，以为民极。乃立地官司徒，使帅其属而掌邦教，以佐王安扰邦国。教官之属：大司徒，

<hr />

① （宋）王昭禹：《周礼详解》卷一。
② （宋）王昭禹：《周礼详解》卷一七。

卿一人；小司徒，中大夫二人；乡师，下大夫四人。上士八人，中士十有六人，旅下士三十有二人，府六人。史十有二人，胥十有二人，徒百有二十人。乡老，二乡则公一人。乡大夫，每乡卿一人。州长，每州中大夫一人。党正，每党下大夫一人。族师，每族上士一人。闾胥，每闾中士一人。比长，五家下士一人。

《春官》部分保留的"叙官"经文如下：

> 惟王建国，辨方正位，体国经野，设官分职，以为民极。乃立春官宗伯，使帅其属而掌邦礼，以佐王和邦国。

《夏官》部分保留的"叙官"经文如下：

> 惟王建国，辨方正位，体国经野，设官分职，以为民极。乃立夏官司马，使帅其属而掌邦政，以佐王平邦国。政官之属：大司马，卿一人；小司马，中大夫二人；军司马，下大夫四人；舆司马，上士八人；行司马，中士十有六人；旅下士三十有二人。府六人，史十有六人，胥三十有二人，徒三百有二十人。凡军制，万有二千五百人为军，王六军，大国三军，次国二军，小国一军。

《秋官》部分保留的"叙官"经文如下：

> 惟王建国，辨方正位，体国经野，设官分职，以为民极。乃立秋官司寇，使帅其属而掌邦禁，以佐王刑邦国。

由上可知，《天官》《地官》《春官》《夏官》《秋官》，基本保留了"惟王建国，辨方正位，体国经野，设官分职，以为民极"开篇几句，《天官》《地官》《夏官》部分还保留了部分叙述官员官名、爵等、人数等内容的经文，而《春官》《秋官》则没有这部分内容。对于王昭禹这种随意删去"叙官"经文的行为，清代的四库馆臣颇不以为然，评价曰："五官皆不载叙官，元末朱申作《句解》，盖从其例，究为一失。"清儒认为王昭禹这种擅删经文的做法，是《周礼详解》一书的失误。

三、从《周礼详解》看王昭禹对《周礼》的认识

王昭禹《周礼详解》卷首有《周礼互注总括》，此部分王昭禹截取《三礼正义》和其他经典、史书中关于《周礼》的记载，我们从中不难发现王昭禹的截取是有选择性的，这种选择应该也能反映王昭禹本人对《周礼》的认识。我们以下就依据《周礼详解序》《周礼互注总括》《周礼详

解》来考察王昭禹对《周礼》的认识。

(一) 对《周礼》的态度

王昭禹在《周礼详解序》中曰：

> 道判为万物之成理，理之成具不说之大法，礼者法之大分，道实寓焉。圣人循道之序以制礼，制而用之则存乎法，推而行之则存乎人，其人足以任官，其官足以行法，然后礼之事举矣。

> 六官，圣人任以致其事者也。噫！六官之建，岂圣人之私智哉，实天理之所为也。由此以观，则礼之事虽显于形名度数之粗，而礼之理实隐于道德性命之微。

> 圣人立礼以为体，行礼以为翼，事为之制，曲为之防，亦神之无不在、无不为之意也。

在王昭禹看来，"圣人循道之序以制礼"，而《周礼》六官之建，不仅是圣人私智的体现，也是天理的自然作为，因为"礼之事虽显于形名度数之粗，而礼之理实隐于道德性命之微"。

王昭禹在《周礼互注总括》中，也采用征引经典记载或史书的方式表达对《周礼》的态度。其曰：

> 沈峻尤长"三礼"，陆倕、徐勉书荐峻曰："凡圣贤所讲之书，必以《周官》立义，则《周官》一书实为群经源本。"

> 《周礼》者，周公致太平之书，先圣极折衷之典，法天地而行教化，辨方位而叙人伦，其义可以幽赞神明，其文可以经纬邦国，备物致用，其可忽乎？

王昭禹认为，《周礼》乃群经源本，先圣极折中之典，"其义可以幽赞神明，其文可以经纬邦国"，总之是不可轻忽的经典。

此外，从王昭禹对《周礼》的具体注解中，我们也可探知其对《周礼》的态度。如《渔人》："凡渔征，入于玉府。"王昭禹注曰：

> 然文王之时，泽梁无禁，而周公之法则渔人有征，何也？盖方商之季，山林川泽宜施以与民，故无禁。成王之时，则民之财用已足，苟若无征，则民之弃本者众，故征之所以抑末，周公制法岂与文王异意哉！[1]

---

[1] （宋）王昭禹：《周礼详解》卷五。

再如《泽虞》:"掌国泽之政令,为之厉禁。使其地之人守其财物,以时入之于玉府,颁其余于万民。"王昭禹注曰:

> 泽虞掌国泽之政令,则禁令掌于川衡矣。厉以限其妄入,禁以止其非法,有厉而无禁,则侵逾之心生焉,乌能使之不入者哉!使其地之人守其财物,则地与人、人与物不患其相失,地之所出,物之所宜,人习而守焉。然文王之治岐,泽梁无禁,何也?盖商之末世,犹凶年也,以荒政拯之而已,成王、周公之时,苟不禁之,则谓之无政矣。①

可知,王昭禹认为《周礼》中有周公制法,且周公之法本于文王,体现王道政治。

综上,王昭禹认为《周礼》乃圣人制作,其间有周公之法,"道实寓焉",故对《周礼》抱持着尊敬的态度。

(二)对《周礼》作者的认识

关于《周礼》作者问题,王昭禹《周礼详解序》和《周礼详解》并未明确说出,我们通过《周礼互注总括》来探知王氏对此问题的见解。王昭禹所引诸经典与《周礼》作者问题相关的有以下几条:

> 文、武所以纲纪百官,君临天下,周公定之,致隆平龙凤之瑞。②
>
> 周公所制,百官品物,备于此矣。③
>
> 《周礼》《仪礼》并周公所记,所谓礼经三百,威仪三千,礼经则《周礼》也,威仪则《仪礼》也。④

从王昭禹所引,我们不难发现这些见解都是主张周公作《周礼》的,据此,我们推知王昭禹在《周礼》作者问题上也坚持传统观点,主张周公作《周礼》。

(三)对《周礼》流传的认识

儒家诸经中,《周礼》最晚出,对于其中的原因,王昭禹的看法是:

> 帝王质文,世有损益。至周,曲为之防,事为之制,故曰礼经三百,威仪三千。及周之衰,诸侯将逾法度,恶其害己,皆灭去

---

① (宋)王昭禹:《周礼详解》卷一六。
②③④ (宋)王昭禹:《周礼详解》卷首《周礼互注总括》。

其籍。①

> 《周礼》遭秦灭学，藏于山岩屋壁，以故不亡。汉武有李氏获之，以上河间献王，独阙《冬官》一篇，求之千金，不得，乃以《考工记》补之，遂奏入于秘府。②

王昭禹在此问题上，比较赞同汉唐诸儒的成说，即主张逾越法度的战国诸侯害怕《周礼》所载的王道政治对自己不利，所以特意销毁《周礼》，后又遭遇秦焚书，所以潜藏百年，隐匿不出。后有李氏将藏于山岩屋壁的《周礼》献给好古的河间献王，《周礼》才重现于世，但此书当时已经残缺《冬官》部分，河间献王千金购求不得，才取《考工记》补缺。

重现于世的《周礼》并未得到汉儒的重视，倒出现一些诋毁的言论。王昭禹认为当此之际，刘歆和郑玄对于《周礼》的传播，贡献尤其卓著。其曰：

> 时儒以为非是，不行，至刘歆独识其书为周公致太平之迹，始奏立学官，后郑玄为之注。③

> 然则《周礼》起于成帝、刘歆，成于郑玄。④

> 郑玄以为括囊大典，网罗众家，是以《周礼》盛行。⑤

王昭禹认为，正是因为刘歆的"独识"，《周礼》才得以在西汉末年立于学官，获得了传播的机会，而郑玄的《周礼注》以"括囊大典，网罗众家"之势，获得学界的重视，不仅抬高了《周礼》地位，也促成了《周礼》的盛行。

王昭禹还引用两段文献记载，意图说明隋唐之际的饱学之士、明君圣主对《周礼》一经也颇为青睐。其曰：

> 子居家，不暂舍《周礼》，门人问子，子曰："先师以王道，极是也。如有用我，执此以往，通也。"⑥

> 唐太宗问三代损益何者为当？魏徵对曰："孔子曰：'周监于二代，郁郁乎文哉，吾从周。'《周礼》周公旦所裁，《诗》《书》，仲尼所述，虽纲纪颇缺，而节制具焉，荀、孟陈之于前，董伸之于后，遗谈余义可举而行。若择前代宪章，发明王道，臣请以周典唯所施行。"上大悦，翌日又召徵入，上曰："朕昨夜读《周礼》，真圣作也，首篇云：'惟王建国，辨方正位，体国经野，设官分职，以为民极。'诚

---

①②③④⑤⑥　（宋）王昭禹：《周礼详解》卷首《周礼互注总括》。

哉！深乎！"良久谓徵曰："朕思之，不井田、不封建而欲行周公之道，不可得也！"①

文中子王通"居家，不暂舍《周礼》"，唐太宗赞《周礼》"真圣作也"，认为"惟王建国，辨方正位，体国经野，设官分职，以为民极"几句"诚哉""深乎"，还指出欲行周公之道的关键在于"井田"和"封建"，否则不可得。我们认为，王昭禹是想借此表达在《周礼》流传过程中，有识之士对此经是相当欣赏的。

四、从《周礼详解》看王昭禹对郑玄《周礼注》的态度

在《周礼详解》中，王昭禹采纳郑玄《周礼注》之说，并予以肯定；但另一方面，受时代学风影响，王昭禹也有不同郑玄《周礼注》之见，并对郑说进行驳斥。

（一）对郑玄《周礼注》的采纳

在《周礼详解》中，王昭禹对郑玄《周礼注》之说多有采纳。我们将王昭禹对郑玄《周礼注》的采纳分为三种情况。

其一，赞成郑玄《周礼注》之说，并进行补充。

《周礼详解》中，王昭禹对征引的郑玄《周礼注》之说，有时表示赞成，并进行补充。如《大宰》："大丧，赞赠玉、含玉。"王昭禹注曰：

> 郑氏谓：赠玉，既窆，所以送先王。含玉，死者口实是也。含之礼行于始死之时，赠之礼行于既窆之后。先赠而后含者，赠之事大于含故也。《孟子》曰："养生不足以当大事，惟送死可以当大事。"含、赠，大丧之大事，故以大宰赞之。②

王昭禹对"赠玉""含玉"的解释采纳了郑玄之说，在郑说的基础上，又对赠、含之礼施行的时间、施行的先后顺序、为何由大宰主理的原因进行了说明，可视为是对郑玄注说的补充。

再如《膳夫》："凡王之稍事，设荐脯醢。"王昭禹注曰：

> 谓之稍事，则礼事之略者。郑氏谓：小事而饮酒是也。故膳夫设荐脯醢而已，脯则腊人所共其脯腊是也，醢则醢人所谓凡事共醢是

---

① （宋）王昭禹：《周礼详解》卷首《周礼互注总括》。
② （宋）王昭禹：《周礼详解》卷二。

也，脯醢共于腊人、醢人，膳夫则设荐之而已。①

王昭禹自注"稍事"为"礼事之略者"，又征引郑玄之说，而后依据郑玄注说，说明因为是小事而饮酒，所以由膳夫设荐脯醢，又说明"脯""醢"的出处，膳夫的具体职事。王昭禹的这段注解也可视为是对郑玄注说的补充。

其二，采纳郑玄《周礼注》之说，并给予肯定。

《周礼详解》中，王昭禹对征引的郑玄《周礼注》之说，有时给予肯定，但并不进行补充。兹举几例说明：

例1：《腊人》："凡祭祀，共豆脯，荐脯、脈、胖，凡腊物。"王昭禹注曰：

> 脯非豆食，而祭祀共豆脯，郑氏当作羞脯，理宜然也。②

例2：《内司服》："内司服掌王后之六服，袆衣，揄狄，阙狄，鞠衣，展衣，缘衣，素沙。"王昭禹注曰：

> 郑氏谓王祭先王，则后服袆衣，祭先公则服揄狄，祭群小祀则服阙狄。以序推之，理宜然也。③

例3：《大司徒》："以土会之法辨五地之物生：……二曰川泽，其动物宜鳞物，其植物宜膏物，其民黑而津……"王昭禹注曰：

> 郑氏以膏为橐物，理或然也。橐物，莲芡之属，有橐韬生于水故也。④

例4：《车人》："柏车毂长一柯，其围二柯，其辐一柯，其渠二柯者三，五分其轮崇，以其一为之牙围。大车崇三柯，绠寸，牝服二柯有参分柯之二，羊车二柯有参分柯之一，柏车二柯。"王昭禹注曰：

> 郑氏以柏车为山车，以大车为平地载任之车，以羊车为善车，虽无所据，理亦宜矣。⑤

以上4例中，王昭禹皆征引郑玄《周礼注》说之大意，而后评价"理宜然

---

① （宋）王昭禹：《周礼详解》卷四。
② （宋）王昭禹：《周礼详解》卷五。
③ （宋）王昭禹：《周礼详解》卷八。
④ （宋）王昭禹：《周礼详解》卷九。
⑤ （宋）王昭禹：《周礼详解》卷三九。

也""理或然也""理亦宜矣",对郑玄注经之说表示肯定,但并未进行补充说明。

其三,征引郑玄《周礼注》说,不予置评。

《周礼详解》中,王昭禹有时仅征引的郑玄《周礼注》之说,不予评价。兹举几例说明:

例1:《掌荼》"征野疏材之物"一句,王昭禹注曰:

> 郑氏谓征于山泽,入于委人是也。①

例2:《世妇》"世妇掌女宫之宿戒"一句,王昭禹注曰:

> 女官,郑氏谓刑女给官中事者。宿戒于祭前,豫告使齐戒也。②

例3:《戎右》"赞牛耳桃茢"一句,王昭禹注曰:

> 郑氏谓桃,鬼所畏也;茢,苕帚,以扫除不祥是也。③

例4:《掌囚》"及刑杀,告刑于王"一句,王昭禹注曰:

> 郑氏所谓其死罪则曰"某之罪在大辟",其刑罪则曰"某之罪在小辟"是也。④

以上4例中,王昭禹皆征引郑玄《周礼注》说之大意,不置评价,接着进行下面的注解。

在《周礼详解》中,王昭禹征引郑玄《周礼注》之说大体分为以上三种情况,需要指出的是,王昭禹征引郑玄注说多取其大意,很少一字不差的征引。

(二) 对郑玄《周礼注》的驳斥

在《周礼详解》中,王昭禹也对郑玄《周礼注》之说进行驳斥。据我们考察,王昭禹对郑玄注说的驳斥主要集中于对经文的训诂,如《宫正》:"凡邦之事跸宫中庙中,则执烛。"郑玄注曰:

> 玄谓事,祭事也。邦之祭社稷、七祀于官中,祭先公、先王于庙中,隶仆掌跸止行者,宫正则执烛以为明。

王昭禹不赞同郑玄对"凡邦之事"的注解,曰:

---

① (宋) 王昭禹:《周礼详解》卷一六。
② (宋) 王昭禹:《周礼详解》卷二〇。
③ (宋) 王昭禹:《周礼详解》卷二八。
④ (宋) 王昭禹:《周礼详解》卷三一。

凡邦之事，郑氏谓祭祀，凡邦之事则孰非事也，何独祭事而已。宫中、庙中，郑氏谓祭社稷、五祀于宫中，祭先王、先公于庙中，凡在宫庙中则执烛，何独祭社稷、五祀、先王、先公之时也。①

再如《酒正》："凡有秩酒者，以书契授之。"郑玄注"秩"曰：

> 玄谓所秩者，谓老臣。《王制》曰："七十不俟朝，八十月告存，九十日有秩。"

王昭禹也不赞同郑玄对"秩"的注解，曰：

> 凡有秩酒者，有常赐之酒也。郑氏以《王制》"九十日有秩"，而谓有秩酒者老臣也，老臣故宜有秩酒，然有秩酒则非特老臣而已，如宫伯、里宰所谓"行其秩叙"者岂必老臣哉！②

以上 2 例，是王昭禹对郑玄注解经文的具体训诂进行驳斥。

除了对郑玄训诂经文的具体注说进行驳斥，王昭禹也偶尔驳斥郑玄正字读之说。如《司门》"几出入不物者，正其货贿"一句，郑玄正"正"之字读，曰：

> 正读为征，征税也。

王昭禹不赞同郑玄此说，注曰：

> 郑氏读"正"为"征"，征廛之法自见于《司关》，当从故书为"正"。③

此处王昭禹就驳郑玄的正字读之说。

（三）驳斥郑玄《周礼注》的方法

根据王昭禹驳斥郑玄《周礼注》的诸说，我们总结王昭禹驳斥郑玄《周礼注》的方法有三，现分论如下。

第一，运用其他经典的相关记载驳斥郑玄注说。

王昭禹在《周礼详解》中会征引其他经典或《周礼》本经的相关记载，驳斥郑玄的《周礼》注说。如《膳夫》："王燕食，则奉膳赞祭。"郑玄注"奉膳"曰：

---

① （宋）王昭禹：《周礼详解》卷四。
② （宋）王昭禹：《周礼详解》卷六。
③ （宋）王昭禹：《周礼详解》卷一四。

奉膳，奉朝之余膳。所祭者牢肉。

王昭禹不赞同郑玄此说，曰：

郑氏谓奉朝之余膳，非也。《曲礼》曰"馂余不祭"，盖祭所以致敬于鬼神，奉余膳而祭，非所以致敬也。且渔人辨鱼物为鲜薧，以共王膳羞，掌畜掌膳献之鸟，则王举之膳，膳用六牲，而燕食固有鱼、鸟之膳矣。奉膳赞祭，其鱼、鸟之祭欤。①

王昭禹根据《礼记·曲礼》的记载，认为郑玄训"奉膳"为"奉朝之余膳"不符合"馂余不祭"的原则，且祭祀是致敬鬼神之礼，若奉余膳而祭，非致敬之道。至于用以致祭的祭品，郑玄云"牢肉"，而王昭禹根据《周礼》中《渔人》《掌畜》的记载，认为可能是鱼和鸟。可知，王昭禹此处是根据其他经典或《周礼》本经的记载，驳斥郑注的。

第二，从义理分析的角度驳斥郑玄注说。

宋人注经喜阐发义理，王昭禹也未能免俗，《周礼详解》也重于从义理的角度解释《周礼》，昭禹甚至还从义理的角度驳斥郑玄《周礼注》之说。如《巾车》："服车五乘：孤乘夏篆，卿乘夏缦，大夫乘墨车，士乘栈车，庶人乘役车。"郑玄注"役车"曰：

役车，方箱，可载任器以共役。

王昭禹不赞同郑玄注说，曰：

役车，郑氏谓"方箱，可载任器以共役"，然谓之乘，则非特以载任器而已。夫贵而孤卿，贱而庶人，率皆参稽其德位之隆杀以为之制度，以立之差等，则德不称焉有所不用也，位不称焉有所不用也，上不得以逼下，下不得以僭上，虽有桀骜者，不敢干也，虽有觊觎者，不敢越焉，乃所以正名分之大，而杜窃拟之端欤。②

在王昭禹看来，郑玄注"役车"之说较狭隘，不能完全阐发经文本义，因为服车五乘中任何一乘不仅仅用以"载任器"，更重要是的彰显"参稽其德位之隆杀"而"立之差等"，如此则"上不得以逼下，下不得以僭上"，是正名份的重要手段。可知，王昭禹此处是通过对经文义理的分析，驳斥郑注的。

---

① （宋）王昭禹：《周礼详解》卷四。
② （宋）王昭禹：《周礼详解》卷二四。

第三，从情理分析的角度驳斥郑玄注说。

在《周礼详解》中，也能发现王昭禹从情理的角度驳斥郑玄《周礼注》之说。如《弓人》："凡昵之类不能方。"郑玄注"昵"曰：

> 玄谓枳脂膏脤败之脤，脤亦黏也。

王昭禹不赞同郑玄此说，注曰：

> 郑氏以昵为脂膏脤败之脤，亦粘也，然则凡脂膏脤败者，虽非可
> 用以粘，安能比方六胶之用哉？夫胶以水润，以火镕，脤之类非不能
> 粘，特不可以为久也。①

在王昭禹看来，郑玄将"昵"解释成"枳脂膏脤败之脤"，不符合正常的情理。因为制造弓身的六胶需要以水润，以火镕，而脤之类不仅不能粘，就算一时黏住也不可长久，如何能用以制作弓身呢。可知，此处王昭禹是从情理分析的角度入手，驳斥郑注的。

五、王昭禹《周礼详解》的解经特色

王昭禹生前虽无盛名，但其撰《周礼详解》一书，被视为是继王安石《周官新义》后，新学一派诠释《周礼》的又一力作。此书历经千年，较为完整地流传至今。我们以下就从三方面分析王昭禹《周礼详解》的解经特色。

第一，王昭禹训诂《周礼》经字，既有能订正注疏之误的宝贵见解，也有穿凿附会的新奇之说。

如《载师》"凡宅不毛者，有里布；凡田不耕者，出屋粟"一句，郑玄解释"里布"为二十五家之泉，解释"屋粟"为三夫之粟。王昭禹不赞同郑玄此说，曰：

> 凡国宅无征，民居宜有征，但无布耳。以其不毛焉，然后使之有
> 里布。《春秋传》曰"有者不宜有也"。然则里布特使出之，故曰有里
> 布者，先王所以惩游惰。季世则人人有之，此孟子所以欲廛无夫里之
> 布也。夫民出耕而在田庐，入居而在里，则其屋有田，故以出粟。今
> 不耕，则就罚矣。夫田计屋而敛之，故谓之屋粟。②

---

① （宋）王昭禹：《周礼详解》卷四〇。
② （宋）王昭禹：《周礼详解》卷一三。

王昭禹之见虽不同于郑玄，但言之有据，可正注疏之误，四库馆臣亦以之为然，赞其说为先儒所未发之论。

再如《笾人》："朝事之笾，其实麷、蕡、白、黑、形盐、膴、鲍鱼、鱐。"王昭禹训"鲍""鱐"云：

> 鲍则鱼之鲜者包以致之也。鱐者，鱼之干者肃以致之也。①

王昭禹对"鲍""鱐"的训释本于《字说》，可谓荒诞不经，但这同当时《三经新义》列于学官，新学学术影响大不无关系，故不可深责王昭禹。

又如《凌人》"大丧，共夷槃冰"一句，郑玄训"夷"为"尸"，王昭禹别立新说，训"夷"曰：

> 夷之言伤也，冰盘曰"夷槃"，移尸于堂曰"夷堂"，床曰"夷床"，衾曰"夷衾"，皆以哀伤为主也。②

因"夷、尸音近，得转相训"③，加之训"夷"为"尸"同《士丧礼》《丧大记》《左传》的相关记载可以互证，故郑玄之说无误，而孙诒让亦申郑玄《周礼注》说。可知，王昭禹训"夷"为"伤"之说虽新颖，但用来训释经文却不见得符合经文原意，有涉穿凿。

第二，详于论解经文章句，其说多宗王安石《新义》。

全祖望在《题王昭禹周礼详解跋》中曰：

> 荆公《三经》，当时以之取士，而祖述其说以成书者，耿南仲、龚深父之《易》，方性夫、陆农师之《礼》，于今皆无完书。其散见诸书中，皆其醇者也。独王光远《周礼》至今无恙，因得备见荆公以《字说》解经之略。荆公《周礼》存于今者五官，缺地、夏二种，得光远之书，足以补之。尝笑孔颖达于康成依阿过甚，今观此书亦然。

全祖望认为，王昭禹《周礼详解》是祖述王安石《周礼新义》之说而成书的，亦有据《字说》解经的特点。我们将王昭禹《周礼详解》与王安石《周官新义》辑本相比照，可以发现《周礼详解》解经主王安石说而加详，且善于论说经文章句。

如《大宰》"以八统诏王驭万民"一句，王安石云：

①② （宋）王昭禹：《周礼详解》卷六。
③ （清）孙诒让：《周礼正义》卷一○，北京，中华书局，1987。

驭群臣曰"柄"，驭万民曰"统"。柄言操此而彼为用，统言举此而彼从焉。①

王安石从"柄"与"统"参互对比的角度入手来训释"统"字，王昭禹宗王安石此说而加详，曰：

驭群臣者政也，故曰柄，柄者，操此而彼为用也。驭万民者教也，故曰统，统者举此而彼从焉。《易》曰："大哉乾元乃统天。"盖元气也，天形也，乾以气而统天之形，故其形之运动惟气之从，八统之驭万民何以异此！夫主者，民之倡上者，下之仪，彼将听，倡而应视仪而动。王躬行于上，而民从之于下，若丝之系物，为所统者充入焉，故八统之法皆王所躬行而可以驭万民。《传》曰："天子曰兆民，诸侯曰万民。"此曰万民者，盖合天下而言之，则谓之兆民，分一国而言之，则谓之万民，王之所驭畿内而已，故曰万民。②

王昭禹一方面从王安石之说，也强调"柄""统"之分，并训解"统"为"举此而彼从"；另一方面，他又补充王安石之说，认为统驭群臣者主于政权，故言"柄"，而统驭万民的是教化，故云"统"。而后，王昭禹引《周易》"乾卦象辞"和《礼记·内则》郑玄注说详解此句经文，并强调王要统驭王畿内的万民，须倡导民之所愿，更须以身作则。《周礼详解》中，诸如上例者甚多，兹不赘举。

可见，王昭禹解经确宗王安石之说，并有所补充。但与王安石不同的是，王昭禹解经往往详于经文章句的解释，或引经据典解释经文原委，或结合上下经文分别不同职官职事的异同，或阐发经文所蕴先王精微之义。而王安石解经则颇有郑玄遗风，他更重视对经文中晦涩难解之字的训释，是通过解字以明经的。

第三，阐发经文所蕴义理。

王昭禹在《周礼详解序》中曰：

礼者，法之大分，道实寓焉。圣人循道之序以制礼，制而用之则存乎法，推而行之则存乎人。其人足以任官，其官足以行法，然后礼之事举矣……天地固有大美矣，四时固有明法矣，虽圣人乌得而违

———————
① （宋）王安石：《周官新义》卷一。
② （宋）王昭禹：《周礼详解》卷一。

焉。是固因天地之大美，达而为治教；因四时之明法，达而为礼政刑
事。然则常无之道，为万物而有天地四时，圣人为天下而有治教礼政
刑事。天地四时，道之所任以致其用者也；六官，圣人任以致其事者
也。噫！六官之建，岂圣人之私智哉？实天理之所为也。由此以观，
则礼之事，虽显于形名度数之粗，而礼之理，实隐于道德性命之微。

王昭禹认为，礼中寓有道，任官行法是圣人制礼的一种体现，其中就蕴含
圣人制礼的循道之序。而《周礼》所建六官不仅是圣人的私智谋划，也是
天理使然，《周礼》中的名物制度记载其实就包蕴了道德性命的精微之理。
可知，王昭禹重视《周礼》经文中隐含的先王之道，因此，《周礼详解》
解释《周礼》尤重阐发经文蕴义。

如《马质》："禁原蚕者。"王昭禹注解曰：

> 禁原蚕者，盖物有异类，而同乎一气，相为消长，相为盈虚，则
> 其势不能两盛也。以天文考之，午马为丝蚕，则马与①蚕其气同属于
> 午也。辰为龙，马为龙之类，蚕为龙之精，则马、蚕又同资气于辰
> 也。一岁之中，苟再蚕焉，则蚕盛而马衰，故原蚕者有禁。原之为言
> 再也，自非深通乎性命之理者，乌能及此哉。②

对此句经文的训释，王昭禹在继承郑玄之说的基础上，重点解释"禁原
蚕"的原因，从而阐发其中所蕴的性命之理。因异类之物可同气，而气又
互为消长，故同气之物不能两盛。马与蚕同属地支午，又同资气于地支
辰，可知，马与蚕即属异类同气者，因此，禁止一年两次养蚕就是唯恐蚕
气盛而伤马。

王昭禹发明《周礼》经文义理，也有不同于王安石之见者。如《泉
府》"以国服为之息"一句，王昭禹解曰：

> 以国服为之息，则各以其所服国事贾物为息也。若农以粟米，工
> 以器械，皆以其所有也……夫周之衰，不能为民正田制地，税敛无
> 度，又从而贷之，则凶年饥岁无以为偿矣。下无以为偿，而上之人又
> 必责之，则称贷之法，岂特无补于民哉。求以国服为之息，则恐收还
> 其母而不可得也。称贷之法虽存，其实弃矣。③

---

① 四库全书本《周礼详解》卷二六中此字作"于"，四库全书本《周礼订义》卷四九引王
昭禹此说，其中此字作"与"，联系上下经文，此字当为"与"，故从《周礼订义》所引改之。
② （宋）王昭禹：《周礼详解》卷二六。
③ （宋）王昭禹：《周礼详解》卷一四。

王安石主贷民取息之说，而王昭禹认为先王贷民的精义在于救民之患，而非与民谋利，故王昭禹阐发此句经文大义就不同于王安石。借此句经文的训释，王昭禹隐讳地指斥了王安石推行青苗法贷民取息的弊病。

　　总之，王昭禹《周礼详解》一书主王安石之说而加详，尤重阐发经义，其说有补注疏之误者，具有较高的学术价值，林之奇《周礼讲义》、王与之《周礼订义》和毛应龙《周官集传》多采其说。此外，此书凭己意删去《周礼》经文中的"叙官"部分，有删改经文之讥，实不足取。

第三章　南宋《周礼》学（上）

　　靖康二年（1127）五月，宋徽宗第九子康王赵构在南京应天府（今河南省商丘市）继承大统，改元建炎。宋高宗被迫起用抗金派领袖李纲为宰相，但由于他只想用土地和岁币换取和平，所以很快罢免了李纲，东京留守宗泽的抗金计划也受到阻挠。金军攻势不停，宋高宗等南逃至扬州，后又逃往江南，甚至一度漂泊海上。狼狈逃亡中，宋高宗连连奉书金军统帅乞哀求降。此时南宋军民与金军等殊死战斗，南宋王朝得以稳定。建炎四年（1130），俘虏秦桧被金放回，向宋高宗鼓吹向金妥协自保之计，受到重用，很快官至宰相，但秦桧的妥协投降的言论为朝中大臣所唾弃不容，一度被贬出朝。1135年，金国完颜昌执掌军政，秦桧重登相位。绍兴八年（1138），宋向金奉表称臣。绍兴九年（1139），金国内变，完颜昌被处死，金毁约再度南侵。宋高宗和秦桧不仅不抵抗，还命令前线军队班师南归，随后解除了韩世忠、张俊和岳飞的兵权，更将岳飞下狱杀害。绍兴十一年（1141），宋金再订"和约"，宋向金称臣，受金册封，宋岁贡银、绢各二十五万两、匹。南宋与金重新形成了南北对峙的局面。

　　绍兴三十二年（1162），有志于抗金的孝宗即位，颇思振作，驱逐秦桧党人，宣布为岳飞父子昭雪，一时间恢复中原、举行北伐的呼声占据了上风。孝宗起用张浚主持北伐，由于仓促出师，遭遇了符离之败。隆兴二年（1164），宋金双方重订和议，宋不再称臣，金宋改称叔侄之国，改"岁贡"为"岁币"，减为银、绢各二十万两、匹。此后大体维持了四十余年的和平。此时期，思想界再度活跃，朱熹、吕祖谦、张栻、陆九渊、陈傅良、叶适、陈亮、郑樵、李焘、徐梦莘、袁枢、陆游、范成大、杨万里、辛弃疾等等，群贤云集，蔚为大观。

　　绍熙五年（1194），宗室赵汝愚和外戚韩侂胄拥立赵扩为帝，是为宁宗。宁宗信任韩侂胄，将赵汝愚排挤出朝，赵汝愚起用的朱熹也随即被排挤出朝。庆元二年（1196），宣布"伪学"之禁，程朱之学受到沉重打击。

嘉泰二年（1202），党禁方弛。韩侂胄欲建盖世功勋，想趁金朝内部不稳，攻金复国。开禧二年（1206），主持北伐，由于举事仓促，北伐初期的胜利迅速转为劣势，韩侂胄同年被以史弥远为代表的投降派杀害。嘉定元年（1208），宋金再次议和，改金宋叔侄之国为伯侄之国，岁币增为银、绢各三十万两、匹，另付犒军银三百万两。此后，史弥远独相二十六年之久，宋朝国势日渐衰落下去。

绍定六年（1233），理宗亲政，表彰理学，程朱理学成为官方学术。端平元年（1234），在蒙古和宋的夹击下，金亡国。随后，蒙古大军向南逼近，南宋军民虽奋力抗击，然而疆土日蹙，加之外戚贾似道专权，朝政日坏，理宗终难有作为。德祐二年（1276），宋恭帝降元，1279 年，南宋灭亡。

南宋传世的《周礼》学文献较多，我们将分上、中、下三章进行论述。本章先分析论述南宋《周礼》学发展概况，而后以个案分析的方式论述南宋传世的重要《周礼》学文献，包括黄度《周礼说》、俞庭椿《周礼复古编》和易祓《周官总义》。

第一节　南宋《周礼》学述论

南宋《周礼》学，继承北宋《周礼》学开创的成果，在《周礼》学观点上继续以辨疑为特色，在《周礼》解释方法上继续以义理、议论解《周礼》，《周礼》"宋学"范式得以最终确立。在《周礼》学史上，《周礼》"宋学"研究范式可与《周礼》"汉学"研究范式分庭抗礼，二者各擅胜场。

我们以下将分三个时段论述南宋《周礼》学的发展，分别是：建炎（1127—1130）至绍兴（1131—1162）年间，隆兴（1163—1164）至开禧（1205—1207）年间，嘉定（1208—1224）至南宋末年。

一、建炎至绍兴年间

北宋哲宗亲政的绍圣（1094—1098）、元符（1098—1100）年间和徽宗统治时期（1101—1125），当权的奸臣蔡京等人声称坚持王安石新学，借此打击政敌。靖康之变，宋室南渡后，投降派奸臣秦桧也有意抬高王安石新学，借此打击洛学政敌。在这样的背景下，建炎（1127—1130）至绍兴（1131—1162）年间，不少有正义感的士大夫对王安石变法评价很低，甚至将北宋灭亡完全归咎于王安石变法，他们批判王安石新学，并具体化到对《三经新义》的批判，由于《周官新义》是王安石亲自撰作的，还曾作为熙宁新法的经典依据，故所受批判最为严厉。学界由对《周官新义》的批判，扩大至对《周礼》的检视，论争涉及对《周礼》真伪的评价、作者的辨疑和制度的辨疑，提出的有些观点对此后的《周礼》研究产生了影响，所以我们将建炎至绍兴年间独立出来，作为南宋《周礼》学发展历程的第一阶段。

建炎至绍兴年间，学界关于《周礼》的议论不少，但传世的《周礼》学著述很少，较为重要的有林之奇《周礼讲义序》①、胡宏《极论周礼》②、范浚《读周礼》③。传世著述虽有限，但林之奇、胡宏和范浚在《周礼》真伪、作者问题上的观点各不相同，我们从中也可探知此时期《周礼》研究的特点。

在《周礼》真伪上，此时期主要形成三种观点：一是尊《周礼》为经，林之奇持此论，他认为《周礼》荟萃三代之礼，设官有"立天下之本"的宏大规模，分职有"尽天下之事"的琐细卑近，有周公制作法度在其间；二是怀疑《周礼》非经，范浚持此论，他认为《周礼》设官分职缺乏周公应有的仁民爱物之心，怀疑《周礼》"不尽为古书"；三是诋《周礼》为伪书，以胡宏为代表，他主张《周礼》是"乱臣贼子伪妄之书"，是刘歆为了迎合王莽嗜欲伪造的，不配忝列经典之列。我们以为，此时期学界在《周礼》真伪上，或者怀疑《周礼》不堪为经，或者攻击《周礼》是伪书，多是受政治影响，为了攻击王安石变法，就极力贬低《周礼》，论证以《周礼》变法不能兴致太平，只能造成混乱。在《周礼》作者上，此时期主要形成三种观点：一是主张《周礼》非周公所作，但与周公关系密切，林之奇持此论；二是主张西汉人作《周礼》，范浚持此论；三是主张刘歆伪造《周礼》，胡宏持此论。其中，胡宏提出的"刘歆伪造《周礼》"说，是两宋关于《周礼》作者最惹人瞩目、引发争论最多的观点。在《周礼》流传上，胡宏首倡"《冬官》不亡"说，质疑《周礼》"汉学"研究范式论定的西汉发现的《周礼》缺失《冬官》一篇，主张《周

---

① 参见（宋）林之奇：《拙斋文集》卷一六，见文渊阁《四库全书》，第 1140 册。
② 参见（宋）胡宏：《五峰集》卷四，见文渊阁《四库全书》，第 1137 册。
③ 参见（宋）范浚：《香溪集》卷五，见文渊阁《四库全书》，第 1140 册。

礼》简编错乱，《冬官》诸职散布五官之中。总之，南宋关于《周礼》的辨疑在不断扩展。

整体而言，建炎至绍兴年间，学界在《周礼》真伪、作者上承续熙宁至靖康年间已形成的多元化的认识倾向。在《周礼》真伪上，怀疑、甚至否定《周礼》的经典地位，占据了当时认识的主流；在《周礼》作者上，一方面无人再提周公作《周礼》了，另一方面胡宏首倡刘歆伪造《周礼》说，表明当时学界出于彻底贬损《周礼》的需要，正有意识地剥离《周礼》与周公的关系。牵涉政治原因，此时期学界对《周礼》的评价跌至谷底，是宋代《周礼》学史上对《周礼》评价最低的一个时期。

二、隆兴至开禧年间

隆兴（1163—1164）至开禧（1205—1207）年间，主要是孝宗、光宗和宁宗统治前期。开禧之后，即是嘉定元年（1208），学界认为嘉定元年是南宋政治史分界的标志①，也可视为南宋文化发展分界的标志。嘉定（1208—1224）以前，学派纷呈，大师辈出，宋代文化发展达到了鼎盛；嘉定以后，宋代文化开始衰落，程朱理学最终确立了官学的地位。② 在《周礼》研究上，隆兴至开禧年间，《周礼》学著述较之以前丰富很多，不少学界大师虽无《周礼》著述传世，也在《周礼》真伪、作者、制度方面进行了积极探讨，形成的观点对后世《周礼》研究不乏启示。因其如此，我们也以嘉定元年作为划分南宋《周礼》学史的节点，将嘉定元年以前的隆兴至开禧年间，作为南宋《周礼》学发展历程的第二阶段。

隆兴至开禧年间，是宋代《周礼》学史上《周礼》学著述颇丰的一个时期，传世的就包括洪迈《周礼非周公书》、朱熹《周礼》学说③、吕祖谦《周礼》学说④、王炎《周礼论》⑤、陈傅良《进周礼说序》、楼钥《书

---

① 参见张其凡：《试论宋代政治史的分期》，见《宋史研究论文集》，开封，河南大学出版社，1993。胡昭曦：《略论晚宋史的分期》，载《四川大学学报》（哲学社会科学版），1995（1）。

② 杨世文先生《走出汉学——宋代经典辨疑思潮研究》中"第六章 宋学的演变与经典辨疑思潮的发展"有相关的论述，我们采纳杨世文先生的观点，主张嘉定元年也是南宋文化发展分界的标志。

③ 载（宋）黎靖德：《朱子语类》卷八六，北京，中华书局，1994。

④ 载（宋）吕乔年：《丽泽论说集》卷四《门人集录周礼说》，见文渊阁《四库全书》第703册。

⑤ 载（宋）王炎：《双溪类稿》卷二六，见文渊阁《四库全书》，第1155册。

周礼井田谱》①、黄度《周礼说》②、陈亮《周礼》③、叶适《周礼》学说④、陈埴《木钟集》卷七《周礼》、俞庭椿《周礼复古编》、易祓《周官总义》⑤、叶时《礼经会元》、郑伯谦《太平经国之书》。这些著述在《周礼》解释方法上，肯定并承袭了北宋庆历以来开创的新风气，如黄度《周礼说》、易祓《周官总义》侧重采用义理阐释的方法解释《周礼》，叶时《礼经会元》、郑伯谦《太平经国之书》侧重采用议论的方法解释《周礼》，他们都批评或驳斥郑玄《周礼注》，都以通经致用为目的，都将解释重点放在经义阐发上。在《周礼》"宋学"研究范式下，批评并驳斥郑玄《周礼注》，以义理、议论解《周礼》的方法得到了进一步地巩固。

隆兴至开禧年间，在《周礼》真伪上，学界形成了三种观点：一是尊《周礼》为经，郑伯熊、张栻、薛季宣、吕祖谦、楼钥、郑锷、陈亮、陈淳、易祓、叶时、郑伯谦、《周礼详说》作者持此论；二是在尊《周礼》为经的前提下怀疑，朱熹、王炎、陈傅良、陆九渊、叶适、俞庭椿持此论；三是怀疑《周礼》非经，洪迈持此论。此时期学界在《周礼》真伪问题认识上，表现得更为尊崇《周礼》。在《周礼》作者上，学界主要形成三种观点：一是主张周公作《周礼》，王炎、薛季宣、易祓、叶时、郑伯谦、郑锷、《周礼详说》作者持此论；二是主张《周礼》非周公所作，但与周公关系密切，朱熹、叶适持此论；三是主张刘歆作《周礼》，洪迈持此论。在《周礼》流传上，程大昌、俞庭椿附和了胡宏的"《冬官》不亡"说，俞庭椿作《周礼复古编》，以"复古"为名，提出了《周礼》学史上第一个《冬官》补亡方案。由于"《冬官》不亡"说的流行，又衍生出《考工记》补亡《冬官》合理性的问题，南宋关于《周礼》的辨疑在逐步深化。

整体而言，隆兴至开禧年间，学界在《周礼》真伪、作者认识上延续了多元化的认识格局，关于《周礼》流传的辨疑在深化，在《周礼》解释方法上，继续批评并驳斥郑玄《周礼注》，继续以义理、议论解《周礼》，这些都使《周礼》"宋学"研究范式得以巩固。我们以为，此时期在《周

---

① 载（宋）楼钥：《攻媿集》卷七〇，见文渊阁《四库全书》，第1152～1153册。

② 原书已佚，此为清人陈金鉴辑佚本，收入《续修四库全书》，第78册，上海，上海古籍出版社，1995。

③ 载（宋）陈亮：《龙川集》卷一〇《经书发题》，见文渊阁《四库全书》，第703册。

④ 载（宋）叶适：《习学记言》卷七，见文渊阁《四库全书》，第849册。

⑤ 原书已佚，此为清人辑佚本，收入《四库全书》"经部礼类"。

礼》真伪上，尊崇《周礼》成为主要观点；在《周礼》作者上，"周公作《周礼》"说回归了，且持论者众，都表明胡宏对《周礼》极端的诋毁言论引发了学界对《周礼》有意识地尊崇，当时学界对《周礼》的尊崇达到了宋代《周礼》学史的顶峰。

三、嘉定至南宋末年

嘉定（1208—1224）至南宋末年，主要是宁宗统治后期、理宗、度宗、恭宗、端宗和末帝，此时期是南宋《周礼》学发展历程的第三阶段。

此时期的《周礼》学著述颇丰，与隆兴至开禧年间仿佛，也是宋代《周礼》学史上《周礼》学著述相当多的一个时期，传世的就包括真德秀《周礼订义序》①、魏了翁《周礼折衷》、方大琮《周礼疑》②、章如愚《周礼类》③、赵汝腾《周礼订义后序》④、陈藻《周礼》⑤、朱申《周礼句解》、王与之《周礼订义》、黄震《读周礼》⑥、林希逸《鬳斋考工记解》、王应麟《周礼》⑦、黄仲元《周礼》⑧、《六经奥论》卷六《周礼经》。这些著述在《周礼》解释方法上，一方面继续批评或驳斥郑玄《周礼注》，将诠释重点放在义理阐释上，如魏了翁《周礼折衷》、王与之《周礼订义》、林希逸《鬳斋考工记解》无不如此；另一方面则肯定、甚至大量采纳郑玄《周礼注》，如魏了翁《周礼折衷》、王与之《周礼订义》、朱申《周礼句解》、林希逸《鬳斋考工记解》皆如此。这一现象是否说明当时学界出现了对《周礼》"宋学"研究范式下经典解释方法的否定呢？

我们以为，正相反，此时学界肯定、采纳郑玄《周礼注》是为了纠正以义理、议论解《周礼》的偏颇，完善《周礼》"宋学"研究范式的经典解释方法。郑玄《周礼注》是《周礼》"汉学"研究范式下最权威的《周礼》注解，采用训诂名物、考证制度的方法解释《周礼》，取得了后世难以超越的成就，是历代学人读懂《周礼》的必读书。但郑玄《周礼注》不是完美无缺的，也存在许多问题，北宋庆历以来学界对其的批评驳斥并非

---

① 载（宋）王与之：《周礼订义》卷首。
② 载（宋）方大琮：《铁菴集》卷二六，见文渊阁《四库全书》，第1178册。
③ 载（宋）章如愚：《群书考索》卷四《六经门》，见文渊阁《四库全书》，第936～938册。
④ 载（宋）王与之：《周礼订义》卷八〇。
⑤ 载（宋）陈藻：《乐轩集》卷六，见文渊阁《四库全书》，第1152册。
⑥ 载（宋）黄震：《黄氏日抄》卷三〇，见文渊阁《四库全书》，第707～708册。
⑦ 载（宋）王应麟：《困学纪闻》卷四，见文渊阁《四库全书》，第854册。
⑧ 载（宋）黄仲元：《四如讲稿》卷四，见文渊阁《四库全书》，第183册。

全无道理，可即便如此，也无法抹杀此书重要的经学价值，若想正确理解《周礼》经文，确实离不开郑玄《周礼注》，所以，两宋的《周礼》学著述都不乏对郑玄《周礼注》的征引。北宋熙宁以后，伴随《周礼》"宋学"研究范式的确立，学界在《周礼》研究上也出现了弃注言经的情况，因为《周礼》属于实学，涉及名物制度甚多，弃郑玄《周礼注》之训诂考证，只措意于义理阐发，便出现了新义横生、议论太盛而"经义反湮"的偏颇。我们以为，嘉定至南宋末年，学界在《周礼》解释方法上对郑玄《周礼注》的吸纳超过了两宋此前的任何时期，如王与之《周礼订义》，是宋代流传至今的唯一一部集解体《周礼》学著述，此书以对宋人《周礼》学著述、学说采摭广博而著称，可是此书对郑玄《周礼注》的征引高达2166条，居此书征引诸家著述规模第二大者。① 由此可知，嘉定至南宋末年，学界在《周礼》解释方法上更加注重对郑玄《周礼注》的吸纳，是为了完善以义理、议论解《周礼》的方法，意图将义理的阐发建立在更扎实的学术基础之上。我们以为，嘉定至南宋末年，学界在《周礼》解释方法上，一方面继续扬义理、议论解《周礼》之长，另一方面则纠义理、议论解《周礼》之偏，使《周礼》"宋学"研究范式的经典解释方法更加完善，这甚至远启了清代考据、义理并重的《周礼》解释方法。

　　嘉定至南宋末年，学界在辨疑《周礼》真伪上再次形成四种观点：一是尊《周礼》为经，真德秀、章如愚、阳枋、赵汝腾、陈汲、李叔宝、王与之持此论；二是在尊《周礼》为经的前提下怀疑，魏了翁、方大琮、陈振孙、《礼库》作者、陈藻、王应麟、黄仲元持此论；三是怀疑《周礼》非经，黄震持此论；四是诋《周礼》为伪书，包恢持此论。此时期学界对《周礼》真伪认识的主要观点仍是尊崇《周礼》为经，但对《周礼》的怀疑较之隆兴至开禧年间有明显的增加，黄震更是集两宋怀疑《周礼》之大成。在《周礼》作者上，此时期主要形成了六种观点：一是主张周公作《周礼》，度正、真德秀、朱申、赵汝腾持此论；二是主张《周礼》非周公所作，但与周公关系密切，蔡沈、王柏持此论；三是主张战国人作《周礼》，林希逸持此论；四是主张秦或汉初人作《周礼》，魏了翁持此论；五是主张西汉人作《周礼》，黄震持此论；六是主张后学编纂历代之书成《周礼》，陈汲、黄仲元持此论。其中，"后学编纂历代之书成《周礼》"一

---

① 参见夏微《〈周礼订义〉研究》（长春，吉林出版社，2011）第三章"《周礼订义》引用汉唐诸家考"中"第四节　郑玄"。

说，持折中立场，不偏主一端，颇具理性，代表了两宋辨疑《周礼》作者的最高水准。在《周礼》流传问题上，"《冬官》不亡"说流行开来，王与之、胡一桂继踵俞庭椿，各自著书阐发"《冬官》补亡"的方案，黄震则从《周礼》内容研判角度，质疑补亡之举。"《冬官》不亡"说，此时期又衍生出两个问题：一是《考工记》补亡《冬官》合理性问题；二是《考工记》非《周礼》附庸，是独立古书问题。学界对这两个问题的辨疑、研究，又共同促成了《考工记》专门研究的兴起。

整体而言，嘉定至南宋末年，是宋代《周礼》学的总结期，也是《周礼》"宋学"研究范式的定型期。我们以为，《周礼》"宋学"研究范式在《周礼》学观点上，打破《周礼》"汉学"研究范式下认识《周礼》真伪、作者问题的一元论，最终形成以四种真伪观、六种作者观为格局的多元认识论，同时打破《周礼》"汉学"研究范式对《周礼》流传的认识，通过辨疑，提出"《冬官》不亡"说，初步形成"《冬官》不亡"派；提出《考工记》是独立古书说，《考工记》的专门研究随之兴起。《周礼》"宋学"研究范式在《周礼》解释方法上，突破《周礼》"汉学"研究范式以训诂名物、考证制度解《周礼》的方法，以义理、议论解《周礼》见长，并不断完善，有意识地将义理阐发建立在扎实的训诂考据基础上。

第二节　黄度《周礼说》

黄度（1138—1213），字文叔，号遂初，南宋绍兴新昌（今浙江省绍兴市）人。他自幼好学，才思敏颖，隆兴元年（1163）中进士，历任嘉兴知县、国子监主簿、监察御史、右正言、显谟阁知平江府、知泉州、太常少卿兼国史院编修、实录院检讨官、礼部尚书兼侍读等职。嘉定六年（1213）十月卒，赠龙图阁学士，谥宣献。

黄度为官正直敢谏，能施惠政于民。任监察御史时，曾连疏上奏，极陈父子相亲之义，恳请光宗朝重华宫，还弹劾宦官陈源、杨舜卿、林亿年的不法劣迹，因光宗弗听，遂辞官而去。韩侂胄当政时，他又上疏宁宗具论韩侂胄之奸，从而招致韩的迫害，但开禧北伐兵败后，朝廷欲以韩侂胄之首送金谢罪，他却认为此事有辱国体而加以反对。黄度治学不囿于前人成说，对经、史、天文、地理、井田、兵法皆有较为深入的研究，撰有《诗说》《书说》《周礼说》等。

一、黄度《周礼说》的流传情况

《周礼说》是黄度诠释《周礼》的力作，撰著于绍熙年间（1190—1194）①。此书在南宋颇有影响，为当时学者所重视，如叶适赞黄度《周礼说》曰：

> 其序乡、遂、沟、洫，辨二郑是非，凡一字一语，细入毫芒，不可损益也。②

袁燮也评价黄度《周礼说》曰：

> 发明精切，有先儒所未及。③

我们以下根据历代官私目录略述黄度《周礼说》的流传情况。黄度《周礼说》一书在南宋流传较广，版本亦多。如《直斋书录解题》卷二著录曰：

> 《周礼说》五卷，黄度撰，不解《考工记》，叶水心序之。

王与之《周礼订义》卷首《编类姓氏世次》中，列黄度为所引宋代诸家的第30家，曰：

> 山阴黄氏度，字文叔，有《五官解》，刊在浙东仓司……

王与之所言刊于浙东仓司的《周礼五官解》与《周礼说》系一书④，二者

---

① 《经义考》卷一二九著录黄度《周礼说》，并引张萱之说，曰："宋绍熙间，新昌黄文叔度著。"参见（清）朱彝尊：《经义考》，北京，中华书局，1998。

② （宋）叶适：《水心先生文集》卷一二《黄文叔周礼序》，见《四部丛刊初编》，第202～203册，上海，上海书店，1926。

③ （宋）袁燮：《絜斋集》卷一三《龙图阁学士通奉大夫尚书黄公行状》，见文渊阁《四库全书》，第1157册。

④ 考之宋人文集、《宋史》和南宋以来的官私书目，我们发现其中记载的黄度论解《周礼》之作有二名：一是《周礼说》，见于袁燮《絜斋集》卷一三《龙图阁学士通奉大夫尚书黄公行状》、《宋史》卷三九三"黄度本传"、《直斋书录解题》卷二、《宋史·艺文志一》、《文献通考》卷一八一、《文渊阁书目》卷一等；二是《周礼五官说》，见于《经义考》卷一二九。因《周礼五官说》一名仅见于《经义考》，而朱彝尊征引说明此书的资料包括《宋史·艺文志》《周礼订义·编类姓氏世次》等，故可知，朱氏以《周礼说》《周礼五官解》《周礼五官说》为同一书。我们赞同朱氏之见，也认为《周礼说》与《周礼五官解》系一书。理由有二：第一，《直斋书录解题》卷二载曰："《周礼说》五卷，黄度撰，不解《考工记》，叶水心序之。"是知黄度《周礼说》确是论解《周礼》五官之作，南宋浙东仓司将所刊《周礼说》命名为《周礼五官解》并无不妥，此本当是黄度《周礼说》在南宋的版本之一。第二，将清人所辑黄度《周礼说》同《周礼订义》所引黄度《周礼》学说相比对，可以发现二者诸多相同、相近之处。可知，《周礼五官解》同《周礼说》实系一书。

同书异名，当是版本不同所致。

元代，黄度《周礼说》一书仍有流传，也见于文献记载。如《宋史》卷二〇二《艺文志一》载曰：

> 黄度《周礼说》五卷。

又如《文献通考》卷一八一载曰：

> 黄度《周礼说》五卷。陈氏曰："度字文叔，不解《考工记》。"

明代，黄度《周礼说》一书仍为学者所重，柯尚迁《周礼全经释原》、王志长《周礼注疏删翼》皆征引此书之说。明初的《文渊阁书目》卷一也著录此书，曰：

> 《周礼》黄度《说》一部，十册。

此外，《国史经籍志》《内阁藏书目录》《秘阁书目》等官方目录也都著录此书。但明代的私人藏书目录中则没有关于此书的记载，大约民间传本不多，收藏亦少。

清代，《经义考》卷一二九著录此书，云"存"；乾隆年间《钦定周官义疏》所引黄度《周礼说》也超过了王与之、陈友仁、柯尚迁、王志长所引范围，可惜，我们遍索清代官私藏书目录和现今各大馆藏书目，均没有关于黄度《周礼说》的记载，故此书的存佚情况不好遽然而断，有待进一步查证。

二、清人对黄度《周礼说》的辑佚

因为黄度《周礼说》一书在清代民间几无传本，而此书又具有不俗的经学价值，道光年间（1821—1850），新昌拔贡陈金鉴据《永乐大典》、王与之《周礼订义》、陈友仁《周礼集说》、柯尚迁《周礼全经释原》、王志长《周礼注疏删翼》和《钦定周官义疏》等辑佚此书，又因袭《直斋书录解题》的记载合编为五卷，另附首一卷、末一卷，名曰《宋黄宣献公周礼说》，于道光九年（1829）五马山楼刊刻行世，共 2 册，今藏国家图书馆。后陈金鉴辑佚本黄度《宋黄宣献公周礼说》被收入《续修四库全书》"经部礼类"中，见于《续修四库全书》第 78 册。

《续修四库全书》本黄度《宋黄宣献公周礼说》是此书目前较普及的传本。

三、黄度《周礼说》辑本的内容与体例

以下我们根据《续修四库全书》本《宋黄宣献公周礼说》介绍黄度《周礼说》辑本的内容和体例。

（一）内容

清代道光年间陈金鉴所辑黄度《宋黄宣献公周礼说》共7卷，包括首1卷、正文5卷、末1卷。

卷首之前冠以道光九年（1829）许乃普《序》、道光九年（1829）陈金鉴《自序》和《重辑宋黄宣献公周礼说凡例》。

卷首1卷，包括《叶忠定公原序》和《宋黄宣献公周礼说考证》。《宋黄宣献公周礼说考证》部分，陈金鉴罗列了宋袁燮《龙图阁学士通奉大夫尚书黄公行状》、宋叶适《黄公墓志铭》、宋陈振孙《直斋书录解题》、宋王与之《周礼订义》、元马端临《文献通考》①、元托克托《宋史》、清纳兰成德《通志堂经解》等文献中与黄度《周礼说》有关的内容。

正文5卷，其中卷一是《天官冢宰》；卷二分上、下两卷，卷二上是《地官司徒上》，卷二下是《地官司徒下》；卷三分上、中、下三卷，卷三上是《春官宗伯上》，卷三中是《春官宗伯中》，卷三下是《春官宗伯下》；卷四分上、下两卷，卷四上是《夏官司马上》，卷四下是《夏官司马下》；卷五分上、下两卷，卷五上是《秋官司寇上》，卷五下是《秋官司寇下》。

卷末1卷，据《重辑宋黄宣献公周礼说目录》所载，此部分包括"史传""行状""墓志""祭文""校订姓氏"，但《续修四库全书》本《宋黄宣献公周礼说》此部分只包括"史传"。

陈金鉴辑佚黄度《周礼说》在体例上较为突出的一点，就是不罗列《周礼》所有经文，而是依据辑佚的内容罗列经文和黄度的注解。以下分述此书正文部分每卷的辑佚内容：

卷一《天官冢宰》，包括《天官叙官》《大宰》《小宰》《甸师》《食医》《疾医》《酒正》《酒人》《浆人》《笾人》《掌舍》《大府》《玉府》《内府》《外府》《司书》《职内》《职岁》《职币》《司裘》《内宰》《阍人》《寺人》《九嫔》《女御》《女史》《典妇功》《典丝》《典枲》《内司服》《屦人》《夏采》。

卷二上《地官司徒上》，包括《大司徒》《乡师》《州长》《党正》《族

---

① 陈金鉴云"宋马端临"，其说有误。

师》《闾胥》《比长》《鼓人》《牧人》《牛人》《载师》《闾师》《县师》《遗
人》《均人》。

卷二下《地官司徒下》，包括《师氏》《保氏》《司救》《调人》《司市》
《肆长》《泉府》《司关》《掌节》《遂人》《遂师》《遂大夫》《县师》《鄙师》
《里宰》《邻长》《旅师》《稍人》《委人》《土均》《稻人》《泽虞》《舍人》
《仓人》《司稼》《舂人》。

卷三上《春官宗伯上》，包括《大宗伯》《小宗伯》《肆师》《郁人》
《鬯人》《司尊彝》《司几筵》《典瑞》《典命》《司服》《世妇》《冢人》《墓
大夫》。

卷三中《春官宗伯中》，包括《大司乐》《乐师》《大胥》《大师》《小
师》《瞽蒙》《视瞭》《典同》《磬师》《钟师》《笙师》《　师》《旄人》《鞮
鞻氏》《典庸器》《司干》。

卷三下《春官宗伯下》，包括《大卜》《卜师》《龟人》《筮人》《大祝》
《小祝》《诅祝》《司巫》《男巫》《女巫》《大史》《小史》《冯相氏》《保章
氏》《内史》《外史》《御史》《巾车》《车仆》《司常》《都宗人》《神仕》。

卷四上《夏官司马上》，包括《夏官司马叙》《大司马》《司勋》《马
质》《量人》《小子》《掌固》《侯人》《环人》《射人》《服不氏》《射鸟氏》
《司士》《大仆》《诸子》《司右》《虎贲氏》《节服氏》《方相氏》《大仆》
《小臣》《祭仆》《隶仆》。

卷四下《夏官司马下》，包括《弁师》《司戈盾》《司弓矢》《槁人》
《戎右》《道右》《戎仆》《校人》《廋人》《圉人》《职方氏》《土方氏》《怀
方氏》《训方氏》《山师》《邍师》。

卷五上《秋官司寇上》，包括《大司寇》《小司寇》《士师》《乡士》
《遂士》《县士》《方士》《讶士》《朝士》《司刑》《司刺》《司约》《司盟》
《职金》《犬人》《掌戮》《司隶》《禁杀戮》《禁暴氏》《野庐氏》《雍氏》
《萍氏》《条狼氏》《修闾氏》《庶氏》《穴氏》《薙氏》《伊耆氏》。

卷五下《秋官司寇下》，包括《大行人》《小行人》《司仪》《环人》
《象胥》《掌客》《掌讶》《掌交》《朝大夫》。

（二）体例

据《续修四库全书》本《宋黄宣献公周礼说》，我们以下从四方面分
述此书体例。

第一，此辑本分 5 卷，但《地官》《夏官》《秋官》部分卷分上、下，
《春官》部分卷分上、中、下。

陈金鉴在《重辑宋黄宣献公周礼说凡例》中曰：

> 是书原分五卷，不解《考工记》，亦曰《五官解》。今《天官》书
> 少，仍作一卷，《地官》《夏官》《秋官》部分卷分上、下，《春官》部
> 分卷分上、中、下，庶厚薄均而卷无增损矣。

陈金鉴是根据《直斋书录解题》卷二的记载，将《宋黄宣献公周礼说》分
为 5 卷，但由于各部分辑佚内容多少存在差异，为了达到卷帙不增加，而
各卷厚薄又均匀的目的，陈氏遂将辑佚内容较少的《天官》部分单独分作
1 卷，将辑佚内容最多的《春官》部分分为上、中、下 3 分卷，将辑佚内
容较多的《地官》《夏官》《秋官》部分分为上、下 2 分卷。

所以，此辑本正文部分整体而言是分为 5 卷，实际则包含 10 卷的
内容。

第二，此辑本基本遵循传统经注模式，先列经文，次列注解。

陈金鉴所辑《宋黄宣献公周礼说》基本遵循传统经注模式，先列经
文，次列注解。其中，经文用大字，顶格书写，注解也用大字，低经文一
格书写。

兹举一例说明：

> 夏采：下士四人，史一人，徒四人。

此是经文，用大字，顶格书写。

> 夏采掌复无他事，特建一官者，生事尽而死事始也。曾子曰：
> "启予手，启予足。《诗》云：战战兢兢，如临深渊，如履薄冰，而今
> 而后，吾知免夫。"宋穆公曰："若以大夫之灵，得保首领以没于地。"
> 人生能保其身至此，而冢宰之责尽矣。复于四郊，必以四人。

此是黄度注文，也用大字书写，为示区别，低经文一格书写。

此辑本罗列经文、注解，基本遵循此模式。

第三，此辑本不罗列《周礼》所有经文，而是依据辑佚的内容罗列经
文和黄度的注解。

陈金鉴在《重辑宋黄宣献公周礼说凡例》中曰：

> 一、是书久佚，今从诸书采缉其经文有说者，标题无者阙焉，以
> 省简编。

据此可知，陈金鉴所辑《宋黄宣献公周礼说》主要是依据辑佚各条目编辑

成书的，即于此条经文有说者，即罗列此条经文；于经文无说者，则不列经文。这么做的目的，陈金鉴自云是为了"以省简编"。

所以，我们看到的《宋黄宣献公周礼说》注解《周礼》，《天官》部分只涉及31职官，《地官》部分涉及41职官，《春官》部分涉及50职官，《夏官》部分涉及38职官，《秋官》部分涉及37职官，各部分都少于《周礼》经文所载职官。不仅如此，就见于辑本的具体职官而言，也不是全部罗列此职官所有经文，还是于经文有说者，即罗列经文；于经文无说者，则不列经文。

如《大宰》部分，根据辑佚注解的情况，陈氏罗列的经文共12条，兹列如下：

> 惟王建国，辨方正位，体国经野，设官分职，以为民极。乃立天官冢宰，使帅其属而掌邦治，以佐王均邦国。
> 大宰之职，掌建邦之六典，以佐王治邦国。
> 以统百官。
> 以八则治都鄙。
> 四曰禄位，以驭其士。
> 六曰礼俗，以驭其民。
> 以八统诏王驭万民。
> 三曰器贡。
> 七曰服贡。
> 三曰师以贤得民。
> 四曰儒以道得民。
> 祀五帝。

陈金鉴所罗列的《大宰》部分的经文远远少于《大宰》全部经文，可知，他仅是依据辑佚的条目罗列相应经文，而非全部经文。

第四，此辑本于辑佚各条后注明出处，若有连续的数条出处为一，则于连续数条的第一条下注明出处，若有引申或说明者，加"案"字，以双行小字的形式附之于下。

陈金鉴在《重辑宋黄宣献公周礼说凡例》中曰：

> 一、采缉各条注明所出。其有数条联属者，注于第一条下，以贯之他说。间可引申者，加"案"字以附之。其为宣献原注者，则加自注以别之。

　　诚如陈氏所言，此辑本在辑佚各条目下以双行小字的形式注明出处。如《寺人》"及女宫之戒令"一句，陈氏辑佚黄度注文，曰：

　　　　女宫，若女笾、女酒之属。

在此条注文之下，陈金鉴以双行小字注明出处：

　　　　订义　义疏

"订义"即宋人王与之所撰《周礼订义》，"义疏"即清代乾隆年间御撰的《钦定周官义疏》。可知，黄度的此条注文分别见于《周礼订义》和《钦定周官义疏》。

　　此辑本辑佚的注文若有连续数条出处为一，只在连续数条的第一条下注明出处，其余诸条不再注明，直到遇到辑佚的注文出处与以上诸条皆不同，才再注明出处。兹举一例：《寺人》"佐世妇治礼事，掌内人之禁令"一句，陈金鉴辑佚黄度注文，曰：

　　　　内人、世妇自治礼事，而寺人佐之，故其职曰："掌祭祀、宾客、
　　　　丧纪之事，帅女宫而濯概为粢盛。"上言"戒令"，谓在宫有警戒之
　　　　令，此又言"禁令"，谓有时出宫吊临于外，则又有禁止之令。

在此条注文之下，陈金鉴以双行小字注明出处：

　　　　订义

可知，此条辑佚的注文出于《周礼订义》。此下《九嫔》《女御》《女史》《典妇功》《典丝》《典枲》《内司服》《屦人》《夏采》，辑佚的黄度注文皆未注明出处，可知诸条辑佚的注文皆出于《周礼订义》。直到下一卷，陈金鉴辑佚黄度《大司徒》注文时，才在注文末以双行小字注明出处："订义"。

　　此辑本若有对辑佚注文进行引申或说明者，加"案"字，以双行小字的形式附之于注文之下。兹举一例：《大史》："凡邦国都鄙及万民之有约剂者藏焉，以贰六官，六官之所登。若约剂乱，则辟法，不信者刑之。"陈金鉴辑佚黄度注文，曰：

　　　　剂，不独券书。《诅祝》"质邦国之剂信"，凡有约者皆有剂，《司
　　　　约》所谓"大约剂""小约剂"是也，《小宰》"听卖买以质剂"，亦谓
　　　　有剂可质。观文意，似多一"六官"字。

在此条注文之下，陈金鉴以双行小字对此条注文进行引申说明，并在之前

冠以"案"字，曰：

> 案：连氏斗山《周官精义》引作"六官"二字，疑衍。

此下又是陈金鉴辑佚黄度的注文，曰：

> 邦国都鄙万民约剂，六官既登之，又藏于大史，所以副贰六官。
> 辟之为言正也，大史掌邦法，若约剂纷乱，抵冒不可考，则以法
> 正之。

在此条注文之下，陈金鉴又以双行小字对注文进行引申说明，曰：

> 《订义》。案：王氏与之曰"法"字，疏家以为"约剂"，不如黄
> 氏作"邦法"。

此处陈氏征引王与之之说，肯定了黄度对经文的注解。

四、从《周礼说》看黄度对郑玄《周礼注》的态度

从陈金鉴所辑黄度《宋黄宣献公周礼说》来看，是书非注疏者不少，
是注疏者亦多。以下我们就分论黄度《周礼说》对郑玄《周礼注》的吸纳
与驳斥。

（一）对郑玄《周礼注》的吸纳

在《周礼说》中，黄度征引郑玄《周礼注》、贾公彦《周礼疏》之说
解经。如《司市》："凡万民之期于市者，辟布者、量度者、刑戮者，各于
其地之叙。"郑玄注"辟布"曰：

> 玄谓辟布，市之群吏考实诸泉入及有遗忘。

贾公彦疏释郑注云：

> 云"考实诸泉入"者，辟，法也。谓民将物来于肆卖者，肆长各
> 考量物数，得实，税入于市之泉府。

黄度赞同郑玄《周礼注》、贾公彦《周礼疏》此论，曰：

> 辟，法也。布，泉也。四方之布杂至，必于是考法，非法不用。
> 贾谊曰："钱法不立。"郑曰："考实诸泉入"，其意当如是。①

---

① （宋）黄度：《宋黄宣献公周礼说》卷二下，见《续修四库全书》，第 78 册，上海，上海
古籍出版社，1995。

此处，黄度就肯定郑、贾之说，并采其说以解经。

在黄度论解《周礼》诸说中，还有评断郑众、郑玄《周礼》学说之是非得失者。兹举一例，郑众训《典庸器》中的"庸器"曰：

> 庸器，有功者铸器铭其功。《春秋传》曰："以所得于齐之兵作林钟，而铭鲁功焉。"

郑玄释"庸器"曰：

> 庸器，伐国所获之器，若崇鼎、贯鼎及以其兵物所铸铭也。

春官之属典庸器主管收藏乐器与铭功之器，二郑对"庸器"的解释可以说基本相同，都认为"庸器"是铭功之器，如钟、鼎之属。

然黄度于此辨二郑之是非，云：

> 郑谓伐国所获之器，其说是，而以为崇鼎、贯鼎，非也。司农以为鲁伐齐，以所获兵器铸林钟，则比于乐矣。庸器，伐国所获之乐器，若胤之舞衣，密须氏之鼓是也。①

在黄度看来，二郑之说皆有瑕疵。他赞同郑玄解庸器为征伐叛国所俘获的重器一说，但反对将崇鼎、贯鼎列入庸器；他对郑众引《左传》襄公十九年的记载佐证庸器之说也不以为然，因为林钟是律名，以乐律之名比庸器，其说亦不妥当。黄度认为，庸器是征伐叛国所俘获的其国所藏乐器，不包括鼎、盘、盂等器物。

（二）对郑玄《周礼注》的驳斥

在征引郑玄《周礼注》、贾公彦《周礼疏》之说解经的同时，黄度也犀利地驳斥郑《注》、贾《疏》，提出自己对经文的见解。如《大宗伯》："王大封，则先告后土。"郑玄注"后土"曰：

> 后土，土神也，黎所食者。

贾公彦疏解此处郑注曰：

> 言后土有二。若五行之官，东方木官句芒，中央土官后土，此等后土土官也。黎为祝融兼后土，故云黎所食者。若《左氏传》云"君戴皇天而履后土"，彼为后土神，与此后土同也。若句龙生为后土官，死配社，即以社为后土，其实社是五土总神，非后土，但以后土配社

---

① （宋）黄度：《宋黄宣献公周礼说》卷三中。

食，世人因名社为后土耳。此注本无言后土社，写者见《孝经》及诸文注多言社后土，因写此云后土社。故郑答赵商云："句龙本后土，后迁为社，王大封，先告后土。"玄云后土，土神，不言后土社也。

郑玄认为经文中的"后土"是指土神，贾公彦从郑玄之说，也主张"后土"非社，是土神，并引《左传》僖公十五年的记载加以佐证。

在黄度看来，郑玄《周礼注》、贾公彦《周礼疏》之说皆非，其曰：

> 注疏说"后土"，非也。古人常以后土对皇天，《春秋传》曰："君履后土而戴皇天"，后土，地也，五行之神后土，黎所食者，称号同耳。《禹贡》：徐州贡土五色。孔《传》：王者封五色土为社，建诸侯，则各割其方色土与之，使立社。《周礼》：大封告后土，谓将裂土而封之，不曰社，而曰后土，社生物，后土主土。祈告因其事类而称之，五行之神后土，四时分王与黄帝祭于南方，建国非其事类，故《武成》告于皇天后土。孔《传》曰：告于天社是也。大封，宗伯告后土；建邦国，大祝告后土。①

黄度认为，后土是土地，五行神之土神和黎所食之土皆曰后土，郑、贾以五行神中的土神来解释经文中的"后土"并不恰当。因为经文是讲封建诸侯时先告祭于后土，而祈祷告祭往往是因事而发，既然是分封诸侯，所告祭的后土自然当与封建相关，但土神与祭祀关系密切，与封建诸侯非一类事，故郑、贾之说有误。黄度征引《尚书·禹贡》中徐州贡土的记载，说明封建诸侯与分土立社关系密切，故《大宗伯》言大封则先告后土，《大祝》也云建邦国要告后土，可知，黄度认为经文中的后土是"社"的意思。

在黄度裁断郑玄《周礼注》、贾公彦《周礼疏》诸说中，有的见解较为精确。如他曾驳斥郑玄对女祝、女史的注解，曰：

> 郑曰："女祝，女奴晓祝事。""女史，女奴晓书者。"盖与女酒、女浆同也。酒人列职，故女酒为女奴晓酒者；浆人列职，故女浆为女奴晓浆者，可也。女祝、女史各自列职，其事略如春官大祝、大史，故上联嫔御，与酒、浆、醢、醯不同，必非女奴也。②

---

① （宋）黄度：《宋黄宣献公周礼说》卷三上。
② （宋）黄度：《宋黄宣献公周礼说》卷一。

郑玄认为，女祝、女史同女酒、女浆一样，皆以女奴当职。黄度不赞同郑玄此见，他认为，女祝、女史同女酒、女浆所承担的职事全然不同，女祝掌宫中巫祝之事，女史掌宫中文字记录之事，她们都是各自列职，职事又类同于春官属官大祝和大史，故女祝和女史不以女奴当职。黄度此说比较有道理，清人孙诒让亦持此见，云："女祝疑当以祝官之家妇女为之，与女巫略同。郑概以女奴当之，恐非。"① "女史疑当以良家妇女知书者为之，奚乃女奴耳，郑义恐未允。"②

另一方面，黄度裁断郑玄《周礼注》、贾公彦《周礼疏》诸说中，有的见解也不完全允当。如以上所例举黄度解"后土为社"之说就不确。通校诸经注义，后土之意有三：一为大地之后土，一为五祀之土神，一是社。"后土"有"社"之意，在《礼记·檀弓》《礼记·曲礼》中郑玄也曾释"后土"为"社"，但《周礼》一经通例，"凡言社者，皆不云后土"③，故郑玄解《大宗伯》"王大封，则先告后土"一句中"后土"为土神之说不误，有其道理。但需要指出的是，郑玄和贾公彦对"后土"的解释确有不当之处。郑玄云"后土"为"黎所食者"，是因黎兼食火土，但黎是人神，而后土是土神，属五行神，二者不相当。贾公彦引《左传》"君履后土而戴皇天"来解释"后土"也不对，因《左传》中的"后土"是大地之后土，没有土神的意思。

总之，黄度论解《周礼》对郑玄《周礼注》、贾公彦《周礼疏》之说既非全盘否定，也非全部接受，他是依据自己对《周礼》的研究心得来裁度郑、贾注经之说，同时阐发其对经文见解的。黄度以己意裁断郑玄《周礼注》、贾公彦《周礼疏》之说，有长亦有短。

五、黄度《周礼说》的解经特色

黄度一生为学志在经世，其撰《周礼说》贯通古今官制，有裨于治道。叶适极推崇此书，曾云：

> 新昌黄文叔始述五官而为之说，亹亹乎孔、孟之以理贯事者，必相发明也；恻恻乎文、武之以己形民者，必相纬经也。守天下非私智也，设邦家非自尊也，养民至厚，取之至薄，为下甚逸，为上甚劳，洗涤三坏之腥秽，而一以性命道德，起后世之公心，虽未能表是书而

---

① ② （清）孙诒让：《周礼正义》卷一。
③ （清）孙诒让：《周礼正义》卷三五。

独行，犹将合他经而共存也，其功大矣。①

叶适此处高度评价黄度《周礼说》一书，认为此书既能发明《周礼》所蕴义理，也能阐释文王、武王的治国制度，有大功于《周礼》，可助《周礼》洗脱因被刘歆、苏绰和王安石用之不当所招致的诬蔑。我们以下就试从两方面对黄度《周礼说》的解经特色做一分析。

第一，以己意裁断郑玄《周礼注》、贾公彦《周礼疏》之说，其论有得亦有失。

此点在本节第四部分"从《周礼说》看黄度对郑玄《周礼注》的态度"论之详矣，兹不赘述。

第二，从官制沿革入手阐发先王设官分职之精义，借以建议时政。

与薛季宣、陈君举所见相同，黄度相信《周礼》蕴含先王经邦治国的大法，他诠释《周礼》也从官制沿革的角度入手，重点阐发先王设官分职的精义所在。

如黄度诠释《大仆》一职云：

> 必使大仆掌之者，大仆，侍御之官，王之起居所当知也。汉武帝崩，燕王使幸臣王孺之长安，问帝崩所病，执金吾郭广意言："待诏五柞官，宫中謹言帝崩，诸将军共立太子。"归以报王，王曰："上弃群臣，无语言，盖主又不得见，甚可怪。"于是为反谋。故人主左右无中外共信之臣，及平时无法度可使与臣民相关通，缓急之际，奸轨遂得妄有窥伺。《周官》：王出则大仆前驱，居则赞相，不视朝则辞于三公及孤卿，大丧，始崩戒鼓，遂出丧首服法，防微杜渐之意深矣。②

大仆一官隶属于夏官，他负责对外发布王有关国家大事的命令，并转奏群臣执行王命令的报告；王出入宫门、国门，他就驾驭副车为王车作前导；王在燕朝处理政务，他就负责协助王行礼；王因故不能上朝处理政务，他就通告三公和孤、卿；王始死，他就击鼓警众，再悬挂丧服的首服法式。可知，大仆不仅是侍御之官，也负责互通王与臣下的消息。黄度认为，先王设大仆一官的用意之一就在于方便王与臣民相互沟通，以预防上下消息阻隔不通所引起的事变，但后世设官渐失此防微杜渐之深意，故汉武帝刚

---

①　（宋）叶适：《水心先生文集》卷一二《黄文叔周礼序》。
②　（宋）黄度：《宋黄宣献公周礼说》卷四上。

崩，燕王就借口武帝身后事可疑，发兵谋权。

再如黄度诠释《酒正》一职曰：

> 官正、官伯之掌宫室居处之正也，膳夫、庖人之事膳羞饮食之常
> 也。酒、酱、醢、醯宜联膳饮，舍、次、帝、幕宜联宫室，离之而在
> 医师之后，其下遂列府藏嫔御之官，盖以为厚味腊毒，游观怠荒，货
> 贿逐至，声色纵欲，皆足以致疾，其在典章，虽不可已而可节；其在
> 人情，虽不能免而可戒，是皆大宰之所当知。自秦以来，宰相不复预
> 此，凡人主共养尽属少府，乃为天子私人。夫岂惟宰相不得预，而
> 医、卜、史官加诸吏左右曹，则与闻政事矣，尚书密掌枢机，则权侔
> 宰相矣。①

黄度此处分析了酒正一官在天官系统中所处的位置，酒正掌管酒事，属饮食之官，应与膳夫、庖人联列，但却被列在医师及其属官之后，原因何在？黄度认为，饮酒过度足以致疾，故列酒正于医师之后。而酒正能直接隶属于大宰，寓有节制或戒止人主纵情饮酒之义。可知，《周礼》中的大宰为人主所亲重，爵秩高而属员广，在辅助君主治国的同时，也监督、纠正君主的不当作为，这应是先王设官的精义所在。但秦代以降，先王设官之义渐失，君主的日常饮食由少府主理，宰相不再统率宫中膳饮诸官，及至后来，医官、史官等也不受宰相辖制，直接听命于君主，甚至可以参与政事。伴随宰相职权渐削，尚书机构掌握枢机，相权已经无法起到辖制君权的作用了。

黄度追索由周至汉、再至本朝的官制沿革，并力图在官制变迁中寻找先王设官的精义，目的就是希望能对当朝时政有所建议，使当权者能汲取先王政治精华，改变当时官制之弊。可知，经世致用是黄度诠释《周礼》的重要旨归。

第三节　俞庭椿《周礼复古编》

俞庭椿，字寿翁，临川（今江西省抚州市）人。乾道八年（1172）进士，官古田令。撰有《周礼复古编》。

---

① （宋）黄度：《宋黄献公周礼说》卷一。

一、俞庭椿《周礼复古编》的流传情况

俞庭椿《周礼复古编》一书虽颇受清儒诟病，但也凝聚了作者多年研究《周礼》的心得。俞庭椿完成此书的创作后，曾将书稿或刊本送给南宋学界的泰斗朱熹，向他请教。如《晦庵续集》卷四《答俞寿翁》多次提及《周礼复古编》一书，曰：

> 所示《周礼复古》之书，其间数处向亦深以为疑，今得如此区别，极为明白。但素读此书不熟，未有以见其必然，闻陈君举讲究颇详，不知曾与之商量否？欲破千古之疑，正当不惮子细讨论，必使无复纤毫间隙乃为佳耳……周官复古，正以此经不熟，未得深考，异时得面扣其说，庶几了然无疑，乃敢下语耳。永嘉诸人说此甚有与先儒不同处，然颇秘其说，亦未得扣击之也。示及先丈所著《周礼复古编》，极荷不鄙。往时先丈固尝以见寄矣，某于此书素所不熟，未敢容易下语，然当是时，犹意其可一见而决也，不谓后来不遂此愿，至今遗恨。况今方以伪学获罪圣朝，杜门龁舌，犹惧不免，又安敢作为文字以触祸机乎！

朱熹此封书信作于晚年，时遭遇"伪学逆党"之祸。可知，《周礼复古编》一书在庆元年间（1195—1200）已经成书了，朱熹以对《周礼》一经不熟为由，没有过多评价俞氏的观点，而是建议他向深于《周礼》研究的永嘉学派学者请教，主张唯有经过仔细地讨论，创立的新说才能破千古之疑，经得住时间的考验。

我们以下结合历代官私书目著录，考查俞庭椿《周礼复古编》的流传情况。《宋史》卷二○二《艺文志一》记载："俞庭椿《周礼复古编》三卷。"可知此书在宋代已有刊本。元初还出现了此书的节略刊本，如陈友仁编纂的《周礼集说》后附《周礼复古编》一卷，应是俞庭椿《周礼复古编》三卷在元代出现的节略刊本。

明代，俞庭椿《周礼复古编》出现了新刊本，现今可以考知的就有明成化十年（1474）福建巡抚张瑄刻本，此本一卷，今藏台湾"国家图书馆"。不少官私书目中都有俞庭椿《周礼复古编》的记载，如《文渊阁书目》卷一载：

> 《周礼复古编》一部一册。

又如《授经图义例》卷二○载曰：

　　　　《周礼复古编》三卷，俞廷椿。

此外，《国史经籍志》《秘阁书目》《晁氏宝文堂书目》《赵定宇书目》《玄赏斋书目》《近古堂书目》《菉竹堂书目》皆有关于此书的记载，但这些书目关于卷帙的记载大多不详。唯有《授经图义例》载此书为"三卷"，但版本不详，许为宋元旧本，也可能是我们所不知的明代新刊本。总之，俞庭椿《周礼复古编》一书在明代存在"三卷本""一卷本"的区别，两种版本内容是否完全一致今天也无法考知了。

　　清代，颇受学界诟病的《周礼复古编》也被收入《四库全书》经部礼类中，采用的是山东巡抚采进本，共一卷。《广说郛》卷二六也收录俞廷椿《周礼复古编》，共一卷。此外，《抱经楼藏书志》载《周礼复古编》一卷钞本，今重庆图书馆藏有《周礼复古编》一卷，清钞本，一册，不知是否为《抱经楼藏书志》所载钞本。总之，明代尚存的三卷本《周礼复古编》，在清代未再见诸记载，许已失传了。

　　《四库全书》本《周礼复古编》是此书现今较为通行的版本。

二、俞庭椿《周礼复古编》的内容与体例

　　以下以《四库全书》本《周礼复古编》为例，介绍俞庭椿《周礼复古编》的内容与体例。

（一）内容

　　俞庭椿《周礼复古编》共计 1 卷，主要阐述俞氏尝试恢复"古《周礼》"原貌的见解。

　　书前有俞庭椿自序一篇，主要阐述俞氏"复古"的主张。

　　正文部分，先是 12 篇标题文章，分别是：《六官》《冢宰》《司徒》《宗伯》《司马》《司寇》《司空》《五官之属不宜有羡》《司空役民》《九职》《世妇》《环人》，这些文章的主旨在于阐述《周礼》流传过程中遭遇几次劫难，存在简编错乱的情况。先儒以为《冬官》一篇已经亡佚，其实不然，仔细推寻《周礼》诸官，《冬官》可复，古《周礼》原貌可复。其后，俞庭椿按照自己的想法，肢解《天官》《地官》《春官》《夏官》《秋官》，明确指出何官不应属于《天官》，或《地官》，或《春官》，或《夏官》，或《秋官》，而应隶属于"司空之属"，或应属于《天官》等官。如：

　　　　职方氏、土方氏、形方氏、山师、川师、邍师，右司空之属也。职方宜属司空，既于司马篇论之矣，土方氏、形方氏宜以类

从。山师、川师、邍师皆是也，山虞、泽虞、林衡即其僚耳，故不多论。

　　大行人、小行人、司仪、行夫、掌客、掌讶、掌交、环人①，右春官之属也。孔子曰：行人子羽修饰之。左氏曰：行人子羽，行人盖言语之官，所以掌大宾之礼、大客之事，其为礼仪之官明矣，而与其徒司仪、行人、掌客、掌讶、掌交等俱列之司寇，何义？礼仪一事也，岂以司仪名官，不在礼职而在刑属，断可识矣，是当归之宗伯，何疑之有！

职方氏、土方氏、形方氏、山师、川师、邍师，本隶属于"夏官"，俞庭椿认为不妥，将其归入"司空"之属。大行人、小行人、司仪、行夫、掌客、掌讶、掌交、环人，本隶属于"秋官"，俞庭椿认为不妥，将其归入"春官"之属。最后，俞庭椿截取"地官""天官"等部分经文，讲论大司空、小司空负责的职事，并说明取五官中的 49 职官补《冬官》。

　　因为流传的问题，今本《周礼复古编》的补亡"司空"具体职事部分有不少缺文。如：

　　　　是职方之九服也。其曰"乃以九畿之籍施邦国之政职"者，羡文也。后人以其丽司马，不得不以"施邦国"之为言也，职（缺）政职所供王政之职（缺）益见其（缺）矣（缺）为职方九服之制也，故曰职方千里曰国畿，知职方之宜在司空，则此章不在司马矣。

总之，此书主旨在于阐述俞氏"《冬官》未亡"的观点，并做出具体的割裂补亡方案。

　　（二）体例

　　俞庭椿《周礼复古编》以"复古"为名，撰著重点不在于诠释《周礼》经文，而在于阐发自己对传世本《周礼》简编错乱的见解，并试图恢复"古《周礼》"原貌的见解。因此，此书既不是传统的诂经之作，也不是宋代新涌现的议论解经之作，类于围绕《周礼》展开的专门研究，与《周礼》相关，但与解经无关。以下就从两方面陈述此书的体例。

　　第一，分列标题，阐述观点。

　　《周礼复古编》诠释的重点不在于"经文"本身，而在于阐述作者"《冬官》不亡"的一家之言，所以此书开篇即以标题文章的形式，开门见

————————————

① 其下双行小字注曰："前有论"，即见于前文《环人》。

山地阐述作者观点。全书共分列 12 标题，其中，《六官》一篇是纲领；《冢宰》《司徒》《宗伯》《司马》《司寇》五篇分述古人设官本意，并说明五官中出现的职官隶属错乱的情况；《司空》《司空役民》《九职》三篇钩稽文献，力图恢复司空职掌原貌；《五官之属不宜有羡》一篇阐述作者关于五官编制的见解；《世妇》《环人》二篇阐发作者将"天官"系统和"春官"系统的世妇、"夏官"系统和"秋官"系统的环人合二官职为一的见解。

如《五官之属不宜有羡》一篇，曰：

> 周建官三百六十，未闻有溢员也。小宰以官府之六属举邦治，皆曰其属六十，大事则从其长，小事则专达，则六十之外皆羡矣。《周礼》得于秦火之后，官宜少，不宜羡，今五官之羡者四十有二，而其六十员之中又未必尽其官属，乃司空之属俱亡，今取其羡与其不宜属者而考之，盖"《司空》之篇"可得而考焉！今《天官》之羡者九，《地官》之羡者十有六，《春官》之羡者九，《夏官》之羡者九，《秋官》之羡者五，从其羡而求之，《冬官》皆不亡矣。考之于事而可证，验之于数而可数，学者习其读而未之思焉，不然则五官之羡也，何说？

此篇是 12 篇标题文章中的一篇，这一篇俞庭椿主要阐述对五官编制的见解，根据《小宰》一篇经文，俞氏认为每一系统的官员编制是 60 员，而流传本《周礼》五官属员皆超过 60，《天官》系统超出 9 员，《地官》系统超出 16 员，《春官》系统超出 9 员，《夏官》系统超出 9 员，《秋官》系统超出 5 员。俞氏还指出，五官现有的属员未必皆隶属五官，从职能职事判断，有的五官属员本应隶属他官。既然《周礼》曾遭遇秦火，简编错乱在所难免，所以俞庭椿认为取五官的超编人员和本不应属于五官者，就可以恢复"《司空》之篇"。

其他篇章也与此篇相类，皆独立标题，独自成篇，不列经文，不做训诂，主要阐述作者的一家之言。

第二，割裂五官，补亡《冬官》，恢复古《周礼》。

阐述观点之后，俞庭椿开始具体的补亡的实践。先是列出五官所属的全部职官，而后说明哪些职官应属于他官或冬官。如：

> 天官之属：大宰、小宰、宰夫、官正、官伯、膳夫、庖人、内饔、外饔、亨人、甸师、兽人、渔人、鳖人、腊人、医师、食医、疾

医、疡医、兽医、酒正、酒人、浆人、凌人、笾人、醢人、醯人、盐
人、幂人、宫人、掌舍、幕人、掌次、玉府、大府、内府、外府、司
会、司书、职内、职岁、职币、司裘、掌皮、内宰、内小臣、阍人、
寺人、内奄、九嫔、世妇、女御、女祝、女史、典妇功、典丝、典
枲、内司服、缝人、染人、追师、屦人、夏采。凡六十有三。今编：
兽人、渔人、鳖人、兽医，右冬官之属也。后人因膳夫、庖人之属，
遂置之"天官"，非也。"天官"掌供王之膳羞，固也，而兽人、渔
人、鳖人则非所掌。至于兽人①附列于医师，此尤不可者。按《月
令》："季春之月，命司空曰：田猎罝罘罗罔毕翳馁兽之药，毋出九
门。"用是以知此四官属司空无疑也。盖九职"三曰虞衡，作山泽之
材，四曰薮牧，养蕃鸟兽"乃司空之职，则兽人、兽医、渔人、鳖人
不为天官属亦明矣。《月令》虽非必圣人之书，或出于秦，亦去古未
远，有古之遗事焉。司裘、染人、追师、屦人、掌皮、典丝、典枲，
右冬官之属也。司空掌百工，凡此四者，工人之官，所以供王之服
御，而掌皮、典丝、典枲则备工之用，而典治丝枲，饬化八材，属之
司空曰宜。官凡十一，宜在司空，今存者六十有三，三为羡，去十有
一焉，于是阙其八矣，八者杂之春官，见于后。②

此部分，俞庭椿先列出天官所属的 63 职官，而后进行新编，并说明理由。
他先将兽人、渔人、鳖人、兽医 4 官委之于冬官，理由有三：其一，兽
人、渔人、鳖人并不掌供王膳羞，所以不应与膳夫、庖人同列，置于"天
官"；其二，依据《礼记·月令》记载，兽人、渔人、鳖人、兽医当属司
空之官；其三，依据《大宰》九职判断，虞衡、薮牧属司空之职，故兽
人、渔人、鳖人、兽医不属"天官"系统职官。而后，俞庭椿又将司裘、
染人、追师、屦人、掌皮、典丝、典枲 7 官委之于冬官，理由有二：其
一，司裘、染人、追师、屦人 4 官供王服御，是工人之官，应属冬官；其
二，掌皮、典丝、典枲 3 官典治丝枲，饬化八材，属备工之用的职官，也
应属冬官。经此安排，"天官"系统的 63 职官中，有 11 职官属于"冬官"
系统，余 52 职官，距离俞庭椿所构想的每一职官系统 60 职官，还差 8
官，他指出目前缺少的 8 官，杂见于"春官"系统，他将在"春官"系统
部分进行说明。依如上所列体例，俞庭椿逐一割裂五官，或补亡"冬官"，

---

① 从下文内容判断，此应是"兽医"，而非"兽人"。
② （宋）俞庭椿：《周礼复古编》，见文渊阁《四库全书》，第 91 册。

或杂补他官，按照他的构想完成前无古人的创举，即恢复古《周礼》。

整体来看，此书的前半部分以分列标题的形式阐述作者观点，后半部分即割裂五官，进行补亡实践。可见此书的撰著体例是作者经过认真思考的，围绕补亡主题展开，内容安排是系统、严整的。

三、从《周礼复古编》看俞庭椿对《周礼》本经的认识

俞庭椿对《周礼》一经抱持着尊崇的态度，但认为传世的《周礼》由于流传的原因存在简编错乱，汉儒以为亡佚的《冬官》一篇实未曾亡，而散于五官之中。

（一）对《周礼》本经的态度

俞庭椿对《周礼》抱持着尊而有疑的态度。首先，俞庭椿尊《周礼》，承认《周礼》是"周之旧典"。其曰：

> 《周礼》一书，皆周之旧典礼经。①
> 而今《周礼》所传授尚未闻其端，班固曰：孔子缀周之礼，此礼所以必取于周，以为经者也。②

俞庭椿认为，《周礼》记载的是周代的官制实况，应当视之为"礼经"。从中我们不难看出俞庭椿对《周礼》是抱着尊崇的态度。

其次，俞庭椿疑《周礼》，主要怀疑《周礼》经文存在简编错乱。在俞庭椿看来，《周礼》五官编次多存在混乱情况，且《冬官》并未佚亡，而是散落在五官之中。具体观点参见本节"四、俞庭椿《周礼复古编》补亡《冬官》的尝试"之下"（一）割裂五官"，兹不赘述。

（二）对《周礼》流传的见解

在俞庭椿看来，经历秦火，汉儒记诵传授的六经存在讹误，其曰：

> 六经厄秦，至汉稍稍得复，然而多出于儒者记诵传授之学，不能无讹误。既成篇帙，相传至今，世儒信其师承之或有所自也，无或疑议，遂使圣经之旧泯焉不可复见。③

俞庭椿认为，汉儒记诵传授的六经虽然存在讹误，但相传至今，或有师承渊源，或较少疑议，学界已接受了这些存在讹误的六经，至于六经原本之

---

① （宋）俞庭椿：《周礼复古编》卷首《周礼复古编序》。
② （宋）俞庭椿：《周礼复古编》之《六官》。
③ （宋）俞庭椿：《周礼复古编》卷首《周礼复古编序》。

面貌湮没不可复见了。

俞庭椿以为，六经之中，《周礼》遭受的破坏相当严重，不仅在西汉传授统绪不明，且东汉杜子春等传授的《周礼》已非先秦旧典，六官大多紊乱，无统纪。其曰：

> 然方诸侯恶其害已，而去班爵禄之籍，已有亡失之渐，况一燔于煨烬，而仅仅出于口传追记之余，安能尽复其故耶。①

> 秦燔诗书，礼经尤被其毒。汉兴，传礼者有鲁高堂生、鲁徐生，徐生独善为颂，不能通经，传子至孙，皆以颂为礼官。大夫瑕丘萧奋以礼至淮阳太守，东海人孟卿事奋，以授后仓，仓说礼数万言，号曰《后氏曲台记》。梁又有戴德、戴圣等学，于是礼有大戴、小戴。汉兴，礼学于亡逸者仅仅如此，而今《周礼》所传授尚未闻其端。班固曰：孔子缀周之礼，此礼所以必取于周，以为经者也。《艺文志》曰："《周官经》六篇，《周官传》四篇。"注言王莽时，刘歆置博士，颜师古曰：亡其《冬官》，以《考工记》充之。至后汉时，河南缑氏杜子春之徒稍相讲授。然今六官大抵皆紊乱，统纪非先秦之旧，若制国用，冢宰之职也，而后世杂之司徒度地、居民，兴事、任力司空之事也，而后世杂之司徒，此盖明白易见，可以考证者。习其读而安之，亦以其传讹之久故也。司徒氏掌教者也，而财赋则兼之，土地之事则隶之，无亦以其为地官，故凡土地之事悉以属焉，而财货出于土地者也亦从而属之。名与事违，官与职戾，书得于传流之久，事习于讹舛之余，习者不察，而事益以乖，国用制于冢宰，邦土掌于司空，皆有明证不诬，而后世实淆乱其制甚矣，传讹之移人也，质之以经，将有所是正焉。官正而"《司空》之篇"可得而复，其所谓丘夷而渊实者耶！②

俞庭椿认为，经历战国诸侯的恶意销毁和秦焚书之祸，西汉初年渐次恢复的主要是《仪礼》和《礼记》之学，《周礼》则传授统绪不明，仅能从《汉书·艺文志》的记载和注解中了解到。西汉已发现《周礼》一书，但缺《冬官》一篇，汉儒取《考工记》代替，且在王莽摄政时期，置《周礼》博士，可推知《周礼》当时是受到重视的经典。东汉，杜子春开其

---

① （宋）俞庭椿：《周礼复古编》卷首《周礼复古编序》。
② （宋）俞庭椿：《周礼复古编》之《六官》。

端，传授《周礼》，但此《周礼》统纪已非先秦旧貌，六官大抵皆紊乱。为了说明其观点，俞庭椿举了两个例子：一是冢宰一职负责制国用，但《周礼》一书将司徒度地、居民之事杂入冢宰职事中；二是司空一职负责兴事、任力等事，但《周礼》一书将这些职事归入司徒职事中。俞庭椿认为，因为传讹已久之故，学者习《周礼》之读，未察觉书中存在名与事违、官与职戾的情况，遂造成"事益以乖"的乱局。既然后世流传的《周礼》淆乱周制太甚，且传讹能移人，俞庭椿本人表示要进行"丘夷而渊实"的创举，即"质之以经，将有所是正焉"，如此"官正而'《司空》之篇'可得而复"！

总之，俞庭椿对《周礼》流传的看法是他进行《冬官》补亡的前奏，既然汉代流传至今的《周礼》六官紊乱，统纪已非先秦旧貌，那么依据《周礼》本经，正本清源，不仅五官可正，《冬官》也可恢复！俞庭椿本人也感叹这是"丘夷而渊实"的创举，虽有惶恐，但他决心坚定，曰：

> 虽然由汉迄今，世代远邈，大儒硕学项背相望，而区区末学乃尔起义，是不得罪于名教者几希。呜呼！学者宁信汉儒而不复考之经耶，无宁观其说而公其是非，以旁证于圣人之言，而幸复于圣经之故耶！知我罪我所弗敢，知此《复古编》之所为作也。①

虽然认识到极有可能开罪于名教，但俞庭椿勇敢地表示"知我罪我所弗敢"，只希望能"幸复于圣经之故"。无论如何，宋儒这种在学术研究上勇于开创的精神都是值得后世学者钦佩的。

（三）反对以《考工记》补亡《冬官》

据《经典释文·叙录》《隋书·经籍志》《礼记正义·礼器》中孔颖达疏和贾公彦《序周礼废兴》所引马融《周官传》记载，汉代发现的《周礼》已非完帙，缺《冬官》一篇，汉人求之不得，遂以《考工记》补《冬官》之缺。之所以取《考工记》补亡《冬官》，是因为汉人认为《冬官》主要记载百工之事，这同《考工记》内容有相关联处。由汉迄唐，《考工记》依附《周礼》，流传千年，学界对此并无异议。至宋代，经学以"变古"求解放，《考工记》补亡《冬官》的合理性受到怀疑。俞庭椿就分析汉人以《考工记》补亡《冬官》的原因，认为"天官系统"中大宰"九

职"的记载是《考工记》补亡《冬官》的源流所在。其曰：

> 天官以九职任万民，一曰三农生九谷，二曰园圃毓草木，三曰虞衡作山泽之材，四曰薮牧养蕃鸟兽，五曰百工饬化八材，六曰商贾阜通货贿，七曰嫔妇化治丝枲，八曰臣妾聚敛疏材，九曰间民无常职，转移执事。此虽载在天官，其实则司空事也……后人以《考工》附之者，其源流盖起于是，是则百工者特司空九职之一，而以该《冬官》之所掌可见其非是矣，后之欲考司空之职者当以天官九职为据。①

俞庭椿认为，大宰"九职"虽记载于"天官系统"，但其实是司空负责的职事，而百工仅是司空负责的"九职"之一，而不是司空职事的全部。

以此观点考察《考工记》补亡《冬官》的合理性，俞庭椿提出了自己的见解，曰：

> 书出于亡逸，汉儒传授而信，遂安其习，以至于今，《司空》之篇阙焉，然则非《司空》之篇亡，人实亡之也。②

> 《司空》之篇为逸书，汉人以《考工记》附益之，相传之久，习以为然，虽有巨儒硕学，不复致思研虑，后世遂以《考工》之事为六官之一司空所掌，日渐讹误，并与其官废。③

> 曰司空篇亡，汉兴以千金求之不得，若以此论，则传授之误似不必责，郑司农贯通博学，犹不能思索于此，汉儒信于师传之故耳。孟子曰"尽信书不如无书"，武、成之事，孟子去古未远，已不敢信，《周礼》经秦火之后，复出于诸儒之口，传其当熟，复详考，不宜尽信也决矣。④

> 成周建官限于三百六十，其不以一工人专一官明矣，凡其器物须工为之，而官掌之，即百工之事在其间矣，如典瑞、典同之类是也，必以一工为一官，如今《考工》所载，则司空者乃一大匠、梓人之类耳，何以为司空？若夫攻木、攻金、攻皮、设色、刮摩、抟埴之类，皆得命而充职者，将不胜其繁，亦非圣人设官之意，而周之尢食者多矣。后世传习之谬，谓司空之官主百工，而百工与居六职之一，《周官》之在者，乏工人之事也，故断以谓《司空》之篇俱亡，亦不复加

---

① （宋）俞庭椿：《周礼复古编》之《九职》。
② （宋）俞庭椿：《周礼复古编》之《司马》。
③ （宋）俞庭椿：《周礼复古编》之《司空》。
④ （宋）俞庭椿：《周礼复古编》。

考正于其中。嗟夫! 此《司空》之篇所以亡, 而由汉以来莫之察者,
失于不思圣人设官之意欤! ①

由上可知, 俞庭椿反对以《考工记》补亡《冬官》, 他的主要观点有二:
其一, 体察圣人设官之意, 成周建官 "不以一工人专一官", 而汉人以
《考工记》补亡《冬官》, 累世相传, 后学就认为《考工记》记载的百工之
事就是六官之一的司空及其属官所掌职事, 渐成讹误。其二, 西汉发现的
《周礼》出于亡逸之余, 《冬官》一篇汉人千金求之不得, 就取《考工记》
附益于后, 即便有郑众这样的巨儒硕学, 也未能致思研索其补亡的合理
性, 师传已久, 习以为然, 俞庭椿感叹 "由汉以来莫之察者, 失于不思圣
人设官之意", 所以他大胆断言《冬官》一篇 "人实亡之", 而 "非《司
空》之篇亡"!

既然认为汉人以《考工记》补亡《冬官》不合理, 又提出《冬官》未
亡, "人实亡之" 的见解, 俞庭椿在《周礼复古编》中就开始了他具有创
举性的《冬官》补亡实践。

四、俞庭椿《周礼复古编》补亡《冬官》的尝试

除了倡导 "《冬官》不亡" 说, 俞庭椿《周礼复古编》还进行了学术
史上第一次补亡《冬官》的尝试。以下就分 "割裂五官" 和 "补亡《冬
官》" 两部分论述俞庭椿补亡《冬官》的具体实践。

(一) 割裂五官

俞庭椿认为, 传世本《周礼》由于流传问题, 存在六官紊乱的问题,
如要正本清源, 恢复《冬官》, 首要之务就是清理现存五官中的窜乱。
其曰:

> 盖尝䌷绎是书, 伏而读之, 《司空》之篇实未尝尽亡也, 六官之
> 属诚有颠错杂乱而未尽正者, 编次而辨正之, 庶几西周之盛可寻, 而
> 六官之掌各得其所, 复其旧而摘其讹, 使万世恨遗逸而不可考者一旦
> 稍复其故, 则亦于圣经万一有补焉。②

在俞庭椿看来, 将《周礼》"六官之属诚有颠错杂乱而未尽正者" 进行
"编次而辨正之", 不仅《冬官》可复, 六官之掌也可各得其所。为此, 他

---

① (宋) 俞庭椿: 《周礼复古编》。
② (宋) 俞庭椿: 《周礼复古编》之《司空》。

分"天官系统""地官系统""春官系统""夏官系统""秋官系统"五部分论述现有五官编次的紊乱，并进行辨正，以下分别陈述其割裂方案。

1. 天官系统

俞庭椿将"天官系统"的 11 职官割裂出来补入"冬官系统"，这 11 职官分别是：兽人、渔人、鳖人、兽医、司裘、染人、追师、屦人、掌皮、典丝、典枲。为什么选择这 11 职官隶之于"冬官系统"呢？俞庭椿做了说明，曰：

> 今编：兽人、渔人、鳖人、兽医，右冬官之属也。后人因膳夫、庖人之属，遂置之"天官"，非也。"天官"掌供王之膳羞，固也，而兽人、渔人、鳖人则非所掌。至于兽人①附列于医师，此尤不可者。按《月令》："季春之月，命司空曰：田猎罝罘罗罔毕翳馁兽之药，毋出九门。"用是以知此四官属司空无疑也。盖九职"三曰虞衡，作山泽之材，四曰薮牧，养蕃鸟兽"乃司空之职，则兽人、兽医、渔人、鳖人不为天官属亦明矣。《月令》虽非必圣人之书，或出于秦，亦去古未远，有古之遗事焉。司裘、染人、追师、屦人、掌皮、典丝、典枲，右冬官之属也。司空掌百工，凡此四者，工人之官，所以供王之服御，而掌皮、典丝、典枲则备工之用，而典治丝枲，饬化八材，属之司空曰宜。

俞庭椿将兽人、渔人、鳖人、兽医 4 官委之"冬官系统"的理由有三：其一，兽人、渔人、鳖人并不掌供王膳羞，所以不应与膳夫、庖人同列，置于"天官"；其二，依据《礼记·月令》记载，兽人、渔人、鳖人、兽医当属司空之官；其三，依据《大宰》九职判断，虞衡、薮牧属司空之职，故兽人、渔人、鳖人、兽医不属"天官"系统职官。俞庭椿将司裘、染人、追师、屦人、掌皮、典丝、典枲 7 官委于"冬官系统"的理由有二：其一，司裘、染人、追师、屦人 4 官供王服御，是工人之官，应属冬官；其二，掌皮、典丝、典枲 3 官典治丝枲，饬化八材，属备工之用的职官，也应属冬官。

俞庭椿最后进行了总结，曰：

> 官凡十一，宜在司空，今存者六十有三，三为羡，去十有一焉，于是阙其八矣，八者杂之春官，见于后。

---

① 从下文内容判断，此应是"兽医"，而非"兽人"。

传世本《周礼》中，天官系统共有 63 职官，进行新编后，余 52 职官，俞庭椿补充说明目前缺少的 8 官杂见于"春官系统"，他将在"春官系统"部分进行说明。

2. 地官系统

俞庭椿将"地官系统"的 2 职官割裂出来补入"春官系统"，这 2 职官分别是：鼓人、舞师。俞庭椿对此做了说明，曰：

> 鼓人、舞师，右春官之属也，论见前编。

此论见于《宗伯》一篇，曰：

> 夫乐之兼隶，固也，而鼓人、舞师今系之司徒，何耶？岂以司徒之教民必以礼乐故耶，今司乐、乐师、大胥、大师之属，何为而不属之？以周之设官固不专属，自有互相为用者，不必泥其制，然若是，则周之设官其序固无统纪，其官固无定属，亦何取乎分职之义欤！夫钟师、磬师、笙师、镈师之与鼓人无异也，　师、籥师之与舞师无异也，何鼓人、舞师独宜于司徒，而他莫属焉，无乃二者之属于司徒者传讹之验欤？

俞庭椿将鼓人、舞师割裂出来补入"春官系统"，理由有二：其一，周代设官分职讲究统纪，若说司徒以礼乐教民，需要鼓人、舞师作为下属，那么与礼乐相关的司乐、乐师、大胥、大师为什么又不隶属于司徒呢？其二，钟师、磬师、笙师、镈师所职与鼓人无异，韎师、籥师所职与舞师无异，钟师、磬师、笙师、镈师、韎师、籥师皆隶属于宗伯，属"春官系统"，为什么鼓人、舞师单单隶属于司徒，属"地官系统"呢？提出两个问题，得出的结论就是鼓人、舞师应隶属于宗伯，属"春官系统"。

俞庭椿将"地官系统"的 23 职官割裂出来补入"冬官系统"，这 23 职官分别是：封人、载师、闾师、县师、均人、遂人、遂师、遂大夫、土均、草人、稻人、土训、山虞、林衡、川衡、泽虞、丱人、角人、羽人、掌葛、掌染草、囿人、场人。为什么选择这 23 职官隶之于"冬官系统"呢？俞庭椿做了说明，曰：

> 封人、载师、闾师、县师、均人、遂人、遂师、遂大夫、土均、草人、稻人、土训、山虞、林衡、川衡、泽虞、丱人、角人、羽人、掌葛、掌染草、囿人、场人，右冬官之属也。司空掌邦土，居四民，时地利，则凡邦之土事与夫地利之宜实职之。《王制》言执度度地、

量地、制邑、地邑、民居，必参相得，皆其义也。封人之封国造邑，
载师之任地定征，间师之任民，县师之制域，均人之均力政，遂人之
遂田野、治沟洫，遂师之征财、征作役事，遂大夫之修稼政、属地
治，土均之平地政、均地守、均地事、均地贡，草人掌土化之法，稻
人掌水利之事，土训之道地图以掌地事，是皆度地、制邑、居民而时
其地利者，以类推之，是当属之司空，而大司徒之教民于此宜无与
焉。以至山虞、泽虞、林衡、川衡之掌山泽，廾人、角人、羽人之蓄
山泽之材，囿人之牧兽，场人之植果蓏，掌葛、掌染草之时地利，其
稽之于书，考之于礼经，质之于六典、六职，证之于十有七官之羡，
则取而隶之司空，是则有据而非臆说以求为异论者也。夫司徒以地名
官，后之人不复夷考其义，姑以其名近而取类焉，故司空水土之官杂
入为多，今区而别之，可以概见矣。

俞庭椿认为，司徒虽名为地官之长，但主要职责在教民，而不负责土地
事，后人不考以大、小司徒为首的"地官系统"设官之意，仅因为名"地
官"，而将司空负责的土地之事杂入"地官系统"中。俞庭椿根据司空
"掌邦土，居四民，时地利"的职纲，将混入"地官系统"的"冬官系统"
职官区别出来，其中封人、载师、间师、县师、均人、遂人、遂师、遂大
夫、土均、草人、稻人、土训所掌职事皆与度地、制邑、居民相关，山
虞、泽虞、林衡、川衡掌山泽，廾人、角人、羽人蓄山泽之材，囿人牧
兽，场人植果蓏，掌葛、掌染草时地利，以类推之，这些职官负责的职事
与"邦之土事""地利之宜"密切相关，当隶属于司空，是"冬官系统"
的官员。

3. 春官系统

俞庭椿将"春官系统"的9职官割裂出来补入"天官系统"，这9职
官分别是：天府、世妇、内宗、外宗、大史、小史、内史、外史、御史，
因为俞氏认为"天官系统"的世妇与"春官系统"的世妇是一官，所以
"天官系统"部分总结云"八者杂之春官"，实际则割"春官系统"9职官
入"天官系统"。俞庭椿对割裂9职官入"天官系统"做了说明，曰：

> 天府、世妇、内宗、外宗、大史、小史、内史、外史、御史，右
> 天官之属也。天府掌祖庙之守藏，凡国之玉镇、大宝器藏焉，其与诸
> 府皆宜在天官，况于藏官府乡州及都鄙之治中，以诏王察群吏之治，
> 此皆冢宰之事，非宗伯所宜职者，故是官宜在天官。若世妇为重出，

则既论矣。内宗、外宗掌佐王后宗庙之祭祀，盖妇官也，当与世妇及女御、女祝之属天官，与宫正、宫伯皆类也，不当在宗伯。至于大史掌建邦之六典，以逆邦国之治，掌法以逆官府之治，掌则以逆都鄙之治，皆大宰之职焉，小史掌邦国之志，宜以类从，内史掌八枋之法以诏王治，外史掌书外令，御史掌邦国、都鄙及万民之治令以赞冢宰，皆与大宰所掌相关，非宗伯所得兼也。大宰之官六十有三，其羡者三，宜去者八，若世妇则复出合之，则一矣。今宗伯之不当属者九，世妇之外则八焉，以之足天官之属，学者较彼此而考之，当自喻矣。

俞庭椿逐一分说理由：天府掌祖庙之守藏，也藏官府乡州及都鄙之治中，诏王察群吏之治，宜隶属于冢宰，在"天官系统"。"天官系统"的世妇与"春官系统"的世妇是一官，当合并，隶之于"天官系统"。内宗、外宗佐王后进行宗庙祭祀，属于妇官，当与世妇、女御、女祝等同隶属于天官。大史掌建邦之六典，以逆邦国之治，掌法以逆官府之治，掌则以逆都鄙之治，与大宰所职关系密切；小史掌邦国之志，宜以类从；内史掌八枋之法以诏王治；外史掌书外令；御史掌邦国、都鄙及万民之治令以辅助冢宰：应当隶属于"天官系统"。

俞庭椿将"春官系统"的6职官割裂出来补入"冬官系统"，这6职官分别是：典瑞、典同、巾车、司常、冢人、墓大夫。为什么选择这6职官隶之于"冬官系统"呢？俞庭椿做了说明，曰：

> 典瑞、典同、巾车、司常、冢人、墓大夫，右司空之属也，何以言之？百工之官隶司空者也，若典瑞与典同，巾车与夫司常皆治其器物，以备其用者也，治其器物以备用则是工之属，其隶司空为宜。典瑞者，大概与《考工》玉人之事相若，如四圭有邸，两圭有邸，裸圭有瓒，又曰璧羡以起度，皆王之制也，工在其间矣。典同者掌六律、六同之和，辨天地四方阴阳之声以为乐器，以十二律为之数度，以十二声为齐量，此制乐器之工也。巾车掌公车之政令，如曰王后之五路，重翟，锡面，朱总；厌翟，勒而①，缋总；安车，雕面，鷖总，皆有容盖；翟车，贝面，组总，有握；夫曰锡面，曰勒面，曰雕面，曰贝面；曰朱，曰缋，曰鷖，曰组，皆所以饰之者也，即造车之制备

---

①　从下文内容判断，此应是"面"字，而非"而"字。

矣。至于司常掌九旗之物名，各有属以待国事，如日月为常，交龙为
旂，通帛为旃，杂帛为物，熊虎为旗，鸟隼为旟，龟蛇为旐，全羽为
旞，析羽为旌，是九旗之制备矣，又曰皆画其象焉，官府各象其事，
州里各象其名，家各象其号，盖使之如其制，以为此旗云尔，是岂非
工人之事而隶于司空者耶……至于冢人、墓大夫则宜以土事属者也，
列之礼官滥矣。

俞庭椿认为"百工之官隶司空者也"，其理由有六：其一，典瑞、典同、
巾车和司常皆治器物以备用，属百工之事，宜隶属于司空。其二，典瑞与
《考工记》中玉人职事相若，属百工之事，宜隶属于司空。其三，典同是
制乐器之工，当属之司空。其四，巾车掌造车之制，当属之司空。其五，
司常掌制九旗，属司空之事。其六，冢人、墓大夫所职土事相关，隶属于
礼官不当，当属之司空。

4. 夏官系统

俞庭椿将"夏官系统"的9职官割裂出来补入"冬官系统"，这9职
官分别是：弁师、司弓矢、槀人、职方氏、土方氏、形方氏、山师、川
师、邍师。为什么选择这9职官隶之于"冬官系统"呢？俞庭椿做了说
明，曰：

> 弁师、司弓矢、槀人，右司空之属。各以其工者也，弁师不当在
> 司马已无可疑者，盖为冕弁以供王之服用者也。司弓矢乃《考工》弓
> 人为弓之事，故合九合七皆有其制。槀人掌献素献成，宜以工属司空
> 愈益明白，谓其为兵而隶于司马，传讹者也。
>
> 职方氏、土方氏、形方氏、山师、川师、邍师，右司空之属也。
> 职方宜属司空，既于司马篇论之矣，土方氏、形方氏宜以类从。山
> 师、川师、邍师皆是也，山虞、泽虞、林衡即其傔耳，故不多论。

俞庭椿认为，弁师、司弓矢、槀人属百工之官，不当在司马已无可疑，宜
属之司空。职方氏掌天下地图，与地事相关，依俞氏的判断标准，应当属
司空之官，土方氏、形方氏以类相从，也属司空之官。山师、川师、邍师
与地事相关，应属司空之官，山虞、泽虞、林衡属于山师、川师、邍师的
属僚耳，当然也属司空之官。

5. 秋官系统

俞庭椿将"秋官系统"的8职官割裂出来补入"春官系统"，这8职
官分别是：大行人、小行人、司仪、行夫、掌客、掌讶、掌交、环人。为

什么选择这 8 职官隶之于"春官系统"呢？俞庭椿做了说明，曰：

> 大行人、小行人、司仪、行夫、掌客、掌讶、掌交、环人①，右
> 春官之属也。孔子曰：行人子羽修饰之。左氏曰：行人子羽，行人盖
> 言语之官，所以掌大宾之礼、大客之事，其为礼仪之官明矣，而与其
> 徒司仪、行人、掌客、掌讶、掌交等俱列之司寇，何义？礼仪一事
> 也，岂以司仪名官，不在礼职而在刑属，断可识矣，是当归之宗伯，
> 何疑之有！

俞庭椿说，大行人、小行人属言语之官，掌宾客礼事，当为礼仪之官，司
仪、掌客、掌讶、掌交与大行人、小行人职事相关，也属礼仪之官，不当
隶之于主管刑法的"秋官系统"，而当归宗伯统辖。

（二）补亡《冬官》

俞庭椿《周礼复古编》一书创作的重要意图是"复古"，即恢复先秦
《周礼》之古貌，而复古的重要支撑观点即主张《冬官》不亡。其曰：

> 《周礼·司空》之篇有可得言者，反覆之经，质之于《书》，验之
> 于《王制》，皆有可以是正焉者，而《司空》之篇实杂出于五官之属，
> 且因司空之复而六官之讹误亦遂可以类考，将一一摘其要者议之，诚
> 有犁然当于人心者，盖不啻宝玉大弓之得，而郓、讙、龟阴之归也。②

俞庭椿主张，传世本《周礼》六官存在讹误，学界认定已经亡佚的"《司
空》之篇"，即《冬官》实杂出于五官之中，如果《冬官》可复，其余五
官中存在的讹误也可类考。

我们以为，俞庭椿是从四个方面入手论证《冬官》不亡，并着手补亡
的，以下分别述之。

第一，依据《尚书·周官》、《礼记·王制》和《周礼》本经等文献，
考知《周礼》六官之大纲。

俞庭椿以为依据《尚书·周官》、《礼记·王制》和《周礼》本经记
载，可考知以冢宰、司徒、宗伯、司马、司寇、司空为长官的六官系统，
了解六官系统职责的大纲，进而推知六官下属各官吏。其曰：

> 周自成王归于丰，作《周官》，自三公三孤而下，六卿分职，各

---

① 其下双行小字注曰："前有论"，即见于前文。
② （宋）俞庭椿：《周礼复古编》卷首《周礼复古编序》。

率其属。若冢宰则掌邦治，统百官，均四海；司徒则掌邦教，敷五典，扰兆民；宗伯则掌邦礼，治神人，和上下；司马则掌邦政，统六师，平邦国；司寇则掌邦禁，诘奸慝，刑暴乱；司空则掌邦土，居四民，时地利。此《周礼》六官之大凡，即是以考，则其所隶可得而推矣。①

司空古官也，舜以水土命禹，而共工则咨垂，然则司空之官实重，而百工之事无与焉。《周官》之书曰："掌邦土，居四民，时地利。"大宰之职"六曰事典，以富邦国，以任百官，以生万民"，小宰之六职"六曰事职，以富邦国，以养万民，以生百物"。礼经《王制》则尤详焉，曰："司空执度，度地居民，山川沮泽，时四时量地，远近兴事任力，凡使民任老者之事，食壮者之食，凡居民材必因天地寒暖燥湿广谷大川异制，民生其间者异俗。"又曰："凡居民量地以制邑，度地以居民，地邑民居必参相得也，无旷土，无游民，食节事，时民咸安其居，乐事劝功，尊君亲上，然后兴学。"凡此皆著见于经，粲然可据者也。②

天官以九职任万民，一曰三农生九谷，二曰园圃毓草木，三曰虞衡作山泽之材，四曰薮牧养蕃鸟兽，五曰百工饬化八材，六曰商贾阜通货贿，七曰嫔妇化治丝枲，八曰臣妾聚敛疏材，九曰闲民无常职，转移执事。此虽载在天官，其实则司空事也。任者，事也，所以任其力也，曰农，曰圃，曰虞，曰薮，曰工，曰商，曰嫔，曰臣妾，曰闲民，九者民之各有其职者也，《王制》所谓使民兴事任力，无旷土，无游民，食节事时乐事劝功者，此皆其凡也。天官无所不当问，故兼治之，惟司空实掌之，惟其掌之也，然后各得其所，而无失职之民，则农之生九谷，圃之毓草木，虞之作山泽之材，薮之养蕃鸟兽，工之饬化八材，商之阜通货贿，嫔之化治丝枲，与夫臣妾之疏材，闲民之执事皆具于司空之职。后人以《考工》附之者，其源流盖起于是，是则百工者特司空九职之一，而以该《冬官》之所掌可见其非是矣，后之欲考司空之职者，当以天官九职为据。③

周代以冢宰、司徒、宗伯、司马、司寇、司空为六卿，六卿各率其属，分

---

①　（宋）俞庭椿：《周礼复古编》之《六官》。
②　（宋）俞庭椿：《周礼复古编》之《司空》。
③　（宋）俞庭椿：《周礼复古编》之《九职》。

别负责一方面的国家大事。如冢宰负总责，掌邦治，统百官；司徒负责掌邦教；宗伯负责掌邦礼；司马负责掌军政；司寇负责掌法制；司空负责掌邦土。六卿所属职事的大纲即见于《周官》《王制》，俞庭椿认为《周官》乃成王作，与《周礼》相表里，根据《周官》考察《周礼》，可知《周礼》六官的主要职责，六官之下隶属各官也可从而考知。俞庭椿还认为，《周礼》"天官系统"中大宰"九职"虽然"载在天官，其实则司空事"，主张"后之欲考司空之职者当以天官九职为据"。

在俞庭椿看来，依据《尚书·周官》、《礼记·王制》和《周礼》本经记载，可考知《周礼》六官之大纲，如此则亡佚的《冬官》一篇所载司空之官的大纲也可获知，这成为补亡《冬官》的前提和重要理论依据。

第二，传世本《周礼》六官紊乱，已失古者设官本意。

依据《尚书·周官》所载六官职事之大纲查考《周礼》，会发现《周礼》六官系统似无统纪，是紊乱的。俞庭椿曰：

> 六官之各有其职，质之于《书》，稽之于《王制》，考之于冢宰、小宰六典、六属、六职之目，井然而不紊。今《周礼》所存六官，往往多杂治而不专一，岂圣人设官固若是其无统欤？①

在俞庭椿看来，传世本《周礼》记载的六官系统存在"多杂治而不专一"的问题。就此问题，俞氏举例说明，曰：

> 冢宰为六卿之长，曰掌邦治，统百官，均四海者，其凡也。治者无不该也，国之务听焉，而六官之所掌皆属，若六典、八法、八则、八柄皆所以统百官也，八统、九职、九赋、九式、九贡、九两皆所以治财赋，均四海也，国之治无此为大者，冢宰实总之……大要正百官，制财用者，实佐王治邦国之纲目……则冢宰主于治财赋，何疑专以司徒为治财赋之官，失古者设官之本意，请遂论之。②
>
> 古者重于教民，凡所以维持之甚详，而所以训导之甚至，然后民知有君臣，知有父子，知有兄弟、夫妇、朋友，相事、相使、相安、相养、相爱，而无争悖之风，趋仁而迁义，尊君而亲上，熙熙然日入于太和之域而不自知者，以有司徒之教存也。今司徒之属如卿大夫、州长、党正、族师、闾、胥、比长与夫师氏、保氏、司谏、司救、调

---

① （宋）俞庭椿：《周礼复古编》之《司寇》。
② （宋）俞庭椿：《周礼复古编》之《冢宰》。

人等官，无非古者教民之良法美意，是故不当以司徒治财赋。今其为财赋之官者不过泉府、司市、质人、廛人、胥师之属耳，盖教民之为善者，莫切于财利相交之际，是必有以禁其非而导之义者，故司徒兼焉，非以司徒治财赋也。后世惑于泉府、司市之属在司徒，遂以司徒为财赋之任。①

昔者圣人之治天下也，必修礼明乐，以导之其条章节目，器用度数莫不有法，故设官以掌其事。舜之命官典礼与乐，各惟其人，至《周官》定制，以六官为之长，而率其属，于是有不能尽该而别分者，遂兼命焉，宗伯掌礼，而司乐实隶之。夫乐之兼隶，固也，而鼓人、舞师今系之司徒，何耶？岂以司徒之教民必以礼乐故耶，今司乐、乐师、大胥、大师之属，何为而不属之？以周之设官，固不专属，自有互相为用者，不必泥其制，然若是，则周之设官其序固无统纪，其官固无定属，亦何取乎分职之义欤！夫钟师、磬师、笙师、镈师之与鼓人无异也，　师、籥师之与舞师无异也，何鼓人、舞师独宜于司徒，而他莫属焉，无乃二者之属于司徒者传讹之验欤？不特此也，司仪之于司寇，何所附丽，大行人、小行人皆所以掌宾客之礼，与行夫、掌客、掌讶、掌交，皆非于刑罚盗贼之事有相关焉者，而今皆为司寇之属，是则有不必辨而可知其非者，决矣。②

愚请以大司寇、小司寇之职验杂治者之非圣经之旧也。今观大司寇之一篇，自掌邦之三典而下，凡十有三章无非刑狱之条，未尝有一语杂及它职事者，小司寇亦然。然则圣人设官，固专一不杂，如此若司徒之治财赋、任土事，司马之兼职方，非圣经之旧也，至于司仪、行人之非，不待辨而白矣。③

据《周官》、《王制》和《周礼》本经记载，俞氏以为作为六卿之长的冢宰，其负责职事之纲要在于"掌邦治，统百官，均四海"，虽曰治国无所不统，但冢宰职事根本在于"正百官"和"制财用"，因为这二者是冢宰辅佐王治邦国的纲目。今传本《周礼》将"治财赋"作为司徒的专职，当属不当，因为司徒职事之根本在于教民，这从司徒之下所设官，如州长、党正、族师、闾、胥、比长、师氏、保氏、司谏、司救、调人具有的上古

①　（宋）俞庭椿：《周礼复古编》之《司徒》。
②　（宋）俞庭椿：《周礼复古编》之《宗伯》。
③　（宋）俞庭椿：《周礼复古编》之《司寇》。

教民良法美意可以看出来。但另一方面，俞氏也承认司徒兼涉财赋管理，他以为这是因为财利相交之际最能考察人的品行，所以司徒其下设置泉府、司市、质人、廛人、胥师，目的在于禁民为非作歹，导民向义，而非专"财赋之任"。再如司乐、乐师、大胥、大师、钟师、磬师、笙师、镈师、　师、籥师隶属于"春官系统"，而与他们职事相类的鼓人、舞师却隶属于"地官系统"，若以"周之设官固不专属，自有互相为用者，不必泥其制"作答，就会得出"周之设官其序固无统纪，其官固无定属"的结论，果真如是的话，又何必要六卿分职，各率其属呢？"秋官系统"主要负责司法，从《周礼》经文本身来看，作为主管大、小司寇的职责在于刑狱，没有杂及其他，但"秋官系统"中却掺杂有负责宾客礼事的司仪、大行人、小行人、掌客、掌讶、掌交。难道圣人设官本来就是如此无纲纪吗？回答显然是否定的。既然圣人设官重视纲纪，具备专一不杂的特点，那么传世本《周礼》六官紊乱的问题当是流传造成的。

　　既然传世本《周礼》存在六官紊乱的问题，俞庭椿仔细研读《周礼》本经，产生了大胆的想法。他阐述道：

　　　　盖尝紬绎是书，伏而读之，《司空》之篇实未尝尽亡也，六官之属诚有颠错杂乱而未尽正者，编次而辨正之，庶几西周之盛可寻，而六官之掌各得其所，复其旧而摘其讹，使万世恨遗逸而不可考者一旦稍复其故，则亦于圣经万一有补焉。①

他认为"六官之属诚有颠错杂乱而未尽正者，编次而辨正之，庶几西周之盛可寻，而六官之掌各得其所"。俞庭椿是想通过重新编次《周礼》经文，纠正讹误，来达到"复其旧"，即恢复先秦《周礼》古本的目的，而在他看来先秦古本《周礼》的"《司空》之篇"是存在的。

　　由上可知，俞庭椿认为，参照《周礼》六官之大纲，传世本《周礼》所载六官系统"多杂治而不专一"，这与圣人设官专一不杂的本意是相悖的，俞氏由此断定传世本《周礼》已非圣经原貌，失落了圣人设官本意。在《周礼》紊乱的六官编次中，俞庭椿指出"《司空》之篇实未尝尽亡也"，这成为他大胆割裂五官的重要依据。

　　第三，"冬官系统"各官混杂在五官之中，重新编次，则六官可正，《冬官》可复。

---

① （宋）俞庭椿：《周礼复古编》之《司空》。

传世本《周礼》发现于西汉，流传已久，深入人心。俞庭椿认为，正是因为千百年来大家"习其读而安之"，"未有尝置疑于其间"，加之"传讹之久"，才造成对名与事违、官与职戾这样的错误"习者不察"，甚至引发"事益以乖"的局面。其曰：

> 习其读而安之，亦以其传讹之久故也……名与事违，官与职戾，书得于传流之久，事习于讹舛之余，习者不察，而事益以乖，国用制于冢宰，邦土掌于司空，皆有明证不诬，而后世实淆乱其制甚矣，传讹之移人也，质之以经，将有所是正焉。官正而"《司空》之篇"可得而复，其所谓丘夷而渊实者耶！
>
> 由汉以来，惑于传授，未有尝置疑于其间者，是可叹也，于是概见其凡，而其详则别言之于后。①

在俞庭椿看来，汉代以来就盛行的《冬官》佚亡之说是不对的，因为《冬官》未曾亡，只是散落于五官之中，学者不察，长期以讹传讹，就人为地造成了《冬官》亡佚的结果。

既然如此，俞庭椿就比照《周礼》六官之大纲，仔细研索经文，力图重新编次六官，以恢复先秦《周礼》旧貌。他论述曰：

> 又以其为地官也，宜掌土地之事，遂以司空之属附益之，司徒之教职乃遂为不切不急之务，而专于财赋土地之为职，斯民于是始无有导之于道德性命之理，而易与为非矣。然则司徒之职，其可以不讲其所掌之本务乎！②
>
> 司空以水土之官，辨山林、川泽、丘陵、坟衍、原隰之名物，制畿疆而沟封，此其为职截然可见，属之司徒，无可附丽，学者当勉思而明辨也。③
>
> 夫司徒以地名官，后之人不复夷考其义，姑以其名近而取类焉，故司空水土之官杂入为多，今区而别之，可以概见矣。④
>
> 大司空、小司空杂出于别官……大司徒掌邦教者也……曰掌建邦国之土地之图与其人民之数，此大司空掌邦土，以掌凡邦之役事之事也，盖错乱《司空》之篇于其首，其非司徒之职事明矣。⑤

---

① （宋）俞庭椿：《周礼复古编》之《宗伯》。
② （宋）俞庭椿：《周礼复古编》之《司徒》。
③④⑤ （宋）俞庭椿：《周礼复古编》。

　　国有六职，大司马掌邦政，统六师，以佐王平邦国……而职方氏、土方氏、怀方氏、形方氏与夫川师、邍师之属，胡为而在其列也，说者以谓司马掌建邦国之九法，是宜属。曰不然，六官之职固有互相参掌者，而其大纲则一定而不易，司马之九法特兼言九法之大凡，而事之所掌则各从其属，职方氏掌天下之图，以掌天下之地，此邦土之任，司空氏之职也，后汉大司空上舆地图，此其遗制尚有存者。夫辨其国都、四夷、八蛮、七闽、九貉、五戎、六狄之人民与其财用九谷、六畜之数，以周知其利害。盖司空以是居民、以是时其地利，以是使中国夷蛮各有安居，和味异宜，利用备器，如《王制》言中国戎夷五方之民之类也，司马胡为而职之？若职方以土地之事而班之于司马，则六官不必分职，而司空不必设矣。舜命禹以司空，使平水土，其举职任事无大于任土作贡之功，今《禹贡》一书，盖司空职事书也，周之职方实所取法，则职方之为司空属复何疑者。①

俞庭椿指出，"六官之职固有互相参掌者，而其大纲则一定而不易"，如根据六官负责职事的大纲细细考察传世本《周礼》，就不难发现"司空之属"的蛛丝马迹。在他看来，传世本《周礼》中司徒所掌"土地之事"应是"司空之属附益之"造成的，司徒以教民为根本，土地之事由"冬官系统"职官负责，所以"冬官系统"职官杂入"地官系统"最多。俞庭椿还指出，传世本《周礼》中隶属于"夏官系统"的职方氏、土方氏、怀方氏、形方氏、川师、邍师，应属于"冬官系统"，因为职方氏掌天下之图，就是掌天下之地，司空一职的大纲在于"掌邦土，居四民，时地利"，所以职方氏应是司空的属官，与职方氏职事相类的土方氏、怀方氏、形方氏、川师、邍师也应是司空的属官。

　　除了进行理论论证，俞庭椿还在《周礼复古编》中进了割裂补亡的操作实践，上文分五官进行了详细论述，故此处不再赘述。经过割裂、补亡的工作，俞庭椿取传世本《周礼》五官中的49官补入《冬官》，这49官分别是：兽人、渔人、鳖人、兽医、司裘、染人、追师、屦人、掌皮、典丝、典枲、封人、载师、闾师、县师、均人、遂人、遂师、遂大夫、土均、草人、稻人、土训、山虞、林衡、川衡、泽虞、廿人、角人、羽人、掌葛、掌染草、囿人、场人、典瑞、典同、巾车、司常、冢人、墓大夫、

---

① （宋）俞庭椿：《周礼复古编》之《司马》。

弁师、司弓矢、槀人、职方氏、土方氏、形方氏、山师、川师、邍师。

经过如此一番割补，俞庭椿认为初步恢复了《周礼》原貌，他总结说：

> 右司空官属得于天官者十有一，得于地官者二十有三，得于春官者六，得于夏官者九，凡四十有九焉。大司空杂出于地官者，其凡可举矣，五官之属又自有重复错乱者，略可概见也。虽然书亡既久，传信已深，此议创起，亦可骇且怪矣，管窥蠡测，何所逃讥，姑记所见云尔，若夫辨析厘正以为不刊之典，使圣经明于昭代，则有俟夫当世之大儒君子。①

即便认识到"此议创起亦可骇且怪矣，管窥蠡测何所逃讥"，俞庭椿仍坚信自己的观点和做法具有合理性，并希望此开创之举有功于《周礼》，更号召学界的有识之士进行深入研究，为匡正经典做出贡献。

第四，割裂大、小司徒经文，拼凑大、小司空之职事。

除了割裂五官，补《冬官》属官缺失外，俞庭椿还力图恢复"冬官系统"长官大、小司空的职能职事，即补《冬官》部分经文的缺失，这个工作难度更大。他采用的方法同样是割裂，即割"地官系统"长官大、小司徒的经文，补大、小司空的经文。

俞庭椿曾云：

> 大司空、小司空杂出于别官。②

俞氏判定大、小司空杂出于别官，但并未明言杂出于何官，只是在拼凑大、小司空职事部分基本取材于大、小司徒经文。可见，俞庭椿至少认为"地官系统"的大、小司徒部分杂入了大、小司空的经文。

俞庭椿认为，参考《王制》《周礼》等经典记载，司徒所掌的力役地征之事应属于司空，他论曰：

> 古之王者重于使民，必有官以专其事，盖重之也。而力役今皆隶于司徒，如地职、地守、地贡、地征之类是也，凡此者皆讹误，何以言之？《王制》言司空凡使民任老者之事，食壮者之食，又曰无旷土，无游民，此力役地征与夫任民者之职也。然则经何以言之，曰质之经而可知也，乡师之职曰：大役则帅民徒而至，治其政令，既役，则受州里之役要，以考司空之辟，以逆其役事。由是观之，则司空之掌役

①② （宋）俞庭椿：《周礼复古编》。

事有明证矣。又司寇之职亦曰：凡万民之有罪过而未丽于法，而害于
州里者，桎梏而坐诸嘉石，役诸司空，则司空之役民非臆说也。复稽
之以《王制》，是益无可疑者。而今习焉，以司徒掌土地之事，凡地
职、地守、地征、地贡，皆遂以其为司徒职也，傍考之经，愚得以为
据依焉，然则凡力役地征一皆归之于司空，然后可以复经之旧。①

在俞庭椿看来，传世本《周礼》以司徒掌土地之事，地职、地守、地征、
地贡等事皆司徒所职，沿袭既久，习以为然，可比照《王制》和《周礼》
本经中乡师、司寇的记载，力役地征之事本应属司空所职，所以应当摘择
司徒经文中与力役地征相关的部分归于司空。俞庭椿以为如此就"可以复
经之旧"。

　　在《周礼复古编》的最后部分，俞庭椿就摘取大、小司徒经文，略加
考辨，想将其作为大、小司空的经文。以下举例说明：

　　　　大司徒之职掌建邦之土地之图与其人民之数，以佐王安扰邦国。

此句是摘取的大司徒经文，顶格书写。而后另起一行，空一格，是俞庭椿
针对此句经文进行的相关考辨：

　　　　大司徒掌邦教者也，掌邦教然后能佐王以安扰邦国。扰者，教而
　　驯之，如扰龙之义也。教然后安扰，岂土地之图、人民之数遂能安扰
　　之耶！六典曰："二曰教典，以安邦国，以教官府，以扰万民。"所谓
　　教者，如保息六养万民，本俗六安万民，使之相保、相受、相葬、相
　　救、相赒、相宾之类是也，何取于土地之图，人民之数。曰掌建邦国
　　之土地之图与其人民之数，此大司空掌邦土，以掌凡邦之役事之事
　　也，盖错乱《司空》之篇于其首，其非司徒之职事明矣。

主要说明大司徒"掌建邦国之土地之图与其人民之数"属《司空》之篇的
内容，是错乱《司空》之篇于大司徒篇首，所以凡力役地征之事非司徒
职事。

　　此部分类似于上文的考辨内容还有不少，主旨皆是说明大、小司徒的
这部分经文当属大、小司空经文，司空之篇未尝亡。如：

　　　　土地之图，释之曰若今司空郡国舆地图，此惑于传讹而不知思焉
　　者也，抑不思当时司徒所以为职者。既如此，而司空掌土地之图，何

---

① （宋）俞庭椿：《周礼复古编》之《司空役民》。

事于此而详考焉，则《司空》之篇不待于列千金以求之，亦自明矣。（缺）曰司空篇亡，汉兴，以千金求之不得，若以此论，则传授之误似不必责，郑司农贯通博学，犹不能思索于此，汉儒信于师传之故耳。孟子曰"尽信书不如无书"，武、成之事，孟子去古未远，已不敢信，《周礼》经秦火之后，复出于诸儒之口，传其当熟，复详考，不宜尽信也决矣。司空以水土之官，辨山林、川泽、丘陵、坟衍、原隰之名物，制畿疆而沟封，此其为职截然可见，属之司徒，无可附丽，学者当勉思而明辨也。

司空执度，度地，量地，制邑，于《王制》可以知其职。匠人建国，匠人营国，于《考工》可以溯其旧也，若以司徒考之，此皆强附而曲取于经，于传诚无以为据依也。大概司徒以地名官，而司空之名则习以为百工之官，而凡曰土地之事于是悉归地官焉，故其属与其职悉杂《司空》之篇。而《司空》之篇既出于诵说之讹，附于彼，则阙于此，至尽亡其官与其属。今取大司徒之不应职者归之司空，而司空之属岂不昭然，如故物之复其主耶，故曰《司空》之篇未尝亡也。

凡此皆邦之土事，故尽当属司空，今载之小司徒者，小司空之讹也，区分而别之，其有条矣，虽不得其全，然其大略可见，亦足以见古者设官之意。夫书得于煨烬之余，独五官具，而司空篇无一官存者，固已无是理，又况五官之属各有羡者，是何故也？由其亡与羡参稽之，又详考其义，证之于经，庶乎圣经之旧可得而复见矣。

如上所列，俞庭椿想通过考辨，将大、小司徒的经文离析出来作为大、小司空经文的一部分，他的这种尝试是第一次，是在割裂五官、补亡《冬官》诸职基础上更进一步的恢复《冬官》的尝试。但割裂是否就真能恢复所谓先秦《周礼》的旧貌，补亡《冬官》呢？有赞成者，也有否定者，无论如何，此议开创后学界围绕此问题进行的争议和尝试延续了几百年，直至清代初期。

综上，俞庭椿先是依据《尚书·周官》《礼记·王制》等记载，考查《周礼》六官之大纲，再以此大纲考察传世本《周礼》，得出六官紊乱、已失古者设官本意的结论。既然传世本《周礼》六官紊乱，不可靠，那么通过仔细分辨，就能发现"冬官系统"各官竟然混杂在五官之中。他认为自己所进行的割裂、补亡之举是很有意义的，曾云："使万世恨遗逸而不可考者一旦稍复其故，则亦于圣经万一有补焉。"

五、俞庭椿《周礼复古编》补亡《冬官》的方法

此部分将从五方面对俞庭椿《周礼复古编》一书补亡《冬官》（司空之篇）的方法进行分析。

方法一：根据《尚书·周官》、《礼记·王制》和《周礼》本经的记载推知《冬官》职守大纲。

俞庭椿一再强调自己补亡《冬官》之说是有根据的，曾云"是则有据而非臆说以求为异论者也"①。在他论证《冬官》不亡和进行补亡的过程中，也一再亮明自己的立论依据，那么他的依据是什么呢？我先看看他在《周礼复古编》中的论述：

> 《周礼·司空》之篇有可得言者，反覆之经，质之于《书》，验之于《王制》，皆有可以是正焉者，而《司空》之篇实杂出于五官之属。且因司空之复而六官之讹误亦遂可以类考，将一一摘其要者议之，诚有犁然当于人心者，盖不啻宝玉大弓之得，而郓、讙、龟阴之归也。②

> 周自成王归于丰，作《周官》，自三公三孤而下，六卿分职，各率其属。若冢宰则掌邦治，统百官，均四海；司徒则掌邦教，敷五典，扰兆民；宗伯则掌邦礼，治神人，和上下；司马则掌邦政，统六师，平邦国；司寇则掌邦禁，诘奸慝，刑暴乱；司空则掌邦土，居四民，时地利。此《周礼》六官之大凡，即是以考，则其所隶可得而推矣。③

> 六官之各有其职，质之于书，稽之于《王制》，考之于冢宰、小宰、六典、六属、六职之目，井然而不紊。④

> 司空古官也，舜以水土命禹，而共工则咨垂，然则司空之官实重，而百工之事无与焉。《周官》之书曰："掌邦土，居四民，时地利。"大宰之职"六曰事典，以富邦国，以任百官，以生万民"，小宰之六职"六曰事职，以富邦国，以养万民，以生百物"。礼经《王制》则尤详焉，曰："司空执度，度地居民，山川沮泽，时四时量地，远

---

① （宋）俞庭椿：《周礼复古编》。
② （宋）俞庭椿：《周礼复古编》卷首《周礼复古编序》。
③ （宋）俞庭椿：《周礼复古编》之《六官》。
④ （宋）俞庭椿：《周礼复古编》之《司寇》。

近兴事任力，凡使民任老者之事，食壮者之食，凡居民材必因天地寒暖燥湿广谷大川异制，民生其间者异俗。"又曰："凡居民量地以制邑，度地以居民，地邑民居必参相得也，无旷土，无游民，食节事，时民咸安其居，乐事劝功，尊君亲上，然后兴学。"凡此皆著见于经，粲然可据者也，后人徒以司徒之为地官，土地之事，地官之类也，故司空之属皆汨乎其中。盖自大司徒之职已皆讹误，大半皆司空事也。①

天官以九职任万民，一曰三农生九谷，二曰园圃毓草木，三曰虞衡作山泽之材，四曰薮牧养蕃鸟兽，五曰百工饬化八材，六曰商贾阜通货贿，七曰嫔妇化治丝枲，八曰臣妾聚敛疏材，九曰间民无常职，转移执事。此虽载在天官，其实则司空事也。任者，事也，所以任其力也，曰农，曰圃，曰虞，曰薮，曰工，曰商，曰嫔，曰臣妾，曰间民，九者民之各有其职者也，《王制》所谓使民兴事任力，无旷土，无游民，食节事时乐事劝功者，此皆其凡也。天官无所不当问，故兼治之，惟司空实掌之，惟其掌之也，然后各得其所，而无失职之民，则农之生九谷，圃之毓草木，虞之作山泽之材，薮之养蕃鸟兽，工之饬化八材，商之阜通货贿，嫔之化治丝枲，与夫臣妾之疏材，间民之执事，皆具于司空之职……后之欲考司空之职者，当以天官九职为据。②

古之王者重于使民，必有官以专其事，盖重之也。而力役今皆隶于司徒，如地职、地守、地贡、地征之类是也，凡此者皆讹误，何以言之?《王制》言司空凡使民任老者之事，食壮者之食，又曰无旷土，无游民，此力役地征与夫任民者之职也。然则经何以言之，曰质之经而可知也，乡师之职曰：大役则帅民徒而至，治其政令，既役，则受州里之役要，以考司空之辟，以逆其役事。由是观之，则司空之掌役事有明证矣。又司寇之职亦曰：凡万民之有罪过而未丽于法，而害于州里者，桎梏而坐诸嘉石，役诸司空，则司空之役民非臆说也。复稽之以《王制》，是益无可疑者。而今习焉，以司徒掌土地之事，凡地职、地守、地征、地贡，皆遂以其为司徒职也，傍考之经，愚得以为据依焉，然则凡力役地征一皆归之于司空，然后可以复经之旧。③

①　(宋)俞庭椿：《周礼复古编》之《司空》。
②　(宋)俞庭椿：《周礼复古编》之《九职》。
③　(宋)俞庭椿：《周礼复古编》之《司空役民》。

这些论述中一再提到几部经典，即《尚书·周官》、《礼记·王制》和《周礼》本经，通过这些记载俞庭椿推知司空一篇职守大纲，否定以"一工专一官"的传统认识，对《考工记》补亡《冬官》的合理性提出质疑，这成为他下一步割裂、补亡的基础。

方法二：主张《周礼》中的设官分职体现周代官制的统纪，不是散乱无章的。

《周礼》是讲设官分职的制度之书。宋人强调设官分职中体现了圣人的治国思想，蕴含着治国平天下的制度资源。宋代《周礼》研究经义最富，宋人对圣人设官意义的阐发是经义阐发的重要方面。俞庭椿深受时代学风的影响，他也主张《周礼》中的设官分职是圣人精心制作的，有着深远的考量。从此角度考察传世本《周礼》所存五官，俞庭椿产生了疑问：

> 今《周礼》所存六官，往往多杂治而不专一，岂圣人设官固若是其无统欤？[①]

他也试图采纳一些学者对此的解释，如：

> 以周之设官固不专属，自有互相为用者，不必泥其制。[②]
> 六官之职固有互相参掌者……[③]

但这些解释都不能让他信服，他驳斥曰：

> 以周之设官固不专属，自有互相为用者，不必泥其制。然若是，则周之设官，其序固无统纪，其官固无定属，亦何取乎分职之义欤！[④]
> 六官之职固有互相参掌者，而其大纲则一定而不易……[⑤]

在俞庭椿看来，假若周人设官不专属，互相为用，又何必从一开始就分职呢，既然分职，就代表着设官有一定的统纪在其中，而不是散乱无章法的，且这个大纲是"一定而不易"的。

对"今《周礼》所存六官，往往多杂治而不专一"这一问题，他给出了自己的回答：

---

① （宋）俞庭椿：《周礼复古编》之《司寇》。
② （宋）俞庭椿：《周礼复古编》之《宗伯》。
③ （宋）俞庭椿：《周礼复古编》之《司马》。
④ （宋）俞庭椿：《周礼复古编》之《宗伯》。
⑤ （宋）俞庭椿：《周礼复古编》之《司马》。

今《周礼》所存六官，往往多杂治而不专一，岂圣人设官固若是其无统欤？愚请以大司寇、小司寇之职，验杂治者之非圣经之旧也……然则圣人设官，固专一不杂，如此若司徒之治财赋、任土事，司马之兼职方，非圣经之旧也，至于司仪、行人之非，不待辨而白矣。①

俞庭椿认为，传世本《周礼》存在的"多杂治而不专一"的情况不是因为圣人设官无统纪造成的，而是因为《周礼》在流传过程中遭遇劫难，导致传世本《周礼》已"非圣经之旧"。

既然传世本《周礼》非先秦旧本，那么研索经文，抽丝剥茧，恢复古《周礼》，传递圣人设官分职的本意就是必要而正当的。这成为俞氏大胆割裂的前提条件。

方法三：强调《周礼》六官系统每一系统定员六十，不能超过，取现有超过的部分与不当属的部分加以考辨，则"《司空》之篇"可复。

俞庭椿强调《周礼》设官有一定的统纪在其中，不是散乱无章法的。那么，这个"统纪""章法"究竟规范到何种程度呢？俞庭椿根据小宰经文，主张六官系统每系统有属员六十，六官系统共建官三百六十，不能超过编制。他具体是这样论述的：

周建官三百六十，未闻有溢员也。小宰以官府之六属举邦治，皆曰其属六十，大事则从其长，小事则专达，则六十之外皆羡矣。《周礼》得于秦火之后，官宜少，不宜羡，今五官之羡者四十有二，而其六十员之中又未必尽其官属，乃司空之属俱亡，今取其羡与其不宜属者而考之，盖"《司空》之篇"可得而考焉！今《天官》之羡者九，《地官》之羡者十有六，《春官》之羡者九，《夏官》之羡者九，《秋官》之羡者五，从其羡而求之，"冬官"皆不亡矣。考之于事而可证，验之于数而可数，学者习其读而未之思焉，不然则五官之羡也，何说？②

在俞庭椿看来，《周礼》发现于秦火之后，官宜少，不宜多，但传世本《周礼》所存五官共超编四十二，其中《天官》系统超编九，《地官》系统超编十六，《春官》系统超编九，《夏官》系统超编九，《秋官》系统超编

---

① （宋）俞庭椿：《周礼复古编》之《司寇》。
② （宋）俞庭椿：《周礼复古编》之《五官之属不宜有羡》。

五。除了超编问题外，还存在"未必尽其官属"的问题，即现存五官系统的官员未必皆是其属官，可能存在窜乱的情况。俞庭椿又提出如若取现有超过的部分与不当属的部分加以考辨，则"《司空》之篇"可复，《冬官》不亡。

我们以为，俞庭椿仅根据小宰的一段经文就人为设定《周礼》六官系统每一系统定员六十，且不能超过，是缺乏坚实根据的，有臆断之嫌。而在此基础上进行的割裂、补亡工作也会因此遭受诟病。

方法四：合并重复官员。

《周礼》所载诸官存在重名的情况，一是"世妇"，一是"环人"。"世妇"分别见于《天官》和《春官》，"环人"分别见于《夏官》和《秋官》，俞庭椿认为《天官》和《春官》著录的"世妇"为一官，《夏官》和《秋官》著录的"环人"为一官。

如他论述《世妇》曰：

> 《天官》《春官》皆有世妇，或曰职异嫌同名，曰不然，考其所掌，则在《天官》者曰"帅女官而濯溉，为粢盛，及祭之日，莅陈女官之具"，在《春官》者则曰"掌女官之宿戒，及祭祀，比其具"，则其所掌皆女官祭祀之事也，同所掌而同所名，一在《天官》，一在《春官》，将何以为别也？若行人而别之以大小，若司马而异之以都家，如此类者是则有别矣，今世妇同所掌而无异事，同其名而无异别，盖有以知其重复之为讹也，何也？在《天官》甚略，在《春官》者则详，在《天官》者曰掌祭祀宾客之事，帅女官而濯溉为粢盛，而宾客之掌则阙焉，至《春官》之世妇乃曰大宾客而飨食，亦如之，盖与前文相应，传者讹离而为二耳，取而比之，若合符节。呜呼！知《世妇》复出之为讹也，而后足以知六官之属其颠倒误乱者多良可信也。

在俞庭椿看来，"天官系统"世妇和"春官系统"世妇所掌相同，官名相同，属于经文讹误造成的重复。因为传世本《周礼》存在六官之属颠倒误乱的情况，所以"天官系统"世妇和"春官系统"世妇属于经文讹误造成的重复。俞庭椿关于"夏官系统"的环人和"秋官系统"的环人属于同一官的论述与此大同小异，兹不赘述。

我们以为，俞庭椿判定"天官系统"世妇和"春官系统"世妇为一官，"夏官系统"环人和"秋官系统"环人为一官的根据不足。因为此判断是以传世本《周礼》"六官紊乱"为前提条件做出的，传世本《周礼》"六官紊乱"是俞氏根据其他经典所载得出的结论，而其他经典记载是否就能证明《周礼》职官系统存在紊乱是值得商榷的，可知俞庭椿此判断缺乏坚实的立论基础，有臆断之嫌。

方法五：割裂五官，进行补亡。

"割裂"是俞庭椿补亡《冬官》最重要、最直接的方法，无论是取传世本《周礼》五官中的 49 官补入《冬官》，还是截取大、小司徒经文补大、小司空经文，采用的都是"割裂"的方法。而前面所述的四个方法都是在为"割裂"做铺垫，论证"割裂"的合理性和可操作性。

用"割裂"的方法进行补亡，是俞庭椿《周礼复古编》的一大创举，即便清代以后"割裂"之举深受学界诟病，但此开创是俞氏殚精竭虑多年研究的心血结晶，他的出发点也并非要发惊人的议论，而希望抛砖引玉：

> 若夫辨析厘正以为不刊之典，使圣经明于昭代，则有俟夫当世之大儒君子。

当然，他的这一做法的确带来盛极一时的补亡热潮，并深深影响了此后的《周礼》研究。

六、俞庭椿《周礼复古编》的学术影响

俞庭椿完成《周礼复古编》后，曾就正于朱熹，朱熹夸赞此书对《周礼》经文中疑点的区别极为明白，但朱熹对割裂补亡之说并未轻易附和，而是建议俞庭椿向深于《周礼》研究的陈傅良请教，且叮嘱云："欲破千古之疑，正当不惮子细讨论，必使无复纤毫间隙乃为佳耳。"

《周礼复古编》在宋代刊行后，割裂补亡的新奇之说很快引起学界的关注，叶时《礼经会元》中的《补亡》一篇就附和俞庭椿之说，认为《冬官》设官之意可推求，《周礼》现存五官中存在《冬官》的内容，主张《考工记》不必强补《冬官》之缺。王与之和胡一桂更是效仿《周礼复古编》，分别撰著《周官补遗》《古周礼补正》进行补亡《冬官》的具体实践。王与之的《周官补遗》、胡一桂的《古周礼补正》都已经亡佚，所以今天我们已经无法考知他们补亡《冬官》的具体内容了。

至元代，陈友仁在宋末学者未刊著作的基础上编纂《周礼集说》10卷，书后附俞庭椿《周礼复古编》1 卷，可知陈友仁受俞庭椿"《冬官》不亡"说的影响，推崇其说，并欲推而广之。吴澄《三礼考注》采纳俞庭

椿补亡之说，丘葵更是殚精竭虑撰著《周礼补亡》（又名《周礼冬官补亡》《周礼全书》《重订周礼》）6 卷，在俞庭椿、王与之补亡之说的基础上，参考诸家之说，订定天官之属 60，地官之属 57，春官之属 60，夏官之属 59，秋官之属 57，冬官之属 54，可谓是"《冬官》不亡"说的推波助澜者。

明代"《冬官》不亡"说大畅，不仅广有附和者，还出现了层出不穷的《冬官》补亡之作，如方孝孺的《周礼考次目录》《周礼辨正》，何乔新的《周礼集注》，陈凤梧的《周礼合训》，舒芬的《周礼定本》，陈深的《周礼训隽》，金瑶的《周礼述注》，柯尚迁的《周礼全经释原》，王圻的《续定周礼全经集注》，郝敬的《周礼完解》，钱士馨的《冬官补亡》。受"《冬官》不亡"说的影响，部分诠释《周礼》之作剔除了《考工记》，不再冠以《冬官考工记》之名，如桑悦《周礼义释》就缺《冬官》，而退《考工记》自为 1 卷；徐即登《周礼说》14 卷，前 13 卷解五官，不载《考工记》，末 1 卷为《冬官阙疑》，取俞庭椿之说，言某官移易为最允，某官移易未协；曹津《周礼五官集传》5 卷，独缺《考工记》不解，言"恶其伪也"。

明代"《冬官》不亡"说大行其道的同时，也有些学者对割裂补亡之见提出反对意见，如陈仁锡《周礼五官考》、张采《周礼合解》。还有些学者不满割裂补亡的新本《周礼》，强调"复古"，即尊重郑玄、贾公彦注疏的《周礼》旧本，有趣的是他们和宋代首倡补亡实践的俞庭椿一样也打出了"复古"的旗帜，如此时期孙攀的《古周礼释评》6 卷、郎兆玉的《注疏古周礼》6 卷、陈仁锡的《重订古周礼》6 卷皆以"古《周礼》"相标榜。

清代关于"《冬官》不亡"的争议仍在继续，有持不亡之论并进行补亡实践者，如李文炤《周礼集传》、高宸《周礼三注粹抄》、王宝仁《周官参证》；有持反对意见者，如吴治《周礼汇断》、辛绍业《冬官旁求》。伴随清代学术"汉宋之争"的深化，倡导割裂补亡的"《冬官》不亡"之说受到学界的广泛指摘。清代四库馆臣的评价很有代表性，曰：

> 此好立异说者之适以自蔽也，然复古之说始于庭椿，厥后邱葵、吴澄皆袭其缪说，《周礼》者遂有"《冬官》不亡"之一派，分门别户，辗转蔓延，其弊至明末而未已，故特存其书，著窜乱圣经之始，为学者之炯戒焉。①

俞庭椿的《周礼复古编》被目为"窜乱圣经"的始作俑者，受他影响持割

---

① （清）永瑢：《四库全书总目提要》卷一九《周礼复古编》提要。

裂补亡之说的学者被清儒称为"《冬官》不亡"派，而他们的割裂补亡之论受到清儒的严厉批判和抵制。

我们以为，由俞庭椿导其源的"《冬官》不亡"一派所持学说确有狂妄臆断、荒诞不经之弊，但另一方面也深化了我们对《周礼》本经内容的思索和检讨，更从侧面促进了《考工记》专门研究的兴起。总之，俞庭椿《周礼复古编》所倡导的割裂补亡之说，深深影响了宋末、元、明和清初的《周礼》研究，并导致"《冬官》不亡"一派的出现。我们今天研究《周礼》学史，不可忽视此部著作的学术史价值。

第四节　易袚《周官总义》

易袚，约为南宋孝宗至理宗时人，字彦章，号山斋居士，潭州宁乡（今湖南省宁乡市）人。淳熙十一年（1184）为释褐状元，庆元年间（1195—1200），历任校书郎、秘书郎、著作佐郎、著作郎等职，嘉泰四年（1204），任枢密院检详文字兼国史院编修官、实录院检讨官、国子司业。后谄事韩侂胄心腹苏师旦，被擢升为翰林学士、礼部尚书。开禧二年（1206），北伐失利，苏师旦被除名抄家，易袚亦被贬，此后三十余年赋闲家中，究心经学。易袚撰有《周礼总义》《周易总义》《禹贡疆里广记》《汉南北军制》等书。

一、易袚《周礼总义》的流传情况

易袚《周礼总义》一书在南宋已有流传。如赵希弁《郡斋读书志附志》著录曰：

> 《周礼总义》三十卷，右山斋易袚所著也，许仪为之序，刻于
> 衡阳。

王应麟《玉海》卷三九亦载曰：

> 易袚《总义》三十卷。

据此可知，易袚《周礼总义》在南宋有衡阳刊本，此刊本 30 卷，许仪为之作序。

元代，易袚《周礼总义》一书仍见存，如《宋史》卷二〇二《艺文志一》载曰：

易祓《周礼总义》三十六卷。

《宋史·艺文志一》所载卷帙与《郡斋读书志附志》《玉海》的记载不同，我们推断《周礼总义》在宋末或元代可能出现了新的刊本，所以卷帙与南宋衡阳本存在差异。

明初，《文渊阁书目》卷一著录此书曰：

《周礼》易祓《总义》一部，十二册。

此外，《国史经籍志》《秘阁书目》《授经图义例》《菉竹堂书目》也著录此书，可知易祓《周礼总义》一书在明代较长时间内尚存于世。

至清代，朱彝尊《经义考》卷一二三著录此书，云"未见"，而乾隆年间编撰《四库全书》时，倾全国之力也无法觅得此书传本，大约易祓《周礼总义》一书佚亡于明末清初了。

二、清人对易祓《周礼总义》的辑佚

易祓《周礼总义》是宋代《周礼》学文献中比较有价值的著作，《四库全书总目提要》对此书评价颇高，曰：

其书研索经文，断以己意，与先儒颇有异同……虽持论互有短长，要皆以经释经，非凿空杜撰……而于职方氏之地理山川尤为详悉……盖祓虽人品卑污，而于经义则颇有考据，不以韩侂胄、苏师旦故掩其著书之功也。

遗憾的是，此书散佚于明末清初，所幸清代学者鉴于此书不俗的经学价值，进行辑佚。有赖于此，我们今天才能了解易祓的《周礼》学观点、《周礼总义》的经学特点和价值。

对《周礼总义》进行辑佚的主要是清代的四库馆臣，他们依据《永乐大典》所载辑佚《天官》《春官》《秋官》《考工记》部分，《永乐大典》所无的《地官》《夏官》部分，就根据王与之《周礼订义》的征引进行辑佚。而后依据《郡斋读书志附志》所载卷帙，编次成 30 卷，更名曰《周官总义》。至此，易祓《周礼总义》一书虽非完帙，然已得十之八九矣。

易祓《周官总义》辑本被收入《四库全书》"经部礼类"中。《四库全书》本《周官总义》是此书现今较为通行的传本。

三、易祓《周官总义》辑本的内容与体例

以下我们根据《四库全书》本《周官总义》介绍此辑本的内容和

体例。

（一）内容

清代四库馆臣所辑易被《周官新义》共 30 卷，其中卷一至卷六是《天官冢宰第一》；卷七至卷一〇是《地官司徒第二》；卷一一至卷一六是《春官宗伯第三》；卷一七至卷二〇是《夏官司马第四》；卷二一至卷二五是《秋官司寇第五》；卷二六至卷三〇是《冬官考工记第六》。每卷的具体内容如下：

卷一《天官冢宰第一》，内容包括"天官叙官""大宰"；

卷二《天官冢宰第一》，内容包括"小宰"至"宫伯"的 4 官；

卷三《天官冢宰第一》，内容包括"膳夫"至"兽医"的 15 官；

卷四《天官冢宰第一》，内容包括"酒正"至"掌次"的 13 官；

卷五《天官冢宰第一》，内容包括"大府"至"掌皮"的 11 官；

卷六《天官冢宰第一》，内容包括"内宰"至"夏采"的 19 官；

卷七《地官司徒第二》，内容包括"地官叙官""大司徒""小司徒"；

卷八《地官司徒第二》，内容包括"乡师"至"均人"的 18 官；

卷九《地官司徒第二》，内容包括"师氏"至"邻长"的 27 官；

卷一〇《地官司徒第二》，内容包括"旅师"至"槁人"的 31 官；

卷一一《春官宗伯第三》，内容包括"春官叙官"、"大宗伯"；

卷一二《春官宗伯第三》，内容包括"小宗伯"至"司几筵"的 7 官；

卷一三《春官宗伯第三》，内容包括"天府"至"大司乐"的 13 官；

卷一四《春官宗伯第三》，内容包括"乐师"至"鞮鞻氏"的 17 官；

卷一五《春官宗伯第三》，内容包括"典庸器"至"女巫"的 18 官；

卷一六《春官宗伯第三》，内容包括"大史"至"神仕"的 14 官；

卷一七《夏官司马第四》，内容包括"夏官叙官""大司马""小司马"；

卷一八《夏官司马第四》，内容包括"小司马"至"方相氏"的 29 官；

卷一九《夏官司马第四》，内容包括"大仆"至"圉人"的 28 官；

卷二〇《夏官司马第四》，内容包括"职方氏"至"家司马"的 13 官；

卷二一《秋官司寇第五》，内容包括"秋官叙官""大司寇""小司寇"；

卷二二《秋官司寇第五》，内容包括"士师"至"司盟"的 12 官；

卷二三《秋官司寇第五》，内容包括"职金"至"伊耆氏"的 37 官；

卷二四《秋官司寇第五》，内容包括"大行人"至"行夫"的 4 官；

卷二五《秋官司寇第五》，内容包括"环人"至"家士"的 11 官；

卷二六《冬官考工记第六》，内容包括"冬官考工记叙""轮人"；

卷二七《冬官考工记第六》，内容包括"舆人"至"段氏"的 8 官；

卷二八《冬官考工记第六》，内容包括"函人"至"矢人"的 14 官；

卷二九《冬官考工记第六》，内容包括"陶人"至"庐人"的 4 官；

卷三〇《冬官考工记第六》，内容包括"匠人"至"弓人"的 3 官。

（二）体例

从《四库全书》辑本来看，易祓《周官总义》一书的注经体例与汉唐的经注模式基本一致，皆先列经文，次列注解。其中，经文用大字，顶格书写，注解也用大字，低经文一格书写。兹举两例说明：

《舍人》："掌平宫中之政，分其财守，以法掌其出入。"此是经文，用大字，顶格书写。其后是易祓注文，曰：

> 有王宫，有后宫，王宫之宫，宫正为之均其稍食，后宫之宫，内宰为之均其稍食，所以平宫中之政则舍人也。守禁之所谓之财守，出之于廪人，入之于宫中，皆有法存焉。廪人不妄供，宫中不妄取，所谓平其政者，莫先乎此。①

易祓的注文也采用大字，另起一行，低经文一格书写。

再如"司禄"，此是职官名称，用大字，顶格书写，其后用小字标"阙"，表示此官经文缺失。易祓注曰：

> 《司禄》逸篇，弗可考矣。此经犹存其官之名者，以《序官》见之，不特见之《序官》而已，《天府》曰："若祭天之司民、司禄而献民数、谷数，则受而藏之。"郑氏谓司禄为文昌第六星，禄之言谷也，则以掌天下之谷数者谓之司禄，亦犹掌天下之民数。而《秋官》有《司民》之职，盖民之损益关乎天，谷之丰耗系乎民，此《司民》"及三年大比，则以万民之数诏司寇。司寇及孟冬祀司民之日献其数于王，王拜受之"，且有天府之登，知司禄之于谷数亦然，则王者以民为天，民以食为天，其类同，其义可推矣。②

易祓的注文采用大字，另起一行，低经文一格书写以示区别。

---

① （宋）易祓：《周官总义》卷一〇，见文渊阁《四库全书》，第 92 册。

② （宋）易祓：《周官总义》卷一〇。

总体而言，《四库全书》辑本《周官总义》体例皆如此，与传统诂经之作无甚分别。

四、从《周官总义》看易袚对《周礼》的认识

以下我们以《周官总义》为主要资料，考察易袚对《周礼》的态度、对《周礼》作者的认识、对《考工记》补亡《冬官》问题的见解。

（一）对《周礼》的态度

南宋对《周礼》的怀疑更甚北宋，甚至有学者提出《周礼》是伪造之书的观点。而易袚认为《周礼》记载着周公治国平天下之政，因此对《周礼》抱持着尊敬的态度。在《周官总义》中，易袚在解经的同时，也针对疑经之论进行了驳斥。

如《内宰》："掌书版图之法，以治王内之政令，均其稍食，分其人民以居之。"易袚解曰：

> 郑氏谓稍食为"吏之廪禄"，人民为"吏之子弟"，宫中恐非吏与子弟所可得而至。胡五峰疑官吏与妃嫔杂处，以经考之，自有明文，秋官《掌戮》曰："宫者使守内"，盖王内之职，惟内小臣奄四人为上士，其余皆非命士，则知所谓宫者皆人民也。①

郑玄训解"稍食""人民"为"吏之廪禄"和"吏之子弟"，即认为内宰掌管的宫中人员包括官吏及其子弟，而胡宏据郑注，云官吏与妃嫔杂处宫中，不严于内外之禁，遂疑《周礼》。易袚不赞同郑玄对"稍食"和"人民"的注解，他认为内宰掌管的宫中人员除内小臣以上士担任外，其余无官职，且全为"奄人"，故无所谓帘陛不严而招致的内外之乱，而胡宏错解《周礼》官制之意，其疑《周礼》之说当属不当。

再如《玉府》："若合诸侯，则共珠槃、玉敦。"易袚解曰：

> 或谓三王不及盟誓，而《周官》有司盟之职，则疑《周礼》非成周之全书，是不然。文王之时，虢仲、虢叔勋在盟府，成王之时，周公、太公赐之盟者，出于由中之信，所以亲之也。以共王玩好之官而共珠槃、玉敦，其亲为可知。君子屡盟，乱是用长，岂足为盛世言哉！②

① （宋）王与之：《周礼订义》卷一二引易袚说。
② （宋）易袚：《周官总义》卷五。

有学者认为，盟誓乃乱世事，所谓"君子屡盟，乱是用长"，《周礼》有司盟一官，负责盟誓，故"非成周之全书"，有后世掺杂的内容。易袯不赞成这种观点，他主张《周礼》乃周公作，记载西周兴致太平之政，所以《周礼》乃"成周之全书"。在易袯看来，文王、成王之时皆有盟，而盟是"出于由中之信"，表达亲近的一种方式，否则也不会允许供王玩好玉府之官提供盟誓所用的珠槃、玉敦，可知"君子屡盟，乱是用长，岂足为盛世言哉"！

又如易袯总论《秋官》之属翦氏、赤友氏、蝈氏等六官曰：

> 上经四官言四物之害，则有形可求者也，故以力胜之。此六官言六物之害则无形可求者也，故以智胜之。夫六物至微，各设一官以去其害殆类，不惮烦者，盖万乘所至或在宫闱，或在苑囿，或齐宿于郊庙之内，或临御于朝廷之上，一物不去，则护卫至尊为有阙，此所以专设六职以除妖怪隐伏之物。今观剪氏以莽草熏器用之蠹，赤友氏以蜃炭而洒墙屋之毒，蝈氏以牡鞠之灰与其烟以去其蛙黾之聒，固可信也。若夫壶涿氏以炮土焚石而除水虫，又以牡橭午贯象齿以杀其神，萶蒮氏书岁月日辰之号以覆夭鸟之巢，庭氏又以大阴救日之弓与救月之枉矢以射其神，果何取耶？圣人精察乎万物之理，必能通乎变化之道，后世巫家犹有禳厌之术，医家犹有攻治之法，独可以是而疑《周官》乎！①

易袯此说是针对范浚的疑经之论而发的。范浚曾云："周公作六典，谓之《周礼》，至于六官之属，琐细悉备，疑其不尽为古书也。周公驱猛兽，谓虫蛇恶物，为民物害者，而《蝈氏》云：'掌去蛙黾，焚牡鞠，以灰洒之则死。'蛙黾不过鸣声聒人，初不为民物害也，乃毒死之，似非君子所以爱物者。又牡鞠焚灰，大类狨狳戏术，岂所以为经乎？"②范浚认为，《周礼》所载蝈氏一职用焚烧后的牡菊灰毒死蛙类，其行既不符合君子爱物之心，又近似狨狳戏术，因此质疑《周礼》的经典地位。而易袯为《周礼》辩护，他认为《周礼》设专门官吏去除虫害虽有琐细之嫌，但却有其必然之理。翦氏、赤友氏、蝈氏等官用各种办法驱除隐伏的害虫和妖怪之物，是为了护卫王的安全和尊严，至于他们所采取的办法，后世之巫家、医家

① （宋）易袯：《周官总义》卷二三。
② （宋）范浚：《香溪集》卷五《读周礼》，见文渊阁《四库全书》，第1140册。

犹在沿用，也不足为怪，据此出发而怀疑《周礼》失之于偏激，有欠允当。

总之，易祓主张《周礼》记载周公精心制作的太平之法，他在驳斥宋人疑经之论的同时，也表达了自己维护《周礼》经典尊严的立场。

（二）对《周礼》作者问题的认识

在《周礼》作者问题上，易祓坚持传统观点，主张周公作《周礼》。其曰：

> 至周公摄政，建六典之官，大而正朝纲，重国体，凡百司庶府详法略则本数末度靡不毕举……①

> 当是时也，周公摄政，制礼作乐，典章文物粲然大备，于是设为六典、八法、八则之制，以作新天下之治……②

> 至周公摄政，制礼作乐，推原乎王化之所始……③

> 是知周家一代典礼，以建子为正月无疑者，正月既为建子，以次而论，则十二月乃建亥之月矣。若以为夏之建丑，则是先一月为正月，次一月即为十二月也，其说自相背戾，殆非周公作经之本旨，不特《周礼》如此，《周易》亦然。④

> 周公作六典，举前日播谷之法，而备见于《大司徒》，即以其法而责于司稼之官，司稼复以其法而县于邑闾，使稼者取法焉，播种之法明为稼之效著，当时所以善其始者有道矣。⑤

在易祓看来，周公摄政，制礼作乐，典章文物粲然大备，在此基础上，周公设六典、八法、八则之制，"以作新天下之治"，于是建六典之官，大而正朝纲、重国体，小而百司庶府详法、略则、本数、末度靡不毕举，故《周礼》六典乃周公所作，蕴含着成周兴致太平之道。

（三）对《考工记》的态度

易祓在《周礼总义》中，对《考工记》进行了较为细致的注解，在注解中他也表明了对《考工记》的态度。其曰：

> 要之《考工记》出于秦火之余，非周家之全书，或取异代之法，

①②　（宋）易祓：《周官总义》卷一。
③　（宋）易祓：《周官总义》卷二。
④　（宋）易祓：《周官总义》卷四。
⑤　（宋）易祓：《周官总义》卷一〇。

似未可信。①

　　　　要之《考工》一编非周之全书，在他经无所验，不可臆说。②

可知，易祓被认为《考工记》所载内容驳杂，非纯然周制，与其他经典在相
互印证方面也存在抵牾，故认为《考工记》"似未可信""不可臆说"。

（四）对《考工记》补亡《冬官》的认识

　　据《经典释文·叙录》和《隋书·经籍志》记载，汉代发现的《周
礼》已非完书，缺《冬官》一篇，汉人求之不得，遂以《考工记》补《冬
官》之缺。由汉迄唐，学者多承其说，对《周礼》本经的残缺并无怀疑。
至宋代，学风丕变，部分学者开始质疑《周礼》本经的残缺问题，进而提
出"《冬官》不亡"和"《周礼》是未完之书"的新见。

　　易祓在此问题上，仍持传统之见，主张《冬官》久亡，河间献王取
《考工记》补《冬官》之缺。其曰：

　　《冬官》非火于秦也，其亡久矣。盖自周辙既东之后，诸侯恶其
　　害己，而灭去其籍，是以太平巨典不闻于孔门学者之传习，亦不见于
　　先秦传记之所纪载，遗言湮没，诚可为邑。其亦幸而煨烬既息，复出
　　于汉也，其又不幸而编帙散逸，《冬官》空焉，河间献王以千金求之，
　　弗获，于是以《考工记》补其阙。或曰《考工记》非周书也，言周人
　　上舆，而有梓、匠之制；言周人明堂，而有世室、重屋之制；言沟洫
　　浍川，而非遂人之制；言旗旗旐旗，而非大司马、司常、巾车之制，
　　其视周典诚大不类，而不知三代有异制，以意逆之而已。《书》曰：
　　"司空掌邦土，居四民，时地利。"而百工即四民之一也，况其制度纤
　　悉，靡不备举，而其文亦遹伟闳丽，足以发圣经之秘，学者遗其迹而
　　探其本，则其于《冬官》也亦思过半矣。③

易祓被认为，诸侯坐大、王室势微的东周时期，诸侯恶《周礼》所载的为政
之道与其为政策略相左，故毁灭《周礼》一书，早在此时《冬官》已经佚
亡了。西汉时期，《周礼》复出于世，篇帙散乱，又不见《冬官》一篇，
好古学的河间献王求之不得，遂取《考工记》补其缺。然《考工记》所载
制度与《周礼》所载制度互有同异，是知《考工记》并非西周原典，故以
《考工记》补《冬官》之缺素为学者所诟病。然而，在易祓看来，《考工

---

① ②　（宋）易祓：《周官总义》卷二九。
③　（宋）易祓：《周官总义》卷二六。

记》对工艺制作、城邦建筑等靡不备举，且记载纤悉，文字奇古奥美，在有些方面确能够与《周礼》所载制度转相发明，互为表里，故以《考工记》补《冬官》有其合理并可行之处。

五、从《周官总义》看易祓对郑玄《周礼注》的态度

易祓在《周官总义》中，既采择郑玄《周礼注》之说解经，也对郑玄《周礼注》提出不少批评，甚至大量驳斥郑玄《周礼》注说，清儒评价其曰：

> 其书研索经文，断以己意，与先儒颇有异同。①

我们以下就逐一分析易祓对郑玄《周礼注》的采纳、批评、驳斥及其驳斥方法。

（一）对郑玄《周礼注》的采纳

在《周官总义》中，易祓对郑玄《周礼注》之说的采纳大致分三种情况：

其一，采纳郑玄《周礼注》之说，不做评价，或补充解释。

在《周官总义》中，易祓有时直接采纳郑玄《周礼注》之说注解经文，既不作评价，也不进行补充或解释。以下兹举几例说明：

例1：《小宗伯》："掌衣服、车旗、宫室之赏赐。"易祓注曰：

> 《典命》虽有五等诸侯宫室之文，而无其制，郑氏谓公之城方九里，官方九百步；侯伯之城方七里，官方七百步；子男之城方五里，官方五百步。此皆定制，固诸侯之所当得者也。②

例2：《玉人》："谷圭七寸，天子以聘女。"易祓注曰：

> 先儒以聘女为纳徵，盖昏礼有六，而五礼皆用雁，惟纳徵以束帛，郑氏释《媒氏》曰："大夫以玄　束帛，天子加以谷圭，诸侯加以大璋。"故知其为纳徵也。③

例3：《梓人》："梓人为侯，广与崇方，参分其广而鹄居一焉。上两个，与其身三，下两个半之。上纲与下纲出舌寻，缒寸焉。"

---

① （清）永瑢：《四库全书总目提要》卷一九《周官总义》提要。
② （宋）易祓：《周官总义》卷一二。
③ （宋）易祓：《周官总义》卷二八。

郑康成曰:"大射之侯用鹄,宾射之侯用正,燕射之侯用质。"不言宾射之正、燕射之质,而独言大射之鹄,举一以该三者也……至于侯制上广下狭,后郑亦以为取象于人,张臂八尺,张足六尺是矣。①

以上3例中,易祓都是直接采纳郑玄《周礼注》之说注解经文,不做评价,也不进行补充、解释。

其二,采纳郑玄《周礼注》之说,并给予肯定。

在《周官总义》中,易祓有时注解经文采纳郑玄《周礼注》之说后,给予肯定。以下兹举几例说明:

例1:《追师》"掌王后之首服,为副、编、次、追衡、笄"一句,易祓注曰:

郑氏谓副之言覆,所以覆首为之饰,遗象若今之步摇,服之以从王祭祀;编者编列发为之,遗象若今之假纱,服之以桑;次者次第发之长短为之,所谓髢髾也,服之以见王。郑氏虽以意解之,义或当然。②

例2:《槀氏》"量之以为鬴,深尺,内方尺而圜其外,其实一鬴"一句,易祓注"鬴"曰:

郑氏以鬴为六斗四升,诚得之矣。③

例3:《画缋》"五采备谓之绣"一句,易祓注曰:

绣非画缋也,而继于画缋之后,同于用五色而已。然画缋,阳也,施采未备,未害也;绣,阴也,阴道常乏,常嫌于不备,故五采备谓之绣。郑氏释上经"文章黼黻"之义,皆谓绣以为裳,此其说固不可拘,要亦有理存焉。④

例4:《玉人》:"大璋、中璋九寸,边璋七寸,射四寸,厚寸,黄金勺,青金外,朱中,鼻寸,衡四寸,有缫,天子以巡守,宗祝以前马。"易祓注曰:

盖"勺"之字一，而其制有二。《明堂位》曰："夏后氏龙勺，殷之疏勺，周之蒲勺，则尊中之勺也。"此所谓黄金勺，则圭瓒之首鼻勺之勺也，郑氏之说当矣。①

例5：《磬氏》："磬氏为磬，倨句一矩有半。"易祓注曰：

郑氏谓假矩以定倨句，非用其度，其说是矣。②

例6：《大祝》"辨九拜……八曰褒拜"一句，易祓注"褒拜"曰：

褒拜，再拜也。郑氏谓"褒"读为"报"，拜神与尸之享献，则有再拜之礼，是也。③

以上6例中，易祓征引郑玄注说，而后评价"义或当然""诚得之矣""要亦有理存焉""郑氏之说当矣""其说是矣""是也"，对郑玄的《周礼》注说表示肯定、赞同。

其三，采纳郑玄《周礼注》之说，并进一步补充或解释。

在《周官总义》中，易祓有时援引郑玄《周礼注》之说后，还进一步对郑说进行补充或解释。以下兹举几例说明：

例1：《大宰》："乃施典于邦国，而建其牧，立其监，设其参，傅其伍，陈其殷，置其辅。乃施则于都鄙，而建其长，立其两，设其伍，陈其殷，置其辅。乃施法于官府，而建其正，立其贰，设其考，陈其殷，置其辅。"易祓注曰：

武王之初亦设三监，皆殷之制，成王以三监作乱，而令诸侯为监，以司纠察之任，《书》所谓"王启监，厥乱为民"是也。设其参者，郑氏以为卿三人，《王制》所谓大国、次国三卿是也。傅其伍者，郑氏以为五大夫，《王制》所谓大国、次国、小国下大夫五人是也。陈其殷者，郑氏以为众士，即上士、中士、下士之类。置其辅者，郑氏以为庶人在官，即府、史、胥、徒之类。此六者各设其职，乃所以施其典于邦国者也。长者即公卿大夫及王子弟之食采者，立于畿内为内诸侯，是之谓长。有长必有属，故为之立其两，两即郑氏所谓两丞之类。以至殷，亦众士辅，亦府、史、胥、徒，即都、家宗人、都、

①② （宋）易祓：《周官总义》卷二八。
③ （宋）易祓：《周官总义》卷一五。

家司马之所掌者是也。①

此处易袚征引郑玄注说后，引《礼记·王制》《周礼》本经的相关记载补充郑玄注说。

例2：《腊人》："凡祭祀，共豆脯，荐脯、胉、胖，凡腊物。"易袚注曰：

> 祭祀所共者，郑氏谓脯非豆实，豆当为羞，其然耶。《王制》云"天子诸侯无事岁三田，一为乾豆"，释者谓腊之，以为祭祀之豆实也，则脯亦有实于豆者矣。脯实于豆，而又与胉、胖、腊物同荐，则祭祀贵乎物品之备，宾客、丧纪则脯腊凡乾肉而已。②

此处易袚征引郑玄之说，而后以《礼记·王制》的记载补充说明郑注。

例3：《酒正》："凡为公酒者亦如之。"易袚注曰：

> 郑氏以公酒为乡饮礼凡公事所作者，然特其一而已。今考"地官"之职，《乡大夫》之"宾兴贤者、能者"，《州长》之"会射于州序"，《党正》之"属民饮酒"，《族师》之"春秋祭酺"，凡公酒之所当用者，则以式法授之。凡非公酒所当用者，则以式法禁之，如《司虣》之禁群饮，《萍氏》之几酒谨酒，即所谓禁其非式法者也。③

此处易袚征引郑玄注说后，以《周礼》本经的相关记载补充说明郑注。

例4：《司仪》："掌九仪之宾客摈相之礼，以诏仪容、辞令、揖让之节。"易袚注曰：

> 郑氏谓出接宾曰摈，入赞礼曰相，盖成周重宾客之礼。④

此处易袚征引郑玄《周礼》注说，而后对郑玄的注说进行了解释说明，认为如此处置体现了"成周重宾客之礼"。

例5：易袚注解《家士》一职曰：

> 郑氏：都家之士，主治都家吏民之狱，以告方士者也。盖方士掌都家，听其狱讼之辞，辨其死刑之罪，而要之三月，而上狱讼于国。

又曰凡都家所上治则主之。郑盖据此而云。①

"家士"一职经文缺，郑玄依据"方士"的相关记载推知"家士"职守，易祓征引郑玄此说，并对郑玄此说的出处进行了补充说明。

以上5例中，易祓征引郑玄注说，而后引经据典对郑玄注说进行补充或解释，意在对经文有更清楚的阐释。

（二）对郑玄《周礼注》的批评

在《周官总义》中，易祓对郑玄《周礼注》之说的批评主要集中在七个方面，以下分别论述。

第一，批评郑玄在《周礼注》中援引汉制解经。

《周礼》乃讲制度之书，郑玄注解《周礼》的东汉距西周时期已千年，为了让学者能更清晰地了解《周礼》中的制度，郑玄常援引当时大家熟悉的汉代制度论解《周礼》所载古制。客观而言，此种释经方法有其优长之处，但两汉、西周毕竟相距久远，制度之间的契合度不甚高，以汉制比况古制，有时是不恰当的。

易祓就此对郑玄《周礼注》提出批评，如《大宰》："以九赋敛财贿：一曰邦中之赋，二曰四郊之赋，三曰邦甸之赋，四曰家削之赋，五曰邦县之赋，六曰邦都之赋，七曰关市之赋，八曰山泽之赋，九曰币余之赋。"易祓注曰：

> 九赋之法与上经九职不同，九职所以任万民，九赋则非取于任民者也，郑氏皆以为民赋，且援汉口率出泉之制，其说一立，《王制》不明，学者惑之，不容不辨。一曰邦中之赋者，即《载师》"以廛里任国中之地，以场圃任园地"，盖王城内外之地也；二曰四郊之赋者，即《载师》"以宅田、士田、贾田任近郊之地"，"官田、牛田、赏田、牧田任远郊之地"，盖六乡百里之内，而外距六遂之地也；三曰邦甸之赋者，即《载师》"以公邑之田任甸地"，盖距国中二百里，六遂之余地，天子使吏治之者也；四曰家削之赋者，即《载师》"以家邑之田任稍地"，盖距国中三百里，大夫所食之采地也；五曰邦县之赋者，即《载师》"以小都之田任县地"，盖距国中四百里，卿及王子弟之疏者所食之采地也；六曰邦都之赋者，即《载师》"以大都之田任畺地"，盖距国中五百里，公及王子弟之亲者所食之采地也；七曰关市

---

① （宋）易祓：《周官总义》卷二五。

之赋者，若与九职之商贾同，然商贾主乎货贿阜通，此则如《司市》
所言"市之征"，《司关》所言"关门之征"是也；八曰山泽之赋者，
若与九职之虞衡同，然虞衡作山泽之材，此则如艸人所取金锡玉石，
角人所取齿角骨物之类是也；九曰币余之赋者，如《职币》所言"敛
官府、都鄙用邦财者之币，振掌事者之余财"是也。前六者皆任地之
赋，以其田赋之十一者取于民，又于一分之中复以十一、十二、二十
而三输之于王，如是而已。后三者虽非任地，然有司所掌利归公上，
故亦谓之赋，而继于任地之后详考《大府》一职，既有九赋之式，又
别有邦国及万民之贡，则九赋非任民之赋可知矣。①

易祓认为，郑玄主张"九赋"皆是民赋，又援引"汉口率出泉之制"做说
明，是不当的，"其说一立，《王制》不明，学者惑之"。在易祓看来，"九
赋"乃"非取于任民者也"，他援引《周礼》本经中《载师》《司市》《司
关》《虞衡》《艸人》《角人》《职币》《大府》的记载证明自己的观点，论
证九赋非任民之赋。

再如易祓注解《大府》曰：

郑氏于《大府》之序官注曰："若今之司农。"夫司农岂大府比
哉！汉之设官惟无大府一职，是以上无所统，下无所受，一代之制，
无足观焉。近世先儒谓汉之司农掌谷货，以共军国之用，则犹外府
也，少府掌山海陂池之税，以给天子之私养，则犹玉府、内府也，虽
无大府一职以总其出内，而当时所谓计相则犹司会之任。计相与司
农、少府尽属于丞相、御史，则犹冢宰制国用之旧，自计相罢，不复
置，而司农、少府不相统属，以比周之大府，岂其然乎？以史证经，
固为不类，因郑氏之说而知《周官》设太府之职，其出内有制，而事
无乏用，与汉制异矣。②

郑玄以汉代的司农一官比况《周礼》中大府一职，易祓不赞同郑玄的比况
之说，在他看来，汉代官制没有类同"大府"的官职，所以才造成"上无
所统，下无所受，一代之制，无足观焉"的情况。《周礼》中的大府一职
"出内有制，而事无乏用"，但汉代自计相被罢，不复置，司农、少府就互
不统属，以司农比况周之大府是不恰当的，因为周之大府"与汉制异矣"。

---

① （宋）易祓：《周官总义》卷一。
② （宋）易祓：《周官总义》卷五。

以上 2 例，是易祓针对郑玄引汉制解经不当，造成学者理解混乱提出的批评。易氏之说是有一定道理的。

第二，批评郑玄《周礼注》注解经文前后矛盾。

易祓还批评郑玄在《周礼注》中对经文的训诂、解释存在前后矛盾的情况，以致学者莫衷一是。

如《典妇功》："掌妇式之法，以授嫔妇及内人女功之事赍。"易祓注曰：

> "嫔妇"谓九职之"嫔妇"。郑氏以为"九嫔、世妇而言，'及'以殊之者，容国中妇人"。至"授嫔妇功"，则又云"国中嫔妇所作"。至《典丝》"内外工"之说，则又云"外工，外嫔妇"。其说亦自背驰，且国中妇人岂可与九嫔、世妇并称"嫔妇"哉，要之九嫔、世妇在经未尝并言"嫔妇"，凡并言"嫔妇"者，皆九职之"嫔妇"也。①

易祓列举在《典妇功》中，郑玄对"以授嫔妇及内人女功之事赍"中的"嫔妇"，与下文"凡授嫔妇功"中的"嫔妇"的注解不一致，其中一曰"嫔妇，九嫔、世妇"，一曰"国中嫔妇"，其后，郑玄注解《典丝》"颁丝内外工"一句，又云"外工，外嫔妇"。易祓就此指出郑玄训诂经文"其说亦自背驰"。

再如《大宗伯》："王大封，则先告后土。"易祓注曰：

> 先告"后土"者，郑氏释《大宗伯》之"告后土"，则曰"后土，土神也"，释《大祝》之"告后土"，则曰"后土，社神也"。既曰"土神"，又曰"社神"，郑氏固已二其说。②

郑玄注解《大宗伯》中"王大封，则先告后土"中的"后土"曰"土神也"，其后又解释《大祝》中"建邦国，先告后土"中的"后土"曰"社神也"。易祓就此指出"郑氏固已二其说"。

客观而言，郑玄注解《周礼》同一名物或制度，说法前后不一，的确不利于学者学习并理解《周礼》经文大意，还容易造成关于礼制理解的混乱和聚讼。

第三，批评郑玄《周礼注》对经文的注解证据不足，有臆断之嫌。

《周官总义》中，易祓还批评郑玄《周礼注》中对经文的注解证据不

---

① （宋）易祓：《周官总义》卷六。
② （宋）易祓：《周官总义》卷一一。

足，存在臆断的情况。

如《典妇功》："凡授嫔妇功，及秋献功，辨其苦良、比其小大而贾之，物书而楬之。以共王及后之用，颁之于内府。"易祓注曰：

> 郑氏谓"授当为受"，非也。其意谓国中嫔妇所作，共典妇功之所受，故言"受"。秋献功则女御所作，而王后所受，故此不言"受"而言"献"，其说亦无据。①

此处易祓批评郑玄注解《典妇功》"凡授嫔妇功"中的"授"为"受"之说"亦无据"。

再如《屦人》："掌王及后之服屦。为赤舃、黑舃、赤 、黄 ；青句、素屦、葛屦。辨外内命夫命妇之命屦、功屦、散屦。凡四时之祭祀，以宜服之。"易祓注曰：

> 经之言舃者，赤舃、黑舃而已，而郑氏则有白舃、元舃、青舃之说。经之言屦者，素屦、葛屦与命夫、命妇之功屦、散屦而已，而郑氏则有黄屦、黑屦、白屦之说。要之臆说无据，不可信也。②

易祓此处批评郑玄对《屦人》的注解"要之臆说无据，不可信也"。

又如《匠人》："九夫为井，井间广四尺，深四尺，谓之沟。方十里为成，成间广八尺，深八尺，谓之洫。方百里为同，同间广二寻，深二仞，谓之浍。"易祓注曰：

> 《匠人》言方百里之浍，是每一面为百井，以开方而论，则方百里者为方十里者百，是浍为万井，乃九万夫之地，果何与于《遂人》千夫之浍？郑氏疑之而不得其说，故曰"此畿内采地之制"，又曰"采地制井田异于乡、遂"。及公邑，其意谓"遂人治野乃乡、遂、公邑之制"，"匠人沟洫乃采地之制"，其说无所据依。殊不知成周井、邑、丘、甸、县、都，实通行于天下，初何采地及乡、遂、公邑之异？此郑氏之失，不必辨也……知此则匠人为前代之制，遂人为成周之制也明矣。③

易祓认为，郑玄此处注解《匠人》"浍"制，为强求与《遂人》所载"浍"制吻合，遂云《匠人》"浍"制施行于"采地""井田"，而《遂人》"浍"

制施行于"乡""遂""公邑"，"其说无所据依"。在易袚看来，成周井、邑、丘、甸、县、都的沟洫制度通行于天下，不存在采地及乡、遂、公邑的差异，《匠人》与《遂人》记载存在差异是因为"匠人为前代之制，遂人为成周之制"。

第四，批评郑玄《周礼注》在阐发经典义理方面存在欠缺。

清代学者曾评价曰：

> 《周礼》一书，得郑《注》而训诂明，得贾《疏》而名物制度考究大备，后有作者，弗能越也。①

郑玄《周礼注》作为汉唐《周礼》学文献的代表作，在训诂名物、考论制度方面取得了后人难以逾越的成就，正因如此，宋人才另辟蹊径，从义理的角度阐发《周礼》制作之精义。客观而言，郑玄在《周礼注》中对经文义理是有所阐发的，但阐发经义非郑玄诠释经文的重点，《周礼注》的义理阐发是点到即止而已，没有长篇累牍的论述。

宋人解经最富义理，易袚《周礼（官）总义》以"义"命名，可知易氏注解《周礼》颇重视对经文义理的阐发。在他看来，郑玄《周礼注》在阐发经典义理方面存在不足。

如《大宗伯》："大宾客，则摄而载果。"易袚注曰：

> 郑氏谓"君无酬臣之礼"，大宗伯代摄酌献，殊非义理。且上经两言"摄"者，皆王与后不与祭祀之礼，大宾客，王与后皆与，则不当言"摄"，此言"摄"，则蒙王后不与之。②

易袚认为，郑玄以"君无酬臣之礼"来解释大宗伯在大宾客时"摄而载果"，"殊非义理"，不合乎此处经文想表达的义理。因为在易袚看来，郑玄"君无酬臣之礼"的解释，失去了先王以礼待臣的意义。

再如《大行人》："若有四方之大事，则受其币，听其辞。"易袚注曰：

> 郑氏乃引《聘礼》曰："若有言，则束帛如享。"所谓有言者，盖因聘而有所请于王，言则天子听之，束帛则天子受之，非大行人所得而与，若援此以证，必如享礼，则缓不及事，失先王之意。夫兵寇而有请，若解倒悬然，岂可以常礼拘，大行人受其币而听其辞，为诸侯

---

① （清）永瑢：《四库全书总目》卷一九《周礼注疏删翼》提要。
② （宋）易袚：《周官总义》卷一一。

之告急者设也。①

郑玄援引《聘礼》的记载证明自己对此处经文的解释，而易袯认为郑玄援引《聘礼》之说为证，恰恰"失先王之意"。诸侯因为兵寇之事而有请于王，必是万分紧急，岂能拘束于常礼，所以经文中大行人此处"受其币而听其辞"，就是为了诸侯告急设置的，于此体现了先王顾虑周全深远之义。郑玄如是作解，反失先王制作之精义。

在易袯看来，对经典义理阐发不足，是郑玄《周礼注》的一大缺失。

第五，批评郑玄《周礼注》注解经文不合经意。

在《周官总义》中，易袯还批评郑玄《周礼注》在注解经文方面不合《周礼》经文本义。

如《掌次》："王大旅上帝，则张毡案，设皇邸。"易袯注曰：

> "大旅上帝"，非常祭也。《大宗伯》祭天之礼三，而无旅帝之礼，其末篇言"国有大故，则旅上帝及四望"，盖大故则凶灾也；旅，陈也，众也。《记》曰"诵诗三百，不足以一献，一献之礼，不足以大享，大享之礼，不足以大旅，大旅具矣，不足以享帝"，其谓是欤！郑氏以为祭天于圜丘，既失旅帝之义，郑司农于五帝则又曰五色之帝，此亦汉儒谶纬之说。②

易袯认为，郑玄以"祭天于圜丘"来解释"大旅上帝"，即"失旅帝之义"。因为"大旅上帝"非常祭，在国有大凶灾的情况下才进行，若以"祭天于圜丘"来解释，就与《大宗伯》所载的祭天三礼相混淆，所以易袯主张郑玄此说不合乎经典本意。

第六，批评郑玄《周礼注》解经牵强、穿凿、浅陋。

易袯在《周官总义》中还批评郑玄《周礼注》解经有牵强、穿凿、浅陋之弊。

如《槀人》："春献素，秋献成。"易袯注曰：

> 此经继于"弓弩矢箙"之下，即弓弩矢箙皆"春献素，秋献成"也。郑氏释之，则曰"矢箙，春作秋成"，而不及弓弩者，盖以"弓人为弓"之制，自冬析干，春液角，以至寒奠体，冰析灂，春被弦则一年之事，合于《司弓矢》中"春献弓弩"之说，故不及弓弩，而专

---

① （宋）易袯：《周官总义》卷二四。
② （宋）易袯：《周官总义》卷四。

言矢箙。考此文意，则矢箙取乎秋之献其成，而弓弩亦未尝不同其献，然《司弓矢》之说与《稾人》之说何其不同耶？盖稾人受财于职金，以赍其工，故工以时而献其器，春为始事则献素，秋为既事则献成，乃入功于司弓矢焉。然后司弓矢取稾人之所已成者，为中春、中秋之献，故止言献而已，与稾人所谓"献素献成"者各有次第，不相侵紊，岂可牵强而求合乎"弓人为弓"之说？要之弓人为弓之制，未必皆稾人之法，郑说类乎凿。①

易祓认为，郑玄注解《稾人》"春献素，秋献成"，为了与《司弓矢》和《弓人》的相关记载配合，就解释稾人"秋献成"献的仅是矢箙，不包括弓弩。在易祓看来，《司弓矢》与《稾人》所谓"献素献成"实际上各有次第，不相侵紊，郑玄如此作解不仅牵强，而且"类乎凿"。

再如《大行人》："邦畿方千里，其外方五百里谓之侯服……又其外方五百里谓之甸服……又其外方五百里谓之男服……又其外方五百里谓之采服……又其外方五百里谓之卫服……又其外方五百里谓之要服……"易祓注曰：

> 惟夷、镇二服不见于《大行人》之职，其言九州之外谓之蕃国，则此夷、镇二服实在九州之内，盖先王以其荒远，非巡守所至，故不列于六服。郑氏徒见此二服不列于六服，遂一概以为九州之外，曰九州之外夷服、镇服、蕃服也，经止言蕃服，而郑氏乃加之以夷、镇二服，非矣。②

易祓此处指出，郑玄"徒见"《大行人》此处经文中不见夷服、镇服，就错误地认为夷服、镇服和蕃服一样位于九州之外，其说浅陋。

又如《稾氏》："概而不税。"易祓注曰：

> 概所以平物也，不税所以公天下也。贾氏援赵商之问："概而不税，《廛人》何以有税？"郑曰："官量无税。"彼《廛人》有税在肆，常用者也，其说陋矣。今考《廛人》敛市之总布，后郑以为"守升斛者之税"，非谓升斛有税也，以升斛受其税耳。不然则《角人》之"齿骨以度量受之"，《掌染草》之"草物以权量受之"，岂皆谓之税

---

① （宋）易祓：《周官总义》卷一九。

② （宋）易祓：《周官总义》卷二四。

哉？以此量概之平，通用于民，亦通用于官，此所以为不税也。①

郑玄以"官量不税"解释此句经文，而易祓认为因为以此量概之平，既通用于民，也通用于官，所以"不税"，非因为所谓"官量"的关系，郑玄之说"陋矣"。

第七，批评郑玄《周礼注》引谶纬之说解经。

东汉谶纬之说大行，且得到统治者的支持拥护，故学者也纷纷征引谶纬之说注解经文，受时代学风的影响，郑玄注解《周礼》也好援引谶纬之说。易祓就此对郑玄《周礼注》提出批评，如《大宗伯》："以玉作六器，以礼天地四方。以苍璧礼天，以黄琮礼地，以青圭礼东方，以赤璋礼南方，以白琥礼西方，以玄璜礼北方，皆有牲币，各放其器之色。"易祓注曰：

> 郑氏信汉儒纬书，误认此四方与中央为五帝，故于《小宗伯》之"兆五帝"则详著其说，殊不知《周礼》有五帝，又有四方，其礼不同。②

此处易祓直言因为郑玄信谶纬之书，并引之解经，所以造成对经文注解的失误。

（三）对郑玄《周礼注》的驳斥

在《周官总义》中，易祓对郑玄《周礼注》之说的驳斥大致分两种情况：一是驳斥郑玄《周礼注》中改读经字之说；一是驳斥郑玄对《周礼》经文的具体训诂。

第一，易祓对郑玄《周礼注》中改读经字之说的驳斥。

郑玄注《周礼》多于字发疑正读，往往破杜子春、郑众诸家关于《周礼》经文之字读，或云"声之误"，或云"字之误"，流传既久，遂不可改。而易祓认为郑玄《周礼注》中改读经文之字多不能从，在《周官总义》中他就多处驳斥郑玄改读之说。

如《典妇功》："凡授嫔妇功，及秋献功，辨其苦良、比其小大而贾之，物书而楬之。"郑玄注"授"云：

> 授，当为受，声之误也。国中嫔妇所作成即送之，不须献功时。

易祓不赞同郑玄读"授"为"受"之说，云：

---

① （宋）易祓：《周官总义》卷二七。
② （宋）易祓：《周官总义》卷一一。

郑氏谓"授当为受"，非也。其意谓国中嫔妇所作，共典妇功之
所受，故言"受"。秋献功则女御所作，而王后所受，故此不言"受"
而言"献"，其说亦无据。盖典妇功之职虽兼言授嫔妇及内人女功之
事资，若内人、女御所献之功则内宰佐王后受之，典妇功无与焉，故
此再专言授嫔妇功，则只当读为授字，谓授嫔妇功之后，及秋献功之
际，则辨其苦良、比其小大而贾之。①

"受"和"授"本一字，甲骨文、金文中皆作"受"，其字像一手授物、一
手承接之形，故"受"字兼有授予、接受二意。后出现"授"字，专作授
予之意，而本字"受"字意缩小，专作接受之意。郑玄注解此句经文，就
认为"授""受"音同，而经文因声之误，以"受"为"授"，故应以本字
"受"来解释通假字"授"。而易祓认为，郑玄改读"授"为"受"一说不
确，"授"只当读为本字，即仍读"授"，作授予之意讲。郑玄以为"授嫔
妇功"是典妇功接受国中嫔妇所献功，而"秋献功"是宫中嫔妇献功于
后，但考之典妇功所属职事，此官虽负责授予宫内嫔妇从事妇功所需之
资，却并不负责接受宫内嫔妇的献功，宫内嫔妇献功是由内宰佐助后接受
的，故经文中"及秋献功"是指国中嫔妇于秋季献功于典妇功，而"授嫔
妇功"则是典妇功授予国中嫔妇任务。

乍看之下，郑玄《周礼注》此说并无破绽，易祓通过研索上下经
文，犀利地指出郑玄破读"授"为"受"之说有误，应先授再献，才与
经文本义相符。易祓此说得到清人李光坡、姜兆锡和孙诒让的赞同附
和，他们分别在其《周礼》学著作《周礼述注》《周礼辑义》《周礼正义》
中采纳易祓之说，可知易祓此处对郑玄《周礼注》的驳斥足补郑《注》
之失。

除此之外，《腊人》"凡祭祀，共豆脯"一句，郑玄注云："脯非豆食，
豆当为羞，声之误也。"易祓不盲从郑注，引《礼记·王制》证脯亦在豆。
《疡医》"以五气养之"一句，郑玄注云："'五气'当为'五谷'，字之误
也。"易祓驳斥郑注，认为不必改"五气"为"五谷"。易祓以上诸说，或
订郑玄《周礼注》之误，或备一家之说，皆有卓见。

第二，易祓对郑玄注解《周礼》经文的具体训诂进行驳斥。

在《周官总义》中，易祓对郑玄《周礼注》的驳斥更多地集中于郑玄

---

① （宋）易祓：《周官总义》卷六。

训诂《周礼》经文的具体经说。兹举几例以资说明：

例1：《小宰》"正岁，帅治官之属而观治象之法"一句，易袯注曰：

> 大宰于正月之吉固已县象于象魏，使万民观之矣，小宰复于正岁帅其属而观治象，与大宰所县者相去两月之久，殊非"挟日敛之"之义，学者疑焉，郑氏以互文推之，乃谓"大宰县治象于正岁"，恐非经之本旨。盖建子为时王之正月，示万民以更新之意，故大宰县治象于月吉，而复敛于挟日。建寅为民时之正岁，吏治于是乎始，故小宰帅治官之属观治象于已敛之后，以治官专掌治象之法，不拘乎县治象之时也。①

《大宰》经文载曰："正月之吉，始和布治于邦国都鄙，乃县治象之法于象魏，使万民观治象，挟日而敛之。"然《小宰》此处经文又载曰："正岁，帅治官之属而观治象之法，徇以木铎，曰：'不用法者，国有常刑。'"二处经文记载皆涉观"治象之法"，但时间上存在差异，郑玄对此的解释是"大宰县治象于正岁"。易袯不赞同郑玄此说，认为"恐非经之本旨"，他认为大宰悬治象之法于"正月之吉"，因为"建子为时王之正月，示万民以更新之意"，而小宰帅治官之属观治象于"正岁"，即"建寅为民时之正岁"，示"吏治于是乎始"，故小宰所观治象之法是在大宰已敛之后，在专门负责管理治象之法的官员那里观看。

例2：《女史》："掌王后之礼职，掌内治之贰，以诏后治内政。逆内宫，书内令。凡后之事，以礼从。"易袯注曰：

> 王有大史、小史，后亦有女史。郑氏以为"女奴晓书者"，非矣。掌王后之礼职，以至凡后之事以礼从，岂女奴知书者能之？盖古者后夫人必有女史彤管之法，无非礼者，不然大史诏王，而以书协礼事，此亦诏后以礼从，而且为之掌礼职，非贤而知礼者能之乎！②

郑玄认为女史以"女奴晓书者"充任，而易袯不赞同此见，他认为后有女史如同王有大史、小史，故担任女史的当是"贤而知礼者"。

例3：《大祝》："辨九拜，一曰稽首，二曰顿首，三曰空首，四曰振动，五曰吉拜，六曰凶拜，七曰奇拜，八曰褒拜，九曰肃拜，以享右祭祀。"易袯注曰：

---

① （宋）易袯：《周官总义》卷二。
② （宋）易袯：《周官总义》卷六。

空首者，郑氏谓"头至于手"，恐非其义，正谓不至于手，空其首而已。振动者，郑氏引王动色变为义，恐非，所以为振动之拜，正谓以首叩地，施于事变之不常者而已。①

易袚此处又驳斥郑玄对九拜之礼中"空首""振动"的解释。

例4：《小行人》："合六币：圭以马，璋以皮，璧以帛，琮以锦，琥以绣，璜以黼。此六物者，以和诸侯之好故。"易袚注曰：

郑氏乃云"二王后尊，享用圭璋而特之，其于诸侯，亦用璧琮耳，子男于诸侯，则享用琥璜"，未必然也。彼见"玉人之事"曰："璧琮九寸，诸侯以享天子。"言九寸则上公之礼，上公是璧琮，则圭璋是二王后特之者，惟有皮马，无束帛可加，故云"特"。其诸侯亦用璧琮者，又见"玉人之事"曰："瑑琮八寸，诸侯享夫人。"明享君用璧亦八寸，是下享天子一寸，如是，明二王后相见，不可同于天子用圭璋，则用璧琮可知。言是两公自相朝，二王后称公，是于诸侯还同二王后可知。云"子男于诸侯，享用琥璜"者，《觐礼》，子男已入侯氏用璧琮，则子男自相享，退用琥璜可知。此郑氏以意推之，岂尽合乎成周之制。今考《小行人》之职，不过曰"合六币"而已，璧、琮、琥、璜则施之于帛、锦、绣、黼也，圭以马，璋以皮，则皮马不上堂，故圭璋言"特"。《记》曰圭璋特达德也，又曰束帛加璧往德也，以至琮之于锦，琥之于绣，璜之于黼，亦莫不然。如必二王之后用圭璋，诸侯相朝用璧琮，则《典瑞》言"瑑圭璋璧琮，缫皆二采再就，以频聘"，则诸侯固得而通用之矣。②

易袚认为郑玄对《玉人》经文的注解是"以意推之"，所以"岂尽合乎成周之制"，他依据《小行人》的此处记载，驳斥郑玄提出的"二王之后用圭璋，诸侯相朝用璧琮"的观点。

以上4例中，是易袚对郑玄注解经文的具体经说进行驳斥。

（四）驳斥郑玄《周礼注》的方法

《周官总义》中，易袚驳斥郑玄《周礼注》之说甚多，研索易袚驳斥郑注的方法，我们不难发现"以经释经""以经证经"是易袚运用最多的、也是最重要的方法。除此之外，从义理的角度对郑玄《周礼注》提出驳

① （宋）易袚：《周官总义》卷一五。
② （宋）易袚：《周官总义》卷二四。

斥，也是易祓驳斥郑注的常用方法之一。

第一，运用《周礼》本经的相关记载驳斥郑玄《周礼注》之说。

《周礼》以记载官制见长，各职官之间必然存在关联，易祓就从此处入手，以《周礼》本经的记载解释《周礼》经文，提出己见，驳斥他认为不当的郑玄注说。

如《肆师》："以岁时序其祭祀及其祈珥。"易祓解释"祈珥"曰：

> 因序祭祀而序祈珥，则祈珥之为义亦广矣。《小子》职曰"珥于社稷，祈于五祀"，《羊人》职曰"凡祈珥，共羊牲"，正与《肆师》之文同。至秋官《士师》职则曰："凡刉珥，奉犬牲。"若以祈为刉，则《肆师》之文为非；若以刉为祈，则《士师》之文为非。后郑皆改祈为刉，谓毛牲曰刉，羽牲曰珥，且以珥之字当从血为衈，取其以血为衅之义，引《杂记》之言曰"成庙则衅"之谓。宫兆始成，则有衅礼，其说非无所据，然《羊人》《小子》亦自言衅积、衅邦器、衅军器之事，兹数者皆直谓之衅，不应宫兆始成之衅而独谓祈珥。况刉珥之见于经者独一《士师》而已，如祈珥则《肆师》《羊人》《小子》凡三出焉，不应以三出之祈而尽改为刉也。又羽牲曰珥，如《司约》言珥，而辟藏者固曰以血涂户，至《山虞》职言"致禽而珥"，则又曰取左耳以效功，言效功则与衅礼不同，言取左耳则为毛牲，与羽牲曰珥之文自相背驰，何耶？按刘氏《中义》云："珥当为衈字之误也，祈谓小祝之祈福祥，衈谓小祝之衈兵灾。"然则社稷五祀曰祈、曰衈，山川曰侯、曰禳，落成曰衅，各有伦类矣。[①]

易祓此处广泛征引《周礼》本经中《小子》《羊人》《士师》《司约》和《山虞》中有关"祈""珥"的经文及郑玄注说，并类比经文和郑注，指出郑玄"'珥'当为'衈'"一说，是取以牲血行衅礼之义，他肯定郑玄此说有一定道理的同时，批评郑氏引《礼记·杂记》佐证此说有欠允妥，因衅礼并不仅仅是在始成宫兆之际才实施的。我们认为，易祓对此处郑注的批驳是有一定道理的，孙诒让《周礼正义》疏解此处郑玄注说，也曾云"郑《杂记》注义不容泥也"[②]。易祓还指出郑玄"羽牲曰珥"一说，与其注解《山虞》"致禽而珥"一句的"取左耳以效功"说相矛盾，易祓对此处郑玄

---

① （宋）易祓：《周官总义》卷一二。
② （清）孙诒让：《周礼正义》卷三七。

注说的批驳也是颇有见地的，清代惠士奇《礼说》和黄以周《礼书通故》也于此处驳斥郑注。

再如《宫伯》："掌其政令，行其秩叙，作其徒役之事，授八次八舍之职事。若邦有大事作宫众，则令之。"易祓注曰：

> "若大事作宫众，则令之"，郑氏谓"或选当行"，殊不知士庶子之职有当行者，有不当行者。出而守御国鄙，如《诸子》所谓"帅国子而致于太子，唯所用之"，则在所当行；入而宿卫王宫，若《宫正》所谓"令于王宫之官府次舍，无去守而听政令"，岂所当行者哉？作宫众则令，不过令无去守而已。①

郑玄解释"若邦有大事作宫众，则令之"，曰："谓王宫之士庶子，于邦有大事，或选当行。"易祓驳郑玄此说，认为"士庶子之职有当行者，有不当行者"，而后征引《诸子》《宫正》相关记载佐证其说，提出己见，认为此句经文的意思"不过令无去守而已"。

又如《大师》："教六诗：曰风，曰赋，曰比，曰兴，曰雅，曰颂。以六德为之本，以六律为之音。"易祓注曰：

> 郑氏以为"教瞽矇"，非也。瞽矇，贱工也，知有六律之音而已，何知乎六德之本？必待六德之成，而使之明六诗之义，非教国子不可也，何以知之？以《大司乐》所言而知之，《大司乐》之职曰："以乐德教国子：中、和、祗、庸、孝、友。"是六德之本出于大司乐所教，而后大师播之于六律之音，则知大师之教六诗其为国子，而非为瞽矇也，明矣。②

郑玄认为大师教"六诗"的对象是"瞽矇"，而易祓认为是"国子"。为证其说，易祓征引《大司乐》的相关记载，说明大司乐教国子以六德之本，大师再将六德播之于六律之音，发为六诗，所以大师教导六诗的对象是"国子"，而非"瞽矇"。

又如《外府》："掌邦布之入出，以共百物，而待邦之用，凡有法者。"易祓注曰：

> 然外府所掌以邦布为主，以共百物为用，不知何从而取之，谓其

---

① （宋）易祓：《周官总义》卷二。
② （宋）易祓：《周官总义》卷一四。

取于九贡、九赋、九功，则九贡各有其名，九赋各有其地，九功各有
其职，固不可强其所无，有而亦非其所尽有也。郑氏求其说而不得，
则于《大宰》之"九赋"注曰："赋为口率出泉，今之算泉，民或谓
之赋。"此汉法也，在汉已不胜其弊。地不能皆为炉冶，人不能皆为
鼓铸，不因其所有，周人何其厉民哉？盖尝考之，禹别九州，有赋、
有贡、有篚，无非本色之物，以当时未有泉布之用也。自太公为周立
九府圜法，以通财货轻重之权，则凡九贡、九赋、九功皆可以邦布行
之。考之于经，成周所谓"邦布"者，不过《载师》之"里布"，《闾
师》之"夫布"，《廛人》之"纵布""缌布""质布""罚布""廛布"，
如是而已，邦用取具不一而足，岂此数者之布所能给之耶？盖《外
府》以掌邦布为名，而曰"掌其入出，以共百物"，是以邦布易之也，
夫通功易事，古之常理，而周人复权之以圜法，邦布之出既以易百
物，则凡九贡、九赋、九功之所入亦当权之以邦布。何以明之？下经
言"凡祭祀、宾客、丧纪、会同、军旅共其财用币赉"。①

易祓此处驳斥郑玄"赋为口率出泉"之说，他采用的主要方法就是以经证
经，即以《周礼》本经记载互证，提出新见，佐证新见。

除此之外，易祓解《大宰》"以九赋敛财贿"一句，也征引《载师》
《司市》《司关》《廾人》《角人》《职币》相关经文，以驳郑玄"口率出泉"
之说。是知易祓论解《周礼》长于引经解经，其持论虽互有短长，但绝无
凿空杜撰之说。

第二，运用其他经典的相关记载驳斥郑玄《周礼注》之说。

除了运用《周礼》本经的相关记载驳斥郑玄《周礼》注说外，易祓也
征引其他经典的相关记载驳斥郑玄的《周礼注》之说。

如《大师》："大祭祀，帅瞽登歌，令奏击拊，下管播乐器，令奏鼓
鼗。大飨亦如之。"易祓注曰：

郑氏谓"拊形如鼓，以韦为之，著之以糠"，然《书》言"击石
拊石"，则谓其有当大击者，有当小拊者，此言令奏击拊，则正所谓
"击石拊石"也。郑氏又谓"鼓鼗犹言击鼗"，然《诗》言"应鼗县
鼓"，则鼓为大，鼗为小，此言令奏鼓鼗，则令奏大鼓与小鼗也。奏
击拊以导歌，而后瞽者歌焉，奏鼓鼗以导管，而后乐器播焉，乐之与

———————————
① （宋）易祓：《周官总义》卷五。

歌必有所导而后从，必有所令而后奏，此节奏之序也。①

此处易祓就援引《尚书》《诗经》的相关记载，驳斥郑玄的《周礼》注说。

再如《膳夫》："王燕食，则奉膳赞祭。凡王祭祀、宾客，食则彻王之胙俎。凡王之稍事，设荐脯醢。王燕饮酒，则为献主。"易祓征引《礼记·燕义》《孟子》的记载，驳斥郑玄《周礼注》说②。又如《大宗伯》："以天产作阴德，以中礼防之；以地产作阳德，以和乐防之。"易祓又征引《礼记·乐记》的记载，驳斥郑玄《周礼注》说③。

总之，运用其他经典的相关记载驳斥郑玄《周礼注》说，其实质也是"以经释经""以经证经"。与运用《周礼》本经的相关记载驳斥郑玄《周礼注》之说相比，运用其他经典的相关记载驳斥郑玄《周礼注》相对少些，但同样是易祓驳斥郑玄《周礼注》经常运用的方法。

第三，从义理的角度驳斥郑玄《周礼注》之说。

易祓《周官总义》以"义"命名，可知此书诠释《周礼》的重点即在于对《周礼》制作精义的阐发，易祓有时也从义理阐发的角度驳斥郑玄《周礼注》之说。

如《宫正》："以时比宫中之官府次舍之众寡，为之版以待，夕击柝而比之。国有故，则令宿，其比亦如之。辨外内而时禁，稽其功绪，纠其德行。几其出入，均其稍食，去其淫怠与其奇邪之民，会其什伍而教之道艺。"易祓注曰：

> 宫中官府之吏，次舍之士庶子，郑氏言之悉矣。惟所谓"民"者，《宫正》无明文，郑氏以为"宫中吏之家人"，非也。至尊所御，内外有禁，岂群吏家人所得而至？《司隶》曰"掌帅四翟之隶，使之各服其邦之服，执其邦之兵，守王宫"，此宫中之民，其四隶之民耶。或谓戎狄之民，非我族类，何以置于宿卫之列，且使之服其邦之服，执其邦之兵，得非贼器、奇服、怪民之入宫者钦？是不然，四翟之民，即南方之蛮，东南之闽，东方之夷，东北之貉，其服属为有素，非西戎北狄比也。盖周自文王之世，西有昆夷之患，北有狁犹之难，惟东南之地王化先及，以基王业。至周公摄政，制礼作乐，推原乎王化之所始，南方曰象，则有象胥之职，以待蕃国之使，东夷之乐曰

① （宋）易祓：《周官总义》卷一四。
② 参见（宋）易祓：《周官总义》卷三。
③ 参见（宋）易祓：《周官总义》卷一一。

，则有　师之职，以荐宗庙之乐，及此四翟之隶，司隶亦帅之，以备王宫之守，皆此意也。宫正举服属者，列于官府、士庶子之后，而宿卫之政举矣。①

郑玄解释"去其淫怠与其奇邪之民"一句中的"民"，曰："宫中吏之家人"。易祓不赞同郑玄此说，认为不合理，因为"至尊所御，内外有禁，岂群吏家人所得而至"。在易祓看来，此宫中之民，是四隶之民，为了阐明观点，他采用设问的形式，指出四翟之民非西戎北狄，在文王之世即王化先及，成为王业之基，周公摄政，制礼作乐，为推原王化之所始，即由司隶帅四翟之民，以备王宫之守。所以，经文此处所云的"民"实指"四翟之民"，而非所谓"宫中吏之家人"。易祓此处就借经义的阐发驳斥了郑玄的《周礼》注说。

再如《酒正》："掌酒之政令，以式法授酒材。"易祓注曰：

> 酒之政令，则《酒正》一职所掌者皆是也，郑氏以"式法为作酒之式法"，且引《月令》所谓"秫稻必齐，曲蘖必时，湛炽必洁，水泉必香，陶器必良，火齐必得"，以为此经之证，然《月令》所陈不过酒材而已，以为作酒之式法，则非矣。凡《周礼》所谓"式法"者，无非《大宰》"九式之法"，而酒正所授则其关系为尤重。盖酒以行礼，不继以淫，凡酣饮无常，纵欲败礼，皆淫也。晋知悼子卒，未葬，而平公饮酒鼓钟，小大之臣昵于其私，而忘君之疾，太师不诏，亵臣不规，而区区之宰夫反越刀匕之职进放滥之戒，则淫之害为甚大。今《酒正》之"式法"，不待其共酒、饮酒也，凡授酒材之初，已有几微存焉，若曰祭祀也，宾客也，凡王之燕饮、赐颁也，凡飨士庶子、飨耆老孤子也，一物之所取，一岁之所用，纲目多寡具有常仪，酒人不敢专，受之于酒正，酒正不敢决，受之于大宰，共之有道，用之有时，日有成，月有要，岁有会，而诛赏亦有式，其意深矣哉！②

郑玄解释此句经文的"式法"为"作酒之式法"，还引《礼记·月令》的相关记载佐证其说。易祓不赞同郑玄此见，他认为此句经文的"式法"是《大宰》"九式之法"，至于郑玄引以为证的《月令》不过陈述酿酒之材，

① （宋）易祓：《周官总义》卷二。
② （宋）易祓：《周官总义》卷四。

并非"式法"。为阐明其说，易袚指出酒以行礼，若酗饮无常，纵欲败礼，则有淫之过，酒正一职"掌酒之政令，以式法授酒材"，即是按照《大宰》"九式之法"授酒材，事先区分祭祀、宾客、王之燕饮赐颁、飨士庶子、飨耆老孤子所需要的酒量，然后按所需授予酒人酒材。如此处置，则"酒人不敢专，受之于酒正，酒正不敢决，受之于大宰，共之有道，用之有时，日有成，月有要，岁有会，而诛赏亦有式，其意深矣"，正体现了先王设官的深远考虑。此处易袚也是运用阐发义理的方式驳斥郑玄《周礼注》说。

从义理的角度入手驳斥郑玄《周礼注》之说，是宋人驳斥郑注较有特色的一种方法，也为此后的元儒、明儒、清儒所效仿。

六、易袚《周官总义》的解经特点

易袚学侣雷乐发曾作《谒山斋先生易尚书》，曰：

> 淳熙人物到嘉熙，听说山斋亦白髭。文字尽传融水后，精神如战辟雍时，灵椿终不孚朝菌，蓍草难堪养寿龟。细撚梅花看总义，只应姬老是相知。

诗中描写了易袚被罢官后究心经学的赋闲生活，而《周礼总义》就是易袚此时期探研经学之作，是书长于疏解经文，兼考据、义理之长，是宋代《周礼》学文献中颇有价值者。我们以下从四个方面分析易袚《周官总义》的解经特点。

第一，对郑玄《周礼》学说的批评与驳斥。

本节的第五部分"从《周官总义》看易袚对郑玄《周礼注》的态度"中的"（二）对郑玄《周礼注》的批评""（三）对郑玄《周礼注》的驳斥""（四）驳斥郑玄《周礼注》的方法"，对此论之详矣，兹不赘述。

第二，对宋人《周礼》学说的吸纳与驳斥。

易袚注解《周礼》十分关注宋人的《周礼》学说，在《周官总义》中他明确提及的宋人《周礼》学著述就有王安石《周官新义》和刘彝《周礼中义》，此外对薛季宣等人的《周礼》学说也有关注。在《周官总义》中，他对宋人的《周礼》学说进行了吸纳与驳斥。

如《卜师》："掌开龟之四兆，一曰方兆，二曰功兆，三曰义兆，四曰弓兆。"易袚注曰：

> 郑氏谓："开龟者，开出其占书也。经兆百有二十体，此言四兆

者分之为四部，若《易》之二篇。《金縢》'开篇见书'，是与?"郑亦
以为疑辞，"方、功、义、弓"则云未闻。尝考之三兆之法，有开龟
之四兆，以四兆为开龟之法，则龟之兆而已。刘氏《中义》曰："开
龟之下体，去其外甲，其下甲中有直文者，所以分左右、阴阳也，横
有五文，以分十二位者，象五行与辰坎也，去其上下不可以为兆，可
开凿而燋以为兆者上下各四，故曰四兆焉，曰方、曰功、曰义、曰
弓，则自上及下。"此去古既远，难以指名其义。要之下经言"辨龟
之上下左右阴阳，以授命龟者"，是知其为开龟之兆，而非占兆之书
明矣。①

易祓此处不赞成郑玄将"开龟"注解为"开出其占书"。在他看来，开龟
之四兆，是"以四兆为开龟之法"，是"龟之兆"，"非占兆之书"。为了说
明其观点，易祓就征引刘彝《周礼中义》之说，刘彝认为"开龟之四兆"
是开龟之下体，去其外甲，取下甲可凿灼为兆者，因上下各四，名曰四
兆。易祓基本赞同刘彝此说，但刘彝主张自上及下四兆分别名曰"方、
功、义、弓"，易祓则表示"此去古既远，难以指名其义"。

再如《内宰》"以妇职之法教九御，使各有属，以作二事"一句，易
祓解曰：

　　二事之说，郑氏以为丝、枲，王氏《新传》以为祭祀、宾客之
事，非也。二即贰也，《左氏》载史墨之言，曰"物生必有两、有三"
乃至"王有公，诸侯有卿，皆有贰也"。知王以三公为贰，则知王后
以三夫人为贰矣；知诸侯以三卿为贰，则知三夫人以九嫔为贰矣；以
至九嫔则贰之以二十七世妇，二十七世妇则贰之以八十一女御。正合
此经各有属之义。②

易祓不从郑玄和王安石对于"二事"的解释，引《左传》昭公三十二年史
墨之言，别立新说，将"二"解释为"贰"，即副贰之意。那么，所谓
"贰事"就是内宰教导女御学习妇职之法，以听命于上，易祓认为如此解
经才能阐明后、三夫人、九嫔、二十七世妇和八十一女御各有所属的经文
大义。易祓此说的确新颖，若依其说，经文就又有一层新的意思了。

又如《司会》："以参互考日成，以月要考月成，以岁会考岁成。以周

---

① （宋）易祓：《周官总义》卷一五。
② （宋）易祓：《周官总义》卷六。

知四国之治，以诏王及冢宰废置。"易祓注曰：

> "参互"云者，郑氏谓"司书之要贰，与职内之入，职岁之出"。近代儒者则谓"职内、职岁、职币三者相考"，其说诚有未通者。《周官》三百六十，皆有日成，何独于此三官而言之？盖天下之事，合众类而为目，则一日之计也；合众目而为凡，则一旬之计也；合众凡而为要，则一月之计也；合众要而为会，则一岁之计也。一旬之内以凡考目，以目考数，以数考凡，夫是之谓参；凡与数相考，数与目相考，夫是之谓互。如是则日成可以无遗矣，积日而月，又以月要而考月成，积月而岁，又以岁会而考岁成，详略并施，久近兼察，四国之事周知无隐，则吏治之怠而无功者，诏王及冢宰而废之，吏治之勤而有功者，诏王及冢宰置之。[①]

对于此句经文"参互"的解释，易祓不赞同郑玄之说，也不赞同"近代儒者"，即薛季宣之说，认为"其说诚有未通者"。他就此问题提出了自己的对"目""凡""要""会"的见解，而后指出"一旬之内以凡考目，以目考数，以数考凡，夫是之谓参"，而"凡与数相考，数与目相考，夫是之谓互"。如是查考，则四国之事都能周知无隐，对于吏治怠惰无功者，诏王及冢宰废黜，对于吏治勤勉有功者，诏王及冢宰提拔，便可收到"详略并施，久近兼察"的良好效果。

总之，研索《周礼》经文，再断以己意，是易祓注解《周礼》的主要方法，其所见不仅与汉唐先儒多有不同，与宋人也颇多异同之处。

第三，善于阐发经文蕴义。

受时代学风影响，易祓诠释《周礼》重视阐发经文蕴义，且对《周礼》制作之精义、圣人之微旨的开掘，也是《周官总义》论解《周礼》的一大特点。

如易祓解《鞮鞻氏》一职曰：

> 鞮鞻者，乐工所履之屦。名官以鞮鞻，使之掌四夷之乐，言其际天所覆，薄海内外，凡有足所履无不至。[②]

易祓此处就发明了鞮鞻氏一职的名官之义。

再如《卝人》："掌金玉锡石之地，而为之厉禁以守之。"易祓曰：

---

①　（宋）易祓：《周官总义》卷五。
②　（宋）易祓：《周官总义》卷一四。

> 天地之宝生于山泽，金玉锡石之贵，饥不可食，寒不可衣，先王
> 不尽以予民，设之官为厉禁以守之，非私之也，上以资邦用，下以使
> 斯民之弃末厚本而已。①

易祓认为，先王设卝人一职掌管出产金玉锡石之地，并设置藩界、颁布禁
令加以守护，并不是出于私意想占有财富，而是想在资取邦用的同时，劝
导民众弃末厚本，从事农业生产，以富国富民。

由上可知，易祓对经文蕴义的阐发是较为平实的，并不牵强。

第四，对地理山川的考证尤为详悉。

《夏官》中的《职方氏》一职，详载天下九州划分，以及各州的山川、
泽薮、人民和物产，其行文之体颇类《尚书·禹贡》。易祓《周官总义》
对《职方氏》所载地理山川的考证尤为详悉，如对三江、渭水、洛水的考
证俱为详尽。兹举一例说明：

《职方氏》"其浸波、溠"一句，易祓解曰：

> 郑康成曰"波读为嶓"。孔安国言《禹贡》有嶓水，无波水，音
> 与播同，古字从山从番，读为嶓冢之嶓。康成诚有所见，而然《尔
> 雅》云"水自洛出为波"，度其地，其卢氏、巩县之间，即今商虢州
> 河南府之地。《左氏传》庄四年，楚令尹斗祁莫敖屈重"除道梁溠，
> 营军临随"，杜氏以为溠水在义阳厥县西，东南入郧水，义阳即今信
> 阳军之西，去随甚近。《唐志》随州随县溠水出县西四十里，此正古
> 豫州之地，郑康成乃谓溠宜属荆州，在此非也。盖汉人误以南阳郡为
> 荆州，不知古荆在荆山之南，康成徇《汉地志》之说误矣。②

易祓征引《尚书·禹贡》《尔雅》《左传》《新唐书·地理志》《汉书·地理
志》中关于波、溠的记载，详细考证了波水、溠水的发源地、流经区域等
地理问题，还结合古今地名变化纠正了误说。易氏此论有一定价值。

总之，易祓《周官总义》是宋代《周礼》学文献中的上乘之作，是书
研索经文，断以己意，对地理山川的考证尤为详悉，其见虽与先儒颇有异
同，持论也互有短长，要之以经释经，考据有理，绝非凿空杜撰之说。

---

① （宋）易祓：《周官总义》卷一〇。
② （宋）易祓：《周官总义》卷二〇。

第四章　南宋《周礼》学（中）

本章主要进行南宋重要传世《周礼》学文献的个案分析，包括叶时《礼经会元》、郑伯谦《太平经国之书》、朱申《周礼句解》和魏了翁《周礼折衷》。

第一节　叶时《礼经会元》

叶时，生卒年不详，字秀发，自号竹埜愚叟，钱塘（今浙江省杭州市）人。淳熙十一年（1184）进士，授奉国军节度推官，曾任吏部尚书。理宗初年，以显谟阁学士出知建宁府，后以宝文阁学士提举崇福宫。累官至龙图阁学士，晚居嘉兴，卒谥文康。叶时其人，博学，善写文章，对《周礼》研究尤深，为学者所尊，撰有《礼经会元》《竹埜诗集》。

一、叶时《礼经会元》的流传情况

《钦定天禄琳琅书目》卷五载曰：

> 《宋史·艺文志》及晁公武、陈振孙、马端临诸人书目皆不载是书……则知此书在宋时并未刊行，故不显于世……

据此，考索南宋的晁公武《郡斋读书志》、陈振孙《直斋书录解题》，元代的《宋史·艺文志》和马端临的《文献通考》等书目，皆未著录叶时《礼经会元》一书，可知此书完稿后在南宋并未广泛流传。《钦定天禄琳琅书目》推断此书南宋并未刊行，阳海清、刘烈学二先生亦持是论①，但《藏

---

① 阳海清、刘烈学：《〈中国古籍善本书目〉未收书八种》，载《上海高校图书情报学刊》，2000（2）。

园订补邵亭知见传本书目》曾著录此书的宋刊本，具体情况不详，亦不详今藏于何处。

　　叶时《礼经会元》现可考知的元代刊本有二：其一，元至正二十五年（1365）杭州路儒学刊《礼经会元》4卷本，今藏台北"故宫博物院"；其二，元至正二十六年（1366）潘元明刻《礼经会元》4卷本，今藏杭州大学图书馆。此外，《皕宋楼藏书志》《铁琴铜剑楼藏书目录》《艺风藏书记》《善本书室藏书志》《中国人民大学古籍书目》《复旦大学图书馆善本书目》皆著录此书的元代刊本。

　　明代，元至正二十六年潘元明刻本出现了明翻刻本，今藏国家图书馆、上海图书馆、吉林省图书馆、湖北省图书馆的《礼经会元》即属此版本。阳海清、刘烈学二先生曾详述湖北省图书馆所藏此版本情况，曰：

　　　　卷端次行题"宋龙图阁学士光禄大夫赠开府仪同三司南阳郡开国公食邑二千一百户食实封一百户谥文康叶时著"。前有至正二十六年陈基序，谓"公裔孙今江浙儒学副提举广居奉遗稿献之江浙行中书右丞荥阳潘公，公命刻诸梓，且寓书俾余序其篇端"。又有前一年叶广居撰《竹埜先生传》及识语，详述时之事迹，亦言及潘元明命刻书事。半页十一行，行二十四字，上下黑口，对鱼尾中刻书名、卷次、页码，左右双边。以上均与《铁琴铜剑楼元本书影》及丁氏《善本书室藏书志》合。宋代未曾刊行，写刻，全书字体风格不尽一致，版心间镌字数及部分版面漫漶观之，疑系入明后补版印刷。①

另一方面，新的版本也不断涌现，目前可考知的有以下3种：其一，明嘉靖五年萧梅林刻《礼经会元》4卷本，今藏国家图书馆；其二，明刻本《新刊京本礼经会元》4卷，今藏国家图书馆；其三，明刻本《礼经会元节要》4卷，叶时撰，夏惟宁选编，今藏故宫博物院图书馆。此外，见于著录的明刻本《礼经会元》4卷还有以下几种：北京大学图书馆藏明刻本，有墨校，卷四有抄配；浙江天一阁文物保管所藏明刻本，清徐鲲批校并跋；南京图书馆所藏明刻本，清丁丙跋。

　　清代修撰《四库全书》，叶时《礼经会元》亦被收入经部礼类。《四库全书》本叶时《礼经会元》4卷是根据内府藏本抄写的②，此书亦被收入

――――――――

　　① 阳海清、刘烈学：《〈中国古籍善本书目〉未收书八种》，载《上海高校图书情报学刊》，2000（2）。

　　② 根据《四库全书总目》卷一九《礼经会元》提要记载。

《摛藻堂四库全书荟要》经部、《通志堂经解》三礼、《文藻四种》、《正谊斋丛书》、《经学五种》中。除被收入丛书之外，此书在清代还出现了新的单刻本，可考知的有以下 4 种：其一，清乾隆年间宝翰楼刻本，见于《东北地区古籍线装书联合目录》；其二，清道光中贺长龄抚黔刊本，见于《藏园订补郘亭知见传本书目》；其三，清光绪十一年抡元堂重刻本，见于《香港所藏古籍书目》；其四，洞庭席氏刊本，附陆清献评点，见于《藏园订补郘亭知见传本书目》《法兰西学院汉学研究所藏汉籍善本书目提要》。

目前，《四库全书》本《礼经会元》和《通志堂经解》本《礼经会元》是此书现今较为通行的版本。

二、叶时《礼经会元》的内容与体例

以下以《四库全书》本《礼经会元》为例，介绍叶时《礼经会元》一书的内容与体例。

（一）内容

《礼经会元》是叶时发明《周礼》治国精髓的呕心之作，共计 4 卷，100 篇，因每卷内容颇多，《四库全书》本《礼经会元》又将每卷分为上、下两部分。此书有 9 篇文章后附图，共附 10 图，分别是《路寝图》《汉南北军图》《王内图》《王畿千里之图》《井邑丘甸图》《舞位四表图》《明堂图》《分星图》《分星宿图》《九畿图》[①]。以下分述此 4 卷内容及所附图：

"卷一上"包括 14 篇标题文章，分别是《礼经》《注疏》《民极》《官名》《兼官》《相权》《邦典》《官法》《都则》《驭臣》《驭民》《任民》《赋敛》《式法》。

"卷一下"包括 11 篇标题文章，分别是《侯贡》《系民》《正朔》《象法》《考课》《宫刑》《官叙》《官属》《官联》《官成》《朝仪》。其中，《朝仪》一篇后附《路寝图》。

"卷二上"包括 13 篇标题文章，分别是《宫卫》《膳羞》《燕礼》《飨食》《耕藉》《同姓》《医官》《酒正》《藏冰》《盐政》《财计》《内帑》《钱币》。其中，《宫卫》一篇后附《汉南北军图》。

---

① 《钦定四库全书总目》卷一九《礼经会元》提要曰"《朝仪》《宫卫》《王畿》《祭乐》《明堂》《分星》六篇各系以图"，笔者考察除此 6 篇外，《内政》《井田》《夷狄》3 篇后也附图。

"卷二下"包括 12 篇标题文章，分别是《内政》《门制》《奄官》《教化》《王畿》《封建》《井田》《荒政》《乡遂》《军赋》《役法》《选举》。其中，《内政》一篇后附《王内图》，《王畿》一篇后附《王畿千里之图》，《井田》一篇后附《井邑丘甸图》。

"卷三上"包括 13 篇标题文章，分别是《齿德》《迁邑》《社稷》《教胄》《谏官》《和难》《昏礼》《市治》《水利》《重农》《山泽》《囿游》《制禄》。

"卷三下"包括 12 篇标题文章，分别是《祭祀》《郊庙》《宾礼》《礼命》《瑞节》《礼乐》《天府》《冕服》《学校》《祭乐》《乐舞》《诗乐》。其中，《祭乐》一篇后附《舞位四表图》。

"卷四上"包括 11 篇标题文章，分别是《卜筮》《史官》《明堂》《系世》《名讳》《天文》《分星》《车旗》《兵政》《将权》《师田》。其中，《明堂》一篇后附《明堂图》，《分星》一篇后附《分星图》《分星宿图》。

"卷四下"包括 14 篇标题文章，分别是《功赏》《马政》《火禁》《险固》《射仪》《久任》《图籍》《地理》《刑罚》《诅盟》《鸟兽》《遣使》《夷狄》《补亡》。其中，《夷狄》一篇后附《九畿图》。

综上，叶时《礼经会元》共有文章 100 篇，析为 4 卷，每卷各有 25 篇，每文皆各自命题，独立成篇，内容大旨皆论解《周礼》所载治国之制，力图对现实政治有所助益，作者经世致用的意图非常明显。

（二）体例

叶时《礼经会元》"括《周礼》以立论"①，与郑伯谦《太平经国之书》体例相同，采用了别立标题的方式，议论解经。此种解经体例的优长之处在于摆脱经文的束缚，作者可更自由地表达自己的思想；缺点则在于议论太盛，经义反淆。以下就从两方面陈述此书体例。

第一，别立标题，借经抒议。

叶时《礼经会元》完全不列经文，跳脱经文束缚，依据《周礼》所载先王制度，别立 100 标题，除《礼经》《注疏》《补亡》3 篇外，其余 97 篇皆广征博引，对比古今，主旨在于阐释先王政治遗意，力图对现实弊政有所建议，经世意图相当明显。

如卷四下《诅盟》一篇：

　　谷梁子曰：诰誓不及五帝，盟诅不及三王。愚谓五帝非无诅盟

---

① （清）永瑢：《四库全书总目》卷一九《礼经会元》提要。

也，而后之诰誓则不及五帝之时。三王非无盟诅也，而后之盟诅则不及三王之时。盖虞氏未施信而民信，夏后氏未施敬而民敬，商人作誓而民始叛，周人作会而民始疑。商人且尔，他可知也，故曰诰誓不及五帝。蚩尤惟始作乱，苗民弗用，灵民兴胥，渐泯泯棼棼，罔中于信，以覆诅盟。苗民且尔，他可知也，故曰诅盟不及三王。今《周官》有诅祝，有司盟，先正横渠亦尝疑之，以为王法不行，人无所取直，故要之于神，决非周公之意，亦不可以此病周公之法，又不可以此病周礼。夫既不以盟诅病周公之意，而又曰不可以此病周公之法，盖周公立法，非为当时虑，为后世虑也。周公知时变之不可回，人情之不可遏，故事为之制，曲为之防，如缰马堤川，庶其无踬堤滥溢之患。虽其踬堤滥溢有不可遏，不犹愈于坏堤彻缰乎。《诗》云：侯诅侯祝，靡届靡究，君子屡盟，乱是用长。周公逆知后之必至此也，是故诅祝有官，掌作盟诅之载辞，以叙国之信用，以质邦国之剂信。司盟有官，掌盟载之法与盟约之礼仪，邦国之有疑会同者，则北面诏明神盟，万民之犯命者，诅其不信者，有狱讼者，使之盟诅焉。夫所以盟诅者，狱讼一也，有疑会同二也，万民犯命不信三也，有是三事而盟诅焉，则诏之于明神，歃之于牲血，祈之以酒脯，约之以载辞，亦期于相信而已。故诅祝盟诅之辞，亦惟叙信用尔，曰质剂信尔，此所以先结其信于未叛之前也，既盟诅矣，而又有不信者，则司约如所掌，若有讼者，则珥而辟藏，其不信者服墨刑，若大乱，则六官辟藏，其不信者杀也。又以太史所掌邦国、官府、都鄙辨法者考焉，不信者刑之，六官之所登若约剂，乱则辟法，不信者刑之也。此所以继施其刑于不信之后也，岂有王法不行，人无所处置，而姑一听之神邪！且以诅祝一官，固为礼之属，而在太史之前，司盟一职，是为刑官之属，而继于司约之后，是其始焉之不信者，固有盟，终焉之不信者，则有刑也。不然，则大司寇凡大盟约，莅其盟书，登于天府。以司寇而莅盟，特以天府而藏盟书，亦已重矣，又何以使太史、内史、司会及六官皆受其贰而藏之，何邪？昔展禽有言曰：周公、太公股肱王室，成王劳而赐之，盟曰：世世子孙无相害也。载在盟府，太史职之。周公、太公固无待于盟载，然后人必以盟而为据，则人心之赖盟者亦固矣，迨至春秋之时，斯盟替矣。《春秋》之作始于隐公元年，所书未遑他事，首之以邾之盟，继之以宋之盟，自时厥后，有书来盟，有书莅盟，有书同盟，然盟墨牲血之未干，使聘邦交之未反，而相侵相伐之兵已环四境，是盟也果有信用之叙，果有剂信之质否乎？观《周礼》之司盟，而知世变之犹可防，观《春秋》之书盟，而叹世变之不可遏。故尝谓周公立法，为衰世虑，而孔子作《春秋》，亦所以救周礼之坏，而拯世道之穷，不独诅盟一事为然也。田制坏，而《春秋》以税亩田赋书；军赋坏，而《春秋》以丘甲三军书；三日之役不均，而《春秋》以城筑书；九伐之法不正，而《春秋》以侵伐书；讲武之田不时，而《春秋》以大蒐、大阅书；救荒之政不施，而《春秋》以大饥请籴书；宗伯之宾礼废，而《春秋》有来朝来聘之书；司徒之封疆废，而《春秋》有归田、易田之书；太史之告朔不颁，而《春秋》书不视朔；司烜之火禁不修，而《春秋》书宣榭火；保章失其官，而《春秋》书日食、书星孛；职方失其官，而《春秋》书彭城、书虎牢；圜丘之祀不典，而《春秋》以卜郊书、以犹望书；庙祧之序不明，而《春秋》以立宫书、以跻祀书；昏姻之礼失，而《春秋》书曰夫人于齐、曰季姬归鄫；贡献之礼失，而《春秋》书曰家父求车、毛伯求金；典命之职不修，而《春秋》书曰天王使来锡命；天府之藏不谨，而《春秋》书曰盗窃宝玉、大弓。此类实繁，未易殚举，无非以权衡一字之微，而救礼经三百之坏也。周公虑后世之深，于是乎详曲防之制；孔子救后世之力，于是乎严直笔之书。世道盛衰，实赖二圣人先后为之维持也，不然孔子何拳拳于周公之梦，而戚戚于周公之衰欤！

此篇是 97 篇中的一篇，与其他各篇的撰著体例基本相同，因此能够体现《礼经会元》一书的撰著体例。我们看后，不难发现文章中无一字引用经文，作者仅是依据《周礼》记载的诅祝、司盟、司约、大史、内史、司会、大司寇诸职与盟诅相关的职事展开议论，在议论中作者钩稽上古史事，说明礼崩乐坏后，孔子著《春秋》力图维护周礼的苦心，道出诅盟之事的设立完全是周公为后世虑的结果，因为顾虑到后世人情变化如此，故才设诅祝、司盟等官，专司盟诅之事，而这样安排设官正是周公立法"事为之制，曲为之防"的体现，也是出于拯救衰世的考虑。而张载等大儒据《周礼》所载诅祝、司盟之事怀疑周公，质疑《周礼》，叶时认为是不当的。

"别立标题，借经抒议"这一体例，完全摆脱了对经文亦步亦趋的训诂考证，而是依据经文大意，更多阐发自己的政治见解、伦理观点，这种议论解经的方式与其说是注经，倒不如说以经注己更为贴切，虽然作者能更自由灵活的表达个人思想，但就解经而言，有议论太盛、经义反淆的缺点。

第二，每卷25题，每标题两字。

叶时《礼经会元》分4卷，共100篇文章。其中，每卷是25篇小文，分布平均，详见本节"二、叶时《礼经会元》的内容与体例"中"（一）内容"部分。而且，每文标题皆是两字，如：《都则》《驭臣》《驭民》《任民》《赋敛》《藏冰》《盐政》《财计》《内帑》《钱币》等。

此书体例严整统一，可见确是作者的心血之作。

三、从《礼经会元》看叶时对《周礼》本经的认识

叶时主张周公作《周礼》，《周礼》集中了先王治国平天下的政治精华，因此他对《周礼》抱持着尊崇的态度。对于汉儒以《考工记》补亡《冬官》之举，叶时不以为然，主张《冬官》未曾亡，散于五官之中。

（一）对《周礼》本经的态度

叶时对《周礼》抱持着极为尊崇的态度，其曰：

> 是礼也，举本而不遗末，语精而不遗粗，周公以之相七年之治，成王以之致四十年之平，周家以之永八百年之命。即此一书，可以发育万物，峻极于天，非徒为三百礼文而已，此周公之道，所以为周公之法与。然周公岂有它道哉，尧以是传之舜，舜以是传之禹，禹以是传之汤，汤以是传之文、武、周公，《周礼》一书皆此道也。[1]

叶时认为，《周礼》一书体制宏大而纤悉必至，延承的是尧、舜、禹、汤、文、武、周公治国之道。依据此书，周公辅相西周奠基之初的七年之治，成王因此书致周家天下四十年太平盛世，即便沦于衰世，因有《周礼》，也保周家八百年的国祚，因此《周礼》是古圣先王治国方略的精华，具有治国典范的经典地位。

对于后世的疑经之论，叶时尽量予以批驳，维护《周礼》治国经典的权威。其曰：

> 苟如先儒传注之谬与后儒议论之惑，则《周礼》为非全书，而先王制度不可考矣。是故，唐长孙无忌请祀天地停丧服袭，而以

---

① （宋）叶时：《礼经会元》卷一上《礼经》，见文渊阁《四库全书》，第92册。

《周礼》为非，岂非郑氏大裘无章之说启之乎？虞世南谓天子譬日
德在照临，辰为正位，月为正后，正此三物，令德齐明，而以《周
礼》为未可知，岂非郑氏冕服九章之说误之乎？汉永平中定冕服，
天子冕系白玉珠十二旒，三公诸侯青玉珠七旒，卿大夫黑玉珠五
旒，是王侯冕旒之制不复如《周礼》矣。隋开皇中，皇后首饰十二
钿，公夫人八钿，侯伯夫人七钿，是后夫人首服之饰不复如《周礼》
矣。呜呼！先王制度幸犹有《周礼》在，而儒者不知考先儒，妄为臆
说，后儒肆为异论，而使时君世主得肆意为之，无复先王旧制，岂不
可惜也哉！①

在叶时看来，正是因为郑玄等先儒传注《周礼》的谬误和议论纷争，才导
致周礼制度无法实现，进而连累《周礼》见疑于后世。

北宋庆历以来，疑经之风渐开，《周礼》也受到不少怀疑，如欧阳修
认为《周礼》所载官制烦冗，恐并不是古代官制实况；二程、胡宏、林之
奇等认为《周礼》所载调人一官负责的复仇之事与先王制度不合；张载等
认为《周礼》中的诅祝、司盟等官负责的盟诅之事，是乱世之象，恐非周
公本意。针对这些说法，叶时在《礼经会元》中有意识地进行了批驳：

盖周人因事以置官，《周礼》因官以存名，居官而不兼其职，则
官冗，兼官而不存其名，则官废。知《周礼》兼官之职，又知《周
礼》存官之名，则可与言官制矣。②

复仇之说，汉唐儒者多驳之，至伊洛门人亦惑之，五峰胡氏、三
山林氏则疑之尤甚，然皆以复仇为言，不知周人设官谓之和难。难
者，犹灾眚之谓也，民有眚灾过尔，故从而谐和之。以调人一职而继
于司谏、司牧之后，正以消弭其仇怨之风，而养成其浑厚之俗也。③

今《周官》有诅祝、有司盟，先正横渠亦尝疑之，以为王法不
行，人无所取直，故要之于神，决非周公之意，亦不可以此病周公之
法，又不可以此病《周礼》。④

欧阳修认为《周礼》所载官职有冗滥之嫌，叶时就此问题以"兼官"作
答，认为《周礼》所载官制是因官存名，虽有一人兼摄几官的情况，但官

---

① （宋）叶时：《礼经会元》卷三下《冕服》。
② （宋）叶时：《礼经会元》卷一上《兼官》。
③ （宋）叶时：《礼经会元》卷三上《和难》。
④ （宋）叶时：《礼经会元》卷四下《诅盟》。

名仍存，因为这些官名不存则会导致官职废，所以虽有兼官的情况，但官名不废。《地官》调人一职负责调解复仇等事，二程、胡宏、林之奇等认为此官之设过于琐屑，且与先王大同政治的实况不合；叶时认为调人一官的设立是符合民情的，且能消弭仇怨之风，养成浑厚之俗，颇有意义。《秋官》诅祝、司盟等官负责盟诅之事，张载等认为只有王法不行、人与人之间缺乏信义才会取信于神，这是末世的做法，不符合周公立法之意，故据此怀疑《周礼》；叶时的解释是周公立法并非只关心当时，也存着对衰世的考虑，正是因为顾虑深详，所以才设此官，这正是周公立法的高明所在，据此病周公之法，怀疑《周礼》是不当的。

（二）对《周礼》作者的认识

针对《周礼》作者问题，叶时持传统观点，认为周公作《周礼》。其曰：

> 礼仪三百，威仪三千，待其人而后行。夫礼仪三百，经礼也，说者谓《周礼》是也。威仪三千，曲礼也，说者谓《仪礼》是也。二书皆周公所述也。①

> 虽然有周公则《周礼》作，有成王则《周礼》用，制而用之存乎法，推而行之存乎人。昔周公相成王，兼三王之事，监二代之文，夜以继日，坐以待旦，事为之制，曲为之防，垂至治之法，而先有乱日之忧，处极盛之时，而逆为衰世之虑，纪纲制度，纤悉必备，于是乎《周礼》作焉。②

叶时认为，《周礼》《仪礼》皆周公所作，《周礼》一书是周公呕心之作，力图为后世立法，故事为之制，曲为之防，纲纪制度，纤悉必备，虽处极盛之时，也为衰世顾虑。从中，我们不难看出叶时对《周礼》一书的推崇。

（三）对《周礼》流传的见解

儒家"十三经"中，《周礼》最晚出，始现于西汉，奏献朝廷之初就遭遇议论纷纭，此后也屡有质疑者。针对《周礼》的流传问题，叶时也有自己的见解，在他看来河间献王刘德、刘歆和郑玄，或累《周礼》，或诬《周礼》，或坏《周礼》，才导致后世的纷纭之议，甚至累及《周礼》。

---

① （宋）叶时：《礼经会元》卷一上《礼经》。
② （宋）叶时：《礼经会元》卷一上《注疏》。

其曰：

　　《周礼》之出自刘德始，累《周礼》者亦自刘德始。《周礼》之立自刘歆始，诬《周礼》者亦自刘歆始。《周礼》之传自郑康成始，坏《周礼》者亦自郑康成始。昔秦人灭学，《周礼》以藏之山岩屋壁而获存，武帝时有季氏得之，以上河间献王德，全书不得见，得见五官，斯可矣。河间献王乃以《考工记》补之，司空一职岂《考工记》之事邪？观其言曰："国有六职，百工与其一焉。"是以治教刑政之属，特与工匠器械等耳，即此一语，可谓不识《周礼》矣。异时奏入秘府，《周礼》虽存，而汉君诋之以为末世渎乱之书，得非刘德一记累之邪！故曰累《周礼》者刘德也。《周礼》一书既不得行于武帝之世，至成帝时，有刘歆者独识其书为周公致太平之迹，亦云幸矣。奈何身为国师，取之以辅王莽，乃为泉府理财之说，于是六干立法，则郡皆置市官，即此一说，可谓不知《周礼》矣。当时奏入学官，《周礼》虽存，汉儒訾之以为六国阴谋之书，得非刘歆一法诬之乎！故曰诬《周礼》者刘歆也。虽然累《周礼》者其罪小，诬《周礼》者其罪大；诬《周礼》者其法在，坏《周礼》者其法亡。何则刘德补亡，善学《周礼》者皆知其为不类，刘歆立法，善用《周礼》者皆知其为不经。礼经之学所赖以相传者，诸儒讲明之功也，今杜子春得之于刘歆，郑兴、郑众得之于杜子春，郑康成号为囊括六典、网罗众家，盖亦知所折衷矣，胡为不抱遗经推究终始，而乃凭私臆决，旁据曲证，此《周礼》所以不明而召后儒纷纭之议也。①

叶时认为，累《周礼》者刘德也，因为刘德以《考工记》补《冬官》之缺，汉武帝才直斥《周礼》为"末世渎乱不验之书"。在叶时看来，《考工记》所载不过工匠器械，与六官所主理的治教刑政之属不类，以《考工记》补《冬官》实属不当，《周礼》宁缺《冬官》也强过《考工记》狗尾续貂。叶时也批评刘歆，他认为刘歆虽能独识《周礼》是周公兴致太平之书，但为辅助王莽行五均六筦，就诬蔑此法来自《周礼》，不仅祸国殃民，也连累《周礼》被何休等人批评为"六国阴谋之书"。叶时还指出，郑玄坏《周礼》之祸更甚于刘德和刘歆，因为刘德虽补亡，但后世研究《周礼》的学者可不用其补亡；刘歆虽附会，但后世依《周礼》立法的政治家

---

① （宋）叶时：《礼经会元》卷一上《注疏》。

可不用其说；而郑玄"囊括六典，网罗众家"的《周礼注》被后世学界奉
为不祧之经典，研究《周礼》者无不读其书，但是书注解《周礼》存在
"凭私臆决，旁据曲证"的失误，这直接导致了后人质疑《周礼》的纷纭
议论，可谓坏《周礼》者。叶时以为，与郑玄坏《周礼》之罪相比，刘德
累《周礼》者、刘歆诬《周礼》者，都是小巫见大巫，因为累《周礼》
者、诬《周礼》者其法在，而坏《周礼》者其法亡。

　　《周礼》所载治国方略规模宏大又纤悉必至，不断有人想将其付诸实
践，以解决现实政治的弊端，但几次尝试皆以失败告终，最终导致学界、
政界对《周礼》本经的怀疑。针对此问题，叶时认为：

　　　　战国孤秦而下，道已不得其传，而周公之法斁。汉武号为有志于
　　道，然承嬴刘之弊，井田行而阡陌，封建裂而郡县，肉刑变而笞箠。
　　三者行道之本，汉去古未远，且不能以渐复，区区官名之定，服色之
　　易，正朔之改，曾无补于治道之万一。河间所献之书，且不肯过目，
　　况望其勉强行道乎！刘歆生当阳九之厄，百六之会，乃欲取之以辅新
　　莽，彼何人斯，敢轻议礼。吁！周公之法不行，周公之道无恙也，苟
　　非其人，道不虚行，后世惟一唐太宗亦知《周礼》为真圣人所作，而
　　曰不井田、不封建、不肉刑，欲行周公之道不可得也，是亦徒发望洋
　　之叹耳。世儒尝恨太宗不能修复古制，以为唐自元魏、北齐以来，授
　　民以田，分民以乡，先王之制十已用其一二，继以苏绰在周约六典以
　　建官，而府兵之制微有端绪，先王之制十已用其五六，又继以隋文帝
　　之富盛，苏威、高景之损益，先王之制十已用其七八，太宗蹑其后而
　　行之，使其深观详察，纤悉委曲，有以补前代之未备，则唐之治为周
　　之治，惜太宗之不为此也。然观魏齐周隋之时，制度近古而卒无善治
　　者，道失其传，而徒法不能以自行也。今观贞观之治，世业以受田，
　　租庸调以取民，七百三十员以建官，十六卫八百府以置兵，法非不
　　良，政非不善，终不保其后之不变，或者不原其道之不行，而惟咎其
　　法之未尽。不思太宗行仁义方四年，遽满心于既效，已德色于致平，
　　圣人发育峻极之妙，果如是易谈邪！彼知周公之法不行，不足以行周
　　公之道，安知周公之道不行，其何以行周公之法与？盖自周衰道之不
　　行久矣，子思子已逆知后世之不善用周公者也，故曰待其人然后行。
　　金陵王氏以儒学相熙宁，而尝一用《周礼》，奈何新经行而僻学兴，
　　新法立而私意胜，末流之弊，罪有浮于汉儒者，故程明道曰："有

《关雎》《麟趾》之意，而后可行《周官》之法度。"正为斯人发也，
乌乎！道其不行已夫，后世身君师之责者，有能思周公之所思，行周
公之所行，庶乎其可以为成周之治矣，不然道之不行，而徒法之是
任，未可以语《周礼》。①

叶时赞同程颢的观点，认为"有《关雎》《麟趾》之意，而后可行《周官》
之法度"，若非得其人，则《周礼》之法难行于世。他回顾了去古未远的
汉武帝、刘歆、唐太宗、王安石与《周礼》的关系，指出井田、封建、肉
刑三者乃行道之根本，以上诸位，或如汉武帝不识《周礼》，不愿行；或
如刘歆人品卑劣，不能行；或如唐太宗英明天纵，虽用《周礼》，但未能
尽行；或如王安石凭一己私意，新法祸天下。叶时认为以上诸种都不是因
为《周礼》本身的问题，而在于行《周礼》之人，因为道不虚行，只有思
周公之所思，才能行周公之所行，苟非其人，则周公之法不行。

　　我们从中不难看出，叶时推崇《周礼》，面对后世尤其是宋代有关
《周礼》的纷纭质疑深感痛心，他从《周礼》流传的角度反思这一问题，
认为刘德、刘歆和郑玄都对此负有不可推卸的责任，正因为他们的失误，
才累及《周礼》。至于用《周礼》者，叶时也认为后世几次用《周礼》导
致的问题，不是《周礼》本身的问题，而是用《周礼》者不得其人，所以
周公之法才难以再现于世。叶时正是通过阐释《周礼》的流传，不遗余力
地表达他对《周礼》的尊崇之情。

（四）对《考工记》补亡《冬官》的见解

　　汉代发现的《周礼》已非完书，《周礼》之所以残缺，叶时有自己的
见解。其曰：

　　　六经更秦火，缺裂而不全者多矣，《书》亡四十三篇，《周雅》亡
六篇，《鲁雅》亡六篇，不独《周礼》为然。夫秦人之心何心哉！已
则不行先王之道，而恐天下后世之人执经以议己，故取圣经而置之烈
焰，使后世不及见全书，安得不追仇于秦火之酷。虽然六经无全书，
固可以为秦人之罪，而《周礼》一经不得其全，不可独咎秦人也。盖
自王道既衰，伯图迭起，入春秋以来，周公之礼虽不尽用，而犹可尽
传，《周礼》之经虽不尽行，而犹可尽见。战国暴君污吏将欲肆其所
为，以求遂其所欲，恶其害己，而去其籍，故至孟子之时，井田之

---

① （宋）叶时：《礼经会元》卷一上《礼经》。

问、爵禄之间，孟子已不得其详，战国诸侯之酷，盖已先秦火矣。①

贾公彦《序周礼废兴》中引马融说，曰："秦自孝公已下，用商君之法，其政酷烈，与《周官》相反。故始皇禁挟书，特疾恶，欲绝灭之，搜求焚烧之独悉，是以隐藏百年。"马融、贾公彦皆认为《周礼》残缺与秦始皇忌惮此书，特意焚灭有很大关系。叶时比较赞同二人的观点，认为秦人不行先王之道，又恐天下后世人执《周礼》所载议论己之暴政，故取《周礼》而置之烈焰。在此基础上，叶时进一步补充，认为《周礼》一经残缺，不能独咎秦人，因为早在战国时代，欲肆其所为的暴君污吏，厌恶《周礼》所载王道妨碍其所欲，故有意识地消灭《周礼》，以致孟子这样的大儒都不知《周礼》所载制度之详。叶时感叹"战国诸侯之酷，盖已先秦火矣"。

因汉代发现的《周礼》缺《冬官》一篇，汉儒取《考工记》补《冬官》之缺。针对此问题，文献记载有出入，有的以为是汉文帝时取《考工记》补入《周礼》，有的以为是河间献王千金购求《考工记》补入《周礼》，有的以为是汉武帝取《考工记》补入《周礼》，有的则以为是刘向、刘歆父子取《考工记》补入《周礼》。对此问题，叶时取河间献王购求《考工记》补入《周礼》说。其曰：

> 昔秦人灭学，《周礼》以藏之山岩屋壁而获存，武帝时有季氏得之，以上河间献王德，全书不得见，得见五官，斯可矣。②
>
> 汉室龙兴，山岩屋壁之间稍稍间出，《周礼》六官缺一而五存，天之未丧斯文，亦幸矣！河间献王得之，不啻如获圭璧，不吝千金，重赏募求全书，献王之意厚矣，然全书竟不可致，献王怅之，乃求《考工记》以足其书，谓可以备《周官》之缺。③

《隋书·经籍志》《经典释文》载此事曰"李氏"，叶时曰"季氏"，"李"和"季"字形相近，恐叶时《礼经会元》此处有传写之误。在叶时看来，河间献王所得《周礼》虽非全书，但能见五官已属难得，不必求全责备，其后献王为求全书，擅取《考工记》补入《周礼》不仅多余，而且有累圣经。其曰：

---

① （宋）叶时：《礼经会元》卷四下《补亡》。
② （宋）叶时：《礼经会元》卷一上《注疏》。
③ （宋）叶时：《礼经会元》卷四下《补亡》。

河间献王乃以《考工记》补之，司空一职岂《考工记》之事邪？观其言曰："国有六职，百工与其一焉。"是以治教刑政之属，特与工匠器械等耳，即此一语，可谓不识《周礼》矣。异时奏入秘府，《周礼》虽存，而汉君诋之以为末世渎乱之书，得非刘德一记累之邪！①

不知以《考工记》而补《周礼》，何异拾贱医之方以补卢扁之书，庸人案之，适足为病。五官尚存，武帝且以为末世渎乱不验之书，则武帝之忽略圣经未必不自《考工记》一篇启之也。嗟夫！《书》亡而张伯伪书作，《诗》亡而束皙补诗作，适资识者一捧腹耳。曾谓《考工记》而可补礼经乎，且百工细事耳，固非《周官》所可无，而于《周官》设官之意何补……《周礼》无待于《考工记》，献王以此补之，亦陋矣！大抵献王之补亡也，汉儒之习未脱也，《乐记》一篇欲以备乐书之阙，《考工记》一篇欲以补礼书之亡，献王之见然尔。②

叶时批评河间献王"不识《周礼》"，认为他取记载工匠器械的《考工记》补入《周礼》之举浅陋，无疑是拾贱医之方以补卢扁之书。因为《周礼》五官主要记载治教刑政，与《考工记》就内容属性而言不相类，以《考工记》补亡《冬官》，于《周礼》设官之意的传达无助益，不过是汉儒乐于补亡古书的积习罢了。且正因为补亡浅陋，才导致《周礼》一书奏入秘府后被汉武帝诋毁为末世渎乱之书，叶时认为遭遇如此皆是受河间献王刘德《考工记》之累！

在叶时看来，《周礼》之兴废与此书是否是全书并没有太大的关系。其曰：

然而《周礼》废兴，有不系是，昔者仲孙湫来省鲁难，退而曰：鲁秉《周礼》，未可动也。且鲁当春秋之时，非能尽秉《周礼》者也，然于周礼虽未能尽用，苟未至于尽亡，而亦可以立国。《周礼》六官，虽缺其一，不犹愈于尽亡乎，后世诚能因五官之存，而讲求《周礼》之遗典，而施行焉，则西周之美可寻矣。③

叶时举《左传》中的事例，不强大的鲁国能在春秋时代残酷的争霸战争中生存下来，时人认为皆是因为能够秉持《周礼》，虽然鲁国未能尽秉《周礼》，但也因此而立国。叶时相信，《周礼》虽残存五官，但只要后人能讲

---

① （宋）叶时：《礼经会元》卷一上《注疏》。
②③ （宋）叶时：《礼经会元》卷四下《补亡》。

求遗典大意而施行，一样可以兴致天下太平。

　　既然叶时认为《周礼》之兴废与此书是否是全书并没有太大的关系，《考工记》也不配补亡《冬官》，那他是否主张保持《周礼》本经原貌，只留五官呢？我们再了解一下他关于补亡《冬官》的观点：

　　　　又况《秋官》有典瑞，玉人不必补可也。《夏官》有量人，匠人不必补可也。《天官》有染人，钟氏、幌氏虽缺何害乎？《地官》有鼓人，鲍人、韗人虽亡何损乎？虽无车人，而巾车之职尚存，虽无弓人，而司弓矢之职犹在，匠人沟洫之制已见于遂人、鼓人，射侯之制已见于射人，有如攻皮之工五，既补以三，而又阙其二，不知韦氏、裘氏岂非《天官》司裘、掌皮之职乎……而况《冬官》之书虽亡，《冬官》之意实未尝亡也，太宰事典以富邦国，以任百官，以生万民，小宰事职以富邦国，以养万民，以生百物，则事官之意在《周礼》可考也。《书》之《周官》亦曰“司空掌邦土，居四民，时地利”，则司空之意在《周官》可覆也，观此则司空职虽亡，而未尝亡，《考工记》不必补也。愚既以《考工记》为不必补，则区区百工之事，亦不必论也。①

南宋以来，由胡宏、程大昌开其端，出现了“《冬官》不亡”说，此说得到了学界部分好尚新说人士的追捧，不久就出现了切实的补亡之作，即俞庭椿的《周礼复古编》。叶时显然也受到这种说法的影响，他强调五官当中有与《冬官》相关的事职，如《天官》中的司皮、掌裘与《冬官》的韦氏、裘氏相关，染人与钟氏、幌氏相关；《地官》中的鼓人与《冬官》的鲍人、韗人相关，遂人与主理沟洫的匠人相关；《春官》中的巾车与《冬官》中的车人相关；《夏官》中的量人与《冬官》中的匠人相关，司弓矢之职与弓人相关，射人之职与射侯之制相关；《秋官》中的典瑞与《冬官》中的玉人相关。如此，则亡佚《冬官》篇中十之六七的事职都可以在五官中找到端绪。叶时还强调《冬官》之书虽亡，但《冬官》之意未尝亡，我们可以从《周礼·天官》中的太宰六典中的事典、《尚书·周官》中的司空职事来体会《冬官》之意。由此，叶时论定“观此则司空职虽亡，而未尝亡，《考工记》不必补也”。

　　叶时推尊《周礼》一书，认为即便是残篇也可兴致太平，他反对河间

献王以《考工记》补亡《冬官》，认为此举浅陋，且牵累《周礼》。受南宋以来"《冬官》不亡"说的影响，叶时认为五官中存在《冬官》的内容，同时也强调《冬官》设官之意可以推求，所以不必以《考工记》强补《冬官》。至于是否采用割裂五官的方法补亡《冬官》，叶时也不完全支持，他并没有提出明确的补亡方案或意图，只是主张保留《周礼》西汉再现于世的原貌。

四、从《礼经会元》看叶时对郑玄《周礼注》的态度

叶时《礼经会元》主要是以议论解经，并不随文诂经，然议论的字里行间也征引、评论郑玄《周礼注》之说。就全书来看，叶时对郑玄《周礼注》是以批评和驳斥的态度为主的。

（一）对郑玄《周礼注》的征引

《礼经会元》中，叶时偶尔征引郑玄之说而不驳斥，以下举二例说明之。如《周礼》叙官曰："惟王建国，辨方正位，体国经野，以为民极。"郑玄训"极"曰：

> 极，中也。令天下之人各得其中，不失其所。

叶时附和郑玄之说，曰：

> 夫极之为言，有中之义，圣人以中道立标准于天下，而使天下之人取中焉。①

再如卷一上《邦典》，叶时引郑注曰：

> 郑氏曰：典者，常也，经也，法也。

郑玄此注见于《周礼注疏》卷二解释"大宰之职，掌建邦之六典"一句。又如卷二下《门制》，叶时引郑司农、郑玄之说解释五门制度，曰：

> 案郑司农释《阍人》"中门之禁"曰："王有五门，外曰皋门，二曰雉门，三曰库门，四曰应门，五曰路门。路门一曰毕门。"康成曰："雉门，二②门也。"夫皋者，远也，门最在外，故曰皋。库门，言有

---

① （宋）叶时：《礼经会元》卷一上《民极》。

② 阮元《十三经注疏》本《周礼注疏》此处曰："三"。李学勤主编标点本《周礼注疏》此处依据阮元、孙诒让的校勘校勘成果，注曰："'二曰雉门，三曰库门'，宋本作'二曰库门，三曰雉门'，误。"

所藏也。雉门，取其文明也。应门，谓居此以应治也。路门，取其大也。路门谓之毕门者，言自外至此而毕，故曰毕，此五门之义也。

以上是《礼经会元》中叶时征引郑玄之说而不加驳斥的几例。书中诸如此类，单纯征引郑注者不多，但从中也可看出叶时对郑玄诂经的有些见解还是赞同的，毕竟郑玄《周礼注》在训诂名物、考证制度方面取得的成就是宋儒无法超越的，即便他们极力批评并驳斥郑注，也无法否定郑玄在注解《周礼》方面取得的成就，因为郑玄《周礼注》也是他们读懂《周礼》的必读书。

（二）对郑玄《周礼注》的批评与驳斥

宋儒的新经学是建立在对汉唐经学批评的基础之上的，大胆的怀疑思潮席卷学界。受治学新风气的影响，叶时研究《周礼》也喜攻驳郑玄《周礼注》之说，他还对郑玄《周礼注》提出系统地批评。叶时曰：

> 《周礼》之出自刘德始，累《周礼》者亦自刘德始。《周礼》之立自刘歆始，诬《周礼》者亦自刘歆始。《周礼》之传自郑康成始，坏《周礼》者亦自郑康成始。①

在叶时看来，郑玄是坏《周礼》的始作俑者，与河间献王刘德、刘歆同是《周礼》罪人。那么郑玄是如何坏《周礼》的呢？叶时认为：

> 礼经之学所赖以相传者，诸儒讲明之功也，今杜子春得之于刘歆，郑兴、郑众得之于杜子春，郑康成号为囊括六典，网罗众家，盖亦知所折衷矣，胡为不抱遗经推究终始，而乃凭私臆决，旁据曲证，此《周礼》所以不明而召后儒纷纭之议也。大抵康成说经五失：一引纬书，二引《司马法》，三引《春秋传》，四引《左氏》《国语》，五引汉儒《礼记》。②

叶时认为，郑玄注《周礼》虽有"囊括六典，网罗众家"的美名，但书中"凭私臆决，旁据曲证"的情况也不可忽视，他总结了郑玄说经的五大失误：第一，引纬书解经；第二，引《司马法》解经；第三，引《春秋传》解经；第四，引《左氏》《国语》解经；第五，引汉儒《礼记》之说解经。在叶时看来，正是因为郑玄注经的失误才导致后儒纷纭议论，更招致《周礼》真伪问题长期不明。

_____

①②　（宋）叶时：《礼经会元》卷一上《注疏》。

为了具体说明郑玄注《周礼》的五大失误，叶时进一步举例说明。曰：

> 姑撅一二言之：《周礼》无天帝之异名，而《注》有北辰、耀魄宝之说，后儒是以有天帝之辨，此纬书之失也。《周礼》无分野之明文，而《注》有岁之所在我周分野之说，后儒是以有分野之惑，此《国语》之失也。丘乘之政，在《周礼》可推也，郑则曰甸出长毂一乘，丘乘当为丘甸，则丘乘之法坏矣，此《司马法》误之也。冕服之章，在《周礼》可覆也，郑则曰三辰旂旗王服正为九章，则服章之制紊矣，此以《春秋传》误之也。内司服以袆衣为后饰，追师以副编为后饰，而注曰夫人副袆，则王后夫人之饰又乱矣，此又以《礼记》误之也。不思汉儒纬书非圣人之书，穰苴兵法非圣人之法，左氏之语多诬，戴氏之记多杂，其可引援以证圣经邪！①

叶时分别一一列举说明郑玄注《周礼》失误：第一，《周礼》所载天帝名称无异，而郑玄引纬书解经，造成了后儒认为天帝名称互有区别；第二，《周礼》中没有明确地依星次分地域的分野之说，而郑玄注《周礼》引《国语》之说，后世遂出现了分野的争论；第三，均平兵役的丘乘之法，通过《周礼》相关记载本可推知，而郑玄引《司马法》相关记载注解经文，造成后世对丘乘之法的误解；第四，冕服上纹绣体现了尊卑等级，《周礼》记载本清晰，而郑玄引《春秋传》的记载说明经文，反变乱冕服纹绣制度，造成后学的迷惑；第五，《周礼》记载后与夫人的衣饰不同，郑玄注此部分误引《礼记》之说，造成后与夫人衣饰混淆，引起后学迷惑。最后，叶时进行总结，纬书是汉儒附会，非圣人所作，《司马法》非圣人兵法，《左氏春秋传》多不实记载，戴圣编著的《礼记》内容杂乱，郑玄利用这些典籍注解《周礼》，怎能取得好的注解效果！

除此之外，叶时进一步批评郑玄《周礼注》。曰：

> 不特此尔，以御史大夫比小宰，以城门校尉比司门，以少内譬职内，以尚书准司会，以尚书作诰文类御史，官制已大戾矣。以汉算方九赋，以莽制比国服，以国服为息，加师旅以殷周变制，议封建以乡、遂异制，诬井田以贡助异法，释畿内邦国之税，此皆害《周礼》

---

① （宋）叶时：《礼经会元》卷一上《注疏》。

之大者也。①

叶时此处又指出郑玄好引汉制解经的失误，他认为郑玄在官制和制度方面都以汉制比况古制，引起后学的误解，有害《周礼》制度的推广。如郑玄以汉代的御史大夫比拟小宰，以城门校尉比拟司门，以尚书比拟司会，如此类比非但不能达到说明经文的目的，反会造成后学对《周礼》官制不正确的理解。叶时痛心地指出"此皆害《周礼》之大者也"。

叶时还犀利地提出批评，与河间献王刘德、刘歆相比，郑玄坏《周礼》之罪更甚。因为河间献王虽累《周礼》，《周礼》之书尚在；刘歆虽诬《周礼》，《周礼》之法尚在；而郑玄坏《周礼》之罪及其影响远远大于河间献王与刘歆。其曰：

> 自康成之注既行，而贾公彦一疏一惟郑注之是解，《周礼》制度合与不合，不暇究矣。儒者沿袭注疏之文，考之于经而不合，遂指《周礼》为非周公之全书，是敢于叛圣人之经，而不敢违汉儒之说也。吁！刘歆之诬《周礼》一时之失，而《周礼》之法尚在，郑康成之坏《周礼》千载之惑，而《周礼》之法几亡。②

在叶时看来，郑玄《周礼注》成书后受到学界广泛推崇，唐代贾公彦的《周礼疏》更是以郑玄《周礼注》为中心亦步亦趋地进行诠释，学界逐渐形成"宁道孔圣误，讳闻郑服非"的学术风气。在这种风气的笼罩下，郑玄《周礼注》成为高于《周礼》的权威，遇到注与经不合，众儒宁背叛经典，指责《周礼》非周公全书，也不敢违拗郑玄注说。叶时认为正因如此，才造成后学对《周礼》的种种误解、怀疑，而《周礼》之法几亡。

叶时不仅批评郑玄《周礼注》，而且在《礼经会元》中几乎每篇都有对郑注的驳斥，这些驳斥虽不一定恰当，但能走出对郑玄《周礼注》的迷信，这些质疑与驳斥一定程度上启发了此后学者对《周礼》的研究。以下略举两例以兹说明：如《礼经会元》卷一上《官法》曰：

> 何谓官府？郑氏曰：百官所居之府。是不然，官者合卿大夫、士而言也，府者总府史胥徒而言其大也。先王设官分职，建大宰、大司徒等六卿以为正，立小宰、小司徒以为贰，设宰夫、乡师等官以为考，陈上士、中士、下士之众以为殷，置府、史、胥、徒之属以为辅，凡此者皆所赖以佐王共治也。太宰之职，六典之中，一则曰治官

---

① ②　（宋）叶时：《礼经会元》卷一上《注疏》。

府，二则曰教官府，曰统百官，曰正百官，曰刑百官，曰任百官，二言官府，四言百官，互言之耳，皆详言官府之治也。至如小宰六职、六叙、六属、六联、八成、六计，无非官府之法。况太宰统百官者也，其可无八法以治之乎，今观八法之目，官属即小宰之六属，官职即小宰之六职，官联即小宰之六联，官计即小宰之六计，官成即小宰之八成，有如官法、官刑、官常之目，虽不得而考，而宰夫所掌曰官法以治要，曰官常以治数，曰以官刑诏冢宰而诛之，皆此物也。惟其有官属，则治有所统而不乱；有官职，则官有所守而不侵；有官联，则关节脉络有贯通而无捍格；有官常，则纲领条目有秩序而无舛讹；有官成，则以之经理而有所依据；有官法，则以之听治而有所操执；有官刑，则人知警戒而无慢心；有官计，则人知勉励而无怠志。小宰、宰夫赞太宰，故执其详，太宰乃执其要，盖以道揆之臣而执是法，以临于官府，则邦治、官治其有不就吾之条者乎！又况八法之治，太宰既以施之官府，又云以待官府之治，小宰既执其详，又云掌其贰以逆官府之治，司会既逆之，司书又掌之，太史又从而逆之，则其详于官府之治可知矣。大抵官府修则百官庶府无旷官，官府治则百揆万几无废事，周之治官府不一而足，在宰夫则掌官府之召令，在官正则比官府之次舍，一财用也，宰夫既乘其出入，诏冢宰而诛赏之，大府则掌受其财，职内则贰其入数，职岁则贰其出数，职币则敛其币余。周人之详于官府如此，又安有旷官废事者乎，是以小宰正岁以官刑，令于百官府，俾各修职、考法、待事、听命，其有不恭，国有大刑，是有以警之于其始，月终则以叙受群吏之要，岁终则令群吏致事，是有以察之于其终，太宰乃令百官府各正其治，受其会，诏王废置于一岁之终，既而大计群吏之治，复行诛赏于三岁之后，如此则百官府以治中来上受而藏之，真可与天府宝玉俱藏而无愧，宁不谓之冢宰佐王统百官之力与！①

郑玄解释官府曰"百官所居之府"，叶时不以为然，直接驳斥郑注曰"是不然"，而后分别解释"官""府"，其后又结合各职官联事分别阐发"官""府"的含义，认为官府是官法之所在，而非百官居所。

再如《大司乐》："以六律、六同、五声、八音、六舞大合乐，以致鬼

_____

① （宋）叶时：《礼经会元》卷一上《官法》。

神　，以和邦国，以谐万民，以安宾客，以说远人，以作动物。"郑玄注"以六律、六同、五声、八音、六舞大合乐，以致鬼神　"一句曰：

　　　　大合乐者，谓偏作六代之乐，以冬日至作之，致天神人鬼，以夏日至作之，致地祇物魅。

叶时不赞同郑玄之说，曰：

　　　　郑氏曰：每奏有所感，致和以来之。大抵乐之至和，无所不通；心之至诚，无所不格，昔后夔形容《韶乐》之妙，始曰：百兽率舞，犹以为未继，而祖考来格，凤凰来仪。是其有自然感召之理，而不容以形迹求也。如谓真有物之可致，有神之可降，则百兽岂真见其率舞，祖考岂真见其来格，凤凰岂真见其来仪哉![1]

叶时看来，郑玄云大合乐后，"致天神人鬼""致地祇物魅"，是真物可致，有神可降，而这些在现实祭祀中几乎不能被证明，所以郑注是值得怀疑的。叶时认为，至和之乐无所不通，至诚之心无所不感，《周礼》此处经文谈的是自然感召之理，而不是真的神祇降临、凤凰来仪，郑玄注文强调以形迹求之是不当的。

（三）驳斥郑玄《周礼注》的方法

叶时《礼经会元》诸篇多驳斥郑玄《周礼注》，这是此书论解经文的一大特点。以下我们试图从叶时驳斥郑注的众说中，梳理并总结《礼经会元》驳斥郑玄《周礼注》的方法。

第一，以郑众说驳郑玄《周礼注》。

郑众，字仲师，东汉古文经学家郑兴之子，年十二，从父学习《左氏春秋》，明《三统历》，兼通《周易》《诗经》，是东汉颇为知名的学者。他的《周礼》之学受之于杜子春，其父郑兴也精通《周礼》，既得名师指点，又承家学渊源，郑众的《周礼》学造诣颇为精深，撰有《周礼解诂》。东汉著名的古文经学家马融曾比较郑众、贾逵二家的《周礼解诂》，评价曰：

　　　　众、逵洪雅博闻，又以经书记传相证明为解，逵解行于世，众解不行。兼揽二家，为备多所遗阙。然众时所解说，近得其实……[2]

---

① （宋）叶时：《礼经会元》卷三下《祭乐》。

② （汉）郑玄注，（唐）贾公彦疏：《周礼注疏》卷首《序周礼废兴》引马融《传》。

马融以为，郑众所撰《周礼解诂》虽然不如贾逵所撰《周礼解诂》流行，但郑众《周礼解诂》学术价值更高些，因为在解经上"近得其实"。

郑玄也充分肯定郑众《周礼解诂》一书的学术价值，在《周礼注》中以"郑司农"为称大量引用其说。据笔者粗略统计，郑玄《周礼注》征引"郑司农"说多达 710 多条，是郑玄《周礼注》中征引学说最多的汉代《周礼》学著作。

与郑玄注相比，叶时更赞同郑众注说，在《礼经会元》中就多次以郑众之说驳斥郑玄之说。如探讨《周礼》所载纳税与货币制度时，就"布"的解释郑众与郑玄不同，叶时赞同郑众之说，攻驳郑玄说，曰：

> 抑尝因是而考之，《载师》宅不毛者出里布，郑司农曰：里布者，布参印书，广二寸，长二尺，以为币，贸易物。案康成之说，布即泉尔。然布参印书之币可以贸易，亦名为布，则与泉布相为流通行使者也，殆今之所谓楮币欤？夫泉布以辅货贿之流行，参印书之布又以辅泉布之贸易，然郑司农不于泉府、外府等官言之，特于里布而及此，则是古之为参印书者以与廛里之民，而使之贸易耳，古人不以泉布待邦之大用，则其资于参印书之布又轻也。《周礼》一书，但言及布，后世动以楮币为大计，于是有钱楮轻重之议，岂识古人作布之意哉！①

郑玄认为"布即泉"，郑众以为"布"与"泉"不同。叶时赞同郑众之说，结合宋代已经出现的纸币"交子"，叶时以为"泉"是金属货币，而"布"有类于纸币，虽可以参与贸易，但只作为"泉"这种主流金属货币贸易的一种补充手段，且主要在廛里之民间通行。宋代白银流失严重，闹"钱荒"，叶时此处也借阐发古人流通"布"的用意，表达了自己对解决"钱荒"问题的看法。

再如《小宰》《士师》中关于"傅别""书契"的解释，郑众与郑玄之说不同，叶时赞成郑众之说，曰：

> 傅别，郑司农谓券书也，后郑谓为大手书于一札，中字别之。愚案，《士师》言"以财狱讼者，正之以傅别"，令听称责以傅别，则是傅著文书，别为两本也，故以之决财货称贷之争。书契，郑司农谓符书也，后郑谓出予受入之凡要。愚案，《酒正》："凡有秩酒者，以书

---

① （宋）叶时：《礼经会元》卷二上《钱币》。

契授之。"今听取予以书契，则是取其券书之相符也，故以之决俸秩、取予之争。①

比较郑众和郑玄对"傅别"和"书契"的解释，叶时更赞同郑众之说，并举《士师》和《酒正》的例子，证明郑众之说比郑玄说更合乎经意。如若郑玄采纳郑众之说，并无异说，叶时也会对此表示赞同。如《士师》中关于"八成"的解释，郑玄采纳郑众之说，曰：

> 郑司农云："八成者，行事有八篇，若今时决事比。"

叶时对此也表示赞同，进行阐发。曰：

> 抑尝观《士师》之职，有曰"掌士之八成"，郑司农亦曰若今时决事比。案《士师》"八成"曰邦汋、邦贼、邦谍、犯邦令、挢邦令、为邦盗、为邦朋、为邦诬而已，初无簿书之要，而亦谓之成。郑氏皆以为决事比之类，盖成者取其行事之成者，以为品式也，听断而不稽成事以为法，则舞文弄法者有之，诬上行私者有之，求以防奸而适以为奸也。然则《士师》不可无事之八成，犹《小宰》不可无官府之八成，此郑氏所以均，谓之若汉之决事比与！②

此处叶时采纳郑众之说，认为以"决事比"来解释"八成"是恰当的，他还进一步阐发，认为"成"是取已成的案例为品式，凡遇到此类案例就依例裁断，这样就可在一定程度上避免"舞文弄法者""诬上行私者"的出现，而且断案有成事可稽，据以为法，就可达到防奸的目的。

第二，从义理的角度驳斥郑玄《周礼注》。

宋人解经最富义理，对《周礼》的诠释也体现了这个特点。宋代开辟的这一《周礼》研究新路径对叶时深有影响，《礼经会元》虽非传统的诂经之作，但也很重视对《周礼》蕴含圣人微旨的阐发，甚至还从义理的角度出发，对郑注进行驳斥。

如《天官》叙官："酒人，奄十人，女酒三十人，奚三百人。"郑玄注"奄"曰：

> 奄，精气闭藏者，今谓之宦人。

郑玄认为，王宫中担任酒人一职的"奄"是由患精气闭藏病的人充任的。此说得到王安石的赞同和补充，叶时征引王安石之说：

---

① ② （宋）叶时：《礼经会元》卷一下《官成》。

王金陵曰：郑氏谓奄为精气闭藏者，盖因民之有疾而用之，与籧篨蒙璆、戚施直镈、侏儒扶卢、聋聩司火、矇瞍修声同①，若以为刑人，则国君不近刑人，况于王乎！若以为刑无罪之人，则先王所不忍也。②

王安石认为，先王施仁德之政，既不忍刑无罪之人，也不能接近因犯罪而获刑的刑人，所以就以民众中患有精气闭藏病的人来充任"奄人"，这与聋人司火、盲人修声等相类，都是利用残疾人的长处为国家服务，同时也使他们获得可以谋生的职事。叶时不赞同郑玄和王安石之说，曰：

愚案：司马下腐刑，《答任安书》引景监、赵谈等以为喻，萧望之奏恭显用事，请罢宦官，以合古不近刑人之义，则是奄为刑人矣。《周礼·掌戮》曰："墨者使守门，劓者使守关，宫者使守内，刖者使守囿，髡者使守积。"先王无绝人之心，未尝不用刑人也。奄者犯宫刑，汉之所谓宦人也，然则周人果近刑人乎，曰非也。考之《周礼》，天官之属除阍人、寺人、内竖之外，用奄者凡二十九人，其职不过酒人、浆人、笾人、醢人、盐人、幂人、内司服、缝人而已。内小臣一职，以其掌后服位、礼命，故择奄之贤士为之。地官之属用奄者十有二人，其职不过舂人、饎人、藁人而已。春官之属用奄者止八人，其职不过守祧而已。总三官而论之，直四十有九人耳，而其下为之供给服役者，皆不过女奚之徒，且皆不得预下士之列，独内小臣一官言士尔。成周之用奄人，非酒盐之微，则春饎之贱，非户庭之隐，则祧庙之幽耳，虽曰刑人，何尝一日得在君侧，而天子与之相近邪！又况守祧则宗伯统之，春人等则司徒统之，酒人等则太宰统之，其职卑，其数寡，而又临之以公卿大臣，岂容有不正者得以厕迹于其间哉？③

叶时引西汉司马迁《报任安书》、萧望之奏书，主张"奄"就是刑人，而非郑玄、王安石所说的患有精气闭藏病的残疾人。他的理由有二：第一，根据《周礼·掌戮》的记载，犯罪受刑之人也会负责王国中的具体职事，如委派受墨刑的人守门，委派受劓刑的人守关，委派受宫刑的人守内，委派受刖刑者守囿，委派受髡刑者守积，如此安排体现了先王立官的仁厚之义，即便是曾犯罪的刑人也不能断绝他们的生路，应该安排适当的职事，

① 其下双行小字注曰："晋臣对文公之言。"
②③ （宋）叶时：《礼经会元》卷二下《奄官》。

保证他们的生计。第二，虽然用刑人担当职事，但不代表刑人就能接近王，考查《周礼》的天官系统、地官系统、春官系统，共用奄者 49 人，这些奄者所任职事非酒盐之微则春馈之贱，非户庭之隐则祧庙之幽，不仅职卑、数寡，且受太宰、大司徒、大宗伯等公卿大臣统辖，不能出现在君侧，如此天子就无可能与刑人接近了。梳理叶时驳斥郑注的思路我们不难发现，他是从阐发《周礼》设官之义入手的，主张先王设官"无绝人之心，未尝不用刑人"，再进一步说明即便用刑人，也周密安排，不可能使刑人接近王，所以"奄"也可以由刑人担任，不限于患有精气闭藏病的残疾人。

再如《天官》叙官："膳夫，上士二人，中士四人，下士八人，府二人，史四人，胥十有二人，徒百有二十人。"郑玄注"膳"曰：

> 膳之言善也。今时美物曰珍膳。

叶时不赞同郑玄此说，认为"膳"是"玉食之谓"。其曰：

> 郑康成谓今时美食谓珍膳，皆玉食之谓也。是以天官之属自宫卫之外未遑他事，而首及膳夫之职，宁不以膳羞为重欤！膳夫食官之长，《诗》曰："仲允膳夫"，又曰"膳夫左右"，古人拳拳于膳夫者，盖以膳夫得人，则可以导人君奉养之节，而窒人君嗜欲之原。左右前后之人，必不至以一饮一食而忘君之疾也，或者徒知以一人而治四海，以四海而奉一人，固宜受天下备物之供，享天下备味之奉，而不知古人所以受而享之无愧者，要必有以养其心也，岂徒为是口体之养而已哉。且以膳夫下数官考之，食膳饮之用，六珍之用，八羞酱之用，百有二十鼎俎之物，皆十有二，此膳夫掌之也。六畜、六兽、六禽之名，死生鲜薧荐羞之物，膳羞、好羞、庶羞、禽兽之供，此庖人掌之也。内而膳羞割烹煎和之事，修刑胉胖骨鳙之具，内饔共之。外而割烹脯修刑胉之共，鼎俎牲体鱼腊之实，外饔共之。亨人共鼎镬，给水火之齐，以职于外。内饔、甸师共秶盛，帅薪烝之徒以役于外。内饔、兽人共兽，渔人共鱼，鳖人共鱼鳖龟蜃，腊人共脯腊胉胖，此皆备物之供，备味之养，以奉承乎一人，是之谓玉食也。[1]

叶时认为，天官系统的属官膳夫居前，仅次于大宰、小宰、宰夫、宫正、宫伯，膳夫乃食官之长，如此设官体现了先王以膳羞为重之意。古人之所

---

[1]　（宋）叶时：《礼经会元》卷二上《膳羞》。

以如此重视膳夫，是因为膳夫得人，则可以引导人君有节制地奉养，不仅为口体之养，还要养君心，杜绝人君嗜欲之源。因为是以备物之供、备味之养奉承一人，所以膳谓玉食。梳理叶时驳斥郑注的思路，我们可以发现他也是从义理阐发角度入手的。

叶时论解《周礼》不仅善于阐发义理，还能从义理阐发的角度对郑注进行驳斥，这也成为叶时攻驳郑注的重要方法之一。

第三，从郑注本身缺憾入手攻驳郑玄《周礼注》。

郑玄《周礼注》囊括大典，网罗众家，是代表两汉《周礼》学成就的经典之作，除魏晋时期王肃的《周官礼注》一度与其争衡外，其学术价值广受学界推崇，唐代贾公彦《周礼疏》就以"疏不破注"为原则亦步亦趋地诠释郑玄《周礼注》。北宋以来，经学变古，"宁道孔圣误，讳闻郑服非"的时代过去了，郑玄《周礼注》也被富于怀疑精神的宋儒置于放大镜下观察，郑注虽是经典，但本身难免存在缺憾，而这些缺点就在宋儒不断的攻驳中越来越明晰。

叶时熟悉郑玄《周礼注》，曾批评郑注"凭私臆决，旁据曲证"，并总结郑玄注《周礼》的五大失误，曰：

> 大抵康成说经五失：一引纬书，二引《司马法》，三引《春秋传》，四引《左氏》《国语》，五引汉儒《礼记》。①

叶时不仅批评郑注，还从郑注本身的这些缺点入手进行攻驳。

如《礼经会元》卷二下《军赋》，叶时曰：

> 郑康成乃以乘字为甸，而改读之，彼徒见《司马法》曰……且《司马法》之书不知作于何人，起于何代，或以为文王治岐作，或以为齐景公大夫田穰苴作，或以为齐威王论兵法而附穰苴作，其书岂合《周礼》焉！可引之以乱圣经邪！郑康成释经往往据《司马法》，释井邑之制而引夫屋终成通同之说，释郊甸之制而引郊州野县都之说，释车甲之赋则引《司马法》，释沟洫之说则引《司马法》，释辇辇之名则引《司马法》，以至释朝会之仪则亦引《司马法》。未能辨圣经之疑，适以滋儒者之惑。愚请以《周礼》为据，而《司马法》无所取焉。

叶时指出，《司马法》一书既不知何人所作，也不知作于何时，用这样的书解释《周礼》，只能增加后学的疑惑，甚至怀疑《周礼》，这不仅无助于

---

① （宋）叶时：《礼经会元》卷一上《注疏》。

阐明《周礼》制度，还是"乱圣经"之行。这里他就郑玄引《司马法》解经之说进行了驳斥，还号召学界研究《周礼》以本经为据，不要取用《司马法》之说。

再如《礼经会元》卷三上《教胄》，叶时曰：

> 今师保氏自诏王媺，谏王恶之外，惟及国子而不及世子，郑康成乃曰：国子，公卿大夫之子弟，师氏教之，而世子亦齿焉，举君臣、父子、长幼之道。郑氏毋亦因《礼记》之说而为是言欤！古人必使世子齿于学者，欲使之知所齿逊也。今《周礼》不言世子齿于司乐成均之学，惟曰合国之子弟教焉，又不言世子齿于师保行艺之教，惟曰国之贵游子弟学焉，何以知其世子亦齿也？愚案：《文王世子》周公之相成王，以为世子则无为也，故抗世子法于伯禽，使之与成王居，欲令成王知君臣、父子、长幼之义，然则师保等官不言教世子之法，意者亦抗世子法于国子，使之与世子居，乃其所以为教欤！

此处叶时驳斥郑玄对《师氏》中"国子"的解释，郑玄认为国子中包括世子，叶时认为郑玄此说是受《礼记·文王世子》的影响，就《周礼》本经而言，并无国子包括世子的明确出处。叶时认为，郑玄此处经注的臆断失误是引《礼记》造成的，而后儒依据郑注也误解了经文本意。

叶时还批评郑玄好引汉制注解《周礼》，造成后学对经义理解的混乱。如《礼经会元》卷三上《囿游》，曰：

> 郑氏谓囿若汉之苑，游为离宫，养兽以宴乐，视之如汉掖庭，有鸟兽，自熊、虎、孔雀，至于狐狸、兔、鹤焉。尝观周公作《无逸》以戒成王，必曰：尔其无淫于逸、于游、于田。今设囿游以为宴乐之玩，安能禁成王之逸游也哉……郑氏谓若令游观于苑，是成王未尝不为游观也，而小臣以太仆之属为之前驱，又岂有驰逐禽兽之事哉。郑氏以囿比汉苑，以游比汉宫，以兽比汉兽，则周之制果有如汉之丽者，吾恐后人因之，苑囿未必无增，而先有系兔伐狐之习，池薮未必能罢，而必有射熊布骑之猎矣。观周公之作《周礼》，其言囿游，也止于牧兽，正所以存人君天理之乐，而示之以制度之俭，观郑氏之注《周礼》，其言囿游也，比之离宫，适所以开人君人欲之纵，而导之以制度之奢。

叶时认为，郑玄引汉代故事解释"囿""游"不当，不仅不利于学者正确了解《周礼》制度，还开启了后世人君享乐的先河。在叶时看来，周公作

《周礼》，所言"囿""游"止于牧兽，如此安排既表明存人君天理之乐，也昭示后世制度之节俭。反观郑玄引入汉代制度注解《周礼》，以囿游比离宫，给了后世君主享乐的借口，开人君纵欲、奢侈的享乐先河。

叶时批评、驳斥郑玄《周礼注》之说未必完全允当，清代四库馆臣就曾评价曰：

> 又谓郑康成注深害《周礼》，诋其不当用纬书注耀魄宝等帝名，及用《国语》注分野，用《司马法》注丘乘，用《左传》注冕服九章，用《礼记》注袆衣副编。夫康成引纬，欧阳修《乞校正五经札子》已专论之，无烦时之剿说，至于《国语》《司马法》《左传》《礼记》，皆古书也，时乃谓不当引以证经，然则注《周礼》者，当引何等书耶？①

但不能否认，叶时对郑玄《周礼注》的批驳不全是无中生有的，有些的确正中郑注的要害，如郑注中的臆断之说、引汉制解经的不当。有些驳斥之论也确能成一家之言，给后学以启发。直到今天，我们检视郑玄《周礼注》并谈论其缺点时，也难免会袭用叶时之说。可见，叶时等宋儒对郑玄《周礼注》的批驳是有价值的，值得研究。

五、叶时《礼经会元》的解经特色

我们以下从五方面论述叶时《礼经会元》的解经特色。

第一，对郑玄《周礼注》的批驳。

本节"四、从《礼经会元》看叶时对郑玄《周礼注》的态度"一节中，论述了叶时《礼经会元》对郑玄《周礼注》的批评与驳斥，并从"以郑众说驳郑玄《周礼注》""从义理的角度驳斥郑玄《周礼注》""从郑注本身缺憾入手攻驳郑玄《周礼注》"三方面分析了叶时《礼经会元》驳斥郑玄《周礼注》的方法。前文论之详矣，兹不赘述。

第二，对《周礼》蕴含经义的阐发。

清代四库馆臣曾评价叶时《礼经会元》一书，曰："以其大旨醇正，多能阐发体国经野之深意，故数百年来讲礼者犹有取焉。"② 可知，对《周礼》蕴含经义充分而独到的阐发是叶时论解《周礼》的一大特色，也是深受后世学者推崇的关键。

―――――――

① ② （清）永瑢：《钦定四库全书总目》卷一九《礼经会元》提要。

　　上文"驳斥郑玄《周礼注》的方法"中，我们已经略举几例论述《礼经会元》中叶时对《周礼》所蕴义理的阐发，此处我们就再举一例进行说明：

　　　　太宰既以八法治官府，胡为而又以八柄驭群臣？盖八法以治官者，治之经也；八柄以驭臣者，治之权也。不守经则无以为联属听断之常，不达权则无以尽操纵阖辟之变。故经者大臣守也，而权者必以诏王也。今以八柄观之，人情莫不欲贵，任官而后爵之，所以驭其贵，则贵不可以苟得也；人情莫不欲富，位定而后禄之，所以驭其富，则富不得以苟取也。一时之所觊望者幸也，吾则驭之以赐予之恩，而使无侥幸之习；平日之所践履者行也，吾则驭之以选置之任，而使无妄行之人。福者人之所祈，生之自我，是福我所驭也，人恶得而徼之乎；贫者人之所恶，夺之自我，是贫我所驭也，人恶得而避之乎！罪之显者则废放以驭之，使有罪者不得幸免也；过之微者则诛责以驭之，使有过者不敢以自文也。夫所谓驭者，岂必阳开阴阖，而使人不得以窥其术邪，岂必变轻易重，而使人不得以用其情邪！特以八者以柄为言，是则人主之所独操，而非臣下之所得专，人情之所可觊也，故福威则惟辟，赏刑则曰君，富贵则曰人主之操柄，德威则曰君人之大柄，皆言其权之自上出也，不然则太宰兼正百工，得以自用其柄可也，何必以之诏王哉？太宰既以诏王矣，春官内史又掌八枋以诏王治，而其爵禄废置、生杀予夺之序与太宰不同，且又变诛而言杀者，盖太宰所诏则先庆而后威，内史所诏则杂施而并用。诛者，责也，如《司救》所谓诛责之义；杀者，戮也，如《司刺》所谓刑杀之谓。诛言其过之轻，太宰之诏王以仁；杀言其罪之重，内史之诏王以义。然既曰诏王，则其权当自上出也，今诏之以太宰，又诏之以内史，则其权之所分，得无制于臣下之手乎？案《内史》之职，中大夫一人，下大夫一人，中士、下士凡二十四人，其秩甚尊，其职甚详，然后可以守法于内，而王不得以轻用其权也，既有道揆大臣诏之于外，又有法守近臣诏之于内，外有以诏其驭，内有以诏其治，外则临之以相，内则律之以史，则君上岂得以揽权自用而肆其意乎！臣下岂得以窃权自专而行其私乎！①

_____

　　① （宋）叶时：《礼经会元》卷一上《驭臣》。

此处是叶时对《周礼》官制蕴义的阐发，采用的是自问自答的方式。先提出问题一："太宰既以八法治官府，胡为而又以八柄驭群臣？"而后叶时从"八法""八柄"的区别入手进行自答，他指出治官的八法乃治之经，驭臣的八柄乃治之权，八法大臣可守，而八柄必诏王才行，唯有如此才能尽操纵阖辟之变故。再逐一分析八柄后，叶时感叹驾驭群臣的八柄唯有人主所独操，自上而出，虽太宰可兼，却非臣下之所得专，人情之所可觊！接着，叶时提出问题二："正百工得以自用其柄可也，何必以之诏王哉？太宰既以诏王矣，春官内史又掌八枋以诏王治，而其爵禄废置、生杀予夺之序与太宰不同，且又变诛而言杀者？"太宰和内史虽然皆"诏王"，但叶时认为两者内容不同，太宰所诏先庆后威，内史所诏则杂而并用。至于太宰言"诛"，内史言"杀"，叶时以为太宰诏王以仁，言诛是表明其过轻；内史诏王以义，杀言是为了表明其罪重。最后，叶时提出问题三："然既曰诏王，则其权当自上出也，今诏之以太宰，又诏之以内史，则其权之所分，得无制于臣下之手乎？"在叶时看来，王不能轻用其权，既有太宰于外诏其驭，又有内史于内诏其治，如此则君上不能揽权自用而肆其意，臣下也不能窃权自专而行其私。

《周礼》乃详言官制之书，叶时《礼经会元》着重阐发《周礼》设官的深刻意旨，上面一例他就以问答的形式对《周礼》中相互制衡的设官安排进行了详尽地阐发，于字里行间我们都能体会到他对《周礼》官制的推崇，认为高明之处胜过后世，而这些优长值得后人借鉴。总之，对《周礼》经义的阐发是叶时《礼经会元》论解《周礼》的一大特色，也是此书经学价值的重要体现。

第三，从官制沿革角度论述《周礼》制度，讲求通经致用。

除了侧重经义的阐发，叶时也讲求通经致用，多从官制沿革角度论述《周礼》制度，希望古制能对今政有所裨益。

如《礼经会元》卷二上《膳羞》，叶时曰：

> 然圣人岂自奉养，而使肥甘日足于口邪？今观膳夫之掌膳也，王燕食则奉膳，赞祭所以起其敬授祭品，尝食，王乃食，所以谨其微，侑食以乐，卒食以乐，所以导其和。庖人则辨香、臊、腥、膻之膏，而欲适四时之宜。内饔则辨膻、膻、臊、貍、腥、蝼之臭，而去其六物之不可食。兽人则辨冬、夏、春、秋狼麋兽物之献，而取其聚散温凉以救四时之苦。古人之于饮食，凡可以均平其气体而卫护其生理

者，无不曲致其详，是以居移气，养移体，耳目聪明，血气和平，盖存我则可以厚苍生，安身则可以保国家也。又况膳夫之膳，诸臣祭祀归脤于王，如祭仆，凡祭祀致福者，展而受之，及受都宗人、家宗人之致福者，则受之以给王膳。以羔、雁、雉为挚，而见于王，如司士，赏摈士者膳其挚，即宗伯以禽作挚者亦受之，以给王膳羞。致福之内享，挚见之禽，不惟起人主之敬心，亦见王之不妄费物也。兽以时田，鱼以时梁，龟鳖亦以时簎，则是王之奉养有节，而交万物有道也。虽曰王后、世子之膳与禽，膳夫、庖人不敢会，然太宰已有膳羞之式，王既无妄用，臣亦无妄供，虽不会，犹会也。至于杀牲盛馔日举，王举则内饔陈其鼎俎，以牲体实之，醢人则共醢六十瓮，醢人则共醢六十瓮。王日一举，齐日则三举，盖其将交神明，必变食以致养，宜丰于常日也，否则一日一举焉。若有丧荒礼灾变故，则又彻常日之膳而不举，盖人君以天地万物为一体，一有凶变则戚而心蹙而颈，而莫敢遑安矣，况敢以盛馔自丰邪！历考数官，凡所以奉承于王者，其辨物也以时，其用物也不妄，其取物也有道，其视物也同体，不徒为口体之养，而且有以养其心，此之所谓饮食宴乐之所谓养，八珍九鼎之所谓馔，而耳目聪明，大人格心之学，此为有助于王，而掌于太宰也。西汉太官令犹膳夫等官也，汉以隶于少府，而掌于丞相、御史，犹有《周官》遗意。东汉则以奄人主，晋人则属之光禄，渡江以后则又隶之侍中，至唐则隶之内侍省，而大臣皆无所政令于其间矣，大臣无所统，则小臣无所忌，养体且不足，况能养心乎。

叶时此处着重阐发《周礼》中负责王饮食的诸官，如膳夫、庖人、内饔、兽人等，不仅为口体之养，更注重从饮食方面助王者养心。膳夫以诸臣祭祀归脤作为王膳，诸臣以羔、雁、雉挚见于王，也会被作为王膳，如此可助人主发起敬心，不浪费财物。一方面，取用兽、鱼、龟、鳖以时，表明王之奉养有节，而交万物有道。另一方面，王有杀牲盛馔日，是因为将交于神明，丰富饮食以致养，但若遇到丧荒灾变，则减省饮食以示忧戚不安。如此，口体与心皆养，可存我以厚苍生，安身以保国家。对《周礼》设官之义进行阐发后，叶时又以后世负责君王饮食的官长来进行对比。他认为，西汉饮食之官的设立犹有《周官》遗意，以丞相、御史这样的三公负总责。东汉以后，渐失《周礼》设官养心之意，君王饮食逐渐由宦官负责，由于朝廷大臣不再负总责，宦官只一味讨好君王，因而以饮食养心的古意也就失落了。

再如《礼经会元》卷二下《奄官》，叶时曰：

> 周衰入于春秋，勃貂立公子无亏，则奄人预废立矣；缪贤荐舍人
> 蔺相如，则奄人预荐举矣。恃势怙宠、窃权弄柄，至汉唐为甚，弘
> 恭、石显久典枢机而张堪、萧望之不得用，曹节、王甫摇弄国柄而陈
> 蕃、窦武不得行，则政柄归奄人矣。鱼朝恩管神策兵，吐突承璀为招
> 讨使，韩全义讨淮西，贾良国监其军，高崇文讨蜀，刘正亮监其军，
> 则兵权归奄人矣。古人以舆台待奄人，则刑人之用为无伤。后世以枢
> 管付奄人，则刑人之用为有害。士大夫弥缝主阙，沮抑奸谋，必曰天
> 子不近刑人，如曰奄人非刑人，则天子得以亲信之矣。汉人所谓手挟
> 王爵、口含天宪，唐人所谓西头势重南衙、枢机权重宰相，尚何足怪
> 也哉！

此前，叶时驳斥郑玄之说，认为"奄人"是刑人，而非郑玄所说的患有精
气闭藏的疾病。此处，叶时结合后世的官制沿革，证明"奄人"为刑人，
斥郑玄之说危害极大，开天子亲信"奄人"之端。叶时以为，春秋时期的
"奄人"就干预国君的废立、大臣的荐举，至汉唐，"奄人"非刑人说出现
流行，天子更有理由亲信"奄人"，士大夫也不能沮抑其奸谋，宦官们恃
势怙宠、窃权弄柄达到极致，导致东汉、唐朝国运衰落，直至灭亡。

由上可知，叶时从官制沿革角度论述《周礼》制度，并以此辅助或证
明对经义的阐发，这表达了他的拳拳爱国之心，希望能借助对《周礼》所
蕴含的先王政治精髓的阐发，通经致用，对当时的弊政提出建议，并希望
能有所改善。

第四，对《周礼》研究方法的归纳总结。

叶时深于《周礼》研究，对《周礼》一经推崇至极，曾曰：

> 然而法未尝亡，礼未尝坏，读周公之礼，而行周公之法，亦惟以
> 圣经为据，斯可也。①

在叶时看来，后世如想恢复周公致太平之法，舍《周礼》一书无他。伴随
研究的深入，叶时在《礼经会元》中也对研究《周礼》的方法进行总结，
其曰：

---

① （宋）叶时：《礼经会元》卷一上《注疏》。

今观《周礼》一书，无非究心民事。①

《周礼》叙六官首篇，皆曰："惟王建国，辨方正位，体国经野，设官分职，以为民极。"唐太宗读《周礼》至此，叹曰：诚哉深乎！盖此数语周公作《周礼》之纲领，故于《六典》迭言之。夫极之为言，有中之义，圣人以中道立标准于天下，而使天下之人取中焉……盖王畿立而后根本定，方位设而后等级明，国野分而后疆理正，官职举而后纲目张。民极之立，孰有大于此者？故周公不惟于天官言之，而五官各引之以冠其篇首，丁宁训告，若是谆复，则是三百六十余官，事事物物皆有极，何往而非斯民之标准与！盖极之所在，所以习民于尊卑等级之中，而导民于礼乐教化之内，消其亡等冒上之念，而敛其安分知足之心。斯民入则会其有极，出则归其有极，经制乌乎而不定？风俗乌乎而不淳？尝观大司徒以五礼防万民之伪而教之中，以六乐防万民之情而教之和，又曰以刑教中则民不暴，以乐教和则民不争。至大宗伯亦曰以天产作阴德，以中礼防之；以地产作阳德，以和乐防之。一则曰中和，二则曰中和，皆所以建中和之极也。然而王畿之根本未定，方位之等级未明，国野之疆理未正，官职之纲目未张，虽有礼乐刑政之具，将安所施设邪！周公立极之意，必寓于七者之中，而冠于六篇之首，岂不诚哉深乎！先正范公有言曰：曲礼三千，一言以蔽之，曰"毋不敬"。愚窃曰：经礼三百，一言以蔽之，曰"为民极"。②

在叶时看来，"惟王建国，辨方正位，体国经野，设官分职，以为民极"六句，贯穿《天官》《地官》《春官》《夏官》《秋官》之首，乃《周礼》之纲领。他认为，《周礼》一书就其内容实质而言无非究心民事，主张"经礼三百，一言以蔽之，曰'为民极'"，把"为民极"视为《周礼》的中心思想。《周礼》虽详言制度，看似与民无关，可设官分职种种无不关系民事，其中寄托了圣人为万民谋太平的深远考量。叶时认为，《周礼》中纤悉必至的官制，是为了立中道标准于天下，使万民以之为榜样，进而"习民于尊卑等级之中，而导民于礼乐教化之内，消其亡等冒上之念，而敛其安分知足之心"，如此则天下安定，民风淳厚。叶时以"为民极"作为《周礼》的中心是颇有见地的主张。

---

① （宋）叶时：《礼经会元》卷四下《遣使》。
② （宋）叶时：《礼经会元》卷一上《民极》。

　　叶时还认为研究《周礼》不能仅仅关注《周礼》中的"法"，更要注意体会字里行间蕴含的"道"。至于后世仿行《周礼》法度的关键，不在于制度本身，而是推行制度之人是否具有古圣先王般的忠厚之意。

　　　　知有圣人之治法，当知有圣人之道法，离道于法，非深于《周礼》者也。欲观《周礼》必先观《中庸》，《中庸》曰：大哉圣人之道，洋洋乎发育万物，峻极于天，优优大哉。①

　　　　吁！有《关雎》《麟趾》之意，而后可以行《周官》之法度；欲复成周之役，当有忠厚之意可也。②

　　叶时对《周礼》研究方法的归纳总结，不仅是他本人长年研究《周礼》的心得体会，也为后来学者研究《周礼》指示了门径。

　　第五，对宋人《周礼》学说的驳斥。

　　叶时《礼经会元》一书也征引了不少宋人的《周礼》学说，如卷二上《财计》引"王氏《详解》""刘氏《中义》"，即王昭禹《周礼详解》和刘彝《周礼中义》；卷二下《奄官》引"王金陵"说，即出自王安石《周官新义》；卷二下《井田》引李觏《周礼致太平之书》；卷三上《和难》引胡宏、林之奇之说；卷三下《冕服》引陆佃《礼书》；卷四下《诅盟》引张载之说。

　　对这些《周礼》学说，叶时引用后进行驳斥，来表达自己的观点。如《礼经会元》卷三《和难》，叶时驳斥胡宏、林之奇疑经之论，曰：

　　　　复仇之说，汉唐儒者多驳之，至伊洛门人亦惑之，五峰胡氏、三山林氏则疑之尤甚，然皆以复仇为言，不知周人设官谓之和难。难者，犹灾眚之谓也，民有眚灾过尔，故从而谐和之。以调人一职而继于司谏、司牧之后，正以消弭其仇怨之风，而养成其浑厚之俗也。

　　再如《礼经会元》卷四下《诅盟》，叶时驳斥张载疑经之论，曰：

　　　　今《周官》有诅祝、有司盟，先正横渠亦尝疑之，以为王法不行，人无所取直，故要之于神，决非周公之意，亦不可以此病周公之法，又不可以此病《周礼》。

　　又如《礼经会元》卷二下《奄官》，叶时引王安石附和郑玄之说，而后进行驳斥，曰：

　　　　────────

　　① （宋）叶时：《礼经会元》卷一上《礼经》。
　　② （宋）叶时：《礼经会元》卷二下《役法》。

　　王金陵曰：郑氏谓奄为精气闭藏者，盖因民之有疾而用之，与籧篨蒙镠、戚施直镈、侏儒扶卢、聋聩司火、矇瞍修声同①，若以为刑人，则国君不近刑人，况于王乎！若以为刑无罪之人，则先王所不忍也。愚案：司马下腐刑，《答任安书》引景监、赵谈等以为喻，萧望之奏恭显用事，请罢宦官，以合古不近刑人之义，则是奄为刑人矣。《周礼·掌戮》曰："墨者使守门，劓者使守关，宫者使守内，刖者使守囿，髡者使守积。"先王无绝人之心，未尝不用刑人也。奄者犯宫刑，汉之所谓宦人也，然则周人果近刑人乎，曰非也。考之《周礼》，天官之属除阍人、寺人、内竖之外，用奄者凡二十九人，其职不过酒人、浆人、笾人、醢人、盐人、幂人、内司服、缝人而已。内小臣一职，以其掌后服位、礼命，故择奄之贤士为之。地官之属用奄者十有二人，其职不过舂人、馆人、薰人而已。春官之属用奄者止八人，其职不过守桃而已。总三官而论之，直四十有九人耳，而其下为之供给服役者，皆不过女奚之徒，且皆不得预下士之列，独内小臣一官言士尔。成周之用奄人，非酒盐之微，则春馆之贱，非户庭之隐，则桃庙之幽耳，虽曰刑人，何尝一日得在君侧，而天子与之相近邪！又况守桃则宗伯统之，舂人等则司徒统之，酒人等则太宰统之，其职卑，其数寡，而又临之以公卿大臣，岂容有不正者得以厕迹于其间哉。②

以上三例在前面的论述中皆有引用分析，故此处不再分析。由上可知，叶时关注宋代学者的《周礼》研究成果，在吸收的同时，也对他认为不当的地方进行驳斥，表达自己的《周礼》学见解。因时代久远，有些宋人的《周礼》著作已经散佚，通过叶时的征引驳斥，我们今天也能略窥他们《周礼》学说之崖略。

第二节　郑伯谦《太平经国书》

　　郑伯谦，生卒年不详，字节卿，永嘉（今浙江省温州市）人。他是永嘉著名学者郑伯熊的堂弟，绍熙元年（1190）进士，曾任阳山县令、昌国县令、修职郎、衢州府学教授等职，撰有《太平经国书》。

---

① 其下双行小字注曰："晋臣对文公之言。"
② （宋）叶时：《礼经会元》卷二下《奄官》。

一、郑伯谦《太平经国书》的流传情况

郑伯谦《太平经国书》南宋时已有刊本。如南宋王与之《周礼订义》一书卷首《编类姓氏世次》中，王与之将郑伯谦列为所引宋代诸家的第三十一家，曰："永嘉郑氏伯谦，字节卿，有《太平经国书》刊行，今作'郑节卿'。"又如《宋史·艺文志一》著录此书曰："郑伯谦《太平经国书统集》七卷。"可知，此书在南宋已经流传，而且存在多个版本。

经历元代，明代出现了郑伯谦《太平经国书》的新刊本，如《丽宋楼藏书志》《抱经楼藏书志》皆著录明刊本《太平经国之书》11卷。此书目前尚可考知的明代新刊本有以下3种：

其一，嘉靖十五年（1536），高叔嗣于山西布政司刊刻《太平经国之书》11卷首1卷，见载于《徐氏家藏书目》（《红雨楼书目》）、《善本书室藏书志》、《会稽钮氏世学楼珍藏图书目》、《艺风藏书续记》、《温州经籍志》、《藏园订补郘亭知见传本书目》。此书今藏国家图书馆、台北"故宫博物院"。《四库全书》本《太平经国书》载有明代高叔嗣重刊序，兹录如下：

> 正德十四年，余以增广生被试策问"《周礼》疑信相半之由"。余方少，窃闻其概，因以意对曰：昔孔子之时，周德方衰，而对鲁哀公以"文武之政，布在方策，人存政举"之说。及周益衰，孟轲氏始言诸侯去先王之籍，不得闻其详。彼所称方册与籍，岂谓《周礼》邪？孔子尚思兴东周，孟子则直劝齐梁以王，当时不但其籍亡，虽有之，固不可为邪！至荀卿之徒李斯佐秦，遂取经籍一切焚弃之，后世以为罪，然使始王并天下为周武王，李斯有周公之圣，其时欲行《周礼》，能乎？周之兴也，深仁厚泽，垂十余世，圣后继作，礼乐法度莫不讲明，国以为教，家以为学，渐被陶融，非一日也，故周立为天子，颁其政式，放于四海，靡然信从，事若画一，不俟强勉，其来远矣。秦则不然，以战斗为功，以干戈为业，法令已成，习俗已定，方其烹灭诸侯，而六合为一也，虽有《周礼》，将安施之，而况后秦者乎！何也？先王之法，至周始备，至秦始灭去，此其会也，后世直用秦为古耳，秦不复行周礼，明后世之不可行必矣。然则是书可尽废邪，何为其然也？"三礼"莫古于《仪》，周公所亲定者，《说文》云礼之字从豆，从曲，从　　，古神祇字，盖先王于笾豆神祇之间，曲尽其意，于是乎录其升降，等其隆杀，故谓之礼，此其迹也。先王之意，有不

在是者。《周易·观》之象曰"盥而不荐有孚颙"，若先王以其诚敬之心事神，故下观而化，故《传》曰："圣人以神道设教，而天下服矣。"今夫官名之设，内外之辨，崇卑之度，多寡之数，成周致治之具也，而所以致治，岂尽于是邪？故善为治者，师其意而已，若《周礼》者存之以考可也，其略云耳。是时，南原王先生督学优之，其年叔嗣举于乡，后三年得进士，为考功主事，始好是书，闻人有异本，不惮求之。同县人按察副使田勤甫氏刊《周礼集说》，读其中往往引《太平经国书》，可观取，恨不见其全。他日翰林学士姚维东氏云有之传，以视叔嗣，录藏于家，后十年而为。嘉靖丙申上冬朔日刊于山西布政司祥符高叔嗣。

其二，嘉靖十七年（1538），孔天胤刊刻《太平经国之书》11 卷，今藏清华大学图书馆。

其三，明代姜时习刊刻《太平经国之书》11 卷，见载于《温州经籍志》。

此外，明刊本的郑伯谦《太平经国之书》11 卷，北京大学图书馆藏有 1 册，中国科学院图书馆藏有 6 册 1 函，具体版本不详。明代还有樊川别业蓝格钞本 1 册传世，属残卷，仅存卷三至卷五。

清代修撰《四库全书》，郑伯谦《太平经国书》亦被收入经部礼类。《四库全书》本郑伯谦《太平经国书》11 卷是根据内府藏本抄写的[①]，此本前附明代嘉靖年间高叔嗣序，应是明代嘉靖十五年高叔嗣刻本。除此之外，此书亦被收入《摛藻堂四库全书荟要》经部、《通志堂经解》三礼、《学津讨原》第三集、《正谊斋丛书》、《经学五种》中。台北"故宫博物院"还藏有《太平经国之书》清代乌丝栏精钞本 2 册。

郑伯谦《太平经国书》11 卷首 1 卷，民国时期被收入《丛书集成初编》社会科学类中。目前，《四库全书》本《太平经国书》、《通志堂经解》本《太平经国之书》、《丛书集成初编》本《太平经国之书》是此书现今较为通行的版本。

二、郑伯谦《太平经国书》的内容与体例

（一）内容

《太平经国书》是郑伯谦阐发《周礼》大义的精心之作，共计 11 卷。

---

① 　根据《四库全书总目》卷一九《太平经国书》提要记载。

是书卷首有郑伯谦自序，有些版本还有明嘉靖年间（1522—1566）高叔嗣重刊序，如《四库全书》本《太平经国书》即于郑伯谦自序后附高叔嗣序。其后，列《成周官制图》《秦汉官制图》《汉官制图》《汉南北军图》，其中，《成周官制图》和《汉官制图》后有郑伯谦的注解。以下将 11 卷的内容分述如下：

卷一包括 6 篇标题文章，分别是《教化》《奉天》《省官》《内治》《官吏》《宰相》。每篇标题下标注双行小字，说明此篇论解的主题。其中，《教化》一篇"论六典以为民极"，《奉天》一篇"论天官冢宰加官"，《省官》一篇"论天官冢宰兼官"，《内治》一篇"论天官冢宰属官"，《官吏》一篇"论六官府史胥徒"，《宰相》一篇"论太宰建邦六典"。

卷二包括 3 篇标题文章，分别是《官民》《官刑》《揽权》。其中，《官民》一篇"论三典官府万民"，《官刑》一篇"论官府都鄙法则"，《揽权》一篇"论八柄八统诏王"。

卷三包括 3 篇标题文章，分别是《养民》《税赋》《节财》。其中，《养民》一篇"论太宰九职任民"，《税赋》一篇"论太宰九赋九贡"，《节财》一篇"论九式均节财用"。

卷四包括 2 篇标题文章，分别是《保治》《考课》。其中，《保治》一篇"论九两系邦国得民"，《考课》一篇"论三官申明考察"。

卷五包括 2 篇标题文章，分别是《宾祭》《相体》。其中，《宾祭》一篇"论六官祭礼宾客"，《相体》一篇"论小宰宰夫行法"。

卷六包括 2 篇标题文章，分别是《内外上》《内外下》，两篇"论三官兼统内外"。

卷七包括 3 篇标题文章，分别是《官制》《臣职》《官民》。其中，《官制》一篇"论叙属职联成计"，《臣职》一篇"论六属从长专达"，《官民》一篇"论六叙八成财用"。

卷八包括 3 篇标题文章，分别是《宫卫》《奉养》《祭享》。其中，《宫卫》一篇"论宫正宫伯宿卫"，《奉养》一篇"论饮膳酒酱供帐"，《祭享》一篇"论祭祀燕享忠厚"。

卷九包括 3 篇标题文章，分别是《爱物》《医官》《盐酒》。其中，《爱物》一篇"论鸟兽鱼鳖昆虫"，《医官》一篇"论医师以下五官"，《盐酒》一篇未标注论解主题。

卷一〇包括 2 篇标题文章，分别是《理财》《内帑》。其中，《理财》一篇"论太府以下三府"，《内帑》一篇"论三府供王玩法"。

卷一一包括 3 篇标题文章，分别是《会计上》《会计下》《内治》。其中，《会计上》《会计下》两篇"论司会以上七官"，《内治》一篇"论内宰下十九"。

综上，郑伯谦《太平经国之书》依据《周礼》所载制度立 30 题，共 32 篇文章，合为 11 卷。

（二）体例

郑伯谦《太平经国书》不是传统意义上的诂经之作，而是效仿李觏《周礼致太平论》一书的体例，采用了别立标题的方式，以议论解经。这跳脱了传统经注先列经文次列传注的模式，作者可以脱离经文束缚，更灵活地表达自己的思想；但另一方面，议论太盛则与经义的阐发处于离合之间，书中的有些篇章与其说是郑伯谦注《周礼》，不如说是《周礼》注郑伯谦。以下就从三方面陈述此书体例。

第一，别立标题，借经抒议。

郑伯谦《太平经国书》不是传统意义上的诂经之作，而是效仿李觏《周礼致太平论》一书的体例，采用别立标题的方式，以议论解经。所谓以议论解经，是突破传统经注先列经文次列传注的模式，基本不列经文，作者依据想表达的主题，选取经文中与其相关的内容，直接切入，广征博引，开展论述。这一方面跳脱了经文次序的限制，另一方面突破了注疏对表达的束缚，作者可以更加灵活、自由地表达自己的思想。郑伯谦《太平经国书》即依据《周礼》所载制度别立 30 题，每题各自成篇，书中大部分篇章不列经文，仅《考课》《宾祭》《相体》三篇开首低正文两字列经文，所列经文是截取与下文论述相关的部分经文，而且存在删减、颠倒的情况。兹举一例进行说明：

> 《太宰》："以八法治官府：一曰官属，以举邦治；二曰官职，以辨邦治；三曰官联，以会官治；四曰官常，以听官治；五曰官成，以经邦治；六曰官法，以正邦治；七曰官刑，以纠邦治；八曰官计，以弊邦治。"《小宰》："掌建邦之宫刑，以治王宫之政令，凡宫之纠禁。""正岁，以官刑宪禁于王宫，帅治官之属，徇以木铎，曰：'不用法者，国有常刑。'""令于百官府曰：'其有不共，则国有大刑。'""以官府之六叙正群吏：一正其位，二进其治，三作其事，四制其食，五受其会，六听其情。""以官府之六属举邦治：其属各六十，大事则从

其长，小事则专达。""以官府之六职辨邦治"，"以官府之六联合邦
治"，"以官府之八成经邦治""以听官府之六计，弊群吏之治：一廉
善，二廉能，三廉敬，四廉正，五廉法，六廉辨。"《宰夫》："掌治朝
之法，以正王及三公、六卿、大夫、群吏之位，掌其禁令。叙群吏之
治，以待宾客之令，诸臣之复，万民之逆。掌百官府之征令，辨其八
职"，"掌治法以考百官府、群都县鄙之治，乘其财用之出人。凡失财
用物辟名者，以官刑诏冢宰而诛之，其足用、长财、善物者，赏之。"
"岁终，治不以时举者，以告而诛之。正岁，以法警戒群吏，令修宫
中之职事。书其能者与其良者，以告于上。"《宫正》："掌王共之戒
令、纠禁。"《内宰》："掌治王内政令。"

此处郑伯谦引《大宰》《小宰》《宰夫》《宫正》部分经文，征引《小宰》部
分就存在多处减省经文的情况，如"令于百官府曰：'其有不共，则国有大
刑。'"此句存在省略，原文是："令于百官府曰：'修乃职，考乃法，待乃
事，以听王命。其有不共，则国有大刑。'"此外，也存在由于记忆失误造成
的颠倒经文的情况。如《小宰》："正岁，以宫刑宪禁于王宫，帅治官之属，
徇以木铎，曰：'不用法者，国有常刑。'"其中，"以宫刑宪禁于王宫"一句不
见于此处经文，属于下一句的，可能是作者记忆有误，错置于此处。

　　除此 3 篇外，所有篇章皆不引经文，郑伯谦依据所立标题确定主题，
论解经文中的相关的内容，借此开展论述，灵活地表达自己的思想。

　　第二，每题以两字为限，题下标注论解主题。

　　郑伯谦《太平经国书》采用议论解经的方式诠释《周礼》，全书 11
卷，共立 30 标题，每一标题皆是两字，如：《教化》《奉天》《省官》《内
治》《官吏》《宰相》《官民》《官刑》《揽权》《养民》《税赋》《节财》等，
只有《内外》《会计》分上下篇，在标题上题为《内外上》《内外下》《会
计上》《会计下》，"上"与"下"在标题中无实意，仅表示篇第，因此我
们也将其列入两字标题之列。

　　除《盐酒》一篇外，每篇标题之下皆以双行小字标注此篇论解的主
题，如《爱物》一篇下标注曰"论鸟兽鱼鳖昆虫"，此篇论及"天官"系
统的兽人、渔人、鳖人，"夏官"系统的服不氏、射鸟氏、罗氏与"秋官"
系统的冥氏、庶氏、穴氏、萫蔟氏、翦氏、赤发氏、蝈氏、壶涿氏、庭
氏，这些分隶于不同官僚系统的职官均与鸟兽鱼鳖昆虫相联系，此篇就是
通过论解这些职官执事的差异，阐发先王设官分职中体现的爱物之义，故

标题曰《爱物》，题下双行小字标注曰"论鸟兽鱼鳖昆虫"。

第三，每篇皆以问答的方式展开论解。

综观全书32篇文章，皆以设为问答的方式展开论解。兹举《奉天》一篇为例，此篇开首，作者设问曰：

> 或问：冢宰一官，其属六十，顾未始有一事之关乎天者，而冢宰谓之天官，何也？

此后，作者自答曰：

> 曰：此加官也。

再后，作者展开论述，曰：

> 唐虞稽古，建官惟百。凡天地之运化，四时之作讹成易，事之关于天者，羲和职之。教化礼乐之要，兵刑财谷之司，虞工纳言之职，十有五人之职，所以分天下之万事而治之者也。至周以来，则省九官以为六卿之职，又省六子以冠六卿之号，以虚名而加实职，并而授之，所以宠而尊之也。汉之官制，犹为近古，大司马，六卿之职武事者，彼霍光领尚书耳，内主公卿事，外掌四方章奏，于司马何与邪？而大将军之上必冠以大司马之名，此正祖天官冢宰之故意也。

再后，作者再设一问，曰：

> 或曰：古者圣人重天道，伏羲有神龙之瑞，故以龙纪官；黄帝有庆云之瑞，故以云纪官；共工以水，神农以火，少昊以鸟，颛帝之后以民，则重黎、勾芒、祝融、后土、蓐收、玄冥是也。帝尧之兴，以天地四时，则羲和及四子是也；帝舜之兴，以五行，则益火、稷、谷、禹水是也。今成王、周公之建官，考前世之制，而兼其长，必若所谓虚名加实职，则事之关乎天者，其属之谁乎？

作者再回答论述曰：

> 曰：子以为古之大臣，其所谓寅亮天地而燮理阴阳者，若历官、星翁、文史、卜祝之所为乎？凡论道经邦，以转移人主之心术，而厘正天下之万事者，皆寅亮燮理也，皆对时育物、抚五辰而熙庶绩者也。是故日月之薄蚀，百川之沸腾，诗人所以刺卿士。谷洛之斗太子，晋以归咎于执政焉。和同天人之际，使之无间然者，虽圣人之能事，而大臣实辅佐之，其谁曰人事之非天理也。加天官于冢宰之上，

其尊大臣也虽至，其所以责大臣也益深。

就在这一问一答间，作者表达了自己对称冢宰为天官的见解，认为其间既表达对大臣的尊重，也包蕴了希冀大臣能够履行职责的殷切期望。

郑伯谦《太平经国之书》就是通过这一问一答表达自己对《周礼》所蕴先王政治精髓的理解和对宋代当时政治的建议。这种体例也是本书撰著的一大特色。

三、从《太平经国书》看郑伯谦对《周礼》本经的认识

郑伯谦认为《周礼》是西周鼎盛时期制度的记载，是周公所作，他对《周礼》抱持着尊崇的态度。

（一）对《周礼》本经的态度

刘歆认为，周公致太平之迹具在《周礼》一书，而郑伯谦以"太平经国"命名其论解《周礼》之作，可知其赞同刘歆之论，对《周礼》抱持着尊崇的态度。其云：

> 三代圣人之纪纲法度、宪章文物，所以本诸身而布诸天下者甚设也。而尤周密详备于成王、周公之时，彼其处心积虑，上彻乎尧舜，下及乎万世者也。外不惧天下之谤，而私其迹曰：必使我子孙相承，而宗祀不绝也。内实达天下之道，而公其心曰：必使我君臣相安，而祸患不作也。是故兼三王，施四事，夜以继日，尽吾精神心术而为之。其兵农以井田，其取民以什一，其教民以乡、遂，其养士以学校，其建官以三百六十，其治天下以封建，其威民以肉刑。大本既立，然后其品节条目，日夜讲求而增益之，其上则六典、八法、八则、九柄、九贡、九赋、九式之序，其次则祭祀、朝觐、冠、昏、丧纪、师田、行役之详，下至于车妆圭璧之器，梓匠轮舆之度，与夫画缋、刮摩、抟埴之法，又其细者，则及于登鱼、取蜃、攟蠡之微，毕公所谓克勤小物者，周公尤尽心焉。盖一而再三申复之，贻谋燕翼后世，岂无辟王，而皆赖前哲以免流巉之难，共和摄政，而天下复如故。龙𬴐作孽，宗周灭矣，犹能挟鼎玺而东。当战国之相吞噬，周块然而处其中，天下犹百余年。而宗主之至于垂亡临绝之际，自分而为东西，其子孙益缪戾乖忤，而弗念厥绍，故天下始去周而为秦。①

─────────

① （宋）郑伯谦：《太平经国书》卷首《〈太平经国书〉原序》，见文渊阁《四库全书》，第92册。

郑伯谦认为《周礼》蕴含三代制度的精华，其间既体现了制度筹划之宏大规模，也有纤悉必至的细节考虑，可谓是周公立政造事的心血结晶。正是因为有如此法度，所以周家天下可以绵延几百年，即便处于战国乱世，且子孙缪戾乖忤，犹能保持天下百余年。

今成王、周公之建官，考前世之制而兼其长。①

呜呼！人君之为天下，如欲稽古正名，而使事权之合于一，苟舍《周官》，未有不泛然无统者矣。②

呜呼！读《周礼》见周之所以盛，读《春秋》见周之所以衰。③

兼则治，散则乱；合则盛，离则衰。自三代以下，其治乱盛衰之变凡几见，其变而复《周官》以救之，此为治之大源。④

反覆十一官之职，未尝不深叹周公措置之合宜，而均节之有法，防闲之周密，而视听之详多也。⑤

嗟夫！竭四海之财，而恣一人之侈，周公固不为此矣。至于防其侈，而截然无一毫之假借，亦岂为近人情而经久可行者乎？至于是而后知《周礼》之书不可废。⑥

郑伯谦认为，《周礼》所载成王、周公纲纪法度、宪章文物等制度，乃是三代制度精华之荟萃，广大精密，兼有三代制度之长，人君欲治天下，固不能舍《周礼》，更不可废《周礼》。因为在郑伯谦看来《周礼》乃"为治之大源"，后世君主依据此中精义立法能够事半功倍，背离此中精神治天下则会导致混乱。从中我们不难看出郑伯谦对《周礼》一书的推崇赞叹。

宋人对《周礼》一书多有怀疑，如欧阳修就曾批评《周礼》所载官制有冗滥之弊，针对此问题，郑伯谦在《省官》一篇中以"兼官"作答，进行了细致的论述。胡宏对《周礼》多有指斥，郑伯谦积极为《周礼》做辩护，回答胡宏对《周礼》的怀疑。如《内帑》一篇：

或问：五峰先生尝言，四方职贡各有定制，无非王者之财，不可有公私之异，今太府乃以式贡之余财以共玩好之用，不几有如唐德宗

---

① （宋）郑伯谦：《太平经国书》卷一《奉天》。
② （宋）郑伯谦：《太平经国书》卷一《宰相》。
③ （宋）郑伯谦：《太平经国书》卷三《税赋》。
④ （宋）郑伯谦：《太平经国书》卷六《内外下》。
⑤ （宋）郑伯谦：《太平经国书》卷一〇《理财》。
⑥ （宋）郑伯谦：《太平经国书》卷一〇《内帑》。

受裴延龄之欺罔乎？玉府乃有王之金玉玩好兵器，不几有如汉灵帝之置私库乎？内府乃有四方金玉齿革良货贿之献，而共王之好赐予，不几有如唐诸节度之献羡余乎？曰：此周公之所以为切近人情，而经久可行者也。

针对胡宏对《周礼》经文的怀疑，郑伯谦以为这些地方恰恰体现了周公立法的切近人情，唯有如此才能经久可行。此后，郑氏结合后世史事展开细致的论述，说明他的观点，此不赘述。在《内治》一篇中，郑伯谦率先提出学界有关《周礼》的 8 点疑问，而后立论，认为"此正周公立国之规模，维持之周密，而措置之纤悉详尽者"。驳斥学界的疑经之论，维护《周礼》的尊严，郑伯谦对《周礼》的尊崇可见一斑。

（二）对《周礼》作者的认识

在《周礼》作者这一问题上，郑伯谦持传统观点，即赞同郑玄所主周公作《周礼》说。其云：

> 《周官》之书曰：冢宰掌邦治，统百官，均四海；司徒掌邦教，敷五典，扰兆民。前有"六典"，后有《周官》，皆周公所作也。"六典"则合官民而并职之，《周官》则分官民而各掌之，何也？……"六典"合而言之，《周官》分而治之，二书盖相为表里也。①

天官之长大宰掌建邦之六典，以佐王治邦国，此"六典"包括治典、教典、礼典、政典、刑典和事典，乃是大宰佐王治国经邦的大规大法。联系上下文，郑伯谦此处是以"六典"代称《周礼》，他认为《周礼》和《尚书·周官》皆为周公所作，二书所载制度可互为表里。

（三）对《周礼》难行于世的见解

《周礼》一书不仅曾潜藏百年，即便再现于西汉，起初也不被重视，后来王莽等仿效《周礼》变革，更是引起天下骚然，有学者据此怀疑《周礼》是否是周公所作，是否曾见诸实用。针对这一重要问题，郑伯谦在《太平经国书原序》中曰：

> 世变不古，功利之蟠结于人心，而此书之宏博浩瀚，读之难晓，而说之易惑也。彼其煨烬于秦火，贬驳于汉儒，好古如武帝，反谓之末世渎乱不验之书，伏藏泯没于山岩屋壁之间。汉之末年，虽入秘府，竟未尝一出而试之于治。其后，刘歆取以辅王莽，五均六斡，列

---

① （宋）郑伯谦：《太平经国书》卷二《官民》。

肆里区皆有征，天下骚然受其弊。其余，杜氏不过能通其句读，马、郑诸儒亦止于作为训诂而已。隋唐之间，文中子讲道河汾，颇深识其本末，以为经制大备，后世有所持循，然徒载之空言，不及见之行事也。唐太宗尝与群臣语及《周礼》，而房、杜、魏徵虽出王氏之门，然本无素业，留宿中书，聚议数日，竟不能定，问及礼乐，复不能对，大本既失，他何望焉。宋朝王氏以儒学起相熙丰，又尝一用《周礼》，而计利太卑，求民太甚，其祸甚于刘歆。伊洛老师、横渠张夫子固习周公者矣，而又不及究其志。盖自有《周礼》以来，若孔子、文中子及伊洛、横渠诸子则恨不及用，房玄龄、杜如晦、魏徵则愧不能用，汉之刘氏、宋朝之王氏则又悔不善用，自汉唐以至今日，天下之治所以驳杂而难考，弊坏而不可收者，大抵出于是三者之间也。

郑伯谦分析《周礼》难行于世的原因，认为这既是读《周礼》者之失，也是用《周礼》者之失。从读《周礼》者方面看，《周礼》一书内容宏博浩瀚，西汉学者难以通晓，又出于门户之见，遂污蔑此书是"末世渎乱不验之书"，故遭贬斥；东汉诸儒，或仅通句读，或仅措意于训诂，都不能阐发经中蕴含的先王政治的精髓；其后大儒，如王通、二程、张载，虽深识《周礼》，但并无著作传世，不能影响后学对此书的正确认识。再从用《周礼》者方面看，执政者或缺乏学识，不通《周礼》，如房玄龄、杜如晦等，或注重功利，计利卑下，如刘歆、王安石等，都不能很好地发掘《周礼》蕴含的先王政治的精髓，流于急功近利，最后反害《周礼》见疑于天下。

由上可知，对于《周礼》难行于世的原因，郑伯谦从尊信《周礼》的认识出发，认为此问题是由于后世研究《周礼》者和使用《周礼》者的局限和失误造成的，与《周礼》本经没有关系。相反，《周礼》正是受此连累，才见疑于天下。

四、从《太平经国书》看郑伯谦对郑玄《周礼注》的态度

郑伯谦《太平经国书》采用别立标题、借经抒议的方式诠释《周礼》。书中除《考课》《宾祭》《相体》三篇外，文中不列经文，也几乎不引郑玄《周礼注》、贾公彦《周礼疏》之说，只有《相体》一篇引入郑注。在《相体》一篇中，先列《小宰》经文："掌建邦之宫刑，以治王宫之政令，凡宫之纠禁"，而后以双行小字的方式于其下标注曰：

康成曰：若今御史中丞。宫刑，在王宫者之刑。建，明而布告

之也。

所引郑玄此说与《周礼注疏》此处郑注的顺序有不同，也存在删减的情况。郑伯谦此处引入郑注应是为了更好地说明经文意思，以便开展下面的讨论。

从郑伯谦议论《周礼》的制度间，我们也可窥见其对郑玄《周礼注》的态度，如：

> 郑氏不深于《周礼》，乃谓太府若汉之司农，司会若汉之尚书。不知汉以司农少府掌内外之材，而尚书特少府之属官耳，纠察钩考之权，安得以其属而行于其长也。①
>
> 此又《周礼》言外之意，成王、周公之所自知也。学者当因吾夫子之言而求之《周礼》。②

在郑伯谦看来，郑玄对《周礼》研究不深入，以汉制比况古制有不恰当的地方，所以后学如要研究《周礼》当仔细研索经文，在经文中体会成王、周公设官分职的深意。

可知，郑伯谦对郑玄《周礼注》评价不高，认为有错误，主张研究《周礼》应直接求经义于经文之中。

五、郑伯谦《太平经国之书》的解经特色

郑伯谦在《太平经国书原序》中曰：

> 盖自有《周礼》以来，若孔子、文中子及伊洛、横渠诸子，则恨不及用；房玄龄、杜如晦、魏徵，则愧不能用；汉之刘氏、宋朝之王氏，则又悔不善用。自汉唐以至今日，天下之治，所以驳杂而难考、弊坏而不可收者，大抵出于是三者之间也。是以时君世主厌薄儒生，姗笑《王制》，悉意于浅功近利，就其自私之心，而姑为是目前苟简之谋，觉可以维持一世足矣，不暇及此宏阔之谈也。嗟乎！千载之下，有能起周公之治者，学者所不能而见也；有能讲明周公之制者，学者所不能而辞也。

在郑伯谦看来，《周礼》宏博浩瀚，读之难晓，说之易惑，孔子、王通、

---

① （宋）郑伯谦：《太平经国书》卷一一《会计上》。
② （宋）郑伯谦：《太平经国书》卷四《考课》。

二程、张载诸人虽知周公、习《周礼》，但无诠释《周礼》之作传世，又不得其位，故怅恨不能用《周礼》；房玄龄、杜如晦、魏徵不通《周礼》之学，虽得其位，但惭愧不能用《周礼》；西汉刘歆、北宋王安石通晓《周礼》，又得其位，虽用《周礼》，但计利太卑，求民太甚，是不善用《周礼》。此三者处之不当，难免殃及《周礼》一书，故此书见疑于时君世主。鉴于此，郑伯谦便以讲明周公之制、发明《周礼》之义为己任，其撰《太平经国书》就以《周礼》所载制度为主，别立标题，借经抒议，发明先王设官分职的精深蕴义。以下就试从两方面对郑伯谦《太平经国之书》的解经特色做一分析。

第一，将《周礼》所载制度类聚贯通，设为问答，推明建官之义。

郑伯谦将《周礼》所载各制度类聚贯通，采用别立标题的方式解经，如《内治》一篇论天官冢宰的属官，《宰相》一篇论大宰建邦之六典，《节财》一篇论九式均节财用，《宫卫》一篇论宫正、宫伯宿卫。每题之下皆自设问答，进而贯通经义，推明建官之所以然。

如《爱物》一篇曰：

> 或问：天官有兽人掌罟田兽，冬夏献狼、麋，春秋献兽物；有渔人、鳖人，掌以时渔为梁，春献王鲔、鳖、蜃，秋献龟鱼。则凡鸟兽虫鱼之琐碎，三人皆可兼之矣。服不氏之教养猛兽，射鸟氏之驱射乌鸢，罗氏、掌畜之网罗、驯扰，何以复见于夏官？冥氏设弧张为阱擭，以攻猛兽，庶氏除毒虫，穴氏攻蛰兽，翟氏攻猛鸟，菙蔟氏以方书去夭鸟，剪①氏以荥莽草除蠹物，赤犮氏以炭灰除狸虫，蝈氏以牡鞠去蛙黾，壶涿氏以牡橭象齿杀渊神，庭氏以救日月之弓矢射夭鸟，何以复列于秋官？

郑伯谦于此先提出几点疑问，天官之属有兽人、渔人和鳖人，此三官既然负责捕捉、进献鸟兽虫鱼等琐碎事务，为何夏官之属又专设服不氏、射鸟氏、罗氏、掌畜负责网罗、驯扰鸟兽？为何秋官之属又特设冥氏、庶氏、穴氏、翟氏、菙蔟氏、剪氏、赤犮氏、蝈氏、壶涿氏、庭氏负责捕杀虫鱼等？

提出问题引起关注后，郑伯谦自答曰：

> 天官所掌惟畜兽、鱼、鳖，以供王饮膳之物耳，而禽兽之属、昆

---

① 以《周礼·秋官·翦氏》经文，此字非"剪"，当为"翦"。

虫之类所以为害于国中者，不暇及焉，彼服不氏之所养与其所共，冥氏、穴氏之所攻与其所献，独不可合于兽人乎。而事有其官，官分隶于数处，先王岂好为是不急之物，禄无用之官，以待有事之用邪？曰：先王司事以会官，作吏者因官以存名，其名不可废，其官则未必皆有试……事至则临事而兼之，三百六十官其临事而兼者殆相半也。且自服不氏以至罗氏，自冥氏以至庭氏，大抵皆下士一人，否则二人，皆徒二人，否则四人，惟掌畜下士二人，则有史、有胥、有徒二十人，然比之天官兽人、渔人，府、史、胥、徒皆具，而徒之多至于三百，则又不同矣。由此言之，天官兽人以下虽具官而设局，而夏官、秋官如服不氏、罗氏、掌畜一二职之外，意其必皆临事而兼之耳……先王于鸟兽之微，鱼鳖昆虫之细，其在所当养，则设官以养之，以顺春生夏长之道，非独养民而已也。其猛鸷在所当去，其托为神奸，在所当除，则设官以去之、除之，以象刑罚之威，以顺天地肃杀之气，非独诘奸慝刑暴乱而已也。夫以鸟之高飞，兽之远走，鱼之深潜，昆虫之杂出，至难及以政者也，而先王于此犹无所不尽其心焉，甚矣！法制之修明，而先王为天下兴利除害之意，非若后世之苟且也，如是而受天下之报，享天下之利，备四海九州之美味，可以共受之而无愧矣。

郑伯谦认为，天官之属的兽人、渔人和鳖人专供王膳饮所需的鸟兽虫鱼，至于危害国中的鸟兽虫鱼则无暇顾及，而夏官之属服不氏等官和秋官之属冥氏等官则专司除去妖兽、妖鸟、害虫和水怪。郑氏再发一问，指出《周礼》是因事命官，但夏官、秋官之下所设除害虫妖鸟之官颇显冗杂，先王似有以不急之物而禄无用之官的嫌疑。而后自答云，夏官之属服不氏等官和秋官之属冥氏等官，除服不氏、罗氏、掌畜外，其余诸官皆事至而临时兼任，并非委以专员，但先王因职事所在，故仍保留此官之名。最后，郑伯谦又阐发先王如此设官分职所体现的养民至厚、顺和天地之道、为天下兴利除害之义。

从《周礼》所载诸官职事关联处入手，比较同异，从而剖析先王如是设官的深思远虑，是《太平经国之书》论解经文的精巧之处，能启发学者从细微处入手研究《周礼》所载职官职事。

第二，多引汉唐史事参证《周礼》所载制度，以推崇古法之善。

郑伯谦诠释《周礼》，喜引史证经，借经立说，通过古今对比阐发

《周礼》所载制度的优越性。如《盐酒》一篇中，其曰：

> 酒祸至无穷也，不为之禁，则淫酒而无度，是以民人及市群饮而斗嚣，酒乱其德，而狱讼日益繁滋矣。周公于此则一切有法以待之，其盐人、酒正之政令，彼特施之上者也，而犹有式法以受酒材，有酌数以供祭祀，有法以行颁赐，有书契以授秩酒，有日成月要以考出入，自王、后之外，虽世子之饮亦有岁终之会，而况敢纵民于酣饮乎！其取盐也，必有簿书以责其数；其受盐也，必有符节以防其伪，况敢纵民于浮食乎！故公盐之入有数，而民之食盐者亦有数；公酒之用有数，而民之饮酒者亦有节。但酒正内官耳，自酒人而下皆奄、奚为之，势不可以行呵禁于外，故至市官之属则有司虣以掌之，刑官之属则有萍氏以掌之。盐人既共祭祀、宾客之盐，共王、后、世子之盐，与凡牲、膳、羞、酱、百事之盐，故虽专鬻盐之命，而掌天下鬻盐之数，而山林、川泽盐铁之藏则有泽虞川衡以掌之……内外相若、相维，而法令可次相考，大抵劝农而美风俗耳。其禁虽严，初不以自利也，其民安于禁而乐于生，初不以为怨也。若夫后世则不然，自文帝以来，虽不与民争利，然徒善不足以为政，而盐铁在民，酒利在民，其亦太无制矣，徒知其害而不能定其法，岁虽劝民耕殖，不知固已导民而趋末也。至于孝武，则又不顾斯民之无以为生，一举而尽夺之，斡官、铁官之设虽近于酒正、盐人，水衡都水之设虽近于萍氏，大抵不过斡盐、铁而榷酒酤耳。而又或属于内史，或属于少府，大臣之政令不行于其间，而取之无艺，敛之不惬众心，取敛有不平于下，而盐铁、酒榷、均输之议，所以起后日贤良文学之纷纷也。自是而后，其禁益严，其犯愈众，吏卒搜索私屠酤，至于坏室庐而毁釜灶，兄弟妻子离散，生业破荡无余，而民之以酒获罪者方日来而未已，髡黥积于下，私鬻不为衰减，力不足以执之，则浸成顽俗，而流入奸盗，民岂乐为此哉！

郑伯谦将《周礼》所载酒正、司虣、萍氏和盐人所司酒政、盐政同汉代以后的相关制度相对比，指出先王之法能有效防治民间贩卖私盐、酿制私酒，而后世之政则逼民为生计铤而走险，舍本逐末。他指出，周代的酒正、盐人有严格的颁酒、授盐制度，一切依法而行，既能防治人民因饮酒过度所致的狱讼繁滋，又能使民重视农业生产，不追逐私贩盐酒所获之利。汉文帝时，政府放盐、铁、酒经营之利于民，其政虽宽，但民贪慕经营盐酒获利之丰，反而不愿从事农业生产。至汉武帝，将盐、铁、酒的专营权全部收归国家，其所设官职虽近于酒正、盐人、萍氏等，但其官不隶属于朝廷重臣，仅附属于内史、少府，又仅仅关注获利，不重视用酒之度，故不仅不能如先王般导民于耕种稼穑，抑末重本，反而由此引发民议汹汹。自此之后，国家为专盐、铁、酒之利，对民间私贩盐酒管制日严，而民众或苦于生计无门遂铤而走险，甚至沦为奸盗。从中可知，先王之政是予民土地，而后禁私买私卖盐酒，是促其民返本；而后世之政，专营盐铁，是重在牟利，不顾民生疾苦，反使民舍本逐末。

作为生长于永嘉地区的学者，郑伯谦受当地事功学风的影响，重视从制度沿革的角度阐释《周礼》。以史证经，推崇古制，是《太平经国之书》论解《周礼》的又一特色。

第三节　朱申《周礼句解》

朱申，事迹无考，里贯亦不详。

据《江南通志》卷一二〇《选举志》载宋代进士曰：

> 绍熙……朱申，休宁人。

《江西通志》卷九四《人物》载赣州府宋代人物曰：

> 朱申，字维宣，雩都人。皇祐间有声太学，尤好谈兵，以忧归，创青云阁读书，其中所交皆当世知名士。已而居京师十余年，偃蹇不遇，桂帅怜其才，用边劳奏补摄尉龙平，期年而罢。居家极贫，著《边防兵论》百余篇，时不能用。

《四库全书总目》卷一九《周礼句解》提要载曰：

> 又，李心传《道命录》有淳祐十一年新安朱申《序》，其结衔题朝散大夫知江州军州兼管内劝农营田事。

以上见诸记载的朱申似乎并非一人，是以上哪一位或未见诸记载的朱申撰著了《周礼句解》，现在已难考其详了。

今存《春秋左传句解》《孝经句解》，同题为朱申撰，与《周礼句解》的作者应是同一人。

一、朱申《周礼句解》的流传情况

朱申《周礼句解》南宋末年已经刊行于世，如台北"故宫博物院"今藏朱申《校正详增音训周礼句解》12 卷即南宋末年刊本，共 6 册；清代潘祖荫《滂喜斋藏书记》中也著录他收藏的两部宋刻《周礼句解》：一部是《宋刻校正详增音训周礼句解》12 卷，1 函 6 册，另一部是《宋刻音点周礼详节句解》，1 函 4 册；清代瞿镛《铁琴铜剑楼藏书目录》中著录了自家藏有一部宋刊本的朱申《周礼句解》。

经历元代，明代前期编成的国家图书目录《文渊阁书目》也著录朱申《周礼句解》，曰：

> 《周礼句解》，一部三册。《周礼句解》一部一册。①

《内阁藏书目录》《国史经籍志》也著录此书。此外，私人藏书目录，如《百川书志》、《晁氏宝文堂书目》、《万卷堂书目》、《徐氏家藏书目》（《红雨楼书目》）、《近古堂书目》、《玄赏斋书目》、《菉竹堂书目》皆著录此书。可见，朱申《周礼句解》在明代广有流传。需要说明的是，明代出现了《周礼句解》的新刻本，可考知的有以下五种：

其一，明初刊本《周礼句解》12 卷，见于《皕宋楼藏书志》《爱日精庐藏书志》《藏园订补郘亭知见传本书目》的著录。

其二，明永乐中刊本朱申《周礼句解》12 卷，是书有黄翰跋，见于《藏园订补郘亭知见传本书目》的著录。

其三，明正统刊本朱申《周礼句解》12 卷，见于《藏园订补郘亭知见传本书目》。

其四，明嘉靖三十五年（1556）蔡扬金刻朱申《周礼句解》12 卷。《经义考》卷一二五著录明代陈儒《周礼句解序》曰：

> 《周礼》之行于天下也久矣，乃薄海内外间有文献不足者。或曰《周礼》尽在鲁，岂其然哉？往岁秋八月，儒奉命督抚淮南，亟欲崇尚古训，以为保釐之图，未之有得也。适有遗我《周礼句解》者，读之而典则明备，字画精严，宛若韩宣子所见者，乃遂檄淮守蔡子扬金刊之，将以布诸学官。

陈儒言及的就是明嘉靖三十五年（1556）蔡扬金刻朱申《周礼句解》。今

---

① （明）杨士奇等：《文渊阁书目》卷一。

藏中国国家图书馆、东北师范大学图书馆以及美国哈佛大学燕京图书馆。

其五，明成化四年（1468）西安守孙世荣刊《校正详增音训周礼句解》12卷，是书有陈鳣跋，今藏国家图书馆。

清代修撰《四库全书》，朱申《周礼句解》亦被收入经部礼类。《四库全书》本朱申《周礼句解》是根据浙江范懋柱家天一阁藏本抄写①，根据《天一阁遗存书目》著录，天一阁所藏朱申《周礼句解》是明刻本，何时所刻不详。除此之外，清道光二十一年（1841）蒋氏别下斋有《校正详增音训周礼句解》12卷抄本，此本有许光清校并跋，今藏国家图书馆。《四库全书》本朱申《周礼句解》是此书现今较为通行的版本。

二、朱申《周礼句解》的内容与体例

以下以《四库全书》本《周礼句解》为例，介绍朱申《周礼句解》的内容与体例。

（一）内容

朱申《周礼句解》共12卷，其中《天官》、《地官》、《春官》、《夏官》、《秋官》和《考工记》各占2卷。现分述如下：

卷一《天官冢宰上》，内容包括"大宰"至"腊人"的15官；

卷二《天官冢宰下》，内容包括"医师"至"夏采"的48官；

卷三《地官司徒上》，内容包括"大司徒"至"充人"的15官；

卷四《地官司徒下》，内容包括"载师"至"槁人"的63官；

卷五《春官宗伯上》，内容包括"大宗伯"至"职丧"的20官；

卷六《春官宗伯下》，内容包括"大司乐"至"神仕"的50官；

卷七《夏官司马上》，内容包括"大司马"至"掌畜"的22官；

卷八《夏官司马下》，内容包括"司士"至"家司马"的48官；

卷九《秋官司寇上》，内容包括"大司寇"至"貉隶"的26官；

卷十《秋官司寇下》，内容包括"布宪"至"家士"的40官；

卷十一《冬官考工记上》，内容包括"轮人"至"幌氏"的18官；

卷十二《冬官考工记下》，内容包括"布宪"至"弓人"的13官。

（二）体例

观朱申《周礼句解》一书，注经体例仍遵循汉唐的经注模式，先列经文，次列注解，经文用大字，注解用双行小字记注于经文之下，这其间有

---

① 根据《四库全书总目》卷一九《周礼句解》提要记载。

两点值得关注。

第一，句解经文，颇便童蒙诵读。

《周礼句解》号为"句解"，其突出特色就是以"句"为单位注解经文。如《大宰》的第一句经文："大宰之职，掌建邦之六典，以佐王治邦国：一曰治典，以经邦国，以治官府，以纪万民；二曰教典，以安邦国，以教官府，以扰万民；三曰礼典，以和邦国，以统百官，以谐万民；四曰政典，以平邦国，以正百官，以均万民；五曰刑典，以诘邦国，以刑百官，以纠万民；六曰事典，以富邦国，以任百官，以生万民。"对这一段经文，朱申解析为 27 句进行注解。

第 1 句"大宰之职"，朱申注曰：

> 卿一人。大宰即冢宰也，兼总六官，故曰冢宰。列职于王，故曰大宰，职所掌之事也。

第 2 句"掌建邦之六典"，朱申注曰：

> 建，立也。邦，国也。典，常法也，六典其目在下。

第 3 句"以佐王治邦国"，朱申注曰：

> 不言均邦国者，治则理之而已，均则治之盛也。大宰用此六典，辅佐王者理天下。

第 4 句"一曰治典"，朱申注曰：

> 天官之典。

第 5 句"以经邦国"，朱申注曰：

> 经犹纬之有经。治邦国有节制之道，故以经言。

第 6 句"以治官府"，朱申注曰：

> 百官所居曰府。

第 7 句"以纪万民"，朱申注曰：

> 纪犹纲之有纪。治万民者务致其详，故以纪言。

第 8 句"二曰教典"，朱申注曰：

> 地官之典。

第 9 句"以安邦国"，朱申注曰：

安，宁之也。

第 10 句 "以教官府"，朱申注曰：

教，训之也。

第 11 句 "以扰万民"，朱申注曰：

扰，驯之也。谓顺民之性而不拂其宜。

第 12 句 "三曰礼典"，朱申注曰：

春官之典。

第 13 句 "以和邦国"，朱申注曰：

和，不乖也。

第 14 句 "以统百官"，朱申注曰：

统犹合也。礼典以下不曰官府，而曰百官者，尊天地二官，不局其数也。

第 15 句 "以谐万民"，朱申注曰：

谐，调也。

第 16 句 "四曰政典"，朱申注曰：

夏官之典。政，军政也。

第 17 句 "以平邦国"，朱申注曰：

军政所以平定天下，故曰平。

第 18 句 "以正百官"，朱申注曰：

政者正也。

第 19 句 "以均万民"，朱申注曰：

有贡赋之事，故云均。

第 20 句 "五曰刑典"，朱申注曰：

秋官之典。

第 21 句 "以诘邦国"，朱申注曰：

诘，问也。隐而难知故谓之诘。诘，起乙反。

第22句"以刑百官"，朱申注曰：

显而易见则直刑之而已。

第23句"以纠万民"，朱申注曰：

纠犹察也。

第24句"六曰事典"，朱申注曰：

冬官之典。

第25句"以富邦国"，朱申注曰：

富丰于财也。

第26句"以任百官"，朱申注曰：

任犹使也。

第27句"以生万民"，朱申注曰：

生犹养也。

整部《周礼句解》，都是以"句"为单位解析经文进行注解，如此分句注解，省去句读的麻烦，经、注清晰，言简意赅，颇便童蒙诵读。

第二，删去序（叙）官部分经文，颇受清儒诟病。

"叙官"位于《天官》《地官》《春官》《夏官》《秋官》每篇的起始部分，皆以完全相同的五句话开头，即："惟王建国，辨方正位，体国经野，设官分职，以为民极。"而后以四个格式整齐对称、文字略异的文句，如"乃立天官冢宰，使帅其属而掌邦治，以佐王均邦国"，简明扼要地介绍五大官的执掌及其职责。其后，再分述各官编制，这包括五大官所属官员的官名、爵等、人数等。"叙官"之后，每篇才分述各官的所属职事、职权范围等。

朱申《周礼句解》保留了"惟王建国，辨方正位，体国经野，设官分职，以为民极"几句，其后四个格式整齐对称、文字略异的文句也予以保留，而分述各官职系统所属官员的官名、爵等、人数的大部分叙官经文被删去。朱申如此擅删经文，颇受清儒诟病，如《四库全书总目》中《周礼句解》提要就此评价曰：

惟序官乃经文之纲领，申以其无假诠释，遂削而不载，颇乖体
要，是则因陋就简之失矣。

再如《四库全书总目》中《周礼注疏删翼》提要评价曰：

且自朱申以后，苟趋简易，以叙官为无用而删之，经遂有目无
纲……

清儒认为，序（叙）官乃经文纲领，朱申以为无用而删去，有因陋就简
之失。

朱申虽删去了叙官经文，但并非弃而不用，而是将叙官部分的经文作
为注释的一部分，以双行小字的形式记注于每一官职之下。如"宰夫之
职"下，朱申注曰：

下大夫四人，上士八人，中士十有六人，旅下士三十有二人，府
六人，史十有二人，胥十有二人，徒百有二十人。大宰既有副贰，又
有宰夫，所谓设其考也。

这其中"下大夫四人，上士八人，中士十有六人，旅下士三十有二人，府
六人，史十有二人，胥十有二人，徒百有二十人"，就是《天官》叙官部
分陈述宰夫一职的经文，朱申注解宰夫一职，先介绍此职的概况，于是罗
列了这部分经文。可见，朱申虽删叙官经文，但并非弃之不用，也将其作
为介绍诸官的概况内容进行罗列。

三、从《周礼句解》看朱申对《周礼》本经的认识

朱申在《周礼》作者、《冬官》缺失问题上，赞同郑玄所持的传统观
点，对《周礼》一经保持尊重的态度。

（一）对《周礼》作者的认识

朱申尊崇《周礼》，赞同郑玄所持的传统观点，认为周公著《周礼》。
《周礼句解》开篇，朱申注"周礼"二字曰：

成王幼，周公以叔父而摄政，制礼作乐以致太平。及归政之日，
因典章文物之盛，著为六典，实周家一代之礼。①

朱申认为，《周礼》六典是周公摄政期间制礼作乐、兴致太平的实录，周
公归政成王时，著录六典，所以《周礼》反映的是周代的礼乐制度。

---

① （宋）朱申：《周礼句解》卷一，见文渊阁《四库全书》，第 95 册。

（二）对《周礼》残缺问题的认识

关于《周礼》本经残缺问题，朱申不赞同《周礼》本就是伪残之书的观点。《小宰》："以官府之六属举邦治……六曰冬官，其属六十，掌邦事，大事则从其长，小事则专达。"朱申注"六曰冬官，其属六十"曰：

> 《冬官》阙，不可考。①

《冬官考工记第六》，朱申注曰：

> 郑氏曰：《古周礼》六篇，司空之官也。《司空》之篇亡，汉兴，购千金，不得。后人录此三十工，以为《考工记》，备大数耳。今按《冬官》不名司空，而名《考工记》者，盖汉儒名之也。②

朱申赞同郑玄的观点，认为《周礼》原是完整的，后来《冬官》部分才残缺，因为求之不得，汉人遂取内容近似、以记载工匠技艺为主的书籍补缺，补缺之书就是《考工记》。朱申以为保留《考工记》之名，命名《冬官》，是汉儒所为。

四、从《周礼句解》看朱申对郑玄《周礼注》的态度

清代学者评价朱申《周礼句解》曰："逐句诠释，大略根据注疏，义取简约……虽循文诂义，无大发明，而较之窜乱古经，横生新义者，犹不失谨严之义。"③ 与强调新奇的宋代经学著作相比，朱申更关注对郑玄《周礼注》、贾公彦《周礼疏》的吸收，在《周礼句解》中大量采纳郑、贾之说诠释经文。另一方面对于宋人驳斥郑、贾的新说，朱申也适当吸收，并收入《周礼句解》一书，作为对《周礼》的新解释。以下我们就从《周礼句解》一书入手，分别分析朱申对郑玄《周礼注》、贾公彦《周礼疏》的采纳与排弃。

（一）对郑、贾之说的采纳

综观《周礼句解》一书，朱申对郑玄《周礼注》、贾公彦《周礼疏》的采纳分以下四种情况，现论述如下。

其一，直取郑、贾之说而录之。

朱申直接取郑玄《周礼注》、贾公彦《周礼疏》之说解释经文。如

---

① （宋）朱申：《周礼句解》卷一。
② （宋）朱申：《周礼句解》卷十一。
③ （清）永瑢等：《四库全书总目》卷一九《周礼句解》提要。

《大宰》"饬化八材"一句，朱申注解曰：

> 勤力以化八者之材。八材，谓珠曰切，象曰磋，玉曰琢，石曰磨，木曰刻，金曰镂，革曰剥，羽曰析。①

对于"八材"的注解，郑玄是取郑众（郑司农）之说，朱申赞同郑玄的见解，也征引郑众之说解释"八材"。

再如《小宰》"掌建邦之宫刑"一句，朱申注解曰：

> 宫刑，在王宫中之刑。建，明而布告之。②

对"宫刑"和"建"的训诂，朱申直接取用郑玄之说。

又如朱申注解"环人"曰：

> 下士六人，史二人，徒十有二人。环犹却也，主以勇力却敌。③

朱申此处也是采纳郑玄注解的原文直接解经。

其二，删减郑、贾之说而录之。

朱申《周礼句解》以句为单位注解经文，力求简明扼要，为此他删减郑注、贾疏，但尽量保留郑注、贾疏的主要意思不变。如《大宰》"视涤濯"一句，郑玄注"涤濯"曰：

> 谓溉祭器及甑甗之属。

朱申采纳郑玄此说，注解此句经文曰：

> 涤濯，谓洗祭器。大宰则亲视之。④

对于"涤濯"的解释，朱申采纳郑玄之说而进行删减。

再如郑玄注"冯相氏"曰：

> 冯，乘也。相，视也。世登高台，以视天文之次序。

朱申注解"冯相氏"曰：

> 中士二人，下士四人，府二人，史四人，徒八人。冯，乘也。相，视也。言登高台以视天文也。⑤

---

①②　（宋）朱申：《周礼句解》卷一。

③　（宋）朱申：《周礼句解》卷七。

④　（宋）朱申：《周礼句解》卷一。

⑤　（宋）朱申：《周礼句解》卷六。

其中，"中士二人，下士四人，府二人，史四人，徒八人"是《周礼·春官》叙官部分的经文，朱申将其转化为注解。对"冯"、"相"和"冯相氏"官职的解释则是袭用郑注而删减之。

以上所举的例子，虽删减郑玄注文，但郑注的意思并没有变化。有时也会出现朱申删减郑注、贾疏造成意思改变的情况，如郑玄注"内宗，凡内女之有爵者"曰：

> 内女，王同姓之女，谓之内宗。有爵，其嫁于大夫及士者。凡，无常数之言。

朱申删减此处郑注，注解"内宗"曰：

> 凡内女之有爵者。王同姓之女，凡有爵者。①

其中，"凡内女之有爵者"是《春官》叙官部分的经文，朱申将其转为注语。"王同姓之女，凡有爵者"是删减郑注，解释经文。我们认为，朱申此处对郑注的删减，改变了郑玄注解的本意。郑玄认为，内宗是与王同宗的女性亲属嫁给有爵位的士大夫者；而朱申删减郑注，就变成了内宗是与王同姓的女性中有爵位者。二者之间的重要差异在于，郑玄认为"有爵"是这些贵族女性的丈夫有爵位，她们也同享相应的爵位；朱申删减后的意思变成贵族女性本身就有爵位，她们的爵位与丈夫没有关系。

其三，补充郑、贾之说而录之。

朱申也会结合自己对经文的理解，对郑、贾之说进行补充。如《天官》叙官部分经文"使帅其属而掌邦治"，郑玄注"邦治"曰：

> 邦治，王所以治邦国也。

朱申提出己见，对郑注进行补充，注解此句经文曰：

> 邦治谓总六官之职也。天官其属六十，冢宰帅之而掌邦治焉。帅音率。属音蜀。治去声，凡方欲治之者，系活字，皆平声；已治、政治等系死字，皆去声，后可以意求之。②

郑玄解释"邦治"，只是约略言"王所以治邦国"，朱申结合自己对经文的理解，对郑玄此说进行补充，认为"邦治"就是冢宰率天官系统官员协调六官，治理邦国。

---

① （宋）朱申：《周礼句解》卷五。
② （宋）朱申：《周礼句解》卷一。

其四，取郑、贾之说大意而录之。

《周礼句解》采纳郑、贾之说最为普遍的情况就是取其大意而录之，朱申注解与郑、贾之说虽然文字不同，但意思基本相同。如《医师》"十全为上"一句，郑玄注"全"曰：

> 全犹愈也。

宋儒对郑玄此说提出不同见解，如王安石、程颐等。朱申不从宋儒新说，而是附和郑玄的见解，注解此句经文曰：

> 设如医治十人，皆得全愈，则功之上也。①

朱申赞同郑玄"全犹愈"的观点，并举例加以说明。注解的文字虽然和郑注不同，但意思却承袭了郑玄注解的本意。

再如《渔人》"凡渔征，入于玉府"一句，贾公彦疏曰：

> "凡渔征，入于玉府"者，言渔征者，谓近川泽之民，于十月獭祭鱼之时，其民亦得取鱼、水族之类。其中须骨之事堪饰器物者，所有征税，渔人主收之，送入于玉府，以当邦赋也。

朱申采纳贾公彦之说注解经文，曰：

> 鱼之须骨堪饰器物者，所有征税入于玉府，以当邦赋也。②

朱申是取贾公彦之说的大意，再补充自己的看法，注解此句经文的。

又如郑玄注解"萍氏"曰：

> 萍氏主水禁，萍之草无根而浮，取名于其不沉溺。

朱申采纳郑玄的见解，注解曰：

> 主水禁者以萍为名，比其浮于水上，不沉溺也。③

此处朱申采纳了郑玄之说的主要意思，文字虽有不同，主要意思却是一样的。

综上，朱申《周礼句解》中大量采纳郑玄、贾公彦之说，改变文字、取其大意是朱申征引郑注最常出现的情况。原文征引、补充征引和删减征引郑、贾之说的情况也存在，但所占比例不高。需要指出的是，偶有删减

---

① （宋）朱申：《周礼句解》卷二。
② （宋）朱申：《周礼句解》卷一。
③ （宋）朱申：《周礼句解》卷一〇。

郑、贾之说不当的情况，甚至影响对郑、贾注疏经文本意的理解。

（二）对郑玄《周礼注》的排弃

宋人研治经学好立新说，对郑玄《周礼注》、贾公彦《周礼疏》之说多有驳斥，朱申《周礼句解》中也有排弃郑、贾之说的情况。以下我们分析朱申排弃郑注、贾疏的方法：

第一，采汉儒之说排弃郑、贾之说。

郑玄《周礼注》博综兼采，其间保存了杜子春、郑兴、郑众等多家《周礼》学说，郑玄吸纳他认为正确的诸家之说，对他不赞成的诸家见解给予保留的同时，也在后面提出新见，供后学参考。《周礼句解》中，朱申偶采汉儒之说，排弃郑、贾之见。

如" 人"，郑玄注曰：

> 故书"廛"为"坛"。杜子春读坛为廛，说云"市中空地"。玄谓廛，民居区域之称。

朱申采纳杜子春之说解释" "，注解曰：

> 中士二人，下士四人，府二人，史四人，胥二人，徒二十人。廛，市中空地也。①

其中，"中士二人，下士四人，府二人，史四人，胥二人，徒二十人"，是叙官部分的内容。对" "的训诂，朱申是采纳杜子春之说，不取郑玄"廛"是"民居区域之称"的见解。

第二，采宋儒新说排弃郑、贾之说。

宋人研治经学好立新说，对郑玄《周礼注》、贾公彦《周礼疏》之说多有驳斥，朱申也采纳部分宋儒新说，排弃郑注、贾疏。

如《大宰》"体国经野"一句，郑玄注曰：

> 体犹分也。经谓为之里数。郑司农曰："营国方九里，国中九经九纬，左祖右社，面朝后市；野则九夫为井，四井为邑之属是也。"

朱申注解此句经文曰：

> 体犹分也。经犹画也。城中曰国，郊外曰野。体国，营其国之宫城门涂，犹人身之有四体。经野，治其野之丘甸沟洫，如织之有

---

① （宋）朱申：《周礼句解》卷四。

经纬。①

朱申不赞同郑玄对"经"的解释，认为"经"不是具体里数，是经画的意思。宋人魏了翁就将"体国经野"的"经"解释为经画，朱申此见有可能就是受到魏了翁等宋儒的影响。

又如《医师》"聚毒药以共医事"一句，郑玄训"毒药"曰：

> 毒药，药之辛苦者。药之物恒多毒。

朱申注解此句经文曰：

> 毒谓五毒，药谓五药。医师聚之，以共众医之所用。共音恭。②

王安石在《周官新义》中，将"毒药"解释成"五毒""五药"，朱申此处就采纳王安石之说解释"毒药"，不从郑玄之说。

第三，以己见排弃郑、贾之说。

朱申有时也能联系上下经文，提出自己对经文的注解，这些注解大多不同于郑注、贾疏。如郑玄在《大宰》"以八柄诏王驭群臣"一句中，训"驭"字曰：

> 凡言驭者，所以驱之内之于善。

朱申在《大宰》"以驭其神"一句中，注解"驭"曰：

> 驭犹马之在驭，祭祀有废置，故言驭其神。驭音御。③

此处朱申对"驭"的注解不同于郑玄，他是从合理解释经文的角度，训"驭"为驭马之驭的。

再如郑玄训"保氏"之"保"字曰：

> 保，安也，以道安人者也。

朱申注解"保氏"曰：

> 下大夫一人，中士二人，史二人，胥六人，徒六十人。师道之教训。保，保其身体。④

"下大夫一人，中士二人，史二人，胥六人，徒六十人"，属于《地官》叙

---

① （宋）朱申：《周礼句解》卷一。
② （宋）朱申：《周礼句解》卷二。
③ （宋）朱申：《周礼句解》卷一。
④ （宋）朱申：《周礼句解》卷四。

官部分的内容，其中"中士二人"和"史二人"之间，少"府二人"三字。此处，朱申训"保"为保护身体，不同于郑玄所云的"以道安人"。

综上，朱申《周礼句解》对郑注、贾疏的排弃主要有三种情况，或取汉儒之说，否定郑、贾；或取宋儒新说，否定郑、贾；或以己意裁断郑、贾，立新说。总之，对郑、贾之说的排弃虽不占据《周礼句解》一书解经的主流，但也能体现宋人治经大胆怀疑、勇立新说的精神。

五、朱申《周礼句解》的解经特点

以下我们从四个方面分析朱申《周礼句解》的解经特点。

第一，对郑玄《周礼注》、贾公彦《周礼疏》的采纳与排弃。

宋代经学研究以"变古"求解放，视汉儒之学若土埂，论解经文新义横生，在为宋代经学研究带来新活力的同时，也不无矫枉过正之嫌。一方面，朱申在此学术氛围中，能墨守汉唐传注之学，在《周礼句解》一书中大量征引郑、贾之说，是值得肯定的，这一点备受清儒推崇。另一方面，朱申也受时代学风影响，对他认为不妥当的郑、贾之说予以排弃。这部分内容前面述之详矣，参看本节"四、从《周礼句解》看朱申对郑玄《周礼注》的采纳与排弃"，兹不赘述。

第二，于郑玄、贾公彦无注解之处立说。

朱申《周礼句解》的解经特点之一，就是对郑玄《周礼注》、贾公彦《周礼疏》中未加训诂解释的经文进行注解。如"惟王建国"一句，郑玄、贾公彦没有训诂"王"和"国"两字，朱申则对两字进行了注解，曰：

> 王，三代君天下之称也。国，王者所都也。此言周王之建立都国。①

再如"设官分职"一句，郑玄、贾公彦没有对"设"和"分"两字进行训诂，朱申注解两字曰：

> 设，置也。分，别也。②

对郑、贾无训诂的经文进行注解，是朱申诠释《周礼》的特点之一。

第三，引宋制解经。

汉人注《周礼》喜引汉制相比况，宋人注《周礼》也好引宋制相比

---

① ②　（宋）朱申：《周礼句解》卷一。

况，目的都是方便时人理解。朱申也有引宋制解经的情况。如朱申注"内史"曰：

> 中大夫一人，下大夫二人，上士四人，中士八人，下士十有二人，府四人，史四人，胥四人，徒四十人。犹今之内制，即翰林之职也。①

"中大夫一人，下大夫二人，上士四人，中士八人，下士十有二人，府四人，史四人，胥四人，徒四十人"，是《春官》叙官部分的经文，对照阮元校勘《十三经注疏》本《周礼注疏》，其中有两处错误：一处"下士十有二人"应是"下士十有六人"，另一处是"史四人"应是"史八人"。朱申为了说明内史一职的职掌，以宋代的翰林一职相比况。

再如朱申注"外史"曰：

> 上士四人，中士八人，下士十有六人，胥二人，徒二十人。犹今之外制，即舍人之职也。②

此处"上士四人，中士八人，下士十有六人，胥二人，徒二十人"，也是《春官》叙官部分的经文。为了方便学人理解外史一职的职掌，朱申以宋代舍人一职相比况。

第四，对经文中的生僻字进行注音。

朱申《周礼句解》注解经文简明扼要，对于一些生僻字、多音字会进行注音。如《大宰》"及纳亨"一句，朱申注解曰：

> 向祭之晨纳牲，告杀。既杀，乃授亨人。亨音烹。③

此处，朱申采用直音法注明"亨"的读音。此类情况在《周礼句解》中很多，占据此书注解中注音的很大比例。

再如《小宰》"一曰听政役以比居"一句，朱申注曰：

> 政谓力政。役谓徒役。民有争，则以其地比居者共听之。政音征。比，毗志反。④

此处，朱申采用反切注音法注明"比"的读音。

遇到多音字的情况，朱申也会在注解中进行注明。如朱申注解"使帅其属而掌邦治"一句，曰：

---

① ② （宋）朱申：《周礼句解》卷六。
③ ④ （宋）朱申：《周礼句解》卷一。

　　　邦治谓总六官之职也。天官其属六十，冢宰帅之而掌邦治焉。帅
音率。属音蜀。治去声，凡方欲治之者，系活字，皆平声；已治、政
治等系死字，皆去声，后可以意求之。①

此处，"治"是多音字，朱申结合经文解释此处"治"应读何音。

　　综上，朱申《周礼句解》注解经文以"句"为单位，省去了句读的不
便，又能依据郑注、贾疏进行注解，注文简明扼要，不烦琐，还能从读者
的角度出发，清晰注明经文中的字读，这些都十分方便初学者掌握《周
礼》。正因如此，此书问世后，颇受学人青睐，从南宋迄清，版刻不断，
完整地流传至今。还有一些作者仿照此书进行撰著，如明朝陈仁锡撰《重
校古周礼》，"其注释多剟朱申《句解》"；明朝孙攀《古周礼释评》也"因
朱申《周礼句解》，稍为订补，别以音释、评语标注上方"。从中我们不难
看到此书之于后学的影响。

第四节　魏了翁《周礼折衷》

　　魏了翁（1178—1237），字华父，号鹤山，学者称鹤山先生，谥文靖，
后又称魏文靖公。南宋邛州蒲江（今四川省成都市蒲江县）人。庆元五年
（1199）进士。嘉泰四年（1204），任国子正，结识朱熹弟子辅广和李方
子，开始精研理学，并大力表彰发扬理学。开禧二年（1206），由校书郎
出知嘉定府，途经建康，谒见叶适。嘉定三年（1210），在家乡蒲江建鹤
山书院，以朱熹理学开门授徒，蜀地之士争负笈从之。嘉定九年（1216）、
嘉定十年（1217），任潼川府路提点刑狱，两次上疏宁宗，表彰周敦颐、
程颢、程颐，请为三人定谥号，这使周程的社会地位得以提高。嘉定十六
年（1223），任省试参详官，与陆九渊之子陆持之等心学人物相交，受到
陆氏心学的影响，逐步由朱熹理学转向心学，并取折中朱陆的态度。宝庆
元年（1225），因反对史弥远专权，被贬官，流放靖州，此期间，又创办
一所鹤山书院，教学授徒，传播理学。端平二年（1235），任权礼部尚书
兼直学士院，时逢蒙古军大举进犯，魏了翁以端明殿学士、同金书枢密院
事之职督视京湖军马，后兼督视江淮军马。端平三年（1236），率督府开

---

　　① （宋）朱申：《周礼句解》卷一。

赴九江等地与蒙古军作战，后被朝廷下诏召回。端平四年（1237）三月十八日，魏了翁病逝于苏州，享年60岁。

魏了翁是南宋末著名理学家，时与真德秀齐名，并称"真魏"。魏了翁在理学史上占有重要地位，他在朱陆之后超越朱学，折中朱陆，而又倾向于心学，预示着理学及整个学术发展的方向；并在确立理学正统地位的过程中发挥了重要的作用，使理学由民间传授、受压制状态逐步被统治者所接受而成为官方哲学。

魏了翁的主要著作有《九经要义》263卷，今存残卷，包括《周易要义》10卷、《尚书要义》20卷、《毛诗要义》20卷、《仪礼要义》50卷、《礼记要义》33卷、《春秋左传要义》31卷（原本60卷）。《九经要义》中已经佚亡的部分包括：《周礼要义》30卷、《论语要义》10卷、《孟子要义》14卷。此外，魏了翁的主要著作还有《鹤山集》（又名《鹤山文集》、《重校鹤山先生大全文集》），今存《四库全书》本《鹤山集》109卷、《四部丛刊》本《重校鹤山先生大全文集》110卷。

一、魏了翁《周礼折衷》的流传情况

魏了翁《周礼折衷》初分上下2卷，以单刻本的形式传世，如《直斋书录解题》卷二载曰：

> 《鹤山周礼折衷》二卷，枢密临邛魏了翁华父之门人税与权所录，条列经文，附以传注，鹤山或时有所发明，止于天官，余皆未及也。

又，《宋史》卷二○二《艺文志》载曰：

> 魏了翁……《周礼折衷》二卷……

又，《文献通考》卷一八一《经籍考》载曰：

> 鹤山《周礼折衷》二卷。陈氏曰：枢密临邛魏了翁华父之门人税与权所录，条列经文，附以传注，鹤山或时有所发明，止于天官，余未及，凡二卷。

又，《授经图义例》卷二○载曰：

> 《周礼折衷》二卷，魏了翁。

由上可知，时至明代仍有《周礼折衷》2卷单刻本流传。

元明间，《周礼折衷》还被收入《鹤山集》，《鹤山集》乃后人取魏了翁生平著作合编而成，版本较多，有的版本《鹤山集》将《周礼折衷》离析为 4 卷，有的版本《鹤山集》又将《周礼折衷》合并为 3 卷。如《四库全书》本《鹤山集》将《周礼折衷》离析为 4 卷，而《四部丛刊》本《重校鹤山先生大全文集》又将《周礼折衷》合并为 3 卷。因《周礼折衷》被完整地收录入《鹤山集》中，明代以后《周礼折衷》单刻本流传渐少，清光绪年间吴氏望三益斋刻《周礼折衷》4 卷附《师友雅言》1 卷，共 2 册，今藏四川省图书馆、成都图书馆。

需要指出的是，有的学者将《周礼折衷》的作者委于税与权，如《经义考》卷一二五著录曰：

> 税氏与权《周礼折衷》。《通考》二卷，《宋志》作魏了翁，存。

税与权，字巽甫，亦字巽父，巴郡（今属四川省）人，魏了翁弟子，精于《易》学，撰有《易学启蒙小传》。据《直斋书录解题》记载，《周礼折衷》一书系税与权所录，但书中论解《周礼》的思想观点属于魏了翁，税与权仅是辅助老师进行记录或整理。因此，把《周礼折衷》一书的著作权委之于税与权是不当的。

二、魏了翁《周礼折衷》的内容与体例

以下以《四库全书》本《鹤山集》卷一〇四至卷一〇七的《周礼折衷》为例，分别介绍此书的内容和体例。

（一）内容

魏了翁《周礼折衷》，原名《江阳周礼记闻》[①]，友人王辰应读后，致书魏了翁，"云郑诸说于是论定，宜以《鹤山周礼折衷》名之"[②]，遂更名《周礼折衷》。杨世文先生认为此书是一部有关《周礼》的讲义，由门人记录成书。[③]

观其内容，卷一〇四包括冢宰、小宰、宰夫，卷一〇五包括宫正、宫伯、膳夫、庖人、内饔、外饔、亨人、甸师、兽人、渔人、鳖人、腊人，

---

① 宋末元初人熊朋来撰《经说》，卷四《汉儒以汉法解经》一篇云："鹤山魏了翁《江阳周礼记闻》，后人称《周礼折衷》……"又《经义考》卷一二五引税与权《周礼折衷后序》曰："右《周礼折衷》上下篇，本名《江阳周礼记闻》……"

② （清）朱彝尊：《经义考》卷一二五。

③ 参见杨世文：《魏了翁〈周礼折衷〉析论》，载《蜀学》，第六辑，183 页。

卷一〇六包括医师、食医、疾医、疡医、兽医、酒正、酒人、浆人、凌人、笾人、醢人、醯人，卷一〇七包括盐人、幂人、宫人、掌舍、幕人、掌次、大府、玉府、内府、外府、司会、司书、职内、职岁、职币。注解的内容仅涉及《周礼》天官系统的部分职官，其他部分未有论述。

（二）体例

《四库全书》本《鹤山集》卷一〇四至卷一〇七是《周礼折衷》，观其体例，先列经文（不录叙官部分经文，仅宫正、宫伯除外），顶格书写；次列先后郑、贾公彦注疏，也征引天台周氏、王安石、王昭禹、《陵阳三礼辨》之说，低一格书写；最后列魏了翁注解，低二格书写，个别注解以双行小字形式记注于魏了翁注解之下，作为补充①。总体看来体例严正，仍遵循传统诂经方式。

三、魏了翁对《周礼》本经的认识

（一）对《周礼》本经的态度

宋人治经，具有怀疑精神，魏了翁对《周礼》经文也有所怀疑。如《庖人》："凡令禽献，以法授之，其出入亦如之。"魏了翁解曰：

> 古人春不毁胎卵，又数罟不入污池，取禽兽有时节，其法禁甚严。然国客之至，不可以时拘，宾客禽献之事至九十双、七十双之类，不知如何区处，此不可晓。②

又，《大府》："凡式贡之余财以共玩好之用。"魏了翁解曰：

> 周公制礼，必不专立一条，以共王者玩好之用。此书所以人疑刘歆之傅会。③

虽然对个别经文有所怀疑，但就《周礼》一经的整体而言，魏了翁赞同朱熹的观点。其云：

> 周之官联，其联事处最密，故朱文公谓一部《周礼》盛水不漏。④

---

① 如《周礼折衷》卷一《大宰》："正月之吉，始和布治于邦国都鄙，乃悬治象之法于象魏，使万民观治象，挟日而敛之。"魏了翁注解中，就有注解以双行小字的形式出现，作为补充。
② （宋）魏了翁：《鹤山集》卷一〇五《周礼折衷》，见文渊阁《四库全书》，第1172～1173册。
③ （宋）魏了翁：《鹤山集》卷一〇七《周礼折衷》。
④ （宋）魏了翁：《鹤山集》卷一〇四《周礼折衷》。

　　　　《周礼》用字处，文法极严，如《小宰》八成之类，一字移不得。①
　　　　故上说经邦国，下说平；上说扰万民，下说宁。如此推之，皆别
　　是义，用字极严。②

魏了翁认为，《周礼》一经的遣词用字、行文方法都很严谨，故对《周礼》
本经颇为推崇，抱持着尊重的态度。
　　早在西汉《周礼》甫现于世时，就有儒者怀疑其真伪。至东汉，何休
斥《周礼》为六国阴谋之书，林孝存作《十论》《七难》排弃之。宋代对
《周礼》真伪的争论更为激烈，对此问题，魏了翁认为《周礼》见疑于后
世是汉儒解经的分歧与失误造成的。其云：

　　　　又先后郑"币余"之说互不同，或以为使者有余来还，或以为百
　　工之余，或以为占卖国之斥币，依国服出息，此书所以可疑。而康成
　　又专以王莽国服出息等币法以证三代，误后世多矣。③

汉儒对"币余"的解释存在分歧，如郑众注《大宰》"币余"曰"百工之
余"，注此处"币余"曰"使者有余来还也"，郑玄不从郑众之说，注"币
余"曰"占卖国之斥币"。魏了翁以为，汉儒对经文解释的分歧是造成后
世学者误解《周礼》经文本意的重要原因，加之郑玄又好引汉制证三代古
制，更使后学误解三代制度，甚至有学者据此怀疑《周礼》是否反映先王
政治，进而质疑《周礼》本经的真伪。
　　（二）对《周礼》作者问题的认识
　　关于《周礼》作者问题，魏了翁曰：

　　　　鹤山云：《周礼》《左氏》，并为秦、汉间所附会之书。《周礼》亦
　　有圣贤遗法，然附会极多。④
　　　　鹤山云：《周礼》与《左氏》两部，字字谨严，首尾如一，更无
　　疏漏处，疑秦、汉初人所作，因圣贤遗言遂成之。⑤

魏了翁认为，《周礼》"亦有圣贤遗法，然附会极多"，可能是秦或汉初人
撰作的。
　　（三）对《周礼》残缺问题的认识
　　对《周礼》的残缺问题，魏了翁也有自己的见解。其云：

---

①②　（宋）魏了翁：《鹤山集》卷一〇四《周礼折衷》。
③　（宋）魏了翁：《鹤山集》卷一〇七《周礼折衷》。
④⑤　（宋）魏了翁：《鹤山集》卷一〇八《师友雅言上》。

《周礼·冬官》阙，与《夏官·舆司马》、《军司马》及《司禄》
等皆阙，大率是沟洫、兵赋与班爵禄之制，诸侯恶其害己，而去其
籍。至秦而又并天下，诗、书、百家语烧之。秦虽焚书，止焚天下所
藏私书，其博士官所职，固自若也。惜萧何以刀笔史止收图籍，以知
天下户口隘塞。至项羽焚咸阳，博士所藏始荡尽。故山崴屋壁所出，
皆讹阙不完耳。①

《冬官》所谓事，此书惜乎不存，疑其尽是营国授田等事，必有
容心去之者。②

魏了翁认为，《周礼·冬官》《夏官》等部分记载的沟洫、兵赋与班爵禄制
度，同战国各诸侯国实行的制度大相径庭，各诸侯深恐这些记载危害自己
的统治，故禁止《周礼》的流传。至秦代，虽焚民间私藏的诗、书、百家
语，但博士官仍保有这些典籍。可惜的是，在秦末天下大乱之际，博士官
保存的这部分典籍未被随刘邦先入咸阳的萧何收走，而是连同咸阳城，一
并被项羽焚毁。经历这几次打击，西汉初年奏献于朝廷的儒家经典多有讹
缺，这其中就包括《周礼》。由此可知，魏了翁认为《周礼》本经是完整
的，他基本赞同马融、贾公彦的看法，认为因《周礼》蕴含先王政治精
华，故在流传过程中遭遇诸侯的排斥，加之秦汉间的变乱，故西汉再现于
世的《周礼》是残缺不全的。

四、从《周礼折衷》看魏了翁对郑玄《周礼注》的态度

魏了翁对郑玄《周礼注》既有肯定，也有批驳，以下分别论述之。

(一) 对郑玄《周礼注》的肯定

受朱熹治经重训诂的影响，魏了翁也比较重视吸取汉唐诸儒训诂考证
的治经成果和治经方法。在《周礼折衷》中，魏了翁除大量征引郑玄《周
礼注》、贾公彦《周礼疏》之说，还对他认为允当的注解给予肯定和好评。
如《宰夫》："凡失财用物辟名者，以官刑诏冢宰而诛之。"郑玄训"辟
名"曰：

辟名，诈为书，以空作见，文书与实不相应也。

魏了翁评价曰：

①②　(宋) 魏了翁：《鹤山集》卷一〇四《周礼折衷》。

辟名，诈为文书，以空物作见在文书。郑说是也。①

又如《宰夫》："凡朝觐、会同、宾客，以牢礼之法掌其牢礼、委积、膳献、饮食、宾赐之飧牵，与其陈数。"魏了翁评价郑玄注曰：

　　飧，夕食，以文解字。后郑以为客始至所致礼，其义方该。②

再如《内饔》："辨腥臊膻香之不可食者……豕盲眡而交睫，腥；马黑脊而般臂，蝼。"魏了翁评价郑玄之说曰：

　　交睫星，郑以为肉有米似星。乡在靖州，人或告以屠所市豕肉不可食者，问其故，则云夜于星下饲豕，则肉上尽有星如米状，此不可食。索而观之，信然。乃知康成之言有所据。③

魏了翁根据自己家乡人实际生活的经验，赞同郑玄的注解，认为郑玄注经言而有据，并引用乡人之说试图说明这种现象产生的原因。

（二）对郑玄《周礼注》的批驳

另一方面，魏了翁对他认为错误的郑玄《周礼注》之说也进行批评、驳斥。魏了翁对郑注的批评主要集中在以下四个方面。

第一，以汉制解经，贻误后学。

《周礼》所载古代名物制度非常庞杂，即便是在去古未远的汉代，学者也有晦涩难读之感。郑玄注《周礼》，为使经义简易明白，常引时人熟悉的汉制比况古制。对此，魏了翁不以为然，批评郑玄以汉制解经，贻误后学。

如《大宰》"以八则治都鄙：……五曰赋贡，以驭其用"一句，郑玄注"赋"曰："口率出泉也。"魏了翁批评郑玄此说，曰：

　　康成以汉制解经，以赋为口率出泉，三代安有口赋？其误后学甚多，此其一也。④

又如《大宰》："以九赋敛财贿：一曰邦中之赋，二曰四郊之赋，三曰邦甸之赋，四曰家削之赋，五曰邦县之赋，六曰邦都之赋，七曰关市之赋，八曰山泽之赋，九曰币余之赋。"郑玄注解"赋"字曰："玄谓赋，口率出泉也。今之算泉，民或谓之赋，此其旧名与？"魏了翁批评郑玄此说，曰：

---

①② （宋）魏了翁：《鹤山集》卷一〇四《周礼折衷》。
③ （宋）魏了翁：《鹤山集》卷一〇五《周礼折衷》。
④ （宋）魏了翁：《鹤山集》卷一〇四《周礼折衷》。

三代"赋"字，只是颁其式以任井地，所出献于上，初非计口出泉。唐陆贽犹以民间出泉为不便，况成周乎？郑氏以汉法解经，至熙宁而祸不可胜言，此九赋又其一也。①

魏了翁不赞成郑玄以汉代实行的"口率出泉"解释"赋"，认为郑玄此说误导了后学，以致王安石熙宁年间据此推行新法，造成了很大的社会动乱。

再如《大宰》"以八柄诏王驭群臣……六曰夺，以驭其贫"，郑玄注"夺"曰："夺谓臣有大罪，没入家财者。"魏了翁批评郑玄此说，曰：

然其间以汉制"没入家财为夺以驭贫"一条，尤害义理。三代安得有没入人臣家财之法，古者待臣下无绝法。如臣之去国，素车白马，以丧服去，虽待放于郊，然犹爵禄有诏于朝，出入有诏于国，三年然后收其田里，虽夺之而不使其妻子至于乏绝。故礼为旧君有服，上下皆以忠厚存心。及至战国，孟子始有"君之视臣如草芥，则臣视君如寇雠，寇雠何服之有"之言。如臧武仲去国，犹以防求为后于鲁，为臧为也。武仲去而犹据防以请立臧为为后，故孔子以为要君。是三代之法，臣有罪而夺爵之类，亦必斟酌而不使至于贫困，此其所为驭，而康成之误解经，当表而出之。②

魏了翁认为，三代时期君臣关系讲求恩义，君主即便对有罪大臣也不会赶尽杀绝，这种"君使臣以礼，臣事君以忠"的风气到战国时期才发生根本变化，郑玄以汉代"臣有大罪，没入家财"来训诂"夺"字，不符合《周礼》所记载的三代君臣关系。魏了翁批评郑玄引汉制解经"尤害义理"，即影响后学对《周礼》经文本意、三代古制的理解。

客观而言，以今况古，引汉制解经，本是郑玄《周礼注》的一大特色，但其间也出现了不少以今代古、以今乱古的情况，这也成为郑玄《周礼注》的缺憾。魏了翁能据此提出指斥，驳弃郑注，确是学有根底，具有卓见。

第二，臆断解经，有牵强附会之处。

《周礼》记载的名物制度颇多，而郑玄对有些制度的注解确实出于己见，无明确依据。因郑氏博学多闻，这些见解中确有超越前人之处，但也有些见解缺乏根据，有臆断之嫌。魏了翁就此批评郑玄好以己意解经，其

①② （宋）魏了翁：《鹤山集》卷一〇四《周礼折衷》。

说有牵强附会之处。

如《幂人》："以画布巾幂六彝。凡王巾，皆黼。"郑玄注曰：

> 画者，画其云气与……周尚武，其用文德则黻可。

魏了翁评价曰：

> 凡言画，郑康成皆臆决，以为云雷，于义无所考。以周尚武，用黼；夏尚揖让，用黻。恐亦未必然。①

魏了翁认为郑玄此处的注解，无论是以云雷为"画"，还是周尚武王巾用"黼"、夏尚揖让王巾用"黻"，都缺乏明确的依据，属臆断之见，不见得符合经文本意。

又如《大宰》："乃立天官冢宰，使帅其属而掌邦治，以佐王均邦国。"魏了翁评价郑玄注解曰：

> 又云：《周礼》制度数目，康成多是使约法推之，如大夫五命，士三命，周七庙，便推殷六庙，不知何书出来，却殷已有七世之庙，可以观德之辞，则约法遂穷。②

在魏了翁看来，因为郑玄以己意解经，所以经注中会出现难以自圆其说甚至自相矛盾的情况。

魏了翁学问宏通，对《周礼》有较为精深的研究，故能指出郑玄《周礼注》存在臆断解经的弊端，其说确然。但另一方面，郑玄对《周礼》的哪些注解是臆断，其实也是魏了翁凭己意裁断的，有时魏氏判断郑玄《周礼注》之说牵合也缺乏坚实的立论基础。如《疾医》："以五味、五谷、五药养其病，以五气、五声、五色视其死生。"郑玄注曰：

> 养犹治也。病由气胜负而生，攻其赢，养其不足者。五味，醯酒饴蜜姜盐之属。五谷，麻黍稷麦豆也。五药，草木虫石谷也。其治合之齐，则存乎神农、子仪之术云。
>
> 三者剧易之征，见于外者。五气，五藏所出气也。肺气热，心气次之，肝气凉，脾气温，肾气寒。五声，言语宫商角徵羽也。五色，面貌青赤黄白黑也。察其盈虚休王，吉凶可知。审用此者，莫若扁鹊、仓公。

---

① （宋）魏了翁：《鹤山集》卷一〇七《周礼折衷》。
② （宋）魏了翁：《鹤山集》卷一〇四《周礼折衷》。

魏了翁批评此处郑注，曰：

> 神农、子仪能治合之齐，亦必能候和气也；扁鹊、仓公能候气
> 也，亦必能合和此齐。郑氏以臆说分之，太拘。①

郑玄从治病、看病两个角度注解此句经文，主张通过五味、五谷、五药相互配合来治病，通过五气、五声、五色相结合来判断病情的发展变化。为了帮助学人理解，他举神农、子仪、扁鹊、仓公进行辅助说明，这本无不好。而魏了翁认为郑玄人为地把用五味、五谷、五药治病和用五气、五声、五色看病割裂，以神农、子仪、扁鹊、仓公举例也存在偏颇，因为神农、子仪也能看病，而扁鹊、仓公也能治病。据此，魏了翁批评郑玄"以臆说分之，太拘"。

我们以为，"太拘"的反是魏了翁，郑玄两处举例是为了更贴切地说明经文，并不存在所谓各执一端的偏颇，可知魏了翁批评郑注也存在武断的臆说。

第三，不晓字的古意，导致错误理解经文本意。

随着时间推移，文字的本意会发生引申、转移，甚至会发生文字本意失落的情况。在魏了翁看来，汉儒虽然去古未远，但对《周礼》中有些文字的原本意思已经不知道了，而用这些文字后起的意义来理解经文，就可能发生失误。

如《大宰》："以八柄诏王驭群臣：一曰爵，以驭其贵；二曰禄，以驭其富；三曰予，以驭其幸；四曰置，以驭其行；五曰生，以驭其福；六曰夺，以驭其贫；七曰废，以驭其罪；八曰诛，以驭其过。"郑玄训"驭"曰：

> 凡言驭者，所以驱之内之于善。

魏了翁不赞成郑玄对"驭"的注解，也试图揣测揭示"驭"字的古意，希望能借此正确地理解经义。曰：

> 八则、八柄言驭者，凡十六字，只当通作一义讲。康成以"驱而
> 内之于善"训驭字，不知祭祀如何驱神以内于善？臣有大罪，没入而
> 夺其家财，如何驱贫者而内于善？窃意古之驭者，斟酌疾徐，自有其
> 法。康成不察此十六个驭字，若以古之善驭者推之，当训"品节而归

---

① （宋）魏了翁：《鹤山集》卷一〇六《周礼折衷》。

于范"之意。如祭祀而斟酌天神、地　、人鬼之品节，而不违其则，庶乎其可以驭神也。自祭祀驭神而皆得其品节以下，则其他尽通。①

魏了翁认为，按郑玄"驱而内之于善"的注解来疏通经文，存在令人费解的问题，所以他斟酌古意，训"驭"为"品节而归于范"，认为以此意解经，则经文尽通。

我们以为，魏了翁批评郑玄等汉儒虽去古未远，但已经不能知晓经典中文字的古意，而身处南宋的魏了翁去古更远，他又如何揣测所谓的经典文字的古意呢？其实，魏了翁和郑玄一样，也是以自身的学术修养为基础训诂经典文字，他批评郑玄解经不晓文字古意，而他自己对经典文字古意的理解也同样缺乏根据。

第四，拘泥。

魏了翁认为郑玄《周礼注》的有些注解拘泥，不通达。如《大宰》"以九职任万民……七曰嫔妇，化治丝枲"一句，郑玄注"嫔"曰：

> 嫔，妇人之美称也。《尧典》曰："釐降二女嫔于舜。"

魏了翁批评郑玄此说，曰：

> 嫔止匹妃之称，传注泥。尧女邑姜，是有德行之妃，故以为美称。横渠破"生曰妻""死曰嫔"之说最是。②

魏了翁此处肯定张载之说，认为嫔指帝王妃匹，而郑玄妇人美称的解释拘泥了。

又如《大宰》："乃施法于官府，而建其正，立其贰，设其考，陈其殷，置其辅。"郑玄注曰：

> 正谓冢宰、司徒、宗伯、司马、司寇、司空也。贰谓小宰、小司徒、小宗伯、小司马、小司寇、小司空也。考，成也，佐成事者，谓宰夫、乡师、肆师、军司马、士师也。司空亡，未闻其考。

魏了翁批评此处郑注，曰：

> 此文先云施法则于官府，则官府乃总言三百六十之官，非止六官也。《左传》云，百官之正，长师旅，是每官秩之最高者为正，其次为贰，为考，惟独员及员少者则不能备贰、考及殷。郑专云六官则

拘矣。①

魏了翁认为，经文所指的"官府"不仅仅是天地春夏秋冬六官，而且是包括三百六十官在内的官僚系统，"正"、"贰"和"考"是这一官僚系统中每一部分的主管和辅助主管的副手。而郑玄以六官之长司徒、宗伯、司马、司寇、司空解释"正"，以六官之长的副手小宰、小司徒、小宗伯、小司马、小司寇、小司空解释"贰"，以宰夫、乡师、肆师、军司马、士师解释"考"，在魏了翁看来就是拘泥。

综上，在宋代义理之学极盛、学术渐趋虚浮、士人多"束书不观，游谈无根"的氛围中，魏了翁能"温寻注疏"，肯定郑玄《周礼注》的价值，可谓独识。另一方面，受疑古思潮影响，魏了翁对郑玄《周礼注》也进行批驳，由于学有根底，魏氏对郑注的批驳多能切中要害，启发后学。

五、从《周礼折衷》看魏了翁对王安石《周官新义》的态度

魏了翁《周礼折衷》除引用先后郑、贾公彦之说外，也征引宋人之说，如朱熹、张载、吕祖谦、王安石、王昭禹等，其中征引宋人《周礼》学说最多的当属王安石《周官新义》。据笔者统计，《周礼折衷》征引王安石说共37条，分别是：

《鹤山集》卷一○四共9条，包括《小宰》6条，《宰夫》3条。

《鹤山集》卷一○五共11条，包括《宫正》2条，《宫伯》1条，《膳夫》3条，《庖人》2条，《外饔》1条，《甸师》1条，《兽人》1条。

《鹤山集》卷一○六共8条，包括《医师》1条，《疾医》2条，《疡医》1条，《兽医》1条，《酒正》2条，《醢人》1条。

《鹤山集》卷一○七共9条，包括《幕人》1条，《掌次》2条，《玉府》2条，《司会》1条，《司书》3条。

这一方面反映了魏了翁对王安石《周官新义》一书的重视，另一方面也显示出王安石《周官新义》重要的学术价值，该书已经成为宋人研究《周礼》无法绕过的重要著作。

（一）对王安石《周官新义》经说的申驳

从《周礼折衷》征引来看，魏了翁对王安石《周官新义》之说既有肯定，又有否定。

---

① （宋）魏了翁：《鹤山集》卷一○四《周礼折衷》。

如《疾医》："疾医掌养万民之疾病。四时皆有疠疾，春时有痟首疾，夏时有痒疥疾，秋时有疟寒疾，冬时有嗽上气疾。"魏了翁先征引郑玄注、贾公彦疏，再引王安石注解。其中，王安石解曰：

> 《列子》曰："指擿无痟痒。"痟，痛也。《素问》曰："冬伤于寒，春必病温；夏伤于暑，秋必痎疟病。"温则所谓痟首之疾，痎疟则所谓疟寒之疾。盖方冬时，阳为主于内，寒虽入之势未能动，及春阳出，而阴为内主，然后寒动而抟阳，为痟首之疾矣。方夏之时，阴为主于内，暑虽入之势未能动，及秋，阴出而阳为内主，然后暑动而抟阴，为疟寒之疾也。痒疥疾，则夏阳溢于肤革，清抟而淫之故也。嗽上气疾，则冬阳溢于藏府，清乘而逆之故也。①

最后，魏了翁评价三家之说，曰：

> 荆公此一节最好，常举以教医者。②

此处，魏了翁对王安石之说给予高度肯定。

又如《庖人》："凡用禽献，春行羔豚，膳膏香；夏行腒鱐，膳膏臊；秋行犊麛，膳膏腥；冬行鲜羽，膳膏膻。"魏了翁先引郑玄注、贾公彦疏。其中，郑玄注曰：

> 郑司农云："膏香，牛脂也，以牛脂和之。腒，干雉。鱐，干鱼。膏臊，豕膏也。以豕膏和之。"杜子春云："膏臊，犬膏。膏腥，豕膏也。鲜，鱼也。羽，雁也。膏膻，羊脂也。"玄谓膏腥，鸡膏也。羔豚，物生而肥。犊与麛，物成而充。腒、鱐，暵热而干。鱼、雁，水涵而性定。此八物者，得四时之气尤盛，为人食之弗胜，是以用休废之脂膏煎和膳之。牛属司徒，土也。鸡属宗伯，木也。犬属司寇，金也。羊属司马，火也。

在贾公彦疏之后，引用王安石说，曰：

> 膳用牛膏，牛，土畜也，春，水用事，则助养脾也。膳用犬膏，犬，金畜也，夏，火用事，则养肺也。膳用鸡膏，鸡，木畜也，秋，金用事，宜助养肝也。膳用羊膏，羊，火畜也，冬，水用事，宜助养心也。

---

① （宋）魏了翁：《鹤山集》卷一〇六《周礼折衷》；（宋）王安石：《周官新义》卷四。
② （宋）魏了翁：《鹤山集》卷一〇六《周礼折衷》。

最后，魏了翁评价曰：

> 郑说非，荆公说是。①

再如《食医》："凡会膳食之宜，牛宜稌，羊宜黍，豕宜稷，犬宜粱，雁宜麦，鱼宜苽。凡君子之食恒放焉。"魏了翁评价王安石注解曰：

> 此一段荆公谓君子以节饮食，讲得"节"字，是节，非节缩之义，只是恰好合宜。②

《疡医》："凡药，以酸养骨，以辛养筋，以咸养脉，以苦养气，以甘养肉，以滑养窍。凡有疡者，受其药焉。"魏了翁评价王安石注解曰：

> 郑氏之说牵合，而滑石尤误人。荆公似近之。③

以上，魏了翁对王安石的《周礼》注解持肯定态度，甚至认为有些注解优于郑玄。

魏了翁对王安石的有些《周礼》注解则不以为然，在《周礼折衷》中给予否定。如《甸师》："王之同姓有罪，则死刑焉。"魏了翁评价王安石之说曰：

> "王之同姓有罪，则死刑焉。"贾氏谓绝服之外同姬姓者，盖五服之内，则在议亲之辟也。李微之谓此说足以补汉儒之所未及。是尔至荆公，亲而致死刑，乃所以事宗庙。夫刑于甸师，隐之也，岂有杀其子孙以事祖祢乎，必不然矣，是荆公心术之误也。④

魏了翁认为王安石注解此句经文的"事宗庙"说荒诞不经，不合于人情，不足取。又如《玉府》："王齐，则共食玉。"魏了翁评价王安石注解曰：

> 云"食之以御水气"者，致齐时，居于路寝，恐起动多，故须玉以御水气也。先郑"食玉屑"者，研之乃可食。荆公又举北齐李预得食玉法，益误矣。⑤

关于"食玉"，郑众以为研磨玉屑即可食用，王安石赞同郑众之说，还举例说明，曰：

---

① （宋）魏了翁：《鹤山集》卷一〇五《周礼折衷》。
②③ （宋）魏了翁：《鹤山集》卷一〇六《周礼折衷》。
④ （宋）魏了翁：《鹤山集》卷一〇五《周礼折衷》。
⑤ （宋）魏了翁：《鹤山集》卷一〇七《周礼折衷》。

食玉，则其食之盖有法矣。北齐李预尝得食法，采而食之，及其死也，形不坏而无秽气，则食玉之所养可知矣。①

魏了翁认为，王安石所举的"食玉"事例不能正确说明经文，反而造成对经文本意更大的误解。

由上可知，一方面，魏了翁重视王安石《周官新义》一书，对此书的经学价值抱持肯定的态度，并征引他认为超越郑注的经解；另一方面，对王安石《周官新义》中他认为不恰当的经解也予以驳斥，提出自己的看法。肯定也好，驳斥也罢，这些都从侧面反映出王安石《周官新义》重要的经学价值。

（二）对王安石法《周礼》行变革的看法

王安石变法之于宋代政治影响深远，因为王安石宣称是法《周礼》行变革，又亲撰《周官新义》，为新法寻找理论依据，所以王安石《周官新义》从颁于学官开始就同政治结下了不解之缘，而不仅仅被视为单纯的学术著作。魏了翁注解《周礼》，引用王安石《周官新义》之说，也对王安石变法有所评论，其曰：

王荆公常以道揆自居，而元不晓道与法不可离。如舜为法于天下，可传于后世，以其有道也。法不本于道，何足以为法？道而不施于法，亦不见其为道。荆公以法不豫道揆，故其新法皆商君之法，而非帝王之道，所见一偏，为害不小。因记永嘉二陈作《唐制度纪纲论》，云"得古人为天下法，不若得之于其法之外"，彼谓仁义道德为法之外事，皆因荆公判道、法为二，后学从而为此说。曾于南省试院为诸公发明之，众莫不服，如《周礼》一部，三百六十官，甸、稍、县、都、乡、遂、沟、洫、比、闾、族、党，教忠，教孝，道正寓于法中。后世以刑法为法，故流为申商。②

魏了翁认为，王安石颁行的新法是臭名远扬的申商之法，而非《周礼》中所蕴含的王道之法。申商之法强调功利，道与法判离为二，而《周礼》记载的舜所施行的是王道之法，道寓于法中，道法合一，仁义道德蕴含在法之中。所以，王安石虽宣扬法《周礼》行变革，但却并未真正领会《周礼》中蕴含的道法合一的精髓，反流于严苛的申商刑法。

---

① （宋）王安石：《周官新义》卷五。
② （宋）魏了翁：《鹤山集》卷一〇四《周礼折衷》。

魏了翁既然认为王安石不能正确领会《周礼》的精髓，导致变法误国，就进一步探究其中的原因，他的结论是郑玄《周礼注》误导了王安石的认识，最终造成了"学术误天下"。其云：

> 康成传注穿凿误引以祸天下，致得荆公坚守以为成周之法。常时诸老虽攻荆公，但无敢自郑康成处说破，推原其罪，自郑康成始。以政事、学术误天下，后世盖不可不监。①

> 云赉，谓贷而生子，若今举赉，即《地官·泉府》国服为息，"近郊民贷，则一年十一生利"。此国服为息，恐是刘歆傅会，康成误解，以致荆公祸天下。周公之制，必不放债取利。②

魏了翁看来，汉唐学人奉为圭臬的郑玄《周礼注》注解《周礼》不仅穿凿附会，还好引汉制解三代古制，这就造成了后学对《周礼》所载制度的误解，而王安石依赖郑玄注解，并据此阐发周代制度，实行变法，自然不能领会先王政治的精髓，反会遗祸天下。

（三）对王安石《周官新义》的批评

在《周礼折衷》中，魏了翁多次批评王安石《周官新义》解经误国。如《膳夫》："王齐，日三举。大丧则不举，大荒则不举，大札则不举，天地有灾则不举，邦有大故则不举。"王安石解曰：

> 王以能承顺天地，和理神人，使无灾害变故，故宜飨备味，听备乐。今不能然，宜自贬而弗举矣。③

魏了翁评价王安石之说曰：

> 荆公所谓"宜飨备味，听备乐"，亦非三代王者之言。此所以开蔡京、王黼享上之说。④

又如《兽人》："凡祭祀、丧纪、宾客，共其死兽、生兽。凡兽入于腊人，皮毛筋角入于玉府。凡田兽者，掌其政令。"王安石解曰：

> 以为王者仁民爱物，其施如是，然后可以兼百姓之奉，备万物之养，以足其燕私玩好之欲也。⑤

---

① （宋）魏了翁：《鹤山集》卷一〇八《师友雅言上》。
② （宋）魏了翁：《鹤山集》卷一〇四《周礼折衷》。
③ （宋）王安石：《周官新义》卷三。
④ （宋）魏了翁：《鹤山集》卷一〇五《周礼折衷》。
⑤ （宋）王安石：《周官新义》卷三。

魏了翁评价王安石之说曰：

> 荆公专以《周礼》为辞，谓人主可以兼百姓之奉，备万物之养，以足其燕私玩好之欲。此所以误天下，而开后来丰亨豫大与享上之侈，卒起外寇之祸，可不戒哉！①

魏了翁认为，王安石如此解经，为此后君主恣肆享乐提供了依据，进而导致了北宋末年奸佞之臣怂恿宋徽宗奢侈享乐，酿成金兵入京的靖康之乱。

综上，王安石注解《周礼》虽征引郑玄《周礼注》之说，但并未完全依附郑注，而是依据己意申驳郑注。魏了翁认为王安石由于依附郑玄导致对经义理解错误的观点，并不完全允当。至于北宋末年蔡京等人自标为"新党"，只是他们政治斗争的一种手段，他们的政治抱负和所作所为不能同王安石相提并论，将北宋末年的政治腐败、靖康之变归罪于王安石，我们以为也不完全允当。

六、魏了翁《周礼折衷》的解经特点

以下我们从四个方面分析《周礼折衷》的解经特点。

第一，以己意申驳郑玄《周礼注》之说。

魏了翁尊汉唐传注而不墨守其说，他依据己意申驳郑玄《周礼注》之说，且能对郑注提出切中要害的批评，其说对后学颇有启发。本节"四、从《周礼折衷》看魏了翁对郑玄《周礼注》的态度"，对此问题有详细分析，兹不赘述。

第二，引宋制解经。

宋代去古已远，为了方便学者理解颇有些晦涩的名物制度，魏了翁也常引宋代制度解释《周礼》经文。如《小宰》"以官府之八成经邦治：一曰听政役以比居，二曰听师田以简稽……四曰听称责以傅别……"魏了翁不赞同郑玄对"比居"、"简稽"和"傅别"的解释，其曰：

> 《三礼辨》谓比居为五家为比，居所居，若今差役簿是也。简稽，遂人所谓稽其民人，简其兵器者，今军籍也……傅别，荆公谓即地傅判书也。判书者，著约束文书，中别为两，各得其一，如今所为合同分支也。②

---

① （宋）魏了翁：《鹤山集》卷一〇五《周礼折衷》。
② （宋）魏了翁：《鹤山集》卷一〇四《周礼折衷》。

此处，魏了翁借鉴宋人的研究成果，提出对"比居"、"简稽"和"傅别"的新解，为了便于大家理解，魏了翁引宋代的历史实况进行辅助说明。

第三，议论官制沿革。

《周礼》是讲制度之书，为清晰地展现官制发展变化及其影响，魏了翁常结合由汉迄宋制度的沿革论解《周礼》。如《大宰》："岁终，则令百官府各正其治，受其会，听其致事，而诏王废置。三岁，则大计群吏之治，而诛赏之。"魏了翁注解曰：

> 又云太宰之属，自宫正至掌次，掌王起居饮食之事；自太府至掌皮，掌王财赂出入之事；自内宰至屦人，掌王之内事；夏采掌王之终事。凡此诸职，在汉则少府领之，三公不预，在唐则殿中省专之，九卿不预，此可以观世变矣。今之制，自宫正以下，其职总于内侍省，别于御药院、内东门司，分于内藏库、御厨、太医局、翰林仪鸾司、御辇院之类，其典领者皆奄人也。①

此处，魏了翁回顾了《周礼》所载大宰管理的官僚系统，而后罗列此系列的官职从汉至唐，再到宋的统领分属，借此观察世变。

第四，阐发经文义理。

宋代的《周礼》研究，自王安石《周官新义》始，于汉唐训诂考证之学外别开义理解经之途，清代四库馆臣评价宋代《周礼》学曰"义理最富"。魏了翁研究《周礼》既重视训诂考据的实学，也比较重视对经文义理的阐发。如《凌人》："凌人掌冰，正岁十有二月，令斩冰，三其凌。春始治鉴。"魏了翁注解曰：

> 三正之说自郑康成始，某以为无商周，其实止以十一月、十二月为岁首，而时则行夏时也。昭公四年申丰云："古者日在北陆而藏冰（谓夏十二月，日在虚危，冰坚而藏之）②，西陆朝觌而出之（谓夏二月，日在昴毕，蛰虫出而用冰，春分之中，奎星朝见东方）。"祭寒而藏之，献羔而启之，公始用之。火出而毕赋（火星昏见东方，谓三月、四月中），自命夫命妇至于老疾，无不受冰。其藏之也，周其用之也。偏则冬无愆阳，夏无伏阴，春无凄风，秋无苦雨，雷出不震，无灾霜雹，疠疾不降，民不夭札。此见三代明君良臣，财成天地之

---

① （宋）魏了翁：《鹤山集》卷一〇四《周礼折衷》。
② （　）内字是以双行小字的形式出现的，以下皆同。

道，辅相天地之宜，与论道经邦、燮理阴阳，只藏冰一事可知其赞化
育之功。一部《左氏》，专以星纪时，书法最密，虽世代更革各有所
尚，而气候可推。①

魏了翁认为，凌人职掌藏冰、出冰之事虽然琐碎，但却具有协调阴阳、辅
相天地之宜、论道经邦、燮理阴阳的重要作用，此中就体现了三代明君良
臣赞天地化育的功劳。

---

① （宋）魏了翁：《鹤山集》卷一〇六《周礼折衷》。

第五章　南宋《周礼》学（下）

本章主要进行对南宋重要传世《周礼》学文献的个案分析，包括王与之的《周礼订义》和林希逸的《鬳斋考工记解》，还包括对长于《周礼》研究的永嘉学派的《周礼》学说的分析论述。

第一节　王与之《周礼订义》

王与之，字次点，号东岩，乐清县（今浙江省乐清市）人①。大约生于孝宗时（1163—1189）②，卒于南宋末年③。他曾师从松溪陈氏④，尽得陈氏所传六典旨要，故于诸经中尤邃《周礼》。因所撰《周礼订义》一书于淳祐二年（1242）上奏朝廷，加之温州守令赵汝腾的推荐，淳祐三年（1243）理宗下旨尚书省检正都司，授予王与之宾州文学一职，以示优奖。此后，王与之又转任通判泗州，年九十七而卒。王与之撰有《周礼订义》《周官补遗》《周礼十五图》《论语补义》《诗说》等。

---

① 袁甫《赠王次点名与之序》中曰："今天台王君之有志于是也，以与之名，而字以次点……"袁甫称王与之为"天台王君"，可知王与之曾旅居天台（今浙江省天台县）。

② 据《周礼订义》卷首温州守令赵汝腾淳祐二年（1242）所上"荐奏"，云王与之"皓首著书数种，《周官》特其一也"，推知当时的王与之已是皓首之年，其年龄为五六十岁或以上，因此推断王与之大致出生于南宋孝宗时。

③ 据明代永乐年间《乐清县志》卷七记载，"王与之，字次点……遂授宾州文学，终通判泗州，年九十七卒"，王与之被授予宾州文学一职是在淳祐三年（1243）四月二十六日，卒于通判泗州时年九十七，由此推断，王与之当逝于南宋末年。

④ 明代永乐年间《乐清县志》卷七载曰："王与之，字次点，从松溪陈氏学，尽传六典旨要，遂著《订义》八十卷。"弘治年间《温州府志》卷十亦载曰："王与之，字次点，乐清人。从松溪陈氏学，尽传六典要旨，遂著《订义》八十卷。"

一、王与之《周礼订义》撰著考

《周礼订义》是王与之潜研《周礼》的心血结晶，约自宁宗嘉定年间（1208—1224）开始撰作，至理宗绍定五年（1232）初步完成，而后不断修改、充实，迟至嘉熙元年（1237）夏之前最终完成。

王与之完成《周礼订义》初稿后，曾将此部书稿送给当时的名儒真德秀，以就教于真氏。真德秀读罢书稿，深为赞赏，为嘉勉王与之探研《周礼》经义之志，他于绍定五年（1232）闰九月甲戌日欣然为《周礼订义》作《序》。其云：

> 永嘉王君次点，其学本于程、张，而于古今诸儒之说莫不深究，著为《订义》一编，用力甚至，然未以为足也，方将蚤夜以思，深原作经本指以晓当世，其心抑又仁矣。[1]

可知，绍定五年闰九月之前，《周礼订义》已初步完成了，此部书稿博采众家之说，初具集解规模。

虽得真德秀褒奖，王与之并未以此为满足，他愈发努力地修改、充实这部书稿，以发明《周礼》所蕴微言大义作为著书之旨归，使其书日臻完善。赵汝腾赞之曰：

> 德秀殁，与之益加意删繁取要，由博得约，今其书益精粹无疵矣。上可以裨圣明之治，下可以释学者之惑，有功于六典甚多。[2]

在王与之一再恳请下，赵汝腾于嘉熙元年（1237）夏中伏日为《周礼订义》作《后序》。云：

> 次点研精覃思十余年而《订义》成，显幽阐微，商是确非，其有发先儒所未发者多矣。至其释周公将整齐六典以为宅洛计，不幸殁而成王不果迁，规摹不获究，《冬官》未尝亡，错见于五官中，诸儒不能辨，而补以《考工记》，则尤有见于是书本末之端的，故予特表出之。

赵汝腾特意表彰的"成王不迁洛""《冬官》未尝亡"皆是《周礼订义》一书颇具特色的观点，可知《周礼订义后序》作于《周礼订义》完稿之后，

---

① （宋）真德秀：《周礼订义》卷首《周礼订义序》，见文渊阁《四库全书》，第93～94册。
② （宋）赵汝腾：《周礼订义》卷首《荐奏》。

即《周礼订义》一书的最终完成不晚于嘉熙元年夏。

　　另，赵汝腾云此书乃王与之"研精覃思十余年"之作，可知，《周礼订义》是王与之多年研究《周礼》的精心之作，历十余年方成，由此上推，《周礼订义》约自嘉定年间（1208—1224）开始撰作。

二、王与之《周礼订义》的流传情况

　　《周礼订义》采摭浩博，最富义理，甫一面世即为时人所重，不仅缙绅韦布争欲得之，秘书省也下专牒至温州，索缴此书。南宋以来，《周礼订义》珍贵的学术价值愈发为历代学人所推重，时有版刻，从而完整地流传至今。以下分南宋、元明、清三时段分述《周礼订义》的版本流传。

（一）南宋时期

　　《周礼订义》的第一个刻本是王与之自家刻本，一部十册，当刻于嘉熙元年（1237）夏中伏日后，即赵汝腾为《周礼订义》作《后序》之后，至迟不晚于淳祐二年（1242）六月，即秘书省下专牒索缴《周礼订义》时。根据有三：

　　其一，嘉熙元年（1237）夏，赵汝腾为《周礼订义》作《序》，云：

　　　　东岩王君次点彙《周礼》数十家说，衷以己见，为《订义》若干卷，真文忠公既序之矣，又拳拳俾予赘卷后，辞十数不获，将行束担弛日以俟予文，遂勉为之言。

从中可知，王与之恳请赵汝腾为《周礼订义》作《序》，并准备将此《序》附于卷末，故王与之刊刻《周礼订义》当在赵汝腾为《周礼订义》作《序》之后，即嘉熙元年（1237）夏中伏日后。

　　其二，淳祐二年六月，秘书省下专牒给温州府，索王与之所撰《周礼订义》一书。牒文曰：

　　　　勘会本省准尚书省札子节文，秘书省备奉圣旨，臣僚奏乞札，令州县守宰，多方询问寄居官及士庶之家撰述修纂未进之书，备礼求之。令所在州军于系省钱内支拨，收买纸札，雇人印写二本一样，如法装背，申发赴省收藏。内一本用黄帛装背，祗备御前宣取。右札付本省，照应施行。当省今访闻得温州乐清县王与之（字次点）①，有《周礼订义》（真文忠公序，有刊本），请照以降圣旨，指挥事理，疾

────────────

　　① （　）内字是以双行小字的形式出现的，以下皆同。

速钱内印造或腾写各二部，装背申发前来，祗备御前宣取。须至公文
牒请详牒内备坐圣旨，指挥疾速印造或誊写，装背申发，勿请违滞。
谨牒。①

此道牒文的前半部分是照会各军州守令的普遍性牒文，以便各地方官留意
本地修纂未进之书的征集和进呈工作。后半部分专门提及《周礼订义》，
并以双行小字注明"真文忠公序，有刊本"，是知此书在进呈秘书省之前
已经有刊本行世了。

其三，淳祐二年十二月，温州守令赵汝腾上荐奏，向理宗推荐刚刚进
呈秘书省的《周礼订义》，奏文中云：

德秀殁，与之益加意删繁取要，由博得约，今其书益精粹无疵
矣。上可以裨圣明之治，下可以释学者之惑，有功于六典甚多。缙绅
韦布争欲得之，与之刊于家。

于此，赵汝腾对秘书省牒文所云"《周礼订义》（真文忠公序，有刊本）"
做了补充说明，指出此本乃"与之刊于家"，即王与之自家刻本。我们认
为，此本是《周礼订义》的第一个刻本。

王与之自家刊刻的《周礼订义》一部共计十册，根据是淳祐二年十一
月温州府官员赵汝腾、赵贲夫、赵与薇、周梦发、施治联名向秘书省回复
的状文。兹录如下：

温州近准秘书省牒，访闻本州乐清县王与之字次点《周礼订义》，
印、写各二本，内一本用黄帛装背，祗备御前宣取，事所准指挥，本
州继遵禀关所属印、写到乐清县王与之《周礼订义》计伍拾册，印本
二十册②，写本三十册。用黄帛装背作二盝。今专差兵士潘阜赍发，
见到合具申闻者。右谨具申秘书省，伏乞照会。谨状。③

状文中明言《周礼订义》一书的写、印和装背工作已经完毕，即将进呈
秘书省。其中印本有二部，共计二十册，故可知一部印本当有十册。我
们认为，进呈秘书省的《周礼订义》印本当是依据王与之自家刻本重印

①　（宋）王与之：《周礼订义》卷首《行在秘书省牒温州》。
②　《通志堂经解》本《东岩周礼订义》此处有"印本二十册"一句。李致忠先生《宋版书
叙录》所引国家图书馆藏南宋淳祐年间刊本《周礼订义》的此段状文中也包括"印本二十册"一
句，而四库全书本《周礼订义》脱此句，今补入。
③　（宋）王与之：《周礼订义》卷首。

而成的，因为秘书省六月下牒索书，温州府十一月即完成印写工作准备上缴，其间只有五个月的时间，而重新雕印八十卷之巨的《周礼订义》恐非五个月时间所能完成。由此推知，王与之家刻本《周礼订义》每部有十册。

因赵汝腾之荐，《周礼订义》既荐获进呈理宗，王与之又因之而得官，《周礼订义》大名更盛从前，民间屡有刊刻。如清代《天禄琳琅书目后编》"宋版经部"就著录曰：

> 《东岩周礼订义》，四函三十二册，宋王与之撰。与之，字次点，乐清人，官通判泗州。书八十卷，前有秘书省下温州牒，次温州缴书申，次知温州赵汝腾荐奏，次检正都司看详，次旨受宾州文学，又绍定五年真德秀序，编类姓氏世次，编集条例，序周礼废兴，后有嘉熙丁酉赵汝腾后序。据牒、奏，乃淳祐二年六月宣取，十一月缴进，十二月本州奏荐，三年正月降付，四月降旨授官，其列衔则推官施洽、判官周梦发、添差通判赵与薇、通判赵贲夫、直焕章阁知州赵汝腾也。申内印本二十册，在当时已镌版矣。

据此可知，清代皇家珍藏的典籍中包括一部宋版《东岩周礼订义》，八十卷，一部三十二册，是书卷首有"秘书省下温州牒""温州缴书申""知温州赵汝腾荐奏""检正都司看详""旨受宾州文学""绍定五年真德秀序""编集条例""序周礼废兴"，卷末有"嘉熙丁酉赵汝腾后序"。可知，此部《东岩周礼订义》非王与之家刊本，且卷首刻有"秘书省下温州牒""温州缴书申"等，可知此本必刻于淳祐三年以后。

今国家图书馆也藏有宋版《东岩周礼订义》八十卷，据李致中先生《宋版书叙录》介绍，此书"每半叶十行①，行二十六字，白口，左右双边，蝴蝶装"②。卷首有"秘书省下温州牒""温州缴书申""知温州赵汝腾荐奏""检正都司看详""旨受宾州文学"等。李致忠先生认为"此本是众人出资，或者说是集资开雕的"③，其判断依据是，此书卷四一末镌

---

　　① 关于国家图书馆所藏宋版《周礼订义》每页的行数，崔富章先生云十行。见《四库提要补正》经部卷一九"《周礼订义》八十卷"，曰"今北京图书馆藏宋淳祐原刻本八十卷（十行二十六字，白口，左右双边，蝶装）"，崔氏所载同于李致忠先生。然而，《北京图书馆古籍善本书目·经部礼类》载曰："《东岩周礼订义》八十卷，宋王与之撰……十二行，二十六字，白口，左右双边。"三者所载系一书，为何行数有差，此问题有待查证。
　　② 李致忠：《宋版书叙录》，113页，北京，书目文献出版社，1994。
　　③ 同上书，116页。

"此卷郑知院性之刊"二行、卷四六末镌"此卷孙知府舜举刊"二行、卷
五一末镌"此卷赵徽猷师恕刊"二行、卷五七末镌"此卷卢武博同父刊"
二行、卷七〇末镌"此卷赵都承□□刊"二行、卷七五末镌"此卷郑金部
逢辰刊"二行、卷八〇末镌"此卷黄郎中朴刊"二行。根据"郑性之"
"赵师恕""黄朴""郑逢辰"的生平经历，李先生进一步推断此本《东岩
周礼订义》的刊刻时间在"淳祐三年正月初六至淳祐八年五月十一之
间"①。笔者认为，此部宋版《东岩周礼订义》卷首内容包括淳祐三年一
月十八日下达的"检正都司看详"和同年四月二十六日颁布的"旨受宾州
文学"，故此部宋版《东岩周礼订义》的刊刻时间应在淳祐三年四月二十
六至淳祐八年五月十一之间为宜。

　　宋代刊本的《周礼》学文献只有 4 部流传至今②，而这部宋版《东岩
周礼订义》就是其中之一，李致忠先生评价是书曰：

　　　　此本镌印不佳，在宋本书中，就其书品而言，不算上乘。然此
　　本是王与之刻意加工之后的刊本，较之首刻当更加言简意赅。且首
　　刻久已佚世，此刻亦海内单传。并且是蝶装旧式，颇有宋时气息。
　　又首尾完整，不缺任何篇什。所有这些，都表明此本乃是十分珍
　　贵的。③

　　另，《北京图书馆古籍善本书目·经部礼类》著录曰："《东岩周礼订
义》八十卷，宋王与之撰。宋刻本，十五册……"据此可知，国家图书馆
（原北京图书馆）所藏《东岩周礼订义》一部有十五册，同《天禄琳琅书
目后编》"宋版经部"所载《东岩周礼订义》册数明显不同，是知二者虽
同刊于淳祐三年以后，但版本必异。《天禄琳琅书目后编》所载《东岩周
礼订义》一书未见载于现今国内各大图书馆馆藏书目，亦未载于台湾
《"国立中央图书馆"善本书目》《"国立故宫博物院"善本旧籍总目》，可
能在 20 世纪初流失海外了，也可能佚亡了，殊为可惜。

　　总之，《周礼订义》的第一个刻本是王与之自家刊刻本，刻于嘉熙元
年夏中伏日至淳祐二年六月之间，即公元 1237 年夏至公元 1242 年夏之

---

　　①　李致忠：《宋版书叙录》，118 页。
　　②　分别是王与之《周礼订义》（或名《东岩周礼订义》）80 卷、朱申《周礼句解》12 卷、
史浩《周官讲义》残存 8 卷（据《宋史·艺文志》《文献通考·经籍考》记载，史浩《周官讲义》
全本为 14 卷）和林希逸的《鬳斋考工记解》2 卷。
　　③　李致忠：《宋版书叙录》，118 页。

间。淳祐三年（1243），此书进呈理宗御览后，在民间仍有刊刻，目前可以确知的就有淳祐年间的集资刻本。

（二）元明时期

元明时期，《周礼订义》又有新刻本问世，如明代民间流传的塾本《东岩周礼订义》。

元代学者陈栎所撰《定宇集》卷三，载有《跋批点周礼订义》一文，曰：

> 泰定甲子六月七日，敏求寄示《周礼订义》首册，余细观而深喜之，承诿以点校。自后屡借屡换，凡三载始足，点校亦始毕。此本刊刻甚拙而多误，揆之理而可是正者固多，以意会者亦不无。齐稷下诸儒有言曰："学问如何观点书。"又闻前辈有言曰："校书如扫尘，一面扫，一面生。"由前一说言之，余固不敢以学问自居；由后一说言之，余亦不敢以纤尘自必。敏求其明鉴而恕待之。

据此可知，陈栎的朋友敏求①曾请托他点校《周礼订义》一书，陈栎欣赏此书，遂于泰定元年（1324）六月七日始，历时三年点校此书。在陈栎看来，敏求家藏的此部《周礼订义》"刊刻甚拙而多误"，版本不佳。而这部《周礼订义》能流传于元代泰定年间，有可能是元人所刊本。

明初的《文渊阁书目》卷一著录《周礼订义》一书，曰：

> 《周礼》王与之《订义》，一部十五册，阙。《周礼》王与之《订义》，一部二册，完全。塾本作《东岩周礼订义》。

据此可知，明初皇家藏书中有二部《周礼订义》，一部有十五册，存在残缺；一部完整，共二册。我们认为，《文渊阁书目》关于"一部二册"完整本《周礼订义》的记载有误。《周礼订义》共八十卷，卷首内容亦可自成一卷，南宋王与之自家刊本一部有十册，淳祐年间的集资刻本一部有十五册，《天禄琳琅书目续编》所载宋版《周礼订义》一部有三十二册，而1980年上海古籍出版社影印文渊阁《四库全书》，采用一页四版的影印方式，其中《周礼订义》有二册，共计一千三百三十六页。从情理角度出发，区区二册线装书能否完全容纳卷帙如此浩繁的一部著作呢？此问题不能不令人生疑，故《文渊阁书目》的此处记载恐有缺漏。另，杨士奇为说

---

① 笔者案：依古人称名之习，此"敏求"当为字号。《定宇集》卷一〇《复实卿侄》中亦有"敏求兄"，大约字敏求者是陈栎的挚友，其具体姓名则难知其详了。

明《周礼订义》，特以双行小字注明此书有塾本流传，名曰《东岩周礼订义》，是知明代民间有塾本《东岩周礼订义》在流传。

另，钱溥《秘阁书目》著录曰：

> 王与之《钉①义》五。

张萱《内阁藏书目录》卷二著录曰：

> 《东岩周礼订义》二册，不全，钞本，东岩斋王与之著，止存第十五卷。

焦竑《国史经籍志》卷二记载：

> 《周礼订义》八十卷，王与之。

可知，明代皇家藏书中的《周礼订义》时有散佚，还存一抄本《东岩周礼订义》残卷。

此外，朱睦㮮《万卷堂书目》卷一著录曰：

> 《周礼订义》，赵汝腾。

是知明代藏书家朱睦㮮的万卷堂藏有《周礼订义》一书，大概朱氏所藏《周礼订义》卷首也载有赵汝腾上理宗的"荐奏"，朱氏不察，误将此书作者委之于赵汝腾，其说失当。

（三）清代

康熙年间（1662—1722），纳兰成德据宋版《周礼订义》重新翻刻《东岩周礼订义》，并将其收入《通志堂经解》中。乾隆年间（1736—1795），四库馆臣也据宋版《周礼订义》重新缮写是书，并将其收入《四库全书》"经部礼类"中。此外，还有方苞、钟薖经删定的《周礼订义》稿本。

康熙年间，纳兰成德校刻《通志堂经解》，借以表彰宋元人遗书，阐释儒家经典义理，其中收入了王与之所撰《东岩周礼订义》一书。《朱修伯批本四库简明目录》卷一载曰："《周礼订义》八十卷。王与之撰。《通志》从李中麓家宋本刊。"可知，《通志堂经解》本《东岩周礼订义》是据宋版《周礼订义》翻刻而成的。此部《东岩周礼订义》共计八十一卷，包括正文八十卷和首一卷，首卷中有纳兰成德《东岩周礼订义序》、真德秀

---

① 《秘阁书目》此字作"钉"，可能是误写。为保持古籍原貌，此处未做修改。

《周礼订义序》、《序周礼兴废》、《论周礼纲目》、《论五官目录》、《论天地四时官名》、《论公孤不列于六职》、《论官职多寡》、《论六官次叙先后》、《论六官所属交互》等，还有"秘书省下温州牒""温州缴书申""知温州赵汝腾荐奏""检正都司看详""旨受宾州文学"。

乾隆年间御修《四库全书》"经部礼类"中也收录了王与之《周礼订义》一书。《四库全书》本《周礼订义》的缮写底本是内府藏本①，共八十一卷，其中正文八十卷、首一卷，卷首包括"《周礼订义》提要"、"知温州赵汝腾荐奏"、"检正都司看详"、"旨受宾州文学"、"秘书省下温州牒"、"温州缴书申"、真德秀《周礼订义序》、"编集条例"、《序周礼兴废》、《论周礼纲目》、《论五官目录》、《论天地四时官名》、《论公孤不列于六职》、《论官职多寡》、《论六官次叙先后》、《论六官所属交互》、《编类姓氏世次》，书口分标"提要""奏敕""牒文""州状""序""条例""弁言""姓氏"。因《四库全书》本《周礼订义》卷首内容同国家图书馆所藏淳祐年间刻本《东岩周礼订义》卷首内容大致相同，可知《四库全书》本《周礼订义》的缮写底本也是宋本，有可能就是《天禄琳琅书目续编》中著录的宋本。

乾隆年间，在三礼馆任职的方苞和钟蔗经曾对《周礼订义》一书进行删定，但此删定本并未刊行，只是以稿本的形式传世。如卢文弨《抱经堂文集》卷八《方望溪钟蔗经删定周礼订义后》曰：

> 今上登极之初，纂修"三礼"，望溪先生为总裁，选通礼学者为纂修，大兴钟蔗经先生与焉。此《周礼订义》，乃宋乐清王与之次点所著。其用朱笔点勘者，蔗经也；用绿笔审正者，望溪也。别其是非，择所去取，蔗经先之，望溪成之，间亦有异同焉。

傅增湘《藏园订补郘亭知见传本书目》卷二亦著录云：

> 《周礼订义》八十卷，宋王与之撰。通志堂刊本。丁小疋藏方望溪、钟蔗经删定本，乃在三礼馆点勘者。钟用朱笔，方用绿笔。

可知，方苞、钟蔗经删定《周礼订义》的稿本曾藏于丁丙处，今不详藏于何处。

综上，《周礼订义》约有 6 种刊本、2 种抄本和 1 种稿本。其中，南宋至少有 3 种刊本：王与之家刻本、淳祐年间集资刻本、淳祐三年以后刊

---

① 可参看《四库全书总目》卷一九《周礼订义》提要。

刻的 32 册本；元明时期至少也有 2 种刊本：塾本、一部 2 册本；清代有刊本一种：《通志堂经解》本。抄本 2 种：明代内阁所藏抄本、《四库全书》本。稿本 1 种：方苞、钟蔗经删定《周礼订义》本。此外，还包括多种影印本，如 1980 年上海古籍出版社影印文渊阁《四库全书》本、1986 年台湾世界书局影印《周礼订义》本等。

三、王与之《周礼订义》的内容与体例

以下以《四库全书》本《周礼订义》为例，介绍王与之《周礼订义》的内容与体例，并结合历代官私书目著录考查此书的流传。

（一）内容

《周礼订义》是王与之倾十余年之力撰成的，共八十一卷，其中卷首一卷，正文八十卷。卷首包括《知温州赵汝腾荐奏》、《检正都司看详》、《旨受宾州文学》、《秘书省下温州牒》、《温州缴书申》、真德秀绍定五年（1232）《序》、《编集条例》、《序周礼兴废》、《论周礼纲目》、《论五官目录》、《论天地四时官名》、《论公孤不列于六职》、《论官职多寡》、《论六官次叙先后》、《论六官所属交互》、《编类姓氏世次》，书口分标"提要""奏敕""牒文""州状""序""条例""弁言""姓氏"。正文部分，卷一至卷一四为《天官冢宰》，卷一五至卷二八为《地官司徒》，卷二九至卷四六为《春官宗伯》，卷四七至卷五七为《夏官司马》，卷五八至卷六九为《秋官司寇》，卷七〇至卷八〇为《冬官考工记》，卷八〇末有嘉熙元年（1237）赵汝腾《后序》。

现分述此书正文部分的分卷内容：

卷一《天官冢宰》，内容包括"大宰" 1 官；

卷二《天官冢宰》，内容包括"大宰" 1 官；

卷三《天官冢宰》，内容包括"大宰" 1 官；

卷四《天官冢宰》，内容包括"小宰" 1 官；

卷五《天官冢宰》，内容包括"宰夫"至"宫伯"的 3 官；

卷六《天官冢宰》，内容包括"膳夫"至"亨人"的 5 官；

卷七《天官冢宰》，内容包括"甸师"至"腊人"的 5 官；

卷八《天官冢宰下》，内容包括"医师"至"凌人"的 9 官；

卷九《天官冢宰下》，内容包括"笾人"至"掌次"的 9 官；

卷一〇《天官冢宰下》，内容包括"大府"至"外府"的 4 官；

卷一一《天官冢宰下》，内容包括"司会"至"掌皮"的 7 官；

卷一二《天官冢宰下》，内容包括"内宰"至"内竖"的 5 官；

卷一三《天官冢宰下》，内容包括"九嫔"至"典枲"的 8 官；

卷一四《天官冢宰下》，内容包括"内司服"至"夏采"的 6 官；

卷一五《地官司徒上》，内容包括"大司徒" 1 官；

卷一六《地官司徒上》，内容包括"大司徒" 1 官；

卷一七《地官司徒上》，内容包括"小司徒" 1 官；

卷一八《地官司徒上》，内容包括"乡师"至"乡大夫" 2 官；

卷一九《地官司徒上》，内容包括"州长"至"比长"的 5 官；

卷二〇《地官司徒上》，内容包括"封人"至"充人"的 6 官；

卷二一《地官司徒下》，内容包括"载师"至"均人"的 5 官；

卷二二《地官司徒下》，内容包括"师氏"至"司救"的 4 官；

卷二三《地官司徒下》，内容包括"调人"至"司市"的 3 官；

卷二四《地官司徒下》，内容包括"质人"至"掌节"的 12 官；

卷二五《地官司徒下》，内容包括"遂人"至"遂师"的 2 官；

卷二六《地官司徒下》，内容包括"遂大夫"至"委人"的 9 官；

卷二七《地官司徒下》，内容包括"土均"至"卝人"的 11 官；

卷二八《地官司徒下》，内容包括"角人"至"槁人"的 17 官；

卷二九《春官宗伯上》，内容包括"大宗伯" 1 官；

卷三〇《春官宗伯上》，内容包括"大宗伯" 1 官；

卷三一《春官宗伯上》，内容包括"小宗伯" 1 官；

卷三二《春官宗伯上》，内容包括"小宗伯" 1 官；

卷三三《春官宗伯上》，内容包括"肆师"至"鸡人"的 4 官；

卷三四《春官宗伯上》，内容包括"司尊彝"至"天府"的 3 官；

卷三五《春官宗伯上》，内容包括"典瑞"至"典命"的 2 官；

卷三六《春官宗伯上》，内容包括"司服"至"守祧"的 3 官；

卷三七《春官宗伯上》，内容包括"世妇"至"职丧"的 6 官；

卷三八《春官宗伯下》，内容包括"大司乐" 1 官；

卷三九《春官宗伯下》，内容包括"大司乐"至"乐师"的 2 官；

卷四〇《春官宗伯下》，内容包括"大胥"至"视瞭"的 6 官；

卷四一《春官宗伯下》，内容包括"典同"至"司干"的 12 官；

卷四二《春官宗伯下》，内容包括"大卜"至"视祲"的 8 官；

卷四三《春官宗伯下》，内容包括"大祝"至"女巫"的 8 官；

卷四四《春官宗伯下》，内容包括"大史"至"保章氏"的 4 官；

卷四五《春官宗伯下》，内容包括"内史"至"巾车"的 4 官；

卷四六《春官宗伯下》，内容包括"典路"至"神仕"的 6 官；

卷四七《夏官司马上》，内容包括"大司马" 1 官；

卷四八《夏官司马上》，内容包括"大司马"至"行司马"的 5 官；

卷四九《夏官司马上》，内容包括"司勋"至"司爟"的 6 官；

卷五〇《夏官司马上》，内容包括"掌固"至"掌畜"的 11 官；

卷五一《夏官司马下》，内容包括"司士"至"方相氏"的 7 官；

卷五二《夏官司马下》，内容包括"大仆"至"弁师"的 6 官；

卷五三《夏官司马下》，内容包括"司甲"至"戎右"的 7 官；

卷五四《夏官司马下》，内容包括"齐右"至"驭夫"的 8 官；

卷五五《夏官司马下》，内容包括"校人"至"圉人"的 7 官；

卷五六《夏官司马下》，内容包括"职方氏" 1 官；

卷五七《夏官司马下》，内容包括"职方氏"至"家司马"的 13 官；

卷五八《秋官司寇上》，内容包括"大司寇" 1 官；

卷五九《秋官司寇上》，内容包括"小司寇" 1 官；

卷六〇《秋官司寇上》，内容包括"士师" 1 官；

卷六一《秋官司寇上》，内容包括"乡士"至"讶士"的 5 官；

卷六二《秋官司寇上》，内容包括"朝士"至"司刑"的 3 官；

卷六三《秋官司寇上》，内容包括"司刺"至"犬人"的 6 官；

卷六四《秋官司寇上》，内容包括"司圜"至"貉隶"的 9 官；

卷六五《秋官司寇下》，内容包括"布宪"至"修闾氏"的 11 官；

卷六六《秋官司寇下》，内容包括"冥氏"至"伊耆氏"的 14 官；

卷六七《秋官司寇下》，内容包括"大行人" 1 官；

卷六八《秋官司寇下》，内容包括"小行人"至"司仪"的 2 官；

卷六九《秋官司寇下》，内容包括"行夫"至"家士"的 12 官；

卷七〇《冬官考工记上》，内容包括"考工记叙"；

卷七一《冬官考工记上》，内容包括"轮人" 1 官；

卷七二《冬官考工记上》，内容包括"舆人"至"辀人" 2 官；

卷七三《冬官考工记上》，内容包括"筑氏"至"凫氏"的 4 官；

卷七四《冬官考工记上》，内容包括"桌氏"至"函人"的 3 官；

卷七五《冬官考工记上》，内容包括"鲍人"至"帗氏"的 8 官；

卷七六《冬官考工记下》，内容包括"玉人"至"磬氏"的 4 官；

卷七七《冬官考工记下》，内容包括"欠人"至"梓人"的 4 官；

卷七八《冬官考工记下》，内容包括"庐人""匠人" 2 官；

卷七九《冬官考工记下》，内容包括"匠人""车人" 2 官；

卷八〇《冬官考工记下》，内容包括"弓人" 1 官。

（二）体例

《周礼订义》以"订义"为书名，"订"有评议、订正之意，"义"指义理。综观《周礼订义》一书，我们认为王与之以"订义"命名此书，其意有三：一是订正包括郑玄《周礼注》、贾公彦《周礼疏》在内的汉、宋诸儒《周礼》学说之误；二是评断是书所引由汉迄宋诸儒论解《周礼》学说的是非；三是阐发《周礼》设官分职所蕴精义。以下结合《周礼订义》卷首《编集条例》，从九方面入手，举例说明《周礼订义》一书的撰著体例。

第一，分列"叙官"于各职之前。

"叙官"位于《周礼》五官每篇之前，简明扼要地介绍了五官执掌及其职责，并分述各官所属编制，即五官所属职官的职名、爵等、人数等。据陆德明《经典释文》记载，晋人干宝《周官礼注》曾将"叙官"列于各职之前，而《周礼订义》也循干宝《周官礼注》之旧例，将"叙官"分列于各职之前。王与之此举之义有二：一是"分'序官'目录于每职之前，欲因爵之尊卑、权之轻重，与其属府、史、胥、徒之多寡、有无，以知所职之事安在"①；二是"分目录于每官之首令学者易见"②。可知，王与之分列"叙官"于各职之前，既出于凸显每一职官所司职事轻重缓急的考虑，也顾及学人检阅的方便。

王与之分列"叙官"之举颇为清代学者所诟病，曰：

> 其以序官散附诸官，考陆德明《经典释文》，晋干宝注《周礼》，虽先有此例，究事由意创，先儒之所不遵，不得援以为据也。③

民国学者胡玉缙则有不同之论，其曰：

> 臧琳《经义杂记》云："郑于每一官之前总列六十职序，当是古本，干于各职前列之，盖如《诗》三百篇，序别为一卷，毛公冠于每篇之前，《书》百篇序，马、郑、王为一卷，伪孔移于每篇之首，皆

---

① （宋）王与之：《周礼订义》卷首《编集条例》。
② （宋）王与之：《周礼订义》卷首《论五官目录》。
③ （清）永瑢：《四库全书总目》卷一九《周礼订义》提要。

变乱旧章。"其意颇致不满，窃谓马融《周官传》欲省学者两读，就经为注，近皆承袭之，干移于各职前，亦所以省便学者也。[①]

在胡玉缙看来，干宝等人移"叙官"于每职之前虽不遵先儒成例，但与马融合《周礼》经注为一相同，皆有便省学者之意。

第二，每句经文后所列诸家之说，是依据征引各家注解的文字、词语或句子在经文中出现的先后排序的。

《周礼订义》是集解之作，采撷浩博，每句经文后排列的诸家之说，主要是以诸家所注解的文字、词语在经文中出现的先后为次序的。如《内宰》"掌书版图之法，以治王内之政令"一句，王与之先列贾公彦之说，

贾氏曰："书，谓书之于版。"

次列郑玄之说，

郑氏曰："版，谓宫中阍寺之属及其子弟录籍。图，王及后世子之宫中吏府官之形象。"

次列王昭禹之说，

王昭禹曰："王内，后宫也。"

次列郑锷之说，

郑锷曰："小宰所治之王宫，乃王之六寝；此所治之内宫，盖后夫人所居之宫，乃王之北宫。夫以王者之尊严，后夫人之宠贵，而中宫之事乃以朝廷下大夫统治而宰制之，其意以为，第裯既交，则情与爱洽，颜辞媚熟，则公为私夺，故虽宫闱之政令一以付之，示大公至正，以塞险诐私谒之原，故名官曰内宰，而使掌书版图之法焉。"

次列黄度之说，

黄氏曰："康成谓政令施阍寺者，非均稍食、分人民，皆为政令，不独施于阍寺。"

从中可知，王与之排列贾公彦、郑玄、王昭禹、郑锷、黄度之说，是以其说注解的文字或词语在经文中出现的先后为次序的。

第三，每句经文之后所引诸家说，皆遵循先训诂、次文义的原则。

_____

① 中国科学院图书馆整理：《续修四库全书总目提要（经部）》上册，461 页，北京，中华书局，1993。

王与之在《编集条例》中曰：

> 诸家先训诂，次文义，仿朱文公《语》《孟》集注例。

《周礼订义》于每句经文之后征引诸家说，皆遵循先训诂、次文义的原则。如上例，王与之征引王昭禹、郑锷之说，皆用以注解"王内"，因王昭禹之说纯乎训诂，而郑锷之说兼阐经义，故列王昭禹之说于郑锷之说前。

第四，引用宋代诸家之说，如与郑玄《周礼注》、贾公彦《周礼疏》之说相同，但王与之认为郑《注》、贾《疏》之说不如宋代学者之说清楚明白的，本书只著录宋代诸家之说，不再著录郑《注》、贾《疏》的相关解释。

此点亦见《编集条例》，云：

> 或诸家说同《注》《疏》，而《注》《疏》不甚分明者，只录诸家说。

兹举一例，《草人》："掌土化之法以物地，相其宜而为之种。"郑玄注"土化之法"曰：

> 土化之法，化之使美，若氾胜之术也。以物地，占其形色为之种，黄白宜以种禾之属。

贾公彦疏解郑注曰：

> 云"化之使美"者，谓若埒刚用牛粪种，化埒刚之地，使美也。云"氾胜之术也"者，汉时农书有数家，氾胜为上，故《月令》注亦引氾胜，故云氾胜之术也。云"黄白宜以种禾之属"者，郑依《孝经纬·援神契》而言也。

王与之认为，此处的郑《注》、贾《疏》读之难解，不甚分明，故不取其说。他先引王昭禹之说，曰：

> 移瘠而肥，移恶而美，夫是之谓土化。土化者，因形移易之也。

再引刘彝之说，曰：

> 既相其地高下之宜种之九谷，又取九兽之粪以化其土，然后种之。非特用其粪，以令其民薙草而灰之，以和其粪，则地有可化之理，故《月令》"季夏大雨时行"，烧薙、行水利以杀草，若欲化也，则以水火变之，今之农民莫不如是。

在王与之看来，王昭禹、刘彝之说本于郑《注》、贾《疏》，但较郑《注》、
贾《疏》通俗易懂，故征引之以解经。

第五，引用某家之说，如在文字训诂或经旨阐发上可补充所引另一家
之说者，将某家之说以双行小字的方式注于另一家之说下。

王与之在《编集条例》中曰：

> 诸家辨析字义，敷演旨意可以补前说者，效吕氏《读诗记》注
> 其下。

兹举一例，如《山虞》："仲冬斩阳木，仲夏斩阴木。"王与之先引郑
玄之说，曰：

> 阳木，在山南者；阴木，在山北者。冬斩阳，夏斩阴，坚濡调。

在郑注之下，以双行小字的方式再引曹叔远之说，曰：

> 日之所在，木必坚刃可用，故仲冬、仲夏之斩木为材者，必相其
> 山之南北。

王与之认为，曹叔远此说可补充郑注，故以双行小字引其说于郑注之下。

第六，引用诸家之说，如原文烦冗而枝蔓者，删削其烦冗之文，留其
主意而不变。

王与之声明：

> 诸家解文或牵引枝蔓，止留其主意，余繁文亦不录。①

将《周礼订义》所引诸家见存者与见存诸家原书相对比，不难发现，如所
引诸家之说的原文烦冗而枝蔓，王与之多删削其烦冗之文，保留其主意不
变。王与之所引郑玄、贾公彦、李觐、王昭禹、郑伯谦、胡宏之说皆存在
这类情况。

第七，引用诸家之说，皆王与之认为训诂经文、阐发经旨至当者，如
某家之说虽不同于其他诸家之说，但也可备一义者，则别起一行书写。

以上二者皆低经文一字书写。王与之曰：

> 诸家说只取其至当者，低正经一字写，其余说亦可取，仿《东莱
> 读诗记》，注其旁，如所说未明经旨，虽注疏不录。②

可知，王与之所引诸家之说皆是他认为精当者，如征引诸家之说见解不同，

---

①② （宋）工与之：《周礼订义》卷首《编集条例》。

就分行而写，以示区别。所引诸家之说皆低经文一字书写，以区别于经文。

第八，引用诸家之说，如总论一职大意则列于此职之末，如贯通数官职职事本末而论则列于所论数职中最后一职之末，如总论六十属大意则列于各官之末。

若王与之所引诸家之说有总论一职大意者，就将其列于此职之末，如《周礼订义》卷六五《萍氏》一职后引吕祖谦之说，前冠以"总论"二字，此说即总论萍氏职掌大意的。若王与之所引诸家之说有贯通数官职事本末者，就将其列于所论数官中最后一官之末，如《周礼订义》卷六六《庭氏》一官后引陈汲之说，前冠以"总论"二字，内容是总论萙蔟氏、翦氏、赤发氏、蝈氏、壶涿氏、庭氏诸官的设官必要性。若王与之所引诸家之说有总论六十属大意者，将其列于各官之末，如《周礼订义》卷六九末引易祓之说，前冠以"总论司寇官属"六字，内容是总论司寇所属诸官职事。

第九，采用"愚案"或"愚按"表达王与之个人的《周礼》学见解。

《周礼订义》中，王与之每以己意申驳郑玄《周礼注》、贾公彦《周礼疏》之说，或论断所引诸家《周礼》学说之是非，或阐发《周礼》所蕴制作之精义，皆以"愚案"或"愚按"为别。一般别起一行，低经文二字书写，偶尔也以双行小字记注于诸家之说下。

四、从《周礼订义》看王与之对《周礼》本经的认识

《周礼订义》中，王与之采用"愚案"和"愚按"的方式裁断诸家《周礼》学说，提出自己对《周礼》相关问题的见解。我们下面就以此为主要资料，逐一分析王与之对《周礼》的态度、对《周礼》作者的认识、对《周礼》流传的认识和对《考工记》补亡《冬官》问题的认识。

(一) 对《周礼》的态度

东汉末年，郑玄以绝人之精力遍注《周礼》《仪礼》《礼记》，自此之后三书并立，号曰"三礼"。在王与之看来，《周礼》《仪礼》《礼记》虽同为礼书，又皆被尊奉为经，似无分轩轾，但"《周礼》与《仪礼》《礼记》不同"①，实乃礼之经。其曰：

> 《三礼正义》曰：《周礼》《仪礼》并周公所记，所谓"礼经三百"

---

① （宋）王与之：《周礼订义》卷首《论周礼纲目》。

"威仪三千"。礼经则《周礼》也，威仪则《仪礼》也。①

　　李景齐曰：仲长统以为，《周礼》礼之经，《礼记》礼之传。《礼记》作于汉儒，虽名为经，其实传也。盖《礼记》所记，多有春秋战国间事，不纯乎唐虞夏商周之制，故《王制》纪朝觐为文襄时事，《月令》说太尉官名为战国间事，曾未若《周官》之纯于周礼也。②

王与之杂引《三礼正义》之说，先分析《周礼》与《仪礼》的区别。他认为《周礼》与《仪礼》皆为周公所作，二书的最大不同在于《周礼》所载是"礼经三百"，即关于礼制的大纲大法；而《仪礼》所载是"威仪三千"，即关于礼仪的繁文缛节。其后，王与之援引李景齐之说，再阐明《周礼》和《礼记》的区别。主张《礼记》虽有经之名，但实为礼之传，而《周礼》所载却是纯粹周制，是当之无愧的礼之经。

　　可知，王与之认为"三礼"之中《周礼》最尊，对《周礼》抱持着尊崇的态度。

（二）对《周礼》作者的认识

　　王与之坚定地认为《周礼》作于周公，并试图推原周公作《周礼》的本旨，其曰：

　　孟子曰：周公思兼三王，以施四事。其有不合者，仰而思之，夜以继日；幸而得之，坐以待旦。③

　　张南轩曰：方是时周公相成王，欲以立经、陈纪、制礼、作乐，成一代之法，故推本三代四圣之心，而施此四事，达之天下，以为无穷之事业也。又曰：凡井田、封建、取士、建官、礼乐、刑政虽起于上世，莫备于周，是皆周公心思之所经纬，本诸三代而达之者也。周公之心，孟子发明之至矣。④

王与之先引《孟子·离娄下》的记载，再引张栻《癸巳孟子说》卷四中关于此句经文的训释。他认为，孟子对周公作《周礼》的本旨发明最为精到，周公辅相成王，欲立一代之法，故本诸三代封建、建官、礼乐、刑政等制度，推原尧、舜、禹、汤四圣之心，夜以继日地经纬谋划，方撰成《周礼》，这其中记载的经邦定国、礼乐刑政等制度可达于天下，成后世无穷之事业。

----

①② （宋）王与之：《周礼订义》卷首《论周礼纲目》。
③④ （宋）王与之：《周礼订义》卷首《论周礼兴废》。

　　可知，王与之认为周公作《周礼》，既欲立有周一代之法典，也有预为后世兴致太平的深远谋划。

　　（三）对《周礼》流传的认识

　　王与之认为，周公授《周礼》于成王后，此经"至春秋犹存"①。他的证据是《左传》的两条记载：其一，《左传·闵公元年》："齐仲孙归，曰：'不去庆父，鲁难未已。'公曰：'若之何而去之？'对曰：'难不已，将自毙，君其待之。'公曰：'鲁可取乎？'对曰：'不可。犹秉《周礼》。《周礼》，所以本也……鲁不弃《周礼》，未可动也。'"其二，《左传·昭公二年》："晋侯使韩宣子来聘，且告为政。而来见礼也，观书于太史氏，见《易象》与《鲁春秋》，曰：'《周礼》尽在鲁矣。吾乃今知周公之德，与周之所以王也。'"可知，王与之据此认为《周礼》在春秋时期还受到各国重视，周公封地鲁国更是世秉《周礼》，沿用未衰，故《周礼》尚存于春秋之世。

　　战国时期，几乎没有关于《周礼》的记载，故王与之认为《周礼》"至战国已亡"②。他引《孟子·万章下》为据，曰：

　　　　《孟子》：北宫锜问曰："周室班爵禄也，如之何？"孟子曰："其详不可得闻也。诸侯恶其害己也，而皆去其籍。然而轲也，尝闻其略也。"③

因《周礼》所载周王室班爵禄诸制，与战国诸侯所行相悖，诸侯恶其害己，故灭去其籍。至孟子时，渊博如孟子者，对《周礼》所载周制之详已不可得而闻，可知《周礼》在战国时期几乎销声匿迹了。

　　潜藏百年，《周礼》现于西汉，排弃者有之，尊崇者有之。在王与之看来，"《周礼》待汉以后诸儒而始明"④。其曰：

　　　　贾氏曰：武帝始除挟书之律，开献书之路，既出于山岩屋壁，复入于秘府，五家之儒莫得见焉。至孝成帝，达才通人刘向、子歆，校理秘书，始得列序，著于录略。然亡《冬官》，以《考工记》足之。时众儒并出共排，以为非是。惟歆独识，知其周公致太平之迹，具在于斯。遭天下兵革并起，弟子死丧，徒有里人河南缑氏杜子春尚在，永平之初，年且九十，能识其说，郑众、贾逵往受业焉。众、逵洪雅博闻，又以经书记传相证明为《解》，逵《解》行于世，众《解》不

────────────────

①②③④　（宋）王与之：《周礼订义》卷首《序周礼兴废》。

行。然众时所解说，近得其实。案《艺文志》："成帝时，以书散亡，使谒者陈农求遗书于天下。诏光禄大夫刘向校书，经、传、诸子、诗赋，向辄条其篇目，撮其意，录而奏之。会向卒，哀帝复使向子歆卒父业。歆总群书，奏《七略》。"歆之录，在哀帝时，马融乃云："成帝命歆考理秘书，始得列序，著于录略。"成帝时，刘向父子并被帝命，至向卒，哀帝命歆卒父所修。郑玄《序》云："世祖以来，通人达士太中大夫郑少赣兴及子大司农仲师众、故议郎卫次仲宏、侍中贾君景伯逵、南郡太守马季良融皆作《周礼解诂》。二郑，同宗大儒，明理于典籍，粗识皇祖大经《周官》之义，存古字，发疑正读，亦信多善，徒寡且约，用不显传于世。今赞而辩之，庶成此家世所训也。"然《周礼》起于成帝刘歆，成于郑玄，附离者大半，故林孝存以武帝知《周官》末世渎乱不验之书，作《十论》《七难》以排弃之。何休亦以为六国阴谋之书。惟郑玄遍览群经，知《周礼》乃周公致太平之迹，故能答林硕之论难，以为训注，使《周礼》义得通焉。

王与之所引贾公彦之说出自《序周礼废兴》，贾公彦于此概述了《周礼》在两汉的传承统绪，而王与之征引贾氏之说来证明两汉诸儒在《周礼》流传过程中起到的重要作用。《周礼》能在西汉今文经学家并出共排的打击下留存下来，全赖刘歆的独识；而《周礼》能成为东汉古文经学发展的一面旗帜，有赖于刘歆弟子杜子春的传学之功，也依靠郑兴、郑众、贾逵、卫宏、马融、郑玄等经学家对《周礼》雅达广揽地诠释，他们的《周礼》著述极大地丰富了《周礼》本经的内容，将《周礼》学纳入更广泛的经学领域，从而使《周礼》学成为东汉古文经学之"素王"。[①]

可知，王与之主张《周礼》一经犹存于春秋之世，至战国群雄争霸，是书遂遭排弃，潜藏百年之后，复现于西汉，虽见疑于当时的今文经学家，但有赖刘歆、杜子春、郑兴、郑众、贾逵、马融、郑玄诸儒苦心维护，终奠定其礼之经的不祧地位。

（四）反对以《考工记》补亡《冬官》

汉代发现的《周礼》已非完书，缺《冬官》一篇，汉人求之不得，遂以《考工记》补《冬官》之缺。由汉迄唐，学者多承其说，对《周礼》本经残缺并不怀疑，对以《考工记》补亡《冬官》也无异说。至宋代，学风

---

① 参见杨天宇：《略述中国古代的〈周礼〉学》，见《经学探研录》，204 页。

不变，部分宋儒反对以《考工记》补亡《冬官》，他们重新审视《周礼》本经，开始质疑《周礼》本经的残缺问题。

王与之亦持新见，反对以《考工记》补亡《冬官》。其曰：

> 事典乃司空之职。《书》言司空"居四民，时地利"，所谓事者，非止如今《考工记》之补亡，止言百工之事也。民各有职，职各有事，民以其职而治其事，百姓既足，君孰与不足？邦国之富，实基于此。如卫文公"务材训农，通商惠工"，驯致国家殷富之福。后世急于富国，而不知民事，若季氏之富于周公，其得罪于周典深矣。①

> 事职多百工事。百工饬化八材，蠹物则有之，何以使百物之能生？刘氏曰："不以生百物为职，则事为广而八材枯。"此乃指《考工记》补亡书言之，非古之事职。《书》曰："司空掌邦土，居四民，时地利。"百物虽生于土，必四民各安其居，地利不失其时，然后生长繁殖，物物皆遂。事职之生百物，犹三农之生九谷，所以言于"富邦国""养万民"之后。②

王与之根据《尚书·周官》的记载，认为冬官之长司空的执掌非限于百工之事，司空掌管事典，使万民各司其职，各尽其能，以使天下各国富强，百官胜任职事，民众能得生养。而《考工记》所载不过是百工之事，故汉儒以《考工记》补《冬官》之亡并不妥当。王与之还指出，《冬官》固然多涉百工生产之事，但司空重要的职责在于"生百物"，即尽地之利，增殖各种财物，以养育四民，使天下各国富庶。而《考工记》主要记载百工利用八材制作百物，蠹物则有之，生百物则远不及，故《考工记》是无法补《冬官》缺失的。

《考工记》既然不能补亡《冬官》，那么《冬官》一篇何处求？就此问题，宋代学者提出二种观点：其一，《周礼》原是一部未完成的著作，故谈不上残缺问题；其二，《冬官》不亡，散于五官，即主张《周礼》本为全书，并不残缺《冬官》一篇。王与之持后一种观点，赞同"《冬官》不亡"说。其曰：

> 汉儒谓《冬官》亡，补以《考工记》，司空果亡乎？以《周官》司空之掌考之，司空未可以为亡也。夫《周官》言"司空掌邦土，居

---

① （宋）王与之：《周礼订义》卷一。

② （宋）王与之：《周礼订义》卷四。

四民，时地利"，凡经言田莱、沟洫、都邑、涂巷者，非邦土而何？农、工、商、贾，市、井、里、室、庐者，非居民而何？桑、麻、谷、粟之所出，山、泽、林、麓之所生，非地利而何？及考《小宰》言"六官设属各有六十"，今治官之属六十有三，教官之属七十有九，礼官之属七十有一，政官之属六十有六，意者秦火之余，简编脱落，司空之属错杂五官之中，先儒莫之能辨，遂以《考工记》补之，其实司空一官未尝亡也。夫《考工记》可以补《周官》者，非三十工之制，有合周之遗法也。独《考工》之《序》，其议论有源委，非深于道者，莫能之。夫论百工之事，不止于工上立说，上而本于王公士大夫，则知工虽末伎，非王公发明乎是理，士大夫推而行之，其艺固不能以自成。下而及于商旅农妇，则知工虽有巧，非商旅之懋迁货贿，农夫之饬力地财，妇工之化治丝麻，其材于何而取给也。创此者有知，述此者有巧，业则传于世守，功则归于圣人，工何尝独立于天地间，能使器利用便乎？惟此等议论近古，足以发明圣经之秘，此所以取而为补亡之书也，如舍此而索于制度之末，则论周人上舆，奚及乎上梓、上匠之制？论周人明堂，奚取乎世室、重屋之制？言沟洫、浍川非遂人之制也，言旆、旗、旟、旐非司马、司常、巾车之制也，其他纤悉有不可尽信者甚多，概以为周家之制度，岂其然乎？①

　　王与之以《尚书·周官》所载司空执掌考《周礼》一经，认为司空"掌邦土，居四民，时地利"之事备载于《周礼》五官之中，故司空所统事典未尝亡佚。且《小宰》既明言"六官设属各有六十"，为何天官之属六十有三，地官之属七十有八，春官之属七十，夏官之属六十有九，秋官之属六十有六呢？五官皆有羡，《冬官》又缺失，可知历经秦火，《周礼》一经难免简编脱落，《冬官》所载诸职官错杂于五官之中，汉儒不能明辨，反以为《冬官》佚亡，遂取《考工记》补之，其实《冬官》一篇未尝亡也。王与之还指出，汉儒之所以取《考工记》补《冬官》缺失，看重的是《考工记》议论近古，足以发明圣经之秘，而不是因为《考工记》所载三十工之制，合于周代遗法。

　　"《冬官》不亡"说肇始于胡宏、程大昌，后俞庭椿发扬是说，撰著《周礼复古编》，第一次提出了具体的《冬官》补亡方案。王与之亦赞同胡

---

① （宋）王与之：《周礼订义》卷七〇。

宏、程大昌、俞庭椿之论,坚定地主张"《冬官》不亡,散于五官",还专著《周官补遗》一书,提出了与俞氏不同的《冬官》补亡方案。俞庭椿、王与之的臆断改经之说得到了时人叶时、赵彦卫、车若水、金叔明等人的赞同附和。此后,元人丘葵、吴澄,明人方孝孺、何乔新、柯尚迁、舒芬等也纷纷推崇是论,并根据各人对《周礼》的研究心得做出五花八门的《冬官》补亡方案。"《冬官》不亡"说辗转蔓延,遂衍成《周礼》研究中的"《冬官》不亡"一派,清代的四库馆臣曾批评此派,曰:"窜乱五官,以补《冬官》之亡,经遂更无完简。"① 其说可谓一针见血。

五、王与之《周礼订义》的解经特色

承绪汉唐《周礼》学之传统,王与之也重视从训诂名物和考论制度两方面解释《周礼》本经,并在"师古"基础上进一步"变古",对汉唐《周礼》学权威——郑玄《周礼注》、贾公彦《周礼疏》予以批驳,还推原《周礼》经文字句间所蕴制作精义,以晓当世,力图从中寻求经世良方。以下将分四个方面对王与之诠释《周礼》的特点做一分析。

第一,训诂经文,喜立新解,或于郑、贾无说处立说,或凭己意裁断先儒之说,以参求其是。

郑玄注经简明扼要,欲举一纲而万目张,解一卷而众篇明,他训诂经文的重点往往在于理解经文的关键字词,此字或词一解,经意皆了然。因其如此,《周礼》经文中的不少字词,郑玄皆无注,而贾公彦《周礼疏》本"疏不破注"之体例疏解郑《注》,郑《注》无说处,贾《疏》亦多不释。这无疑为宋儒训诂《周礼》经文提供了很大的空间,不少宋儒训诂《周礼》经文喜就郑、贾无说处立说,如王昭禹、项安世等。

王与之潜心钻研《周礼》多年,他训诂《周礼》经文颇为细致,郑、贾无说处亦立说为之训解。如《大宰》"五曰刑典,以诘邦国,以刑百官,以纠万民"一句中的"纠"字,郑玄无注,贾公彦无解,王与之解曰:

> 纠者,察之之详也。圣人虑民不循乎理,而丽乎法,故刑之所设别为条目,每事而加察之,俾民入孝出悌,内睦外姻,谨行信言,敬事敏功,动由乎礼法之中,无微疵细过抵冒乎刑者,此刑典纠民之意也。②

---

① (清)永瑢:《四库全书总目》卷一九《周礼注疏删翼》提要。

② (宋)王与之:《周礼订义》卷一。

王与之训"纠"为"察之之详"，而后阐发圣人以刑典详察万民的用意。圣人忧虑万民触犯刑律，故罗列各项行事标准，官员据此详察万民，约束其行动，万民之举如合乎礼法，自然不会触犯刑律，而以刑典纠万民之义自明。

再如《内史》："凡四方之事书，内史读之。""事书"一语郑、贾无注解，王与之训释"事书"，并阐发内史从王读四方事书的意义，即使尊居九重的王，明见万里，四方政务也无壅蔽之患。①

对先儒训诂《周礼》经文之说，王与之不肯轻信盲从，或申或驳，皆据自己的研究心得。如《大宰》"以九两系邦国之民……二曰长，以贵得民"一句，郑玄训"长"曰：

> 长，诸侯也，一邦之贵，民所仰也。

王与之赞同郑玄此说，曰：

> 愚案：《王制》云"五国以为属，属有长"，"八州三百六十长"。自唐虞以来，诸侯亦有以长名者，郑氏之说亦未可非也。②

王与之引《礼记·王制》相关记载，说明唐虞以来，诸侯亦有长之名，故郑玄训"长"为"诸侯"之说正确无误。

再如《甸师》"祭祀，共萧茅"一句，郑兴解曰：

> 萧字或为茜，茜读为缩。束茅立之祭前，沃酒其上，酒渗下去，若神饮之，故谓之缩。缩，浚也。故齐桓公责楚不贡包茅，王祭不共，无以缩酒。

王与之裁断郑兴此说，曰：

> 愚按：郑氏说"茅缩酒"是矣，不必改"萧"为"茜"。③

王与之认为，郑兴所主以茅缩酒用于祭祀之说无误，至于改"萧"为"茜"则不必费此周章，因萧指香蒿，亦用于祭祀，故不必遽改为"茜"，王与之此见阴合于郑玄。

又如《周礼》"叙官"中"以为民极"一句，郑玄训"极"曰：

> 极，中也。令天下之人各得其中，不失其所。

---

① （宋）王与之：《周礼订义》卷四五。
② （宋）王与之：《周礼订义》卷三。
③ （宋）王与之：《周礼订义》卷七。

王与之驳斥郑玄之说，别立新解，曰：

> 愚案：先儒或以"极"为"中"，或以"极"为"至要"，知惟中而后能极，而极者中之至也。犹天之极，众星拱焉；犹屋之极，众材萃焉。极处未尝不中，所谓中者，莫能加毫末于此也。王者宅中建国，四方辐凑，至斯为极。必辨方以为庙、社、朝、市之正，体国以为乡、遂、田、野之经，官由是而设，职由是而分，内外相维，小大相济，治、教、礼、政、刑、事靡不毕举，何往非尔民之极！《诗》曰"商邑翼翼，四方之极"，即《经》以建国为极也。《书》曰"五皇极皇，建其有极"，又见圣人为斯道之极也，以皇极之道立民极之制，其惟成周乎！①

在王与之看来，郑玄等先儒训"极"为"中"或"至要"之说，对于"极"的解释没有实际意义，因为"极"就是中之至，云"极"为中，于"以为民极"之义的理解莫能加毫末之功。他结合上文"惟王建国，辨方正位，体国经野，设官分职"，认为所谓"极"就是王者居天下之中正而建国，使治典、教典、礼典、政典、刑典和事典靡不毕举，继而兴致太平。为佐证其说，王与之还征引《诗经·商颂·殷武》和《尚书·洪范》相关记载为证。客观而言，郑玄训"极"为"中"之说是以《尔雅》为根据的，王与之训"极"为"王者宅中建国"一说，则主要是结合上下经文之义而言，要之以经释经，非凿空之见，亦可备一家之言。

除此之外，《大宰》"九曰闲民，无常职，转移执事"一句，王与之破郑注，训"闲民"曰："今谓之闲民，必其单丁下户，力既不能胜耕，又不能从事于园圃虞衡薮牧之地，与夫工商嫔妇之业。圣人难以强之受职也，亦列于九职之终者，以八职之中不可无此等人。"②《大府》"凡式贡之余财以共玩好之用"，王与之驳贾公彦对"式贡"的解释，另立新说，曰："式贡，凡合乎法式者之贡。"③《乐师》"环拜以钟鼓为节"一句，王与之不从郑众训"环拜"之说，曰："环拜，群臣环王而拜祭天地。"④ 诸如此类者甚众，兹不赘举。

总之，王与之训诂经文多不以《说文解字》《尔雅》等文字学、训诂

---

① （宋）王与之：《周礼订义》卷一。
② （宋）王与之：《周礼订义》卷二。
③ （宋）王与之：《周礼订义》卷一〇。
④ （宋）王与之：《周礼订义》卷三九。

学著作为依据，而是结合上下经文及经文大义推寻字词的意思，其说缺乏可靠的立论根基，故真赝错杂。然能覃思精研，以经释经，又未尝依傍前人，尤可备一家之说。

第二，考论《周礼》所载制度，不仅能于先儒聚讼纷纭处抒发己见，还能针对现实弊政寻找相应的解决之道，寓经世之思。

《周礼》一经文繁事富，其间涉及的名物制度甚为广泛，几乎无所不包，考论《周礼》所载制度是历代学者诠释《周礼》的一大重点，王与之也不例外。他考论《周礼》所载制度，往往能于先儒聚讼纷纭处提出自己的见解。

如庙制问题，郑玄主张周天子七庙，包括祖庙一、文王和武王二祧庙、四亲庙①；王肃虽也主张周天子七庙（一祖庙、二祧庙、四亲庙），但认为二祧庙非文王和武王庙，文王和武王在七庙之外别立庙②。魏晋以来，学者争论庙制，或祖郑，或佑王，莫衷一是。王与之解《小宗伯》"辨庙祧之昭穆"一句，也论及庙制，其曰：

> 愚案：郑氏之说，自为王肃所非，先儒多非之，已见于传。但王肃以下，谓文、武二庙不毁，其说是矣；而谓七庙之外，更有文、武二庙，恐未必然。郑氏谓文、武为祧，亦不无所谓。盖《祭法》谓七庙之制，太祖与亲庙四皆月祭，而二祧享尝乃止，此常礼也。太祖为始，自太祖而下，三昭三穆，共为七庙，至八世则迁去其始为昭者，九世则迁去其始为穆者，若周以文、武之故而不迁。且以共王之时论之，自穆王上至昭王、康王、成王为四亲庙，则文、武正在二祧之位。至懿王时，则文王当迁，又至孝王时，则武王当迁，然二庙不可去，故存于二祧之位，却自成王迁去，又再迁，则去康王，以次皆然。谓文、武二庙为祧者，正以居祧位而不可毁，故以文、武以下迁主藏乎此也。若文、武以上，皆文、武之父祖，故宜迁藏于后稷之庙，文、武以下之人，不可越文、武之庙而入后稷之庙，则宜迁于文、武之庙。以人情论之，意其如此，恐不应七庙之外又有文、武二庙。盖是累世之后，但以文、武居七庙之数，此则王肃所谓文、武之庙不迁者也。③

---

① 参见《周礼注疏》卷一七"叙官守祧"郑注。
② 参见《通典》卷四七《吉礼六》所引王肃说及赞同王说者。
③ （宋）王与之：《周礼订义》卷二二。

　　由上可知，王与之在庙制问题上更倾向于郑玄之说。因文王受命，武王始有天下，宜加尊礼，异于常制，故文王、武王二庙同祖庙一样，不迁不毁，王肃主张"文、武二庙不毁"，王与之就肯定其说。《礼记·祭法》云："王立七庙，一坛，一墠，曰考庙，曰王考庙，曰皇考庙，曰显考庙，曰祖考庙，皆月祭之。远庙为祧，有二祧，享尝乃止。"王肃据此难郑，提出问题：祖庙和四亲庙每月祭祀一次，二祧庙每季度祭祀一次（春祭称享，秋祭称尝），其礼简，其制杀，为何尊贵如文王、武王要居祧庙呢？在王与之看来，王肃赖以难郑的理据是不成立的，因为祭祀祖庙、四亲庙与祭祀二祧庙的差别，不过是常礼不同而已，不代表祧庙不及祖庙和四亲庙尊贵。而郑玄所云"文、武为祧"则有其道理，因为在迁庙过程中，文、武二祧庙不毁，文王、武王以上的父祖迁入祖庙，以下的成王、康王等依次按昭穆之序迁入文、武二祧庙，不再迁入祖庙，此即为"不迁"之义。既然文、武所居二祧庙不迁不毁，王肃主张"七庙外更有文、武二庙"，岂不是屋上叠屋，床上架床，失当明矣。

　　我们认为，王与之此申郑驳王之论，有长亦有短。他认识到文、武二庙异于四亲庙，不迁不毁，是正确的。但他用"常礼"说解答王肃之难，却不能提出相关文献做支撑，其说缺乏说服力；他对迁庙制度的理解也有误，祧庙既是迁主所藏之庙，焉能不迁不毁？南宋后期，学者谈虚理者多，崇实学者少，学术风气更趋空疏不实，王与之于此之际，能钻研错综纷繁的礼制难题，并试图解决，实属难得。虽然他得出的结论不一定完全正确，但其崇尚考据的实践可纠宋学末流之弊，启迪后学。

　　王与之推崇《周礼》所载制度为周公兴致太平之法，因此他在考论《周礼》所载制度的同时，积极在其中寻找解决现实弊政的良方，讲求通经致用。如关于《周礼》所载理财制度，王与之论曰：

　　　　愚案：《周官》一书，半为理财，大率多是谷、粟、布、帛，出于天之所产，人之所成，上下所赖，以供不穷之用者。在是其实，以钱与世交易绝少，观《司市》"国凶荒，则市无征，而作布"，则冶铸之事有时无，后世穷山竭冶以供鼓铸者矣。又司市一属，与民贸易，而上下交征利之地，"布"之一字绝无而仅有，自司市"以商贾阜货而行布"，"以泉府同货而敛赊"，而后廛人有五布之入，肆长有总布之敛，极而泉府"以市之征布，敛市之不售"。泉布之行用有数，亦无后世倾市合廛，以取办于钱者矣。故《周官》自廛人以下，数官掌九谷之入出，以待国家之用者。姑未暇论，而自大府、玉府、内府而下，不知其几府，有下大夫，有上士、中士、下士，不知其几人，而大府实为之长，自其受货贿之入，金玉曰货，则颁之于受藏之府；布帛曰贿，则颁之于受用之府；而后王之金玉、玩好、兵器，凡良货贿之入则内府掌之；而邦布之入出，以共百物者，则专掌于外府之一官，则泉布之藏用有限，必无后世贯朽索腐，与夫见钱流地上者矣。以此知当时之国本在农，国计在桑麻谷粟，国用在金玉布帛，则邦布本以权百物之低昂，时出以佐国用之不及。是以未尝不用夫钱也，开之以百物之共，而制之以有法之严，此邦布所以流行而不匮，变通而不穷。苟上之人不能守经常之法，泛取而亵用之，手头一开，而邦布不给，冶铸一兴，而邦本始病矣。①

王与之赞同王安石主张的"一部《周礼》，理财居其半"②之说，但他认为《周礼》所理之财主要是指谷、粟、布、帛，而非流布天下的钱。因为周代重视农事，桑麻谷粟关系民生日用，故官府专门委派廪人、舍人、仓人、司禄、司稼、舂人等官掌管九谷的出入；金玉布帛关系国家各部门收支用度，故官府又委派大府、玉府、内府、外府、司会、司书等官掌管货贿的受用与供给；而钱在当时主要用来衡量百物价值，绝少用来交易，虽见于逐利之所市场，但受司市、廛人、肆长、泉府等管理市场的官吏约束，只在国用不足时，出给国用。且据《司市》记载，国有大灾荒、大瘟疫，不仅不征税，还铸造钱币。可知，周代以农业为立国之本，钱只用于不时之需，且监管钱财之法颇为严格，所以周代的钱币可以常流行而不匮乏，冶铸钱币之事自然不须时时进行。后世失先王之法，监管钱财的制度不力，操持权柄之人滥取钱财而挥霍无度，以致流通的钱币不断减少，国家财政陷入匮乏之境，故才穷竭山野之矿铸钱以缓解困窘，长此以往，赖以立国的农业被忽视，自然国用不给，国家贫弱。

铜钱是宋代最主要的货币，伴随商品经济的发展，宋朝对钱币的需求激增，铸钱数量不断增长，然而却常闹"钱荒"。王与之对此亦有感触，他借阐发《周礼》所载理财制度，表达了自己对解决"钱荒"问题的认识。在他看来，单纯地"穷山竭冶以供鼓铸"，并不能从根本上解决"钱荒"问题，要想钱币"流行而不匮，变通而不穷"，就要仿效周代的理财制度，真

————————————

① （宋）王与之：《周礼订义》卷一〇。
② （宋）王安石：《临川先生文集》卷七三《答曾公立书》。

正以农业为立国之本。农业兴，则关乎民生的桑麻谷粟足用，与之相关的金玉布帛也能给国用，再严格监管钱财之法，自然钱币流通而不匮。可知，王与之考论《周礼》所载理财制度，是从经世致用角度出发的，希望通过古今理财制度优劣的比较，能对解决现实的"钱荒"问题有所建议。

总之，于南宋后期空谈学风泛滥之际，王与之能坚持考据礼制，其求真务实的学术精神令人钦佩。同时，他能借考论《周礼》所载制度，议论解决现实弊政的出路，未尝不是对永嘉学派经世传统的一种继承。

第三，折中己见，论断所引诸家《周礼》学说之是非。

《周礼订义》中，王与之援引《周礼》数十家说，他不是简单地备列众说异同，而是能衷以己见，论断其是非。如《泉府》："凡民之贷者，与其有司辨而授之，以国服为之息。"王与之解曰：

> 愚案：国服，陈止斋读"服"如"服公事"之"服"，谓民之贷者，还本之后，更以服役公家几日为息。徐牧斋读"服"如"侯甸服"之"服"，谓民之贷者，以其服之所出来输，彼此价直必不等，除得本之外，余皆为息。二说俱胜《注》《疏》。至李叔宝，欲矫责偿出息之说，以廛人所征之布贷之于民，使因其所服之业为生生之计，如农服田野之事，嫔妇服丝枲之事，息者亦如司徒"以保息六养万民"，所以保之使生息，非责其利。此说固好，恐非泉府之所能继。盖泉府所征之布，将以敛商贾之滞货，不时而买者，既楬以元贾；有急而赊者，复偿以元直；至于民之称贷，又以财生息之，则其法穷矣。不如陈及之之说，曰："立法不惟以便下，苟下得其利，而官失其物，则非法也。泉府藏物多矣，不赊贷与人，则必至弊坏，岁月既久，不可用。赊贷与民，民转徙于他所，既得其利，异时以元物入官，各贡所有为息，则官府亦得其便矣。不特是也，《周礼》凡商贾悉有税，今市泉府物而贷之，则免其税，既免其税，而贡息焉，何不可之有。然必与有司辨而授之者，防民之伪也。世之奸猾无行者，巧伪曲说，至官府而赊贷，官府不知其奸而与之，则异日未必能偿，与其有司辨，则不复有此患。凡此等制，得贤而后可行，否则不胜其弊。王荆公、吕嘉问为市易官，掊克细民，聚敛滋甚，豪商大贾怨咨盈道，及人有言，则曰泉府。呜呼！吾不知先王之法，使人怨咨而尚不顾哉。"①

---

① （宋）王与之：《周礼订义》卷二四。

熙宁二年，王安石向宋神宗建言，曰："周置泉府之官，以权制兼并，均济贫乏，变通天下之财。后世唯桑弘羊、刘晏粗合此意，学者不能推明先王法意，更以为人主不当与民争利。今欲理财，则当修泉府之法，以收利权。"① 可知，王安石主张效法《泉府》所载赊贷之法理财，"与民争利"，而《泉府》中"国服为之息"一句无疑成为王氏推行理财新政的重要经典依据。因其如此，宋人诠解《周礼》多措意于此句经文的解释，王与之此处就征引了陈傅良、徐牧斋、李叔宝、陈汲数说。在王与之看来，陈傅良和徐牧斋对"国服"的解释胜于郑玄《周礼注》、贾公彦《周礼疏》之说，而李叔宝对"国服为之息"的解释则不妥当，因为泉府主要通过敛取滞货、赊贷财货等办法调节市场供求，增殖财物，若依李叔宝之说，泉府就有保万民生息之责，这与经文本意不合。陈汲之说最得王与之欣赏，故王与之全引其说，解释经文。陈汲是从立法的便下利上原则入手的，先论泉府赊贷财货的必要性和施之于民的优惠，再议"有司辨而授之"的用意所在，最后强调泉府之法不可徒行，须"得贤而后可行，否则不胜其弊"，还会累及先王之法。

再如《大宗伯》"以天产作阴德，以中礼防之；以地产作阳德，以和乐防之"一句，王与之先指出，诸儒关于"天产"和"地产"的论说颇多，他将选取部分有代表性的学说加以罗列，而后附上他本人对这一问题的见解，以待智者明辨。他先列薛季宣、孙之宏之说，评价曰：

> 愚案：以上说天产、地产，为人之禀赋于天地者，而防之以礼乐，与司徒以礼乐防民相似。恐大宗伯之职不然。②

次列郑玄、王昭禹之说，评价曰：

> 愚案：以上说天产、地产作动物、植物，以阴德、阳德就人身阴阳之气解之。③

再次列吕祖谦之说，评价曰：

> 愚案：此说天产、地产作法天地生物之德，为礼乐防民之用。亦只说得大司徒教民以中和之事。④

又列易祓之说，评价曰：

---

① （明）陈邦瞻：《宋史纪事本末》卷八。
②③④ （宋）王与之：《周礼订义》卷三一。

愚案：此说得之而未彻。①

最后，鉴于易袚之说并不透彻，王与之单独立说，阐发他对此句经文的理解，曰：

愚案：天产者，日、月、风、云、雨、露、雷、霆、霜、雪，凡属乎天者皆天之产。然圣人以为天产所作之德谓之阴者，以其德隐然难见，若日月之暖，雨露之滋，万物资之以生，所以生者莫得而测，皆天产所作之阴德也。天产之作，易于或过，如愆阳伏阴，凄风苦雨，与非时雷霆，过时雪霜，所不能免，圣人必以礼为之防。盖礼由阴作，谓之中者，有所止之谓，礼以中止，有以裁成其过而归之中，则天产不至于过作而暴。地产者，山、林、川、泽、丘、陵、坟、衍、原、湿，凡属乎地者，皆地之产。然圣人以为地产所作之德谓之阳者，以其德显然易见，若山起于卷石之多，及其广大，草木生之，禽兽居之；水起于勺水之多，及其不测，鱼鳖生焉，货财殖焉，皆地产所作之阳德也。地产之作，易偏而不及，如土敝则草木不长，水烦则鱼鳖不大，甚至山童泽竭，若动，若植，无所容，山崩海泄，若宝藏，若货财，无所聚，圣人必作乐以为之防。盖乐由阳来，谓之和者，有所谐之谓，乐以和谐，有以导达，其不及而归之和，则地产不至于不及而乱。如是，则礼乐之用，可以合天地之化，百物之产。与司徒教民之事大不同，近世说者，不知宗伯所掌之礼乐关于参天地、赞化育之功，拘于司徒"五礼教中""六乐教和"之说释之，始失其旨。②

《周礼订义》中，诸如此类者尚多，兹不赘举。总之，王与之援引《周礼》数十家说诠释经文，无论是训诂名物，还是考论制度，他都能在博引众说的基础上，折中己见，并间或论断所引诸家《周礼》学说之是非，以表达自己对相关问题的独立见解，绝不人云亦云。

第四，覃思积悟，推寻《周礼》经文字句间所蕴制作之精义。

王与之慨然发奋致力于《周礼》之学，网罗由汉迄宋的《周礼》数十家说，并依己意剪裁，以训诂名物，考论制度。在此基础上，王与之还能覃思积悟，推寻《周礼》经文字句间包蕴的制作精义。

如《酒正》："凡祭祀，以法共五齐三酒，以实八尊。大祭三贰，中祭

―――――――――

① ②　（宋）王与之：《周礼订义》卷三一。

再贰，小祭壹贰，皆有酌数。唯齐酒不贰，皆有器量。"王与之解曰：

> 愚案：酒之有贰，谓既荐鬼神，而后以鬼神之福爵群臣，所以广
> 神施也。大祭天地用三贰，谓天地之施广而周；中祭宗庙用再贰，谓
> 宗庙之设施，视天地虽杀而犹广；小祭山川用一贰，谓山川之施为
> 微。大抵皆是广神之惠泽，以及下《记》曰"祭者泽之大者"也，上
> 有大泽，则惠必及下。①

每逢祭祀，酒正要按常法供应五齐、三酒，其中大祭天地、中祭宗庙、小
祭山川所用的酒有"三贰""再贰""一贰"之别，王与之于此阐发其中蕴
义。他认为，三者之别主要是因为广神之施的范围有差，总而言之，三者
皆有广神之惠泽于下之义，或如《礼记·祭统》所载，上之人将祭祀之福
惠泽于下民。

再如《掌交》："掌以节与币巡邦国之诸侯及其万民之所聚者，道王之
德意志虑，使咸知王之好恶，辟行之。"王与之解曰：

> 愚案：节以为信，币以为礼，王者未尝轻用，以节、币巡诸侯及
> 万民所聚者，此正是王者固结人心最切处。大凡上情之不下达，非生
> 于疑，则生于玩，上既示人以信，待人以礼文焉，人孰不应王者。得
> 于中而好生者，德也；动于心而至诚者，意也；志则心有所之，而见
> 于施为；虑则心有所思，而见于图。四者有掌交以道之，如是而为王
> 之所好，如是而为王之所恶，使天下皆知所好者当从而行之，所恶者
> 当避而勿为。一人之心，庶乎明白洞达，与天下以为公，合天下以为
> 一，不然徒言岂足以感人动物耶！②

王与之认为，节是信之物，币是礼之物，王者委派掌交持代表信与礼的
节、币巡视诸侯国和民众所聚的城邑，宣扬王的德行、意志、志向和思
虑，以便四方人民了解王之好恶，进而行王之所好，避王之所恶，这就是
王者固结人心最重要的措施。因为上情不能下达，民众容易滋生疑虑，也
容易玩忽职守，王者既能示民以信，又能待民以礼，使民众知其德、意、
志、虑，四方民众自然一心向王。

另一方面，当王与之认为《周礼》所载某些经文字句系修辞、无实意
时，他也不空发附会之论。如《周礼》以天、地、春、夏、秋、冬名官，

---

① （宋）王与之：《周礼订义》卷八。
② （宋）王与之：《周礼订义》卷六九。

有的学者认为六官分掌天地四时之事，故取以为名，王与之就主张天地四时不过名号，无实意。其曰：

> 愚案：成周所以取名天地四时者，非必曰掌天地四时之事。上古云龙鸟火之号，固因天道以建官，至唐虞推广是意，其职渐分，故尧之官亦不止羲和四子，舜之官亦非专掌天地四时。陈止斋曰：自颛顼，有南正重司天、北正黎司地之官，至尧分为四职，上掌天时，下兼人事，以《书》之命辞考之，知其犹在王朝预闻政事，此天人之合也，至成周，此意渐分，取羲和四职，分配于六卿，是以虚名加实职，求其名官之意，皆号云耳。①

在王与之看来，周代的官僚体系日趋完备，取天、地、春、夏、秋、冬名官，不过是参照古人因天道而建官之意，是以虚名加实职，称号而已。

可知，王与之发明《周礼》经义之论较为平实，如《周礼》经文字句间蕴含精微之义，王与之能细心体会，着意发明；如《周礼》所载系修辞，无实意，王与之也尽量明辨，不空发附会之言。

综上，王与之诠解《周礼》既重视阐发经文所蕴微言奥旨，也不忽视传统的训诂考据，可谓兼义理考据之长。

六、王与之《周礼订义》的学术价值

《周礼订义》是宋代完整流传至今的唯一一部集解体《周礼》学著作，其中保存了很多宋人论解《周礼》的珍贵资料，这成为后世学者辑佚宋代《周礼》学文献的渊薮。《周礼订义》议论精博，集宋人谈《周礼》之精华，是全然展现宋学风气的新经学之作，是研究宋代《周礼》学不可不读的重要文献。以下我们就从文献学、经学两方面论述此书的学术价值。

（一）文献学价值

《周礼订义》广征博引，综汇由汉迄宋的《周礼》数十家说，其中宋儒自刘敞以下凡45家见于是书《编类姓氏世次》所载，而不见于《编类姓氏世次》所载的又有十余家，可谓详且博矣。因编集了如此可观的《周礼》学说，保留了大量珍贵的文献资料，使《周礼订义》成为后来学者辑佚宋儒《周礼》著述的渊薮，同时也是后世校勘汉宋《周礼》文献不可忽视的重要资料来源。

_____

① （宋）王与之：《周礼订义》卷首《论天地四时官名》。

1. 辑佚方面

"宋儒喜谈三代，故讲《周礼》者恒多"①，如前文所述，宋代《周礼》学论著的数量，较之汉唐有了较大幅度的增加。如朱彝尊《经义考》记载的宋代《周礼》学论著有 97 种，王锷先生《三礼研究论著提要》记载的宋代《周礼》学论著有 106 种，均比汉唐时期《周礼》学论著的总和还多一倍。而据笔者统计，目前尚可考见的宋代《周礼》学论著大致有 120 种，但只有 28 种流传至今，其余大部分已经佚亡，可见宋代《周礼》学文献的散佚相当严重。

据《周礼订义》卷首《编类姓氏世次》记载，是书所采旧说 51 家，其中汉代 4 家：杜子春、郑兴、郑众、郑玄；南朝 1 家：崔灵恩②；唐 1 家：贾公彦；宋 45 家：刘敞、王安石、刘恕、程颢、程颐、张载、杨时、王昭禹、陆佃、李觏、《礼图说》、《礼库》、胡安国、胡宏、陈祥道、刘彝、方悫、林之奇、郑锷、史浩、朱熹、吕祖谦、薛季宣、陈傅良、郑伯熊、刘迎、王氏、杨恪、陈汲、黄度、郑伯谦、项安世、李叔宝、叶适、易祓、薛衡、陈用之、郑敬仲、周必大、曹叔远、林椅、赵溥、陈汪、李嘉会、孙之宏。除此之外，书中征引，但未列入《编类姓氏世次》的还有十余家，如胡伸、窦严、高闶、徐卿、毛彦清、吕芸阁、张南轩、张沂公、陈季雅、陈宏父、蓝氏、唐氏和陈旸《乐书》、《尚书精义》等。可见《周礼订义》对宋人《周礼》著述或学说的搜采尤为详博。

据笔者考察，《编类姓氏世次》所列宋代 45 家中，仅有 13 家《周礼》著述或学说流传至今，其余 32 家《周礼》著述和学说或散佚不存，或存佚不明。在这 32 家之中，王与之征引其说达百条以上者就有 12 家，分别是：郑锷《周礼解义》之说 2250 条、易祓《周礼总义》之说 759 条、黄度《周礼说》之说 676 条、王安石《周官新义》之说 513 条、无名氏《周礼详说》之说 332 条、刘彝《周礼中义》之说 305 条、赵溥《兰江考工记解》之说 233 条、项安世《周礼》学说 197 条、陈用之《考工解》之说 177 条、陈傅良《周礼说》之说 123 条、薛季宣《周礼辨疑》之说 117 条、陈汲《周礼辨疑》之说 102 条。可见，《周礼订义》不仅保存了数目相当多的宋代佚亡的和存佚不明的诸家《周礼》著述或学说，而且征引宋

---

① （清）永瑢：《四库全书总目》卷一九《周礼述注》提要。
② 王与之将崔灵恩归入"唐二家"中，其说有误。《温州经籍志·经部礼类》"王氏与之《东岩周礼订义》"条，孙诒让案曰："崔灵恩，实萧梁人，见《梁书·儒林传》。东岩以为唐人，误。"我们此处不遵《编类姓氏世次》的误说，将崔灵恩归入"南朝一家"。

代佚亡的和存佚不明的诸家《周礼》著述或学说的数量是相当大的。

　　有赖《周礼订义》征引之功，诸多宋儒的《周礼》学说流传至今。毫无疑问，《周礼订义》在辑佚宋儒《周礼》著述或《周礼》学说方面具有极高的价值。对于此点，清代学者早已留意并付诸实践了，如乾隆年间，四库馆臣据《周礼订义》所引王安石诠释《地官》《夏官》之说，辑佚《周官新义》的《地官》《夏官》部分①；四库馆臣还依据《周礼订义》所引易祓诠释《地官》《夏官》之说，辑佚《周官总义》的《地官》《夏官》部分②；再如道光年间，新昌拔贡陈金鉴辑佚黄度《周礼说》，也主要依据《周礼订义》等书③。20 世纪 80 年代，台湾学者程元敏先生重新辑佚王安石《周官新义》，他注意到《周礼订义》卷五六《职方氏》"其浸五湖"一句经文下所引王安石之说，未被采入清人所辑《周官新义》中，他就将此条补入其撰《三经新义辑考汇评（三）——周礼》之中。可知，《周礼订义》不俗的辑佚价值亦为现代学者所重视。

　　总之，《周礼订义》对宋人诠释《周礼》之作、讲论《周礼》之说网罗详博，尤其是此书征引宋人《周礼》著述或学说流传至今者不足十分之三，其余十分之七或佚亡，或存佚不明。可见，此书具有相当珍贵的辑佚价值，清人所辑 3 部宋代《周礼》学论著——王安石《周官新义》、易祓《周官总义》和黄度《周礼说》，无一例外，均依据了此书。因此可以说《周礼订义》是辑佚宋人《周礼》著述或学说的渊薮。

　　2. 校勘方面

　　王与之在《周礼订义》卷首《编集条例》中声明："诸家解文或牵引枝蔓，止留其主意，余繁文亦不录。"可知，一方面，《周礼订义》引用诸家之说，如原文烦冗而枝蔓者，删削其烦冗之文，仅留主意而已。另一方面，《周礼订义》引用诸家学说，如原文简要不繁就会征引原文，如王与之援引杜子春、郑众、郑玄、贾公彦、刘敞等人的《周礼》学说，或训诂，或考论，凡精干简洁者，就直录原文。从此角度讲，《周礼订义》保存了不少汉唐宋时期诠释《周礼》论著的原文，故而《周礼订义》具有较

―――――――――

　　① 清代四库馆臣辑佚王安石《周官新义》主要是依据《永乐大典》，因《永乐大典》缺《地官》《夏官》二部分，故他们依据《周礼订义》所引"王氏曰"辑佚《周官新义》的《地官》《夏官》部分。如《钦定四库全书考证》卷八就有四库馆臣据王与之《周礼订义》校补或补录《周官新义》中《地官》《夏官》的记载。

　　② （清）永瑢：《四库全书总目》卷一九《周官总义》提要。

　　③ 中国科学院图书馆整理：《续修四库全书总目提要》（经部）。

为珍贵的校勘价值，值得重视。

清代学者已经注意到《周礼订义》的校勘价值，并自觉地运用《周礼订义》所录汉唐诸儒《周礼》学说或宋儒《周礼》学说进行文献校勘。如《弓人》："凡相干，欲赤黑而阳声。"监本《周礼注疏》卷四二此处郑玄注曰：

> 木之类，近根者妙。

《周礼订义》也征引此处郑注，曰：

> 木之类，近根者奴。①

清代四库馆臣即运用《周礼订义》所引郑注，校勘监本《周礼注疏》所载郑注，曰：

> "弓人为弓，凡相干"，注："木之类，近根者奴。""奴"，监本讹"妙"。木以远根者为贵，奴言其贱也，今从《订义》本改正。②

他们认为，木以离根远者为贵，离根近者为贱，监本《周礼注疏》中的郑注恰与此意相左，曰"近根者妙"，其说不妥，恐误。《周礼订义》所引郑注曰"近根者奴"，奴有贱之意，更为切近事实。鉴于此，四库馆臣据《周礼订义》所引郑注改监本《周礼注疏》之误。

再如清代的四库馆臣据《周礼订义》所引王安石之说校补《周官新义》辑本，在《钦定四库全书考证》卷八中曰：

> "卿大夫则共稟侯"。《义》："卿大夫以养人为事，养人则以除患害为先故也。"案：王与之《周礼订义》引安石说，作"卿大夫之德则能养人而已，不能除患，不足以养人"。与《永乐大典》不同，而义皆可通。《订义》或别有据，今仍原本。

据此可知，四库馆臣据《周礼订义》卷一一所引"王氏曰"校勘《周官新义》辑本中的《司裘》部分。

此外，我们认为《周礼订义》所引郑众《周礼解诂》之说、刘敞《七经小传·周礼》之说、张载《经学理窟·周礼》之说和王昭禹《周礼详解》之说，对于校勘今传本《周礼注疏》所引"郑司农"说、《七经小传·周礼》所载刘敞《周礼》学说、张载《经学理窟·周礼》和王昭禹

---

① （宋）王与之：《周礼订义》卷八〇。
② （汉）郑玄注，（唐）贾公彦疏：《周礼注疏》卷四二考证。

《周礼详解》均有帮助。

如《隶仆》："掌五寝之扫除粪洒之事。"王与之援引刘敞《七经小传·周礼》之说，曰：

> 五寝，夫人以下所居也。王后所居谓之正内，隶仆不掌，自有寺人内竖也。①

而文渊阁《四库全书》本《公是七经小传》卷中《周礼》记载此句曰：

> 五寝者，夫人以下所居也。王后所居谓之五内，隶仆不掌，盖自有寺人内竖。

刘敞此处解"五寝"为"夫人以下所居"，破郑玄"五寝"为"五庙之寝"之说，而后刘敞言及王后居所的称谓，文渊阁四库全书本《公是七经小传·周礼》曰此为"五内"，而《周礼订义》引刘敞此句曰"正内"，二者绝不相类。我们以为，王有六寝，其一为路寝（正寝），其余为燕寝；后与王同体，亦有六宫②，而今传本《七经小传》云"王后所居谓之五内"，似与此相悖，王与之所引"王后所居谓之正内"之说倒更为合理。《通志堂经解》本《公是先生七经小传·周礼》此处亦作"正内"，可证《周礼订义》所引是正确的。

再如《马质》"禁原蚕者"一句，王与之援引王昭禹《周礼详解》之说，曰：

> 王昭禹曰：物有异类，而同乎一气，相为消长，相为盈虚，其势不能两盛也。以天文考之，午马为丝蚕，则马与蚕其气同属于午也。③

而文渊阁《四库全书》本《周礼详解》记载此句曰：

> 禁原蚕者，盖物有异类，而同乎一气，相为消长，相为盈虚，则其势不能两盛也。以天文考之，午马为丝蚕，则马于蚕其气同属于午也。④

---

① （宋）王与之：《周礼订义》卷五二。
② 《内宰》"以阴礼教六宫"一句，郑玄注"六宫"曰："玄谓六宫，谓后也。妇人称寝曰宫。宫，隐蔽之言。后象王，立六宫而居之，亦正寝一，燕寝五。"据此可知，后有六宫，其一为正寝。
③ （宋）王与之：《周礼订义》卷四九。
④ （宋）王昭禹：《周礼详解》卷二六。

比对二者，我们可以发现"则马×蚕其气同属于午也"一句，四库全书本
《周礼详解》中"×"字作"于"，而《周礼订义》所引王昭禹此说作
"与"，联系上下经文，此字为"与"当更合情理。

又如王与之援引张载《经学理窟·周礼》之说，曰：

> 张氏曰：《周礼》惟《太宰》职难看，盖无许大心胸包罗，记得
> 此，复忘彼。其混混天下之事，当如捕蛇龙，搏虎豹，用心力看方
> 可。故议论天下之事易，处天下之事难。①

而文渊阁《四库全书》本《张子全书》卷四《周礼》和中华书局出版的
《张载集》中《经学理窟·周礼》著录此句曰：

> 《周礼》惟《太宰》之职难看，盖无许大心胸包罗，记得复忘彼。
> 其混混天下之事，当如捕龙蛇，搏虎豹，用心力看方可。故议论天下
> 之是非易，处天下之事难。

张载此处议论《大宰》经文，认为须有大心胸方能包罗，进而感叹天下事
易论而难处。其中，"故议论天下之×易"一句，四库全书本《张子全
书·经学理窟·周礼》和中华书局本《张载集·经学理窟·周礼》"×"
处均为"是非"二字，而《周礼订义》所引张载此处则作"事"。我们认
为，此处若依《周礼订义》所引作"事"，可与上文"混混天下之事"、下
文"处天下之事难"相照应，似较之"是非"更合文意。

（二）经学价值

王与之慨然发奋致力于《周礼》之学，研精覃思十余年而《周礼订
义》成，是书不仅网罗天下前后儒先讲解，还凝聚了王与之显幽阐微、商
是榷非的一家之言。清人赞之曰："宋人谈《周礼》者，其精华亦约略尽
此矣。"以下就分两方面对《周礼订义》的经学成就做一分析，以见其
价值。

1. 保存了宋人论解《周礼》的珍贵资料

宋代是《周礼》研究较为繁荣的历史时期，就《周礼》学论著数量而
言，宋代的《周礼》学论著数量较之汉唐有明显的增加；就《周礼》本经
解释方法而言，宋儒倡导的以义理解《周礼》的新方法，打破了"《周礼》
一书，得郑《注》而训诂明，得贾《疏》而名物制度考究大备，后有作
者，弗能越也"的学术僵局，从而变"考证之学"为"论辨之学"，使

---

① （宋）王与之：《周礼订义》卷首《论周礼纲目》。

"郑、贾几几乎从祧矣"①，并对元、明乃至清初的《周礼》研究产生深远的影响。可见，宋代的《周礼》学颇具价值，值得我们深入研究。

然而，宋代《周礼》学论著散佚严重，流传至今者不过五分之一，这无疑为我们全面而深入地探讨宋代《周礼》学造成一定的困难。《周礼订义》作为宋代完整流传至今的唯一一部集解体《周礼》学著作，博引宋代诸家《周礼》著述或学说，这其中就有十分之七的宋人《周礼》著述和学说今已亡佚不存，或存佚不明，有赖是书征引，我们今天才得窥佚亡或存佚不明诸家《周礼》学说之梗概。可见，《周礼订义》保存了许多宋人诠释《周礼》的珍贵资料，此书是我们研究宋代《周礼》学不可不读的重要文献。以下我们就分八个方面对《周礼订义》保存宋人诠释《周礼》的资料情况做一论述：

第一，尊崇《周礼》本经的资料。

汉唐时期，诸儒关于《周礼》真伪的论争往往同《周礼》作者的问题相纠缠，尊崇《周礼》为经者，多推此经为周公所作，如王肃注经虽喜与郑玄立异，但亦尊《周礼》为周公之书，并无异说；怀疑《周礼》为经者，多指此书非出于周公之手，如何休非《周礼》为"战国阴谋之书"，临硕难《周礼》为"末世渎乱不验之书"。

宋代经学以变古求解放，宋儒重新审视《周礼》，或尊崇，或怀疑，所见虽不一，但多能跳出汉唐论争此问题的窠臼。他们多从《周礼》所载职官职事是否符合先王时代的设官实况，《周礼》所载制度蕴含的义理是否符合圣人之道的角度探讨此问题，虽然他们得出的结论还有进一步商榷的余地，但他们用以考辨经典的新方法令人耳目为之一新。尤值一提的是，宋儒从义理角度考辨《周礼》本经的方法，对后来学者深有影响，如20世纪以来，杨向奎、徐复观、彭林皆采用以思想断时代的方法②，判定《周礼》的成书时代，这同宋儒运用义理考辨《周礼》本经的方法是一脉相承的。

《周礼订义》中保存了不少宋儒考辨《周礼》本经的资料，因王与之信奉周公作《周礼》说，推崇《周礼》所载诸制度，故《周礼订义》广征宋儒尊崇《周礼》之说。如《周礼订义》卷首《论周礼纲目》，王与之征

① （清）永瑢：《四库全书总目》卷一九《周礼注疏删翼》提要。
② 所谓"以思想断时代的方法"是通过分析《周礼》书中的思想内容，找出《周礼》当中反映的思想流派和主体思想，然后将其放入由思想史研究所建立起来的序列当中，推断出《周礼》的成书时代。

引李叔宝《周礼精义》之说，我们据此可知李氏尊《周礼》为经，认为《周礼》所载纯乎周制，非《礼记》可比。再如《周礼订义》卷首《序周礼兴废》，王与之征引孙之宏之说，我们据此可知孙氏推崇《周礼》所载为先王古制大法。另一方面，《周礼订义》又博引宋儒驳斥怀疑《周礼》之论。如欧阳修认为《周礼》所载官僚体系过于庞大，恐难行于世，《周礼订义》卷首《论官职多寡》就引陈汲之说，以一官兼摄数职作答，解欧公之疑；《周礼订义》卷一九又征引《礼库》之说，从乡、遂官员皆由民间推择，不设置官府的角度驳斥欧阳修此论。再如张载、杨时提出《调人》所载复仇之事、《司盟》所载盟诅之事，既非先王治世所能有，也不符圣人之道，《周礼订义》卷二三征引郑伯熊之说、卷六三征引薛衡《周礼序官考》之说，从先王顺应人情而设官的角度回答了张载、杨时的质疑。又如胡宏全面否定《周礼》的经典地位，而《周礼订义》卷五引陈汲之说，卷四三引陈汪之说，分别从正确理解经文本意和周公设官深意的角度驳斥胡宏的疑经之论。

对儒家经典的大胆怀疑是宋代经学变古的一个重要方面，学者对此论之颇详。然宋儒治经亦有尊经崇古的一面，王与之所撰《周礼订义》就对宋人尊崇《周礼》本经之说采择尤详，尤其是保存了不少宋代佚亡诸家关于《周礼》的尊经驳疑之论，这一方面有助于我们正确认识宋人考辨《周礼》本经的情况，另一方面也有助于我们从侧面了解宋人怀疑《周礼》本经的几大焦点，进而加深我们对宋代经学的全面认识。

第二，争论《周礼》作者的资料。

《周礼》是儒家诸经中最晚出者，始见于西汉，甫一面世，即遭众儒并出共排，唯刘歆推尊之，主张"周公致太平之迹，迹具在斯"。至东汉，何休指《周礼》为"六国阴谋之书"，临硕斥《周礼》为"末世渎乱不验之书"，郑众认为《周礼》作于成王，而郑玄承刘歆之余绪，曰："周公居摄而作'六典'之职，谓之《周礼》。营邑于土中。七年，致政成王，以此礼授之，使居雒邑，治天下。"① 由魏迄唐，郑玄所撰《周礼注》久立学官，故他所力主周公作《周礼》的见解被普遍接受，成为颇具权威性的官方意见。唐代中叶，啖助、赵匡、陆淳倡导"舍传求经"的治经新方法，赵匡质疑传统的"周公作《周礼》"之说，认为《周礼》乃后人附益

---

① （汉）郑玄注，（唐）贾公彦疏：《周礼注疏》卷一。

之书①，从而开宋代辨疑《周礼》作者之先风。

关于《周礼》的作者兼及成书时代问题，是宋代学者长期聚讼的一大焦点。既有持传统之见，主张"周公作《周礼》"者，如刘敞、李觏、郑伯谦、真德秀、赵汝腾；也有持折中之说，认为《周礼》中虽存周公之法，但亦有后世添加的内容，如程颐、张载、朱熹；还有继踵何休、临硕，主张《周礼》是战国阴谋之书者，如苏轼；更有学者大胆指斥《周礼》为刘歆伪作，如胡宏、洪迈、包恢。总之，众说纷纭，莫衷一是，这其中的不少观点都对后世学者颇有启发。

《周礼订义》对宋人的《周礼》学说采择尤详，这其中保存了不少宋人关于《周礼》作者的论解，尤其是《周礼订义》所引宋人著述今已散佚不存者，我们有赖是书才能知悉其对《周礼》作者的见解。如《周礼订义》卷首《序周礼兴废》，王与之征引郑锷《周礼解义》之说，其中就涉及郑锷对《周礼》作者的认识，我们据此可以知道郑锷主张周公作《周礼》六典授予成王。再如《周礼订义》卷一二引无名氏《周礼详说》解《内宰》"凡建国，佐后立市"一句，其中记载了《周礼详说》作者关于周公摄政之六年作《周礼》的观点。有些学者认为周公作《周礼》说在南宋已经没有市场了，而《周礼订义》所引郑锷《周礼解义》和无名氏《周礼详说》之说，足可修正此观点，并力证郑玄所主周公作《周礼》说在南宋仍有其坚定的信奉者。又如《周礼订义》卷首《论周礼纲目》，王与之征引陈汲之说，就《周礼》作者问题，陈氏主张此书既非周公亲撰，亦非刘歆伪作。宋人关于《周礼》作者这一问题的争论，多持论偏激，尊之者奉为周公盛典，诋之者贬为汉儒附会之书，更有甚者，直指《周礼》为刘歆伪作，陈汲此论不偏主一端，较为平正，可以补充我们对宋人争论《周礼》作者这一问题的认识。

总之，《周礼订义》中保存的宋人论解《周礼》作者的资料非常珍贵，既可帮助我们正确把握宋人聚讼《周礼》作者的情况，也可丰富并加深我们对此问题的认识。

第三，论《考工记》成书时代和《考工记》补亡《冬官》问题的资料。

---

① 陆淳《春秋集传纂例》卷四《盟会例第十六》引赵子曰："《周官》之伪，予已论之矣。所称其官三百六十，举其人数耳，何得三百六十司哉！作伪者既广立名目，遂有此官耳。"陆淳注云："赵子著《五经辨惑》，说《周官》是后人附益也。"据此可知，赵匡主张《周礼》是后人附益之书。

　　因汉代发现的《周礼》缺《冬官》一篇，汉人遂取记载工艺制作的
《考工记》补《冬官》之缺。关于《考工记》的成书时代，郑玄无确说，
仅曰："此前世识其事者，记录以备大数。"① 孔颖达则认为《考工记》乃
汉儒所作，其曰："经秦焚烧之后，至汉孝文帝时，求得此书，不见《冬
官》一篇，乃使博士作《考工记》补之。"② 贾公彦所见又有不同，主张
《考工记》成书于秦代以前，其曰："《冬官》一篇，其亡已久，有人尊集
旧典，录此三十工，以为《考工记》。虽不知其人，又不知作在何日，要
之在于秦前，是以得遭秦灭焚典籍，韦氏、裘氏等阙也，故郑云'前世识
其事者，记录以备大数'耳。"③ 宋人对《考工记》的成书时代也有探讨，
如易祓认为《考工记》虽非周代之书，但深得先王之义；林希逸认为《考
工记》非汉人所作；王应麟认为《考工记》是先秦古书。

　　《周礼订义》所引宋代诸家《周礼》学说中也有探讨《考工记》成书
时代者，如《周礼订义》卷一一征引《周礼详说》之说，从《考工记》所
载治理皮革的五种工匠同《周礼·天官》所载司裘、掌皮二职职事相类的
角度，驳孔颖达所倡的汉儒作《考工记》一说。再如《周礼订义》卷七
〇，王与之征引赵溥《兰江考工记解》之说，主张《考工记》为秦以后熟
悉先王制器之法的儒生所作。无名氏《周礼详说》和赵溥《兰江考工记
解》久已佚亡，有赖《周礼订义》对二书学说的征引，我们才知悉其对
《考工记》成书时代的见解，这补充并丰富了我们对宋人探讨《考工记》
成书时代这一问题的认识。

　　由汉迄唐，学者对《周礼》本经的残缺和《考工记》补亡《冬官》二
事，并无异说。至宋代，学风丕变，《周礼》本经残缺问题和《考工记》
补亡《冬官》问题，备受质疑，遂衍出"《冬官》不亡"之论和"《周礼》
系未完之书"说。

　　因宋儒所倡的"《冬官》不亡"论之于元、明时期的《周礼》研究影
响甚巨，故学者研究宋代《周礼》学多关注宋儒割裂五官以补《冬官》的
学说，往往忽略了宋儒就此问题遵从传统观点的一面。《周礼订义》卷七
〇征引赵溥《兰江考工记解》之说，赵氏认为《冬官》与《考工记》内容
虽不完全相同，但有相类之处，且《考工记》所载工艺制作有《尚书·周

---

① （汉）郑玄注，（唐）贾公彦疏：《周礼注疏》卷首《周礼注疏原目》。
② （汉）郑玄注，（唐）孔颖达疏：《礼记正义》卷二三《礼器》"疏"。
③ （汉）郑玄注，（唐）贾公彦疏：《周礼注疏》卷首《周礼注疏原目》。

官》"居四民，时地利"之遗意，故以《考工记》补《冬官》之缺不失为一种可行的选择。我们据此可以知道，宋儒解《周礼》不仅有删改经文以就己说之习，也有遵从传统观点之举。这些资料弥足珍贵，可以帮助我们更加正确地把握宋代《周礼》研究的实况。

第四，训诂《周礼》所载名物的资料。

《周礼》经文古奥晦涩，其中涉及的名物制度，如征赋度支、城乡建置、天文历法、宫室车服等颇为繁杂，训诂《周礼》经文中的名物制度是历代经学家诠释《周礼》的重点。宋儒论解《周礼》，虽长于推寻经文字句间所蕴精义，然亦不废对《周礼》所载名物的训诂。如王安石《周官新义》，训诂名物喜立新解，虽多与郑玄《周礼注》、贾公彦《周礼疏》立异，然尤不失为一家之言。再如王昭禹《周礼详解》，常就郑玄、贾公彦未加注解的经文字句进行训释，其说细致浅明。又如刘敞《七经小传·周礼》中，训《大宰》"以八柄诏王驭群臣……四曰置，以驭其行"一句中的"置"字，在贾公彦训释的基础上，强调耆老废退之人能因贤明之行而得获官位，以昭示王运用安置官吏的权柄劝勉臣下贤行之义，其说足补贾《疏》。总之，宋人训诂《周礼》名物之说，虽不若郑玄《周礼注》般精当简洁，亦有其新颖可取之处，不容忽视。

《周礼订义》博采宋人《周礼》学说，其中征引的宋人《周礼》著述或《周礼》学说久已佚亡者，如刘恕《周礼》学说、无名氏《周礼图说》、无名氏《礼库》、刘彝《周礼中义》、林之奇《周礼讲义》、郑锷《周礼解义》、薛季宣《周礼辨疑》、陈傅良《周礼说》、无名氏《周礼详说》、杨恪《周礼辨疑》、陈汲《周礼辨疑》、项安世《周礼》学说、李叔宝《周礼精义》、陈用之《考工解》、曹叔远《周礼地官考》、林椅《周礼纲目》、赵溥《兰江考工记解》、陈汪《周礼》学说、李嘉会《周礼》学说、孙之宏《周礼》学说，或多或少，均涉及《周礼》所载名物的训诂。如《礼库》的作者和项安世就颇类王昭禹，常对郑玄、贾公彦未加注解的文字进行训释；而郑锷、薛季宣、陈汪等训诂《周礼》所载名物，喜于郑《注》、贾《疏》之外，别立新解，同王安石有相近之处。

总之，《周礼订义》保存的这些资料非常宝贵，一方面能丰富我们对宋人训诂《周礼》名物资料的把握，另一方面可以帮助我们正确认识宋人训诂《周礼》名物的经学特点和经学价值。

第五，考论《周礼》所载制度的资料。

《周礼》文繁事富，体大思精，在"十三经"中以详载制度而见长，故考论《周礼》所载制度成为历代经学家诠释《周礼》的一大要务。宋儒喜谈三代，推崇《周礼》所载井田、分封、设官等制度，他们考论《周礼》所载制度与汉唐诸儒迥然有别的一大特点就是，能从官制沿革的各个角度探讨《周礼》所载官制。如陈傅良《周礼说》和黄度《周礼说》皆从官制沿革的角度考论《周礼》所载官制，然二书各具特色，陈书是"以后准前，由本朝至汉，溯而通之"；黄书是"以前准后，由春秋、战国至本朝，沿而别之"①。此外，与汉唐诸儒相较，宋儒对《周礼》所载制度的考论更加细致，能从类聚贯通和对比异同等角度入手，如郑伯谦考论《周礼》所载制度就是采用类聚贯通的方式。

《周礼订义》网罗众家，对宋人《周礼》学说采择尤多，其中征引的佚亡的诸家《周礼》著述或《周礼》学说中，有考论《周礼》所载制度颇详者。如无名氏《周礼图说》、郑锷《周礼解义》、无名氏《周礼详说》、曹叔远《周礼地官考》、林椅《周礼纲目》，或采用对比异同的方式，或采用分类专论的方式，对《周礼》所载制度进行了细致的考辨，使之有条理。再如薛季宣《周礼辨疑》、陈傅良《周礼说》、陈汲《周礼辨疑》，能从官制沿革的角度切入，论解《周礼》所载官制。

总之，《周礼订义》中保存的这些《周礼》学说，既可以补充我们对宋人考论《周礼》制度情况的了解，也为我们正确分析宋人考论《周礼》制度的特点和价值提供了有益的帮助。

第六，批驳郑玄《周礼注》、贾公彦《周礼疏》的资料。

宋儒治经，不囿成说，往往能破除对学术权威的迷信。郑玄《周礼注》和贾公彦《周礼疏》训诂考证《周礼》所载名物制度准确而周详，历代研治《周礼》者将其奉为圭臬。然宋儒诠释《周礼》，喜以己意裁断郑玄《周礼注》、贾公彦《周礼疏》，并对他们认为失当的注疏之说进行批驳。综观宋儒驳斥郑《注》、贾《疏》之论，有创获，亦有失误。如郑玄训解《大宰》"币余"为"占卖国中之斥币"，王安石、王昭禹、易祓、刘迎等驳斥其说，主张"币余"是供给公用财物之余者，其见就颇有道理，为后世学者所承袭；而黄度解"后土"为社，驳斥郑玄训"后土"为土神之说则不确。应该指出的是，宋儒驳斥郑《注》、贾《疏》之说虽不完全准确，又有武断之弊，但却不能轻率地否定其价值。诚如张舜徽先生所言："乾嘉考证之学，都由宋代学者开辟途径，启示方法，为之先

---

① （宋）叶适：《水心集》卷一二《黄文叔周礼序》，见文渊阁《四库全书》，第 1164 册。

导的。"① 正因为宋儒敢于质疑郑《注》、贾《疏》，并试图驳斥其谬，才引起后世学者对相关注疏之说的重视，并在宋儒学说的基础上继续研究，从而逐渐加深对郑《注》、贾《疏》的认识。

《周礼订义》对宋人驳斥郑《注》、贾《疏》之说采择颇详，尤值一提的是，书中所引宋人《周礼》著述或《周礼》学说已散佚不存者，如刘彝《周礼中义》、郑锷《周礼解义》等，其中记载的批驳注疏之论，有赖《周礼订义》的征引，我们才能略窥其涯略。如刘恕引王肃之说驳郑玄对禘祭的解释；刘迎据郑众之说难郑玄《司勋》注；而曹叔远在《周礼地官讲义》中，主张依据郑众之说，以室数计算乡、遂，反对郑玄所倡强合里数以求乡、遂之制的观点。这些资料非常宝贵，能补充并丰富我们对宋人驳斥注疏情况的了解，进而帮助我们正确分析宋人驳斥注疏之说的经学方法和宋人驳斥注疏之说的经学价值。

第七，阐发《周礼》所蕴义理的资料。

汉唐诸儒研治《周礼》，多偏重于正字读、通训诂、辨名物和考制度，其功虽博，然圣人微旨终莫之睹。宋儒重新审视汉唐注疏，十分敏锐地抓住汉唐诸儒研治《周礼》不求义理的弱点，开创了以义理解《周礼》的研究新途径。他们着重推寻《周礼》章句间所包蕴的先王微旨、制作精义，进而借经抒议，借阐发《周礼》所载古制蕴含的先王之道，或明确或隐晦地表达对现实政治的建议。可知，以义理解《周礼》是宋代《周礼》学超越汉唐《周礼》学的突出特点和主要成就。然而，宋学末流一味蔑弃郑《注》、贾《疏》，在对《周礼》经文本意不甚了了的基础上，侈言义理，这难免陷入空疏。可知，经意不明、义理过盛是宋代《周礼》学颇为后世学者所诟病的流弊所在。

《周礼订义》对宋人"依经诠义""借经抒议"之说采择颇详，尤其是书中所引宋人《周礼》著述或《周礼》学说已散佚不存者，如无名氏《礼库》、林之奇《周礼讲义》、无名氏《周礼详说》等，其间阐发义理之论，或直探《周礼》设官分职所蕴制作精义，或推寻《周礼》经文字句间所蕴先王之道，或发明《周礼》经文所蕴圣人微言奥旨，全赖《周礼订义》的征引，我们才能略窥其涯略。这些资料非常珍贵，既能帮助我们全面认识宋代以义理解《周礼》的情况，也能帮助我们正确分析宋人阐发义理的多

---

① 张舜徽：《清代学术的流派和趋向》，见《张舜徽学术论著选》，249 页，武汉，华中师范大学出版社，1997。

种方式以及以义理解《周礼》的最终旨归和流弊所在。

第八，尤重收录浙东地区学者的《周礼》著述或《周礼》学说。

王与之系乐清人氏，曾旅居天台，他一生中的大部分时间都在浙东地区生活，故《周礼订义》对浙东地区学者的《周礼》著述或《周礼》学说援引最多。《周礼订义》共征引宋代 45 家之说，其中浙东地区学者的《周礼》著述或《周礼》学说计有 16 家，包括薛季宣《周礼辨疑》、陈傅良《周礼说》、黄度《周礼说》、杨恪《周礼辨疑》、陈汲《周礼辨疑》、郑伯谦《太平经国书》、叶适《周礼》学说、薛衡《周礼序官考》、林椅《周礼纲目》、陈用之《考工解》、曹叔远《周礼地官讲义》、赵溥《兰江考工记解》、陈汪《周礼》学说、李嘉会《周礼》学说、孙之宏《周礼》学说①，约占《周礼订义》所引宋代诸家著述或学说的五分之二。

除地缘因素外，王与之能甄录如此之多的浙东学者关于《周礼》的著述或学说，也从侧面反映出浙东地区《周礼》研究的繁盛。浙东地区的学者讲求事功，治学喜研经制，而《周礼》以记载制度见长，故《周礼》一经颇受浙东学者的重视，研究蔚然成风。延及清末，孙诒让历 30 年，撰著《周礼正义》86 卷，学术成就超过唐宋旧疏，被公认为是清代经学新疏中做得最好的一部。我们以为，这样一部《周礼》学巨著出自瑞安人氏孙诒让之手，绝非偶然，同浙东地区历来重视《周礼》研究的传统不无关系。

《周礼订义》援引如此多的宋代浙东学者的《周礼》著述或《周礼》学说，尤其是那些久已失传的《周礼》著述或《周礼》学说，为我们研究宋代浙东地区的《周礼》学，甚至浙东事功学派都大有裨益。

2. 剪裁众说，论定是非，卓然成一家之言

《周礼订义》中，王与之依己意剪裁由汉迄宋的《周礼》数十家说，训诂名物，考论制度，阐发经义，并以"愚案"或"愚按"的方式表达自己的《周礼》学说，本节"五、王与之《周礼订义》的解经特色"述之详矣，兹不赘论。

总之，王与之既能针对宋人聚讼纷纭的《周礼》学问题提出己见，又能依己意申驳郑《注》、贾《疏》，钻研错综纷繁的礼制难题，还能折中己

————

① 《周礼订义》卷首《编类姓氏世次》所载"山阴黄氏度""山阴孙氏之宏"，山阴是二人的祖籍，黄度久居新昌，孙之宏久居余姚，是实际上的浙东学者。故我们统计《周礼订义》所引浙东学者《周礼》著述或学说时，计入黄度、孙之宏二家。

见，间或论断所引诸家《周礼》学说之是非，并推寻《周礼》经文字句间所蕴微言奥旨，其学兼义理、考据之长，其说可卓然成一家之言。

第二节　林希逸《鬳斋考工记解》

林希逸，字肃翁，号鬳斋，福清（今属福建省）人，端平二年（1235）进士，景定年间（1260—1264）官司农少卿，终中书舍人，撰有《鬳斋考工记解》2 卷、《庄子口义》10 卷、《鬳斋续集》30 卷。

一、林希逸《鬳斋考工记解》的流传情况

林希逸《鬳斋考工记解》在宋代就已刊行，且有宋刊本流传至今，如《藏园群书经眼录》载曰：

> 《鬳斋考工记解》上下卷，宋林希逸撰。宋刊本，半页十行，行十八字，白口，左右双栏，版心上记字数，下记刊工姓名，卷后附释音。查初白①旧藏，有跋一则。

此本系查慎行藏书，今藏台湾"国家图书馆"。《"国立中央图书馆"善本书目》云：

> 《鬳斋考工记解》二卷四册，宋林希逸撰。南宋后期刊元延祐四年修补十行本，清查慎行手书题记。

除此之外，《滂喜斋藏书记》记载林希逸撰《宋刻周礼考工记解》2 卷，共 2 函 8 册，《藏园群书题记》记载慈谿李湛侯藏宋刻林希逸《鬳斋考工记解》，二书现皆不详藏于何处。

流传至今的还有宋刻元明递修本 2 部，名曰"《鬳斋考工记解》2 卷释音 2 卷"，其中一部今藏上海图书馆，另一部有明代何炜跋，只存上卷，今藏浙江图书馆。

明代，林希逸《鬳斋考工记解》的学术价值仍得到学界的重视，收藏较广，如《国史经籍志》《秘阁书目》《百川书志》《菉竹堂书目》《近古堂书目》《授经图义例》等官私书目皆有此书的记载。还出现了新版本，如万历年间（1573—1619）四明屠氏刻《考工记图解》2 卷本，此刻本

---

① 即"查慎行"，"初白"是他的字。

除保留林希逸《鬳斋考工记解》内容外，还增加了明人张鼎思的补图和明人屠本竣的补释。据《中国古籍善本书目》记载，此本半页九行，每行十九字，白口，四周单边，后附《勾股法》《粟米法》《训字疑似》。此本今藏国家图书馆。此外，还有一明抄本流传至今，今藏南京图书馆。

清代，林希逸《鬳斋考工记解》2 卷先后被收入《通志堂经解》《四库全书》《摛藻堂四库全书荟要》中。道光年间还出现新刻本，今藏山东师范大学图书馆，共 1 册。此外，清代还有 2 种抄本传世：一是乾隆年间抄本，共 4 册，今藏四川省图书馆；一是清抄本，共 1 册，今藏国家图书馆。

《通志堂经解》本《鬳斋考工记解》2 卷、《四库全书》本《考工记解》2 卷是此书现今较为通行的版本。

二、林希逸《鬳斋考工记解》的内容与体例

林希逸《鬳斋考工记解》（又名《考工记解》）是诠释《考工记》的专门之作，对推动后世《考工记》专门研究的兴起有一定影响。以下以《四库全书》本林希逸《考工记解》为例，介绍此书的内容与体例。

（一）内容

《四库全书》本林希逸《考工记解》分上下两卷，卷前有林希逸自序，其中上卷注解内容包括：考工记叙、轮人、舆人、辀人、筑氏、冶氏、桃氏、凫氏、㮚氏、段氏、函人、鲍人、鞾人、韦氏、裘氏、画缋、钟氏、筐氏、幒氏；下卷注解内容包括：玉人、榔人、雕人、磬氏、矢人、陶人、旊人、梓人、庐人、匠人、车人、弓人。上卷、下卷后附《释音》，其中下卷《释音》前附《勾股法》《粟米法》，《释音》后附《训字疑似》。需要关注的是，《四库全书》本林希逸《考工记解》的弓人部分存在较多缺文。

（二）体例

此书就体例来讲，属于传统的诂经之作，是以《考工记》经文为中心，一字一句进行注解的。较为突出的是，林希逸能站在读者立场考虑，注解经文间隙重视对名物尺寸、度数的总结，并配合礼图说明所注解的工艺或器物。以下从四方面陈述此书体例。

第一，遵循传统训诂经文的体例，一字一句注解经文。

林希逸的《鬳斋考工记解》属于传统的诂经之作，主要内容是诠释

《考工记》经文，包括正字读、训名物和解经文。其中，经文顶格书写，注解次一格书写。

如《考工记叙》："粤无镈，燕无函，秦无庐，胡无弓车。粤之无镈也，非无镈也，夫人而能为镈也；燕之无函也，非无函也，夫人而能为函也；秦之无庐也，非无庐也，夫人而能为庐也；胡之无弓车也，非无弓车也，夫人而能为弓车也。"林希逸注解此句曰：

> 镈，田器也。函，铠甲也。庐，柄也。弓车，射猎用也，车上有弓。此言百工器械各随土地所宜，粤无蓟镈之人，非无也，盖家家能之也。燕近在北狄，戎矢之具分外精绝。秦多重山复岭，细木可以为庐者多。匈奴在大漠之北，居逐水草以射猎为生，以车为家，如渔人以舟为家也，车上有此弓，而人人能之也。所谓无者，言无人以此专门名家也。

林希逸注解此句经文，先是参照郑玄注说，训诂"镈""函""庐""弓车"，而后解释此句经文大意，主要是说明"百工器械各随土地所宜"这个道理。

林希逸《鬳斋考工记解》注解经文多类此，即遵循传统训诂经文的体例，一字一句地对经文进行注解。

第二，分段小结器物形制或工艺的尺寸、度数。

林希逸《鬳斋考工记解》在亦步亦趋对经文进行注解的同时，也注意总结器物形制或工艺的尺寸、度数。据笔者统计，在《轮人》《舆人》《冶氏》《桃氏》《凫氏》《梓人》《庐人》《弓人》的注解中间或注解完成后，林希逸皆有总结，总结的内容主要是针对器物形制或工艺的尺寸、度数。总结的内容也低经文一格书写。

如《轮人》在"轮人为轮"部分结束后，林希逸总结"车上杂名尺寸"，曰：

> 轮，兵车轮崇六尺六寸。（乘车同田车减二寸。）[①]
> 轵，乘车轵崇三尺三寸。
> 轸与軓，共崇七寸，轸围尺一寸。
> 牙，围尺一寸。
> 毂，长三尺二寸，径一尺三分寸之二。

　　薮，径三寸九分寸之五，深三寸十八分寸之一分。

　　贤，大穿径六寸五分寸之二，除金内，实得径四寸五分寸之二。

　　轵，小穿径四寸十五分寸之四，除金内，实得径二寸十五分寸之四。围，三寸二十七分寸之七。大小穿，谓金也，金厚一寸。轵名有三：毂末为轵，小穿为轵，车箱上木为轵。

　　绠，三分寸之二。

　　辐，广三寸半。

此处林希逸总结与车轮有关的名物尺寸，他总结的内容包括：兵车、乘车和田车的车轮轮高，乘车的车轵高，车轸的高和围长，车轐高，车牙的围长，车毂的长和径，薮的径和深，贤的大穿径和除金内的实得径，轵的小穿径、除金内的实得径、轵围长、大小穿的厚度，绠长，辐宽。这些提炼自经文的大小尺寸对于帮助初学者了解车轮形制是有帮助的。

　　下文列出的总结多与此类同，兹不一一列举。

　　第三，附礼图于相关经文之后，以资说明器物或工艺。

　　林希逸《鬳斋考工记解》为了方便读者了解器物形制，还依据注解内容附图，全书共附图 100 余幅，明代学者林兆珂评价曰："林氏《考工记》有图，盖宗《三礼图》，而祖汉儒郑康成辈，非无据也。"[1] 这些礼图有助于初学者了解《考工记》记载的器物形制和制作工艺。

　　如《玉人》记载玉人制作玉器的事，其中涉及天子执守的镇圭、公执守的桓圭、侯执守的信圭、伯执守的躬圭等等，在对《玉人》部分每句经文进行注解的同时，林希逸随注解的相关内容附"镇圭""桓圭""信圭""躬圭"等 30 余幅图，帮助学者了解不同玉器的形制。

　　需要指出的是，因为时代和认识的局限，林希逸随经文所附的礼图并不完全准确。如《陶人》部分所附的"甗图"和"鬲图"，就器物形制而言，就同今天考古发掘出土的实物"甗"和"鬲"存在一定差别。所以，我们读林希逸《鬳斋考工记解》不可盲目迷信其间的礼图。

　　第四，附释音于每卷之后，注明生僻字的读音。

　　《考工记解》上卷后附《考工记解卷上释音》，下卷后附《考工记解卷下释音》。每部分释音先顶格列职官名称，而后依次低一格罗列需要注音的字，字后以双行小字注明读音。兹举一例说明：

---

[1]　（清）朱彝尊：《经义考》卷一二九。

《序》：镈（博）①，庐（卢），烁（商，入声），枳（只），鹳（一作鹳，音权，又音渠），貉（鹤），妢（焚），笴（稾），泑（勒），抟（团），埴（植），臬（栗），段（煅），鲍（如字，平声。一作鞄，匹学反，又音仆），鞣（运），筐（匡），幠（芒），柳（责），旐（仿，又音甫），轸（真，上声），迆（移声），上柲（秘），殳（殊），酋（在由反），朴（卜，又音仆），属（烛），戚（促），庳（婢），阤（驰，又音他，音齿），职（只），襆（朴）。

《考工记》系先秦古书，语言奇古奥美，有些用字较生僻，容易读错或不认识，而正确字读是研究这部书的入门基础，所以林希逸特意撰著《释音》，以《考工记》所列职官为序，标注他认为需要说明的读音。从所举例子中，我们可以发现林氏标注读音多采用直音法，如"貉"读"鹤"、"妢"读"焚"等，遇到音同调不同时，也会标注音调，如"烁"读"商，入声"。有时也采用反切注音，如"酋"读"在由反"。遇到一字多音的情况时，林希逸也会一一标注，如"鹳"读"鹳，音权，又音渠"。

三、从《鬳斋考工记解》看林希逸对《周礼》的认识

以《鬳斋考工记解》为主要资料，下面从五方面分析林希逸对《周礼》的认识。

（一）对《周礼》作者的认识

《鬳斋考工记解》是论解《考工记》的专门之作，由于《考工记》自汉以来附《周礼》而行，所以林希逸在论解《考工记》的同时，也间或表达了他对《周礼》作者及成书时代的看法。

关于《周礼》作者问题，林希逸曰：

> 《周礼》出于一时所作，将为经理天下之图，故立法大约如此，亦与公、侯、伯、子、男分地同，此皆其人一意规模也。今人以六官、《考工》皆出于周公，宜其牵合窒碍也。②
>
> 若知《周礼》自为一书，《考工》自为一书，本不相关，皆非周公旧典，则无复此拘碍矣。③

---

① 　（ ）内字是以双行小字的形式出现的，以下皆同。
② 　（宋）林希逸：《考工记解》卷下，见文渊阁《四库全书》，第95册。
③ 　（宋）林希逸：《考工记解》卷下。

宋人关于《周礼》作者问题聚讼纷纭，就此问题林希逸观点鲜明，反对周公作《周礼》说。在他看来《周礼》成书于一时，是一人所作，虽非周公圣典，但作者在创作《周礼》时有着经理天下的蓝图，所以规划、立法皆蕴含"经理天下之图"。

关于《周礼》成书年代问题，林希逸曰：

> 大抵《周礼》出于战国，本非成周之制，六国阴谋之说似得。其原《考工》非《冬官》，本书纵可牵合，亦未足凭，况勉强勾引而为之说乎？艾轩云：此皆无益而枉用心者。①

西汉何休曾判定《周礼》为"六国阴谋之书"②，林希逸比较赞成何休之说，云"六国阴谋之说似得"，他主张《周礼》成书于战国，《周礼》记载的制度名物"非成周之制"。

（二）对《考工记》作者的见解

《鬳斋考工记解》是以《考工记》作为专门研究、诠释对象的，在书中林希逸论及了《考工记》的作者和《考工记》的成书时代。

关于《考工记》作者问题，林希逸曰：

> 今且依之看来，《考工记》须是齐人为之，盖言语似《穀梁》，必先秦古书也。③

林希逸依据语言特点，判断《考工记》的作者是齐国人。从目前掌握的资料来看，《考工记》齐人所作说是林希逸首先提出的，他的这一主张和运用语言判定的方法对后世影响较大，如清代著名汉学家江永就赞同林希逸此说，在《周礼疑义举要》中曰："《考工记》，东周后齐人所作也……盖齐鲁间精物理善工事而工文辞者为之。"④ 近现代以来，《考工记》齐人所作说得到学界的广泛认同，郭沫若、陈直、胡家聪、闻人军等皆赞同此说。⑤

关于《考工记》成书时代问题，林希逸曰：

---

① （宋）林希逸：《考工记解》卷上。
② （汉）郑玄注，（唐）贾公彦疏：《周礼注疏》卷首《序周礼废兴》。
③ （宋）林希逸：《考工记解》卷上。
④ （清）江永：《周礼疑义举要》卷六，见文渊阁《四库全书》，第101册。
⑤ 郭沫若在《考工记的年代与国别》一文中补充江永旧说，认定"《考工记》实系春秋末年齐国所记录的官书"。陈直在《古籍述闻》中指出："《考工记》疑战国时齐人所撰，而楚人所附益。"孙以楷《稷下学宫考述》中引胡家聪的观点：《考工记》是稷下学者所编写的。闻人军在《考工记导读》中指出："我们依然赞同《考工记》是齐国官书的说法。"

《周官》六典，本有六篇，当时所得只五篇，故以《考工记》补之。此《记》元无"冬官"二字，乃汉人所增也，但文字简古，必战国以来先秦古书。如《小戴·檀弓》一篇，《公羊》《穀梁春秋传》亦先秦古书也，盖其文简当且聱牙，非汉文字之比。汉人以金帛募书，多有伪作，如此等文字，非后世铅椠书生所及也。①

林希逸从"文字简古""其文简当且聱牙""非汉文字之比"的角度，判定《考工记》是战国以来先秦古书，否定了孔颖达等提出的汉人创作说。目前学界关于《考工记》成书时代的问题仍存在争议，战国成书说是其中具有代表性的观点，信主此说的有王燮山、杨宽、梁启超、史景成、闻人军等。②

（三）强调《考工记》是独立的著作

西汉发现的《周礼》少《冬官》一篇，汉人求之不得，遂取《考工记》补《冬官》之缺，并冠以"冬官考工记"③ 之名。自此之后，诠释《周礼》者也将《考工记》作为《周礼》的一部分进行诠释，如郑众《周礼解诂》、郑玄《周礼注》、贾公彦《周礼疏》等。由汉迄唐，历经千年，《考工记》已渐渐沦为《周礼》的附庸，很少有学者把它作为独立的先秦古书来对待。

宋代经学以"变古"求解放，《考工记》补亡《冬官》的合理性受到质疑，更出现了"《冬官》不亡"之说。学界在反思《考工记》补亡《冬官》合理性的同时，也给了《考工记》"新生"的机会，针对《考工记》的专门研究多了起来，如陈用之《考工解》、林亦之《考工记解》、叶皆《考工记辨疑》、赵溥《兰江考工记解》等，这些著作的出现都昭示着《考工记》开始摆脱《周礼》的附庸地位，走向独立。林希逸《鬳斋考工记解》是宋代完整流传至今的唯一一部论解《考工记》的专著，林氏在书中多处强调《考工记》是独立的著作。其曰：

况《考工》自是一书，不可以《周礼》参论，谓既有染人，又有

---

① （宋）林希逸：《考工记解》卷首《考工记解序》。

② 其中，王燮山（《"考工记"及其中的力学知识》）、杨宽（《战国史》和闻人军（《〈考工记〉成书年代新考》）主张《考工记》成书于战国初期。梁启超（《古书真伪及其年代》）、史景成（《考工记之成书年代考》）主张《考工记》成书于战国后期。

③ 孙诒让认为：" '冬官考工记第六'者，此西汉补阙时所题署也。"见于《周礼正义》卷七四。

钟氏，其意如何，如此则必有牵强之论。①

　　盖《周礼》自是一手，追记周人之事，《考工记》又是一手，或
先或后，固不可知，亦皆追述古制而已。②

　　若知《周礼》自为一书，《考工》自为一书，本不相关，皆非周
公旧典，则无复此拘碍矣。③

林希逸主张，《周礼》和《考工记》都是追述周代制度的先秦古书，二书
作者皆非周公，成书时代先后也不可考，但"《周礼》自为一书，《考工》
自为一书"，二书都是独立的著作。

　　林希逸强调《考工记》非《周礼》的附庸，而是独立的著作，这就为
《考工记》专门研究的深入提供了先导，开辟了道路。元明之后，针对
《考工记》的专门研究多了起来，摆脱经典的束缚，有的学者开始专门讨
论《考工记》记载的工艺制度，并运用科学的眼光加以考察，如明代徐光
启撰著的《考工记解》就力图开掘以《考工记》为代表的科技传统，以助
明王朝抵抗外敌。

（四）赞同《考工记》补亡《冬官》

　　林希逸虽然主张《考工记》是独立的著作，非《周礼》的附庸，但他
不反对以《考工记》补亡《冬官》，且认为以《考工记》补《冬官》的缺
失有其合理处。其曰：

　　《周礼》六官，其五官体制皆同，而《冬官》以《考工记》补之，
又自一体，似造物之意，特亡彼而存此，以成此经之妙也。④

在林希逸看来，《考工记》撰著体制虽自成一体，不同于《周礼》其他五
官，但以《考工记》补《冬官》并不突兀，似造物之神奇，共同促成了
《周礼》一经之妙。可知，林希逸并不反对以《考工记》补亡《冬官》，还
认为其间有合理之处。

（五）主张《考工记》的内容存在缺失和颠倒错乱

　　林希逸对《考工记》有较为专门的研究，在他看来《考工记》本身就
存在内容缺失和颠倒错乱的情况。

　　汉代发现的《考工记》本身就有缺文，如段氏、韦氏、裘氏、筐氏、

---

① （宋）林希逸：《考工记解》卷上。
②③ （宋）林希逸：《考工记解》卷下。
④ （宋）林希逸：《考工记解》卷首《考工记解序》。

梓人，而林希逸所认为的《考工记》内容缺失并不限于段氏、韦氏、裘氏、筐氏、梓人，其曰：

> 《考工记》不特为周制也，尽纪古百工之事，故匠人以世室、重屋、明堂并言之，三代制度皆在此也，但书不全矣。①
>
> 此书续出，阙略不全，不止韦氏、裘氏、段氏等官而已。②

他仔细推敲《考工记》前后经文，指出多处他认为存在缺失的地方。其曰：

> 自王、公、士大夫至于农、工、商，无衣无褐不可也，《考工》诸官不及织纴之事，疑有阙也。③
>
> 舟楫之事，自十三卦已有之，造舟为梁，西周亦有之，《风》诗咏舟者不一，然则舟车之用皆大矣。《考工》言车而不及舟人之事，岂攻木之工尚有遗阙邪？④
>
> 画、缋二官，今《记》中只曰画缋之事，必有缺漏不全，恐画是为墨本者，缋是用采色者。钟氏染羽，筐氏已阙，或是绣作之工，慌氏练丝。汉武帝画周公辅成王，则画工自古有之矣，《书》曰作绘，《语》曰绘事后素，是彩色之工也。⑤
>
> 此下似有脱文，不应以此一节，而称其为国辀也。⑥
>
> 郑云：凡金多锡，则刃白且明，故诸齐皆以锡和之。但此文有鼎，有斧、斤、鉴、燧，而经无此官，疑有缺失。恐冶氏、桃氏所职亦不止一项，以此推之，《考工记》之所失者多矣。⑦

在林希逸看来，《考工记》缺文很多，不仅所记职官存在缺失，职官负责的职事也存在缺失的情况。如上所列，他举了不少例子：如《考工记》中没有负责"织纴之事"的职官；画与缋应是二官，而传世《考工记》中只涉及画缋之事，其间必有缺漏不全的情况存在；再如攻木之工只云造车，不云造舟，舟车皆是民生日用的重要交通工具，言车不言舟，恐有内容有缺失；冶氏、桃氏所职亦不止一项，所职内容存在缺失。

林希逸认为，《考工记》不仅内容残缺不全，内容的先后次序也存在"参错不齐"、颠倒错乱的情况。其曰：

> 此书续出，阙略不全……其先后次序亦自参错不齐，如攻木之

---

① ②　（宋）林希逸：《考工记解》卷首《考工记解序》。
③ ④ ⑤ ⑥ ⑦　（宋）林希逸：《考工记解》卷上。

工：轮、舆、弓、庐、匠、车、梓，若以序言，当在上篇，今梓、
庐、匠、车、弓皆在下篇，而其序亦自不同；又画、缋二官，而止曰
画缋之事；玉人亦然。意其全书凡曰"之事"者，皆总言之，其列官
自别，即车人之事，又有车人为某、为某，可知也。况一官非止为一
事，如轮人、梓人、匠人、车人，皆一官之名而分主数事，惜乎其不
全见也。①

此一官所记与典瑞略同。盖《周礼》自是一手，追记周人之事，
《考工记》又是一手，或先或后，固不可知，亦皆追述古制而已，况
其间亦有错乱残缺处，所以与典瑞又稍异也。②

诸侯聘女用大璋，与三璋之大璋同名，简编错乱，误置于此，文
不相属，难以强通，或曰当继之天子以聘女之下。③

林希逸是运用举例的方式陈述《考工记》内容的先后次序存在"参错不
齐"、颠倒错乱的情况的。如《考工记叙》记载"攻木之工"分别是轮人、
舆人、弓人、庐人、匠人、车人、梓人，林希逸认为若依此顺序言，则轮
人、舆人、弓人、庐人、匠人、车人、梓人当在上篇，但传世本《考工
记》中梓人、庐人、匠人、车人、弓人皆在下篇，排列的顺序也与《考工
记叙》不同；再如玉人部分存在经文误置、错乱残缺的情况，以致文不相
属，难以强通，与《周礼·春官·典瑞》的内容稍异。

四、从《鬳斋考工记解》看林希逸对郑玄《周礼注》的态度

清代四库馆臣评价林希逸《考工记解》曰："宋儒务攻汉儒，故其
书多与郑康成注相刺谬。"其论确然，《鬳斋考工记解》中，林希逸注解
经文的不少地方都有对郑玄《周礼注》的攻驳。但这只是问题的一个方
面，同在《鬳斋考工记解》中，林希逸也采纳了不少郑玄《周礼注》之
说注解经文。以下我们就试从四方面考察林希逸对郑玄《周礼注》的
态度。

（一）对郑玄《周礼注》的采纳

郑玄《周礼注》之所以被学界奉为经典，很重要的原因在于是书在训
名物、解制度方面确取得了后世难以超越的成就，已经成为历代学人读懂

① （宋）林希逸：《考工记解》卷首《考工记解序》。
②③ （宋）林希逸：《考工记解》卷下。

《周礼》的工具书。即便在"视汉儒之学若土埂"① 的宋代，林希逸注解
《考工记》也不能不依靠并借鉴郑玄之说。

在《鬳斋考工记解》中，林希逸对郑玄《周礼注》之说表示出肯定的
态度。如《冶氏》："冶氏为杀矢，刃长寸，围寸，铤十之，重三垸。"郑
玄注曰：

> 杀矢与戈戟异齐，而同其工，似补脱误在此也。杀矢，用诸田猎
> 之矢也。铤读如"麦秀铤"之铤。郑司农云："铤，箭足入稾中者也。
> 垸，量名，读为丸。"

林希逸注解曰：

> 郑氏云为杀矢以下至重三垸，凡十四字脱误在此，盖以杀矢在下
> 齐，戈戟在上齐，前言冶氏执上齐，不应乃为杀矢。此说是也。矢人
> 造八矢，杀矢已在内，明此为脱误重出也。杀矢，田猎所用也，长一
> 寸，围亦一寸。铤，箭足也，其入笴处曰铤。重三垸者，秤之则重三
> 垸也。②

联系上下经文，郑玄认为经文中存在"杀矢与戈戟异齐，而同其工"的情
况，故判断此处经文"似补脱误在此也"。对于郑玄的判断，林希逸表示
赞同，曰"此说是也"，并阐明自己的理由"矢人造八矢，杀矢已在内，
明此为脱误重出也"，其说可作为对郑注的补充。此外，林氏对"杀矢"
"铤"的解释也采纳了郑玄、郑众之说。

又如《辀人》："辀注则利准，利准则久，和则安。"郑玄注曰：

> 故书"准"作"水"。郑司农云："注则利水，谓辕脊上雨注，令
> 水去利也。"玄谓利水重读，似非也。注则利，谓辀之揉者形如注星，
> 则利也。准则久，谓辀之在舆下者平如准，则能久也。和则安，注与
> 准者和，人乘之则安。

林希逸注曰：

> 其势注水则便利也。准，节也，深浅得节，则耐久也。和，与衡
> 轭诸木和合，则车不摇兀而安也。"准"或作"水"，司农以为注则利
> 水，利水则久，郑玄不从，以利准二字不当重读，此说似得之，盖传

---

① （清）皮锡瑞：《经学历史》，156 页。
② （宋）林希逸：《考工记解》卷上。

写之误，剩利准二字也。①

此处林希逸也肯定郑玄利准二字不当重读之说"似得之"，并进一步解释，认为是因为"传写之误"，造成"利准"二字衍文的出现。

林希逸在《鬳斋考工记解》中还多处引用郑玄《周礼注》之说解释经文。兹举几例以资说明：

例1：《考工记叙》："粤无镈，燕无函，秦无庐，胡无弓、车。"郑玄注解曰：

> 此四国者，不置是工也。镈，田器，《诗》云"侍乃钱镈"，又曰"其镈斯掩"。郑司农云：函读如国君含垢之含。函，铠也。《孟子》曰："矢人岂不仁于函人哉？矢人惟恐不伤人，函人惟恐伤人。"庐读为　，谓矛戟柄，竹攒柲，或曰摩铜之器。胡，今匈奴。

林希逸征引郑玄之说注解"镈""函""庐"，曰：

> 镈，田器也。函，铠甲也。庐，柄也。弓、车，射猎用也，车上有弓。②

例2：《考工记叙》："燕之角，荆之干，妢胡之笴，吴粤之金、锡，此材之美者也。"郑玄注曰：

> 荆，荆州也。干，柘也，可以为弓弩之干。妢胡，胡子之国，在楚旁。笴，矢干也。《禹贡》荆州贡櫄干栝柏及箘簵枯。故书"笴"为"笋"。杜子春云："妢读为焚咸丘之焚，书或为邠。妢胡，地名也。笋当为笴，笴读为稾，谓箭稾。"

林希逸注曰：

> 燕地耐寒，故出角，角耐寒物也。荆之干，干，弓弩之材也。妢胡，胡子之国也。笴，箭干也。吴粤出金、锡。皆材之美者，凡物随土地所宜也。③

例3：《考工记叙》："凡察车之道，欲其朴属而微至。不朴属，无以为完久也。不微至，无以为戚速也。"郑玄注曰：

> 朴属，犹附著坚固貌也。齐人有名疾为戚者。《春秋传》曰："盖以操之为已蹙矣。"速，疾也。书或作"数"。郑司农云："朴读如子

_____

①②③　（宋）林希逸：《考工记解》卷上。

南仆之仆。微至，谓轮至地者少，言其圜甚，著地者微耳。著地者微则易转，故不微至无以为戚数。"

林希逸注曰：

此句形容车轮极工。朴属者，欲坚固而有所附属，谓其附于车，如人生一臂也。微至是着地处甚微眇也，着地处若大，便行不急，如何得疾速。戚即疾也。①

例 4：《钟师》"五入为缌"一句，郑玄注曰：

缌，今礼俗文作爵，言如爵头色也。

林希逸注曰：

缌，郑云今礼俗文作爵，言如爵头色也，其色近于黑，而非纯黑者也。②

例 5：《幌氏》："以涗水沤其丝七日，去地尺暴之。"郑玄注曰：

故书"涗"作"湄"。郑司农云："湄水，温水也。"玄谓涗水，以灰所沸水也。沤，渐也。楚人曰沤，齐人曰湙。

林希逸注曰：

郑氏谓涗水者以灰沸水也。沤，渍也。以灰水渍丝七日，然后漉起，县而暴晒之。去地尺者，丝上带水，不宜县高也。③

例 6：《梓人》："梓人为饮器，勺一升，爵一升，觚三升。"郑玄注曰：

勺，尊升也。觚、豆，字声之误，觚当为觯，豆当为斗。

林希逸注曰：

勺与爵受一升之酒，觚字当作觯，此郑注之说。盖《韩诗》说：一升曰爵，二升曰觚，三升曰觯，四升曰角，五升曰散。今此三升即觯也，觯音至，古书或作角旁从氏，所以误写作觚也。④

通过以上 6 例，我们将郑玄注说与林希逸注说两相对比，不难发现林希逸

---

① ② ③ （宋）林希逸：《考工记解》卷上。
④ （宋）林希逸：《考工记解》卷下。

袭用郑玄注说是取其大意，而非一字不差的抄录。郑玄注说本简明，但为了解释周详难免引经据典，摘录他人观点，林希逸则删去郑玄引经据典的部分，直接保留其观点的主要意思，因此与郑注相较，林氏的注解更加简明扼要，如例1中对"镈""函""庐"的解释，例2中对"妢胡"的解释。还有，为了更清楚地诠释，林希逸还乐于在采纳郑注的基础上进行再解释，如例3中对"朴属"和"微至"的解释，例4中对"缎"的解释，都在郑玄注说的基础上进一步说明原因。此外，郑玄注说采用的有些语言，经历千年的变化，语义发生了转移，为了方便宋人理解，林希逸也对郑玄注说在保持原意的基础上进行小小的变通。如例5对"沤"的解释，郑玄云"渐也"，而林希逸解释为"渍也"。乍看之下，似乎林希逸不采纳郑玄之说，可我们如果了解"渐"的字意就会知道，"渐"本有"浸渍"的意思，只是这个意思已经不是"渐"字的主要意思了，所以林希逸用"渍也"也代替"渐也"，既保留了郑玄"浸渍"的本意，也方便宋人理解。林希逸也会征引其他经典补充郑玄《周礼注》之说，如例6中对"觓"的解释就取《韩诗》的记载，作为对郑注的补充。

总之，林希逸在《鬳斋考工记解》中不是完全排斥郑玄《周礼注》之说，而是肯定郑玄的有些判断，并择取郑玄注说加以删减、再解释或变通以解释经文。

（二）对郑玄《周礼注》的批评

林希逸虽然多处引用郑玄《周礼注》之说注解《考工记》，但他并不认为郑玄《周礼注》在注解《考工记》方面是尽善尽美的，他在《鬳斋考工记解》中也多处对郑玄《周礼注》提出了批评。以下我们就从五方面解析林希逸对郑玄《周礼注》的批评。

第一，批评郑玄臆断解经，擅易经字。

林希逸批评郑玄对《周礼》的注解有时证据不充分，又擅易经字解经，有臆断嫌疑。如《玉人》："天子用全，上公用龙，侯用瓒，伯用将。"郑玄注曰：

> 郑司农云："全，纯色也。龙当为龙，龙谓杂色。"玄谓全，纯玉也……龙、瓒、将皆杂名也。卑者下尊，以轻重为差。玉多则重，石多则轻，公侯四玉一石，伯子男三玉二石。

林希逸不赞同郑注，曰：

> 诸家以为此一节言祼器也。全者，全用玉为之也，其制以玉为龙

形，而置一杯于其中，以盛酒也。龙，鼻也。瓒，其中也。将，其柄
也。《记》曰"夏后氏用龙，谓龙鼻也"，《诗》曰"瑟彼玉瓒"。总言
之也，裸将于京，执其柄也，天子纯用玉，上公以玉为龙鼻，诸侯以
玉饰其中，伯以玉饰其柄，此尊卑之制也，其说亦通。但与上文不相
属，突然曰天子用全，何以知其为裸器哉？郑氏以龙当为厖，瓒当为
　　（音赞）①，汉时有膏，　　食物也。厖　将，皆玉之不纯者，天子
则用全玉，公侯则用不纯之玉，无他证据，又辄易经字，恐亦未安。
况将之为杂，亦何所本乎？②

在林希逸看来，郑玄从郑众说，易"龙"为"厖"，并在此基础上解说
"全"是纯玉，而"厖""瓒""将"皆是不纯之玉，不仅"无他证据"，
"又辄易经字"，是臆断无据的，"恐亦未安"。

再如《匠人》"宫隅之制七雉，城隅之制九雉"一句，郑玄注曰：

　　宫隅、城隅，谓角浮思也。雉长三丈，高一丈。度高以高，度广
以广。

林希逸注曰：

　　隅者，城角也。罘罳，角处也。角处又高二丈，故曰七雉。城隅
又高四丈，故曰九雉。门阿可以论长，若宫隅、城隅则只论高，不论
广矣，盖宫城甚长，非七雉、九雉而止也。然度高以高，度广以广，
郑之说经无明文，但恐度其高而已。《左氏》曰都城过百雉，则是论
其广矣。③

郑玄以为宫隅、城隅是以"雉"作为其长度、高度单位的，至于何时以高
度计，何时以长度计，则看需要的角度，即"度高以高，度广以广"。林
希逸不赞同郑玄此说，他认为宫隅、城隅只论高，不论广，因为"宫城甚
长，非七雉、九雉而止也"，并批评郑玄之说"经无明文"，属臆断之见。

　　第二，批评郑玄强引《周礼》解释《考工记》，造成淆乱，是正确解
读《考工记》制度的阻碍。

　　林希逸强调《考工记》是独立的著作，非《周礼》的附庸，既然二书
各自独立，都有自己的体系，那么郑玄屡引《周礼》制度解释《考工记》，

---

① （　）内字是以双行小字的形式记注于下的。
②③ （宋）林希逸：《考工记解》卷下。

并辗转求合，非但不利于对《考工记》制度的理解，还会造成淆乱和
阻碍。

如《匠人》"匠人为沟洫"一句，林希逸注曰：

> 沟洫一事，乃《周礼》大节目。盖匠人之制与遂人不合，故郑氏
> 以为遂人所言乡、遂之制，匠人所言乃三等采地之制。王畿之内，环
> 以六乡，又环以六遂，其地窄，故其所述至万夫有川而止。三等采地
> 散在王畿之内，地颇宽，故匠人所言至方百里也。然子细推算，大有
> 差殊处，郑氏之说难以牵合。若知《周礼》自为一书，《考工》自为
> 一书，本不相关，皆非周公旧典，则无复此拘碍矣。①

此处，林希逸批评郑玄用《周礼》遂人之制解释《考工记》中匠人的沟洫
制度"难以牵合"，因为"二者大有差殊处"，勉强解释，只会造成对经文
理解的阻碍。

再如《匠人》："九夫为井，井间广四尺，深四尺，谓之沟。方十里为
成，成间广八尺，深八尺，谓之洫。方百里为同，同间广二寻，深二仞，
谓之浍。"林希逸注曰：

> 《遂人》曰："凡治野，夫间有遂，遂上有径；十夫有沟，沟上有
> 畛；百夫有洫，洫上有涂；千夫有浍，浍上有道；万夫有川，川上有
> 路。"夫间有遂，合于田首之遂可也；九夫举井田正数，十夫举其成，
> 则九夫之沟合于十夫之沟可也。此言方十里为成，成间有洫，即九百
> 夫之地，而《遂人》曰"百夫有洫"，何可强合乎？此言方百里为同，
> 同间有浍，即九万夫之地，而《遂人》曰"千夫有浍"，何可强合乎？
> 说者又曰《遂人》井田之法，乃成周开方之数，《匠人》所言井间之
> 沟为一里，十倍之而为十里之洫，又十倍之而为百里之浍，特言其一
> 面之长而已。然《匠人》方十里之洫，是每一面各十井，以开方而
> 论，则方十里者为方一里者百，是洫为百，井乃九百夫之地，何与于
> 《遂人》百夫之洫？《匠人》言百里之浍，是每一面为百井，以开方而
> 论，则方百里者为方十里者百，是浍为万，井乃九万夫之地，何与于
> 《遂人》千夫之浍？彼据一间而言，亦自奇特，然终不可合。大抵二
> 书之不同，艾轩所见高矣，若郑氏乡、遂异于采地之说，前辈间字之
> 说，皆可为场屋之用，若求其至当，皆不然也。洫大于沟，浍大于

---

① （宋）林希逸：《考工记解》卷下。

洫，而皆同归于两山间之大川，《遂人》曰"万夫有川"，此经无之，二书之异明矣……《周礼》出于一时所作，将为经理天下之图，故立法大约如此，亦与公侯伯子男分地同，此皆其人一意规模也。今人以"六官"、《考工》皆出于周公，宜其牵合窒碍也。①

此处，林希逸运用推算的方法，采用设问的形式，接连几问："何可强合乎？""何可强合乎？""何与于遂人百夫之洫？""何与于遂人千夫之浍？"以此证明《周礼·地官·遂人》记载的沟洫制度与《考工记·匠人》记载的沟洫制度"终不可合"。在林希逸看来，究其原因，在于《周礼》与《考工记》各自独立，所载制度不同，勉强比附，只会成为正确理解《考工记》的阻碍。

第三，批评郑玄解经贻误后学。

在林希逸看来，由于郑玄《周礼注》被后世学人奉为圭臬，所以郑玄注解经文的不当之处也影响了后学对经文的正确理解。如林希逸注《𫐐人》曰：

> 古之龙旂画东方大火之星，鸟旟画南方鹑火之星，熊旗画西方参伐之星，龟蛇画北方营室之星，今《三礼图》中如此画，实非古制，郑误之也。②

在林希逸看来，聂崇义《三礼图》中所绘古代龙旂、鸟旟、熊旗和龟蛇之所以有误，都是因为照搬郑玄《周礼注》之说造成的。

第四，批评郑玄解经繁杂费力，不易理解。

在林希逸看来，郑玄解经多辗转论说，颇为繁杂费力，不利于读者的理解。如《梓人》："上两个，与其身三，下两个半之。"郑玄注曰：

> 玄谓个读若"齐人掮干"之干。上个、下个，皆谓舌也。身，躬也。《乡射礼记》曰："倍中以为躬，倍躬以为左右舌，下舌半上舌。"然则九节之侯，身三丈六尺，上个七丈二尺，下个五丈四尺。其制，身夹中，个夹身，在上下各一幅。此侯凡用布三十六丈。言上个与其身三者，明身居一分，上个倍之耳，亦为下个半上个出也。个或谓之舌者，取其出而左右也。侯制上广下狭，盖取象于人也。张臂八尺，张足六尺，是取象率焉。

---

① （宋）林希逸：《考工记解》卷下。
② （宋）林希逸：《考工记解》卷上。

林希逸注曰：

> 郑云"个"读为"干"，干乃上下舌也。明堂左个、右个即两边
> 也，看此两个恐只是两边。依字亦可通侯之制，上广而下狭，自栖鹄
> 而上，以侯为三分，身居中，两个居两边，皆小大一同，自鹄而下，
> 则其身与上身同，而两边比其身只有一半，盖下狭也。注说颇费力，
> 以此言之，似稍简而易明。皆不言尺寸者，随大小，以此为准，非可
> 预定也。①

郑玄的注解为求周详确实，引经据典，堪为学术典范。而在林希逸看来，
"注说颇费力"，如把握侯"上广而下狭"的特点，再将"个"解释成容易
理解的"边"，较之郑玄"舌"的解释，就稍简而易明了。

再如《玉人》："继子男执皮帛。"郑玄注曰：

> 谓公之孤也。见礼次子男，贽用束帛，而以豹皮表之为饰。天子
> 之孤，表帛以虎皮。此说玉及皮帛者，遂言见天子之用贽。

林希逸注曰：

> 郑注以此为公之孤，非天子之孤与大国之孤者，谓王之孤六命，
> 与卿同，不当继子男之后也。然此说亦费力，窃恐此句只是总言，子
> 男以上则用玉，子男以下则执皮帛。《尚书》五玉之下即曰三帛，亦
> 是等则如此。②

林希逸评价郑玄对"继子男"的解释"亦费力"，在他看来解说不必如此
之繁，掌握此句"总言子男以上则用玉，子男以下则执皮帛"的大意
即可。

第五，批评郑玄解经文意未通。

《梓人》："祭侯之礼，以酒脯醢，其辞曰：惟若宁侯，毋或若女不宁
侯，不属于王所，故抗而射女，强饮强食，诒汝曾孙，诸侯百福。"郑玄
注曰：

> 若犹女也。宁，安也。谓先有功德，其鬼有神。

林希逸注曰：

> 侯乃射垛之名，因其祭而寓意，乃以为诸侯之戒。盖射是武事，

所以及此意也。古者处事以敬，件件有祭，祃有祭，侯有祭是也，如蜡祭猫虎之类亦然。宁，安也，顺理而安于职分者，王则享之、燕之，不宁而为逆，不顺王命则伐之，如射此侯也。若者，戒之之意，谓其必似彼而不可似此也，凡为宁侯，则勉其加饮加食以自寿，诒其国于汝曾孙，世世为诸侯，享有百福也。酒脯醢之祭，不用生物也。郑云宁侯为有功德故祭之，文意未通。①

此处林希逸阐发祭侯之礼颂词的经义，认为王告诫参与祭侯之礼的臣子，若顺理而安于职分则享之、燕之，不宁而为逆、不顺王命则伐之，凡为宁侯，就劝勉其加饮加食以自寿，诒其国于各自曾孙，世世为诸侯，享有百福。从阐发经义的角度出发，林希逸不赞同郑玄对此句经文的注解，认为"宁侯为有功德故祭之"的说法"文意未通"。

客观而言，林希逸对郑玄《周礼注》的有些批评还是有道理的，如批评郑玄强引《周礼》解释《考工记》，造成对《考工记》制度的理解的淆乱和障碍。但也有些批评是"欲加之罪"，如批评郑玄解经文意未通，就有主观臆断的嫌疑。

（三）对郑玄《周礼注》的驳斥

林希逸不仅批评郑玄《周礼注》，在《鬳斋考工记解》中还多处驳斥郑玄《周礼注》之说。兹举几例以资说明：

例1：《考工记叙》"或审曲面埶，以饬五材，以辨民器"一句，郑玄注解"五材""辨"曰：

> 玄谓此五材，金、木、皮、玉、土。
> 辨犹具也。

林希逸不赞成郑玄对"五材"的解释，对"辨"也提出了另一种解释作为对郑注的补充。其曰：

> 五材即五行也，郑注以为金、木、皮、土、玉，此说未然。天地间，何物不属五行哉？玉即石也，其性则属火与土矣，即此亦格物穷理之事也。辨训具注说也，若以为辨别而制作之，于理亦通。②

例2：《考工记叙》"貉逾汶则死"一句，郑玄注"貉"曰：

① （宋）林希逸：《考工记解》卷下。
② （宋）林希逸：《考工记解》卷上。

貉或为猿，谓善缘木之猿也。

林希逸不赞同郑玄对"貉"的解释，曰：

貉，狐也。

例3：《考工记叙》："轮已崇，则人不能登也。轮已庳，则于马终古登陁也。"郑玄注"终古"曰：

齐人之言终古犹言常也。

林希逸注"终古"曰：

终古犹终年也，此必古语，若无"终古"二字，则形容不出两句。①

例4：《梓人》："祭侯之礼，以酒脯醢，其辞曰：惟若宁侯，毋或若女不宁侯，不属于王所，故抗而射女，强饮强食，诒汝曾孙，诸侯百福。"郑玄注"若"曰：

若犹女也。

林希逸注"若"曰：

若者，戒之之意，谓其必似彼而不可似此也，凡为宁侯，则勉其加饮加食以自寿，诒其国于汝曾孙，世世为诸侯，享有百福也。②

例5：《匠人》"水地以县"一句，郑玄注曰：

于四角立植，而县以水，望其高下。高下既定，乃为位而平地。③

林希逸注曰：

注云四角立木，此说未明，经言水地，而注云立木，恐亦未当。盖"水地以县""置槷以县"两句即一事也，先以水平地，犹恐未定，必以县而后正也。何以为县？置槷以为县也。水地者，假如一所用，一丈之地先为四方之沟，乃注水以试之，地有高下，则水之流行自有

① （宋）林希逸：《考工记解》卷上。
② （宋）林希逸：《考工记解》卷下。
③ 此处标点依据李学勤主编标点本《周礼注疏》，笔者以为标点应是：于四角立植而县，以水望其高下，高下既定，乃为位而平地。

高下，锄掘其地，用水以平之，水既平矣，犹未可也，又用县絭以
定之。①

以上 5 例皆是林希逸对郑玄《周礼注》之说的驳斥，其中有些说法确能指
出或纠正郑玄《周礼注》之说的失误，如例 2 林希逸对"貉"的注解就与
郑注迥然不同，现代学者闻人军先生运用科学方法考察"貉"这种动物，
指出"貉"的学名是 Nyctereutes procyonoides，哺乳动物，似狸，锐头
尖鼻，昼伏夜出，捕食鱼、虫、鸟类等，毛皮为珍贵裘料。② 把林希逸和
郑玄的注解相比较，可以发现林氏的注解更贴近科学。当然，林希逸对郑
注的有些驳斥之论缺乏确切的依据，如例 3 中对"终古"的解释不同于郑
注，但也没有提供可靠的理据。

（四）驳斥郑玄《周礼注》的方法

如上所论，林希逸在《鬳斋考工记解》中多处驳斥郑玄《周礼注》之
说，分析林希逸的这些论说，我们可以发现有些驳斥之论缺乏可靠的理据
论说，林氏只是表达自己不同于郑玄的见解而已，有些驳斥之论则有所依
据。我们以下就依据这些资料，从两方面尝试分析林希逸驳斥郑玄《周礼
注》的方法。

第一，引用林光朝之说驳斥郑玄《周礼注》。

林光朝，字谦之，兴化军莆田（今福建省莆田市）人。隆兴元年
（1163）进士，历官国子祭酒兼太子左谕德、中书舍人兼侍讲、集英殿修
撰知婺州等，年 65 而卒，谥文节。林光朝学问气节俱佳，他是郑侠女婿，
曾从尹焞弟子陆子正游学，后专心圣贤践履之学，通六经，贯百氏，言动
必以礼，南渡之后，以伊洛之学倡道东南，朱子兄事之。林光朝平生不喜
著书，去世后家族后人编辑遗文刊刻传世，但明代此刊本已佚，仅存抄
本，正德年间（1506—1521）林光朝乡人郑岳选择抄本中的精华 9 卷附遗
事 1 卷刊刻，题曰《艾轩文选》，今《四库全书》本《艾轩集》即据此本
而来。

林希逸是林光朝之后③，从学于陈藻，而陈藻是林亦之弟子，林亦之

---

① （宋）林希逸：《考工记解》卷下。
② 闻人军：《考工记译注》，6 页，上海，上海古籍出版社，2008。
③ 林希逸《竹溪鬳斋十一稿续集》卷七《代怀安林丞上杨安抚》一文曰："然某艾轩之裔
也，所读者艾轩之书，所守者艾轩之道。"林希逸自称是"艾轩之裔"。我们由此知道，林希逸是
林光朝的后人。

是林光朝高足，故林希逸又是林光朝的三传弟子。^① 林希逸仰慕先祖林光朝，曾曰："诵先朝赋知名祖，读外家书见此孙。千载艾轩吾敬慕，袖中锦轴两诗存。"^② 在《鬳斋考工记解》中，林希逸征引"艾轩"之说（即林光朝学说）多达 27 条，其中就有征引林光朝之说驳斥郑玄《周礼注》的。

如《玉人》："天子用全，上公用龙，侯用瓒，伯用将。"郑玄注曰：

> 郑司农云："全，纯色也。龙当为尨，尨谓杂色。"玄谓全，纯玉也……龙、瓒、将皆杂名也。卑者下尊，以轻重为差。玉多则重，石多则轻，公侯四玉一石，伯子男三玉二石。

林希逸注曰：

> 诸家以为此一节言祼器也。全者，全用玉为之也，其制以玉为龙形，而置一杯于其中，以盛酒也。龙，鼻也。瓒，其中也。将，其柄也。《记》曰"夏后氏用龙，谓龙鼻也"，《诗》曰"瑟彼玉瓒"。总言之也，祼将于京，执其柄也，天子纯用玉，上公以玉为龙鼻，诸侯以玉饰其中，伯以玉饰其柄，此尊卑之制也，其说亦通。但与上文不相属，突然曰天子用全，何以知其为祼器哉？郑氏以龙当为尨，瓒当为（音赞）^③，汉时有膏□，食物也。尨屡将，皆玉之不纯者，天子则用全玉，公侯则用不纯之玉，无他证据，又辄易经字，恐亦未安。况将之为杂，亦何所本乎？艾轩曰："祼玉有三：为龙首，一等玉也，必次于全玉；为瓒，一等玉也，又次于龙首，瓒，盛酒也；为祼将，又一等玉也，又次于瓒，祼将者，酌酒所用也。上文言圭，此一节乃论为圭之玉，谓天子之圭则用纯全之美玉，上公之圭则用为祼瓒龙之玉，诸侯之圭则用为瓒之玉，伯之圭则用为祼将之玉。"其文正在言圭之下，此说极正而易通。^④

---

① 《四库全书》本《乐轩集》提要曰："臣等谨案《乐轩集》八卷，宋陈藻撰。藻字元洁，福清人，林亦之之弟子，乐轩其自号也。是集为其门人林希逸所编。刘克庄序希逸《竹溪诗集》称，乾淳间艾轩林光朝……一传而为纲山林亦之，再传而为乐轩陈藻……"林希逸是陈藻弟子，当为林光朝三传弟子。又《闽中理学渊源考》卷八《文节林艾轩先生光朝》载曰："林光朝，字谦之，莆田人，学者称艾轩先生……归莆，设讲于东井红泉，四方来学者无虑数百，称为南夫子。盖先生之学一传为林亦之，再传为陈藻，三传为林希逸。"
② 《竹溪鬳斋十一稿续集》卷三《用韵送徐平父西上（徐释之后，艾轩外孙）》。
③ （　）内字是以双行小字的形式记注于下的。
④ （宋）林希逸：《考工记解》卷下。

林希逸批评郑玄对此处经文的注解臆断无据，他征引艾轩之说驳斥郑注，并赞誉艾轩"此说极正而易通"。

再如《匠人》："里为式，然后可以傅众力。"郑玄注"里"曰：

> "里"读为"已"，声之误也。

林希逸注曰：

> 郑云"里"字误当为"已"。艾轩云：方里为井，古人治井田沟防之事，于一井之地先为之，以为式，一里之工既定，则百夫、千夫、万井之地皆可推矣，故曰里为式，盖以一里之工力为准也。傅，附也。有已定之工数，则可以附集众力而为之也，《灵台》曰"民始附"者，为台之工皆来附也，即此附字之意。①

林希逸此说也是征引艾轩说驳斥郑玄对"里"的注解。

林光朝学问、气节俱佳，是乡里引以为傲的荣光，作为林光朝的后人，林希逸仰慕先祖，他研读先祖遗文，在著作中称引先祖之说，孺慕之情可见一斑。也正是有赖林希逸的征引，我们今天才能略窥林光朝《周礼》学说之崖略。

第二，从文理分析的角度驳斥郑玄《周礼注》。

《辀人》"任正者，十分其辀之长，以其一为之围"一句，郑玄注"任正"曰：

> 任正者，谓舆下三面材、持车正者也。

贾公彦疏曰：

> 云"三面材"者，此木下及两旁见面，其上面托著舆板，其面不见，故云三面材也。

林希逸注解曰：

> 舆下三面之木也，舆有四面，后一面是舆之轸，其三面皆有栏干，栏干之下有材，以任其上，车所取正者，故谓之任正……注郑曰舆下三面材，而疏以为木下及两旁见面，其上面著舆板，不见，故云三面，此说未当。艾轩谓今人不识车，虽所说皆纸上语，但以文理明

---

① （宋）林希逸：《考工记解》卷下。

之，亦可决其当与否也。①

林希逸此处就是依据艾轩先生的观点，从文理分析的角度入手，否定了贾公彦对郑玄"三面材"的疏解。

林希逸也运用文理分析的方法解读郑玄《周礼注》，指出他认为的郑注牵强费力之处，并力图进行驳正。如《玉人》："继子男执皮帛。"郑玄注曰：

> 谓公之孤也。见礼次子男，贽用束帛，而以豹皮表之为饰。天子之孤，表帛以虎皮。此说玉及皮帛者，遂言见天子之用贽。

林希逸注曰：

> 郑注以此为公之孤，非天子之孤与大国之孤者，谓王之孤六命，与卿同，不当继子男之后也。然此说亦费力，窃恐此句只是总言，子男以上则用玉，子男以下则执皮帛。《尚书》五玉之下即曰三帛，亦是等则如此。②

我们以为，林希逸此处就是从文理分析的角度出发，批评郑玄的注解牵强费力，又联系上下文，从文理分析的角度提出自己不同于郑玄的见解。

五、林希逸《鬳斋考工记解》的解经特色

以下我们将从六方面分析林希逸《鬳斋考工记解》的解经特色。

第一，对郑玄《周礼注》说的采纳与驳斥。

林希逸在《鬳斋考工记解》中既多处采纳郑玄《周礼注》之说解经，又对郑玄《周礼注》提出不少批评，且驳斥郑注。关于此方面本节"四、从《鬳斋考工记解》看林希逸对郑玄《周礼注》的态度"部分已详细论述，兹不赘述。

第二，注解经文浅易明白。

林希逸反对牵强解经，认为牵强附会只会造成读者理解的困难。如《辀人》"终日驰骋，左不楗，行数千里，马不契需"一句，林希逸注解曰：

> 契需，古语也，亦难强解。行千里而安，则马亦不费力，其意大

---

① （宋）林希逸：《考工记解》卷上。
② （宋）林希逸：《考工记解》卷下。

抵如此。若以契为鍥薄之意，曰不伤蹄，需为濡，迟曰不留滞，皆是牵强。如《庄子》之"謑髁镙断"，如《诗》之靡盬鞅掌殿屎等字，亦如何强解得。古今语不同，岂可强索于数千载之后，如今乡谈，随方各有，使古人闻之，亦岂易晓耶？①

林希逸此处对"契""需"的注解不采纳郑玄所引郑众说，在他看来，契需是古语，因为时代发展变化，古今语言存在不同，勉强于数千载之后理解古语是很困难的，牵强解说不仅无助于经文的理解，还会造成更大的理解上的困难。

正因为如此考虑，林希逸对不了解的古语不做勉强训诂，而是注重从整体上把握经文大意，通观《鬳斋考工记解》，林氏注解经文具有浅易明白的显著特点。我们先将郑玄注说和林希逸注说进行对比，如《梓人》："上两个，与其身三，下两个半之。"郑玄注曰：

> 玄谓个读若"齐人擰干"之干。上个、下个，皆谓舌也。身，躬也。《乡射礼记》曰："倍中以为躬，倍躬以为左右舌，下舌半上舌。"然则九节之侯，身三丈六尺，上个七丈二尺，下个五丈四尺。其制，身夹中，个夹身，在上下各一幅。此侯凡用布三十六丈。言上个与其身三者，明身居一分，上个倍之耳，亦为下个半上个出也。个或谓之舌者，取其出而左右也。侯制上广下狭，盖取象于人也。张臂八尺，张足六尺，是取象率焉。

林希逸注曰：

> 郑云"个"读为"干"，干乃上下舌也。明堂左个、右个即两边也，看此两个恐只是两边。依字亦可通侯之制，上广而下狭，自栖鹄而上，以侯为三分，身居中，两个居两边，皆小大一同，自鹄而下，则其身与上身同，而两边比其身只有一半，盖下狭也。注说颇费力，以此言之，似稍简而易明。皆不言尺寸者，随大小，以此为准，非可预定也。②

两者对比，我们不难发现林希逸的注解主要把握射侯"上广下狭"的特点，在此基础上，以"边"来解释"个"，他的注解较之引经据典的郑注，

---

① （宋）林希逸：《考工记解》卷上。
② （宋）林希逸：《考工记解》卷下。

简明扼要，便于理解。

我们再举两例进行说明：

例1：《考工记叙》"或饬力以长地财"一句，林希逸注曰：

> 饬力则无惰游之民，田亩之间最争人力，人力所及，田无高下。地财者，财皆自地而生，稼穑惟宝，亦此财字之意。①

例2：《考工记叙》："粤无镈，燕无函，秦无庐，胡无弓车。粤之无镈也，非无镈也，夫人而能为镈也；燕之无函也，非无函也，夫人而能为函也；秦之无庐也，非无庐也，夫人而能为庐也；胡之无弓车也，非无弓车也，夫人而能为弓车也。"林希逸注曰：

> 镈，田器也。函，铠甲也。庐，柄也。弓车，射猎用也，车上有弓。此言百工器械各随土地所宜，粤无羁镈之人，非无也，盖家家能之也。燕近在北狄，戎矢之具分外精绝。秦多重山复岭，细木可以为庐者多。匈奴在大漠之北，居逐水草，以射猎为生，以车为家，如渔人以舟为家也，车上有此弓，而人人能之也。所谓无者，言无人以此专门名家也。②

通过以上两例，我们更能体会林希逸注解经文晓畅明白的特点，即便征引郑注，他也进行删减，保留郑注的主要意思，删去繁杂的论证部分。正因为注解经文浅易明白，《鬳斋考工记解》受到了学界的认可，明代屡有模仿之作，还有学者增订此书，如万历年间四明屠氏刻《考工记图解》2卷本③，此刻本除保留林希逸《鬳斋考工记解》内容外，还增加了明人张鼎思的补图，明人屠本竣的补释。林希逸《鬳斋考工记解》强大的学术生命力可见一斑。

第三，重视对《考工记》文法、句法和字法的分析。

林希逸注解《考工记》很突出的一大特点就是重视对文法、句法和字法的分析，在《鬳斋考工记解》中，林希逸对《考工记》文法、句法和字法的分析俯拾皆是。兹举几例以资说明：

例1：《考工记叙》："烁金以为刃，凝土以为器，作车以行陆，作舟以行水，此皆圣人之所作也。"林希逸注解曰：

①②　（宋）林希逸：《考工记解》卷上。
③　此本今藏国家图书馆。

金与沙杂以水淘之，而后以火烁之，方可以为兵刃，人之有兵刃，犹虎豹之有爪牙也。凝，聚也，合也。合土以为器，自陶唐氏始。作舟作车，皆天地间最大之用，皆圣人为之。首叙至此，将言考工之事，特出此四句，文势浅深有序，此亦法也。①

例2：《考工记叙》："凡攻木之工七，攻金之工六，攻皮之工五，设色之工五，刮摩之工五，抟埴之工二。"林希逸注曰：

前言皆序也，此一"凡"字起端，乃三十官之总目也。②

例3：《考工记叙》："凡察车之道，必自载于地者始也，是故察车自轮始。"林希逸注曰：

看此三句，便见古文法本意。只是"察车必自轮始"，先发明一句，曰"必自载于地者始也"，又著"是故"二字，多少曲折精神，又发得意尽，又好读。艾轩曰：凡物皆从一处看起，如看文章、看写字，皆从何处看起，此一车之制，受重者轮，故察车之工拙必自轮始也。③

例4：《考工记叙》："凡察车之道，欲其朴属而微至。不朴属，无以为完久也。不微至，无以为戚速也。"林希逸注曰：

此句形容车轮极工。朴属者，欲坚固而有所附属，谓其附于车，如人生一臂也。微至是着地处甚微眇也，着地处若大，便行不急，如何得疾速。戚即疾也。三行之内，两个"凡察车之道"，他人则以为冗也，此正古文好处，不可不仔细看。④

例5：《考工记叙》："六尺有六寸之轮，轵崇三尺有三寸也，加轸与轐焉四尺也。人长八尺，登下以为节。"林希逸注曰：

前说三项：车轮，兵车、乘车，尺寸本同，亦可省，而不省者，到此又提起"六尺有六寸之轮"一句，多少精神！若以冗字论之，则不胜其冗矣。论古文正，不如此前言车轸四尺为一等，文势未足，又以此发明以足之也。⑤

例6：《舆人》："圜者中规，方者中矩，立者中县，衡者中水，直者如生焉，继者如附焉。"林希逸注解曰：

———————

① ② ③ ④ ⑤　（宋）林希逸：《考工记解》卷上。

此数句发明其制作之妙。"如生""如附"二句尤佳，言其似非人所为也。《庄子》曰"附赘县疣"，附亦生而有也。①

例7：《鲍人》"鲍人之事"一句，林希逸注曰：

此一句，下经之总目也。不曰鲍人为某，而曰"之事"，其所治之皮，不主一用也。②

以上所举7例，例1和例4是注解经文外兼论文法、句法、字法，例2、例3、例5、例6和例7是专论文法、句法、字法。从目前传世的宋代《周礼》学文献来看，以此种方法注解《周礼》或《考工记》的，林希逸可谓首开先河。专注于对经典文法、句法和字法的分析，可细化读者对经文本身的关注和理解，并从古人作文的句式、文字间体察经文本意，林希逸研究《考工记》用心之细于此可见。林希逸运用文法、句法和字法分析《考工记》的注经方法对明代的《考工记》研究颇有影响，明代就有不少《考工记》注释之作效法林希逸，也对《考工记》中的文法、句法和字法进行分析。

第四，阐发经文义理。

宋人注经最富义理，林希逸注解《考工记》也比较重视阐发义理。如《梓人》："祭侯之礼，以酒脯醢，其辞曰：惟若宁侯，毋或若女不宁侯，不属于王所，故抗而射女，强饮强食，诒汝曾孙，诸侯百福。"林希逸注曰：

侯乃射埻之名，因其祭而寓意，乃以为诸侯之戒。盖射是武事，所以及此意也。古者处事以敬，件件有祭，祸有祭，侯有祭是也，如蜡祭猫虎之类亦然。宁，安也，顺理而安于职分者，王则享之、燕之，不宁而为逆，不顺王命则伐之，如射此侯也。若者，戒之之意，谓其必似彼而不可似此也，凡为宁侯，则勉其加饮加食以自寿，诒其国于汝曾孙，世世为诸侯，享有百福也。酒脯醢之祭，不用生物也。郑云宁侯为有功德故祭之，文意未通。③

林希逸此处就对祭祀射侯之义进行了阐发。首先，古人处事以敬，对件件事物皆有祭祀，射侯当然也有祭；其次，射属武事，而祀与戎是先秦时期

---

①② （宋）林希逸：《考工记解》卷上。
③ （宋）林希逸：《考工记解》卷下。

的国家大事，借祭祀射侯也告诫诸侯，顺理而安于职分，王则享之、燕之，不宁而为逆，不顺王命，则伐之；最后，勉励顺理而安于职分者加饮加食以自寿，诒其国于各自曾孙，世世为诸侯，享有百福。

再如《㮚氏》"概而不税"一句，林希逸注曰：

> 概，平也，法也。㮚氏铸此以为天下之法，使天下之为鬴者皆取平于此，而赋入租税之时，实不用之。此句注疏皆未通，诸家亦强说，以为官司为之，听民自用，不收其税也，此说殊无义理。盖此鬴既一钧，一钧三十斤也，其器已重三十斤，又量六斗四升之米，则其重又甚矣，若终日用之，其人不亦疲也。窃意古人自有木制之器，特铸此以为之式，故其铭曰"兹器维则"也。若欲官司铸之而借百姓之用，当有几鬴邪？古人既能以木为鼓穿曰皋陶矣，岂不能为木鬴乎！①

林希逸不赞成郑玄、贾公彦之说，评价云"此句注疏皆未通"，对于其他学者的解释他也不甚满意，曾评价云"此说殊无义理"。他就从义理的角度注解此句经文，主张作为量器标准的鬴是用木制造的，理由有二：其一，若鬴本身重三十斤，再量六斗四升之米，终日使用，人易疲惫；其二，鬴上铭文曰"兹器维则"，而古人有用木制之器作为法式的，所以作为量器标准的鬴也是用木制造的。

第五，引宋制解经。

郑玄好引汉制解经，此点虽颇受后世诟病，但引入汉制确可方便汉晋学者理解经文。林希逸注解《考工记》也好引宋制解经，借此达成通俗明白的解经效果。以下兹举几例以资说明：

例1：《考工记叙》："郑之刀，宋之斤，鲁之削，吴粤之剑，迁乎其地而弗能为良，地气然也。"林希逸注曰：

> 吴粤之剑，如干将、莫邪万世得名，均此铁也，而工拙不同，以水异也。今建剑之水亦宜为刀，如相州相缠只南中苏木染之，特水异耳。②

例2：《考工记叙》："攻木之工，轮、舆、弓、庐、匠、车、梓。"林希逸注曰：

---

①② （宋）林希逸：《考工记解》卷上。

梓氏为器用者，今之小木匠也。①

例3：《考工记叙》："攻皮之工，函、鲍、韗、韦、裘。"林希逸注曰：

鲍一作鞄，音仆，今消皮匠也。②

例4：《㮚氏》："㮚氏为量，改煎金锡则不耗。"林希逸注曰：

改煎者，煎之又煎，如今炼熟也，煎至无耗折，然后可秤。既秤之已得，实斤两不折矣，然后准其高下厚薄，合用多少铜料入铸也。准其高下厚薄以铸，则知其既成可以量得多少升斗也。③

例5：《韗人》"长六尺有六寸，左右端广六寸，中尺厚三寸，穹者三之一"一句，林希逸注曰：

三正者，两头与中央皆欲其端正也。如今人为桶，直则易二头敛，中央穹则难得端正。鼓之上三者俱正，则工之善者也。④

例6：《幌氏》："而涂之，而宿之。明日，沃而盝之。"林希逸注曰：

涂者，又以药物涂其上。宿之一夜，明日而后漉起也。今人白练以猪膏，未知古人所用何物。⑤

例7：《玉人》："镇圭尺有二寸，天子守之。命圭九寸，谓之桓圭，公守之。命圭七寸，谓之信圭，侯守之。命圭七寸，谓之躬圭，伯守之。"林希逸注曰：

信圭者，纯直势也。躬圭者，稍弯曲也。今文臣笏直，武臣笏弯，亦此意也。⑥

例8：《匠人》"凡为防，广与崇方"一句，林希逸注曰：

防以止水也，此如今之斗门也。其广亦为方形，其崇亦为方形，方则固也，今之斗门亦未有圆为之者。⑦

例9：《匠人》："窦其崇三尺。"林希逸注曰：

窦，今涵沟也。宫中之窦必崇三尺者，欲其通水多也。⑧

---

①②③④⑤　（宋）林希逸：《考工记解》卷上。
⑥⑦⑧　（宋）林希逸：《考工记解》卷下。

以上所举 9 例，林希逸以"今"字开首言宋代事物情况，或"今建剑之水亦宜为刀"，或"今之小木匠也"，或"今消皮匠也"，或"如今炼熟也"，或"如今人为桶"，或"今人白练以猪膏"，或"今文臣笏直，武臣笏弯"，或"此如今之斗门也……今之斗门亦未有圆为之者"，或"今涵沟也"，通过将宋代事物情况与《考工记》所言名物制度进行比况，读者能更加直观而形象地了解《考工记》的内容。我们当然也要看到，这种比况不一定完全恰当，毕竟相距千年以上，宋制和先秦制度不大可能完全相同。总之，这种比况的优点是方便我们的理解，但不可认为二者是完全一致的。

第六，以插图的方式辅助经文注解。

宋人注解《周礼》，为了辅助说明，有插图之习，如郑伯谦《太平经国之书》、叶时《礼经会元》皆有附图。也许受此影响，林希逸的《鬳斋考工记解》也依据注解内容插图 100 余幅，以便读者了解器物形制，这种运用图解注解《考工记》的方法对明清的《考工记》研究深有影响。

明代学者林兆珂曾评价曰："林氏《考工记》有图，盖宗《三礼图》，而祖汉儒郑康成辈，非无据也。"[1] 林兆珂强调林希逸《鬳斋考工记解》中的插图"非无据也"是正确的，但他认为林希逸的插图是依据聂崇义的《三礼图》就不对了。在《鬳斋考工记解》中，林希逸多处批评聂崇义的《三礼图》，其曰：

> 此图所画只据《三礼图》如此，古人之制未必然，如鼎上所镂兽类皆无全形者，斧与亚字尤非古也。[2]
>
> 是以聂崇义所作《三礼图》全无来历，谷璧即画谷，蒲璧即画蒲，皆以意为之也，不知谷璧只如今腰带夸上粟文，观《博古图》可见。[3]
>
> 《三礼图》所载镇圭刻一山，桓圭刻植楹，信圭刻一人直身，躬圭刻一人曲身，皆非古制。又曰山以镇安，桓为柱石，躬以保身，谷为养人，蒲为安人，皆后人强生意义，原其初意只以此为五等之别。[4]

在林希逸看来，聂崇义《三礼图》所绘礼图非纯然古制，甚至有的全无来历，不过以意为之。所以，林希逸《鬳斋考工记解》中插入的礼图并不以

① （清）朱彝尊：《经义考》卷一二九。
②③ （宋）林希逸：《考工记解》卷上。
④ （宋）林希逸：《考工记解》卷下。

聂崇义《三礼图》为宗。

受林光朝影响，林希逸更重视《宣和博古图》中的古器物图，其曰：

> 艾轩曰：《博古图》起于宣和间，汉晋时无有也，由历代以来掘得古器于宣和间始为图载之，以示后世，汉晋诸儒不曾见此，无怪乎其不知也……使当时掘得古器藏之上方，不载之图，今人何缘知之，此图至金人侵轶后皆无此本，及吴少董使北见之，遂市以归，尚有十数面不全。①

《博古图》绘于北宋宣和年间（1119—1125），书中所绘器物图是根据历代盗掘古墓所得的古器物绘制的，比较可信。林希逸显然更重视《博古图》，认为《博古图》其来有据，值得信赖，所以《鬳斋考工记解》中的古器物图多来自《博古图》。在宋代，能够意识到地下出土文物对于古器物研究的重要性，并自觉地运用出土文物绘图进行古器物研究，这些都是林希逸具有卓识的体现。

当然，因为时代和认识的局限，林希逸随经文所插礼图并不完全准确，有的器物形制同今天考古发掘出土的实物存在一定差别，所以我们读林希逸《鬳斋考工记解》也不可盲目迷信其间的礼图。

六、林希逸《鬳斋考工记解》的学术影响

林希逸的《鬳斋考工记解》是宋代流传至今的唯一一部注解《考工记》的著作，此书能流传千年，自有其独特的学术魅力。清代的四库馆臣曾评价曰：

> 特以经文古奥，猝不易明，希逸注明白浅显，初学易以寻求，且诸工之事非图不显，希逸以《三礼图》之有关于《记》者采摭附入，亦颇便于省览，故读《周礼》者至今犹传其书焉。②

林希逸《鬳斋考工记解》注解《考工记》明白浅显，使古奥晦涩的经文易于理解，还插入礼图辅助说明器物工艺，这些都颇便读者省览。正因为具备这些优长，林希逸的《鬳斋考工记解》才长期受到学界的青睐，而此书撰著的体例也深深影响了明清的《考工记》研究，以下就从两方面谈谈：

其一，林希逸注解《考工记》比较重视对经文文法、句法和字法的分

---

① （宋）林希逸：《考工记解》卷上。
② （清）永瑢：《四库全书总目》卷一九《考工记解》提要。

析，意图从古人作文的句式、文字间体察经文本意。受其影响，明代学者研究《考工记》也重视对《考工记》文法、句法和字法的分析，如林兆珂《考工记述注》、郭正域《批点考工记》、程明哲《考工记纂注》、徐昭庆《考工记通》，或标出章法、句法、字法之例，或兼论章法、句法、字法，或专论章法、句法、字法，都沿袭了林希逸的研究路径。

其二，林希逸为了方便读者了解器物形制，在《鬳斋考工记解》中依据注解内容插图 100 余幅，这种运用图注解《考工记》的方法对明清的《考工记》研究深有影响，如明代林兆珂的《考工记述注》末附《考工记图》1 卷，即采用林希逸《鬳斋考工记解》之图，无所增损；清代汪宜耀《考工记图释》、戴震《考工记图注》、阮元《考工记车制图解》、郑珍《考工轮舆私笺》附《图》、郑珍《凫氏图说》等，都采用图解的方式注解《考工记》。其中，戴震、阮元和郑珍取得的成就远在林希逸之上，但若论以图注或图解方式研究《考工记》之导源者，当推林希逸。

第三节　永嘉学派的《周礼》学说

自北宋神宗以来，永嘉（今浙江省温州市）出现了一批反对空谈、力主事功的学者，经南宋薛季宣、陈傅良至叶适集大成，与程朱、陆氏两派鼎足而三。《周礼》是永嘉学派颇为重视的一部经典，讨论尤精。本节就以郑伯熊、薛季宣、陈傅良、叶适、曹叔远和孙之宏为中心，论述永嘉学派的《周礼》学说。

一、郑伯熊的《周礼》学说

郑伯熊（1124—1181），字景望，世称敷文先生，永嘉（今浙江省温州市）人。他私淑于"永嘉九先生"之一的周行己，深受二程洛学和张载关学影响。绍兴十五年（1145）进士，绍兴二十年（1150）出任黄岩县尉，次年，改任婺州司户参军。隆兴元年（1163），迁为秘书省正字，不久请祠，主管南岳庙。乾道二年（1166），先后任国子监丞、著作佐郎、太子侍读，乾道六年（1170），任福建提举茶盐公事，时秦桧擅国，禁二程之学，而郑伯熊在闽中刊行二程之书，并设立书院，亲自讲授。乾道八年（1172），任宁国府司马，旋改江西提刑，奉祠。淳熙二年（1175），任婺州知州，次年即被召赴临安，任国子司业，后改任宗正少卿。淳熙五

（1178），乞外任，以直龙图阁任宁国府知府。淳熙七年（1180），任满，又知建宁府。淳熙八年（1181），卒于任，时年58岁，谥文肃。郑伯熊生平著作颇多，如《郑伯熊集》《憨语》《记闻》《郑景望杂说》《郑敷文书说》等，大多已经失传了。

郑伯熊不仅是南宋颇富声望的温州士大夫领袖①，也是永嘉之学的中坚人物②，他继"永嘉九先生"之后，将洛学、关学思想传播到永嘉地区，从而奠定了"弥纶以通世变"的永嘉学派的根基。王与之《周礼订义》卷首《编类姓氏世次》中，列郑伯熊为所引宋代诸家第25家，曰："永嘉郑氏伯熊，字景望，《文集》有数说……"因《周礼》是颇受永嘉学派重视的一部经典，所以郑伯熊虽无诠释《周礼》之作，但对《周礼》当有论解，他的这些论解可能就保存在《郑伯熊集》中。《郑伯熊集》（又名《郑景望集》）30卷，见载于《直斋书录解题》卷一八、《文献通考》卷二四〇、《宋史》卷二〇八《艺文志》，可知此书宋元时尚存。根据元代以后的官私藏书目录皆无《郑伯熊集》（《郑景望集》）的记载，大概此书佚亡已久了。

据我们统计，王与之在《周礼订义》中引用郑伯熊《周礼》学说共计22条，分别是：《天官》4条③，《地官》16条④，《春官》2条⑤。我们就以此为资料，分析郑伯熊的《周礼》学说。

（一）对《周礼》的态度

郑伯熊推崇先王之政、周家法度，其曰：

> 老不帛，死不椁，丧不衰，祭不牲、不盛，民之所以养生、丧死、厚终、追远，情之所甚，不忍咸无焉，则罚而惩之，不亦甚哉！夫然后各致其力，而野无旷土，各率其职，而国无游民，衣食足于下，贡赋裕于上。夫先王之政本以养民，因资其力以养国，故凡一予、一夺、一劝、一惩，皆以丰其原，培其本。后世任民无政，励民

---

① 乾道二年，温州飓风成灾，时任国子监丞的郑伯熊率乡人在朝者奏请赈恤。据此可知，郑伯熊被视为温州士大夫领袖。
② 《宋元学案》卷三二《周许诸儒学案》云："乾、淳之间，永嘉学者联袂连帷，然无不以先生兄弟为渠率。"
③ 据我们统计，《天官》的4条包括《甸师》1条、《司裘》1条、《典妇功》1条、《九嫔》1条。
④ 据我们统计，《地官》的16条包括《大司徒》1条、《小司徒》2条、《闾师》2条、《师氏》1条、《司谏》1条、《司救》2条、《调人》2条、《媒氏》2条、《司市》1条、《司关》2条。
⑤ 据我们统计，《春官》2条即《司尊彝》2条。

无术，予夺劝惩一皆为取民而设，民生无以养，死无所葬，水旱饥馑，枕藉沟壑，莫之问，而取民之法顾日益苛，牧民之吏顾日益急，不亦异乎？①

考有司治市之法，乃善俗之政也。天下之乱积于人心之趋利，利之所聚莫甚于廛市，于此致详焉，是亦所以正人心而遏乱源也。养之必有以教之，利之必有以防之，细大毕举，无有偏枯，罅漏之处，斯其为王政欤。②

过非本意而报以正刑，圣人所不忍，周家之法，五刑之疑虽大辟，皆有赦、有罚，司刑者原刑定法则如此。③

在郑伯熊看来，先王之政以民为先，具有后世无法比拟的优越性，如先王以养民为本，施之于民的予、夺、劝、惩诸政策都是出于固本的目的，人民致力于生产，衣食充足，国家贡赋也会随之丰裕。但后世任民无政，励民无术，实施的予、夺、劝、惩诸政策都是为了聚敛民财，对人民的衣食疾苦则不闻不问。再如《周礼》司市所载治市之法细大毕举，无有偏失，可正人心、遏乱源，非王政莫属。又如刑法上，周家法度也于"大辟"外"有赦、有罚"，体现了圣人之于民的不忍之义。

传统观点认为《周礼》是周公致太平之书，其间保存了先王之政、周家法度，郑伯熊推崇先王政治，而先王政治见载于《周礼》，由此推知，郑伯熊对《周礼》也抱持着尊崇的态度。

（二）论解《周礼》的特点

我们以下从两方面分析郑伯熊论解《周礼》的特点。

第一，对程颐《周礼》学说的承袭。

郑伯熊私淑于程颐弟子周行己，服膺二程洛学，他论解《周礼》多继承程颐的《周礼》学说。如程颐用"人情有不免"来解释《调人》所载复仇之事，以答学者之疑。郑伯熊承袭程颐此说，论解《调人》曰：

子弟之心，视其父兄见杀、见伤，而从未减也，则有所不能忍，圣人又忍其情，使杀人之父兄者辟之远方、异地，以伸夫为子弟之情。弗辟，则论其违令之罪，而拘置之于其地，于过误而弛，重辟之施。缘人情而立辟雠之法，苟在四海之内，在千里之内，与之同国而

―――――――――――――

① （宋）王与之：《周礼订义》卷二一引"郑景望曰"。
②③ （宋）王与之：《周礼订义》卷二三引"郑景望曰"。

不报焉，非臣子也，故得而报之者，臣子之志获伸。而在海外、在千里之外、在异国，虽不得报，亦足以慰其志矣，此调人之官所以谓之和难也。①

郑伯熊此处也从圣人缘人情而施的角度入手，对调人用以和难的辟雠之法加以阐释，其说承袭程颐之见，而有所加深。

第二，结合后世制度阐发经义，经世致用意图明显。

郑伯熊论解《周礼》喜阐发经文大义，且能结合后世弊政，剖析先王立法建官之深意。如《司关》"以联门市"一句，郑玄注曰：

> 自内出者，司市为之玺节，通之国门，国门通之关门。参相联以检猾商。

《司关》"凡货不出关者"一句，郑玄注解曰：

> 谓从私道出辟税者，则没其财而挞其人。

《司门》"几出入不物者，正其货贿，凡财物犯禁者举之"一句，郑玄注解曰：

> 正读为征，征税也。犯禁，谓商所不资者，举之没入官。

有的学者据郑玄这些注解，怀疑《周礼》所载检商之制与后世一般严苛，郑伯熊针对此说，论解《司门》《司关》曰：

> 说者以联门市，"参相联比检猾商"也；货不出关，谓"从私道出辟税者，则没其财而挞其人"；《司门》"几出入不物者"，征税也；犯禁，谓"商所不资者，举之没入官"。凡此与后世州、县征税之场、栏、检、要、逻，剥刻农贾何以异？曰：否。王政之所禁，为夫末胜而本益微，奸欺得志而移俗习，故夫检商之政，示笃本而正民志也。夫负贩之民，贸易之际，欺者得利，则信实者安得不易虑而为欺；奸者得利，则纯直者安得不相怵而为奸，故门市以参联之，玺节以出入之，举其货，罚其人，以惩畏，此非以为征利也，设防于趋利之氓，养其信实纯直之心。出入不物，几奇邪也，财物犯禁，恶逐末也，用犯禁之财物养死政之老孤，示先义也。先王导民，非有物以与之第，窒其趋恶之路，使欺不得设，奸不得行，此立法建官之意，与

---

① （宋）王与之：《周礼订义》卷二三引"郑景望曰"。

后世专于殖利者可同年而语哉?①

郑伯熊此处驳斥了有些学者对《周礼》检商、征商制度的怀疑。他认为,《周礼》检商制度如此严格,正体现了先王笃本正民之志,因在经商过程中,使欺者、奸者得利,将败坏风气,甚至可能转移风俗,故先王设司门、司关等官吏对往来商旅进行严格的检察,养成他们信实纯直的品德,防治民众趋利逐末。而后世检商、征商制度严苛是为了谋利,与先王固本抑末之意相去甚远,不可同语。通过周代古制与后世之政的对比,郑伯熊阐发了先王立法建官的深意,也驳斥了部分学者对《周礼》的怀疑,其对《周礼》的回护尊重于此可见。

再如郑伯熊将《周礼》所载征收赋税之法同后世催科之法相比较,指出后世催科之法的危害和不合理处,也是结合后世时政来阐发经义的,经世致用意图明显。

总之,作为永嘉学派的奠基人,郑伯熊颇为推重《周礼》所载制度,且长于结合后世官政阐发《周礼》设官分职所蕴精义,这对后来永嘉学者的《周礼》研究产生较大影响,如薛季宣、陈傅良和叶适等皆好从历代官制沿革的角度论说《周礼》设官之义。

二、薛季宣的《周礼》学说

薛季宣(1134—1173),字士龙,永嘉(今浙江省温州市)人。其年尚幼即父母双亡,为伯父薛弼所收养,随薛弼宦游于四方。薛弼亡故后,十七岁的薛季宣任职荆湖南路安抚司书写机密文字,此期间,他师从湖襄间著名学者、程颐弟子袁溉,颇受袁溉事功思想的影响。绍兴三十年(1160),薛季宣以恩荫知鄂州武昌县,他在地方推行保伍法,以防备金兵和流寇侵扰。金兵南下后,他又积极防守,阻金兵于城外,一方民心赖以安定。任满归乡后,他设帐授徒,陈傅良等皆从其学。后得王炎举荐,薛季宣被召为大理寺主簿,并持节安置淮西流民,得孝宗称赞,升任大理正,但其直言缺失,为当国者忌,未几出知湖州,再调知常州,未及赴任即病卒于家,时年40。薛季宣生平著书甚多,有《书古文训》《春秋经解》《春秋指要》《中庸解》《大学解》等,多已亡佚。

王与之《周礼订义》是宋代完整流传至今的唯一一部集解体《周礼》

---

① (宋)王与之:《周礼订义》卷二四引"郑景望曰"。

学著作，是书卷首《编类姓氏世次》中，王与之列薛季宣为所引宋代诸家的第 23 家，曰："永嘉薛氏季宣，字士隆，有《释疑》……"据我们统计，在《周礼订义》中王与之引用薛季宣《周礼释疑》之说共计 117 条，其中《天官》21 条①，《地官》16 条②，《春官》35 条③，《夏官》15 条④，《秋官》6 条⑤，《考工记》24 条⑥。王与之能在《周礼订义》中引用薛季宣如此多的《周礼》学说，可知薛季宣当有《周礼释疑》一书在南宋流传。

我们以下就依据王与之《周礼订义》所引薛季宣《周礼释疑》之说，分析薛季宣的《周礼》学见解。

（一）薛季宣《周礼释疑》的编纂与流传

薛季宣《周礼释疑》一书既不见于陈傅良所撰《宋右奉议郎新改差常州借紫薛公行状》，也不见于《宋史》卷四三四"薛季宣本传"，大约并非薛季宣亲撰之书。薛季宣于六经诸史、天文地理、兵农乐律、名物象数无不研贯，尤精于古封建、井田、乡遂、司马之制，且务求通古制于今政。而儒家诸经之中，《周礼》以记载制度见长，对封建、井田、乡遂等制度皆有较为详细的记载，薛氏既重视古制，对《周礼》当有一定研究。其生前虽未有专论《周礼》之作，但想必也时常与门人弟子讲论《周礼》中职官职事，阐发《周礼》所载制度之义，门人弟子记录是说，在薛氏卒后又编辑这些遗说成一书，即为《周礼释疑》。

---

① 据我们统计，《天官》的 21 条包括《大宰》2 条、《膳夫》5 条、《外饔》1 条、《甸师》1 条、《浆人》1 条、《凌人》1 条、《笾人》1 条、《幂人》1 条、《大府》5 条、《司会》1 条、《司裘》1 条、《典丝》1 条。

② 据我们统计，《地官》的 16 条包括《大司徒》2 条、《小司徒》1 条、《乡大夫》1 条、《封人》1 条、《鼓人》1 条、《载师》5 条、《遗人》1 条、《媒氏》1 条、《掌节》1 条、《遂人》2 条。

③ 据我们统计，《春官》的 35 条包括《大宗伯》5 条、《小宗伯》2 条、《司尊彝》2 条、《司几筵》3 条、《大司乐》6 条、《乐师》2 条、《小胥》1 条、《视瞭》1 条、《大师》1 条、《典同》1 条、《鞮鞻氏》1 条、《占梦》1 条、《卜师》4 条、《筮人》1 条、《保章氏》1 条、《司常》1 条、《神仕》2 条。

④ 据我们统计，《夏官》的 15 条包括《大司马》1 条、《司爟》1 条、《挈壶氏》1 条、《射鸟氏》1 条、《罗氏》1 条、《射人》1 条、《司士》1 条、《司弓矢》2 条、《大驭》2 条、《校人》1 条、《职方氏》3 条。

⑤ 据我们统计，《秋官》6 条包括《小司寇》1 条、《大行人》1 条、《小行人》4 条。

⑥ 据我们统计，《考工记》24 条包括《考工记叙》1 条、《轮人》2 条、《舆人》3 条、《辀人》2 条、《筑氏》1 条、《凫氏》2 条、《㮚氏》2 条、《玉人》2 条、《梓人》1 条、《匠人》3 条、《车人》5 条。

南宋以来的官私书目，如《郡斋读书志附志》《直斋书录解题》《宋史·艺文志》等，皆未著录薛季宣《周礼释疑》一书，估计此书在当时流传不广，影响也不甚大。因王与之居乐清，与薛季宣同为永嘉人，故能知悉此书，才在《周礼订义》中征引其说。此外，《六经奥论》也曾记载薛季宣论解的封国开方之法，与《周礼订义》所引相类。可知，薛季宣《周礼释疑》一书在南宋确有流传。

至清代，朱彝尊《经义考》卷一二三著录曰："薛氏季宣《周礼辨疑》①，未见。"因朱氏云未见此书，而清代官私藏书目录和现今各大馆藏目录也都不见关于此书的记载，可知薛季宣《周礼释疑》一书佚亡已久了。

（二）对《周礼》的态度

《周礼》所载制度与《尚书》《礼记》《孟子》所载制度有所不同，遇到《周礼》和诸经关于某一制度的记载互有同异时，薛季宣多沟通其说，试图调和不同记载之间的乖违，对制度做新的阐发。

如《职方氏》："凡邦国，千里封公，以方五百里则四公，方四百里则六侯，方三百里则七伯，方二百里则二十五子，方百里则百男，以周知天下。"薛季宣注解曰：

> 千里之方，为方百里者百；五百里之国为百里者二十五。四个方百里者二十五，用千里之方一，是方五百里者，不过四公也。又云：方四百里则六侯，则是四百里之国，为方百里者一十六。六个方百里者十六，则为九十六。是用百里之方，九十六于千里之方，犹余百里之方四。又云：方三百里则十一伯，则是三百里之国，为方百里者九，以十一个方百里之国为百里者九十九，于千里之方犹余百里之方一。又云：方二百里则二十五子，以二百里之国为方百里者四，则二十五个方二百里，用千里之方一百，男则百里而已。此封国之定制也。其余为附庸山川者，固见于《大司徒》建邦国之制。郑氏谓"九州之界，方七千里。七七四十九，为方千里四十九。其一为畿内，余四十八。八州各有方千里者六，以为封公侯伯子男之地"，失之矣。郑氏之见以开方言之，殊不知井田之地画为井形，四围左右皆有定制，故可以开方言之，若夫先王定九州之制，分疆析壤，各以千里为

---

① 朱彝尊著录薛季宣《周礼释疑》一书，是依据《周礼订义·编类姓氏世次》的记载，故书名不应是《周礼辨疑》，当作《周礼释疑》。

州，非如井田之法，周围贯通，可以开方计之。若曰成周之制，为方
千里者四十九，何成王、周公斥地之广耶？《王制》曰："凡四海之内
九州，州方千里。"岂复开而为千里之六耶？或曰《王制》商制也，
夫何商、周之大异也？《孟子》曰："海内之地方千里者九，齐集有其
一。"如此，则知郑氏之失。①

《职方氏》此段同《大司徒》"凡建邦国，以土圭土其地而制其域"一段记
载相关联，同是关于畿外封国制度的。有关封国之制，《尚书》《礼记》
《孟子》所载皆谓诸侯爵分五等，地分三等，而《周礼》则云爵分五等，
地亦分五等，且依据《周礼》所载封地制度计算，周朝的封疆地域极其广
大，故郑众以附庸小国作解，郑玄则以包括一易、再易、三易之地为说。
薛季宣此处就指出郑玄所论的封国制度"失之矣"，原因在于井田形为
"井"字，四边皆有定制，故以开方之法计算其面积；而先王划定九州之
地各依其形，非如井田般周围贯通，各有一定，故不能以开方之法计算其
面积。郑玄以"方"为其边数，再开方计算面积，故依其说则九州之地广
阔非常，不合《礼记·王制》《孟子·梁惠王下》的记载。在否定郑玄注
说的基础上，薛季宣别立新解，主张《周礼》经文之"方"非言边数，是
就积数而言，若依此计算，则每州之地方圆千里即可，同《礼记·王制》
和《孟子·梁惠王下》的记载不再有抵牾。且不论薛氏此论是否正确，其
调和诸经所载制度的用意是昭然若揭的。

　　从薛季宣力图疏通《周礼》与《尚书》《礼记》《孟子》等经典所载制
度的抵牾处，我们就可推知薛季宣对《周礼》一经抱持着尊崇的态度，他
运用弥合沟通的办法试图调和不同经典记载之间的乖迕，就是为了维护
《周礼》的经典地位。

（三）对《周礼》作者的认识

　　在《周礼》作者问题上，薛季宣持传统观点，赞同周公作《周礼》
说。在《浪语集》卷三〇《遁甲龙图序》中曰：

　　　　周公之制《周礼》虽至书，方贯樽射禾杀神祝诅祈禳，术之甚肤
浅者尚皆有取，诸儒废焉，过矣。

从中可知，薛季宣主张《周礼》出自周公制作，对《周礼》颇为尊崇，推
为"至书"。

---

① （宋）王与之：《周礼订义》卷五七引"薛氏曰"。

（四）对汉儒《周礼》学说的驳斥

受宋代疑经惑传学术风气影响，薛季宣多自立新说训解《周礼》，对汉儒的《周礼》学说多有驳斥。如《司会》："以参互考日成，以月要考月成，以岁会考岁成。"薛季宣训"参互"曰：

> 郑康成以"参互"谓司书之要贰，与职内之入，职岁之出。至王昭禹，又以三考之为参，以两考之为互。以职内考其入，以职岁考其出，以职币考其余，是所谓参也；以职内及会以逆职岁，职岁以式法赞逆会，是所谓互也。日成之事少，故以职之相参、相互者考之。二说皆不通。周官三百六十以象当期之日，分职任事皆有日成，何独于三官言之耶？盖天下之事合众数而为目，合众目而为凡，合众凡而为要，合众要以为会。目则日计，谓一日之内钱谷狱讼几何，总而结之曰目；凡则旬计，谓十日之内钱谷狱讼几何，总而结之曰凡；要则月计，以三旬而总之；会则岁计，以十二月而总之。司会以天下官府之职一日所莅之事有数，总其数而计之有目，总十日之数而结之有凡，以凡考目，以目考数，以数考凡，是谓之参；凡与数相考，数与目相考，是之谓互。不然月成既考以月要，岁成既考以岁会，则日成亦当考以日计之数目，何独于日成独云职岁、职内、职币、司书之数官乎！①

对"参互"的训释，薛季宣先举郑玄和王昭禹之说，而后评价二说皆不通，原因在于《周礼》所载三百六十余官任事皆有日成，但郑、王所释仅委参互之事于职内、职岁、职币三官，恐不妥。薛氏认为，参互之事不仅仅关系司书、职内、职币、职岁几官，诸官皆有此事，他借鉴王昭禹之说，分训"参""互"，认为以十日之账目考一日之账目，以一日之账目考具体进出之数，以具体进出之数考十日之账目，即为"参"；十日之账目与具体进出之数相考，具体进出之数与一日之账目相考，即为"互"。薛氏此说不同于郑玄和王昭禹，可谓新颖。

再如《乐师》"凡射，王以《驺虞》为节"一句，薛季宣注解曰：

> 先郑释此以为"驺虞，圣兽"。郑氏释《驺虞》之诗亦以为"义兽，白虎黑文，不食生物"，不知彼何所见。吾观"驺虞"者，天子之官。《记》曰"乐官备"，又曰"天子以备官为节"，盖驺者谓趣马，

---

① （宋）王与之：《周礼订义》卷一一引"薛氏曰"。

主为诸官驾说者。《记》于季秋天子乃教于田猎，命仆及七驺咸驾，则驺者田猎之官。《经》于大阅则虞人莱所田之野，谓山虞于大田猎，莱山田之野，泽虞于大田猎莱泽野，则虞者山泽之官而与于田猎者。驺虞掌田猎之官，宜以杀兽为事，乃一发止于取五豝，其仁如此，天子取之以为射节者此也。①

郑众训驺虞为圣兽，郑玄沿袭郑众之说，训《诗经·召南·驺虞》中的"驺虞"为不食生物的义兽。乐师掌三射之乐节，王射时，乐师奏《驺虞》，示仁义。薛季宣质疑二郑之说，认为驺虞非仁兽之名，是职官之名。其依据是《礼记·月令》和《周礼·地官》的相关记载，据二者所载，驺虞是掌管田猎之官，能有节制地猎杀野兽，有仁爱之心。天子以驺虞为射节，即因驺虞之官节制而仁爱，故取之以为射节。

客观而言，薛季宣之论确有新意，可成一家之说，但用其说解释经文，则不见得符合经文本意。如"参互"之说是言司会等官会计之审慎、严密，而薛氏将此义推而广之，及于众官，就有悖经文原旨了。其释"驺虞"为官名，再以节制仁爱解释以之为射节的原因，是将简单的经文意思复杂化，新则新矣，却有穿凿之嫌。

（五）《周礼释疑》的解经特点

薛季宣是永嘉学派的开创者，自其始，本为程门道学别传的永嘉之学别开生面，自成一家。全祖望曾评价薛氏之学曰："其学主礼乐制度，以求见之事功。"② 薛季宣为学重礼乐制度研究，讲求学以致用，而《周礼》之学当为薛氏学术的重心之一。以下就从三方面分析薛季宣《周礼释疑》的解经特点。

第一，自立新说，驳汉儒先见。

关于此点本节"二、薛季宣的《周礼》学说"中"（四）对汉儒《周礼》学说的驳斥"，已有论述，兹不赘述。

第二，侧重阐释《周礼》所载职官、制度。

薛季宣很重视对《周礼》中所载制度的阐释，大至封国、土地、赋役制度，小如六饮、符节、庙祧、乐律诸制，薛氏皆有所阐发。不仅如此，薛氏对有些制度的考证还较为详核，辨析也精当。如薛季宣论解《司尊

① （宋）王与之：《周礼订义》卷三九引"薛氏曰"。
② （清）黄宗羲、全祖望、黄百家：《宋元学案》卷五二《艮斋学案》，见《儒藏》"史部"，第16册，366页。

彝》中祭祀宗庙的"九献之制"，曰：

> 裸者，所以求神于阴而礼之也。二裸之后，有朝事、馈食与夫卒食，所以备九献，而二裸则不与焉。朝践以荐腥为主，王酌醴齐而始献，后亚之，诸臣终焉，此朝践之三献；馈食以荐熟为主，王酌盎齐以始献，后亚之，诸臣终焉，此馈食之三献；馈食之后，尸有献酒之礼，此人道之终，于是有献尸卒食之事，王以玉爵，后以瑶爵，为一献，诸臣亦一献，此九献。①

祭祀宗庙时的九献之礼并无明文，郑玄认为，尸入室，王行初裸，即为九献之始；后亚裸，为二献；王迎牲入庙，杀牲，取血与生牲肉进献于尸，再以玉爵酌醴齐献尸，为三献；后亚王以玉爵酌醴齐献尸，为四献；牲肉煮熟后，进献于尸，王以玉爵酌盎齐献尸，为五献；后亚王以瑶爵酌盎齐献尸，为六献；尸十五饭毕，王以玉爵酌醴齐献尸，为七献；后亚王以瑶爵酌盎齐献尸，为八献；诸臣为宾，以璧角酌盎齐献尸，是为九献。郑玄九献之说为后世学者所遵，崔灵恩、孔颖达和贾公彦皆从郑玄之说。而薛季宣所见不同于郑玄，他认为裸礼乃求神于阴之礼，非用于献尸，故所谓九献之礼并不包括二裸。薛氏所主的九献之礼为：杀牲后，荐血与生牲肉于尸，王酌醴齐献尸，为一献；后亚王献尸，为二献；诸臣再献尸，为三献；煮熟牲肉后，进献于尸，王酌盎齐献尸，为四献；后亚王而献，为五献；诸臣再献尸，为六献；卒食后，王以玉爵献尸，为七献；后以瑶爵献尸，为八献；诸臣再献尸，是为九献。其中，薛氏所主二裸为奠神之礼，不属九献之说，颇为精当，合于《小宰》《特牲馈食礼》《少牢馈食礼》的相关记载，清人江永和孙诒让都曾借鉴并引申其说，论解祭祀宗庙时的九献之礼。

　　薛季宣能从职事官联的角度入手对《周礼》中的职官进行论解，阐释细致清晰。如《挈壶氏》："及冬，则以火爨鼎水而沸之，而沃之。"薛季宣曰：

> 以火爨鼎，使之不凝；以火守壶，使之不差。施之于军事，所以严守警，施之于丧事，所以严凶哀。朝廷朝夕之礼，亦常以是为节。然《春官·鸡人》"凡国事为期，则告之时"，而此复特掌之挈壶氏者，盖天子备官，挈壶掌漏，鸡人告时，诸侯则掌漏、告时一于挈壶

---

① （宋）王与之：《周礼订义》卷三四引"薛氏曰"。

氏而已。①

薛季宣认为，在以漏壶计时一事上，夏官所属的挈壶氏同春官所属的鸡人联职，挈壶氏主要负责观察漏壶以计时，还负责在冬季注沸水于漏壶之中，而鸡人仅负责依据漏壶报时而已。他还进一步认为，有挈壶氏、鸡人分掌漏壶、报时二事是王国之制，诸侯国则掌漏壶、报时一总于挈壶氏。

第三，从制度古今变化的角度阐释《周礼》，经世致用意图明显。

薛季宣论解《周礼》很重视对制度古今变化的探讨，希望古制通于今政，以间接地表达对时政的建议。如薛季宣论解《㮚氏》所载"钧"曰：

> 㮚氏之鬴深尺，内方尺而圜其外，其重一钧。《律历》之斛亦方尺而圜其外，其重二钧。其方尺圜外则同其所容之多寡，所权之轻重不同者，以尺有长短之异也。周人璧羡之制，从十寸，横八寸，皆为度尺。鬴亦如之，则外深尺者，十寸之尺也；内方尺者，八寸之尺也，自方八寸而八之，则为方六十四寸。汉无八寸之尺，斛内之方皆十方也，故言方尺而不言深尺，自方十寸而十之，则为百寸，此其实所以不同也。故周量方尺而狭，故其实一鬴而重一钧，汉量方尺而大，故其实一斛而重二钧。二钧犹不失周人权衡之制，而尺之长短则差矣，后世不特尺之差，而并失其权衡之制。晋氏之迁，亡其彝量，后世小大之制增损不同。在隋以三升为一升，三两为一两，一尺二寸为一尺，开皇十七年，校正张文收所定律云以常用度量校之，尺当六之五，衡皆三之一，此隋之制也。唐用隋制，本朝因之，着为令式，李昭议乐乃用太府尺，自为其法，六其仑为合，十合为升，十其升为斗，九升五合得太府量斗，十斗为尺，校太府尺得七寸八分六厘，权衡一斤得大府七两二十一铢半弱。则古之权衡度量至汉而失，隋而增，今而倍之。范镇《乐书》云："开皇官尺今之太府尺是也，今之权衡亦古之权衡也，臣今所铸编钟之黄钟重半钧，周之鬴重一钧，汉之斛重二钧，其声皆中，黄钟乃知尺与权衡相传至今不变，唯量有不同，今之太府量比古量半之。"夫史书以开皇变古之度量衡，而增其数，镇以声合黄钟，而谓隋尺为古尺。不知镇所谓声合黄钟者，果真

---

① （宋）王与之：《周礼订义》卷五〇引"薛氏曰"。

与古合乎？古人之制失于汉，增于隋，而倍于今，镇乃认今尺为隋尺，以隋尺为古尺，故谓今之黄钟重半钧，而周之鬴一钧，不知周公之一钧即今之半钧也，量比古得其半，其半即古人之全也，权度既失，尚足以言量乎。①

桌氏负责制作量器，薛季宣借论解桌氏职事，讲论古今度量衡制度的变化。他认为，周代有八寸之尺，有十寸之尺，一鬴重一钧，即三十斤；汉代只有十寸之尺，一斛而重二钧，即六十斤；永嘉南渡后，失去作为度量标准的彝量，故后世度量衡制度已不同于汉制；隋代即以三升为一升，三两为一两，一尺二寸为一尺；唐代的度量衡制沿用隋朝之制，北宋又因唐代的度量衡制，而今度量衡制又有所增加，过去一尺为今太府尺的七寸八分六厘，过去的一斤为今大府七两二十一铢半弱。在此基础上，薛季宣驳斥了范镇《乐书》之说，并尖锐地指出古代之度量衡制汉代已失，隋增其制，而今更倍之。

通过对度量衡制度古今变化的考察，薛季宣隐讳地表达了对当时赋役制度的不满。因为依当时的度量衡制，即便按古制征收赋税，所征之赋税已经较古代为多，而今所征赋税更倍于古代，可知剥削之重，民情之苦。若执政者能知此制，适当减轻百姓负担的沉重赋役，当为造福天下之事。可知，薛氏对时政的建议是隐含于对经文的诠释之中的。

总之，薛季宣长于名物度数之学，对《周礼》所载制度的论解尤为细致精核，可补注疏之误。薛氏为学还讲求切中实用，多从制度沿革的角度阐释《周礼》所载制度，经世致用意图明显。

三、陈傅良的《周礼》学说

陈傅良（1137—1203），字君举，号止斋，瑞安（今浙江省瑞安市）人。他曾在永嘉城南茶院寺学塾任主讲，因其说能出科举程文之弊，为文章自成一家，故从学者云合，名重当世。但陈傅良并不以此为骄，他师事永嘉名士郑伯熊、薛季宣，辞去茶院寺学塾教职，屏居仙岩，潜心读书。后入太学，与张栻、吕祖谦论学为友，乾道八年（1172），进士。因龚茂良推荐，任太学录，后出任福州通判，其断事明曲直、辨是非，颇为当地豪强所忌恨，诬告其专权，遂被罢官。此后，他任职湖南桂阳军知军。光

---

① （宋）王与之：《周礼订义》卷七四引"薛氏曰"。

宗立，迁湖南提举茶盐转运判官，再改任浙西提点刑狱。绍熙二年
（1191），赴京师临安奏事，被留任吏部员外郎，因上疏建言"宽民力"，
颇受光宗嘉许，升任秘书少监、实录院检讨官、嘉王府赞读。绍熙四年
（1193），陈傅良以起居舍人兼权中书舍人，负责替皇帝草拟诏书。时李皇
后挟制光宗不朝重华宫（太上皇居所），陈傅良屡谏无用，愤而辞官。宁
宗即立，陈傅良被召为中书舍人兼侍讲、兼直学士院、同实录院修撰，因
秉持公心，不肯草诏斥逐朱熹，遂遭参劾，再次被罢官。庆元党禁之时，
陈傅良亦被列入《伪学逆党籍》，嘉泰二年（1202）弛禁，复官。嘉泰三
年（1203），授职集英殿修撰、宝谟阁待制。是年冬，卒于家，时年 67，
赐谥"文节"。陈傅良撰有《春秋后传》《左氏章指》《毛诗解诂》《周礼
说》等。

（一）《周礼说》撰成时间考

据《直斋书录解题》、《郡斋读书志附志》和《玉海》记载，陈傅良
撰有《周礼说》一书，此书是陈傅良诠释《周礼》的精心之作，曾进呈
光宗，颇受赞赏。关于此书的撰成时间文献记载存在分歧，大致有
三说：

其一，陈傅良担任秘书少监时撰成进于光宗。此说见于蔡幼学为其师
陈傅良所撰的《行状》，云：

> 上从容嘉纳，谓公曰："朕思见卿久矣。卿学问深醇，著书必多，
> 可悉以进也。"遂迁秘书少监，公进《周礼说》，以"格君心""正朝
> 纲""均国势"为目，目各四篇。①

其二，陈傅良于孝宗时撰成进呈。此说见于《朱子语类》卷八
六，云：

> 于丘子服处见陈、徐二先生《周礼制度菁华》。下半册徐元德
> 作，上半册即陈君举所奏《周官说》。先生云：孝宗尝问君举："闻
> 卿博学，不知读书之法当如何？"陈奏云："臣生平于《周官》粗尝
> 用心推考。今《周官》数篇已属稿，容臣退，缮写进呈。"遂写
> 进御。

其三，绍熙三年，陈傅良任吏部员外郎时撰成进奏于光宗。此说见于
王应麟《玉海》卷三九，云：

---

① （宋）陈傅良：《止斋集·附录》之蔡幼学《行状》，见文渊阁《四库全书》，第 1150 册。

　　绍熙《周礼说》，三年，吏部郎陈傅良进，以"格君心""正朝纲""均国势"为目，目各四篇。

　　以上三说，我们比较赞同第三说，即主张陈傅良《周礼说》一书撰成进奏于绍熙三年（1192），陈氏任吏部员外郎之时。证据有三：

　　其一，《止斋集》卷二〇《吏部员外郎初对札子第三》后有陈傅良的自记，云：

　　　　是日上殿，方奏："臣不肖，蒙恩为郎，幸得赐对。"上云："卿去国几年，朕欲见卿久矣。"读札子至"宽民力"，上曰："莫急于此，只为处置难。"奏云："臣第三札子是处置大略，容款曲敷奏。"天颜甚喜。读札子毕，褒奖再三，奏容，下殿谢恩。上云："且说话。闻卿在永嘉，从学常数百人。"奏："臣无所长，只与士子课习举业，过蒙清问，不胜悚惧。"上云："知卿学问深醇，著书甚多，朕欲一见，可尽进来。"奏："臣岂敢著书，不过讲说举子所习经义，何足仰尘乙夜之览！"上云："经说更好，但随所有进来。"奏："臣来自远外，乍对清光，已逾平生之望，又蒙睿慈，曲垂褒谕，令进所习经说，顾臣何人，遭逢如此！然臣委是目下未有成稿以应明诏，容臣守官之暇，收拾编录，候成次第，奏乞投进。欲望圣慈特赐宽假。"上云："看撰得几卷，即逐旋进来，不妨。"又奏："在廷儒臣多是前进，臣一旦入朝，便敢僭越，投进文字，以此终是踧踖未安。"上连声云："不妨，不妨。"

　　陈傅良此处记录了他出任吏部员外郎后，初次上奏的情况，其中就提及光宗令其进呈著书，而他乞求皇上宽限时间，容其"收拾编录，候成次第"再进呈。

　　其二，此次对奏之后，陈傅良以何书进呈光宗？《止斋集附录·楼钥神道碑》云：

　　　　初对，上曰："卿去国几何，朕时欲见卿久矣。知卿学问深醇，有所著书进来。"时上临朝渊默，罕有圣语，公敬谢而退，以《周礼说》进，擢秘书少监。

　　可知，此次对奏之后，陈傅良进奏于上的即是《周礼说》一书。

　　其三，《宋史·儒林四》"陈傅良本传"亦有相关记载可与此印证：

　　　　帝从容嘉纳且劳之曰："卿昔安在，朕不见久矣，其以所著书示朕。"退以《周礼说》十三篇上之。迁秘书少监兼实录院检讨官、嘉王府赞读。

由上可知，陈傅良《周礼说》一书是他担任吏部员外郎时进呈光宗的，进书后不久，陈傅良即被擢升为秘书少监、实录院检讨官、嘉王府选读，这一年正是绍熙三年（1192），《玉海》所载不误。而蔡幼学言陈傅良担任秘书少监时进《周礼说》于光宗，属误忆所致，因陈傅良升任秘书少监与进书时间很接近，皆在绍熙三年。至于朱熹所言此书于孝宗时进呈，与《吏部员外郎初对札子》、《楼钥神道碑》和《宋史》"陈傅良本传"的记载皆不合，不可信据。因陈傅良在进奏《周礼说》之前曾对此书进行修改编次，故可知《周礼说》一书的最终撰成当在绍熙三年。

（二）《周礼说》的流传情况

陈傅良《周礼说》曾载入旧刊本《止斋文集》中，后陈傅良弟子曹叔远重刊《止斋集》，将《周礼说》从旧刊本《止斋文集》中抽出，别刊一书行世，即《周礼说》三卷①。此后，传世的《止斋集》中就不再包括《周礼说》，二书分别流传。南宋，陈傅良《周礼说》的单刻本皆作三卷，如《郡斋读书志附志》、《直斋书录解题》卷二、《玉海》卷三九著录的陈傅良《周礼说》皆为三卷。

明初，《文渊阁书目》卷一载曰：

> 《周礼》陈傅良说，一部一册。

可知，元迄明初，此书尚存于世。值得注意的是，元、明二代的官私书目所载此书卷帙颇不同于南宋诸书所载，如《宋史·艺文志二》和《授经图义例》卷二〇载此书为"一卷"，而《国史经籍志》载此书为"十三卷"，或许陈傅良《周礼说》一书在元、明二代出现了新的版本，也可能是《宋史·艺文志二》等书记载有误。

清初，朱彝尊《经义考》卷一二三著录此书，云"未见"。考之李光坡《周礼述注》、方苞《周官集注》和乾隆年间御撰《钦定周官义疏》所引陈傅良《周礼》学说皆无过前代所引，再考清代官私藏书目录及现今各大馆藏书目，也不见关于陈傅良《周礼说》一书的记载，此书可能于明初以后就逐渐散佚了。

---

① 此处论述可参见赵希弁《郡斋读书志附志》关于"《周礼说》三卷"的相关记载。

所幸王与之《周礼订义》中征引陈傅良《周礼》学说共计 123 条①，其中也包括了陈傅良的《周礼说》②，所以我们今天可据此略见陈傅良《周礼说》之梗概。

（三）《周礼说》的内容

据蔡幼学撰陈傅良《行状》、《直斋书录解题》卷二和《玉海》卷三九记载，陈傅良《周礼说》一书，分"格君心""正朝纲""均国势"三部分，每部分各 4 篇，共 12 篇。另，《周礼说》前有《进周礼说序》1 篇，若将此篇计入，则《周礼说》一书共计 13 篇。如《宋史》卷四三四"陈傅良本传"即云："退以《周礼说》十三篇上之。"

（四）对《周礼》的态度

首先，陈傅良尊《周礼》。其曰：

> 大抵《周礼》《古文尚书》，三代之法存焉，读者未易造次。③
>
> 《周礼》一经，尚多三代经理遗迹。④

在陈傅良看来，《周礼》保存了夏、商、周三代先王治国之法，乃圣人之书，读者不应对此经妄加非议。

其次，陈傅良信《周礼》。南宋对《周礼》的疑信之争较之北宋更加

---

① 据我们统计，《周礼订义》征引陈傅良《周礼》学说 122 条分别是：卷首 4 条，包括《论五官目录》1 条、《论六官次叙先后》1 条、《论六官所属交互》2 条；《天官》30 条，包括《大宰》6 条、《小宰》3 条、《宫正》1 条、《宫伯》1 条、《膳夫》2 条、《内饔》1 条、《外饔》1 条、《幕人》1 条、《大府》1 条、《玉府》1 条、《司会》1 条、《职币》1 条、《职岁》1 条、《掌皮》1 条、《内宰》2 条、《九嫔》1 条、《女祝》1 条、《典妇功》1 条、《屦人》1 条、《内司服》1 条、"总论冢宰官属"1 条；《地官》44 条，包括《乡老》"叙官"1 条、《大司徒》8 条、《小司徒》3 条、《州长》1 条、《党正》1 条、《比长》1 条、《鼓人》2 条、《载师》8 条、《县师》1 条、《师氏》4 条、《司市》2 条、《媒氏》1 条、《廛人》1 条、《泉府》2 条、《司关》1 条、《遂人》2 条、《旅师》1 条、《泽虞》1 条、《司稼》1 条、《槀人》1 条、"总论司徒官属"1 条；《春官》19 条，包括《大宗伯》2 条、《小宗伯》1 条、《典命》2 条、《司服》4 条、《内宗》1 条、《外宗》1 条、《墓大夫》1 条、《旄人》1 条、《丧祝》1 条、《外史》2 条、《巾车》1 条、《司常》1 条、《都宗人》1 条；《夏官》17 条，包括《大司马》7 条、《司勋》1 条、《射人》1 条、《诸子》1 条、《大仆》2 条、《戎右》1 条、《牧师》1 条、《职方氏》3 条；《秋官》6 条，包括《士师》1 条、《朝士》1 条、《司民》1 条、《大行人》2 条、《掌客》1 条；《考工记》2 条，即《考工记叙》2 条。

② 《周礼订义》卷首《编类姓氏世次》中，王与之列陈傅良为所引宋代诸家的第 24 家，曰："永嘉陈氏，字君举，其说有一集及经进四篇……"王与之所引陈傅良《周礼》学说出处之"经进四篇"即《周礼说》一书。相关具体论述可参见夏微《〈周礼订义〉研究》"第五章　《周礼订义》引用宋代诸家考（下）"之"第十三节　陈傅良"部分。

③ （宋）陈傅良：《止斋集》卷三五《与王德修》。

④ （宋）陈傅良：《止斋集》卷四〇《夏休井田谱序》。

激烈，诋毁之议也更加犀利尖刻，陈傅良分析个中原因，云：

> 谓《周礼》为非圣人之书者，则以说之者之过，尝试之者，不得
> 其传也。《周礼》说甚众，独郑氏学至今行于世，郑经生，志以为之
> 传焉耳，于其说不合，即出己见，附会穿凿，其举而措之斯世，可不
> 可复古，郑虑不及此也，故曰说之者过。自刘歆以其术售之新室，民
> 不聊生，东都之舆服，西魏之官制，亦颇采《周礼》，然往往抵牾。
> 至本朝熙宁间，荆公王安石又本之为青苗、助役、保甲之法，士大夫
> 争以为言，安石谓俗儒不知古谊，竟下其法，争不胜，自是百年，天
> 下始多故矣。故曰尝试之者，不得其传也。以是二者，至非《周礼》，
> 此与因噎废食者何异？①

陈傅良认为，《周礼》本为圣人之书，之所以见疑于世，原因有二：一是
诠释《周礼》者之过。如郑玄所撰《周礼注》独传至今，虽受官方推崇，
拥有权威的学术地位，但其书诠释《周礼》往往穿凿附会，更遑论将《周
礼》所载制度同时政相结合。二是后世虽托言以《周礼》行变革，但或是
不得《周礼》设官分职之精义，终至祸国殃民；或是仅仅改变舆服和官
名，缘饰浅事而已。如西汉末年，刘歆助王莽篡汉建新，依托《周礼》改
变社会制度，导致天下大乱，民不聊生；东汉、西魏亦效仿《周礼》改变
舆服和官制，非但不得《周礼》设官之义，还与之相抵牾；至王安石，言
《周礼》一书理财居半，以售其富强之术，悍然改变立国之法，行青苗诸
新法，遗祸百年之后而有靖康之耻。正因此二者，学人才疑《周礼》非圣
人所作，进而排斥《周礼》之法，以为其不能行于世。但如因此就弃《周
礼》于不用，则与因噎废食无异。

针对南宋学者犀利尖刻的疑经之论，陈傅良予以驳斥。其曰：

> 胡五峰谓宫闱不当有此，且曰"此殆汉世女巫，执左道入宫中"，
> "为厌胜之事耳"，是盖未察先王之意。古人通天人，彻幽明，动则有
> 祭，故食则祭先饭，桑则祭先蚕，农则祭先啬，与夫祭行、祭门、祭
> 灶、祭表貉、祭先牧、祭马祖等类不一，不惟不忘初之意，盖神所在
> 有之，故所在祭之，皆先王谨微之意，所以自尽焉。外朝有司巫、男
> 巫、女巫，内朝有女祝，所掌者大抵类后世淫祀，祈望非福，然先王
> 不以为不可，必设官以掌之者，交三才之道也，推其意，皆为祈福

---

① （宋）陈傅良：《止斋集》卷四〇《夏休井田谱序》。

祥，求永贞。设而必若此者，人臣爱上之祠，华封之祝尧，天保之报
上，亦其义耳。若曰人事既尽，此等事一切勿讲，则非圣人之意。后
世人主不修人事，祈望非福，若秦始皇、汉武帝之求神仙，梁武帝之
奉佛法，又非先王事神之本意。①

胡宏是南宋极诋《周礼》的代表性学者，在《极论周礼》中，他从天官入
手，力斥《周礼》所载诸官职事荒诞不经。如在胡宏看来，宫中特设女祝
一官掌祷、祠、禳、袚之术，应是汉代后妃争宠，互施巫术，才专设此官
掌宫中巫术，非周代后宫所能有。陈傅良不赞同胡宏对《周礼》此处经文
的怀疑，他认为，古人一举一动皆有祭，这既表明不能忘本，也体现了先
王谨微事神的诚意。先王设司巫、男巫、女巫和女祝专掌巫术之意在于沟
通天、地、人，乞求平安吉祥，体现人臣对君主的敬爱，非如后世人君般
淫祀求福，祈望长生。而胡宏据女祝之官怀疑《周礼》，是未察先王之意
所致。我们从陈傅良此处对胡宏疑经之论的驳斥，不难品读出陈氏对《周
礼》的维护之情。

另一方面，陈傅良对《周礼》也有所怀疑。《黄氏日抄》卷三〇《读
周礼》中，黄震引陈傅良说，曰：

陈君举曰：如大史、内史掌六典、八法、八则、八柄之贰，宜属
《天官》，乃属《春官》。大小行人、司仪、掌客宜属《春官》，乃属
《秋官》。宰夫，掌臣民之复逆矣，则大仆、小臣、御仆之掌复逆，宜
属《天官》，乃属《夏官》。宰夫，掌治朝之位矣，则司士正朝仪之
位，宜属《天官》，乃属《夏官》。《地官》掌邦畿之事，凡造都邑、
建社稷、设封疆既悉掌之矣，而掌固、司险、掌疆、候人又见于《夏
官》。《天官》掌财赋之事，自天府至掌皮，既悉领之矣，而泉廪人、
仓人又见于《地官》，自膳夫至腊人，不过充君之庖者，悉领于《天
官》，至外朝百官之廪禄、府史胥徒之稍食、番上宿卫之给，乃见于
《地官》，自内司服至屦人，凡王宫服饰之用，悉领于《天官》，而司
服、司常、典瑞、巾车之属，乃见《春官》，此其分职皆有不可晓者。

此处，对于《周礼》制度中设官的交互问题，陈傅良是有所怀疑的，认为
"不可晓"。

总体而言，陈傅良对《周礼》抱持着尊信而有疑的态度。

----

① （宋）王与之：《周礼订义》卷一三引"陈君举曰"。

（五）对郑玄《周礼注》的批评与驳斥

郑玄《周礼注》囊括大典，网罗众家，自魏晋以来，久立学官，素为学者所宗仰。而陈傅良却不以为然，其曰：

> 尝缘《诗》《书》之义，以求文、武、周公、成、康之心，考其行事，尚多见于《周礼》一书，而传者失之，见谓非古。彼二郑诸儒，崎岖章句，窥测皆薄物细故，而建官分职，关于盛衰二三大指，悉晦弗著，后学承误，转失其真。①

在陈傅良看来，文王、武王和周公时期的王道政治多存于《周礼》一经，而郑众、郑玄等汉儒诠释《周礼》仅措意于文字句读、训诂和名物考证，多为薄物细故，对建官分职的大义则少有阐发。后学宗郑玄《周礼注》，也重于从训诂考证方面诠释《周礼》，久而久之，《周礼》中所蕴含的王道大义越来越隐晦，不为学人所知和重视。

陈傅良还批评郑玄《周礼注》，曰：

> 至于改定经文，以七伯为十一伯之类，臆决弥甚，数说不暇尽论。②
> 郑氏以司会若汉之尚书，其实不然。③

上面一条资料，陈傅良批评郑玄《周礼注》"改定经文"，以"七"为"十一"，"臆决弥甚"。下面一条资料，陈傅良批评郑玄以汉制比况周制，不当。

综上，陈傅良对郑玄《周礼注》的批评主要集中于四方面：其一，陈傅良批评以郑玄为代表的汉儒的解经方法，认为他们注解经典的章句训诂之学破碎琐屑，湮没了《周礼》制作之精义，甚至因为解经不得经旨，使《周礼》见疑于世。其二，陈傅良批评郑玄解经存在"改字解经"的问题。其三，陈傅良批评郑玄解经之说有臆断之嫌。其四，陈傅良批评郑玄解经以汉制比况周制，多有不当。

陈傅良不仅批评郑玄《周礼注》，还驳斥郑玄注解《周礼》的具体经说。如陈傅良在《答黄文叔》中曰：

> 且《周官》封建，自郑氏汩乱之，而其书迄不见信于世。古者建

---

① （宋）陈傅良：《止斋集》卷四〇《进周礼说序》。
② （宋）陈傅良：《止斋集》卷三六《答黄文叔》。
③ （宋）王与之：《周礼订义》卷一一引"陈君举曰"。

国，率小大相维，其边国，皆大国也，故寰内则以家邑、小都、大都为中外之差；寰外则以诸男、诸子、诸伯、诸侯、诸公为中外之差。《禹贡》亦云："五百里侯服，百里采，二百里男邦，三百里诸侯。"以一服为率，正此说也。郑氏考之不详，辄以《大司徒》测地制域，以建邦国，诸公之地，封疆方五百里，是为分地，推之他书，不能合，则有夏商三等、周更置五等之说，则有周公斥大九州之说，则有其半皆附庸之说，又有爵尊而国小、爵卑而国大之说。至于改定经文，以七伯为十一伯之类，臆决弥甚，数说不暇尽论。

陈傅良认为，古代建国之制须小大相维，故王畿之内依次为家邑、小都、大都，王畿之外依次是诸男国、诸子国、诸伯国、诸侯国、诸公国。《大司徒》"凡建邦国，以土圭土其地而制其域：诸公之地，封疆方五百里，其食者半；诸侯之地，封疆方四百里，其食者参之一……"所记载的正是这种大小相维的建国制度。而郑玄误以之为分封制度，是有五等封地之说，因此说不合于《礼记》《孟子》所载的三等封地之说，故诸儒曲为之说，以致所见纷纭。更有甚者，郑玄为牵合此说，在训释《职方氏》"凡邦国，千里封公"一句时，认为经文"方三百里则七伯"中"七"为字误，应作"十一"。陈傅良认为正是因为郑玄此说淆乱了分封制度，才使《周礼》遭世人怀疑。

　　总之，陈傅良推重《周礼》所载先王致太平之法，认为以郑玄为代表的汉儒仅从字读训诂等细微处诠释《周礼》蒙蔽了先王修经大旨，使《周礼》研究陷入烦琐的考证之中，无益于阐发《周礼》之长，以经世致用。

　　（六）论解《周礼》的特点

　　陈傅良之学得自薛季宣为多，他是继薛季宣之后，永嘉学派又一位具有重要影响力的学者。陈傅良对《周礼》所载官制有较深入的研究，且见解独到。我们以下就从两方面分析陈傅良论解《周礼》的特点。

　　第一，鄙薄郑玄《周礼注》。

　　本节"三、陈傅良的《周礼》学说"中"（五）对郑玄《周礼注》的批评与驳斥"部分，论之详矣，兹不赘述。

　　第二，从历代官制沿革的角度考论《周礼》职官职事，经世致用意图明显。

　　陈傅良在《答潘叔昌书》中云：

　　《周礼》妄意熟读，岂敢言他？委访纲领，阙然自失。往年薛常
州先生问《天官》一编，参之汉氏，自官卫分领光禄、卫尉，府藏分
隶司农、少府，一官分为数卿。天子之奉，又皆为私钱之属。王后、
世子各养于冥官，谒者、奄官亦散他局。此纽一解，未易操制。隋唐
之际，殿中、监内之吏作矣。古人制度，岂易轻改？窃意《天官》而
下，往往尽然。左右抄拾，汉、晋以来，下及五门官制，幸以薛常州
之意一一寻绎，得其离合，切告条示，亦欲共讲之尔。

可知，受薛季宣的影响，陈傅良也十分留意从官制沿革的角度论解《周
礼》官制，希望能推原古今，在阐发《周礼》设官分职精义的同时，以古
制借鉴今政。

　　如陈傅良论解"司会"一职曰：

　　郑氏以司会若汉之尚书，其实不然。汉尚书自是少府属官，当时
诸府皆有尚书，所以分为四曹，后汉分为六曹，郑氏但以尚书为司书
计之官，遂以比司会之职，不知汉诸官府各自有会计，非若周之司会
以中大夫为之，其职甚隆，凡内外府应干财用皆计于司会。汉高帝
时，独萧相国知此，领天下之财，以柱下史张苍为计相，此近周之司
会。其后，诸府各自置府官，以管会计，乃其局分之人与周之司会不
同，如太尉之金曹，自主货币盐铁，仓曹自主仓库之类是也。本朝奉
宸库乃周之玉府，内藏库乃周之内府，左藏库乃周之外府，渡江以
来，又置激赏库，今之南库是也。周之三府分为四府，凡天下金玉之
物皆归于奉宸，山泽盐铁之赋皆归于内藏，其它额外所入一归于南
库，谓之宰相兼制国用，至于天下户口租入归之户部，所以今版曹不
可为者，正以分散四出，权不归一。[①]

司会总掌天下财物会计，是计官之长，郑玄以汉代的尚书一职比况此官，
陈傅良不赞同郑玄此说。他从官制沿革的角度剖析此问题，指出以汉代的
尚书比况司会并不妥当，原因有二：一是司会同尚书所掌职事有别。《周
礼》中的司会隶属于大宰，总掌天下财物会计；而汉代尚书官本是"九
卿"之一——少府的属官，初设于西汉成帝，当时分四曹，东汉光武帝又
增为六曹，每曹之下设尚书一职，其职事虽包括财物会计，但无论是六曹
尚书还是六曹之上的尚书令和尚书仆射都不能总掌全国的财物会计。二是

---

① （宋）王与之：《周礼订义》卷一一引"陈君举曰"。

司会同尚书官阶有别。《周礼》中的司会以中大夫为之，位高职重；而汉代的尚书不仅设于少府中，东汉太尉属下的金曹、仓曹等也置尚书，也负责某方面的财物管理，可知汉代的尚书一官的设立较为普遍，官阶远不若司会般隆重。陈傅良还指出，若须比况，则西汉初年由张苍担任的计相一官近于司会。但此后财权渐分，至宋代，天下财物更是分散于几处分别管理，如相当于玉府的奉宸库掌管天下金玉之物，相当于内府的内藏库掌管山泽盐铁之赋，激赏库掌管其他额外所入，户部掌管天下户口租入。总之，财物之权不再执掌于一官了。陈傅良此处就是从古今官制沿革入手，考察《周礼》中"司会"一职的变迁。

再如陈傅良诠释"内史""外史"曰：

> 内史犹今内制翰林也，外史犹今外制舍人也。凡策命之出，皆黜陟予夺大小臣工爵禄之事，其与人主图之者固冢宰也，而上意之然否，师言之叶否，非有文墨议论之士讲求参酌，或不当于功罪，虽当功罪，而褒贬益损之文或作于好恶，往往伤王言之体，于是以二史属春官，而冢宰诏王，大宗伯之属得以陈谊补过于其间，是故号令罔不臧而赏罚公，亦三公所以辑众美、昭令闻也。其见于《传》，襄王使召武公及内史过赐晋惠公命，使大宰文公及内史兴赐晋文公命，则二史从公之事，观其道，天子、诸侯德谊文辞甚美，虽东周尚如此，亦足以观史氏之典刑矣。自秦变古，浸失此意，辞令在尚书郎，则尚书重在中书舍人，则中书重。方汉重尚书，至号喉舌之官，事归台阁，三公失职则尚书遂擅天下。魏晋重中书，则并掌职务，至有中书监迁尚书令，自谓有夺凤池之恨，而中书亦擅天下，两省相倾，至今并置。最后开元别置学士院，白麻独在学士为天子私人，称内相矣。以一辞令之官，所乡辄偏重，权倾君相，而朝廷不尊，然后知周家以冢宰建六典，实掌六卿，而二史分隶宗伯，道揆在上，权纲归一，而无专遂之私法，守在下，众职交修而无诡随之患，所谓周道如砥者以此。①

陈傅良此处先将本朝内制翰林、外制舍人二官比况为《周礼》中的内史和外史，而后阐发内史、外史的官守职责，他认为，制定策命在于王和冢宰，隶属于春官的内史、外史二官负责斟酌策命的文字和润色策命的文

---

① （宋）王与之：《周礼订义》卷四五引"陈君举曰"。

意。此制春秋时期尚存，如《左传》僖公十一年，周襄王委派内史过随从召武公赐新继君位的晋国国君爵命，即是使内史负责修改润色策命的。至秦统一天下，制度开始变化，两汉时期，负责起草皇命的尚书郎已经不仅仅是斟酌文字的小官了，尚书机构日渐庞大，事权渐重，形成了"事归台阁"的局面；魏晋时期，大减尚书机构之权，增加中书机构的权力，中书机构成为决策机构，尚书机构成为办事机构，起草皇令的尚书官也由中书机构官员兼掌；唐代开元年间，唐玄宗委派亲近的翰林学士起草关于将相任免等内容的机密诏令，使之参与军政机密。通过以上对内史、外史职掌变化的考察，我们不难发现，原本负责润色王命的辞令之官自秦以后权力日重，成了皇帝的亲信。而陈傅良就借此官制沿革，阐发《周礼》中的设官之义，即裁处之权总于上，辞命之官分隶于下，使之不得干预决策，以防止大权旁落。

总之，陈傅良诠释《周礼》既重于参证史志，考察《周礼》中职官职掌在后世的沿革，也重视对《周礼》中设官精义的揭示，探究古今官制变化，以求切合实用。经世致用是陈傅良论解《周礼》的重要旨归。

四、叶适的《周礼》学说

叶适（1150—1223），字正则，南宋温州永嘉（今浙江省温州市）人。曾师从薛季宣、郑伯熊、陈傅良等人，为文藻思英发，淳熙五年（1178）进士，授职平江节度推官，不久母丧，丁忧于家，后改任武昌军节度判官、浙西提刑司干办公事，因王淮推荐，被召入京，授职太学正，旋即升任太学博士。淳熙十四年（1187），叶适上孝宗奏札，论事切中时弊，改任太常博士兼实录院检讨官。林栗弹劾朱熹，叶适挺身而出，为朱熹辩护。光宗嗣位后，自求外任，由秘书郎出知蕲州，后被召为尚书左选郎官，参与策划了"绍熙内禅"。宁宗即位，叶适迁为国子司业，力求外补，被授予太府卿总领淮东军马钱粮，后受庆元党祸牵连，贬官归乡。嘉泰三年（1203），宁宗授叶适权兵部侍郎一官，因父丧，守制归乡。开禧二年（1206），服除，再被召至临安，即对韩侂胄的北伐之见提出异议。韩侂胄北伐失利后，叶适临危受命，任宝谟阁待制、知建康府兼沿江制置使，在长江沿线阻挡金兵主力攻势，连战连捷，扭转了败局，迫金兵退却。在叶适苦心经营两淮防务之际，雷孝友却以附和韩侂胄用兵之罪弹劾他，而朝廷居然据此将叶适落职。自此之后，叶适十三年间皆奉祠，专心研究学术，以宝文阁学士、通议大夫致仕。嘉定十六年（1223）逝世，享年 74 岁，赠光禄大夫，谥"忠定"。叶适撰有《水心集》《习学记言》等。

叶适不仅是受命于危难之际守土抗金的爱国政治家，也是南宋永嘉学派的集大成者，其功利主义思想对后世影响深远。《习学记言·二礼》中的《周礼》部分是他论解《周礼》的主要著作，现以此为主要资料，分析叶适的《周礼》学说。

（一）对《周礼》的态度

《水心集》卷一二有《黄文叔周礼序》，是叶适为黄度《周礼说》写的序言。其中有曰：

> 《周官》晚出，而刘歆遽行之，大坏矣，苏绰又坏矣，王安石又坏矣，千四百年更三大坏，而是书所存无几矣。《诗》《书》《春秋》皆孔子论定，孟轲诸儒相与弼承，世不能知而信其所从，并沴于遂、众，酌饮焉惟其量尔，故治虽不足而书有余也。孔子未尝言《周官》，孟子亦以为不可得闻，一旦骤至，如奇方大药，非黄帝、神农所名，无制使服食之法，而庸夫鄙人妄咀吞之，不眩乱颠错几希，故用虽有余而书不足也。虽然以余考之，周之道，固莫聚于此书，他经，其散者也；周之籍，固莫切于此书，他经，其缓者也。公卿敬，群有司廉，教法齐备，义利均等，固文、武、周、召之实政在是也，奈何使降为度数事物之学哉！

叶适将《诗》《书》《春秋》与《周礼》并列，认为《诗》《书》《春秋》"治虽不足而书有余"，《周礼》则"用虽有余而书不足"。叶适视《周礼》为文王、武王、周公、召公实政之所在，认为"周之道，固莫聚于此书"，"周之籍，固莫切于此书"。

《习学记言》卷七中，叶适评价《周礼》"极尽小大，天与人等，道与事等，教与法等，粗与细等，文与质等，无疏无密，无始无卒，其简不失，其繁不溢"，既"章明一代之典法"，又粹精古今之事理。

从以上这些论述中，我们不难探知叶适对《周礼》是相当尊崇的，视《周礼》为重要经典。

另一方面，叶适对《周礼》也有所怀疑。其曰：

> 然余所疑者，周都丰镐，而其书专治洛邑，然则乡遂郊野，兴贤劝旽，凡国之政将一断于是书，而旧都莫之用耶，或旧都固自有法，而一畿之内可以两治耶？《书》之所不言，不可得考。而周之所以致

盛治则犹有不尽具者，此其为深可惜也。①

叶适认为，西周建都镐京，而《周礼》所载治国方略则以洛邑为中心，并不言及镐京，是弃镐京不用，还是镐京别行一套治法？王畿之内同时有两套治法并行，而这不见于《尚书》所载，难于确考。同时，叶适也指出西周盛世之治法并未尽载于《周礼》，并对这一点深表可惜。

总之，叶适对《周礼》的态度是尊而有疑的。

（二）对《周礼》作者的认识

在《周礼》作者问题上，叶适主张《周礼》不是周公亲撰，但认为《周礼》的作者必具备周公之能、周公之才方可。其曰：

> 《周官》独藏于成周，孔子未之言，晚始出秦汉之际，故学者疑信不一。好之甚者以为周公所自为，此固妄耳。其极尽小大，天与人等，道与事等，教与法等，粗与细等，文与质等，无疏无密，无始无卒，其简不失，其繁不溢，则虽不必周公所自为，而非如周公者亦不能为也……盖周、召之徒因天下已定，集成其书，章明一代之典法，殆尧、舜、禹、汤所无有，而古今事理之粹精，特聚见于此，如《诗》《书》则尚有兴坏，是非之粗迹存焉故也。②

因《周礼》较诸经晚出，孔子又未言及，故此书的真伪问题一直饱受争议。在叶适看来，推崇《周礼》者所力主的周公作《周礼》的观点"固妄耳"，但《周礼》文繁事富，体大思精，聚古今之事理，"章明一代之典法"，虽不是周公亲作，也"非如周公者亦不能为也"。

（三）对郑玄《周礼注》的批评

叶适曾批评郑玄注解《周礼》不得经义，贻害后世。其云：

> 刘歆、苏绰、王安石固此书之腥秽，而郑玄已下又其糠秕尔。③

在他看来，刘歆、苏绰和王安石依托《周礼》或行篡夺之实，或行新法，皆招致祸乱，并累及《周礼》遭世人怀疑，而郑玄虽推尊《周礼》，但他训解《周礼》不得经义，贻害后世更甚。

叶适还批评郑玄以汉制解《周礼》，不合经文本意。其云：

> 《大宰》："以九赋敛财贿：一曰邦中之赋，二曰四郊之赋，三曰邦甸之赋，四曰家削之赋，五曰邦县之赋，六曰邦都之赋，七曰关市

---

①②③　（宋）叶适：《习学记言》卷七。

之赋，八曰山泽之赋，九曰币余之赋。"《载师》："以廛里任国中之地，以场圃任园地，以宅田、士田、贾田任近郊之地，以官田、牛田、赏田、牧田任远郊之地，以公邑之田任甸地，以家邑之田任稍地，以小都之田任县地，以大都之田任疆地。"太宰总其法，载师专其任，非二事也。而郑玄以为"赋，口率出泉。今之算泉，民或谓之赋，此其旧名与？"尧、舜三代之治法，任民以地，而不责其身，故用民之力，丰年无过三日，其爱惜之如此。且"赋，口率出泉"，后世之暴敛，玄乃举以为此，玄虽博洽群书，训释经义而不知帝王大意，随文彼此，辄形笺传，以误后世，其害甚矣。①

叶适认为，载师分田地同大宰敛财贿为一事，只是分工不同而已，大宰总掌九赋之法，而载师负责具体分配田地，并掌征赋税、力役。且三代先王先是任民以地，再责之赋役，并知爱惜民力。而郑玄虽博洽群经，却以后世赋敛之法训"赋"字曰"口率出泉"，既不合于先王赋役制度大义，也不符合《周礼》经文本意，还成为后世依托《周礼》行赋敛之实的根据，为害甚大。

总之，叶适对郑玄《周礼注》的批评集中于两方面：其一，郑玄注解《周礼》的方法，缺乏对经义的深彻阐释；其二，郑玄以汉制解经，不仅不合经文本意，甚至开启后世弊政。客观而言，郑玄对《周礼》中名物制度的训诂考证，有功于《周礼》甚多，至今仍有其学术价值，是研究《周礼》的必读书。而叶适对郑玄《周礼注》的批评不是出于学术研究的角度，而是立足于现实政治的需要，他是要借诠释经典来阐发经世致用的思想，以对现实政治有所建议。

（四）从经世致用的角度阐释《周礼》

叶适批评郑玄解经徒陷溺于章句训诂之间，对先王制作之经义缺乏阐释，不得经旨，贻误后学。他本人解经就重视对经义的阐发，讲求通经致用。从叶适为数不多的论解《周礼》的学说中，我们能体察到这一特点。如叶适讲论《周礼》中掌固、司险二职，曰：

掌固造都邑，则治其固与其守法。国都之境，有沟树之固，郊亦如之，民皆有职焉。司险设国之五沟、五涂，而树之林以为阻固，皆有守禁而达其道路。禹、汤以前不知何如，而周司马之任如此，故虽

---

① （宋）叶适：《习学记言》卷七。

小侯陋国各有阻固，不得轻侵，而存者数百十年。孔子亦言"王公设
险，以守其国"，盖不如是，则无以国为也。而孟子乃言"域民不以
封疆之界，固国不以山溪之险"，此说既行，儒者世祖之，今长淮连
汉、荆襄犬牙错处绵数千里，无复阻隔，敌之至我常荡然，而我之于
敌尺寸不能至也，此今世大议论，有国者不知讲，以存亡为戏，
奈何！①

掌固、司险隶属于执掌军政的夏官之长大司马，他们负责设立阻固，防守
国境。叶适认为，正因层层阻固的设立，故即便是小国，在周代亦不容易
轻犯，往往能存国数十百年。而当朝面临强敌，却不以山溪之险固国，长
江、淮河连同汉江、荆襄绵延数千里之地皆不设阻固，因此强敌犯境才轻
而易举。他恳切地建议当政者，重视防御工程的修筑，不要以国家存亡为
儿戏。开禧年间（1205—1207），叶适即曾呕心沥血地经营两淮防务，虽
遭奸人弹劾落职，仍力请朝廷修堡坞以自固，其忧国忧民之心可见一斑。

　　总之，叶适继承了薛季宣、陈傅良等永嘉学人通经致用的学术传统，
阐释《周礼》能够切近现实政治的需要，其说虽不一定符合经典本意，但
自有其经世用意。

五、曹叔远的《周礼》学说

　　曹叔远，字器远，瑞安（今浙江省瑞安市）人。少从学于陈傅良，19
岁即以《春秋》获乡试第一，绍熙元年（1190）进士，得李璧推荐，担任
国子学录。因迕权臣韩侂胄，被贬出京，通判涪州，又调任守遂宁，后入
朝任工部郎，再出知袁州，又以太常少卿被召还回京，任职权同礼部侍
郎，终徽猷阁待制，谥文肃。曹叔远曾编《永嘉谱》一书，识者谓其有
史才。

（一）《周礼地官讲义》

　　《周礼订义》卷首《编类姓氏世次》中，王与之列曹叔远为所引宋代
诸家的第 40 家，曰："永嘉曹氏叔远，字器远，有《地官》遂人至稾人
《讲义》……"除《经义考》卷一二九外，曹叔远《周礼地官讲义》未见
载于南宋以来的任何官私书目，估计此书在当时流传不广，影响也不甚
大，因王与之居乐清，与曹叔远同为永嘉人，故能知悉此书，才在《周礼

---

① （宋）叶适：《习学记言》卷七。

订义》中征引其说。

曹叔远《周礼地官讲义》佚亡已久，有赖《周礼订义》的征引，我们今天才能略窥曹叔远《周礼》学说之梗概。据我们统计，《周礼订义》共征引曹叔远《周礼地官讲义》之说45条，皆属《地官》部分，包括《遂人》8条、《遂师》2条、《遂大夫》6条、《邻长》2条、《旅师》3条、《委人》3条、《里宰》2条、《稍人》2条、《土均》3条、《稻人》1条、《土训》2条、《诵训》1条、《山虞》5条、《林衡》2条、《迹人》1条、《角人》1条、《卝人》1条。

我们以下就以此为主要资料，分析曹叔远《周礼地官讲义》的解经特点。

（二）《周礼地官讲义》的解经特点

我们以下从三方面分析曹叔远《周礼地官讲义》的解经特点。

第一，驳斥郑玄《周礼注》之说。

《周礼地官讲义》中，曹叔远依据郑众之说，以室数计算乡、遂，反对郑玄提出的强合里数以求乡、遂之制的观点。其曰：

> 乡、遂王政之本，皆以室数制之，不容增减。自郑氏参以里数，欲求强合，始指若干里为乡，若干里为遂，既室数与里数不合，于是积算王畿千里之地，去若干里为山林、川泽，又去若干里为不易、一易、再易之数，然终有抵牾，安有采地之制异于乡、遂之说，旁加广狭之说，周家简易之制未免汩没于异同之论。①

曹叔远认为，乡、遂之制本应以室数计算，但郑玄注解《小司徒》涉及的井田制度时以占地方圆里数做计算，此后学者解乡、遂制度时也参以里数为说，故有关乡、遂制度一直众说纷纭，彼此矛盾，而《周礼》中以室数制乡、遂的简易之政却被湮没了。

曹叔远此处驳斥郑玄《周礼注》的方法，是以郑众之说驳斥郑玄之说，此方法也是宋人驳斥郑玄《周礼注》较常用的方法。

第二，重视阐发《周礼》制度。

就《周礼订义》所引来看，曹叔远受其师陈傅良影响，注解《周礼》也不甚措意于文字训诂，而是更重视对《周礼》制度进行阐发。如《遂人》"以下剂致甿"一句，曹叔远注解曰：

---

① （宋）王与之：《周礼订义》卷二五引"曹氏曰"。

　　　　六乡授田分上地、中地、下地，为任民多寡之数，而此则不复差
　　　别，一以下地每家止任二人为率。盖六遂既比乡为差，远而在野之地
　　　为最宽，宜优其役，而厚其力，使之受地多而征调少，庶民皆愿为
　　　之，眈欲耕于王之野，以滋生齿，以实遂地。①

曹叔远对此句经文的训解从郑玄《周礼注》之说，无异解。他主要联系
《小司徒》所载六乡授田、用役制度，从乡、遂田役制度对比的角度阐释
了六遂的田役制度。曹叔远认为，六乡授田分上地、中地、下地三等，依
据田地等级的不同，民户承担的兵役、劳役也有等差，上地之户每家出三
人服役，中地之户二家出五人服役，下地之户每家出二人服役；六遂授田
虽有上地、中地、下地之分，但民户承担的兵役、劳役均一，皆为每家出
二人服役。而之所以乡、遂力役制度不同，与乡、遂的位置相关，六遂处
于野地，地域宽广，适当减少六遂之民的兵役、劳役，将有利于其耕作，
既可生民又可富国。

　　再如《迹人》："掌邦田之地政，为之厉禁而守之。"曹叔远注解曰：

　　　　太宰九职任民，四曰"薮牧，养蕃鸟兽"。养蕃之任有二：祭祀、
　　　宾客之供，囿人掌之，其曰"囿游之兽禁"，又曰"牧百兽"，则牧是
　　　也；搜、苗、狝、狩之所取，迹人掌之，其曰"掌邦田之地政，为之
　　　厉禁而守之"，则薮是也。兽而可牧，不过羊、豕六畜之类，取于囿，
　　　足以供矣。若田猎之兽，非可以常兽牧之，其地之广，将以备教兵之
　　　用，不可以比于囿，其兽之多，非林薮之深茂不能养蕃于其中，不为
　　　之厉禁，则兽之奔轶四出，不能遂其蕃息之性，他日无以供田猎之
　　　取，则于教战之典为有阙矣。故凡邦田之地尽使迹人大为之防，而为
　　　之厉禁焉，而后踪迹以取之，非若囿而牧之，可以随取而得也。②

曹叔远解释此句经文，也未对文字进行具体训诂，而是结合《大宰》《囿
人》的相关记载对迹人所属职事进行阐发。他先提出大宰所掌任民九职中
的薮牧之职，而后区别"薮"与"牧"的不同，认为囿人所属职事与
"牧"相关，所供羊、猪主要用于祭祀、宾客；迹人所属职事则与"薮"
相关，所掌之兽蕃养于深茂林薮之中，既供王四时田猎，也供训练作战。
最后，讲明迹人设置藩界和禁令守护田猎场的用意在于不使野兽奔逃，使

①　（宋）王与之：《周礼订义》卷二五引"曹氏曰"。
②　（宋）王与之：《周礼订义》卷二七引"曹氏曰"。

之繁衍生息。

第三，重视从通经致用的角度阐释《周礼》。

受陈傅良影响，曹叔远也重视从通经致用的角度论解《周礼》，他专论井田、食货等制度，寓时政建议于经文阐释之中。如《遂人》："凡治野，夫闲有遂，遂上有径；十夫有沟，沟上有畛；百夫有洫，洫上有涂；千夫有浍，浍上有道；万夫有川，川上有路，以达于畿。"曹叔远注解曰：

> 因授田而思至于治沟洫，因沟洫而思至于治涂路，必使纵横参错，曲折而后进，不得以率意而直达。人以为此特定田制耳，此特通水利耳，不知先王寓兵于农，藏丘乘于井牧，而御外侮、防冲突之意已潜寓于其间也。①

曹氏认为，田地之间的遂、径、沟、畛、洫、涂、浍、道、路并不是专为定田界而设，也不仅仅为疏通水利，其中包含了先王寓兵于农的深远思考。因划定田界的遂、径、沟、畛等纵横曲折，参互交错，不便于人随心所欲地前进，故可以起到防御的作用。曹叔远生活的南宋中期，屈辱"和议"的阴影始终笼罩，对金是战、是和、是守一直是朝政讨论的主要问题，而南宋官僚、地主对农民残酷的剥削，也使农民的反抗斗争此起彼伏。曹氏此寓兵于农的防御之论似就是针对抵御金兵和农民军而发的。

再如曹叔远论解《遂师》一职曰：

> 凡取于野之物，供朝廷以成礼者，势力号令所驱，在后世常有旁科杂扰之患。今惟一遂师专之，政不出于多门，吏不至于并缘，而六遂之民亦免于苛征、倍役矣。②

南宋虽偏安一隅，但土地兼并的激烈程度较之北宋尤甚，加诸百姓身上的赋税剥削也十分沉重，正税之外的苛捐杂税名目繁多，层出不穷，社会危机严重，有识之士对此深为忧虑。曹叔远诠释《遂师》职事，就指出周代六遂之民的赋税征收、徭役征发总于遂师一职，因赋役之政不出多门，故六遂之民免受苛税、劳役之苦。他是想借此建议当政者汲取《周礼》建官之义，总赋役之政于一门，减轻对百姓的剥削，缓和社会危机。

总之，曹叔远专以《地官》为论，重视《周礼》所载井田、食货诸制度，是出于通经致用的目的，希望古制中的优秀传统可资于时政，用以缓和日益严重的社会危机。

---

①②　（宋）王与之：《周礼订义》卷二五引"曹氏曰"。

六、孙之宏的《周礼》学说

孙之宏，字伟夫，祖籍山阴（今山西省山阴县），后徙余姚（今浙江省余姚市）。为叶适晚年的入室弟子，嘉定七年（1214）进士，曾任承直郎新荆湖南路安抚司、礼部侍郎等职，谥忠敏。

（一）孙之宏的《周礼》学论著

《周礼订义》卷首《编类姓氏世次》中，王与之列孙之宏为所引宋代诸家的第 45 家，云："山阴孙氏之宏，字伟夫，有《小集》……"王与之未明言孙之宏所撰《小集》的具体书名，我们对南宋以来的官私书目进行考察，其中也没有关于宋人孙之宏《小集》的记载，此书恐是久已湮没无闻，现今也难考其详了。

据我们统计，王与之在《周礼订义》中引用孙之宏《周礼》学说共计 44 条，分别是：卷首 1 条①，《天官》9 条②，《地官》12 条③，《春官》12 条④，《夏官》7 条⑤，《秋官》3 条⑥。我们就以此为资料分析孙之宏的《周礼》学说。

（二）对《周礼》的态度

受前辈永嘉学者影响，孙之宏对《周礼》一经非常重视，也抱持着尊重的态度。其曰：

> 《周官》在汉最晚出，孔氏既无明言，孟轲之徒或未之见，疑信犹未决也，不幸刘歆用之而大坏，王安石用之而益坏，儒生、学士真以为无用于后世矣。夫去古辽远，虽使先王之制烂然在目，固难尽弃今之法而求复其初也，然究观其书，以道制欲，以义防利，以德胜威，以礼措刑，尊鬼神，敬卜筮，亲宾客，保小民，蔼然唐虞三代极盛之时，非春秋、战国以后所能仿佛也，学者欲知先王经制之备，舍

---

① 即《序周礼兴废》1 条。
② 包括《大宰》4 条、《宰夫》2 条、《外府》1 条、《司会》1 条、《职币》1 条。
③ 包括《大司徒》3 条、《小司徒》1 条、《师氏》1 条、《司救》1 条、《掌节》1 条、《遂人》1 条、《旅师》4 条。
④ 包括《大宗伯》2 条、《天府》1 条、《典瑞》1 条、《典命》1 条、《守祧》1 条、《大司乐》1 条、《典同》1 条、《籥章》1 条、《女巫》1 条、《内史》1 条、《都宗人》1 条。
⑤ 包括"叙官"1 条、《大司马》1 条、《射人》1 条、《司士》1 条、《大仆》1 条、《隶仆》1 条、《校人》1 条。
⑥ 包括"叙官"1 条、《司民》1 条、《司仪》1 条。

此书将焉取之。①

《周礼》于儒家诸经之中最晚出，始见于西汉，因孔、孟对《周礼》一书未有明言，故此书既被目为"末世渎乱不验之书""战国阴谋之书"而遭受排弃，同时又被推为"周公致太平之书"而备受尊崇。至西汉刘歆、北宋王安石仿《周礼》行变革，遗祸万民，遂使学者大疑其书，甚至认为《周礼》所载无用于后世。孙之宏认为此种观点过于偏激，《周礼》所载以道制欲、以义防利、以德胜威、以礼措刑等思想纯然是唐、虞、夏、商、周时所提倡的，绝非春秋、战国时制度，故此书所载确为先王经邦治国的制度大法。虽然如此，要完全改弃当今之法而仿行古法，恐也是不现实的，但若想从先王制度大法中汲取精华，以改进当今制度，舍《周礼》一书是万万不行的。

可知，孙之宏认为《周礼》记载了先王经邦治国的制度大法，虽不能尽为当朝所用，但也不乏可资借鉴之处，故他对《周礼》抱持着尊重的态度。

（三）论解《周礼》的特点

孙之宏是叶适的门人，属永嘉学派的学者，其论解《周礼》多剖析经文所蕴义理，并依己意申驳先辈学者之说，如解《大宗伯》"天产""地产""阴德""阳德"，即申其师叶适之论；解《典命》所载公、卿、大夫出封就加命一等，则驳陈傅良"先王欲抑内重外"之说。

孙之宏论解《周礼》，还好推阐先王设官分职之原委，剖析其中所蕴义理，具有经世致用的意图。如孙之宏论解《旅师》一职曰：

> 先王之恤鳏厄、养老幼，有予之而不复取，惟新旷则春时所颁，秋时必敛，亦以新旷之转徙不一，苟予而不取，既非可继之道，又长游隋之习，必定为敛散之法，然后可持久，不替人情，亦将自勉乎职业，不徒仰食于官府矣。②

孙之宏认为，旅师春季借贷粮食、秋季再收回粮食的对象只是新迁来的民户，至于生活困苦艰难或年迈幼弱无人奉养者，虽春季给予其粮食，秋季也不再收取了。先王只对新迁徙的民户实施此政，是因为这些民户往往转徙不定，有游惰之习，若委派旅师在青黄不接时借给他们粮食，帮助其渡

---

① （宋）王与之：《周礼订义》卷首《序周礼兴废》引"孙氏曰"。
② （宋）王与之：《周礼订义》卷二六引"孙氏曰"。

过难关，秋季再责成其缴纳粮食，就可以督促并劝导他们安居务农，不废人情，从而树立长久打算，不再依赖官府救济过日子。先王委旅师此职果真虑事周全，有可为时政所借鉴之处。

再如孙之宏论贵族子弟的嫡庶贵贱之别，曰：

> 均之为国子弟也，而有嫡庶贵贱之别。士庶子入卫王宫，出守城郭，奔走于会同、军旅、祭祀、宾客之事，惟贵游之子弟不预焉，其卫王宫，版在宫伯，而教之属于师氏，以师氏之尊且严，故贵游子弟虽无宿卫之役，亦从而学焉。大司乐掌治建国之学政，合国之子弟，盖群后之太子，卿大夫、元士之適子常在学者，其余不常在学，则籍在诸子，而教在大胥、小胥，不过春秋合之而已。先王之于国子，何所不用其教哉，惟贵游有国子，则贱不至于妨贵，诸子有别乎適子，则庶不至于夺適，防微杜渐之意深矣。①

孙之宏认为，嫡子、庶子虽皆为贵族子弟，但待遇存在差别。庶子要负责宿卫王宫，出守城郭，并为会同、军旅、祭祀、宾客之事奔走；而嫡子虽同庶子一样版籍掌于宫伯，但却不负责宿卫等事，而是受教于师氏。大司乐所教"国之子弟"是在大学中的各级贵族嫡子，包括诸侯的太子、卿大夫的嫡子等；诸子所掌管的"国子"则是不常在学的各级贵族嫡子，他们的教育由大胥、小胥负责，只在春季把他们集合在大学里，秋季把他们集合在射宫里，考察他们的道艺。先王如此鲜明地区分嫡庶贵贱，是为了彰显嫡庶之分，从而使贱不妨贵，庶不夺嫡，此中蕴含了先王颇为深远的防微杜渐之意。

七、小结

综观郑伯熊、薛季宣、陈傅良、叶适、曹叔远和孙之宏的《周礼》学说，不难发现他们在对《周礼》的态度和诠释《周礼》的特点方面存在共性：

对《周礼》的态度方面，薛季宣、郑伯熊、陈傅良、叶适和孙之宏对《周礼》皆抱持着尊重的态度，维护《周礼》的经典地位。其中陈傅良最尊《周礼》，是尊而信，而叶适虽认可《周礼》中存先王致太平之法，但仍有些许怀疑。

---

① （宋）王与之：《周礼订义》卷三八引"孙氏曰"。

　　诠释《周礼》的特点方面，薛季宣、郑伯熊、陈傅良、叶适、曹叔远和孙之宏无一例外，皆精于对《周礼》制度的讨论，或从制度的古今变化的角度进行阐释，或发掘经文所蕴先王制作之精义，或推阐先王设官分职之原委，都希望古制中优秀的政治资源可为时政提供借鉴，以缓和日益严重的社会危机，经世致用意图明显。

第六章 宋人关于《周礼》真伪的辨疑

《周礼》自西汉甫一面世，真伪争议就随之而起，当时众儒"以为非是"，认为《周礼》是伪书，持排弃态度；刘歆"知其周公致太平之迹，迹具在斯"，主张《周礼》是真经，持尊崇态度。①

延及东汉，真伪争议仍在继续，林孝存、何休等学者否认《周礼》与周公的关系，主张《周礼》是"末世渎乱不验之书""六国阴谋之书"，排弃立场鲜明；以郑玄为代表的学者则承绪刘歆之见，认为《周礼》"乃周公致太平之迹"②，不仅尊崇《周礼》为经，且冠于"三礼"之首，位列《仪礼》《礼记》之前。

魏晋迄于隋唐，郑玄《周礼注》渐成独尊之势，久立学官，郑玄尊崇《周礼》为经的观点得到了学界的普遍认可，即便王肃曾一度与郑玄争长，但就《周礼》真伪问题并无异议，与郑玄观点一致。中唐，赵匡怀疑《周礼》，主张"《周官》是后人附益"之书③，视《周礼》为伪书之论再起，但此说在学界影响不大，尊崇《周礼》为经仍是此时期学界的主流观点。

"宋儒喜谈三代，故讲《周礼》者恒多"④，加之王安石自云法《周礼》行变革，也使《周礼》成为众矢之的。宋代关于《周礼》真伪的争议较之汉唐要复杂，有尊崇《周礼》为经的，有承认《周礼》经典地位同时存疑的，有怀疑《周礼》非经的，有斥《周礼》为伪书的。同时，宋代对《周礼》真伪问题的研究趋向细致，即便尊崇《周礼》为经，也会质疑个别经文；怀疑《周礼》非经的证据更充实具体，不局限从作者角度攻击；但斥《周礼》为伪书的立论点，仍存在与作者问题相纠缠的倾向。

---

① ②　（汉）郑玄注，（唐）贾公彦疏：《周礼注疏》卷首《序周礼废兴》。
③　（唐）陆淳：《春秋集传纂例》卷四《盟会例第十六》引"赵子曰"。
④　（清）永瑢：《四库全书总目》卷一九《周礼述注》提要。

第一节　北宋辨疑《周礼》真伪的主要观点

北宋学人辨疑《周礼》真伪，主要形成了四种观点，以下分别论述之。

一、尊《周礼》为经

北宋有些学者对《周礼》抱持着尊崇的态度，他们尊《周礼》为经，驳斥质疑之论，维护着《周礼》的经典权威。以下分别论述其人其说。

（一）石介

石介（1005—1045），字守道，兖州奉符（今山东省泰安市）人。天圣八年（1030）进士，创建泰山书院、徂徕书院，担任过国子监直讲，世称徂徕先生，与孙复、胡瑗并称"宋初三先生"，被学界推为开宋明理学先声的思想家，传世著作有《徂徕集》。

石介在《徂徕集》卷七《二大典》中云：

> 《周礼》《春秋》万世之大典乎，周公、孔子制作至矣。周自夷王以下，浸衰浸微，京师存乎位号而已，然五六百年间，绵绵延延不绝如线，而诸侯卒不敢叛者，《周礼》在故也。王室益弱，诸侯日强，又二百年，乱臣贼子如麻，然而畏未敢发者，《春秋》作故也。自尧、舜、三代，唯周得八百有余年，虽后稷、公刘积德自远，实以二大典矣。呜呼！《周礼》明王制，《春秋》明王道，可谓尽矣。执二大典以兴尧、舜、三代之治，如运诸掌，后人无行之者，悲夫！董仲舒以《春秋》对，其知王道之宗矣；王仲淹以《周礼》对，其知王制之本矣。惜夫，汉武孱弱，隋文侮慢，二君子卒不用，二大典卒无施，吾于此尤伤焉。

从中可知，石介对《周礼》颇为推崇，认为有周一代能立国八百余年，远超夏、商，其重要原因之一是有《周礼》存在，因为《周礼》"明王制"，蕴含着先王治国之精华，故对后世君王治国将有助益。他甚至认为，本《周礼》《春秋》治国，可再复"尧、舜、三代之治"，对于二书不能用世，甚感惋惜。

石介称《周礼》为"大典"，可知其尊《周礼》为经。

（二）李觏

李觏以《周礼致太平论》命名其诠释《周礼》之作，可知他赞同刘歆、郑玄的见解，对《周礼》抱持着尊崇的态度，以《周礼》为经。《周礼致太平论》中，李觏一再表达了对《周礼》的推崇，可参看本书"第二章　北宋《周礼》学"的"第二节　李觏《周礼致太平论》"中"三、从《周礼致太平论》看李觏对《周礼》本经的认识"，其下"（一）对《周礼》本经的态度"，兹不赘述。

（三）黄裳

黄裳（1044—1130），延平（今福建省南平市）人。元丰五年（1082）进士第一，累官至端明殿学士，卒赠少傅，传世著作有《演山集》。

《演山集》卷二二《讲周礼序》中，黄裳曰：

> 礼以忠为心，以质为礼文，则刚柔乎此者也，故邪正与民同患。至周，然后礼之书著。二书特言周者，以辨夏、商焉耳。二书之效，使人知有消息之数，吉凶之象，则守谦以防亏，作善以消谴，知有上下之分，高卑之势，则循理以避伪，由义以归正，然后号令者顺，而典谟之书行……五经之教固有先后之序，缓急之势，则《周官》之书岂可缓哉，圣人以道寓之法，法之中微妙存焉，后世俗学止于区区之诵数，溺其才识，则此书以阴谋见待，于或者何其不幸也！

在黄裳看来，《周礼》一书能分别上下、尊卑，达成循理避伪、由义归正之效，而后号令能顺，典谟之命可行，后世学子沉溺于章句训诂，不见此书寓含的圣人道法，不能阐发道法中微妙意蕴，反斥《周礼》为六国阴谋之书，实堪称不幸。可知，黄裳颇为尊崇《周礼》，视《周礼》为经。

（四）王昭禹

王昭禹认为《周礼》乃圣人制作，其间有周公之法，"道实寓焉"，故对《周礼》抱持着尊敬的态度，视《周礼》为经。其具体观点参见本书"第二章　北宋《周礼》学"的"第四节　王昭禹《周礼详解》"中"三、从《周礼详解》看王昭禹对《周礼》的认识"，其下"（一）对《周礼》的态度"，兹不赘述。

二、尊且疑

宋代有些学者承认《周礼》的经典地位，但也强调《周礼》存在讹缺，且有些内容是可疑的，可能出于后世的添加，需要甄别。以下分别论述其人其说。

（一）欧阳修

欧阳修（1007—1072），字永叔，号醉翁、六一居士，吉州永丰（今江西省吉安市永丰县）人。天圣八年（1030）进士，官至翰林学士、枢密副使、参知政事，谥号文忠。欧阳修领导了北宋诗文革新运动，是开创一代文风的文坛领袖，与人合撰《新唐书》，独撰《新五代史》，有《文忠集》传世。

欧阳修怀疑《周礼》之论在北宋颇具代表性，但考察其《周礼》学说，会发现其实他对《周礼》持尊崇的态度，也视《周礼》为经。《文忠集》卷四八《问进士策三首》中，欧阳修曰：

> 问六经者，先王之治具，而后世之取法也。《书》载上古，《春秋》纪事，《诗》以微言感刺，《易》道隐而深矣，其切于世者，礼与乐也。自秦之焚书，六经尽矣，至汉而出者，皆其残脱颠倒，或传之老师昏耄之说，或取之冢墓屋壁之间，是以学者不明，异说纷起，况乎《周礼》，其出最后。然其为书备矣，其天地万物之统，制礼作乐，建国居民，养生事死，禁非道善，所以为治之法皆有条理。三代之政美矣，而周之治迹，所以比二代而尤详见于后世者，《周礼》著之故也。

从中可知，欧阳修将《周礼》与《诗》《书》《易》《春秋》等经典并置，认为虽经历秦火，存在残脱，但其书主体内容包罗丰富，具有条理，蕴含着周代治国之法。

欧阳修毕竟是政治家，以政治理性为考量依据，他从《周礼》所载制度是否切合实用的角度对《周礼》提出质疑。其曰：

> 然汉武以为渎乱不验之书，何休亦云六国阴谋之说，何也？然今考之，实有可疑者，夫内设公、卿、大夫、士，下至府、史、胥、徒，以相副贰，外分九服，建五等差尊卑以相统理，此《周礼》之大略也。而六官之属，略见于经者五万余人，而里闾县鄙之长，军师卒伍之徒不与焉。王畿千里之地，为田几井？容民几家？王官、王族之国邑几数？民之贡赋几何？而又容五万人者于其间，其人耕而赋乎？如其不耕而赋，则何以给之？夫为治者，故若是之烦乎？此其一可疑者也。秦既诽古，尽去古制。自汉以后，帝王称号，官府制度，皆袭秦故，以至于今。虽有因有革，然大抵皆秦制也，未尝有意于《周

礼》者，岂其体大而难行乎？其果不可行乎？夫立法垂制，将以遗后也，使难行而万世莫能行，与不可行等尔。然则，反秦制之不若也。脱有行者，亦莫能兴；或因以取乱，王莽、后周是也。则其不可用决矣。此又可疑也。①

《周礼》之制，设六官以治万民，而百事理。夫公卿之任重矣，若乃祭祀天地、日月、宗庙、社稷、四郊、明堂之类，天子、大臣所躬亲者，一岁之间有几，又有巡狩、朝会、师田、射、耕、燕飨，凡大事之举，一岁之间又有几。而为其民者亦有畋猎、学校、射、乡饮酒，凡大聚（聚字一作事期）②会，一岁之间有几。又有州党、族官岁时月朔春秋酺禜（一作蜡祭）、询事读法，一岁之间又有几。其斋戒、供给、期召、奔走，废日几何。由是而言，疑其官不得安其府，民不得安其居，亦何暇修政事、治生业乎？何其烦之若是也？然说者谓周用此以致太平，岂朝廷礼乐文物，万民富庶，岂弟必如是之勤且详，然后可以致之欤？后世苟简，不能备举，故其未能及于三代之盛欤？然为治者果若是之劳乎？用之于今，果安焉而不倦乎？抑其设施有法，而第弗深考之欤？③

由上可知，欧阳修对《周礼》的怀疑集中于四方面：其一，《周礼》于诸经中最晚出，但所载周制异常完备，与汉代发现的残脱颠倒的其他经典有所不同，所以汉武帝、何休怀疑《周礼》无不道理。其二，不算里闾县鄙之长，军师卒伍之徒，见于《周礼》的六官之属就有五万余人，但王畿之地不过千里，千里之地的贡赋能否供养如此庞大的官僚队伍呢？此点令人生疑。其三，秦制受诟病，却大体沿用至今，《周礼》所载周制传说为后世立法垂范，但却不行于后世，即便有应用者，如王莽、苏绰等，非但不能兴致太平，反而"因以取乱"，如是看，则《周礼》"不可用决矣"，反不如秦制，也值得怀疑。其四，《周礼》所载治民理事活动过于烦琐，公、卿等官员一年需多次参加的中央的、地方的政治、军事、宗教、宗族聚会等活动，如此则"官不得安其府，民不得安其居"，又"何暇修政事、治生业"，这也是不切实际的，让人起疑。

---

① （宋）欧阳修：《文忠集》卷四八《问进士策三首》，见文渊阁《四库全书》，第1102～1103册。

② （　）中字，是以双行小字的形式注于正文之下。下文与此同。

③ （宋）欧阳修：《文忠集》卷四八《南省试进士策问三首》。

总之，欧阳修是从《周礼》所载制度是否切合实用的政治理性角度对《周礼》提出怀疑的，因为其说有一定道理，所以对此后《周礼》研究影响较大，是宋代质疑《周礼》诸说中有代表性的。此后，有不少尊崇《周礼》的宋人驳斥欧阳修此论，如陈汲、叶时、郑伯谦等，清代更有沈彤撰《周官禄田考》，专门针对欧阳修之说，逐节论证、驳斥。

（二）刘敞

刘敞（1019—1068），字原父，临江新喻（今江西省新余市）人。庆历六年（1046）进士，曾任大理评事通判蔡州、右正言、知制诰、起居舍人徒知郓州兼京东西路安抚使、纠察在京刑狱、知贡举、翰林侍读学士充永兴军路安抚使兼知永兴军府事、集贤院学士、判南京留守司御史台等职。刘敞学识渊博，最擅经学，尤长于《春秋》，撰有《七经小传》《春秋权衡》《春秋意林》《春秋说例》《春秋文权》《春秋传》《易外传》《尚书解》等。

刘敞被推为开启北宋经学变古之风的重要人物，在其代表作《七经小传》中，刘敞对《周礼》经文提出了不少怀疑，甚至主张改动经文，但他不否认《周礼》的经典权威，在有些方面愿意采信《周礼》之说。如在《春秋权衡》卷九中，刘敞曰：

> 四年，公狩于郎。《公羊》以谓"春曰苗，秋曰蒐，冬曰狩"，非也。《周礼》"春蒐、夏苗、秋狝、冬狩"，得其正矣。《周礼》虽非仲尼所论著，然制度粗存焉，盖周公之旧也。仲尼尝执之矣（子所执礼），其有驳杂（封国之制），似周衰诸侯所增益也，不足以害其大体。蒐狩之名，则吾从周。

从中可知，刘敞对《周礼》抱持着尊崇的态度，认为《周礼》存有周公治国的旧章，但他对其中有些内容也怀疑，如怀疑封国制度似衰世诸侯所增益的。虽有所怀疑，刘敞还是认可《周礼》是周公旧章的本质，认为这些增益的内容不足以害大体，故仍尊《周礼》为经。

（三）张载

张载（1020—1077），字子厚，祖籍大梁（今河南省开封市），因长期侨居于凤翔郿县横渠镇（今陕西省眉县），故被学者尊称为横渠先生。张载少喜谈兵，曾上书时任陕西经略安抚副使的范仲淹，建议向西夏用兵，后得范仲淹引导，遂一心向学。嘉祐二年（1057）中进士，先后担任祁州司法参军、云岩县令、著作佐郎、签书渭州军事判官公事等职。熙宁二年

（1069），得吕公著推荐，张载被授予崇文院校书之职，不久，因其弟张戬与王安石发生冲突被贬，张载遂辞职回到横渠镇，自此潜心读书讲学。熙宁十年（1077），神宗召张载回京，委以同知太常之职，但因持论与同僚相左，处境孤立，加之病重，故再次辞职西归，行至临潼而逝，终年58岁。张载一生著述很多，如《正蒙》《横渠易说》《孟子说》《论语说》《文集》等，其生平言论经弟子集录整理，编为《张子语录》《经学理窟》等。

张载承认"《周礼》是的当之书"，认为《周礼》中有周公制作之本意，对《周礼》抱持尊敬的态度，尊《周礼》为经。但另一方面，他对《周礼》中的有些内容还是怀疑的。其曰：

> 《周礼》是的当之书，然其间必有末世添入者，如盟诅之属，必非周公之意。盖盟诅起于王法不行，人无所取直，故要之于神。所谓"国将亡，听于神"，盖人屈抑无所伸故也。如深山之人多信巫祝，盖山僻罕及，多为强有力者所制，其人屈而不伸，必咒诅于神，其间又有偶遭祸者，遂指以为果得伸于神。如战国诸侯盟诅，亦为上无王法。今山中人，凡有疾者，专使巫者视之，且十人间有五人自安，此皆为神之力。如《周礼》言十失四，已为下医，则十人自有五人自安之理，则盟诅决非周公之意，亦不可以此病周公之法，又不可以此病《周礼》。《诗》云："侯诅侯咒，靡届靡究。"不与民究极，则必至于诅咒。①

> 《周礼》言乐六变而致物各异，此恐非周公之制作本意，事亦不能如是，确然若谓天神降，地祇出，人鬼可得而礼，则庸有此理。②

在张载看来，《司盟》所载盟诅之事与周公制作礼乐的本意相悖，《大司乐》所载乐六变而致物各异，既非周公制礼本意，也不符合实际情况，因此他对这两处记载表示怀疑。

需要指出的是，张载怀疑的是《周礼》记载的有些内容可能是战国时添入的，而不怀疑《周礼》的经典权威，他甚至认为正是战国时添入的这些内容才造成了后世学界对周公之法的怀疑，进而怀疑《周礼》。在张载看来，因为这些战国时添入的内容怀疑《周礼》的经典性，是没道理的。

（四）王安石

王安石对《周礼》一书极为推崇，认为是书记载了周代盛世的致太平

① （宋）张载：《经学理窟·周礼》，见《张载集》，248页，北京，中华书局，1978。
② （宋）张载：《经学理窟·礼乐》，见《张载集》，262页。

之法，其具体观点参看本书"第二章　北宋《周礼》学"的"第三节　王安石《周官新义》"中"四、从《周官新义》看王安石对《周礼》的态度"，兹不赘述。

王安石虽尊《周礼》为经，但对书中有些内容也持怀疑态度，如《临川文集》卷七〇有《复仇解》，曰：

> 《周官》之说曰：凡复仇者，书于士，杀之无罪。疑此非周公之法也。凡所以有复仇者，以天下之乱，而士之不能听也。有士矣，不使听其杀人之罪以施行，而使为人之子弟者仇之，然则何取于士而禄之也。古之于杀人，其听之可谓尽矣，犹惧其未也，曰：与其杀不辜，宁失。不经今书，于士则杀之无罪，则所谓复仇者，果所谓可仇者乎，庸讵知其不独有可言者乎，就当听其罪矣，则不杀于士师，而使仇者杀之，何也？故疑此非周公之法也。

王安石怀疑《周礼·地官·调人》所载的复仇之事并非周公之法，因为随意复仇，可能会造成社会的混乱。虽对此处经文有所怀疑，王安石的主要观点仍是尊《周礼》为经，他曾亲作《周官新义》注解《周礼》，此书作为《三经新义》之一曾颁于官学，令天下士子学习。

（五）二程

程颢（1032—1085），字伯淳，号明道，北宋河南（今河南洛阳）人。他出生于仕宦之家，幼承庭训，嘉祐二年（1057）登进士第，任鄠县主簿、上元县主簿、泽州晋城令，后得吕公著推荐，任太子中允、监察御史里行，因与王安石政见不合，自愿辞去监察御史之职，出任镇宁军节度判官、监汝州酒税等职。由于与其弟程颐长居洛阳，讲学论道，故他们的学说被称为"洛学"。哲宗即位后，司马光推荐程颢为宗正丞，然未及行即病逝，时年五十四。程颢撰有《中庸解》《明道先生文集》等，其生平言论经弟子集录整理，与程颐生平言论合编为《河南程氏遗书》《河南程氏外书》。

程颐（1033—1107），程颢之弟，字正叔，号伊川，北宋河南（今河南洛阳）人。其年18就曾上书宋仁宗，提出"欲天子黜世俗之论""以王道为心"，后游太学，以"学以至圣人之道"答胡瑗问诸生"以颜子所好何学"之题，胡瑗惊叹其文。治平至元丰年间（1064—1085），大臣屡荐皆不仕，与其兄程颢讲学论道于洛阳。元祐元年（1086），得司马光、吕公著推荐，程颐以布衣被诏为秘书省校书郎，后擢为崇政殿说书，任皇帝侍讲。不久因与蜀党交恶，遂出管西京国子监。绍圣年间（1094—1097），因党论放归田里，削籍送涪州编管。元符三年（1100），徽宗即位，赦归洛阳。大观元年（1107）九月卒于家，时年75。程颐为人严正，平生诲人不倦，程氏门人多出于他的教诲。程颐撰有《伊川易解》《伊川书说》《伊川诗说》《伊川程氏祭礼》《河南经说》等。

二程认为，《周礼》中保存了周公致治之大法，且强调《周礼》"须知道者观之，可决是非"。可知，二程对《周礼》抱持着尊重的态度，以《周礼》为经。针对质疑《周礼》之论，他们予以驳斥。

> 问：《周礼》有复雠事，何也？曰：此非治世事，然人情有不免者。如亲被人杀，其子见之，不及告官，遂逐杀之，此复雠而义者，可以无罪。其亲既被人杀，不自诉官，而他自谋杀之，此则正其专杀之罪可也。问：避雠之法如何？曰：此因赦罪而获免，便使之避也。①

> 又问：《司盟》有诅万民之不信者，治世亦有此乎？曰：盛治之世，固无此事。然人情亦有此事，为政者因人情而用之。②

> 《春秋》书盟，如何？先王之时有盟否？或疑《周官·司盟》者。曰：先王之时所以有盟者，亦因民而为之，未可非《司盟》也。但春秋时信义皆亡，日以盟诅为事，上不遵周王之命，《春秋》书，皆贬也。唯胥命之事稍为近正，故终齐、卫二君之世不相侵伐，亦可喜也。③

程门弟子对《调人》所载的复仇之事、《司盟》所载的盟诅之事有怀疑，程颐对此进行解答。他认为，《调人》所载复仇之事固不应发生在盛治之世，但人情难免此事，故为政者因人情而设调人之官，负责对民间仇怨加以调解。如事出有因，杀人合于义，杀人可以无罪；但杀人者毕竟有专杀之实，官府也要纠其专杀之罪方可。至于《调人》言及的避雠之法，他认为是因特赦而免杀人者之罪，故使杀人者避于他方。至于《司盟》所载的盟诅之事，程颐再以"因人情而用之"作答，认为先王统辖的诸国之间固无盟诅，但民间百姓有盟诅之事，为政者是因人情之故而设官，不能因此而怀疑《司盟》所载。

---

① ②　（宋）程颢、程颐：《河南程氏遗书》卷一八。
③　（宋）程颢、程颐：《河南程氏遗书》卷二二下。

二程虽尊《周礼》为经，但同时也主张《周礼》存在讹缺，其间有后世添加的内容。其曰：

> 问：《周礼》之书有讹缺否？曰：甚多，周公致治之大法，亦在其中，须知道者观之，可决是非也。①

> 《周礼》不全是周公之礼法，亦有后世随时添入者，亦有汉儒撰入者，如《吕刑》《文侯之命》，通谓之周书。②

虽然怀疑《周礼》有讹缺，存在后世添加的内容，甚至汉儒撰作都有可能掺杂在其间，但二程还是从主体上肯定《周礼》，主张周公致太平之法在其中。

（六）王开祖

王开祖，字景山，永嘉（今浙江省温州市）人。皇祐五年（1053）进士，曾任秘书省校书郎，后辞官归乡，教授乡里，被视为永嘉道学的首倡者，撰有《儒志编》。

王开祖对《周礼》持尊而有疑的态度。他在《儒志编》中曰：

> 吾读《周礼》，终始其间，名有经、礼有方者，周公之志为不少矣。

王开祖承认《周礼》中存在"名有经、礼有方"的部分，认为其间所存"周公之志不少"。

但王开祖更怀疑《周礼》，他主要是从《周礼》制度是否符合"圣人之心""圣人本义"的角度出发的。其曰：

> 其诸信然乎哉？罗羽刺介，此微事也，然犹张官设职，奚圣人班班欤？奔者不禁，是天下无礼也。复雠而义，是天下无君也。无礼无君，大乱之道，率天下而为乱者，果周公之心乎？削于六国，焚于秦，出诸季世，其存者寡矣，圣人不作，孰从而取正哉？③

在王开祖看来，《周礼》一书经历战国诸侯的刻意毁灭、秦王朝的焚书之祸，再现于西汉，其中留存的西周制度可谓"寡矣"，因此，他对流传于世的《周礼》持怀疑态度。王开祖对《周礼》的怀疑主要集中于制度方

---

① （宋）程颢、程颐：《河南程氏遗书》卷一八。
② （宋）程颢、程颐：《河南程氏外书》卷一〇。
③ （宋）王开祖：《儒志编》，见文渊阁《四库全书》，第696册。

面，问题有三：其一，《秋官》所属的冥氏、庶氏、穴氏、翨氏、柞氏、薙氏、硩蔟氏、翦氏、赤发氏、蝈氏等官，掌除毒虫、妖鸟、蛙黾等，王开祖认为如此微事也张官设职，如何体现所谓的圣人之治？其二，《地官》所属的媒氏负责婚姻，其中有"中春之月，令会男女，于是时也，奔者不禁"的记载，王开祖认为这是"无礼"之举。其三，《地官》所属调人负责调解民间仇怨，其中有"凡杀人而义者，不同国，令勿雠，雠之则死"的记载，王开祖认为这是"无君"之举。他就此提出质疑："无礼无君，大乱之道，率天下而为乱者，果周公之心乎？""无礼无君"当然绝非周公之心，所以流传于世的《周礼》所载制度自然是可疑的。

总之，宋人研究《周礼》，注重推求制作之精义、圣人之微旨，发掘经典中蕴含的"圣人之心""圣人本义"。王开祖此处就从是否符合"圣人之心""圣人本义"的角度，对《周礼》提出怀疑。需要指出的是，宋人所谓的"圣人之心""圣人本义"也是他们理想中所认可的"圣人之心""圣人本义"，并无客观标准，所以王开祖从是否符合"圣人之心""圣人本义"的角度怀疑《周礼》，当然也难免出现主观臆断的问题。

（七）杨时

杨时（1053—1135），字中立，号龟山，南剑将乐（今福建省三明市将乐县）人。熙宁九年（1076）进士，曾任浏阳、余杭、萧山知县，荆州教授，工部侍郎，龙图阁直学士提举杭州洞霄宫。建炎四年（1130）致仕回乡，以著述讲学为事，撰有《书义辨疑》《毛诗辨疑》《周礼辨疑》《龟山集》等。杨时师事二程，是程门四大弟子之一，他"倡道东南"，为闽中理学兴起建有筚路蓝缕之功，被后人尊为"闽学鼻祖"。

杨时虽不遗余力地攻驳王安石《周官新义》，但对《周礼》本经还是抱持着尊重的态度，认为《周礼》中存有先王之法。其曰：

> 《周官》固已征商，然不云几钱以上乃征之。泉府之法，物货之不售，货之滞于民用者，以其价买之，以待不时而买者，亦不言几钱以上乃买卖。周公制法如此，不以烦细为耻者，细大并举，乃为政体。尊者任其大，卑者务其细，此先王之法，乃天地自然之理。①

---

① （宋）杨时：《龟山集》卷六《神宗日录辨》，见文渊阁《四库全书》，第1125册。

嫔妇，内职也，而列之天官之属，内宰莅之，教以阴礼、妇职之法，使各有属，以作二事，禁其奇邪，展其功绪，则内无旷职，而作淫巧以荡上心者不容于其中矣。其进御以时叙焉，则便嬖昵宠之私亦无自而有，《关雎》化行虽曰后妃之德，亦先王治国家中外一体也。后世先王之法废，中外离绝，不相统一，奇邪无禁，功绪不展，而妇式之法不行焉，逸居无教，言、德、功、容不循正道，妒宠相乘，而嬖昵之私得以干其上矣。自周衰，迄于汉唐，女祸无世无之，职此之由，不遵先王之成宪，而能正家而天下定者未之有也。①

由上可知，杨时尊《周礼》为经，认为其中含有先王成法，且细大并举，既可正家，又能定天下，足为后世龟鉴。

但杨时对《周礼》个别经文也有怀疑。其曰：

先王之时，诸侯疑无相盟之事，然考之《周官·司盟》之职，曰："掌盟载之法。凡邦国有疑，会同则掌其盟约之载。"《觐礼》朝诸侯于坛，讫乃加方明于坛而祀之，列诸侯于庭；《玉府》共珠盘、玉敦；《戎右》以玉敦辟盟，遂役之，赞牛耳桃茢；《司盟》北面诏告明神，诸侯以次歃血，则诸侯相盟礼所有也。不识二礼之说，果可以为据耶，抑亦附会之说耶？《春秋》之凡书盟者，又何谓也……鄙心所疑非止一二，但未敢缕陈，恐烦听览耳，惟先生不以愚鄙见弃，一一见教，幸甚。②

然《周官》有司盟之职，凡诅盟皆天子以吏治之，诸侯不得私相盟也，一有渝盟，则刑随之。春秋之时，诸侯不复听命于天子，故口血未干，而报复之兵已至其境，失政刑矣，凡书盟者皆恶之……此数者似非圣人之言，恐不足引以为证，更思之如何。③

由上可知，杨时对《周礼》经文的怀疑集中于盟诅之事。在他看来，《周礼》中的《玉府》《戎右》《司盟》，《仪礼》中的《觐礼》皆有关于诸侯相盟的记载，而先王盛世不应有相盟之事，诸侯相约盟诅应是春秋乱世时才出现的。《周礼》的此处记载显然不符合圣人之意，颇令人怀疑。

---

① （宋）王与之：《周礼订义》卷一二引"杨氏曰"。
② （宋）杨时：《龟山集》卷一六《寄明道先生其一》。
③ （宋）杨时：《龟山集》卷二〇《答胡康侯其三》。

三、疑《周礼》非经

宋代有些学者对《周礼》持怀疑态度，他们认为《周礼》的有些内容或与其他经典记载不符，或不切实际，或不合"圣人之心"，值得怀疑。以下分别论述其人其说。

（一）蔡襄

蔡襄（1012—1067），字君谟，兴化军仙游县（今福建省莆田市仙游县）人。天圣八年（1030）进士，历任馆阁校勘、知谏院、直史馆、知制诰、龙图阁直学士、枢密院直学士、翰林学士、三司使、端明殿学士、福建路转运使等职。蔡襄工于书法，是著名书法家，撰有《茶录》《荔枝谱》《端明集》等。

蔡襄主要怀疑《周礼·地官·媒氏》，立论点有二：其一是《媒氏》所云"奔者不禁"与其他经典传递的价值理念有冲突；其二是"奔者不禁"说有害人伦与教化，不符合周公立法大本。在《端明集》卷三三《奔者不禁解》中曰：

> 《周礼·司徒·媒氏》之职曰："仲春之月，令会男女（仲春阴阳交，以成婚礼，顺天时也）①，于是时也，奔者不禁（重天时，权许之也）。若无故而不用令，罚之（无故谓无丧祸之变也）。"说者之意，以为重天时，故权许其奔而不禁也。然礼之为言，所以关束人情，而事为之制，而于男女夫妇之际，尤切切谨严分别，将以驱生民一蹈于法，而不陷于乱耳。孔子修《春秋》，讳国恶，至于夫人孙于齐、会于禚之类，皆直书以讥之。宋火，伯姬以傅母不至，不行，而火死，《春秋》大之。《诗》以《关雎》淑女之德冠于《周南》，而洁正之行美于《召南》，其于列国刺奔、刺乱、刺淫昏者凡二百余篇，所以见孔子之用心，于是也愈勤矣，岂不谓明人伦、兴教化治国家天下斯其大本与？独《周官》书乃权许之，《周官》书虽不见正于孔子，然其传以为周公，立一王之制，以为后世法，而使治国家天下者，每岁仲春辄纵奔者，以之为治，曾夷狄之不如，何礼法之为哉？余谓"仲春之月，令会男女，于是时也，奔者不禁，若无故而不用令者，罚之"，若者，连及之词，谓民有奔者辄不禁止，及无故而不嫁娶者，媒氏皆

---

① （ ）中的文字，以双行小字的方式注于正文下。以下皆同。

得罚之也。五经之说谬妄有之，未有败害礼教如是之甚者，故予为
之辞。

蔡襄以为，《周礼》所载《媒氏》，经文公开纵容男女相会私奔，败害礼
教，破坏人伦，会蹈民于乱。如此离经叛道之论，不仅与孔子论次诸经强
调男女夫妇谨严分别的理念大相径庭，也不符合所谓周公为后世立法应有
的礼法传统。在蔡襄看来，此说是五经谬说中最为败害礼教的，他据此怀
疑《周礼》是否如传统所说，预立一王之制，为后世法。

（二）苏轼

苏轼（1037—1101），字子瞻，号东坡居士，眉州眉山（今四川省眉
山市）人，嘉祐二年（1057）进士。苏轼在文、诗、词、书法、绘画方面
都有极高的造诣，其文位列"唐宋八大家"之一，其诗与黄庭坚并称"苏
黄"，其词与辛弃疾并称"苏辛"，书法位列"宋四家"之一，还擅长烹
饪、医药，有《东坡全集》传世。

苏轼对《周礼》的怀疑集中于制度，他认为"《周礼》非圣人之全
书"，其间有"战国所增之文"。其曰：

> 《周礼》之言田赋、夫家、车徒之数，圣王之制也。其言五等之
> 君，封国之大小，非圣人之制也，战国所增之文也。何以言之？按郑
> 氏说，武王之时，周地狭小，故诸侯之封，及百里而止。周公征伐不
> 服，斥大中国，故大封诸侯，而诸公之地至五百里。不知武王之时何
> 国不服？而周公之所征伐者谁也？东征之役见于《诗》《书》，岂其廓
> 地千里而史不载耶？此甚可疑也。周之初，诸侯八百，春秋之世，存
> 者无数十。郑子产有言："古者大国百里。"今晋、楚千乘，若无侵
> 小，何以至此？子产之博物，其言宜可信。先儒或以《周礼》为战国
> 阴谋之书，亦有以也。《王制》公、侯百里，伯七十里，子、男五十
> 里，而《孟子》之说亦如此。此三代之通法。①

> 公、侯百里，伯七十里，子、男五十里，自《孟子》《王制》皆
> 云尔，此周制也，郑子产言："列国一同，今大国数圻，若无侵小，
> 何以至焉？"而《周礼》乃曰公之地五百里，侯四百里，伯三百里，
> 子二百里，男百里，凡五等，《礼》曰"封周公于曲阜，地方七百
> 里"，皆妄也。先儒以谓周衰，诸侯相并，自以国过大违礼，乃除灭

---

① （宋）苏轼：《东坡全集》卷四八《天子六军之制》，见文渊阁《四库全书》，第1107册。

旧文而为此说。独郑玄之徒以谓周初因商三等，其后周公攘戎狄，斥广中国，大封诸侯。夫攘戎斥地能拓边耳，自荒服以内，诸侯固自如也。周公得地于边而增封于内，非动移诸侯，迁其城郭庙社，安能增封乎？知玄之妄也。而近岁学者必欲实《周礼》之言，则为之说曰"公之地百里而已，五百里者并附庸言之"，夫以五百里之地公居其一，而附庸居其四，岂有此理哉？予专以《书》《孟子》《王制》及郑子产之言考之，知《周礼》非圣人之全书明矣。①

在苏轼看来，《周礼》中的五等爵制和封国之制，"非圣人之制"，乃"战国所增之文"。他的理由有三：其一，郑玄所说的周公征伐不服，开疆拓土，增加公侯封地，在历史上找不到证据。其二，《周礼》所载的体系庞大的封国制度，不符合西周建国之初的情况，即便曲为之说，也不符合道理。其三，《周礼》关于封国的记载与《礼记·王制》《孟子》和子产之言不吻合。

总之，苏轼对《周礼》的怀疑是从是否于史有征、是否切合实际、与其他文献记载是否吻合的角度提出的。他更赞同何休的主张，认为"先儒或以《周礼》为战国阴谋之书，亦有以也"。

（三）苏辙

苏辙（1039—1112），字子由，晚号颍滨遗老，眉州眉山（今四川省眉山市）人。嘉祐二年（1057）进士，曾任秘书省校书郎、商州军事推官、河南留守推官、御史中丞、尚书右丞、门下侍郎等。苏辙擅长散文，是"唐宋八大家"之一，撰有《诗集传》《栾城集》等。

苏辙对《周礼》所载制度也有所怀疑，并据此认为《周礼》一书"秦汉诸儒以意损益之者众矣，非周公之完书也"。其曰：

> 言周公之所以治周者，莫详于《周礼》，然以吾观之，秦汉诸儒以意损益之者众矣，非周公之完书也。何以言之？周之西都，今之关中也，其东都，今之洛阳也，二都居北山之阳、南山之阴，其地东西长、南北短，短长相补不过千里，古今一也。而《周礼》王畿之大，四方相距千里，如画棋局，近郊远郊，甸地稍地，大都小都，相距皆百里，千里之方，地实无所容之，故其畿内远近诸法，类皆空言耳，此周礼之不可信者一也。《书》称武王克商而反，商政列爵惟五，分

---

① （宋）苏轼：《书传》卷九，见曾枣庄、舒大刚主编：《三苏全书》，北京：语文出版社，2001。

土惟三，故《孟子》曰"天子之制，地方千里，公、侯百里，伯七十里，子、男五十里，不能五十里，不达于天子，附于诸侯，曰附庸"，郑子产亦云，古之言封建者盖若是。而《周礼》诸公之地方五百里，诸侯四百里，诸伯三百里，诸子二百里，诸男百里，与古说异。郑氏知其不可而为之说，曰："商爵三等，武王增以子、男，其地犹因商之故，周公斥大九州，始皆益之。"如《周官》之法，于是千乘之赋自一成，十里而出车一乘，千乘而千成，非公、侯之国无以受之，吾窃笑之。武王封之，周公大之，其势必有所并，有所并必有所徙，一公之封而子、男之国为之徙者十有六，封数大国而天下尽扰，此书生之论，而有国者不为也。传有之曰：方里而井，十井为乘，故十里之邑而百乘，百里之国而千乘，千里之国而万乘，古之道也。不然，百乘之家为方百里，万乘之国为方数圻矣，古无是也。《语》曰"千乘之国摄乎大国之间"，千乘虽古之大国，而于衰周为小，然孔子犹曰"安见方六七十如五六十而非邦也者"。然则，虽衰周，列国之强家犹有不及五十里者矣。韩氏、羊舌氏，晋大夫也，其家赋九县，长毂九百，其余九十县遗守四千，谓一县而百乘则可，谓一县而百里则不可，此《周礼》之不可信者二也。王畿之内，公邑为井田，乡、遂为沟洫，此二者一夫而受田百亩，五口而一夫，为役百亩，而税之十一，举无异也。然而井田，自一井而上至于一同，而方百里，其所以通水利利者沟洫浍三。沟洫之制，至于万夫，方三十里里有半，其所以通水之利者遂沟洫浍川五。利害同而法制异，为地少而用力博，此亦有国者之所不为也。楚　掩为司马，町原防，井衍沃，盖亦川广泽可以为井者井之，原埠堤防之间狭，不可井则町之（杜预以町为小顷町），皆因地以制广狭、多少之异，井田、沟洫盖亦然耳，非公邑必为井田，而乡、遂必为沟洫，此《周礼》之不可信者三也。三者既不可信，则凡《周礼》之诡异远于人情者，皆不足信也。古之圣人因事立法，以便人者有矣，未有立法以强人者也，立法以强人，此迂儒之所以乱天下也。①

苏辙对《周礼》制度的怀疑主要集中于三方面：其一，《周礼》中描述的王畿，四方相距千里，如棋局般整齐，近郊、远郊、甸地、稍地、大都、

---

① （宋）苏辙：《栾城后集》卷七《周公》，见文渊阁《四库全书》，第1112册。

小都，相距皆百里，千里之方，而这与西周的西都镐京、东都洛阳的实际地理情况不符，若按《周礼》所言，"地实无所容之"，而"畿内远近诸法，类皆空言"。其二，《周礼》所言封国制度，诸公之地方五百里，诸侯四百里，诸伯三百里，诸子二百里，诸男百里，与《尚书》《孟子》《论语》的记载不同，且落实起来，也有不切实际之处，值得怀疑。其三，《周礼》记载的井田、沟洫制度，机械地强调"公邑为井田，乡、遂为沟洫"，有自相矛盾之处，且不便于实际操作，也不符合历史实况。

总之，苏辙对《周礼》的怀疑主要是从是否切合历史实际，与其他文献记载是否吻合的角度提出的。基于以上三疑，苏辙认为"《周礼》之诡异远于人情者，皆不足信也"。还结合王安石变法的历史背景，感叹"立法以强人，此迂儒之所以乱天下也"！

四、诋《周礼》为伪书

受王安石变法的影响，有些学者从对王安石的抨击延及对新学的攻击，进而将矛头对准王安石欲"立政造事，追而复之"的《周礼》，他们态度偏执，言辞激烈，有诋毁之嫌，晁说之是其中的典型代表。

晁说之（1059—1129），字以道，因慕司马光，自号景迂生，钜野（今山东省菏泽市巨野县）人。元丰五年（1082）进士，曾任监陕州集津仓、监明州船场、通判廊州、提举南京鸿庆宫、知成州、秘书少监、中书舍人等职，撰有《易商瞿大传》《嵩山文集》等。

晁说之反对周公作《周礼》之说，认为以《周礼》为周公致太平之书是欺人之论。其曰：

> 昔孟子欲言周礼而患无其籍，今之《周礼》最出汉末，杂之以六国之制，多汉儒之所论次者。或谓"六国阴谋之书"则过也，大要敛财多货，黩祀烦民，冗碎可施于文，而不可措于事者也。①

> 尊其名不核其实，玩其读莫适于事者，《周礼》之为书也。其出为最晚，刘歆初献之，新莽即拜歆《周礼》博士，书乃传焉。是书大抵烦礼渎仪、靡政僭刑、苛令曲禁、重赋专利、忌讳祈禳，诞迂不切事，适莽之嗜也。莽所用以戕天下之民，而钳天下之口者，是书之奉也。②

---

① （宋）晁说之：《景迂生集》卷一《元符三年应诏封事》，见文渊阁《四库全书》，第1118册。

② （宋）晁说之：《景迂生集》卷一四《辩诬》。

言《周礼》者真以为周公太平之书，而不知有六国之阴谋，地不
足于封，民不足于役，农不足于赋，有司不足于祭，将谁欺邪？①

在晁说之看来，传世本《周礼》的内容是拼凑的，一无是处，既"杂之以
六国之制"，又"多汉儒之所论次者"，且"大要敛财多货，黩祀烦民，冗
碎可施于文，而不可措于事者也"，或"大抵烦礼渎仪，靡政僭刑、苛令
曲禁、重赋专利、忌讳祈禳，诞迂不切事，适莽之嗜也"。加之，《周礼》
是儒家诸经中最晚出者，来历不明，令人怀疑。所以，晁说之认为《周
礼》不切合实用，不过是迎合王莽嗜欲出现的伪书。

晁说之还提出了对《周礼》的具体怀疑，其曰：

正月之吉，初和，六官各悬象法于象魏，民视既已溃矣，是日州
长各属民读法于州，又何能来自象魏而滑其听耶？蒐苗狝狩之礼，月
吉则族师属民读邦法，正岁则乡师稽器，州长党正属民读法，季冬祭
索鬼神，春秋则乡州有射，党正祭禜，族师祭酺，闾胥读法。凡岁
比，而三岁大比，所以致其民者劳矣，而力役、追胥、大事、大故之
所致，又未可以期数也，将使斯民终岁遽遽然，不得服田畴、安室
庐，而奉有司之役耶？冢宰以九职任万民，而掌固又任万民，凡国都
郊之竟，有沟树之固，民皆有职焉，夫民既劳矣，而任之者亦已众
矣。畿内千里，而卿大夫、士、胥、徒授田凡万八千人有奇，其地莫
之能给，而此多役疲扰之民尚可胜其任耶？是书厉其民者如此，则于
礼乐政刑复何论哉？昔周公位冢宰，正百辟，今书冢宰乃特正其治，
其治官之属何耶？《尚书·周官》作在周公辅政七年将归之时，不知
是书之作何时也？如前乎《尚书·周官》，则周公后以《尚书·周官》
为正矣，学者尚何取于是书哉？如其作在《尚书·周官》之后，则
《尚书·周官》者，周公之弃物也，孔子复何录之耶？二者不可允，
会非周公妄，则孔子过也，孰可脱？如作在《尚书·周官》之后，则
周公未尝归政成王也，又孰可？王肃斥冬至圜丘之乐，谓王者各以其
礼制事天地，今说者据《周礼》单文为经国大体，惧其局而不知弘
也，予有取焉。呜呼，使《周礼》而尚全，王者犹损益之，况此残伪
之物乎！②

---

① （宋）晁说之：《儒言》，见文渊阁《四库全书》，第 698 册。
② （宋）晁说之：《景迂生集》卷一四《辩诬》。

晁说之对《周礼》的怀疑集中于四点：一是新年伊始，六官之长悬法于象魏，民众聚集而来视法，与此同时，州长组织民众宣读法令，民众"视法"的同时又需"听法"，恐怕奔走不及。二是一岁之中田猎、读法、祭祀、射礼、食礼、稽查、力役等事纷纭不休，民众终年劳碌，穷于应对，没精力致力于农耕。三是人多地少，不够分配，加之疲扰无休，民众如何能承担赋役。四是《周礼》和《尚书·周官》的关系，二者都云出自周公，若《周礼》作于《尚书·周官》之前，既有《周礼》如斯完备，孔子删定《尚书》，为何取《周官》呢？若《周礼》作于《尚书·周官》之后，那就是周公未还政于成王与史书所载不合，所以《周礼》作于《尚书·周官》前或后，都于理不通。基于此，晁说之断定《周礼》是"残伪之物"。

除"残伪之物"外，晁说之对《周礼》的称呼还有"伪杂之《周礼》"①、"伪《周礼》"②，从中不难窥测晁说之对《周礼》的贬斥态度。他不仅不以《周礼》为经典，甚至视为伪书，不屑一顾。

客观而言，晁说之诋毁《周礼》的态度和他反对王安石新学有很大关系。清代的四库馆臣就曾评价曰：

> 至于因安石附会《周礼》而诋《周礼》，因安石尊崇《孟子》而抑《孟子》，则有激之谈，务与相反，惟以恩怨为是非，殊不足为训。③

因王安石尊尚《周礼》，又宣称法《周礼》行变革，晁说之就断章取义，将《周礼》的内容贬低得一无是处，且言辞激烈，近于诋毁，意气之争的味道比较浓，缺乏研究的客观的态度。

第二节　南宋辨疑《周礼》真伪的主要观点

承北宋学人辨疑《周礼》真伪之余绪，南宋学人辨疑《周礼》真伪也主要形成了四种观点，以下分别论述之。

一、尊《周礼》为经

在南宋，有不少学者对《周礼》抱持着尊崇的态度，他们尊《周礼》

---

① "伪杂之《周礼》"一说见晁说之所撰《景迂生集》卷三《奏审覆皇太子所读〈孝经〉〈论语〉〈尔雅〉札子》。

② （宋）晁说之：《景迂生集》卷一五《答勾龙寿南先辈书》。

③ （清）永瑢：《四库全书总目》卷九二《儒言》提要。

为经，驳斥对《周礼》的怀疑之论，维护《周礼》的经典权威。

（一）林之奇

林之奇（1112—1176），字少颖，福州侯官（今福建省福州市）人。从吕本中问学，颇得吕氏器重，绍兴二十一年（1151）进士，任莆田主簿，调长汀尉，后被召为秘书省正字，转校书郎，时朝廷欲令学者参用王安石《三经义》之说，林之奇上言，以为王氏经说"正所谓邪说、诐行、淫辞之不可训者"。后因患瘅疾，乞外任，由宗正丞提举闽舶参帅议，遂以祠禄家居，淳熙三年（1176）卒，年65。林之奇撰有《尚书全解》《春秋通解》《周礼讲义》《论语讲义》《孟子讲义》《道山记闻》等，其中《尚书全解》最为精粹，深受后人推重。

林之奇撰有《周礼讲义》一书，是书久佚，仅《周礼讲义序》传世，从此篇《序》中，我们可以知道，林之奇对《周礼》颇为尊崇。其曰：

> 盖圣人之神不与人同忧，而圣人之德不与民同患，故周公制法度于一日之间，以厚天下之风俗，其本如此。虽然，道有升降，时有损益，故以义制礼者，虽昔之所与，而今或制作而不疑；以义变礼者，虽已造于前，而后或因革以为便，则《周礼》之为书，岂特周公之力哉？《易》曰"亨者嘉之会"，天之礼也；又曰"嘉会足以合礼"，人之礼也。三代之礼，天道人事备于周，上致其隆，下致其杀，中处其中。则是时也，崇天卑地，分群偶物，而不失其统也。大鹏之能高、斥鹦之能小，椿木之能长、朝菌之能短，各以顺受其正，岂有他哉？后世礼昧于经之大体，则徇常者或病其高阔，好大者乃患于卑近，又岂知夫高阔所以立天下之本，卑近所以尽天下之事欤？①

在林之奇看来，道有升降，时有损益，礼亦有因有革，《周礼》一经虽以"周"命名，并有周公所制法度于其中，但书中实汇聚了夏、商、周三代之礼，故《周礼》成书并非周公一人之力。有的学者疑惑于此书设官分职的规模宏阔，有的学者则疑惑于此书设官分职的琐细卑微，这皆因他们不明了《周礼》一书荟萃三代之礼，体大而思精，其中设官的宏大规模体现了"立天下之本"的宏博，分职的琐细又体现了"尽天下之事"的细腻。

（二）郑伯熊

郑伯熊对《周礼》抱尊崇的态度，以《周礼》为经。具体观点参看本

---

① （宋）林之奇：《拙斋文集》卷一六《周礼讲义序》，见文渊阁《四库全书》，第1140册。

书"第五章　南宋《周礼》学（下）"的"第三节　永嘉学派的《周礼》学说"中"一、郑伯熊的《周礼》学说"，其下"（一）对《周礼》的态度"，兹不赘述。

（三）薛季宣

薛季宣对《周礼》颇为推崇，尊之为经，对于学界的质疑言论，他尽量回答，维护《周礼》。其具体观点参看本书"第五章　南宋《周礼》学（下）"的"第三节　永嘉学派的《周礼》学说"中"二、薛季宣的《周礼》学说"，其下"（二）对《周礼》的态度"，兹不赘述。

（四）张栻

张栻（1133—1180），字钦夫，一字乐斋，号南轩，汉州绵竹（今四川省绵竹市）人，张浚之子。从胡宏学，其学自成一派，时与朱熹、吕祖谦齐名，并称"东南三贤"。乾道元年（1165）主持岳麓书院，奠定了湖湘学派的基础。以恩荫补官，淳熙七年（1180），迁右文殿修撰，同年去世，谥宣。有《张南轩公全集》传世。

张栻对《周礼》抱尊重的态度。在《南轩集》卷一三《思终堂记》中曰：

> 然考之《周礼》，则有"冢人"之官，凡祭于墓为尸。是则成周盛时，固亦有祭于其墓者，虽非制礼之本经，而出于人情之所不忍，而其于义理不至于甚害，则先王亦从而许之。其必立之尸者，乃亦所以致其精神而示飨之者，非体魄之谓，其为义抑精矣。

在《南轩集》卷四四《省墓祭文》中，又曰：

> 近读《周官》，有祭于墓为尸之文，乃始悚然，深惟先王之意存世俗之礼，所以缘人情之不忍，而使之立尸以享，所以明鬼神之义，盖其处之者精矣。

由上可知，张栻读《周礼·春官·冢人》，联系当时社会实况，折服于先王缘人情以制礼的精义。在他看来，《周礼》记载了西周盛世的太平之政，有先王之法在其中。

（五）吕祖谦

吕祖谦（1137—1181），字伯恭，世称东莱先生，婺州金华（今浙江省金华市）人，吕夷简六世孙，吕大器之子。初以荫补入官，隆兴元年（1163），先中博学宏词科，再中进士，官至秘书省秘书郎，兼国史院编修官与实录院检讨官。吕祖谦博学多识，与朱熹、张栻并称"东南三贤"，是当时最具影响的学者。淳熙八年（1181）卒，年 45，谥成，后改谥忠亮。有《东莱集》《历代制度详说》《东莱博议》等书传世。

吕祖谦博雅多识，对《周礼》抱尊崇的态度，以《周礼》为经。吕乔年曾编辑的《丽泽论说集录》，其中卷四《门人集录周礼说》，是门人记录吕祖谦讲论《周礼》之语，其曰：

> 大抵圣人之经，盖通万世而可行者，其条目固止于此。然《周礼》之书，六官分职，合之则有总，散之则有所司，其关节脉理皆自相应。只去《大司徒》上看，未尽若遍考六官，则荒政秩序可见。且如散利，须考大府、天府、内府，凡掌财赋之官；如薄征，须考九职、九赋、九贡；如缓刑，须考司寇、士师所掌之刑，他莫不然。参观遍考，然后可知。
>
> 土均（止）① 掌其禁令。古之设官，有总大法，操体统者又有斟酌损益、弥缝其间者，两者交相济，然后大纲举而万目不遗。所谓地土之政载在《大司徒》《小司徒》，如以土会之法辨五地之物，施十二教，井牧其田野，此是总大法。操体统者，乃是大为之防，然一乡之间，其土又有肥瘠厚薄，无缘事为之制、曲为之防，须设官斟酌弥缝于其间，此土均之法所以设也。

在吕祖谦看来，《周礼》所载六官分职，合之有所总，散之有所司，关节脉理相互照应，操体统者可以斟酌损益，弥缝其间，然后举措于事，可达成大纲举而万目不遗的效果。可见，吕祖谦对《周礼》所载制度是很尊崇的。

（六）楼钥

楼钥（1137—1213），字大防，一字启伯，号攻媿主人，明州鄞县（今浙江省宁波市）人，楼璩之子。隆兴元年（1163）进士，历官温州教授、起居郎兼中书舍人、翰林学士、吏部尚书兼翰林侍讲、端明殿学士、同知枢密院事、参知政事、资政殿大学士，卒赠少师，谥宣献，有《攻媿集》传世。

楼钥对《周礼》颇为尊崇，认为其间有周公遗制。在《攻媿集》卷三一《荐黄肤卿林椅劄子》中，他向朝廷推荐林椅，论及林椅著作《周礼纲目》，曰：

---

① （　）中的文字，以双行小字的方式注于正文下。

文林郎绍兴府府学教授林椅，淹贯经术，博考古今，所著《周礼纲目》一书专论成周法度，官职以类相从，皆撮精要，周公遗制可举而行，既非泥古以违今，直可据经而从事。自新莽、北周名具实丧，熙宁新法专以理财，遂使指为虚言，实不可用。惟椅之说，灿然可观。

楼钥谈到了南宋学界对《周礼》的怀疑，认为《周礼》多虚言，"实不可用"，对这种观点楼钥是不赞成的。在他看来，新莽刘歆、北周苏绰、熙宁王安石虽用《周礼》，但并不得法，所以不能收获好的结果，反而祸乱天下。他推荐林椅的《周礼纲目》，认为此书专论西周制度，颇为精要，真正把握了周公遗制的精义，甚至可以据经以从事。我们从中可知探知，楼钥推崇《周礼》所载为西周制度，反对学界对《周礼》过分的质疑，其尊崇《周礼》的立场是鲜明的。

（七）陈亮

陈亮（1143—1194），原名汝能，后改名亮，字同甫，号龙川，婺州永康（今浙江省永康市）人。绍熙四年（1193）状元，授签书建康府判官公事，未行而卒，年 52。端平（1234—1236）初年追谥文毅。陈亮的政论气势纵横，慷慨激昂，词作亦豪放，有《龙川集》传世。

陈亮《龙川集》卷一○《经书发题》中有《周礼》一篇，从此篇我们可以探知，陈亮对《周礼》是很尊崇的。其曰：

《周礼》一书，先王之遗制具在，吾夫子盖叹其郁郁之文，而知天地之功莫备于此，后有圣人不能加毫末于此矣……自伏羲、神农、黄帝以来，顺风气之宜，而因时制法，凡所以为人道立极，而非有私天下之心也。盖至于周公，集百圣之大成，文理密察，累累乎如贯珠，井井乎如画棋局，曲而当，尽而不污，无复一毫之间，而人道备矣。人道备则足以周天下之理，而通天下之变，变通之理具在周公之道……夫周家之制既定，而上下维持至于八百余年，诸侯既已擅立，周之王徒拥其虚器，蕞然立于诸侯之上，诸侯皆相顾而莫之或废，彼独何畏而未忍哉，岂非周公之制有以维持其不忍之心，虽颠倒错乱，而犹未亡也。

陈亮认为，《周礼》一书蕴含先王之遗制，此制度"天地之功莫备于此，后有圣人不能加毫末于此"，是很完美的。正因为有此制度存在，能维持诸侯的不忍之心，周王朝才能上下维持至于八百余年，后期虽徒有天下共主之名，仍能"立于诸侯之上"。

《龙川集》卷二〇《丙午复朱元晦秘书书》中，陈亮曰：

> 世疑《周礼》为六国阴谋之书，不知汉儒说《周礼》之过尔，非
> 周公之本旨也。

可知，陈亮主张《周礼》有周公制作精义，对于当时对《周礼》的怀疑，他认为非《周礼》本身之过，而是汉儒解说不当，牵累此经。

总之，陈亮对《周礼》抱持尊崇的态度，以《周礼》为经，认为其间存有周公制作之精义。

(八) 郑锷

郑锷，字刚中，祖居长乐（今福建省长乐市），后徙鄞县（今属浙江省宁波市）。其人躬行孝友，学贯群经，旁通子史百家，尤以词赋得名，绍兴三十年（1160）进士，曾任秘书郎、校书郎、江东安抚司参议官、屯田郎，还在宁宗继位之前担任其小学教授，撰有《周礼解义》等。

郑锷极尊《周礼》，在《周礼解义》中能驳斥宋儒的疑经之论，维护《周礼》。如张载曾云《周礼》所载"盟诅之属，必非周公之意"[1]，杨时亦云《周礼》"玉府""戎右""司盟"三官中记载的相盟之事颇为可疑，恐有附会之嫌，郑锷对此进行驳斥，曰：

> 说者见《春秋》书盟，谓为衰世之事，其说出于《礼记》所谓盟
> 诅不及三王也。考之《书》，载苗民罔中于信，以覆诅盟，则五帝之
> 世已有是事，苗苗民覆之，故数之以为罪也。《诗》云："君子屡盟，
> 乱是用长。"非谓不可盟，谓其盟之屡而无信。学者不察，以《周官》
> 太平之书，胡为《玉府》有"珠盘玉敦"之事，《戎右》有"赞牛耳
> 桃茢"之文，于此又设司盟之官，遂信何休战国阴谋之说，不考之于
> 《诗》《书》尔。古者结绳足以示信，盟诅虽有而未必用，去古稍远，
> 淳厚一散，世未尝皆君子而无小人，皆善良而无鬼琐，此司盟之官所
> 由设。[2]

《左氏》所载哀公会齐侯于蒙，孟武伯问高柴以执牛耳之事，季羔曰："鄫衍之役，吴公子姑曹；发阳之役，卫石魋。"是皆衰世之事，周公当成周盛时，六服群辟，罔不承德，而设官使共合诸侯歃血

---

① （宋）张载：《经学理窟·周礼》。
② （宋）王与之：《周礼订义》卷六三引"郑锷曰"。

之器，何耶？圣人防患之意，以为盛者有时而衰，合者有时而散，故盟会歃血之事亦有时而不免，然则待衰世、虑后患远矣。①

在郑锷看来，《周礼》中"玉府""戎右""司盟"所载盟诅之事并非出于战国，因为《尚书》和《诗经》皆有关于盟诅的记载，是知《周礼》所载盟诅之事不是衰世之事。至于《周礼》专设与盟诅之事相关的官职，郑锷以为这既能顺应世情，也能体现圣人的防患意识，寓意深远。

（九）陈淳

陈淳（1159—1223），字安卿，号北溪，漳州龙溪（今福建省龙海市）人，是朱熹晚年高弟。嘉定十年（1217），授迪功郎，后迁泉州安溪主簿，未赴任而卒。代表作有《北溪字义》。

陈淳对《周礼》颇尊崇。《北溪大全集》卷二七《答陈伯澡五》中曰：

> 经礼三百，曲礼三千，皆人事日用不可去者，其纤悉详委，是多少品节，尤非可以糊涂。《周礼》又周公经国规模在焉，乃周公之大用流行处。

陈淳认为，《周礼》中有周公经国之规模，是"周公之大用流行处"，即周公兴致太平之法见诸实用处。

《北溪外集》中，有陈宓撰写的《有宋北溪先生主簿陈公墓志铭》，其中有一段评价陈淳的学术思想，曰：

> 又曰：《书》乃帝王大用流行处，《周礼》乃周公大用流行处，《春秋》乃孔子大用流行处，皆不可不尽心焉者。盖妙道精义须从千条万绪中串过，无一不周匝，然后为圣门之实学，不然，则不免落空矣。此皆先生中年再闻朱夫子一贯博约之语，积功而有得者也。

陈淳将《周礼》与《书》《春秋》并列，认为为学者当尽心诵读，咀嚼其中的妙道精义。可知，陈淳视《周礼》为经典，承认《周礼》与周公存在密切关系。

（一〇）叶时

叶时对《周礼》抱持着极为尊崇的态度。其具体观点参看"第四章南宋《周礼》学（中）"的"第一节　叶时《礼经会元》"中"三、从《礼经会元》看叶时对《周礼》本经的认识"，其下"（一）对《周礼》本经的

---

① （宋）王与之：《周礼订义》卷一〇引"郑锷曰"。

态度"，兹不赘述。

（一一）易袚

易袚认为，《周礼》记载着周公治国平天下之政，因此对《周礼》抱持着尊敬的态度。其具体观点参看"第三章　南宋《周礼》学（上）"的"第四节　易袚《周官总义》"中"四、从《周官总义》看易袚对《周礼》的认识"，其下"（一）对《周礼》的态度"，兹不赘述。

（一二）郑伯谦

郑伯谦以"太平经国"命名其论解《周礼》之作，可知其对《周礼》抱持着尊崇的态度。其具体观点参看"第四章　南宋《周礼》学（中）"的"第二节　郑伯谦《太平经国之书》"中"三、从《太平经国之书》看郑伯谦对《周礼》本经的认识"，其下"（一）对《周礼》本经的态度"，兹不赘述。

（一三）章如愚

章如愚，字俊卿，号山堂，婺州金华（今浙江省金华市）人。庆元（1195—1200）中，登进士第，初授国子博士，改知贵州，开禧（1205—1207）初，被召，因疏陈时政，触怒韩侂胄，罢归。结草堂于章祁村的山塘岭中，致力于讲学，著有《群书考索》。

章如愚《群书考索》卷四《六经门》有《周礼类》，主要阐发其《周礼》学观点。对于《周礼》之名，章如愚引《文中子》注曰：

> 《周礼》之名，经礼谓《周礼》也，《周礼》六篇，其官有三百六十。

可知，章如愚以《周礼》为经礼，对其持尊崇态度。

对于当时学界质疑《周礼》不切合实用，不能行于后世，章如愚曰：

> 后世不可行周制、用《周礼》者，王莽败于前，荆公败于后，非《周礼》不可行也。成周之时，其法度典章自承流宣化，执法奉公，上自朝廷，下至闾里，外至群国，其相处如闺门之内，故虽五人之长亦皆贤士。是以法度虽严而甚宽，虽详而甚简，天下之大，百官有司之众，而行之如掌握之上，盖其精粗本末兼举之耳。王莽、荆公之时，如何而欲举前古已坠之典行之旦暮之间乎，程明道曰："有《关雎》《麟趾》之意，然后可以行《周官》之法度。"此知本之说也。

章如愚推崇《周礼》所载制度，认为"虽严而甚宽，虽详而甚简""精粗本末兼举之"，对于王莽、王安石用《周礼》改革皆遭遇失败，章如愚认为原因有二：一是"欲举前古已坠之典行之旦暮之间"，操之过急；二是无"《关雎》《麟趾》之意"，不得其人行法。所以，非《周礼》不能行于后世，而是用者之过，祸延《周礼》。

《群书考索》卷四《六经门》之《周礼类》，章如愚还以"兼官"反驳欧阳修对《周礼》冗官的怀疑，同时试图弥合《周礼》与《孟子》《礼记·王制》所载封建制度、井田制度、朝会制度、九州区划的分歧。所有这些都反映了章如愚对《周礼》的尊崇态度。

（一四）真德秀

真德秀（1178—1235），字景元，后改景希，号西山，浦城（今福建省浦城县）人。庆元五年（1199）进士，后又中博学宏词科，曾任太学正、太学博士、秘书省正字、秘书郎兼沂王府教授、学士院权直、著作佐郎兼礼部郎官、军器少监、起居舍人、宝谟阁侍制、湖南安抚使知潭州、中书舍人、礼部侍郎、直学士院、徽猷阁知泉州、显谟阁侍制知福州、户部尚书、翰林学士知制诰、参知政事、资政殿学士等职。端平二年（1235）去世，谥文忠。撰有《西山甲乙稿》《对越甲乙集》《大学衍义》《清源杂志》等书，对后世影响较大。

真德秀对《周礼》颇为尊崇，在《西山文集》卷二九《周礼订义序》中曰：

> 《周礼》之难行于后世也久矣，不惟难行，而又难言，然则终不可行乎？曰：有周公之心，然后能行《周礼》；无周公之心而行之，则悖矣。然则终不可言乎？曰：有周公之学，然后能言《周礼》；无周公之学而言之则戾矣。《孟子》曰："周公思兼三王，以施四事，其有不合者，仰而思之，夜以继日，幸而得之，坐以待旦。"公之心，禹、汤、文、武之心；而其学，则禹、汤、文、武之学也。以此之心布而为政，以此之学著而为书，故能为成周致太平，而为万世开太平。盖自古祸乱之原非一，而大略有四焉：君心纵于逸乐而群下不敢言也，贤才壅于疏逖而在位非其人也，元元愁痛而上不闻，蔽耳目之近而远弗察也。六官之属，凡能导人主以侈欲者，一以冢宰统之，三公之论道，师保氏之诏谏，又皆以辅导为职，而君者立于无过之地矣。士之有德行道艺者，民自兴之，而因使长与治焉。修于家者，莫不达于朝廷，则人才无陆沉，天官弗私予矣。居民有法，养民有政，

敛民有制，刑民有典，举天下疲癃悍独无不乐其生者。又自王畿之
近，至于六服之远，地之相去或千万里，而情之相通如一家。凡此皆
禹、汤、文、武之政，公之所思而得者，毕萃于书，非有公之心者其
能行、非有公之学者其能言乎？新室盗也，宇文狄也，其所经营皆自
私也。志先王之道者，莫如唐太宗，然无端身刑家之本，而欲规井
田、议封建，宜其卒莫能行。自刘歆用之既悖，儒者哗而攻之，王安
石用之复悖，儒者又哗而攻之，曰《周礼》不可行也。吁！歆之王
田，安石之泉府，窃其一二以自盖尔，安得累吾圣经耶！

真德秀认为，《周礼》荟萃禹、汤、文王、武王的为政精华，皆是周公深
思而得，其间制度精密，"居民有法，养民有政，敛民有制，刑民有典"，
是故"举天下疲癃悍独无不乐其生者"。至于，后人用《周礼》屡败，
真德秀以为是用者之过，刘歆、王安石等人既无周公之心，又无周公之
学，他们仅是窃《周礼》一二皮毛缘饰新政，非真明《周礼》、真用
《周礼》，如此"安得累吾圣经"。从中我们不难探知真德秀对《周礼》
的崇敬之意。

（一五）阳枋

阳枋（1187—1267），初名昌朝，字宗骥，一字正父，合州巴川（今
重庆市铜梁县）人，因居字溪小龙潭之上，自号字溪。端平元年（1234），
冠乡选，淳祐四年（1244），因蒙古攻蜀，免入对，赐同进士出身。应蜀
守余玠之请，任昌州监酒税、大宁理掾，后任绍兴府学官。尝从朱子门人
度正等游。晚年因子炎卯，贵加朝奉大夫，致仕，年81卒。有《字溪集》
传世。

阳枋对《周礼》抱尊崇的态度，以《周礼》为经。《字溪集》卷三
《与袁泰之书》中，阳枋曰：

《周官》乃姬公治国平天下之法制，然皆正心诚意中一理流出，
须于文辞义理向上体认，圣人之心见得，莫非天理流行，异时此身得
君行道，便举而推行，便是周公事业，若其不见用，则亦可施之于治
家治身，家与国元只一理，只规模有大小，若能使贯彻，多少快活。
今人读了，专用诸时文，身与经自为两途，有何济。益如《论》《孟》
都是说心法治法，《大学》《中庸》皆然，《诗》是心之吟咏，《书》
是心之典则轨范，《春秋》是断案，《易》是包括总统心性之书，改
头换面，都只一理。人能于《周官》制度认得治心修身之学，煞是

进了……只周公作经，不容不如此立法，当以意通之，难为执
着也。

阳枋推《周礼》是周公治国平天下之法制，认为治家治国虽规模大小不
同，但道理相同，所以主张于《周官》制度上体认治心修身之学。此处，
阳枋将《周礼》与《诗》《书》《易》《春秋》等经典并列，对《周礼》治
国修身之用颇为推崇。

《字溪集》卷七《说经》中，阳枋推《周礼》为经礼，曰：

> 礼仪三百，威仪三千。三百是《周礼》，谓之经礼，威仪是曲礼，
> 委曲言之。三千、三百皆是天地间许多节文，待其人而后行，须是与
> 天地相似底人方行得。

我们从中不难看出，阳枋对《周礼》的态度是尊崇的。

（一六）赵汝腾

赵汝腾（？—1261），字茂实，宗室子弟，居福州（今福建省福州
市）。宝庆二年（1226）中进士，历任礼部兵部架阁、籍田令、秘书省正
字、校书郎、秘书郎兼史馆校勘、玉牒所检讨官、直焕章阁知温州、直徽
猷阁江东提点刑狱、直宝文阁知婺州、起居舍人兼权中书舍人、起居郎兼
权吏部侍郎、吏部侍郎兼侍讲、礼部尚书兼给事中兼修国史实录院修撰、
翰林学士兼知制诰兼侍读、龙图阁学士知绍兴府、浙东安抚使、端明殿学
士提举佑神观、翰林学士承旨知泉州等职，其对皇帝的谏奏颇为切直。景
定二年（1261）卒，特赠四官。

赵汝腾担任温州守令期间，曾为王与之《周礼订义》一书作《后序》，
其中有曰：

> 《周礼》一书，先儒疑信相半，横渠氏最尊敬之，五峰氏最摈抑
> 之，二说交驰，学者幽冥而罔知所从。尝平心思之，《周礼》真周公
> 书，《汉志》所谓"《周官》六篇"是也，独不幸有三可憾。在成周未
> 能为成书，在后世不得为全书，此予每深致其愧惜嗟叹之意……然向
> 使周公得辅成王于洛邑，推行其六典，事制曲防之间，文理密察之
> 际，必犹有所改定，庶几为成书以诏后世。惜也洛邑未及迁，六典有
> 书未尝行，可憾一也。仲尼，慕周公者也，从周之叹发于闲居，使得
> 遂其为东周之志，六典必见于推行，讨论润色益至于大成，备周公之
> 未备者，不在仲尼乎？横渠氏谓仲尼继周，损益可知是也。惜明王不
> 兴，天下莫能宗之，不复梦周之叹，方形而天复不憖遗矣，可憾二

也。秦火后，经籍多残失，礼书为甚。汉武帝时，河间献王始得《周官》于民间，比《诗》《书》最晚出，故武帝诏有礼坏之叹。颜师古谓亡其《冬官》，补以《考工记》，有所亡，有所补，非全书也。此伊川氏所谓《礼经》多出于掇拾灰烬之余，安得句为之解是也，可憾三也。有是三可憾，则是书之存于天下后世，固足以见周公为万世开太平之大旨。然前之既未为成书，后之又不得为全书，则不能不使万世而下，抱不得见周公经制大成之深恨，先儒乃尽归咎于刘歆，以为剿入私说，迎合贼莽，不亦甚乎？

赵汝腾赞叹"《周礼》真周公书"，认为书中有"周公为万世开太平之大旨"，其对《周礼》推崇之情溢于言表。赵汝愚指出《周礼》不幸有"三可憾"：一是在成周未能为成书，在后世不得为全书，且未尝行；二是孔子不得志，不能推行六典，更不能讨论润色至于大成、备周公之未备；三是秦火后，《周礼》又有残失，亡《冬官》，补以《考工记》。由此后学不得见周公经制之大成，将此恨完全归咎于刘歆，说他"剿入私说""迎合贼莽"，赵汝腾认为是不完全允当的。

我们由上可知，赵汝腾对《周礼》是抱持着尊崇态度的。

（一七）《周礼详说》的作者

《周礼订义》卷首《编类姓氏世次》中，王与之的《周礼详说》为所引宋代诸家的第二十七家，曰："王氏，未详谁氏，建阳作《王状元详说》刊行，今作'王氏详说'。"据此可知，王与之所引"王氏详说曰"出自《王状元详说》一书，此书作者非绍兴二十七年（1157）状元王十朋[①]，但真正作者也难考其详了。据王与之所引判断，此书援引宋人之说止于王安石、陆佃、王昭禹、郑锷四家，由此推论，《周礼详说》的作者可能是南宋初期人。

《周礼详说》的作者推崇《周礼》是周公"为天下后世法"。其曰：

> 洛邑营于周公摄政之五年，此书作于六年，是朝市之位已立矣。何于此而复佐后立市乎，是知此书周公作之为天下后世法。[②]

在《周礼详说》的作者看来，《周礼》不仅是周公还政成王之前所立有周一代法度，也是周公为天下后世所立之法，其对《周礼》的尊崇可见一斑。

---

① 参见夏微《〈周礼订义〉研究》，310～311页。
② （宋）王与之：《周礼订义》卷一二引"王氏《详说》曰"。

（一八）陈汲

陈汲，字及之，永嘉乐清（今浙江省乐清市）人。据道光年间《乐清县志》记载，他初习科制，晚年曾获荐举，但未就官。

陈汲对《周礼》所载制度较为推崇，对《周礼》一经也持尊信的态度。他曾驳斥疑经之论，曰：

> 《周礼》虽以设官三百六十为额，然职事员数不止此。以天官考之，凡卿大夫命士三百五十余人；地官除乡、遂、山虞、林衡、司关、司门不可考者，四百余人；春、夏、秋三官皆五百余人。凡六官中，大略以春、夏、秋三官为准，以少乘多，皆以五百人为额，凡三千人。其间兼摄者必相半也，何者？先王之制，因事而命官，作史之人，因官而分职。以三公六卿论之，如《周礼》所云二乡必公一人，六卿各掌其职，宜若不可兼，而成王时，周公以公兼太宰，召公以公兼宗伯，苏忿生以公兼司寇，故《书·洛诰》云"司徒、司马、司空"也。成王将崩，同召太保奭、芮伯、彤伯、毕公、卫侯、毛公，则是六卿中召公、毕公、毛公亦上兼三公矣。由是推之，先王之制，其职则不可废，其官未必一一有。举其大略，则土训、诵训无他职事，掌葛征絺绤，掌染草征染草，掌荼征荼，掌炭征炭，角人征齿角，羽人征毛羽，每官掌一事，无事之日多矣；军司马、行司马、舆司马、戎仆、戎右有军旅则用之；甸祝、田仆有田猎则用之；有丧纪则用夏采、丧祝；有盟会则用诅祝；建邦国则用土方氏；来远方之民则用怀方氏，先王岂能以禄食养无用之官，待有事然后用之，亦临事兼摄尔……作礼者以职不可废，故各设其官职以待智者决择耳……或者又谓乡、遂设官最冗，六乡之民不过七万五千家，今设官至万八千九百三十人，为大夫者百八十八；六遂之民亦不过七万五千家，而设官乃三千九百九十八人，为大夫者四十人；乡、遂共十五万家，大抵官吏至二万三千人，如因民之入以赋官禄，则十五万家之人所入能几何，而足以养二万三千官吏也。殊不知乡、遂之官吏皆土居人，其大官如卿则朝臣兼之，以下大夫命士之属分散在他处，且如乡、遂，人数势不可得兼者则各置焉。①

欧阳修在《问进士策三首》中曾对《周礼》提出怀疑，他认为《周礼》所

---

① 　（宋）王与之：《周礼订义》卷首《论官职多寡》引"陈及之曰"。

载官制体系庞大，官冗费繁，恐难行于世。陈汲此处就驳欧阳修之说，申《周礼》所载。他认为，先王之制是因事命官，《周礼》所载官僚体系虽然庞大，但以一官兼摄数职事者必多，而撰《周礼》之人据职事不同分记官名，因此，《周礼》所载官僚体系实际所需官员并不烦冗。如成王临终托孤，召公、毕公、毛公以六卿上兼三公，即为兼摄之事的明证。他还指出，周代之官位不虚设，官禄也不虚受，如有田猎之事才设甸祝、田仆，有丧事才设夏采、丧祝等，这些职官皆非常设之官，临事才以他官兼摄而已。至于乡、遂官员，虽人数众多，但多委任当地人担任，品位较高的官吏则由朝臣兼任，不能兼任的才委派官吏专管，故乡、遂之官也无治费烦冗之患。

再如，胡宏力诋《周礼》之非，认为《周礼》非经，乃刘歆伪作，而尊信《周礼》者多驳斥其说。陈汲曾曰：

> 胡五峰云："先王之制，凡官府次舍列于库门之外，所以别内外、严贵贱也，今官正乃比宫中之官府次舍之众寡，又曰去其奇邪之民，则是妃嫔与官吏杂处，帷墆不严而内外乱矣。"殊不知官正所掌者，宫中徒役之民与夫典妇功、典丝枲、染人、屦人等官，皆士人也，皆有官庐、官署在内，虽在宫中，不应与妃嫔杂处。汉郎吏舍、卫士庐，周匝殿内，自后世而观，亦与宫嫔杂处耶。稍有政事，亦必有节制矣，如胡氏之说，则凡在外朝者悉士民可也，凡在宫中者悉妃嫔可也。①

胡宏认为，从宫正"以时比宫中之官府次舍之众寡""去其淫怠与其奇邪之民"这一职事来看，《周礼》所载妃嫔与官吏杂处于宫中，有乱内外的嫌疑，不符合先王所立别内外、严贵贱之制。陈汲驳斥胡宏此论，他认为宫正所掌的"宫中之官府次舍"是典妇功、典丝、典枲、染人、屦人等官与徒役之民的居所，他们的官署和居所虽在宫中，但与妃嫔居处有别，二者不能杂处。另一方面，既然于宫中安置官府，就当事先立一定制度以别内外、严贵贱，怎容妃嫔与官吏杂处而生乱内外的嫌疑？且汉代也在宫中设郎吏和卫士的居所，可知胡宏所论过于绝对化，其对《周礼》的怀疑是无根据的。

从陈汲驳斥欧阳修和胡宏的疑经之论来看，他尊信《周礼》的学术立

---

① （宋）王与之：《周礼订义》卷五引"陈及之曰"。

场是明确的。

（一九）李叔宝

李叔宝，字景齐，莆阳（今福建省莆田市）人。生平不详。

李叔宝尊崇《周礼》为经，认为其中记载的是纯然周代治典。其云：

> 仲长统以为，《周礼》礼之经，《礼记》礼之传。《礼记》作于汉儒，虽名为经，其实传也。盖《礼记》所记多有春秋、战国间事，不纯乎唐、虞、夏、商、周之制，故《王制》纪朝觐，为文、襄时事，《月令》说太尉官名，为战国间事，曾未若《周官》之纯于周礼也。①

李叔宝采信东汉仲长统之论，主张"三礼"之中，《周礼》为经，《礼记》为传，认为《周礼》所载为纯然周制，而《礼记》作于汉儒，所载多为春秋、战国之事，虽有经之名，实为经之传。

不仅如此，李叔宝还认为《周礼》中寓含周公建官之深意。其云：

> 古人自抱关、击柝而上，皆以下士为之，无非乡举里选德行道艺之人，此成周建官之美意。②

> 自伏羲造书契以代结绳之政，而人之要约益严，诚信益薄，圣人岂固欲如是，纷纷世变之所趋，不得不然。周公为周，岂不能还斯民于淳朴之域，而小宰以"八成经邦治"，若所谓"比居""简稽""版图""傅别""礼命""书契""质剂""要会"，无非切切于簿书，惟恐防奸之不密者，其待民不既薄矣乎？大抵周公制作，凡所为纤悉委曲者，不独为一时言，实为后世虑也。教化之孚者诚，不待要约之固，而后世诚信之已薄，则文籍之可稽，犹足济治道之穷，故虽春秋诸侯侵暴，犹知恶其籍，则知简书之可畏，亦足以维持人心，周公可谓长虑。③

李叔宝认为，《周礼》所载成周建官之制中寓有周公制作的深谋远虑，如以乡举里选的德行道艺之人为官任事，就蕴含了成周建官选贤与能的美意；而小宰以八成之法助王与大宰经邦治国，则深寓周公为后世谋虑之义。正因《周礼》一书寓含周公建官之深意，足以维持人心，故春秋战国时期诸侯争霸，才畏惧《周礼》一书，甚至不惜将其毁灭。

由上可知，李叔宝对《周礼》持尊崇的态度，承认《周礼》为经，认

---

① ②　（宋）王与之：《周礼订义》卷首《论官职多寡》引"李景齐曰"。
③　（宋）王与之：《周礼订义》卷四引"李景齐曰"。

为《周礼》中寓含周公建官之深意。

（二〇）孙之宏

孙之宏对《周礼》抱持着尊重的态度。其具体观点参看"第五章　南宋《周礼》学（下）"的"第三节　永嘉学派的《周礼》学说"中"六、孙之宏的《周礼》学说"，其下"（二）对《周礼》的态度"，兹不赘述。

（二一）王与之

王与之认为"三礼"之中《周礼》最尊，对《周礼》抱持着尊崇的态度。其具体观点参看"第五章　南宋《周礼》学（下）"的"第一节　王与之《周礼订义》"中"四、从《周礼订义》看王与之对《周礼》本经的认识"，其下"（一）对《周礼》的态度"，兹不赘述。

（二二）《六经奥论》的作者

《六经奥论》，旧题郑樵撰，前贤时贤已辨此书非郑樵撰，但作者也难知其详了。

《六经奥论》的作者对《周礼》持尊崇的态度。其曰：

> 《周礼》一书……或谓文王治岐之制，或谓成周理财之书，或谓战国阴谋之书（何休云）①，或谓汉儒附会之说（乃刘歆作），或谓末世渎乱不验之书。纷纭之说，无所折衷。予谓非圣人之智不及此。五等之爵，九畿之服，九州十二境闽、蛮、夷、貊，祭天祀地，朝觐会同之事，皆非文王时政所得及也。以是书而加文王，非爱文王者也。虽其书固详于理财，而其规画也似巧，而惠下也甚厚；其经入也若丰，而奉上也甚约。谓为理财之书，又非深知《周礼》者也。使战国有如是之法，则战国为三代矣！使汉儒有如是之学，尚或为汉儒乎？惟见其所传不一，故武帝视为末世渎乱不验之书，而不知好也……今观诸经，其措置规模不徒于弼亮天地、和洽人神，而盟诅雠伐凡所以待衰世者，无不及也，不徒以检柅君身、防绝祸患，而米盐丝枲，凡所以任贱役者无不及也。使之维持一世，则一世之人安；使之维持百世，则百世之人安；使之维持千万世，则千万世之人安。贻谋燕翼后世，岂无僻王，皆赖前哲以免，则周公之用心也，所谓"兼三王""监二代"尽在于是。是书之作于周公，与他经不类，《礼记》就于汉儒，则《王制》所说朝聘为文襄时事，《月令》所说官名为战国间事，

---

① （　）中文字，以双行小字的形式注于文后。以下与此同。

曾未若《周礼》之纯乎周典也……若夫后世用《周礼》，王莽败于前，荆公败于后，此非《周礼》不可行，而不善用《周礼》者之过也。①

《六经奥论》的作者认为，《周礼》所载乃"纯乎周典"，书中措置规模宏大高远，纤悉必至，"非圣人之智不及此"，如盟诅雠伐之类就是预先设置，以待衰世的。用《周礼》，"使之维持一世，则一世之人安；使之维持百世，则百世之人安；使之维持千万世，则千万世之人安"，周公"贻谋燕翼后世"之心于此可见。至于后世，用《周礼》屡败，《六经奥论》的作者认为不是《周礼》本身的过失，而是用《周礼》者之过。

我们从中可以探知，《六经奥论》的作者对《周礼》抱持着尊崇的态度。

二、尊且疑

北宋有些学者承认《周礼》的经典地位，但也强调《周礼》存在讹缺，且有些内容是可疑的，可能出于后世的添加，需要甄别。他们对《周礼》尊且疑的态度也被不少南宋学者接受传承，以下分别论述其人其说。

(一) 朱熹

朱熹（1130—1200），字元晦，一字仲晦，号晦庵，徽州婺源（今江西省婺源县）人。绍兴十八年（1148）进士，官至焕章阁侍制兼侍讲，庆元二年（1196），遭诬陷落职罢祠。庆元三年（1197），立"伪学逆党籍"，朱熹名列其中。庆元六年（1200），病故，时年71。朱熹历仕高宗、孝宗、光宗、宁宗四朝，大部分时间从事讲学和著述，他是继孔子之后儒学发展史上又一里程碑式的人物，其学说影响深远。朱熹一生著述等身，如《四书章句集注》《家礼》《近思录》《仪礼经传通解》《书集传》《资治通鉴纲目》等。

朱熹对《周礼》抱持着尊信的态度。其曰：

《周礼》一书好看，广大精密，周家法度在里，但未敢令学者看。②

《周礼》一书，也是做得缜密，真个盛水不漏！③

今只有《周礼》《仪礼》可全信。《礼记》有信不得处。④

---

① （宋）郑樵：《六经奥论》卷六《周礼辨》，见文渊阁《四库全书》，第184册。
②③④ （宋）黎靖德：《朱子语类》卷八六。

　　　　大抵说制度之书，惟《周礼》《仪礼》可信，《礼记》便不可深信。①

由上可知，朱熹尊《周礼》，认为《周礼》体大思精，内容严密周详，保存了周代法度；朱熹信《周礼》，将《周礼》和《仪礼》并举，认为《周礼》记载的周代礼制、官制较为可信。

　　南宋疑经之风更盛，加之受王安石牵累，出现了不少怀疑、诋毁《周礼》的言论，朱熹对此进行驳斥，维护《周礼》的经典权威。其曰：

　　　　今人不信《周官》。若据某言，却不恁地。盖古人立法无所不有，天下有是事，他便立此一官，但只是要不失正耳。且如女巫之职，掌宫中巫、祝之事，凡宫中所祝皆在此人，如此，则便无后世巫蛊之事矣。②

　　　　五峰以《周礼》为非周公致太平之书，谓如天官冢宰，却管甚宫闱之事！其意只是见后世宰相请托宫闱，交结近习，以为不可。殊不知此正人君治国平天下之本，岂可以后世之弊而并废圣人之良法美意哉！又如王后不当交通外朝之说，他亦是惩后世之惩。要之，《仪礼》中亦分明自载此礼。至若所谓"女祝掌凡内祷、祠、祭、禳之事"，使后世有此官，则巫蛊之事安从有哉！③

在朱熹看来，《周礼》设官分职固琐细，但皆属有是事才设是官，以一官掌一事盖古人立法所有，而胡宏所云王后外交诸侯等事与《仪礼》所载礼制并行不悖，可知是周代之礼法。至于女祝一官亦见于后世，预设此官，可免巫蛊之祸，这些都是圣人的良法美意。

　　《周礼》所载制度与诸经多相抵牾，如《大司徒》所载建都之制、封国之制不与《尚书·洛诰》《尚书·武成》《孟子》相合；《职方氏》所载九畿贡制，不与《尚书·禹贡》相合。正因如此，自《周礼》于西汉面世后，一直遭受排弃和怀疑。如《周礼》真是周公遗典，其中蕴含周公设官分职的实况，为什么《周礼》所载诸制与其他经典所载制度相抵牾呢？朱熹试图解决此矛盾，他的观点是《周礼》虽记载周公政典，但此书并未完全实施，如《唐六典》般，故《周礼》所载有些制度同其他经典所载制度相吻合，有些制度又同其他经典所载相矛盾。

　　另一方面，朱熹对《周礼》经文的细微处也是有所怀疑的。其云：

───────────

①②③　（宋）黎靖德：《朱子语类》卷八六。

禁治虾蟆已专设一官，岂不酷耶！①

后人皆以《周礼》非圣人书。其间细碎处虽可疑，其大体直是非圣人做不得！②

可知，朱熹对《周礼》经文的细碎处是存疑的，如蝈氏、赤发氏、蝈氏、壶涿氏等官之设有琐屑、残酷之嫌。但这与他尊信《周礼》的态度是不相悖的。虽有疑问，朱熹同时也肯定《周礼》"大体直是非圣人做不得"。

总之，尊信《周礼》，自觉地维护《周礼》，这就是朱熹对《周礼》的态度。

（二）王炎

王炎（1137—1218），字晦叔，号双溪，婺源（今江西省婺源县）人。乾道五年（1169）进士，官至军器少监，平生与朱熹交厚，嘉定十一年（1218）卒，年82。撰有《尚书小传》《礼记解》《论语解》《孝经解》《春秋衍义》《禹贡辨》《考工记考疑》等，多亡佚，今存《双溪类稿》。

王炎对《周礼》颇尊重，曾就宋人的疑经之论进行驳斥。曰：

> 夫为治有定法，天下无定时，时异则法异，虽尧、舜、禹相授一道，法亦不能无损益也。分画九州，尧之制也，至舜则析而为十有二州；分命羲、和，尧之制也，至夏则羲、和合为一官。圣人察人情，观世变，立法经治虽不可变，亦不可泥古，此周公之意也。而读《周礼》者，至今不能无疑，王畿不可以方千里也，五服不可以分为九服也，三等之国不可斥之以为五等也，井田之制，积同为成，积丘为县都，内外不容异制也。或者见其可疑，则曰《周礼》非周公之全书也。盖汉儒以意易之者多矣。汉儒之言《周礼》，诚不能无失，然亦不敢遽变其意也，考之于经，见其可疑，举而归罪于汉儒，岂得为至论哉！且夫禹之五服，服五百里，各指一面言之，故东西相距而为五千。周之九服方五百里，则以其方广言之，东西相距其地亦止于五千，又何斥大封域之有。且梁州之地，《职方》所无，周公岂不能复先王之故土而治之，然而不在封域之内者，务广德，不务广地可知矣，言其斥大封域而为九服，考之不详之故也。周之洛邑虽曰天地之中，北近大河，东西长而南北狭，不可以规方千里，然温在今之河北，下阳在今之河东，皆畿内地，不以河为限也，若曰洛在河南，不

能规方千里，则商人之都在河北涯，邦畿千里，何以见于《商颂》，则言千里王畿之非实者，亦考之不详之故也。井田之法，凡九夫为井，皆以成田言之，沟洫道涂不与焉，内而乡、遂，外而县、都，其法一也。然在乡、遂，则自一井积之，方十里为成，又自一成积之，方百里为同，所以定乡、遂、授田之数也。在家邑，则自一井积而为邑、为邱、为甸，四甸为县，四县为都，所以定公卿之采地也，郑康成不察内之成同外之邑都，皆自一井积之，见其广狭不同，而以为井田异制，又为之说曰"一甸之地，旁加一里以为成；一都之地，旁加十里而为同"，此康成之误。有以汩经之文，而遂谓先王井地之制不应内外异法，此又考之不详之过也。若夫三等之国分为五等，则周公之意盖逆虑世变而求有以制之也。唐虞之世，天下号为万国，然强则肆，弱则屈，敌则争，于是迭相兼并，至周之初，宇内不过千八百国，则向之万国、社稷、邱墟十七八矣，周公于是欲分而为五等，自公以下所食之地少，附庸之国多，欲其以大比小，以小事大，庶几可以小大相维。然必建邦国之时，方定其地，初非取先王经制之国尽从而更张之也。盖周公虽定六官之制，亦度时措之宜而行之，盖有定其制而未行者矣，亦有已行之后世，随时而变者矣。定鼎郏鄏谓之建国，以为民极，然成康未尝都洛，幽王之败，周始东徙，此所谓定其制而未行者。三等之国分为五等，法虽立而未行，亦此意也。五刑之罪二千五百，穆王变为祥刑，凡三千条，穆王去成王未远也，然不用周公之法。《吕刑》一书，夫子盖有取焉，此所谓后世随时而变者也。若曰徙封数大国，则诸侯尽扰，司徒之制言封国，不言徙国，以封为徙，此又考之不详之过也。①

苏轼、苏辙兄弟是北宋较有代表性的怀疑《周礼》的学者，他们对《周礼》的怀疑集中于制度方面，主要质疑《周礼》所载的五等爵制度、封国制度和井田制度，并由对制度的怀疑引向对《周礼》的质疑，如苏轼认为"《周礼》非圣人之全书"，其间有"战国所增之文"，苏辙也认为《周礼》一书"秦汉诸儒以意损益之者众矣，非周公之完书也"。王炎此处连用四个"考之不详之过也"，驳斥了苏轼、苏辙对《周礼》所载五等爵制度、封国制度和井田制度的怀疑，其维护《周礼》的立场于此可见。

---

① （宋）王炎：《双溪类稿》卷二六《周礼论》，见文渊阁《四库全书》，第 1155 册。

但另一方面，王炎对《周礼》也有所怀疑。其曰：

> 虽然前辈之所疑者，吾固推经意而辨之矣，《周礼》犹有可疑者，先儒盖未之疑也。祀昊天上帝则服大裘而冕，祀五帝亦如之，且祀昊天于南至，服裘为宜，祀黄帝于季夏盛暑之月，而亦服裘，可乎？王搢大圭，又执镇圭以朝日，《考工记》谓之大圭其长三尺，杼上终葵首，郑康成谓玉方一寸，其重一斤，若圭长三尺，设若其博二寸有半，其厚四分，则其重殆三十斤，而王能搢之乎？王乘玉辂，建太常，维者六人，服皆衮冕，夫衮冕王与上公之服也，维太常者，徒行于车后，乃亦衣龙衮，与王同服，不几于尊卑无辨乎？太宰，六官之长也，其属六十，而内小臣、寺人、九嫔、世妇、女御之职皆与焉，以天子之正卿，而宦、寺、宫、妾悉为之属，不已亵乎？天官既有世妇，春官又有世妇，且曰每官卿二人，谓之妇则不得以为卿，郑康成乃曰如汉有长秋，亦以士人居之，夫士人为卿，则又不得谓之妇矣，且王后六宫，而天子六卿，若宫有二卿，则卿十有二人，何其数之多耶？①

王炎对《周礼》的怀疑主要是从情理角度出发的，疑问有五：其一，王祀五帝与祀昊天上帝皆服大裘而冕，祀昊天在冬至日，天气寒冷，服裘适宜，但祀黄帝在盛暑季节，也穿大裘，似乎与常理不合？其二，王搢大圭，又执镇圭以朝日，如按《考工记》所载和郑玄注解，大圭重约三十斤，从正常情理角度考虑，怎么能搢得住呢？其三，为王的玉辂执太常的六人，服皆衮冕，与王和上公服饰相同，是否存在尊卑不辨的嫌疑？其四，太宰乃天子之正卿，六官之长，但下属的内小臣、寺人、九嫔、世妇、女御皆以宦、寺、宫、妾等卑贱之人担任，这不是亵渎天官的尊严吗？其五，《天官》有世妇一职，《春官》又有世妇一职，且《春官》世妇以"卿"担任，但妇女不能担任"卿"，而士人为卿，又不能称之为"妇"，在编制安排方面也存在超编的情况，这些矛盾如何作解呢？

提出自己的疑问后，王炎又试图解释《周礼》见疑于世的原因。其曰：

> 《周礼》一书，今学者所传，康成之训释也，则康成可谓有功于《周礼》矣！虽然六官之制度以康成而传，亦以康成而晦，盖康成之

---

① （宋）王炎：《双溪类稿》卷二六《周礼论》。

于经，一则以纬说汩之，一则以臆说汩之，是以周公之典其意不得不晦也。周公之典既晦，是以学者不得不疑也，前辈之所疑者，不揆其僭而释之，而吾之所疑，则世未有辨之者，后必有能辨之者矣，故表其说，以待来者考正焉。[1]

在王炎看来，郑玄之于《周礼》，既有功，又有过。功在于注解《周礼》，使《周礼》流传后世；过在于郑玄以纬说、臆说解经，造成《周礼》中所蕴含的周公之意隐晦不明，引起后学的怀疑。对于他提出的疑问，王炎也期待后学能够进行研究考证，并予以解答。

总之，虽然对《周礼》有所怀疑，但尊重《周礼》，维护《周礼》的经典地位，是王炎对《周礼》的态度。

（三）陈傅良

陈傅良对《周礼》相当尊信，但也有所怀疑。其具体观点参看"第五章　南宋《周礼》学（下）"的"第三节　永嘉学派的《周礼》学说"中"三、陈傅良的《周礼》学说"，其下"（四）对《周礼》的态度"，兹不赘述。

（四）陆九渊

陆九渊（1139—1193），字子静，号象山，金溪（今江西省抚州市金溪县）人。乾道八年（1172）进士，绍熙（1190—1194）初年累迁至奉议郎知荆门军，卒于官，谥文安。陆九渊是宋明理学重要派别"心学"的开山之祖，有《象山先生全集》传世。

陆九渊对《周礼》持尊且疑的态度。《象山语录》卷一载曰：

> 后世言伏羲画八卦，文王始重之，为六十四卦，其说不然。且如《周礼》虽未可尽信，如筮人言三易，其经卦皆八，其别皆六十有四，龟筮协从，亦见于《虞书》，必非伪说。如此则卦之重，久矣。

由上可知，陆九渊认为《周礼》有些内容"必非伪说"，但整体内容"未可尽信"，对《周礼》的态度既尊又疑。

（五）叶适

叶适对《周礼》的态度是尊而存疑的。其具体观点参看"第五章　南宋《周礼》学（下）"的"第三节　永嘉学派的《周礼》学说"中"四、叶适的《周礼》学说"，其下"（一）对《周礼》的态度"，兹不赘述。

---

① （宋）王炎：《双溪类稿》卷二六《周礼论》。

（六）俞庭椿

俞庭椿对《周礼》持尊且疑的态度。其具体观点参看"第三章　南宋《周礼》学（上）"的"第三节　俞庭椿《周礼复古编》"中"三、从《周礼复古编》看俞庭椿对《周礼》本经的认识"，其下"（一）对《周礼》本经的态度"，兹不赘述。

（七）魏了翁

魏了翁赞同朱熹的观点，对《周礼》也抱尊而有疑的态度。其具体观点参看"第四章　南宋《周礼》学（中）"的"第四节　魏了翁《周礼折衷》"中"三、魏了翁对《周礼》本经的认识"，其下"（一）对《周礼》本经的态度"，兹不赘述。

（八）方大琮

方大琮（1183—1247），字德润，号壶山，莆田（今福建省莆田市）人。开禧元年（1205）省试第三人，除右正言，疏论天下大势，复言理乱安危之要，迁起居舍人兼实录院检讨官。端平三年（1236），上疏评论济王之冤，为御史弹劾，与王逸、刘克庄同日去职，曾任福建转运使、知广州、知隆兴、集英殿修撰、宝章阁直学士，年65而卒，谥忠惠。撰有《铁菴集》《壶山四六》。

方大琮《铁菴集》卷二六《周礼疑》，对《周礼》提出了方方面面的怀疑。曰：

> 郑众按《书序》"成王既革殷命，还归在丰，作《周官》"，谓为此官。贾公彦以五年营成周，六年制礼作乐，谓为此礼。所作果何时？公岂不能身致太平，何为自苦，思虑忧及来世，作为此书以贻后世纷纷之论耶？孟氏谓公思兼三王，有不合者，仰而思之，坐以待旦，其精神思念尽在是欤？诸侯恶其害己而去其籍，一厄也。秦始绝灭诗书，而搜索其籍烧之使尽，再厄也。至汉而其书始出，武帝不之信，不以置之学官，又一厄也。三厄之余，所谓缺文者，往往于是失之欤？所幸者未尽亡于此，而疑信者半也。何休六国阴谋之诋，林孝存渎乱不验之排，所非果何见？唐太宗读之，则曰真圣典也，王通赞制作之备，则曰千载之上未有如周公者，所是果何据？折以"吾从周"之言，孔子岂欺我哉！王莽常从之矣而有列肆、井区之扰，荆公尝从之矣而有青苗、保甲之害，岂烦密琐屑，必有公而后能行，而后世不可一尝试欤？

于此，方大琮对《周礼》的撰作时代、作者问题、流传过程中遭遇排弃诋毁的原因、流传过程中受到赞美尊崇的根据以及应用《周礼》一再失败的原因都提出疑问。

《周礼疑》中，方大琮还质疑《周礼》制度。曰：

> 姑舍是而论尤有可疑者。什一定赋，古制也，而或十而一，十而三，二十而五，用民不过三日，古制也，而丰年旬用三日，殆十倍于前，古不足遵欤？周之兴也，关市讥而不征，而廛夫有五布之敛，泽梁无禁，而王府入渔人之税，文王不足法欤？《酒诰》之戒商民也，曰勿庸杀之，而掌刑则有搏髐之政，《无逸》之戒成王也曰无淫于田，而司马有致禽馌兽之法，岂《书》与礼经有异欤？夫家之征，所以重闲民之禁也，而转移执事又以一职任焉，伪饰有禁，所以杜侈靡也，而王之金玉玩好则有掌焉，一经亦不必同旨欤？噫！公之书能信于孔、孟、文中子，而不能信于何休、林孝存之流，能行于周之世，而不能行于王莽、荆公之时，能使太宗叹服，而不能释武帝之疑，何欤？疑之而轻议者，行之而背驰者，其为不知则一也，于公何损。本朝名儒不为不知公者，复雠之事，伊川疑之，盟诅之说，横渠疑之，欧阳公疑征役，苏黄门疑封建，胡五峰疑宫闱，岂其非公全书，或有杂之者欤？诸公之疑其非者，乃所以深信其是欤？然则公之心其能安于千古之下欤？此其说皆难通也，试讨论之。

此处，方大琮对《周礼》所载征役制度、征税制度提出怀疑，认为与古制不合，还指出《周礼》所载制度与《尚书》存在差异，而《周礼》本经所载制度之间也存在彼此矛盾的情况。同时，他还列举了程颐①、张载、欧阳修、苏轼、胡宏对《周礼》制度的怀疑。他对《周礼》制度的怀疑是从是否符合古制、与其他文献记载是否吻合、与《周礼》本经记载是否吻合的角度提出的。

另一方面，方大琮又承认《周礼》的经典地位，其曰：

> 《周礼》，周之旧典，礼经也，其疑比他经特甚。②

方大琮承认《周礼》是礼经，所载乃周之旧典，但也指出学界对《周礼》

---

① 方大琮云"复雠之事，伊川疑之"，其说不确。据我们查考，是二程的学生怀疑《调人》所载"复雠之事"，而二程予以回答。所以，程颐不怀疑"复雠之事"。

② （宋）方大琮：《铁菴集》卷二六《周礼疑》，见文渊阁《四库全书》，第1178册。

的怀疑"比他经特甚"。

在《铁菴集》卷二五《经疑》中，方大琮曰：

> 《周礼》非周公之书乎，而封国征役之制与他书异，《礼记》非夫
> 子之言乎，而《儒行》一篇有豪士节，此特汉儒驳杂之耳，未可执之
> 以为全非圣人之书也。嗟夫！杏坛寂寞，槐国荒芜，荜门圭宝之士去
> 圣久远，恨不得以身周旋其间，亲见圣人而质之，而乃独抱遗经于千
> 载之下，微辞奥义之幽深，脱简残编之抵牾，则宜平心以解之，而不
> 敢为隐怪，当精意以思之，而不敢为卤莽，宜参考诸儒以订之，而不
> 敢为相攻要之，求不戾古人之意而已。故曰：惟深知君子，而后精于
> 察六经之疑，惟自信君子，而后可确破六经之疑。愚虽曰未能，而窃
> 有志于斯者非一日矣。

《铁菴集》卷二七《经疑》中，方大琮又曰：

> 问：昔夫子自卫反鲁，删《诗》、定《书》、系《周易》、作《春
> 秋》、习礼正乐，又与群弟子质疑答问，辑其言之善，号曰《论语》，
> 后世学者宗之，以为五经之管钥，六艺之喉衿，欲进道者不可不以为
> 阶也。近世名公巨儒，则或不然，掇其篇章，以为非圣人之书，撮其
> 语句，以为非圣人之言，参以臆见，窃有疑焉，试一详之……《周
> 官》之书，制封建，立井田，法天地四时而备之，规模宏远矣，或又
> 谓《周礼》非周公之全书，有不可信者三，皆秦汉诸儒之所损益，又
> 果然乎？

南宋中后期，经典辨疑之风有肆无忌惮之势，学界对不少经典的怀疑失之
轻率，这其中也包括《周礼》。有些人因为《周礼》所载制度与其他经典
不同，就断言《周礼》非周公之书，而出自汉儒。方大琮对此不以为然，
认为因局部而否定整体，诋毁《周礼》非经，态度是草率的，非研究经典
之法。在方大琮看来，《周礼》所载封建、井田诸制度规模是宏远的，不
容轻易否定其价值。

总体而言，方大琮对《周礼》的态度是尊且疑的。

（九）陈振孙

陈振孙，字伯玉，号直斋，浙江省安吉县梅溪镇人。宁宗、理宗之
际，历溧水、绍兴、鄞县教授。嘉定年间（1217—1224）任江西南城县
令。宝庆三年（1227）任兴化军通判。端平三年（1236），以朝散大夫知
台州，除浙东提举，次年改知嘉兴府。淳祐四年（1244），除国子司业，

淳祐九年（1249），以宝章阁侍制致仕，卒赠光禄大夫。代表作《直斋书录解题》是中国古代著名的私家藏书目录。

陈振孙承认《周礼》是"先秦古书"，认为其中"名物度数可考不诬"，但另一方面，他对《周礼》也有所怀疑。其曰：

> 愚案：此书多古文奇字，名物度数可考不诬，其为先秦古书，似无可疑。愚所疑者，邦土邦事灼然不同其他，繁碎驳杂，与夫刘歆、王安石一再用之而乱天下，犹未论也。①

陈振孙对《周礼》有肯定，也有怀疑。他肯定《周礼》"多古文奇字，名物度数可考不诬"，主张《周礼》是先秦古书。他对《周礼》的怀疑主要集中于三方面：其一，《地官》部分所记载的与"邦土邦事"相关的制度，同其他经典，如《尚书》《孟子》的记载，存在较大差异，这如何作解？其二，《周礼》内容存在"繁碎驳杂"的问题，令人生疑。其三，既然《周礼》是兴致太平之书，为何后世一再用之，却导致天下大乱呢？

总之，陈振孙从文字、名物的角度肯定《周礼》是先秦古书，又从与其他文献记载是否吻合、是否切合实用的角度，怀疑《周礼》内容驳杂。

（一〇）陈藻

陈藻，字元洁，号乐轩，福清（今福建省福清市）人，林亦之弟子，有《乐轩集》传世，为弟子林希逸所编。

陈藻对《周礼》的态度是尊重的。《乐轩集》卷六《周礼井田沟洫赋税兵政》开篇之首，陈藻曰：

> 《周礼》一书，周公致太平之迹是也。

《乐轩集》卷六《周礼》中，陈藻亦曰：

> 《周礼》一书，其所载者六官，武王既黜殷命，还归在丰，作《周官》，或以为即此书也，或以为次于《立政》之下者，一篇而止耳。今观二书虽详略不同，而实相表里，岂六篇者其详，而一篇者其略耶？

从中可知，陈藻认为《周礼》中存有周公致太平之迹，此书可与《尚书·周官》相表里。

但陈藻对《周礼》也有疑问，在《乐轩集》卷六《周礼》中曰：

---

① （宋）陈振孙：《直斋书录解题》卷二，上海，上海古籍出版社，1987。

以官作其书，而以礼命之，何耶？凡一官之首，必冠以"民极"二字，极者，道之正统，礼者，道之一端，礼果足以尽道耶……说者又以为，始皇时，疾《周官》，搜焚独悉，是以隐藏百年，虽自山岩屋壁入于秘府，而五家之儒莫见，夫六经等耳，始皇特疾此书，其亦有说欤？始皇疾之，而汉五家之儒亦莫得见于秘府，何欤？且是书也，始于成帝之刘歆，识其为周公致太平之迹，永平杜子春一尊信之，从而有郑众、贾逵、马融、康成，迭出而和其唱，其书遂与五经抗衡于世。今读其书，舍注传而难晓，康成后出，所存旧注因称"司农"者众，称"大夫"者兴，兴者众之子，康成以其宗而别其称，后人而指康成，则又以兴为先郑，而彼为后郑焉。且成周之书而释于东汉诸儒之手，官名变矣，器物改矣，其为注传意料臆度，马曰是，而贾曰非，先郑曰然，而后郑曰否，将孰为当耶？贾公彦等其疏之去取，可信耶，不可信耶？

陈藻此处对《周礼》的名称、《周礼》的传承过程、汉儒经注之是非、贾疏如何去取都提出了疑问，可见其对《周礼》也有所质疑。

由上可知，陈藻对《周礼》的态度是尊且疑的。

（一一）王应麟

王应麟（1223—1296），字伯厚，号深宁居士，又号厚斋，庆元鄞县（今浙江省宁波市鄞州区）人。淳祐元年（1241）进士，宝祐四年（1256）复中博学宏词科，官至礼部尚书兼给事中。其为人正直敢言，屡次触怒权臣丁大全、贾似道，遭罢斥。辞官回乡后，专意著述，学宗朱熹，涉猎经史百家、天文地理，熟悉掌故制度，长于考证，一生著述丰富，计有20余种，600多卷，代表作有《玉海》《困学纪闻》。

王应麟对《周礼》的态度是尊而有疑的。在《困学纪闻》卷四《周礼》中，王氏曰：

> 汉河间献王得《周官》，而武帝谓末世渎乱不验之书，唯唐太宗夜读之，以为真圣作，曰：不井田，不封建，而欲行周公之道，不可得也。人君知此经者，太宗而已。刘歆始用之，苏绰再用之，王安石三用之，经之蠹也。唯文中子曰：如有用我，执此以往。程伯子曰：必有《关雎》《麟趾》之意，然后可以行《周官》之法度。儒者知此经者，王、程二子而已。
>
> 张禹以《论语》文其诐，刘歆以《周官》文其奸，犹以《诗》

《礼》发冢也。禹不足以玷《论语》，而以歆訾《周官》可乎？（西山
曰：歆之王田、安石之泉府，直窃其一二以自盖尔。）①

从两处论述来看，王应麟赞同唐太宗、王通和程颢对《周礼》的评价，认
为唐太宗是"人君知此经者"，王通和程颢是"儒者知此经者"。对于学界
因刘歆、王安石之故诋毁《周礼》，王应麟颇不赞同，主张对刘歆和王安
石人品、作为的评价不能和《周礼》真伪的评价混同一体。由此可知，王
应麟对《周礼》颇尊崇，视之为经。

另一方面，王应麟对《周礼》个别内容也有怀疑。《困学纪闻》卷四
《周礼》中，就载有王氏对《周礼·大府》的怀疑，曰：

玩物丧志，召公以为戒，凡"式贡之余财，以共玩好之用"，恐
非周公之典，《无逸》曰"惟正之供"。

此处，王应麟从《周礼》主体思想旨归的角度，怀疑《大府》所载"共玩
好之用"事有玩物丧志之嫌，与周公《无逸》一篇所载"惟正之供"的思
想相矛盾，故怀疑《周礼·大府》此处经文。

（一二）黄仲元

黄仲元（1231—1312），字善甫，号四如，莆田（今福建省莆田市）
人。咸淳七年（1271）进士，授国子监簿，不赴。宋亡，更名渊，字天
叟，号韵乡老人，教授乡里以终。其说多述朱子之绪论，然亦时出新义，
发前儒所未发，撰有《四如讲稿》。

黄仲元对《周礼》制度颇尊崇，在《四如讲稿》卷四《周礼》中曰：

开卷第一，"惟王建国，辨方正位，体国经野，设官分职，以为
民极"五句，便费解说。唐太宗与魏徵问对，太宗如何断曰：诚哉，
深乎！如何又语魏徵：不井田，不封建，而欲行周公之道，不可得
也。此五句，上三句是一截，下二句是一截。"建国"二字合天子与
诸侯说，自王畿以至畿外，大小之国皆王者所建也。王者自治其千
里，乃参日景而考极星，求地之中而"辨方"焉，乃右社稷而左宗
庙，求朝之中而"正位"焉。于是有城郭宫室之制，四面拱卫莫不有
体，谓之"体国"，于是有井牧沟洫之制，纵横曲直莫不有经，谓之
"经野"。这是建国井地一时都了，王者不能以独治其国也，必有贤智
为之臣，久于其官而不去，于是设六官而分之以职，爵秩之崇卑以事

---

① （ ）中的文字，是以双行小字的形式记注于正文之下的。

之缓急，职掌之详略因事之轻重，其体统正，其名分严，凡若是者，为民故也，故结之曰以为"民极"。"极"如"商邑翼翼，四方之极"。千里之畿，地狭民寡，治之者众，上而卿，次而大夫、士，下而庶人之在官者，自百而归之六，自六而归之一，所操者至简。大者与之为大，小者与之为小，所行者至易习之，于尊卑等级之中而消其亡等冒上之心，使之趋向定而分守安，"民极"于是乎立矣。合看"建国"是总说，"辨方正位、体国经野"是说王畿，不"辨方正位"、不"体国经野"，如何会"设官分职"。中国之体既正，居官有舍，食禄有田，然后可以居百官而临万民，所以"设官分职，以为民极"，分下截说此，所以不封建、不井田而欲行周公之道，不可得也。未论《周礼》是周公作，假使出于汉儒，解说及此，亦是晓得古人井田、封建意思……古人作书皆有纲领，看此五句，《周官》备矣。

从内容分析的角度入手，黄仲元充分肯定《周礼》制度，他认为"惟王建国，辨方正位，体国经野，设官分职，以为民极"五句，是《周礼》纲领，其下所有内容皆围绕此纲领展开，层层推进，有条不紊，就制度而言，《周礼》是完备的。黄仲元还特别指出，无论《周礼》作者是谁，能有这样的宏阔设计，也是深知先王政治深意的，值得尊重。

对于南宋学界关于《周礼》真伪愈演愈烈的争论，黄仲元反对肆无忌惮的非圣毁经言论。在《四如讲稿》卷四《周礼》中，曰：

　　读《周官》者多矣。是此书者，谓纲领尽见于序官之目，其所不可闻者，虽见于联事合治之间，其所不可紊者，亦定于分职率属之际，谓学者当以意会，毋徒从事于物仪事数之末，庶足以见成王、周公之心，谓有向上一截，然其中无所不有，方见古人开阔。非是书者，谓周制最大者，莫若建都、封国、设官，今与《书·洛诰》《召诰》《武成》《周官》皆不合，谓成王言六卿，何尝配天地四时，兵谓之夏，司空谓之冬，最为无理，谓男巫、女巫、方相氏，此何为者，谓天官却管甚宫壸，谓八法、九赋等事，无非以法以利而已，又其甚者，谓莽之事，歆之文，以衰世之制为盛时之典，悖理伤教，甚矣……此书今以进士举列于学官，学者序为六籍，莫之少贬，随声窃响，一例诋訾，岂为尊经？

对于当时学界"是《周礼》""非《周礼》"的两种立场，黄仲元分述其观点，特别指出非《周礼》是"莽之事，歆之文，以衰世之制为盛时之典"，是"悖理伤教"的，有疑经过头之嫌。而举进士业之学子，随声附和，诋訾《周礼》等经典，也非尊经应有之态度。

另一方面，黄仲元对《周礼》也不能全然无疑，在《四如讲稿》卷四《周礼》中，他也谈到了对《周礼》的怀疑。曰：

> 礼书残缺，所存者"三礼"皆非全书也，而《周礼》之可疑者尤多。《汉·艺文志》：《周官经》六篇，未尝名曰《周礼》。《河间献王传》：所得书皆古文先秦旧书，《周官》《尚书》《礼记》。《儒林传》：平帝时，又立《左氏春秋》《毛诗》《逸礼》《古文尚书》，亦未尝言及《周礼》，不知《周礼》之名何始乎？《礼记》：经礼三百，注谓《周礼》也，《周礼》六篇，其官有三百六十，则康成名之也，古无《周礼》书。谁谓周公所作？《三礼正义》谓《周礼》《仪礼》并周公所记，又谓刘歆独识其书为周公致太平之迹，考之《歆传》，无斯语也，疏家《序周礼废兴》，谓郑玄知周礼乃周公致太平之迹，故能答临硕问难，则谓周公所定亦始于康成也。然是书之出，始于何时？《三礼正义》谓汉武时，有李氏获之，上河间献王，独缺《冬官》，今传乃不载，补《考工记》一事，岂所谓《周官》者是耶？《艺文志》谓孝文时，乐人窦公献其书，乃《周官·大宗伯·大司乐》章，则文帝时是书已有传之者矣，真古书欤？否也？《歆传》：哀帝初，王莽举歆，复领五经，歆乃集六艺群书，种别为《七略》，又言歆欲立《左氏春秋》及《逸礼》，皆列于学官，帝令歆与五经博士讲论，或不肯置对，歆移书太常，曰鲁共王坏孔子宅，得古文《逸礼》有三十九，藏于秘府，伏而未发，成帝发秘藏、校旧文得此，或脱简，或间编，礼失求于野，古文不犹愈于野乎？歆所谓《逸礼》其《周官》乎？

此处，黄仲元回顾了由汉迄宋的《周礼》传承史，提出了对《周礼》命名、流传过程等问题的怀疑。

总体而言，黄仲元对《周礼》虽有疑问，但他不否定《周礼》的经典地位，对《周礼》的态度是尊而有疑的。《四如讲稿》卷四《周礼》中，他如是表达对《周礼》的态度，曰：

> 吁！礼非全书出，又最后传者，又最寡，此《周礼》之所以可疑。是之者，或失之过；非之者，尤失之过。此《周礼》之所以难讲，大抵此书不可不信，亦不可尽信……故善读《周礼》者，是者是之，非者非之，非者，吾未敢议，吾辈相与求其是可矣。

读是书者，考其合于圣人者取之，不合于圣人者勿强为之说，而不可尽以为谬。

黄仲元主张，对于《周礼》"不可不信，亦不可尽信"，善读《周礼》的态度应是"是者是之，非者非之"，既取《周礼》制度中合于圣人处，也不轻易地判定《周礼》的错谬，更不可非毁《周礼》是伪书。

（一三）《礼库》的作者

《礼库》一书未见载于宋代及以后官私书目中，王与之《周礼订义》卷首《编类姓氏世次》中，王与之列《礼库》为所引宋代诸家的第十二家，曰："《礼库》，未详谁氏，今作'礼库曰'。"可知，王与之所引《礼库》一书，当时就已不明作者了。

从《周礼订义》所引来看，《礼库》作者对《周礼》所载官制较为推崇，对于疑经之论也曾予以驳斥。如《礼库》曰：

> 比长、闾胥之属，只民间推择为之，可以表率五家者为比长，表率二十五家者为闾胥，即非官司。案乡官、遂官皆不设局，无府、史、胥、徒之属，非官司也。后世论成周设官，并乡、遂数之，遂疑其太多，此不考之故。①

北宋中期，欧阳修曾从现实政治的角度出发，对《周礼》所载官僚体系表示怀疑。他的《问进士策三首》中曾言及《周礼》所载官制体系过于庞大，六官之属略见于经者就五万余人，官员太多，治费繁冗，恐难行于世。《礼库》此论，应是针对欧阳修的疑经之见而发的。《礼库》作者认为，闾胥、比长等乡、遂官员皆由民间推择而出，以表率乡里，并不设置官府，也无府、史、胥、徒等属员，故在计算成周职官时不应计入乡、遂之官，疑《周礼》所载职官烦冗者有失考之误，是疑所不当疑。

另一方面，《礼库》的作者对《周礼》经文也有所怀疑。如《礼库》曰：

> 周制，国君、夫人、世子、命夫、命妇过市皆有罚，所以别朝市，辨义利，分贵贱。今内宰却佐后立市，市井之令出于房闼之中，此渐不可长。而况宫中之秘密却与市井之事，其意果安在？②

---

① （宋）王与之：《周礼订义》卷一九引"《礼库》曰"。
② （宋）王与之：《周礼订义》卷一二引"《礼库》曰"。

《司市》经文曰："国君过市，则刑人赦。夫人过市，罚一幕。世子过市，罚一帟。命夫过市，罚一盖。命妇过市，罚一帷。"《内宰》经文亦云："凡建国，佐后立市，设其次，置其叙，正其肆，陈其货贿，出其度、量、淳、制，祭之以阴礼。"《礼库》作者认为，此二处经文记载相矛盾，据《司市》之说，市为交利和行刑之处，君子无故不游观，国君、夫人、世子、命夫和命妇过市皆有罚，以分朝市、义利和贵贱之别；然据《内宰》之说，内宰职事之一即是"佐后立市"，后身份尊贵，与王相匹，却要在内宰的辅助下设立市，参与市井琐事，而市井之令竟自宫中出，实在匪夷所思。乍看之下，《司市》与《内宰》的两处记载从情理上是相互抵牾的，故《礼库》的作者就此提出疑问。

总之，《礼库》作者虽对《周礼》经文有所怀疑，但并不否认《周礼》的经典性质，对《周礼》所载官制也较为推崇。

三、疑《周礼》非经

伴随经典辨疑之风的深化，南宋对《周礼》的怀疑更多，立论点也更趋多样，但真正论定《周礼》非经的却不多。以下分别论述之。

（一）范浚

范浚（1102—1150），字茂明，婺州兰溪（今浙江省兰溪市）人。绍兴（1131—1162）中，举贤良方正，以秦桧柄政，辞不赴。著有《诗论》《易论》《春秋论》《香溪集》。

范浚怀疑《周礼》"不尽为古书"，这主要是就《周礼》设官"琐细悉备"而言的。其曰：

> 周公作六典，谓之《周礼》。至于六官之属琐细悉备，疑其不尽为古书也。周公驱猛兽，谓虫蛇恶物，为民物害者，而《蝈氏》云："掌去蛙黾，焚牡蘜，以灰洒之，则死。"蛙黾不过鸣声聒人，初不为民物害也，乃毒死之，似非君子所以爱物者。又牡蘜焚灰，大类狡狯戏术，岂所以为经乎？《司关》云："凡货不出于关者，举其货，罚其人。"说者谓不出于关，从私道出避税者，则没其财而挞其人，此决非周公法也。文王治岐，关市讥而不征。周公相成王，去文王未远，纵不能征，使凡货之出于关者征之足矣，何至如叔季世设为避税法，没其货，挞其人，劫天下之商必使从关出哉？此必汉世刻敛之臣，如桑羊辈，欲兴权利，故附益是说于《周礼》，托吾周公以要说

其君耳。不然亦何异贱丈夫登垄断而罔市利，其为周公何如哉?①

范浚为了说明《周礼》设官"琐细悉备"，令人怀疑，这里举了两个例子：其一，蝈氏一官，掌去蛙黾，范浚认为蛙黾不过叫声聒噪，算不上害民之物，专设一官毒死蛙黾，不能体现君子爱物之心。且除蛙黾所用的"牡鞠焚灰"之法，类于狡狯戏术，圣人岂能用之，遑论著入经典。其二，司关一职负责稽查走私避税者，若有抓获，就没收其人财物，并挞之，范浚认为《周礼》如此规定大不同于文王治岐之法，过于刻敛，不类于周公仁民爱物之心，倒有类于汉代欲兴榷利的桑弘羊之流。基于此，范浚大胆否定《周礼》和周公的关系，推断《周礼》非经，其中的附益之说不过打着周公的旗号诓骗君主罢了。

由上可知，范浚否定《周礼》的经典地位。他对《周礼》的怀疑主要从是否符合"圣人之心"的角度出发的，他认为《周礼》中的有些内容不符合他理想中的"圣人之心"，因而据此怀疑《周礼》"不尽为古书"。

（二）洪迈

洪迈（1123—1202），字景卢，号容斋，饶州乐平（今江西省乐平市）人，洪皓之子。绍兴十六年（1146）进士，官至端明殿学士，年80而卒，谥文敏。撰有《容斋随笔》，是中国古代著名的学术笔记。

洪迈赞同胡宏的观点，也主张《周礼》非周公所作，而是出于刘歆之手。但他主要怀疑《周礼》不具备经典的资格，而没有效仿胡宏，判定《周礼》是"乱臣贼子伪妄之书"。其曰：

> 《周礼》一书，世谓周公所作，而非也。昔贤以为战国阴谋之书，考其实，盖出于刘歆之手。《汉书·儒林传》尽载诸经专门师授，此独无传。至王莽时，歆为国师，始建立《周官经》以为《周礼》，且置博士，而河南杜子春受业于歆，还家以教门徒，好学之士郑兴及其子众往师之，此书遂行。歆之处心积虑用以济莽之恶，莽据以毒痛四海，如五均六筦、市官赊贷，诸所兴为皆是也，故当其时公孙禄既已斥歆颠倒六经、毁师法矣。历代以来，唯宇文周依六典以建官，至于治民发政亦未尝循故辙。王安石欲变乱祖宗法度，乃尊崇其言，至与《诗》《书》均匹，以作《三经新义》，其《序》略曰"其人足以任官，其官足以行法，莫盛乎成周之时。其法可施于后世，其文有见于载

---

① （宋）范浚：《香溪集》卷五《读周礼》。

籍，莫具乎《周官》之书。自周之衰以至于今，太平之遗迹扫荡几
尽，学者所见无复全经。于是时也，乃欲训而发之，臣知其难也，以
训而发之之难，则又以知夫立政造事、追而复之之为难"，则安石所
学所行实于此乎出，遂谓一部之书理财居其半，又谓《泉府》凡国之
财用取具焉，岁终则会其出入而纳其余，则非特摧兼并、救贫厄，因
以足国事之财用，夫然故虽有不庭不虞，民不加赋，而国无乏事，其
后吕嘉问法之而置市易，由中及外，害遍生灵。呜呼！二王托《周
官》之名以为政，其归于祸民一也。①

　　洪迈认为《周礼》出于刘歆之手的理由有二：其一，《周礼》的传授统绪
至刘歆才明确。《汉书·儒林传》记载经典传授的师门统绪，唯独没有
《周礼》的传授统绪。关于《周礼》的传承，有明确记载的始于王莽居摄
年间，国师刘歆奏请以《周礼》为经，置博士，才开始有明确的传承脉
络。其二，王莽、王安石皆托名《周礼》行变革，结果都是祸国殃民。王
莽据《周礼》推行五均六筦、市官赊贷，而《周礼》不过是刘歆处心积虑
迎合王莽想法制作的，并非周公致太平之书，结果自然是荼毒天下。至王
安石，误信《周礼》为周公书，还"立政造事、追而复之"，据《周礼》
推行的青苗、市易诸法，意图达到富国的目的，结果也是遍害生灵，祸国
殃民。

　　总之，承袭胡宏之说，洪迈从《周礼》的传承以及是否切合实用的角
度，主张《周礼》非周公兴致太平之书，不过是刘歆苟趋荣利，迎合王
莽，托名周公之书。与胡宏不同的是，洪迈对《周礼》虽然有很深的怀
疑，一是疑《周礼》在西汉刘歆之前没有明确的传承统绪，二是疑以《周
礼》改革屡遭失败的原因是否在《周礼》本身，但他没有遽然判定《周
礼》是伪书，只是认为王安石在《三经新义》中将《周礼》与《尚书》
《诗经》"均匹"是不当的。可知，洪迈认为《周礼》甚可疑，没有忝列经
典的资格，但态度审慎，并不非毁《周礼》是伪书。

（三）黄震

　　黄震（1213—1280），字东发，号文洁，慈溪（今浙江省慈溪市）人。
宝祐四年（1256）进士，官至提举浙东常平茶盐。宋亡后，寓居鄞县（今
浙江省宁波市），讲学著述，卒于故里。撰有《春秋集解》《礼记集解》

---

①　（宋）洪迈：《容斋续笔》卷一六《周礼非周公书》，见文渊阁《四库全书》，第851册。

《黄氏日抄》《古今纪要》等。

《黄氏日抄》卷三〇《读周礼》，比较集中地反映了黄震的《周礼》学观点，我们据此知道黄震对《周礼》颇多怀疑。他怀疑《周礼》的流传过程，曰：

> 孟子生于周末，周室班爵禄之制已不可得而闻，刘歆生于汉末，乃反得今所谓《周礼》六官之书，故后世疑信相半。

这里，黄震认为《周礼》在西汉的出现比较突兀，没有此前传承的交代，令人生疑。

黄震尤其怀疑《周礼》官制。北宋欧阳修就曾怀疑《周礼》设官冗滥的问题，黄震在《黄氏日抄》卷三〇《读周礼》也再三提及此问题，曰：

> 既曰"世妇"，而以卿大夫、士为之，何也？《周礼》六官，每官不过一卿，而"世妇"每官乃卿二人，何也？《天官》既有"世妇"矣，此《春官》又有"世妇"，何也？说者以《春官》者为外命妇，然外命妇各于其夫之家，而云每官何也？若内命妇，二十七世妇，每官二卿，是为五十四卿，何卿之多也？既命卿大夫、士矣，又有女府、史、奚凡二十人，又若何而共事也？皆未可晓。
>
> "占梦"，似不必置官。
>
> 大祝、小祝、丧祝、甸祝、诅祝、司巫、男巫、女巫。八官皆掌祝，似可并省。
>
> 齐右，为祭祀陪乘。道右，掌前道车。大驭，掌驭玉路。戎仆，掌驭戎车。齐仆，掌驭金路。道仆，掌驭象路。田仆，掌驭田路。驭夫，掌驭贰车。校人，掌王马之政。趣马，赞正良马。巫马，掌养疾马。牧师，掌牧马。廋人，掌十有二闲之政。圉师，掌教圉人养马。圉人，掌养马、刍牧之事。右十五官，似不必尽属《夏官》，恐亦有可并省者。
>
> 职方氏，掌天下之地。土方氏，掌土圭之法。怀方氏，掌远方之民。合方氏，掌达天下之道路。训方氏，掌道四方之政事。形方氏，掌制邦国之地域。山师，掌山林之名。川师，掌川泽之名。邍师，掌四方之地名。凡九官，于《夏官司马》亦迂，虽以之属《地官》可也，且亦多可并省，以宽民力。
>
> 士师，掌五禁之法，宫禁、官禁、国禁、野禁、军禁也。乡士，掌国中，各掌其乡之民数而纠戒之。遂士，掌四郊，各掌其遂之民数

而纠其戒令。县士，掌野，各掌其县之民数。方士，掌都家之狱讼。讶士，掌四方之狱讼。凡六官，次第甚明，但胥徒太多耳。

大行人，掌宾客。小行人，掌宾客之礼籍。司仪，掌摈相之礼。行夫，掌传递之小事。环人，掌送逆。象胥，掌夷国。掌客，掌礼牢。掌讶，掌等籍。掌交，掌节、币。掌察，掌货贿。凡十一官，皆为宾礼设，岂无可并省者，且于义合属《春官》《夏官》。

针对《周礼》官制冗滥问题，黄震这几处都谈到官职可以并省。如《天官》"世妇"与《春官》"世妇"的重复问题，占梦无须置官的问题，大祝、小祝、丧祝、甸祝、诅祝、司巫、男巫、女巫可并省的问题，齐右、道右、大驭、戎仆、齐仆、道仆、田仆、驭夫、校人、趣马、巫马、牧师、廋人、圉师、圉人可并省的问题，职方氏、土方氏、怀方氏、合方氏、训方氏、形方氏、山师、川师、邍师可并省的问题，大行人、小行人、司仪、行夫、环人、象胥、掌客、掌讶、掌交、掌察、掌货贿可并省的问题，士师、乡士、遂士、县士、方士、讶士胥徒太多的问题。在黄震看来，职事相近，可互相取代，就可以并省官吏，以宽民力。

黄震还指出《周礼》官制存在"五官之属皆差互不伦"的现象，在《黄氏日抄》卷三〇《读周礼》中，他一再论及此问题，曰：

愚按：《书》作于周而定于孔子。大如三宅三俊，《书》所载也，《周官》无之；小如三亳阪尹，《书》所载也，《周官》无之。而此乃于交互重复，何哉？[①]

节服氏掌祭祀、朝觐、衮冕。似于司马无关。

太仆，掌正王之服位，出入王之大命。小臣，掌王之小命，相王之小法仪。祭仆，掌受命于王，以眂祭祀。御仆，掌群吏之逆及庶民之复。隶仆，掌五寝之扫除粪洒之事。似皆于《夏官司马》无关，于《天官冢宰》之属则近之。

---

① 此处"愚按"的对象是陈傅良的一段话，为求理解黄震此段话的意思，现全文摘录陈傅良之论。"陈君举曰：如大史、内史掌六典、八法、八则、八柄之贰，宜属《天官》，乃属《春官》。大、小行人，司仪，掌客宜属《春官》，乃属《秋官》。宰夫，掌臣民之复逆矣，则大仆、小臣、御仆之掌复逆，宜属《天官》，乃属《夏官》。宰夫，掌治朝之位矣，则司士正朝仪之位，宜属《天官》，乃属《夏官》。《地官》掌邦畿之事，凡造都鄙、建社稷、设封疆既悉掌之矣，而掌固、司险、掌疆、候人又见于《夏官》。《天官》掌财赋之事，自夫府至掌皮，既悉领之矣，而泉、廪人、仓人又见于《地官》，自膳夫至腊人，不过充君之庖者，悉领于《天官》，至外朝百官之廪禄、府史胥徒之稍食、番上宿卫之给，乃见于《地官》，自内司服至屦人，凡王宫服饰之用，悉领于《天官》，而司服、司常、典瑞、巾车之属，乃见《春官》，此其分职皆有不可晓者。"

弁师，掌王之五冕。似宜属《春官》。

视祲，似宜属保章氏。

职金，掌凡金、玉、锡、石、丹青之戒令。其徒八十人，似多，亦不宜属刑官。

犬人，掌犬牲。宜属兽人、鸡人之列，然犬亦岂所以名官耶？

黄震提到《周礼》设官存在差互不伦的现象，令人费解。如大史、内史宜属《天官》，实际隶属《春官》；大行人、小行人、司仪、掌客宜属《春官》，实际隶属《秋官》；大仆、小臣、御仆与宰夫执掌接近，宜属《天官》，实际隶属《夏官》；司士与宰夫同掌治朝之位，宜属《天官》，实际隶属《夏官》；掌固、司险、掌疆、候人宜属《地官》，实际隶属于《夏官》；泉府、廪人、仓人掌财赋之事，宜属《天官》，实际隶属《地官》；司服、司常、典瑞、巾车之属，执掌王宫服饰之用，宜属《天官》，实际隶属于《春官》；节服氏执掌与《夏官》无关；太仆、小臣、祭仆、御仆、隶仆所掌与《天官》相近，实际却隶属于《夏官》；弁师宜属《春官》；职金不宜属《秋官》；视祲宜列于保章氏等职；犬人宜与兽人、鸡人同列。

对于《周礼》设官出现这样明显混乱的情况，黄震试图进行解释，曰：

愚按：《周礼》出于汉末。郑氏谓汉兴，购求《司空》篇不得，恐未可信。今以五官所余之数，合《考工》三十之数，自可足本篇六十，而谓先儒莫之能辨，此岂难见之事，而先儒莫之能哉？或疑此书正因晚出，故为错脱，以示其为古，未知然否，然五官之属皆差互不伦，非特"司空"一官而已也。

黄震认为，因为《周礼》是儒家诸经中最晚出者，为了"示其为古"，该书真正的作者仿照其他经典，故意错脱，所以《周礼》设官才出现如此明显的错杂混乱。

黄震还怀疑《周礼》官制的合理性。在《黄氏日抄》卷三〇《读周礼》中，其曰：

天地之所合也，四时之所交也，风雨之所会也，阴阳之所和也，然则百物阜安，乃建王国焉。按：此《周礼》中精语，形容卜洛之美也。然此书首言"惟王建国""以为民极""乃立地官"，是卜洛而后设司徒之官，岂先有司徒而后卜洛耶？若以此为司徒之职掌，则卜宅洛中，无再卜再宅之事。继此云诸公地方五百里，则汉人之言异乎

《孟子》俭于百里之说矣。说者以为《周官》兼山川附庸而言，则依附《鲁颂》形容之说，而曲为之回护也，百里指土地而言，岂包山川之虚数，附庸各自为国，何关诸公之封域耶？

《周礼·地官》"叙官"有云"惟王建国""以为民极""乃立地官"，黄震据此怀疑设大、小司徒之官和卜洛无论孰先孰后都有矛盾，无法自圆其说。若先设司徒官再卜洛，那么未"建国"，未"辨方正位，体国经野"，怎有"设官分职"？"乃立地官"更无从谈起。若是先卜洛再设司徒官，那么既然已经卜宅洛中，无再卜再宅之事，何必再将卜宅之事作为司徒之官的重要职责？于此衍生的封国制度，黄震认为无论后儒如何曲说回护，都有说不通的地方。

再如：

> 小司寇，掌外朝之政，以致万民而询焉，一曰询国危，二曰询国迁，三曰询立君。按：此官亦可疑，万民岂可致之外朝耶？如《盘庚》登进民于庭，止于国中之民，犹可也，国危、国迁与立君，皆外诸侯之事，其民岂得而致之耶？国之危与迁及立君，询之卿大夫可也，而询之民，何耶？

黄震认为，国危、国迁与立君皆国之大事，可与卿大夫谋，询之于民，有不合理处。

又如：

> 朝士，掌建邦、外朝之法。其曰：凡报仇雠者书于士，杀之无罪。既书于士矣，士何不正其罪杀之，而纵其人自相仇杀耶？

有复仇者书其缘由交给朝士，杀仇家即无罪。黄震以为，能上书于朝士诉其冤情，为何不由朝士执法，反而纵容民众相互仇杀，这与情理法理都有不合。

又如：

> 司民，掌登万民之数。司刑，掌五刑之法，以丽万民之罪。司刺，掌三刺、三宥、三赦之法。司约，掌邦国及万民之约剂。司盟，掌盟载之法。凡五官亦有次第，但盟恐非盛世事耳。

此处黄震也是怀疑《周礼》所载盟法与周公致太平之法的美誉不相称。

又如：

> 司隶，掌五隶之法，其徒至三百人。五隶者，罪、闽、蛮、夷、
> 貉也，罪隶、蛮隶、闽隶、夷隶、貉隶，又各百有二十人。盛时，蛮
> 夷于中国之王都何关，而收隶如此之多，不可晓也。

黄震认为，西周盛时，中国之王都收蛮夷之隶如此之多，不合理。

黄震还就《周礼》官制背后的设官意蕴进行怀疑。其曰：

> 按：自野庐氏至冥氏，凡九官，宜分属《天官》《地官》。自庶氏
> 至庭氏凡十一官，皆主杀害禽虫，恐无此理。
> 若诅祝，则春秋以后之事，恐非盛世所宜有。
> 服不氏掌养猛兽，射鸟氏掌射鸟，罗氏掌罗乌鸟，掌畜掌养鸟。
> 凡四官，似皆不见为民设官之意。
> 太史掌邦之六典，小史掌邦国之志。然大宰亦掌建邦之六典矣，
> 外史亦掌四方之志矣，且二史列于巫祝、冯相氏之间，亦不知何义。

黄震认为，庶氏至庭氏 11 官，主杀害禽虫；诅祝等官的设立以及服不氏、
射鸟氏、罗氏、掌畜之设立，既非盛世当有，又非为民，是不合圣人设官
本义的。至于太史、小史、外史列职于巫祝、冯相氏之间，黄震认为也是
奇怪的，无法解释。

在黄震看来，《周礼》可疑之处甚多，不具备经典的资格，勉强可以
视之为《尚书·周官》之注疏。在《黄氏日抄》卷三〇《读周礼》中曰：

> 如张横渠则最尊敬之，如胡五峰则最摈抑之，至晦庵朱先生折衷
> 其说，则意周公曾立下规模而未及用。近世赵汝腾按"惟王建国，以
> 为民极"数语，意周公作洛后所为，然亦不可考矣。惟程氏谓"有
> 《关雎》《麟趾》之意，然后可以行《周官》之法度"，此为于其本而
> 言之。学者明乎此，则不必泥其纷纷者。然窃意《周官》法度在《尚
> 书·周官》一篇，而未必在此书六典尔。
> 使此书果出于周，尚不过《尚书·周官》一篇之疏，况又说之不
> 通如此。

在《黄氏日抄》卷六八《周礼》中，黄震曰：

> 此书出于王莽，用于王安石，皆乱天下，恐不可以其名列于经而
> 尽信，其书必古书也，亦不过《周官》一篇注疏耳，大训何在，而名
> 经耶？

黄震主张，真想了解周代官制就读《尚书·周官》，因为《周礼》官制甚

可疑，大体出于汉代，即便可能出于周，也不过《尚书·周官》一篇的注疏罢了。

因为怀疑《周礼》，黄震主张对《周礼》采取审慎的态度。在《黄氏日抄》卷三〇《读周礼》中曰：

> 按：《周礼》，实汉成帝时刘歆始列之《七略》，王莽时刘歆始奏置博士尔。《周礼》始用于王莽，大败，再用于王安石，又大败。夹漈以为用《周礼》者之过，非《周礼》之过，是固然矣。然未有用而效者，恐亦未可再以天下轻试。

在《黄氏日抄》卷六八《周礼》中，又曰：

> 虽然归之世变不同，而谓《周礼》不可行于后世，此则善为《周礼》解嘲，盖未有过水心者也。

在黄震看来，《周礼》官制可疑，一再用之，皆遭遇失败，可知是不能见诸实用的。

总体而言，黄震甚疑《周礼》，否定《周礼》的经典地位，但并未非毁《周礼》是伪书，只是保守地建议不能再轻易地使用《周礼》进行政治改革了。

四、诋《周礼》为伪书

南宋有些学者从对王安石抨击延及对新学的攻击，进而将矛头对准王安石欲"立政造事，追而复之"的《周礼》，他们态度偏执，言辞激烈，诋毁《周礼》不遗余力。以下分别论述之。

（一）胡宏

胡宏（1105—1161），字仁仲，世称五峰先生，胡安国之子。他幼承庭训，服膺二程理学。入太学后，师事程门高弟杨时，后又拜侯师圣为师，故其学术以胡氏家学为底蕴，兼得程氏理学之正传。南宋初年，胡宏荫补右承务郎，因不愿与秦桧为伍，遂不就，隐居衡山，致力于学术研究，曾执教于碧泉书院、道山书院，并出任岳麓书院山长，湘、湖之士多求学于其门，张栻、彪居正、吴翌等皆为其高足弟子。胡宏一生著述较多，有《皇王大纪》《知言》《叙古蒙求》等。

胡宏是南宋诋毁《周礼》的代表性学者，他对《周礼》的评价是"乱臣贼子伪妄之书"。我们以为，胡宏对《周礼》评价如此之低，可能是受杨时的影响，也有对秦桧借口王安石新学搞政争的不满。胡宏曾师事杨时，杨时是二程弟子，二程对王安石新法颇有微词，靖康之变后，杨时更将北宋晚期的一切弊政都归罪于王安石，撰《书义辨疑》《周礼义辨疑》《毛诗辨疑》，专攻王安石《三经新义》，试图在学术上肃清新学的影响。另一方面，南宋建立初期，宋高宗信任秦桧，对金采取妥协投降政策，以图自保，朝中受洛学影响的士大夫抨击指责秦桧，秦桧则有意抬高王安石新学，打击洛学士大夫。受杨时和时局影响，胡宏也认为王安石以《周礼》祸宋，在抨击王安石的同时，将矛头对准了《周礼》。

晁说之评价《周礼》"诞迂不切事，适莽之嗜也"，胡宏在此说的基础上，更进一步提出《周礼》是刘歆为了迎合王莽的需要伪作的。其曰：

> 谨按：孔子定《书》，《周官》六卿，冢宰掌邦治、统百官、均四海者也。今以刘歆所成《周礼》考之……说者谓《周官》三百也，今乃冗滥如是，又设三百六十职焉，其妄诞不经昭昭矣。自刘歆成书，惟郑康成推赞之，真周公之罪人也。谨按：刘歆，汉家贤宗室向之子，附会王莽，变乱旧章，残贼本宗，以趋荣利，《周礼》之书本出于孝武之时，为其杂乱，藏之秘府，不以列于学官，及成、哀之世，歆得校理秘书，始列序为经，众儒共排其非，惟歆以为是。夫歆不知天下有三纲，以亲则背父，以尊则背君，与周公所为正相反者也，其所列序之书，假托《周官》之名剿入私说，希合贼莽之所为耳。[1]

在胡宏看来，刘歆攀附王莽，汲汲于名利，是对父不孝、对君不忠之人。他所独识的《周礼》不过是假托《周官》之名，剿入一己私说，以迎合王莽的需要，不仅颇为冗滥，且"妄诞不经"，不能引之为据。

在此基础上，胡宏还从多方面论证《周礼》设官分职琐碎冗滥、不符合圣人之意，绝非周公致太平之书。其曰：

> 谨按：孔子定《书》，《周官》六卿，冢宰掌邦治，统百官，均四海者也。今以刘歆所成《周礼》考之，太宰掌建邦之六典，夫大宰统五官之典以为治者也，岂于五官之外更有治典哉？则掌建六典，歆之妄也。太宰之属六十：小宰也，司会也，司书也，职内也，职岁也，职币也，是六官之所掌，辞繁而事复，类皆期会簿书之末，俗吏掊克之所为，而非赞冢宰进退百官、均一四海之治者也。古之君国子民者，以义为利，不以利为利，故百乘之家，不畜聚敛之臣；与其有聚

---

[1]　（宋）胡宏：《五峰集》卷四《极论周礼》，见文渊阁《四库全书》，第1137册。

敛之臣，宁有盗臣。今《天官》有宰夫者，考群都县鄙之治，乘其财用之出入，凡失财、用物、辟名者诛之，其足用、长财、善物者赏之。夫君相守恭俭，不向末作，使民务本，此足用长财之要也，百官有司谨守其职，岂敢逾越制度，自以足用长财为事？若刘歆之说，是使百官有司不守三尺，上下交征利，虽剥其民以危亡其国之道，非周公致太平之典也。古之王者，守礼寡欲，申义而行，无所忌讳，不畏灾患。今《天官》甸师乃曰丧事代王受眚灾，此楚昭、宋景之所不为者也，而谓周公立以为训，开后王忌讳之端乎？先王之制，凡官府次舍列于库门之外，所以别内外、严贵贱也，今宫正乃"比宫外之官府次舍之众寡"，又曰"去其奇邪之民"，则是妃嫔、官吏、众庶杂处，帘陛不严而内外乱矣。宫伯掌王宫之士庶子，郑玄以为宫中诸吏之适庶宿卫王宫者也。天子深居九重，面朝后市，谨之以门卫，严之以城郭，沟池环之，以乡、遂、县、都藩之，以侯甸男邦采卫守之，以蛮夷戎狄周匝四垂，中天下而立，定四海之民。今周公乃于宫中置诸吏，又以其士庶子卫王宫，何示人不广而自削弱如此也？王后之职，恭俭不妒忌，帅夫人、嫔妇以承天子、奉宗庙而已矣。今内宰凡建国佐后①立市，岂后之职也哉？内小臣掌王后之命，后有好事于四方，则使往，有好令于卿大夫，则亦如之。阍人掌守王宫中门之禁，说者以为此二官奄者、墨者也，妇人无外事，以贞洁为行，若外通诸侯，内交群下，则将安用君矣？夫人臣尚无境外之交，曾谓后而可乎？古者不使刑人守门，公家不畜刑人，大夫弗养士，遇诸涂弗与之言。周公作《立政》，戒成王以恤左右，缀衣虎贲，欲其皆得俊乂之人，今反以隐宫刑余近日月之侧，开乱亡之端乎？寺人、内竖，贱人，非所贵也。女祝掌宫中祷祀禳祧之事。夫祭祀之礼，天子、公卿、诸侯、大夫、士行之于外，后妃、夫人、嫔妇供祭服笾豆于内。况天地、宗庙、山川、百神，祀有典常，又安用此么么祷祠禳祧于宫中？此殆汉世女巫执左道入宫中，乘姬妃争妒与为厌胜之事耳。刘歆乃以为太宰之属置于王宫，其诬周公也甚矣……四方贡职，各有定制，王者为天下主财，奉礼义以养天下，无非王者之财也，不可以有公私之异。今大府乃有式贡之余财以共玩好之用，不几有如李唐之君受裴延龄之欺

---

① 文渊阁《四库全书》本《五峰集》此处作"左右"，误。今据文渊阁《四库全书》本胡宏《皇王大纪》卷一九记载更正为"佐后"。

閟者乎？玉府乃有王金玉良货贿之藏，不几有如汉桓灵置私库者乎？内府有四方金玉齿革良货贿之献，而共王之好赐，不几有如李唐之君受四方羡余之轻侮者乎？王衣裘服，宜夫人嫔妇之任也。今既有司裘，又有缝人、屦人等工力劳费，有能以财济国用者，则必旌显之矣，此天下所以败也。九官则皆掌饮食者也，医师之职固不可废，又有兽医等五官，皆医事也。幕人次舍之事，固不可废，而皂隶之所作也，亦置五官焉。凡此既不应冗滥如是。且皆执技以事上，役于人者也，而以为冢宰进退百官、均一四海之属，何也？汉兴，经五霸七雄，圣道绝灭，大乱之后，陈平为相，尚不肯任廷尉内史之事。周公承文武之德，相成王为太师，乃广制宫闱，猥亵衣服，饮食技艺之官以为属，必不然矣……太宰之属六十有二，考之未有一官完善者，则五卿之属可知矣。而可谓之经，与《易》《诗》《书》《春秋》配乎……昔先王盛时，不令而行，不禁而止，天下风动，无一物不得其所。其次犹令行禁止，天下无冤民。今刘歆司徒之属，有调人者掌和万民之难，有辟雠之法，有交雠之令，有成斗怒之书，此下陵上替、政令不行之明征也。周公力平王室，身致太平，其经国之典，固如是哉？王者提纲抚世，已受大不窥小。今刘歆司徒之属，有廛人者，凡珍异之有滞者敛而入于膳府，其细已甚矣，细已甚而民不伤者未之有也。夫齐民非有势禁也，徒以财利相役，犹能制人之命，破人之产，招怨生祸，况大君以雷霆之威，万钧之势，而细可行哉！百官有司，必承望风指，御人于国门之外，使民欲与之偕亡而后已也。又有泉府掌买卖商贾之滞货，敛散百姓之赊贷。夫审于音者聋于官，理势自然。王者布正大之德以治世，不行煦濡姑息之惠以沽名，乃能张理天纲，整顿万姓。若夫买卖赊贷之事，正市井商贾争锥刀之末，而草莽细民私相交际之所为也，岂大君所宜及哉？其言谬悖如是，乃尊以为经，与《易》《诗》《书》《春秋》并，是学者之不察也……王安石乃确信乱臣贼子伪妄之书，而废大圣垂死笔削之经，弃恭俭而崇汰侈，舍仁义而营货财，不数十年金人内侵，首足易位，涂炭天下，未知终始，原祸乱之本，乃在于是。噫嘻！悲夫有天下者尚鉴之哉。[1]

---

[1]　（宋）胡宏：《五峰集》卷四《极论周礼》。

胡宏从《天官》入手，举例论证冢宰下属许多职官负责的职事琐碎冗滥，有类于衰乱之世昏庸之君采用的弊政，如宰夫、甸师、宫正、宫伯、内宰、内小臣、阍人、女祝，设官或汲汲于聚敛财物，或云丧事代王受眚灾，或佐后立市，或助后外通诸侯、内交群下，或使刑人守门，或令女祝掌宫中祷祀禳禬之事等等。在胡宏看来，如此设官分职既不合"圣人之心"，也有悖于"圣人本义"，更与冢宰所谓"掌邦治，统百官，均四海"的职责相距甚远。此外，胡宏还认为《天官》部分的大府、玉府、内府在理财方面分别公私，或以式贡之余财以供王玩乐之用，或有金玉良货供王敛藏，或储藏四方贡献的金玉齿革，用于王私下的赏赐，如此安排有类于衰世的昏君之政，绝非周公致太平之典。胡宏还认为《天官》部分存在不少冗官，如司裘、缝人、屦人等，一事委于多人，劳费工力和钱财，比之汉制，尚且不如，何况圣人之制。对于所谓的"聚敛掊克"之官，如敛珍异之滞物入膳府的廛人、掌买卖商贾之滞货和敛散百姓之赊贷的泉府，胡宏更是大加挞伐，批评如此设官措置是算计太细、计利太卑，与民争利最终只能招怨生祸。

总之，胡宏认为"太宰之属六十有二，考之未有一官完善者，则五卿之属可知矣"。因《周礼》设官分职极为混乱，反映的不是先王圣人之良法美意，而是衰世乱世之弊政，所以《周礼》是伪造的，是"乱臣贼子伪妄之书"，不配称经，没有资格与《诗》《书》并列。

北宋晁说之抨击《周礼》多属意气之争，缺乏系统论证，而胡宏在晁氏的基础上更上层楼，他分析了《天官》部分的设官情况，论证《周礼》五官的设官皆如《天官》般混乱、琐碎、冗滥，更重要的是完全背离了"圣人之心"或"圣人本义"，反映的不是周公致太平之法，而是衰乱之世的种种弊政。这样的《周礼》不过是刘歆为迎合王莽以获取名利的工具罢了，是伪书，没有忝列经典的资格。总之，胡宏是不遗余力地全面否定《周礼》，而矛头所指，应是王安石新法，以及借口王安石新法搞政争的秦桧等人。

（二）包恢

包恢（1182—1268），字宏父，一字道夫，号宏斋，建昌（今江西省抚州市南城县）人。嘉定十三年（1220）进士，历官刑部尚书、签书枢密院事，封南城县侯，以资政殿学士致仕，卒赠少保，谥文肃，有《敝帚稿略》传世。

包恢门人郑无妄刻印其师著作《敝帚稿略》，于八卷之末言刻印原委，其中言及包恢生平著述，曰：

无妄窃惟先生之文若《易说》、若《周礼记》、若《讲义》、若《家传》，学者已争先睹之为快矣，独于文集之大成，则日月以俟而未之见，无妄屡以此请，而先生谦逊未遑，仅示其略。

后《经义考》卷一二四著录包恢《六官疑辨》，云：

> 刘克庄曰：宏斋包公著《六官疑辨》。盖先儒疑是书者非一人，至宏斋始确然以为国师之书。一日，克庄于缉熙殿进讲《天官》，至渔人，奏曰：《周礼》一用于新室，再用于后周，三用于熙宁，皆为天下之祸，臣旧疑其书，近见恢《疑辨》，豁然与臣意合，陛下试取其书观之，便见其人识见高，非世儒所及。上颔之。是日，贵主将下降，讲退，见箱笑塞殿庑，窃意所奏未必留圣虑矣。及还舍，坐未定，得宏斋柬，谓有旨宣谕刘某奏卿有《周礼解义》，可录进呈。宏斋既奉诏，遂抄其书奏御。

> 吴澄曰：毁《周礼》，非圣经，在前固有其人，不若吾乡宏斋包恢之甚，毫分缕析，逐节诋排，如法吏定罪，卒难解释，观者必为所惑。近年科举不用《周礼》，亦由包说惑之也。然愚尝细观，深叹其无识而已。

清代四库馆臣所撰《敝帚稿略》提要，其中有述及包恢的《周礼》学观点，云：

> 《隐居通议》又称，恢生平最疑《周礼》，以为非圣哲之书，遂著书剖其非，号曰《周礼六官辨》。

据此可知，包恢有《周礼》学著述，还曾进呈皇帝御览。包恢《周礼》著作的名称，记载有分歧，或曰《周礼记》，或曰《六官疑辨》，或曰《周礼六官辨》，要之在于论证《周礼》"非圣哲之书"，是伪造的。

非毁《周礼》的观点虽非包恢首创，但其论证颇有过人之处，刘克庄赞之曰"识见高，非世儒所及"，吴澄则评价曰"毫分缕析，逐节诋排，如法吏定罪，卒难解释，观者必为所惑"。于此可见，包恢论证《周礼》是伪书的言辞颇激烈，甚至有非毁经典的嫌疑了。可惜其书久佚，我们今天也难以知道包恢具体论证之细节了。

第三节　总结

以下分北宋、南宋两个时段分析论述宋代辨疑《周礼》真伪的发展历程，最后总结宋代辨疑《周礼》真伪的几个特点。

一、北宋辨疑《周礼》真伪的发展历程

我们分建隆至康定、庆历至治平、熙宁至靖康三个时段，论述北宋《周礼》学的发展。我们认为这三个时段也能反映北宋辨疑《周礼》真伪的发展历程，所以下面将从这三个时段入手进行论述。

（一）建隆至康定

西汉时，河间献王从民间献书中获得《周礼》，而后上奏朝廷，武帝并不重视，遂藏入秘府。成帝时，刘向及其子刘歆校理秘书，再次发现了《周礼》，也未对此书给予太多的关注。直到新莽时期，由于王莽非常欣赏《周礼》，授意刘歆奏请《周礼》为经，《周礼》才被立为经。东汉一代，《周礼》终未获得朝廷的认可，被立为经，但在民间学界《周礼》极受推崇，被视为古文经学之素王。魏晋以后，郑玄经学独步天下，郑玄极尊《周礼》，冠《周礼》于"三礼"之首，《周礼》终于获得官方认可，成为经典。因此，尊崇《周礼》为经是《周礼》"汉学"研究范式在《周礼》真伪问题上的主要认识。

北宋建隆至康定年间，学界对《周礼》的研究仍因循《周礼》"汉学"研究范式，所以在《周礼》真伪问题上，尊《周礼》为经仍是主要观点。

（二）庆历至治平

庆历年间，由于政治改革、教育改革与儒学复兴运动相互促进，学风发生了转变，经典辨疑思潮全面展开。辨疑为《周礼》研究注入了新的活力，这也体现在对《周礼》真伪问题的认识上。

此时期，学界在《周礼》真伪问题认识上形成了三种观点：第一种，倾向传统观点，尊《周礼》为经，如李觏尊《周礼》为周公为后世垂范的经典。第二种，在尊《周礼》为经的前提下怀疑，如欧阳修怀疑《周礼》官制冗滥、田制不合实用；刘敞怀疑经文存在讹误。第三种，怀疑《周礼》非经，如蔡襄从"奔者不禁"有碍人伦教化入手，怀疑《周礼》不堪为经。《周礼》"汉学"研究范式主导下尊《周礼》为经的主要观点，此时期受到了不同程度的怀疑，学界对《周礼》真伪问题的认识重新活跃起来，趋向多元化。

整体而言，庆历至治平年间，学界在《周礼》真伪问题上所持的尊崇与怀疑两种立场可以说是平分秋色、无分轩轾的。

(三) 熙宁至靖康

神宗即位之初，王安石被召入京，任翰林学士。王安石是庆历四年（1044）进士，担任地方官多年，对社会矛盾和危机有深刻认识，嘉祐三年（1058）曾上"万言书"，要求变法，是崭露改革热情、被当时士人寄予厚望的政治家。熙宁二年（1069），王安石出任参知政事，次年升任宰相，在神宗的支持下，发动了一场旨在富国强兵的变法运动，变法涉及政治、经济、文化思想领域，可谓全面。由于新法实施效果不尽相同，变法招致"议论汹汹"。熙宁七年（1074），王安石一度罢相，出知江宁府，此期间他撰成了《周官新义》，目的是"以所观乎今，考所学于古"①，即在《周礼》中为遭遇重重阻力的变法寻找理论依据。《周礼》有周公兴致太平之书的美誉，王安石以古老的经典缘饰变法，是想为变法革新披上先王政治的经典外衣，同时驳斥政敌对新法的诬蔑、攻击。就这样，《周礼》同王安石、同熙宁变法结下了不解之缘。

熙宁以后，学界对《周礼》的研究明显增多，牵涉对王安石变法的评价问题，《周礼》真伪问题成为争论的焦点。熙宁至靖康年间，学界对此问题的认识延续了庆历至治平年间趋向多元化的特点，主要形成四种观点：一是尊《周礼》为经，如黄裳尊《周礼》有循理避伪、由义归正之用，王昭禹认为《周礼》是群经源本，"其义可以幽赞神明，其文可以经纬邦国"；二是在尊《周礼》为经的前提下怀疑局部或个别经文，如张载怀疑盟诅之事不合周公制礼作乐本旨，王安石怀疑复仇之事会造成社会混乱，二程怀疑《周礼》有讹缺，王开祖怀疑有经文不合"圣人之心"，杨时怀疑盟诅非盛世事；三是怀疑《周礼》非经，如苏轼认为"《周礼》非圣人之全书"，其间有"战国所增之文"，苏辙认为《周礼》一书"秦汉诸儒以意损益之者众矣，非周公之完书也"，他们主要怀疑《周礼》的封建制度、井田制度等；四是诋《周礼》为伪书，代表人物是晁说之，他评价《周礼》"诞迂不切事"，不过是"适莽之嗜"的"残伪之物"。在《周礼》真伪问题认识上，此时期怀疑开始压倒尊崇，小占上风了，晁说之提出《周礼》是伪书的观点，更是达到了北宋对《周礼》评价之低的极致。

整体而言，熙宁至靖康年间，学界继续以辨疑为手段，突破《周礼》"汉学"研究范式下已论定的尊《周礼》为经的主要观点，提出了尊崇、尊而疑、疑非经、诋伪书四种观点，这基本奠定了《周礼》"宋学"研究

① （宋）王安石：《周官新义》卷首《周官新义序》。

范式下对《周礼》真伪问题认识的格局，即打破单一认识，趋向多元化。南宋各时期对《周礼》真伪问题的讨论，基本就在此格局中。

二、南宋辨疑《周礼》真伪的发展历程

我们以下分建炎至绍兴、隆兴至开禧、嘉定至南宋末年三个时段，论述南宋辨疑《周礼》真伪的发展历程。

（一）建炎至绍兴

建炎至绍兴年间，主要是宋高宗统治时期。当时，经历家国变迁的士大夫反思北宋灭亡的原因，争论王安石变法到底是福还是祸。因王安石曾撰《周官新义》，力图从《周礼》中为新法寻找经典依据，所以《周礼》被卷入了这场争论，《周礼》真伪问题成了议论的核心。

此时期，仍有学者尊《周礼》为经，如林之奇。他批判王安石《三经新义》，反对南宋初年的科举考试以《三经新义》为考试标准，但他对《周礼》持尊崇的态度，曾作《周礼讲义》诠释《周礼》。在林之奇看来，《周礼》荟萃三代之礼，其间有周公制作法度，设官规模宏大，有"立天下之本"的气魄；分职琐细卑近，有"尽天下之事"的细腻。也有学者怀疑《周礼》的经典地位，如范浚。在《香溪集》卷五《读周礼》中，从《周礼》设官琐细入手，范浚探讨了《周礼》设官分职缺乏周公应有的仁民爱物之心，进而得出结论，《周礼》"不尽为古书"。还有学者提出《周礼》是伪书，如胡宏。胡宏曾师事杨时，杨时在靖康之变后，将北宋晚期的弊政归罪于王安石，撰书驳斥《三经新义》，意图在学术上肃清新学的影响。胡宏赞同王安石以《周礼》祸宋之说，在掊击王安石新学的同时，将矛头对准了《周礼》。北宋末年，晁说之评价《周礼》"诞迂不切事，适莽之嗜也"，胡宏在此说的基础上，论证《天官冢宰》所设职官职事琐碎冗滥，有类于衰乱之世昏庸之君采用的弊政，绝非周公致太平之典，并将此推而广之，主张《地官》等设官分职多类同《天官》。胡宏最后的结论是，《周礼》是"乱臣贼子伪妄之书"，是刘歆为了迎合王莽嗜欲伪造的，目的是猎取名利，所以《周礼》不配忝列经典之列。

总体而言，建炎至绍兴年间，在《周礼》真伪问题上，怀疑甚至否定《周礼》的经典地位是当时认识的主流，尤其是胡宏提出的刘歆伪造《周礼》说，可谓一石激起千层浪。我们认为，建炎至绍兴年间学界对《周礼》的评价之低冠于宋代辨疑《周礼》真伪发展的各阶段，达到了顶峰，可以说是宋代《周礼》学史上对《周礼》评价最差的一个时期。此后，赞

同附和胡宏之说斥《周礼》为伪书者不多，但讨论《周礼》真伪问题，尤其是在南宋，几乎都不能绕开胡宏此论。至清末，康有为写作《新学伪经考》《孔子改制考》，主张刘歆遍伪群经，或许也有从胡宏这里采得的灵感吧。

（二）隆兴至开禧

建炎至绍兴年间，胡宏提出的刘歆伪造《周礼》的观点的确很有冲击力，引起了当时和此后学界不小的反响。这种反响是分两方面的：一方面，有些人赞同胡宏的观点，甚至附和其说；另一方面，有些人反对胡宏的观点，他们以对《周礼》的尊崇表明立场，抵制胡宏对《周礼》的诋毁。后一方面的反响，在隆兴（1163—1164）至开禧（1205—1207）年间体现得尤为突出。

隆兴至开禧年间，学界在辨疑《周礼》真伪的问题上，是以尊崇《周礼》的经典地位为主要观点的。当时学界对《周礼》的尊崇可分为两种：一种是较为纯粹的尊重，如郑伯熊、张栻、薛季宣、吕祖谦、楼钥、郑锷、陈亮、陈淳、易袚、叶时、郑伯谦、《周礼详说》作者，他们尊重《周礼》的原因有出于对《周礼》制度的推崇赞叹，有出于对三代古制美好的寄托，也有出于对周公的崇拜，其态度的整体特点是尊而无疑，能驳斥质疑《周礼》之论，尤其是驳斥胡宏诋毁《周礼》的言论。另一种是尊而有疑，即在尊《周礼》为经的前提下，怀疑《周礼》局部或个别内容。如朱熹尊崇《周礼》制度严密周详，保存了周代法度，肯定《周礼》"大体直是非圣人做不得"，但他怀疑薙氏、赤友氏、蝈氏、壶涿氏等经文的细碎处，认为有琐屑、残酷之嫌；王炎尊崇《周礼》中的封国、井田诸制度，但怀疑制度中存在的不合情理处；陈傅良尊崇《周礼》包蕴三代先王治国遗迹，但怀疑《周礼》官制中设官交互的"不可晓"处；陆九渊肯定《周礼》中存在"必非伪说"者，但同时也说"未可尽信"；叶适赞赏《周礼》，评价"周之道，固莫聚于此书"，"周之籍，固莫切于此书"，但也怀疑《周礼》以洛邑为中心的治国方略是否实施过；俞庭椿尊崇《周礼》为"礼经"，却也怀疑《周礼》经文存在因错简造成的窜乱，他甚至割裂五官，补亡《冬官》。

我们以为，胡宏主张《周礼》是"乱臣贼子伪妄之书"的观点，在隆兴至开禧年间是颇受重视的，流行也广，这从很多对胡宏此说的驳斥可以间接推知。但从现有资料来看，赞同或附和胡宏此说者却寥寥无几。洪迈算是隆兴至开禧年间最疑《周礼》者，他对《周礼》的认识有明显受胡宏影响的印记。如在《周礼》作者问题上，洪迈就赞同胡宏的观点，但在《周礼》真伪问题上，他没有追随胡宏，遽然判定《周礼》是伪书，而是审慎地主张《周礼》没有忝列经典的资格。

那么，隆兴至开禧年间，学界在辨疑《周礼》真伪的问题上，为何会大不同于建炎至绍兴年间呢？我们以为原因有二：最重要的原因是宋人的疑经是以尊经为指导思想的，胡宏斥《周礼》是"乱臣贼子伪妄之书"的观点，背离了这一指导思想，且影响大，必然会招致学界的反动，即反其道而行之。杨世文先生曾分析宋儒对待经典与传注的一般态度，指出："虽然宋儒指出经典有这样或者那样的问题，但他们的出发点不是要打倒经典的权威，相反，他们指出这些问题，目的是维护经典的神圣性，拂去混杂在经典中的'非圣'的内容，恢复经典的纯洁性。"① 杨新勋先生在分析宋人疑经思想时指出："尊经是疑经的一个内牵力量，更是疑经的思想基础和内促力量，针对经籍的庞杂特点和时代背景，宋儒为了尊经而疑经，疑经与尊经变成了相辅相成的关系。所以，我们……必须意识到宋儒疑经与尊经纠缠在一起，尊经是疑经的一个思想基础。"② "事实上，宋儒认为疑经只是手段，尊经才是目的，疑经是为了尊经，是为了重新确立经的权威。"③ 我们赞同杨世文、杨新勋二先生的观点，认为这一观点可以为我们上面提出的问题做出解释。隆兴至开禧年间，学界在辨疑《周礼》真伪的问题上，之所以会大不同于建炎至绍兴年间，主因就是胡宏斥《周礼》是"乱臣贼子伪妄之书"的观点，已经背离了疑经当以尊经为旨归的指导思想，其说流传越广、影响越大，学界中的有识之士就越觉得有必要驳斥、纠正其非毁《周礼》的观点，目的也许是防患未然，避免造成更大程度的混乱。所以，隆兴至开禧年间，学界在《周礼》真伪问题上表现得更偏重于尊崇《周礼》，目的也许是出于拨乱反正，或者以正视听。这也可以解释洪迈在甚疑《周礼》的前提下，始终没有附和胡宏《周礼》是伪书的原因。促成隆兴至开禧年间尊崇《周礼》的次要原因，我们以为是时局变化了。孝宗即位后，宣布给岳飞父子昭雪，驱逐秦桧党人，起用抗战派人士。光宗、宁宗两朝，洛学占据了上风，王安石新学逐渐衰息下去，此时期已经不需要用诋毁《周礼》的方式攻击王安石新学，抨击利用新学

---

① 杨世文：《走出汉学——宋代经典辨疑思潮研究》，109 页。
② 杨新勋：《宋代疑经研究》，285 页，北京，中华书局，2007。
③ 同上书，287 页。

进行政争的秦桧党人了，所以也没有了继续非毁《周礼》的政治动力。

正是基于以上两方面的原因，隆兴至开禧年间，学界才在辨疑《周礼》真伪的问题上表现得更为尊崇《周礼》。我们认为，隆兴至开禧年间，学界对《周礼》的尊崇冠于宋代辨疑《周礼》真伪发展的各阶段，达到了顶峰，可以说是宋代《周礼》学史上最尊崇《周礼》的一个时期。

（三）嘉定至南宋末

嘉定至南宋末年，是南宋辨疑《周礼》真伪发展的第三阶段，也是宋代辨疑《周礼》真伪发展的最后一阶段。此阶段是以尊崇《周礼》为经作为主流观点的，但学界对《周礼》的怀疑较之隆兴至开禧年间明显增加。

嘉定至南宋末年，学界在辨疑《周礼》真伪问题上，沿袭了隆兴至开禧年间尊崇《周礼》为经的主要观点，且此时期对《周礼》的尊崇也可分为两种类型：一种是较为纯粹的尊崇，另一种是尊且疑。对《周礼》持纯粹尊崇态度的，以真德秀、章如愚、阳枋、赵汝腾、陈汲、李叔宝、王与之为代表，如真德秀认为《周礼》"居民有法，养民有政，敛民有制，刑民有典"，推崇其制度精密；章如愚尊《周礼》为"经礼"，推崇其制度"虽严而甚宽，虽详而甚简""精粗本末兼举之"；阳枋也尊《周礼》为"经礼"，推崇其法度不仅能治国，亦可治家修身；赵汝腾认为《周礼》中有"周公为万世开太平之大旨"；李叔宝认为《周礼》所载乃纯然周制；王与之主张《周礼》尊于《仪礼》《礼记》，是礼之经。对《周礼》持尊且疑态度的，以魏了翁、方大琮、陈振孙、《礼库》作者、陈藻、王应麟、黄仲元为代表，如魏了翁赞同朱熹观点，认为《周礼》遣词用字、行文方法严谨，尊《周礼》为经，但他怀疑《周礼》制度细微处的矛盾；方大琮尊《周礼》是礼经，但他怀疑《周礼》的征役制度、赋税制度等；陈振孙认为《周礼》所载"名物度数可考不诬"，尊其是"先秦古书"，但他怀疑《周礼》的内容具有驳杂性；《礼库》作者推崇《周礼》官制，但怀疑《周礼》经文在情理上相互矛盾；陈藻尊《周礼》，认为其中存有周公致太平之迹，可与《尚书·周官》相表里，但他怀疑《周礼》的传承过程；王应麟尊《周礼》为经，但怀疑个别经文与圣人之心不合；黄仲元推崇《周礼》制度设计宏阔，深得先王政治精义，也怀疑《周礼》的传承过程。我们以为，纯粹尊崇也好，尊且疑也罢，他们维护《周礼》的立场是一致的，因其如此，尊《周礼》为经成了嘉定至南宋末年学界辨疑《周礼》真伪问题的主流观点。

另一方面，嘉定至南宋末年较之隆兴至开禧年间，学界在辨疑《周礼》真伪的问题上，持怀疑态度者在明显地增加。为了清楚地说明此点，我们将嘉定至南宋末年学界对《周礼》的怀疑，分为三种类型，分类的依据是怀疑的程度：第一种是尊且疑，多是在复古、崇圣、尊经的思想支配下，出于纯洁经典的考虑，怀疑《周礼》局部或个别经文。由于怀疑是在明确尊《周礼》为经的前提下开展的，所以此种怀疑程度最低，具体怀疑内容，前文已述及，此处不赘述。第二种是较为单纯地怀疑《周礼》，定义"单纯"是想说明此种怀疑是没有任何针对性或倾向性的，只是觉得《周礼》有可疑之处，如王柏怀疑《周礼》来历不明，与《尚书·周官》所载制度不合，孔孟不曾见到或提及①；方岳怀疑《周礼》内容存在颠倒错乱②；方逢辰怀疑《周礼》的具体经文③。第三种是怀疑《周礼》非经，此种怀疑以否定《周礼》的经典地位为目的，怀疑程度最高，典型代表是黄震。他怀疑《周礼》的传承过程，怀疑《周礼》官制冗滥，怀疑《周礼》"五官之属皆差互不伦"，怀疑《周礼》官制的合理性，这些观点，有的是继承前人之说，如欧阳修、晁说之等，有的是独家所见，可谓集宋代怀疑《周礼》之大成。我们以为，黄震对《周礼》的怀疑程度超过了北宋的蔡襄、王开祖、苏轼和苏辙，也超过了南宋的范浚和洪迈，当是两宋怀疑《周礼》非经之翘楚。总之，嘉定至南宋末年，学界怀疑《周礼》的人数有明显增加，对《周礼》的怀疑程度也更深了。

此时期辨疑《周礼》真伪，不能忽略的人物还有包恢。他继承了北宋晁说之、南宋胡宏的观点，主张《周礼》是伪书，其说在当时似乎颇有影响，但并没有相关著述传世。

整体而言，宋代辨疑《周礼》真伪的发展，经历了隆兴至开禧年间尊崇《周礼》的顶峰，在嘉定至南宋末年，尊崇有所回落，怀疑逐渐抬头，但尊崇《周礼》仍是嘉定至南宋末年辨疑《周礼》真伪的主要观点。

三、两宋辨疑《周礼》真伪的特点

我们认为，两宋辨疑《周礼》真伪的特点有四方面，以下分别论述之。

---

① 王柏此观点参看《鲁斋集》卷一三《跋苏太古书》，见文渊阁《四库全书》，第1186册。
② 方岳此观点参看《秋崖集》卷二六《回赵子渊》，见文渊阁《四库全书》，第1182册。
③ 此观点参看方逢辰《蛟峰文集》卷七《策题》，见文渊阁《四库全书》，第1187册。

　　第一，两宋辨疑《周礼》真伪的整体趋势是呈波浪式前进的。我们建立一个反映两宋辨疑《周礼》真伪历程的坐标系，以对《周礼》真伪问题认识的立场作为坐标系的纵轴，以两宋辨疑《周礼》真伪发展的各阶段作为坐标系的横轴。我们在坐标系的纵轴上由低到高划分四个点，依据是宋人在《周礼》真伪问题上的四种认识立场，第一个点是诋《周礼》为伪书，第二个点是疑《周礼》非经，第三个点是尊且疑，第四个点是尊崇《周礼》。我们在坐标系的横轴上由左至右划分六个点，依据是两宋辨疑《周礼》真伪的六个阶段，包括北宋的建隆至康定、庆历至治平、熙宁至靖康，南宋的建炎至绍兴、隆兴至开禧、嘉定至南宋末年。我们分别划上六个阶段在《周礼》真伪问题认识上的主要立场：建隆至康定年间，尊《周礼》为经是主要立场；庆历至治平年间，尊崇与怀疑两种立场是无分轩轾的；熙宁至靖康年间，怀疑开始压倒尊崇，小占上风；建炎至绍兴年间，怀疑甚至否定《周礼》的经典地位，是当时的主要立场；隆兴至开禧年间，尊崇《周礼》为经是主要立场；嘉定至南宋末年，尊崇《周礼》为经仍是主要立场，但持怀疑态度者有明显增加，整体趋势是尊崇有所回落，怀疑逐渐抬头。把代表六个阶段的立场的点连接起来，可以得到一条弯曲的波浪线，波谷出现在建炎至绍兴年间，波峰出现在隆兴至开禧年间。

　　可知，在《周礼》真伪问题认识上，北宋的三个阶段呈一路走低之势，至南宋建炎至绍兴年间，跌至谷底，此时期学界对《周礼》怀疑最多，评价最低；而与之承接的隆兴至开禧年间，又升至波峰，此时期学界对《周礼》尊崇最多，评价最高；嘉定至南宋末年，尊崇回落，怀疑抬头。我们会发现，建炎至绍兴年间与隆兴至开禧年间相连接，但对《周礼》真伪的认识反差极大，为什么会出现这种现象，我们在本章本节"二、南宋辨疑《周礼》真伪的发展历程"下"（二）隆兴至开禧"中进行了分析论述，此处不再赘述。

　　第二，两宋辨疑《周礼》真伪的观点有趋向多元化的特点。两宋辨疑《周礼》真伪最重要的特点就是，以辨疑为重要手段，突破《周礼》"汉学"研究范式主导下尊《周礼》为经的一元认识论。我们梳理一下两宋各阶段在辨疑《周礼》真伪问题上提出的观点：建隆至康定年间，学界仍因循《周礼》"汉学"研究范式下尊《周礼》为经的一元认识论；庆历至治平年间，学界就此问题形成了三种观点：一是尊《周礼》为经，二是在尊《周礼》为经的前提下怀疑，三是怀疑《周礼》非经；熙宁至靖康年间，学界对此问题形成四种观点：一是尊《周礼》为经，二是在尊《周礼》为经的前提下怀疑，三是怀疑《周礼》非经，四是诋《周礼》为伪书；建炎至绍兴年间，学界对此问题形成三种观点：一是尊《周礼》为经，二是怀疑《周礼》非经，三是诋《周礼》为伪书；隆兴至开禧年间，学界对此问题也形成了三种观点：一是尊《周礼》为经，二是在尊《周礼》为经的前提下怀疑，三是怀疑《周礼》非经；嘉定至南宋末年，学界对此问题再次形成四种观点：一是尊《周礼》为经，二是在尊《周礼》为经的前提下怀疑，三是怀疑《周礼》非经，四是诋《周礼》为伪书。

可知，自庆历至治平年间始，学界开始打破《周礼》"汉学"研究范式主导下尊《周礼》为经的一元认识论，对《周礼》真伪问题的认识重新活跃起来，开始趋向多元化。熙宁至靖康年间，学界就《周礼》真伪问题提出了尊崇、尊而疑、疑非经、诋伪书四种观点，基本奠定了《周礼》"宋学"研究范式下就《周礼》真伪问题的多元认识论。此后，南宋对《周礼》真伪问题的讨论，基本就在此格局中。

第三，两宋辨疑《周礼》真伪的方法都具有理性化的倾向。汉唐时期，辨疑《周礼》真伪的一个显著特点是将《周礼》真伪问题与作者问题扭合在一起，尊《周礼》为经者，普遍强调此书作者是周公；诋《周礼》为伪书者，或云《周礼》是"末世渎乱不验之书"，或云《周礼》是"六国阴谋之书"，总是否定周公和《周礼》的关系。宋代由于经典辨疑思潮的兴起，学界对《周礼》真伪的辨疑呈现出理性化的趋向，表现有二：一是从《周礼》的内容、思想入手评断其真伪；二是辨疑《周礼》真伪问题开始与作者问题分道扬镳了。

两宋学界多从《周礼》的内容、思想入手评断其真伪。尊《周礼》为经的，往往会从《周礼》制度或思想的角度，阐发对此书的尊崇。如李觏《周礼致太平论》分析总结《周礼》政治思想，分《内治》《国用》《军卫》《刑禁》《官人》《教道》多篇阐述先王政治精义；林之奇作《周礼讲义》，分析《周礼》荟萃三代之礼，其间有周公制作法度，设官规模宏大，有"立天下之本"的气魄，分职琐细卑近，有"尽天下之事"的细腻；真德秀推崇《周礼》制度精密，"居民有法，养民有政，敛民有制，刑民有典"；章如愚推崇《周礼》制度"虽严而甚宽，虽详而甚简""精粗本末兼举之"；阳枋推崇《周礼》思想不仅能治国，亦可治家修身。怀疑《周礼》非经的，也会从《周礼》的制度或思想入手，阐释对此书的怀疑。如蔡襄从《媒氏》"奔者不禁"经文入手，论证《周礼》制度有碍人伦教化，不堪为经；苏辙从对《周礼》封建制度、井田制度分析入手，主张《周礼》一书"秦汉诸儒以意损益之者众矣，非周公之完书也"；范浚是从《周礼》设官琐细入手，怀疑《周礼》设官分职缺乏周公应有的仁民爱物之心，认为《周礼》"不尽为古书"；黄震也是从对《周礼》内容的分析入手，怀疑《周礼》官制冗滥，怀疑《周礼》"五官之属皆差互不伦"，怀疑《周礼》官制的合理性。诋《周礼》为伪书者，也多从《周礼》内容分析入手进行抨击。如胡宏是从论证《天官冢宰》的设职官职事琐碎冗滥开始，抨击《周礼》制度有类于衰乱之世昏庸之君采用的弊政，绝非周公致太平之典，并将此推而广之，主张《地官》等设官分职多类同《天官》，最后得出《周礼》是"乱臣贼子伪妄之书"的结论。我们以为，无论尊《周礼》为经，还是怀疑《周礼》非经，抑或是诋《周礼》为伪书，都能从分析《周礼》的内容、思想入手评断其真伪，而不单纯依靠对《周礼》作者的肯定或否定，较之汉唐《周礼》学是一大进步。

两宋辨疑《周礼》真伪问题开始与作者问题分道扬镳了。我们翻检两宋学者在《周礼》真伪问题和作者问题上所持的态度，不难发现不少学者对《周礼》持尊崇态度，但他们并不认为周公是《周礼》的作者。如黄仲元在《四如讲稿》卷四《周礼》曾说："未论《周礼》是周公作，假使出于汉儒解说，及此，亦是晓得古人井田、封建意思。"我们以为，黄仲元此说颇具代表性，在不少宋代学者看来，无论《周礼》的作者是不是周公都不影响他们对这部经典的尊崇态度，因为他们尊崇的是《周礼》制度及制度中包蕴的先王政治精义，而非"周公兴致太平之书"的美誉。

总之，两宋学界对《周礼》真伪的辨疑，彻底和作者问题分道扬镳了，多从《周礼》的内容、思想入手研判真伪，这呈现出理性化的趋向。

第四，南宋在辨疑《周礼》真伪的问题上，表现得比北宋更为激烈。这主要体现在三方面：一是在参与辨疑《周礼》真伪问题的人数上，南宋参与讨论的学者在数量上远超北宋。本章第一节罗列了北宋参与辨疑《周礼》真伪的主要学者，本章第二节罗列了南宋参与辨疑《周礼》真伪的主要学者，此处不赘述。二是两宋辨疑《周礼》真伪的历程中，评价最低、最高的时期皆出现在南宋。我们以为，两宋辨疑《周礼》真伪的整体趋势是呈波浪式前进的，曲线的波谷、波峰皆出现于南宋，波谷出现在建炎至绍兴年间，此时期学界对《周礼》怀疑最多，评价最低；波峰出现在隆兴至开禧年间，此时期学界对《周礼》尊崇最多，评价最高。三是南宋出现

了两宋辨疑《周礼》真伪史上具有代表性的学者，如胡宏是两宋诋《周
礼》为伪书最具代表性的学者；黄震则集两宋疑《周礼》之大成，是疑
《周礼》非经最具代表性的学者。基于以上原因，我们认为南宋在辨疑
《周礼》真伪问题上，表现得比北宋更激烈。

第七章　宋人关于《周礼》作者的辨疑

儒家诸经之中，《周礼》最晚出，始见于西汉，就其书作者问题学界一直聚讼纷如。早在汉唐时期，学界关于《周礼》作者问题就形成了四种观点，以下论述其说。

第一，主张周公作《周礼》。

此说首倡于西汉刘歆，见于贾公彦《序周礼废兴》引马融《传》，曰：

> 时众儒并出共排，以为非是。唯歆独识，其年尚幼，务在广览博观，又多锐精于《春秋》。末年，乃知其周公致太平之迹，迹具在斯。

此说得到东汉郑玄的拥护，其曰：

> 周公居摄而作六典之职，谓之《周礼》，营邑于土中，七年致政成王，以此《礼》授之，使居雒邑治天下。[1]

此后，伴随郑玄《周礼注》久立学官，益成独尊之势，周公作《周礼》说也得到汉唐学界的普遍认可，王肃、干宝、贾公彦等皆信主此说。

第二，主张成王作《周礼》。

此说首倡于郑众，见于贾公彦《序周礼废兴》引马融《传》曰：

> 众、逵洪雅博闻，又以经书记传相证明为《解》，逵《解》行于世，众《解》不行。兼揽二家，为备多所遗阙。然众时所解说，近得其实，独以《书序》言"成王既黜殷命，还归在丰，作《周官》"，则此《周官》也，失之矣。

《序周礼废兴》又引郑玄《序》云：

> 谓二郑者，同宗之大儒，明理于典籍，粗识皇祖大经《周官》之义，存古字，发疑正读，亦信多善，徒寡且约，用不显传于世。今赞

---

① （汉）郑玄注，（唐）贾公彦疏：《周礼注疏》卷一《天官》"惟王建国"下"注"曰。

> 而辨之，庶成此家世所训也。其名《周礼》为《尚书·周官》者，周
> 天子之官也。《书序》曰："成王既黜殷命，灭淮夷，还归在丰，作
> 《周官》。"是言盖失之矣。

可知，郑众据《尚书·周官序》记载，认为《尚书·周官》同《周礼》关
系密切，皆是成王所作。郑众此说久被湮没，不为学界所重。

第三，主张战国人作《周礼》。

林孝存（临硕）、何休信主此说，见于贾公彦《序周礼废兴》，曰：

> 然则《周礼》起于成帝刘歆，而成于郑玄，附离之者大半。故林
> 孝存以为武帝知《周官》末世渎乱不验之书，故作《十论》《七难》
> 以排弃之。何休亦以为六国阴谋之书。

西汉何休认为《周礼》是"六国阴谋之书"，东汉林孝存曾作《十论》《七
难》排弃《周礼》，证据是"武帝知《周官》末世渎乱不验之书"。可知，
何休、林孝存皆主张《周礼》作者绝非周公，当是战国时期的阴谋家拼凑
撰成《周礼》。战国人作《周礼》说，首倡于汉代，此后逐渐湮没，直到
宋代才有学者再次明确提出此论。

第四，主张《周礼》是后人附益之书。

此说首倡于唐代赵匡，见于赵匡所撰《五经辨惑》。因《五经辨惑》
一书久佚，我们是通过陆淳《春秋集传纂例》卷四《盟会例第十六》引
"赵子曰"了解其观点的。其曰：

> 《周官》之伪，予已论之矣。所称其官三百六十，举其人数耳，
> 何得三百六十司哉！作伪者既广立名目，遂有此官耳。

陆淳注云：

> 赵子著《五经辨惑》，说《周官》是后人附益也。

此说也否认周公作《周礼》，认为《周礼》出于后人之手，但"后人"出
于何时，赵匡、陆淳没有明确的观点。因为这一观点明显不同于其他观
点，虽有模糊之嫌，我们也姑且将其列为汉唐学者认知《周礼》作者的观
点之一。

总体而言，在《周礼》作者问题上，绝大多数汉唐学者信主"周公作
《周礼》"，认为"周公致太平之迹，迹具在斯"。宋代关于《周礼》作者问
题的争议，较之汉唐激烈得多，尊之者或信主《周礼》纯乎周公致太平之
书者，如王昭禹、郑锷等；或信主《周礼》存周公法意，然亦有后人附会

之说者，如程颢、程颐、张载、朱熹等；疑之者或袭何休之论言《周礼》是战国阴谋之书者，如苏轼等；诋之者或创新论直斥《周礼》为刘歆伪作者，如胡宏、洪迈。总之，众说纷纭，莫衷一是。

第一节　北宋辨疑《周礼》作者的主要观点

北宋学人辨疑《周礼》作者，主要形成了五种观点，以下分别论述之。

一、周公作《周礼》

"周公作《周礼》"，滥觞于西汉，属于传统观点。宋代经学虽讲求变古、创新，但这一传统观点，在北宋仍有支持者，以下分别论述其人其说。

(一) 石介

石介在《徂徕集》卷七《二大典》中云：

> 《周礼》《春秋》万世之大典乎，周公、孔子制作至矣。

可知，石介赞同传统观点，主张《周礼》出自周公制作。

(二) 李觏

在《周礼》作者问题上，李觏旗帜鲜明地维护传统之见，力倡《周礼》为周公致太平之书。具体观点可参看本书"第二章　北宋《周礼》学"的"第二节　李觏《周礼致太平论》"中"三、从《周礼致太平论》看李觏对《周礼》本经的认识"，其下"（二）对《周礼》作者的认识"，兹不赘述。

(三) 刘敞

在《周礼》作者问题上，刘敞主张周公作《周礼》。其曰：

> 《周礼》出于周公，仲尼未尝删述。[1]
> 《周礼》虽非仲尼所论著，然制度粗存焉，盖周公之旧也。[2]

---

[1] （宋）刘敞：《公是七经小传》卷上《尚书》，见文渊阁《四库全书》，第183册。
[2] （宋）刘敞：《春秋权衡》卷九，见文渊阁《四库全书》，第147册。

　　　　周公作《周礼》，冢宰之职，固赏善诛恶，进贤而退不肖。①

由上可知，刘敞持传统观点，主张周公作《周礼》。

　　（四）司马光

　　司马光（1019—1086），字君实，号迂叟，陕州夏县涑水乡（今山西省夏县）人。宝元元年（1038）进士，历仕仁宗、英宗、神宗、哲宗四朝，卒赠太师、温国公，谥号文正。司马光主持编纂了中国第一部编年体通史《资治通鉴》，还撰有《稽古录》《涑水纪闻》《传家集》等。

　　在《周礼》作者问题上，司马光赞同传统观点，主张周公作《周礼》。在《传家集》卷六六《河间献王赞》中，司马光写道：

　　　　《周礼》者，周公之大典。

《河间献王赞》作于庆历五年（1045），此时的司马光赞成传统观点，认为《周礼》出自周公。

　　（五）王昭禹

　　王昭禹在《周礼》作者问题上，坚持传统观点，主张周公作《周礼》。其具体观点参见本书"第二章　北宋《周礼》学"的"第四节　王昭禹《周礼详解》"中"三、从《周礼详解》看王昭禹对《周礼》的认识"，其下"（二）对《周礼》作者的认识"，兹不赘述。

二、《周礼》非周公亲撰，但同周公关系密切

　　有不少学者从更加客观、理性的角度审视《周礼》，他们认为《周礼》不一定是周公亲自撰作的，但《周礼》与周公是有联系的，两者不可截然分开。以下分别论述其人其说。

　　（一）二程

　　在《周礼》作者问题上，二程没有明确指向性的观点，他们只承认周公同《周礼》之间存在联系。其曰：

　　　　问：《周礼》之书有讹缺否？曰：甚多，周公致治之大法，亦在其中，须知道者观之，可决是非也。②

　　　　问：严父配天，称周公其人，何不称武王？曰：大抵周公制作，

---

　①　（宋）刘敞：《刘氏春秋意林》卷上，见文渊阁《四库全书》，第 147 册。
　②　（宋）程颢、程颐：《河南程氏遗书》卷一八。

皆周公为之，故言礼者必归之周公焉。①

　　《周礼》不全是周公之礼法，亦有后世随时添入者，亦有汉儒撰入者，如《吕刑》《文侯之命》，通谓之周书。②

《周礼》是否是周公作，二程没有详细论解，他们一方面承认周公致治之大法在《周礼》中，另一方面又指出，《周礼》不全是周公礼法，其间有后世添入的内容。

（二）张载

　　关于《周礼》的作者问题，张载也没有确切的观点，同二程一样，他也承认周公和《周礼》存在联系。其曰：

　　《周礼》是的当之书，然其间必有末世添入者，如盟诅之属，必非周公之意。③

　　《周礼》言乐六变而致物各异，此恐非周公之制作本意，事亦不能如是，确然若谓天神降，地祇出，人鬼可得而礼，则庸有此理。④

无论是说盟诅"必非周公之意"，还是说大司乐所载"乐六变而致物各异，此恐非周公之制作本意"，我们都能体察到张载虽认为《周礼》内容驳杂，其间有末世添入的内容，但他大体是相信《周礼》中存有周公致治之法的，所以才能据此判断《周礼》中哪些内容与周公治法不类，可能是后世添入的。可知，张载认为《周礼》中有周公制作之本意，《周礼》同周公存在联系。

三、战国人作《周礼》

　　在《周礼》作者问题上，苏轼赞同何休之说，主张战国人作《周礼》。其曰：

　　予专以《书》《孟子》《王制》及郑子产之言考之，知《周礼》非圣人之全书明矣。⑤

　　先儒或以《周礼》为战国阴谋之书，亦有以也。⑥

① （宋）程颢、程颐：《河南程氏遗书》卷一八。
② （宋）程颢、程颐：《河南程氏外书》卷一〇。
③ （宋）张载：《经学理窟·周礼》。
④ （宋）张载：《经学理窟·礼乐》。
⑤ （宋）苏轼：《书传》卷九。
⑥ （宋）苏轼：《东坡全集》卷四八《天子六军之制》。

依据《尚书》《孟子》《礼记·王制》等文献记载，苏轼认为"《周礼》非圣人之全书"，可能是"战国阴谋之书"。可知，他赞同《周礼》是战国阴谋之书的说法，认为战国人作《周礼》。

四、秦或汉初人作《周礼》

关于《周礼》作者问题，苏辙主张《周礼》的作者可能是秦或汉初人。在《历代论·周公》中，苏辙曰：

> 言周公之所以治周者莫详于《周礼》，然以吾观之，秦汉诸儒以意损益之者众矣，非周公之完书也。

可知，苏辙认为《周礼》"非周公之完书"，其间有大量内容是秦汉诸儒以己意进行损益的，所以《周礼》作者非周公，而与秦汉诸儒关系密切。

五、汉代人作《周礼》

在《周礼》作者问题上，晁说之不赞成周公作《周礼》，主张汉人作《周礼》。其曰：

> 昔孟子欲言周礼而患无其籍，今之《周礼》最出汉末，杂之以六国之制，多汉儒之所论次者。或谓"六国阴谋之书"则过也，大要敛财多货，黩祀烦民，冗碎可施于文，而不可措于事者也。[1]

晁说之认为，《周礼》晚出，始现于汉末，且内容驳杂，掺和了不少战国制度，若说《周礼》是"六国阴谋之书"恐不恰当，从此书"冗碎可施于文，而不可措于事"的特点来看，《周礼》"多汉儒之所论次"。所以，《周礼》的作者很可能是汉代人。

第二节　南宋辨疑《周礼》作者的主要观点

南宋学人辨疑《周礼》作者，主要形成了六种观点，以下分别论述之。

---

① （宋）晁说之：《景迂生集》卷一《元符三年应诏封事》。

一、周公作《周礼》

南宋，仍有不少学者赞同周公作《周礼》说。以下分别论述之。

(一) 王炎

在《周礼》作者问题上，王炎主张周公作《周礼》。其曰：

> 《周官》六典，周公经治之法也。秦人秉竹简以畀炎火，汉兴，诸儒传于煨烬之余，藏于岩穴之间，其书已亡而幸存。汉既除挟书之律，武帝时，六典始出，帝不以为善，作《十论》《七难》以排之，藏于秘府，不立于学官，其书虽存而如亡……东都诸儒知有《周礼》，而其说不同，以为战国阴谋之书者，何休也；以为周公致太平之迹者，郑康成也。六官所掌，纲正而目举，井井有条，而诋之以为战国之阴谋，休谬矣！而康成以为致太平之迹，其说亦未然也。治法至太平而大备，而所以致太平者，不专系于法之详也。周公辅政，管、蔡流言，不安于朝而之于东都，及其《鸱鸮》之诗作，《金縢》之书启，然后成王逆公以归。既归之后，伐管、蔡，作洛邑，迁殷民。管、蔡既平，殷民既迁，洛邑既成，公则归政于成王矣。当公归政之时，成王莅政之初，淮夷犹未定也，而况公未归政，管、蔡未平，殷民未迁，洛邑未成，虽有六典，安得尽举而行之。成王即政，巡侯甸，伐淮夷，中外无事，还归在丰，作《周官》之书以戒饬卿士大夫。则周公之经制盖施行于此时，吾是以知六典之法至太平而后备，非用六典而能致太平也。①

王炎认为，《周礼》六典蕴含周公经治之法，非何休所云战国阴谋之书。至于郑玄主张的"周公致太平之迹"，他赞同周公作《周礼》，但认为"康成以为致太平之迹，其说亦未然也"。王炎的理由是，周公摄政之时，伐管、蔡，作洛邑，迁殷民，而后还政于成王，虽有六典，"安得尽举而行之"。直到成王即政，中外无事，还归在丰，周公之经制才得以施行。所以，王炎主张周公虽作《周礼》，但尚未"致太平之迹"。

(二) 薛季宣

薛季宣主张周公作《周礼》。其具体观点参看本书"第五章　南宋《周礼》学 (下)"的"第三节　永嘉学派的《周礼》学说"中"二、薛季

---

① （宋）王炎：《双溪类稿》卷二六《周礼论》。

宣的《周礼》学说"，其下"（三）对《周礼》作者的认识"，兹不赘述。

（三）郑锷

关于《周礼》作者问题，郑锷持论传统，主张周公作《周礼》。曰：

> 以《洛诰》考之，周公营洛，乃是欲使成王自服于土中，乱为四方新辟，乃作六典之书以授之，使往治于洛邑。其言曰："予齐百工，伻从王于周"，"乃汝其悉自教王"①，"往新邑，伻向即有僚"。盖为成王齐整建官之法，使王往新邑，自教率之，各效其职也。成王灭淮夷而归在丰，董正治官，始以新书从事，然只在丰而不往洛邑，故《周礼》虽成，终不尽用，故经之授田等事今皆难信。正由成王不宅洛，故有其法制之文终不见行之实也，若如此论，则经之首篇"惟王建国，辨方正位"之语，始有所归，其它疑非周公全书皆可以意晓。②

郑锷认为，从《尚书·洛诰》来看，周公营建洛邑，是希望成王能居洛主持政事，统治天下，故周公亲作包括治典、教典、礼典、政典、刑典和事典在内的六典之书——《周礼》，并授《周礼》于成王，希望成王居洛后整齐建官之法，确立政、教、礼、兵、刑诸项制度，使官吏各效其职，以成一代之治。针对苏辙等人疑《周礼》非周公全书的观点，郑锷也阐发了自己的观点。他认为周公虽以《周礼》授成王，但成王终不宅洛，故《周礼》虽成，不能尽用，其中所载的授田等制度就未能付诸实践，若据此而疑《周礼》非周公亲作，是不合理的。

（四）叶时

关于《周礼》作者问题，叶时也认为周公作《周礼》。其具体观点参看"第四章　南宋《周礼》学（中）"的"第一节　叶时《礼经会元》"中"三、从《礼经会元》看叶时对《周礼》本经的认识"，其下"（二）对《周礼》作者的认识"，兹不赘述。

（五）易祓

在《周礼》作者问题上，易祓主张周公作《周礼》。其具体观点参看"第三章　南宋《周礼》学（上）"的"第四节　易祓《周官总义》"中"四、从《周官总义》看易祓对《周礼》的认识"，其下"（二）对《周礼》

---

① （清）阮元校刻《十三经注疏》本《尚书正义》的此句经文作"乃汝其悉自教工"。
② （宋）王与之：《周礼订义》卷首《序周礼兴废》引"郑锷曰"。

作者问题的认识"，兹不赘述。

（六）度正

度正（1166—1235），字周卿，合州巴川（今重庆市铜梁县）人。少从朱熹学，淳熙元年（1174）进士，官至礼部侍郎，有《性善堂稿》传世。

在《周礼》作者问题上，度正主张周公作《周礼》。《性善堂稿》卷七《通刘侍郎书》中，度正曰：

> 周公作《周官》，概言教国子，而不专言教太子之法，盖位有贵贱，学无等差，自太子达于庶子，以及公卿大夫之子，一而已。

《性善堂稿》卷一四《书易学启蒙后》，曰：

> 周公作《周官》之书，以《诗》《书》《礼》《乐》教国子，而三易之法掌于太卜。

由上可知，度正在《周礼》作者问题上持传统观点，主张周公作《周礼》。

（七）郑伯谦

在《周礼》作者问题上，郑伯谦赞同周公作《周礼》说。其具体观点参看"第四章　南宋《周礼》学（中）"的"第二节　郑伯谦《太平经国之书》"中"三、从《太平经国之书》看郑伯谦对《周礼》本经的认识"，其下"（二）对《周礼》作者的认识"，兹不赘述。

（八）真德秀

在《周礼》作者问题上，真德秀赞同周公作《周礼》说。《西山文集》卷二九《周礼订义序》中曰：

> 《周礼》之难行于后世也久矣，不惟难行，而又难言，然则终不可行乎？曰：有周公之心，然后能行《周礼》；无周公之心而行之，则悖矣。然则终不可言乎？曰：有周公之学，然后能言《周礼》；无周公之学而言之则戾矣。《孟子》曰："周公思兼三王，以施四事，其有不合者，仰而思之，夜以继日，幸而得之，坐以待旦。"公之心，禹、汤、文、武之心；而其学，则禹、汤、文、武之学也。以此之心布而为政，以此之学著而为书，故能为成周致太平，而为万世开太平。盖自古祸乱之原非一，而大略有四焉：君心纵于逸乐而群下不敢言也，贤才壅于疏逖而在位非其人也，元元愁痛而上不闻，蔽耳目之近而远弗察也。六官之属，凡能导人主以侈欲者，一以冢宰统之，三

公之论道，师保氏之诏谏，又皆以辅导为职，而君者立于无过之地矣。士之有德行道艺者，民自兴之，而因使长与治焉。修于家者，莫不达于朝廷，则人才无陆沉，天官弗私予矣。居民有法，养民有政，敛民有制，刑民有典，举天下疲癃惸独无不乐其生者。又自王畿之近，至于六服之远，地之相去或千万里，而情之相通如一家。凡此皆禹、汤、文、武之政，公之所思而得者，毕萃于书，非有公之心者其能行、非有公之学者其能言乎？

真德秀认为，周公总结禹、汤、文王、武王为政之道，日夜思考，将所获先王政治精粹集于《周礼》，所以要具备周公之心才能行《周礼》，具有周公之学才能言《周礼》。我们由此推知，真德秀主张《周礼》出于周公之手。

（九）赵汝腾

在《周礼》作者问题上，赵汝腾也主张周公作《周礼》。王与之《周礼订义》卷八〇末有赵汝腾《周礼订义后序》，其中有曰：

> 《周礼》一书，先儒疑信相半，横渠氏最尊敬之，五峰氏最摈抑之，二说交驰，学者幽冥而罔知所从。尝平心思之，《周礼》真周公书，《汉志》所谓"《周官》六篇"是也，独不幸有三可憾。在成周未能为成书，在后世不得为全书，此予每深致其慨惜嗟叹之意。何以的知为周公书？是书之首曰："惟王建国，辨方正位，体国经野，设官分职，以为民极"，此言宅洛建官之旨。《司徒》职曰："日至之景，尺有五寸，谓之地中，乃建王国"，《太宰》职曰："掌建邦之六典，以佐王治邦国"，此演而伸其旨也。洛，天下之中地；"六官"，太平之盛典。以中地行盛典，此周公佐成王宅洛之本心。《周书·召诰》曰："旦曰：其作大邑，其自时中乂"，《洛诰》亦曰："其自时中乂，万邦咸休"，此周公之心也。又《书·周官》载六卿自冢宰至司空，虽不条陈设属，亦曰"六卿分职，各率其属"，大旨与六典合，所以的知为周公书……有是三可憾，则是书之存于天下后世，固足以见周公为万世开太平之大旨。然前之既未为成书，后之又不得为全书，则不能不使万世而下，抱不得见周公经制大成之深恨，先儒乃尽归咎于刘歆，以为剿入私说，迎合贼莽，不亦甚乎？

赵汝腾依据《周礼》卷首"惟王建国，辨方正位，体国经野，设官分职，以为民极"五句，同《大宰》《大司徒》相关记载，确定"《周礼》真周公书"。他还主张，此书载有周公为万世开太平之大旨，后儒因为流传过程中的缺憾，怀疑《周礼》出于刘歆伪造，是很不应该的。

（一〇）《周礼详说》的作者

关于《周礼》作者问题，《周礼详说》的作者持传统之见，赞同周公作《周礼》说。其曰：

> 洛邑营于周公摄政之五年，此书作于六年，是朝市之位已立矣。何于此而复佐后立市乎，是知此书周公作之为天下后世法。①

《周礼详说》的作者不仅主张《周礼》为周公所作，还在郑玄"周公居摄而作六典之职，谓之《周礼》"一说的基础上，言之凿凿地指出"此书作于六年"，即明言《周礼》作于周公居摄六年。在《周礼详说》的作者看来，《周礼》不仅是周公还政成王之前所立有周一代之法度，也是周公为天下后世所立之法，其对《周礼》之尊崇可见一斑。

（一一）朱申

在《周礼》作者问题上，朱申赞同周公著《周礼》说。其具体观点参看"第四章　南宋《周礼》学（中）"的"第三节　朱申《周礼句解》"中"三、从《周礼句解》看朱申对《周礼》本经的认识"，其下"（一）对《周礼》作者的认识"，兹不赘述。

（一二）王与之

在《周礼》作者问题上，王与之坚定地认为《周礼》作于周公。其具体观点参看"第五章　南宋《周礼》学（下）"的"第一节　王与之《周礼订义》"中"四、从《周礼订义》看王与之对《周礼》本经的认识"，其下"（二）对《周礼》作者的认识"，兹不赘述。

（一三）《六经奥论》的作者

在《周礼》作者问题上，《六经奥论》的作者也赞同传统观点，主张周公作《周礼》。其曰：

> 《周礼》一书，详周之制度而不及道化，严于职守而阔略人主之身，所以学者疑其非圣人之书。案《书传》曰："周公一年救乱，二年伐商，三年践奄，四年建侯卫，五年营成周，六年制礼作乐，七年致政成王。"则是书之在于周公摄政六年之后，周公将复辟于成王，此是书之所由作，故《周礼》六官之首皆云"辨方正位"者此也……

---

① （宋）王与之：《周礼订义》卷一二引"王氏《详说》曰"。

后来求其说而不得，或谓文王治岐之制，或谓成周理财之书，或谓战国阴谋之书（何休云）①，或谓汉儒附会之说（乃刘歆作），或谓末世渎乱不验之书。纷纭之说，无所折衷。予谓非圣人之智不及此……是书之作于周公，与他经不类，《礼记》就于汉儒，则《王制》所说朝聘为文襄时事，《月令》所说官名为战国间事，曾未若《周礼》之纯乎周典也。②

《六经奥论》的作者认为，《周礼》一书是周公摄政六年之后，即将还政于成王时撰作的，书中记载的是"纯乎周典"。

二、《周礼》非周公亲撰，但同周公关系密切

《周礼》不一定是周公亲自撰作的，但同周公密不可分。这一关于《周礼》作者的观点是北宋学者最先提出的，南宋也有不少学者持此论。以下分别论述之。

（一）林之奇

林之奇承认周公制作法度与《周礼》相关，但同时也指出《周礼》成书并非周公一人之力。他在《周礼讲义序》中曰：

盖圣人之神不与人同忧，而圣人之德不与民同患，故周公制法度于一日之间，以厚天下之风俗，其本如此。虽然，道有升降，时有损益，故以义制礼者，虽昔之所与，而今或制作而不疑；以义变礼者，虽已造于前，而后或因革以为便，则《周礼》之为书，岂特周公之力哉？《易》曰"亨者嘉之会"，天之礼也；又曰"嘉会足以合礼"，人之礼也。三代之礼，天道人事备于周，上致其隆，下致其杀，中处其中。则是时也，崇天卑地，分群偶物，而不失其统也。大鹏之能高、斥鷃之能小，椿木之能长、朝菌之能短，各以顺受其正，岂有他哉？后世礼昧于经之大体，则徇常者或病其高阔，好大者乃患于卑近，又岂知夫高阔所以立天下之本，卑近所以尽天下之事欤？

在林之奇看来，道有升降，时有损益，礼亦有因有革，《周礼》一经虽以"周"命名，并有周公制作法度在其中，但书中实汇聚了夏、商、周三代

---

① （　）中文字，是以双行小字的形式注于文后的。以下与此同。
② （宋）郑樵：《六经奥论》卷六《周礼辨》。

之礼，故《周礼》成书并非周公一人之力。有的学者疑惑于此书设官分职的规模宏阔，有的学者则疑惑于此书设官分职的琐细卑微，这皆因他们不明了《周礼》一书荟萃三代之礼，体大而思精，其中设官的宏大规模体现了立天下之本，分职的琐细则是为尽天下之事。

在林之奇看来，《周礼》汇聚三代之礼，作者并非周公一人，但周公制礼作乐与《周礼》成书是密不可分的。

（二）朱熹

在《周礼》作者问题上，朱熹主张《周礼》不是周公亲自撰作，但认为"《周礼》规模皆是周公做""《周礼》是周公遗典也"，即承认《周礼》和周公存在联系。其曰：

> 《周礼》，胡氏父子以为是王莽令刘歆撰，此恐不然。《周礼》是周公遗典也。①
>
> 看来《周礼》规模皆是周公做，但其言语是他人做。今时宰相提举敕令，岂是宰相一一下笔？有不是处，周公须与改。至小可处，或未及改，或是周公晚年作此。②
>
> 《周礼》毕竟出于一家。谓是周公亲笔做成，固不可，然大纲却是周公意思。③
>
> 未必是周公自作，恐是当时如今日编修官之类为之。④

朱熹既不赞同郑玄主张周公作《周礼》说，也不赞同胡宏提出的刘歆伪造《周礼》说。在朱熹看来，《周礼》是周公遗典，《周礼》规模皆是周公做，《周礼》大纲是周公意思，但执笔撰著则由当时类同于宋代编修官之类的官员完成。

据此可知，朱熹虽不认同周公亲作《周礼》说，但承认周公同《周礼》之间的必然联系，认为《周礼》中包蕴周公的政治观点。

（三）叶适

在《周礼》作者问题上，叶适主张《周礼》不是周公亲撰，但认为《周礼》的作者必具备周公之能、周公之才方可。其具体观点参看"第五章　南宋《周礼》学（下）"的"第三节　永嘉学派的《周礼》学说"中"四、叶适的《周礼》学说"，其下"（二）对《周礼》作者的认识"，兹不赘述。

---

①②③④　（宋）黎靖德：《朱子语类》卷八六。

（四）蔡沈

蔡沈（1167—1230），字仲默，号九峰，建州建阳（今福建省建瓯市）人，蔡元定之子。其人专意为学，不求仕进，少从学于朱熹，是朱熹晚年的高弟。代表作是《书集传》，元代成为官书，是元、明、清三代科举考试的必读书。

蔡沈在《周礼》作者问题上，主张《周礼》同周公之间存在联系。其曰：

> 要之《周礼》首末未备，周公未成之书也。惜哉！①

蔡沈认为，《周礼》内容"首尾未备"，当是"周公未成之书"。可知，蔡沈承认《周礼》同周公之间的密切关联。

蔡沈是朱熹的得意门生，在《周礼》作者问题上，他很可能受老师的影响，主张《周礼》的作者不一定是周公。再则，蔡沈以首尾未备评价《周礼》，可知他认为《周礼》内容是存在瑕疵的，由此推知，他也主张《周礼》的作者不一定是周公。

（五）王柏

王柏（1197—1274），字会之，号鲁斋，婺州金华（今浙江省金华市）人。从何基学，以教授为业，曾任教于丽泽书院、上蔡书院，年78而卒，谥文宪。代表作有《诗疑》《书疑》。

王柏在《周礼》作者问题上，主张《周礼》同周公存在联系。其曰：

> 或疑此篇与《周礼》不同，盖《周礼》者乃周公未成之书，此其总叙也。②

王柏也主张《周礼》"乃周公未成之书"，认可《周礼》同周公之间存在联系。

王柏是朱熹的三传弟子，在《周礼》作者问题上，他也可能接受朱熹的观点，主张《周礼》不一定是周公亲作的。所以，我们推论王柏在《周礼》作者问题上的立场很可能同朱熹是一致的。

三、战国人作《周礼》

关于《周礼》作者问题，林希逸主张《周礼》是战国时人撰著的。其

---

① （宋）蔡沈：《书经集传》卷六《周官》解题，见文渊阁《四库全书》，第58册。
② （宋）王柏：《书疑》卷八《无逸疑》。

具体观点参看"第五章　南宋《周礼》学（下）"的"第二节　林希逸《鬳斋考工记解》"中"四、从《鬳斋考工记解》看林希逸对《周礼》的认识"，其下"（二）对《周礼》作者的认识"，兹不赘述。

四、秦或汉初人作《周礼》

关于《周礼》作者问题，魏了翁认为《周礼》可能是秦或汉初人撰作的。其具体观点参看"第四章　南宋《周礼》学（中）"的"第四节　魏了翁《周礼折衷》"中"三、魏了翁对《周礼》本经的认识"，其下"（二）对《周礼》作者问题的认识"，兹不赘述。

五、西汉人作《周礼》

北宋晁说之首次提出《周礼》的作者可能是汉代人，到了南宋，一些学者在晁说之的基础上，更进一步提出《周礼》的作者很可能是西汉人，甚至明确指出就是刘歆。以下分别论述之。

（一）范浚

在《周礼》作者问题上，范浚主张《周礼》中有西汉人附益的内容。其曰：

> 周公作六典，谓之《周礼》。至于六官之属琐细悉备，疑其不尽为古书也……此必汉世刻敛之臣，如桑羊辈，欲兴榷利，故附益是说于《周礼》，托吾周公以要说其君耳。不然亦何异贱丈夫登垄断而罔市利，其为周公何如哉？[①]

范浚认为，《周礼》内容琐细悉备，怀疑"其不尽为古书"，还指出《周礼》有些内容实属附益，应该是西汉如桑弘羊者，假托周公之名窜入的，目的是"兴榷利"。所以，《周礼》的作者有西汉人。

（二）胡宏

胡宏认为王安石以《周礼》祸宋，在掊击王安石的同时，推原祸首，归咎《周礼》，遂疑《周礼》是伪书，甚至大胆地提出伪造者就是西汉人刘歆。其曰：

> 《周礼》成于刘歆，歆是不知三纲之人，其书不可引以为证。[②]

---

① （宋）范浚：《香溪集》卷五《读周礼》。
② （宋）胡宏：《五峰集》卷二《与彪德美》。

　　　　谨按：孔子定《书》，《周官》六卿，冢宰掌邦治、统百官、均四
　　海者也。今以刘歆所成《周礼》考之……说者谓《周官》三百也，今
　　乃冗滥如是，又设三百六十职焉，其妄诞不经昭昭矣。自刘歆成书，
　　惟郑康成推赞之，真周公之罪人也。谨按：刘歆，汉家贤宗室向之
　　子，附会王莽，变乱旧章，残贼本宗，以趋荣利，《周礼》之书本出
　　于孝武之时，为其杂乱，藏之秘府，不以列于学官，及成、哀之世，
　　歆得校理秘书，始列序为经，众儒共排其非，惟歆以为是。夫歆不知
　　天下有三纲，以亲则背父，以尊则背君，与周公所为正相反者也，其
　　所列序之书，假托《周官》之名剿入私说，希合贼莽之所为耳。①

在胡宏看来，《周礼》本是发现于汉武帝时的杂乱简章，不为时人所重，
遂藏于秘府。后因刘向、刘歆父子校理秘书，才再被发现，但当时就遭众
儒排斥，唯有刘歆认为此书独具价值。而刘歆人品卑污，虽为汉室宗亲，
却攀附王莽，变乱旧章，是对父不孝、对君不忠之人。他所独识的《周
礼》不过是假托《周官》之名，剿入一己私说，以迎合王莽的需要，不仅
颇为冗滥，且"妄诞不经"，不能引之为据。

　　从"《周礼》成于刘歆""刘歆所成《周礼》""假托《周官》之名剿入
私说"等态度鲜明的语句中，可知胡宏主张《周礼》是刘歆伪造的。

　　（三）洪迈

　　洪迈在《周礼》作者问题上，所见与胡宏相同。其曰：

　　　　《周礼》一书，世谓周公所作，而非也。昔贤以为战国阴谋之书，
　　考其实，盖出于刘歆之手。②

可知，洪迈也主张《周礼》出于西汉刘歆之手。

　　（四）黄震

　　黄震对《周礼》评价不高，甚至怀疑其不具备忝列经典的资格。在
《周礼》作者问题上，黄震指出《周礼》的作者未必是周公。在《黄氏日
抄》卷三三中，曰：

　　　　愚按：《周礼》岂独盟非周公之意哉？盟诅出于后世，则《周礼》
　　恐未必尽作于周公。横渠好古之切，故为委曲回护如此，而又以
　　《诗》《书》次《周礼》焉。

────────

① （宋）胡宏：《五峰集》卷四《极论周礼》。
② （宋）洪迈：《容斋续笔》卷一六《周礼非周公书》。

黄震推崇朱熹，作为朱子后学，他继承了朱子在经典考辨方面审慎甄别的态度。周公作《周礼》是由汉迄唐学界对《周礼》作者问题认识的主流观点，黄震此处说"《周礼》恐未必尽作于周公"，多半是出于尊重传统经说的考虑，没有遽然否定周公和《周礼》的关系。

但在《黄氏日抄》卷三四中，黄震曰：

> 愚恐且当以《孟子》为正，若《周礼》虽名为周公之书，而实出于王莽之世，不先于《孟子》也。

黄震此处立场鲜明，指出《周礼》"名为周公之书"，实际上"出于王莽之世"，记载周代制度甚至不如《孟子》可信。由此可知，黄震是不相信周公作《周礼》的。

《周礼》的作者不是周公，那是谁呢？黄震没有明说，只是反复强调《周礼》是西汉王莽、刘歆时才发现的。《黄氏日抄》卷五七《古三坟书》，黄震曰：

> 愚按：伏羲画八卦，历文王、孔子而成今之《易》，三才之道备焉，此外无余蕴。《周礼》六典晚出于王莽、刘歆，始有《连山》《归藏》《周易》三者之名，意谓夏、商之世各自有《易》，于义无稽，而好异者喜言之，自谓博古，已成空谈，况于窃取其名为"三坟"之书，然乎否耶？

《黄氏日抄》卷六三，黄震又曰：

> 周之所以为治者，尽见于《尚书·周官》之篇。后千余年，至王莽时，倏有所谓《周礼》六典者出，曰此周公之法也。使果出于周，亦不过《周官》一篇注疏耳。然其烦苛若此，果可见之施行否耶？设果尝行于周，时异事殊，亦可行于后世否耶？

在黄震看来，《周礼》出现于西汉是件很突兀的事。以周公的历史地位，他如此重要的著作在西汉以前的传承居然是空白的，甚至饱学如孔、孟，都未提及，这实在令人费解。

所以，黄震主张《周礼》不过是托名周公之作。从黄震反复强调《周礼》出现于王莽、刘歆之时来推断，黄震很可能认为《周礼》就出于西汉，其作者是西汉时人。

六、后学编纂历代之书成《周礼》

南宋有学者在《周礼》作者问题上提出了一种新观点，他们认为，

《周礼》是由周迄汉的学者编纂前代书中的典章法度而成书的。《周礼》的成书过程可能非一时，作者也可能非一人。以下分别论述其说。

（一）陈汲

在《周礼》作者问题上，陈汲既不赞成周公亲撰《周礼》的传统观点，也不赞成胡宏提出的刘歆伪造《周礼》的新说。其曰：

> 《周礼》一书，周家法令政事所聚，或政典，或九州，或司马教战之法，或《考工记》。后之作史者，纂其典章法度而成一代之书，有周公之旧章，有后来更续者，犹风、雅、颂通谓之"周诗"，誓、诰、命通谓之"周书"也。信之者以为周公作，不信者以为刘歆作，皆非也。①

陈汲认为，《周礼》记载了周代的典章制度，其中既包括西周初年周公所制之法，也有后世增添的内容，崇《周礼》为周公亲撰或诋《周礼》为刘歆伪作皆失之于偏颇。在他看来，《周礼》的作者可能是周代以后的某位或某几位史官，他们参考历代典章法度，不断编纂进而成书，统名之为《周礼》。所以《周礼》中不仅包含西周法度，还有后来制度。

（二）黄仲元

在《周礼》作者问题上，黄仲元的观点与陈汲接近。在《四如讲稿》卷四《周礼》中曰：

> 此书法令政事所聚，如后来《百官志》相似，或出于政典，或出于九刑，或出于《司马法》，或出于《考工记》。有周公旧章者，有后来添续者，有春秋战国以来伪妄驳杂之书与秦火之后掇拾于灰烬之余者，有出于汉儒私意欲用其师说者，有或利其购金而妄言者，后之作者纂其典章法度而成一代之书，故通谓之《周礼》。信者以为周公，非也；不信者以为歆，亦非也。

黄仲元承认《周礼》内容具有驳杂的特点，并认为这与其成书过程相关。黄仲元认为，《周礼》可能是后世的一位或几位作者不断收集历代著述中的典章法度，而后纂成的一代制度之书，通名之为《周礼》。因为收集的资料包括周公旧章、春秋战国以来的各种著述、秦火之后残余的著述、汉儒著述等等，所以《周礼》所讲法令政事颇驳杂。对于学界两种极端的认识——周公作《周礼》说、刘歆伪造《周礼》说，他认为都是不对的。

---

① （宋）王与之：《周礼订义》卷首《论周礼纲目》引"陈及之曰"。

对《周礼》作者的识见，黄仲元颇为钦服。在《四如讲稿》卷四《周礼》中曾评价曰：

> 未论《周礼》是周公作，假使出于汉儒，解说及此，亦是晓得古人井田、封建意思。

在他看来，《周礼》的作者是真正通晓古代先王政治精义的。所以，《周礼》作者是不是周公，都不影响黄仲元对这部经典的尊崇态度。

第三节　总结

以下分北宋、南宋两个时段分析论述宋代辨疑《周礼》作者的发展历程，最后总结宋代辨疑《周礼》作者的特点。

一、北宋辨疑《周礼》作者的发展历程

神宗熙宁年间（1068—1077），是北宋辨疑《周礼》作者的转折点。熙宁以前，周公作《周礼》是学界对《周礼》作者问题认识的主要观点；熙宁以后，伴随学界对《周礼》关注的增加，有关《周礼》作者的新观点相继被提出，学界对《周礼》作者问题的认识趋向多元化了。

（一）建隆至治平

西汉成帝时，刘歆随其父刘向校理秘书，发现了《周礼》，但当时并未措意，年长后"乃知其周公致太平之迹，迹具在斯"[1]，可以说，周公作《周礼》一说滥觞于刘歆。东汉郑玄赞同此说，魏晋以后，郑玄所注《周礼》被立为经，周公作《周礼》遂成《周礼》"汉学"研究范式下对《周礼》作者问题的主要认识。

建隆至康定年间，学界对《周礼》的研究仍因循《周礼》"汉学"研究范式，在《周礼》作者问题上，主张周公作《周礼》，如石介。庆历至治平年间，虽然学术风尚发生了转变，学界对儒家经典的辨疑也全面展开，但在《周礼》作者问题上，周公作《周礼》的传统观点仍被大多数学者所接受，如李觏、刘敞、司马光。这体现了宋代《周礼》学发展的转折期开新与守旧并存。

---

[1] （汉）郑玄注，（唐）贾公彦疏：《周礼注疏》卷首《序周礼废兴》引马融《传》。

(二) 熙宁至靖康

熙宁以后，学界对《周礼》的研究明显增加了，在《周礼》作者问题上，开始突破《周礼》"汉学"研究范式下周公作《周礼》的一元认识论，趋向多元化。此时期，关于《周礼》作者问题主要形成了五种观点：一是周公作《周礼》，王昭禹持此论；二是主张《周礼》非周公所作，但与周公关系密切，张载、程颢、程颐持此论；三是主张战国人作《周礼》，苏轼持此论；四是主张秦或汉初人作《周礼》，苏辙持此论；五是主张西汉人作《周礼》，晁说之持此论。

熙宁至靖康年间，在宋代《周礼》研究史上，是全面突破《周礼》"汉学"研究范式、初步确立《周礼》"宋学"研究范式的重要时期。此时期，在经典辨疑思潮推动下，学界以辨疑为重要手段，打破对周公作《周礼》这一权威观点的迷信，立足于对《周礼》制度、思想的审视，提出了不少关于《周礼》作者的新观点，如《周礼》非周公所作但与周公关系密切、秦或汉初人作《周礼》、西汉人作《周礼》等。这些观点丰富了学界关于《周礼》作者的认知，更打破了长期维持已陷于固化局面的《周礼》"汉学"研究范式，为《周礼》研究带来新的活力。

整体而言，熙宁至靖康年间，学界突破了《周礼》"汉学"研究范式下对《周礼》作者认识的一元论，再次趋向多元化了，这种多元化的认知趋势也被南宋学界所继承，并最终成为《周礼》"宋学"研究范式下对《周礼》作者问题认识的主要观点。

二、南宋辨疑《周礼》作者的发展历程

我们前面分建炎至绍兴、隆兴至开禧、嘉定至南宋末年三个时段论述了南宋辨疑《周礼》作者的发展历程。

(一) 建炎至绍兴

建炎至绍兴年间，学界在《周礼》作者问题上，延续了熙宁至靖康年间多元的认识趋向，主要形成三种观点：一是主张《周礼》非周公所作，但与周公关系密切，林之奇持此论；二是主张西汉人作《周礼》，范浚持此论；三是主张刘歆伪造《周礼》，胡宏持此论。

此时期，在《周礼》作者问题认识上，有两点值得关注：一是无人提倡周公作《周礼》了，二是胡宏首创刘歆伪造《周礼》说。无人提倡周公作《周礼》的原因，我们以为主要是想剥离周公和《周礼》的关系，这既有崇圣的思想动机，也有彻底贬低《周礼》是伪书的意图或需要。北宋哲

宗亲政和徽宗统治时期，蔡京等奸臣借口王安石新学，打击政敌。宋室南渡后，士大夫检讨靖康之变的原因，不少人主张是王安石变法招致祸端，而秦桧为了打击洛学政敌，又有意抬高王安石新学。在有正义感的士大夫看来，王安石新学已经成为奸臣祸国的保护伞，他们批判王安石新学，批判《三经新义》，甚至批判《周礼》，都是为了打压奸臣。因为周公是孔子崇拜的圣人，批判《周礼》就需要剥离此书和周公的关系，所以此时期再无人提倡周公作《周礼》了，即便是尊《周礼》为经的林之奇，也只是认为《周礼》和周公有关联，但非周公亲作，这可视为政治对学术施加影响的典型了。至于胡宏提出刘歆伪造《周礼》说，我们以为是达到了两宋诋毁《周礼》的巅峰。说《周礼》是伪书的，胡宏不是第一人，即便在宋代，北宋的晁说之已称呼《周礼》为"残伪之物""伪杂之《周礼》""伪《周礼》"了。胡宏的特别之处在于，他具体指明了伪造者是刘歆。刘歆是西汉发现、传承、尊崇《周礼》的重要人物，王莽重用了刘歆和《周礼》，而王莽改制失败了，刘歆人品又有瑕疵，所以胡宏提出了一种创见，即《周礼》就是刘歆伪造的。刘歆有学识，但人品不佳、热衷名利，他是有能力、有动机假托周公伪造《周礼》的，目的就是迎合王莽复古的嗜好，猎取名利。胡宏当时提出此说应是有其针对性的，政治意义当大于学术意义。由于刘歆伪造《周礼》说没有真实的凭据，也是出于臆断猜测，所以虽然反响甚巨，但真正从其说的则寥寥无几。

我们以为，牵涉政治原因，建炎至绍兴年间，一方面无人再提周公作《周礼》了，另一方面胡宏首创了刘歆伪造《周礼》说，这反映出当时学界为了彻底地贬损《周礼》，有意识地在剥离周公与《周礼》的关系，也从侧面反映出当时学界对《周礼》的评价的确很低。

（二）隆兴至开禧

隆兴至开禧年间，学界在《周礼》作者问题上，继续保持多元化的认识，主要形成三种观点：一是主张周公作《周礼》，王炎、薛季宣、易祓、叶时、郑伯谦、郑锷、《周礼详说》作者持此论；二是主张《周礼》非周公所作，但与周公关系密切，朱熹、叶适持此论；三是主张刘歆作《周礼》，洪迈持此论。

此时期，在《周礼》作者问题认识上，最值得关注的就是周公作《周礼》说回归了，而且持论者众。我们认为，促成此说卷土重来的重要原因是胡宏对《周礼》极端的诋毁言论招致了学界的反对。宋人疑经不是想"非圣""诬经"，相反，疑经是为了崇圣、尊经，疑经是手段，尊经才是目的，诚如吴怀祺先生所说："疑经不是否定经，而是更好地尊经，要使尊崇的经籍能宣传天理之正、纲常等级制度的永恒意义。"① 杨新勋先生也说："宋儒疑经中又往往含有推崇、提升圣人的思想和形象，并将新的时代思想和崇圣思想相结合来纯洁经书、改善经学的用意。"② 胡宏斥《周礼》是"乱臣贼子"刘歆的"伪妄之书"，虽有其特殊的政治背景，但此说毕竟违背了"崇圣""尊经"的宗旨，结果既没有招致多少同道中人，可能也违背了胡宏的初衷，因为此说引发了学界对《周礼》空前的尊崇，不少学者强调《周礼》是周公作的，《周礼》所载乃纯然周制，极力维护《周礼》的经典权威，这恐怕是胡宏始料不及的吧！

此时期，在《周礼》作者问题上，洪迈赞同胡宏的观点，也主张刘歆作《周礼》，这是胡宏获得为数不多、立场鲜明地支持。但洪迈与胡宏在《周礼》真伪问题上的立场是不同的，洪迈始终没有斥《周礼》是伪书，只是怀疑《周礼》的经典地位，认为王莽、王安石"托《周官》之名以为政，其归于祸民一也"；胡宏则直言不讳地说《周礼》是刘歆"假托《周官》之名剿入私说，希合贼莽之所为"。所以，可以说洪迈对胡宏的支持只有一半。

隆兴至开禧年间，一方面周公作《周礼》说回归了，另一方面洪迈对胡宏的支持只有一半，即赞同刘歆作《周礼》说，但在《周礼》真伪立场上始终保持怀疑态度，并未诋《周礼》是伪书。这反映出当时学界是在有意识地尊崇《周礼》，也从侧面反映出当时学界对《周礼》的评价的确很高。

（三）嘉定至南宋末年

嘉定至南宋末年，学界在《周礼》作者问题上，继续持多元化的认识倾向，主要形成了六种观点：一是主张周公作《周礼》，度正、真德秀、朱申、赵汝腾持此论；二是主张《周礼》非周公所作，但与周公关系密切，蔡沈、王柏持此论；三是主张战国人作《周礼》，林希逸持此论；四是主张秦或汉初人作《周礼》，魏了翁持此论；五是主张西汉人作《周礼》，黄震持此论；六是主张后学编纂历代之书成《周礼》，陈汲、黄仲元持此论。

至此，《周礼》"宋学"研究范式下对《周礼》作者问题的认识，通过

---

① 吴怀祺：《宋代史学思想史》，8 页，合肥，黄山书社，1992。
② 杨新勋：《宋代疑经研究》，290 页。

辨疑，打破了一元认识论，确立了多元认识论。此后，学界关于《周礼》作者的探讨，基本在此范围内。

三、两宋辨疑《周礼》作者的特点

我们以下从四方面论述两宋辨疑《周礼》作者的特点。

第一，两宋辨疑《周礼》作者的观点有趋向多元化的特点。两宋辨疑《周礼》作者，突破了《周礼》"汉学"研究范式主导下周公作《周礼》的一元认识论，逐渐形成了多元化的认识。我们梳理两宋在《周礼》作者问题上提出的观点，主要有六种，这其中既有对传统观点的继承，如"周公作《周礼》""战国人作《周礼》"，也有不少宋人自创的新见，如"《周礼》非周公所作，但同周公关系密切"，"秦或汉初人作《周礼》"，"汉代人作《周礼》"[①]，"后学编纂历代之书成《周礼》"。总之，熙宁至靖康年间，学界突破了《周礼》"汉学"研究范式下对《周礼》作者认识的一元论，对《周礼》作者问题的认识重新活跃起来，并基本奠定了《周礼》"宋学"研究范式下认识《周礼》作者问题的多元化倾向。嘉定至南宋末年，学界就《周礼》作者问题，提出了六种观点，参看本章本节"二、南宋辨疑《周礼》作者的发展历程"下"（三）嘉定至南宋末年"，兹不赘述。这基本确立了《周礼》"宋学"范式下关于《周礼》作者问题认识的多元论及主要观点。

第二，两宋辨疑《周礼》作者的观点具有理性的特点。我们以为，宋人提出的关于《周礼》作者的新见，有些颇具理性。如"《周礼》非周公所作，但同周公关系密切""后学编纂历代之书成《周礼》"，这些观点既未出于尊《周礼》的立场而固执地强调《周礼》是周公作的，也未盲目追逐新说主张《周礼》是刘歆伪造的，而是从客观分析《周礼》制度、思想入手，理性地肯定《周礼》包含周公政典，但内容确实驳杂不一。我们现代根据出土铜器铭文考察《周礼》所载官制，其中有四分之一以上记载可同西周铜器铭文所载的官制相印证[②]，有三分之一以上的记载可同《左传》、春秋时期铜器铭文所载官制相印证[③]，可知《周礼》中确存有周代官制，但也掺杂了其他内容，因此无论尊《周礼》是周公亲作，还是诋

---

① 南宋提出的"西汉人作《周礼》"说包含在内。
② 参见张亚初、刘雨：《西周金文官制研究》，北京，中华书局，1986。
③ 参见沈长云、李晶：《春秋官制与周礼比较研究——〈周礼〉成书年代再探讨》，载《历史研究》，2004（6）。

《周礼》是刘歆伪造，都失之偏颇。由此可知，宋人的见解是具有客观理性的。

　　此外，嘉定至南宋末年的陈汲和黄仲元指出，《周礼》是由周迄汉的史官或学者编纂前代书中的典章法度汇集成书的，成书过程可能非一时，作者也可能非一人。他们的观点与前贤余嘉锡所论古书撰著作者问题颇有相合之处①，令人激赏。总之，两宋在辨疑《周礼》作者问题上能提出如此具有理性的观点，是很值得肯定的，这也代表了两宋研究《周礼》的成就。

　　第三，两宋辨疑《周礼》作者的方法具有理性化的特点。辨疑是两宋学人突破《周礼》"汉学"研究范式的重要手段，我们认为，他们在研究《周礼》作者问题上，无论结论为何，采用的辨疑方法都具有理性化的特点。如主张"周公作《周礼》"的，郑锷是通过《尚书·洛诰》的记载，与《周礼》的内容相比照，得出周公作《周礼》的结论；赵汝腾依据《周礼》卷首"惟王建国，辨方正位，体国经野，设官分职，以为民极"五句，同《大宰》《大司徒》相关记载，确定"《周礼》真周公书"。主张"《周礼》非周公亲撰，但与周公关系密切"的，张载是从对《周礼》思想分析的角度，指出《周礼》中存有周公致治之法，但盟诅"必非周公之意"，大司乐所载"乐六变而致物各异，此恐非周公之制作本意"；朱熹是在把握《周礼》全书脉络的基础上，肯定"《周礼》规模皆是周公做""《周礼》是周公遗典也"，但指出执笔撰著《周礼》的不是周公，而是类同于宋代编修官之类的官员。主张"战国人作《周礼》"的，苏轼是立足于对《周礼》制度的研判，认为"《周礼》非圣人之全书"，可能是"战国阴谋之书"。主张"秦或汉初人作《周礼》"的，魏了翁是从《周礼》遣词用字、行文方法的角度，判定此书是秦或汉初人编纂圣贤遗言而成的。主张"西汉人作《周礼》"的，胡宏是根据《周礼》的传承、王莽用《周礼》复古改制的史实、刘歆的学识人品以及对《天官》部分设官分职的分析，最后得出刘歆伪造《周礼》的结论。主张"后学编纂历代之书成《周礼》"的，陈汲、黄仲元也是基于对《周礼》制度的分析，认为具有驳杂不一的特点，而后推论《周礼》成书可能非一时，作者也可能非一人。

　　总之，两宋学人辨疑《周礼》作者所采用的方法，多是从《周礼》制

---

　　① 余嘉锡观点参看《古书通例》"卷一　案著录"下"古书不题撰人"部分［《目录学发微（含〈古书通例〉）》，188～196 页，北京，中国人民大学出版社，2004］。

度、思想入手，通过与其他经典内容的比较，或用他们界定的圣人思想来衡量，最终分析研判得出结论。这些方法具有理性化的特点，代表了两宋研究《周礼》的水平。

第四，南宋在辨疑《周礼》作者问题上，表现得比北宋更为积极。这主要体现在两方面：一是在参与辨疑《周礼》作者问题的人数，南宋参与讨论的学者在数量上远超北宋。本章"第一节　北宋辨疑《周礼》作者的主要观点"，罗列了北宋参与辨疑《周礼》作者的主要学者，本章"第二节　南宋辨疑《周礼》作者的主要观点"，罗列了南宋参与辨疑《周礼》作者的主要学者，此处不赘述。二是两宋辨疑《周礼》作者的观点，从数量上，南宋比北宋多一种；从内容上，南宋提出的观点比北宋或更耸动，或更理性。数量而言，北宋就《周礼》作者问题提出五种观点，包括"周公作《周礼》""《周礼》非周公亲撰，但同周公关系密切""战国人作《周礼》""秦或汉初人作《周礼》""汉代人作《周礼》"；南宋提出六种观点，其中有四种观点继承自北宋，将"汉代人作《周礼》"一说具体化为"西汉人作《周礼》"，多出的一种观点主张"后学编纂历代之书成《周礼》"。内容耸动者，是指刘歆伪造《周礼》说。北宋晁说之已经提出"汉代人作《周礼》"，至胡宏，具体指明是西汉人刘歆，可以说在晁说之的基础上更上层楼，因为其说有一定理据，又有政治针对性，所以引发了学界的震动，当属两宋关于《周礼》作者问题最惹人瞩目的观点。内容理性者，是指出现于嘉定至南宋末年的新观点，主张"后学编纂历代之书成《周礼》"，此说是两宋关于《周礼》作者问题提出的最后一种观点，其说持折中立场，不偏主一端，颇具理性，展现了南宋学人在《周礼》作者研究上孜孜以求的精神。我们以为，此观点代表了两宋辨疑《周礼》作者的最高水准，是两宋学人长期争论《周礼》作者问题，经过沉淀最后取得的共同成果。

第八章　宋人对郑玄《周礼注》的攻驳

清代今文经学家皮锡瑞在《经学历史》中将宋代称为"经学变古时代"，所谓"经学变古"，即宋学变汉学之"古"，是宋代经学对汉唐经学的发展及其流弊的纠正。①

宋代的经学变古是建立在对汉唐经学的批判与反思基础上的。有研究者认为："汉代经学分裂，党同伐异，不顾是非；唐代经学'始会于一'，弊端是'穷理不深，讲道不切'，忽视了对儒学内在价值的探求。汉唐时期无论是经学分裂还是经学统一，都不能真正体现圣人之道。"② 另一方面，汉唐注疏之学以章句训诂为主，"不仅破碎大道，而且是非各异，难以穷尽经典的大义"③。如王安石曾批评汉唐的章句传注之学，曰：

> 章句之文胜质，传注之博溺心，此淫辞诐行之所由昌，而妙道至言之所为隐。④

> 孔子没，道日以衰熄，浸淫至于汉，而传注之家作，为师则有讲而无应，为弟子则有读而无问。非不欲问也，以经之意为尽于此矣，吾可无问而得也。岂特无问，又将无思；非不欲思也，以经之意为尽于此矣，吾可以无思而得也。夫如此，使其传注者皆已善矣，固足以善学者之口耳，不足善其心，况其有不善乎？宜其历年以千数，而圣人之经卒于不明，而学者莫能资其言以施于世也。⑤

王安石批评章句传注之学使圣人之道晦而不彰，且汉代以来师道失传，学者沉迷于传注之学，不问、不思、不疑，只信口耳，各守师说，使圣人之

---

① 杨世文：《走出汉学——宋代经典辨疑思潮研究》，52~53 页。

② 同上书，100 页。

③ 同上书，101 页。

④ （宋）王安石：《临川文集》卷五七《除左仆射谢表》，见文渊阁《四库全书》，第 1105 册。

⑤ （宋）王安石：《临川文集》卷七一《书洪范传后》。

经不明，儒学不能经世致用。又如李觏曰：

> 历观五经传注及正义，诚有未尽善，志于道者宜其致诘。①

李觏不仅直言汉唐注疏之学有缺陷，还号召宋儒驳斥汉唐注疏的不合理之处。

宋人对郑玄《周礼注》的批评既是基于宋代对汉唐经学批判与反思的大背景，同时也是宋人对汉唐经学批判与反思的重要组成部分。郑玄是汉唐时期最伟大的经学家之一，他"囊括大典，网罗众家，删裁繁诬，刊改漏失，自是学者略知所归"②，他虽然遍注群经，但礼学成就尤为后人所称道，孔颖达评价曰"礼是郑学"③，清代四库馆臣评价曰："元④于'三礼'之学，本为专门，故所释特精。"⑤ 潘祖荫曰："郑玄注礼之功如江河日月，不复可泯。"⑥ 皮锡瑞曰："郑于礼学最精，而有功于礼经最大。"⑦宋人对汉唐经学进行批判与反思，矛头自然对准郑玄这样的代表人物，因此宋人对郑玄"三礼"之学抨击颇多，这其中也包括对郑玄《周礼注》的批评。正是通过对郑玄《周礼注》的批判与反思，宋人才逐渐建立起《周礼》"宋学"研究范式的经典解释方法，即以"义理"解《周礼》、以"议论"解《周礼》，侧重从义理的角度探求经义，从而独树一帜，与《周礼》"汉学"研究范式下以训诂考证为中心的《周礼》解释方法分庭抗礼。

第一节　宋人对郑玄《周礼注》的批评

我们认为，宋人对郑玄《周礼注》的批评主要有九方面，下面分别论述之。

一、注经不合经文本意

郑玄《周礼注》囊括大典，网罗众家，被后世学人奉为圭臬，然其间

---

① （宋）李觏：《盱江集》卷二八《答宋屯田书》。
② （南朝宋）范晔：《后汉书》卷六五《郑玄传》。
③ （唐）孔颖达：《礼记正义》卷四〇《杂记上》"疏曰"。
④ 清代乾隆年间，因避讳故，郑玄之"玄"字在《四库全书》中或写作"元"，或作缺笔。
⑤ （清）永瑢等：《四库全书总目》卷一九《周礼注疏》提要。
⑥ （清）郭嵩焘：《礼记质疑》卷首潘祖荫《礼记质疑序》，长沙，岳麓书社，1992。
⑦ （清）皮锡瑞：《经学通论》，北京，中华书局，2001。

也难免有对《周礼》经文的不当注解。宋人就此提出批评，认为郑玄对《周礼》经文的不当注解，影响了后学对经文本意的正确理解，甚至成为后学怀疑《周礼》的根据。

如叶时曰：

> 《周礼》之传自郑康成始，坏《周礼》者亦自郑康成始……礼经之学所赖以相传者，诸儒讲明之功也，今杜子春得之于刘歆，郑兴、郑众得之于杜子春，郑康成号为囊括六典，网罗众家，盖亦知所折衷矣，胡为不抱遗经推究终始，而乃凭私臆决，旁据曲证，此《周礼》所以不明而召后儒纷纭之议也……自康成之注既行，而贾公彦一疏一惟郑注之是解，《周礼》制度合与不合，不暇究矣。儒者沿袭注疏之文，考之于经而不合，遂指《周礼》为非周公之全书，是敢于叛圣人之经，而不敢违汉儒之说也。吁！刘歆之诬《周礼》一时之失，而《周礼》之法尚在；郑康成之坏《周礼》千载之惑，而《周礼》之法几亡。①

叶时批评郑玄是坏《周礼》的始作俑者，因为郑玄《周礼注》"凭私臆决，旁据曲证"，存在不可忽视的失误，而伴随汉唐学界形成的"宁道孔圣误，讳闻郑服非"的学术风气，郑玄《周礼注》逐渐成为高于《周礼》的权威，若遇经注不合，众儒宁指责《周礼》非周公全书，也不敢违拗郑玄注说。正因如此，《周礼》才招致后儒的误解、怀疑和纷纭议论，以致《周礼》之法几亡。

又如《周礼图说》注解《遂人》曰：

> 先王之于民，受地虽均百亩，然其子弟之众，或食不足而力有余，则又以余夫任之。《诗》所谓"侯疆侯以"，经所谓"以疆予任甿"也。然余夫之田不过二十五亩，以其家既受田百亩，又以百亩与之，则彼力所不逮矣，故其田四分，农夫之一而已。《礼》言上地田百亩，莱五十亩，中地二十五亩，莱亦二十五亩，下地二十五亩，莱五十亩，则所谓如之者，如田莱之多寡而已，非谓余夫亦受百亩之田，如正农也。郑氏之说不与《孟子》合，贾氏又从而释之，此附会之论也。②

---

① （宋）叶时：《礼经会元》卷一上《注疏》。
② （宋）王与之：《周礼订义》卷二五引"《图说》曰"。

《遂人》的此段经文主要讲解六遂受田地之制。郑玄认为，"余夫亦如之"同廛田之文相关，故言余夫也受一廛。而《周礼图说》比照《孟子》所载，认为郑玄此说不合经文本意，属"附会之论"。《周礼图说》此论得到清人李钟伦、孙诒让的赞同附和，他们都指出郑玄此处经注的失误，并加以驳正。

再如易袚批评郑玄《周礼注》在注解经文方面不合《周礼》经文本意。其曰：

> 乘车、兵车之轮六尺有六寸，今以乘车、兵车之轮言之。六分其轮崇，以其一为之牙围，则牙围尺有一寸，当分为两面，郑氏不分两面，只就一面，尺有一寸上便说三分牙围而漆其二，若是，则轮围两面为牙围，共二尺二寸矣，实与经意不合。今以两面牙围共一尺一寸言之，则每面各得五寸半，共为尺有一寸，如此，而后合六分取一之数。①

易袚注解《轮人》"是故六分其轮崇，以其一为之牙围"一句，认为郑玄此处对车轮牙围尺寸的注解"不分两面，只就一面"，若按郑玄之说，"则轮围两面为牙围，共二尺二寸矣，实与经意不合"，会误导读者，造成混乱。

又如魏了翁认为，由于《周礼》经文中有些文字的本意已经失落，郑玄用这些文字后起的意思来理解经文，就可能导致错误理解经文本意。其曰：

> 典，从册从□，自是一件物，不可以"常"训之。汉儒去古未远，然字义已不甚晓，故多失经意。②

魏了翁注解《大宰》经文，认为"典"应是一件物，而非郑玄所云的"常"，郑玄以"常""经""法"解释经文，自然不合经文本意。

又如陈用之驳斥郑玄对《冶氏》的注解，曰：

> 若以戈之用为在胡，谓援短则曲于磬折，援长则倨于磬折，"倨之外，为胡之里"，"句之外，为胡之表"，非徒牵合，而失其本旨，于形制亦无所考。③

---

① （宋）易袚：《周官总义》卷二六。
② （宋）魏了翁：《鹤山集》卷一○四《周礼折衷》。
③ （宋）王与之：《周礼订义》卷七三引"陈用之曰"。

冶氏负责制作杀矢，其制作的戈是一种可用以勾挽或啄刺的兵器，由内（戈穿入木柄中的部分）、胡（戈的直下的部分，其向援的一侧有直刃，向内的一侧有孔，亦用以贯绳拴系于木柄）、援（戈的横刃）三部分组成，若想使戈便于迅捷地啄击，又便于勾挽割断，就要"倨句外博"。郑玄注解此句云："倨之外，胡之里也。句之外，胡之表也。"其大意是指横刃之锋斜向内，其近直刃者为倨，即呈钝角，其近内者为句，即呈锐角，如从倨处视之，则胡里句者为外，故云"倨之外，胡之里也"；而自句处视之，则胡外倨者为外，故云"句之外，胡之表"。但考之经文，"外博，实言援胡倨句之度。援侈邪指，外不谓胡之表里，博亦非谓广于二寸，郑说亦并非经义"①。而陈用之此处就指出郑注牵和，失经文本旨，其说有一定道理。

客观而言，《周礼》一经所载名物制度异常庞杂，郑玄训诂名物、考论制度，偶有失误，在所难免。宋人能就此提出批评，认为郑玄《周礼注》注经不合经文本意，贻误后学，甚至开启后世对《周礼》的怀疑，其说不无道理。另一方面，我们也应该看到，宋人评价郑玄注经是否合乎经文本意，也是依据自身的学术修养做出的判断，他们对郑玄《周礼注》的有些指斥确有卓见，但有些指斥则属臆断之见，其论可谓互有短长，既不能一律肯定，也不可全盘否定。

二、引汉制解经多有不当

《周礼》是讲制度之书，涉及的古代名物制度非常庞杂，郑玄注解《周礼》的东汉距离西周已千年，为了让当时的学者能更清晰地了解《周礼》中的制度，郑玄常常援引时人熟悉的汉代制度论解《周礼》所载古制。客观而言，此种释经方法有其优长之处，但两汉、西周毕竟相距久远，制度之间的契合度不甚高，以汉制比况古制，有时是不恰当的。

宋人陈傅良、叶适、叶时、郑伯谦、易袚、魏了翁等都注意到郑玄《周礼注》引汉制解经诸说中存在不当的比况，容易引起理解的淆乱，他们就此对郑玄《周礼注》提出批评。陈傅良曰：

> 郑氏以司会若汉之尚书，其实不然。②

---

① （清）孙诒让：《周礼正义》卷七八。
② （宋）王与之：《周礼订义》卷一一引"陈君举曰"。

叶时曰：

> 以御史大夫比小宰，以城门校尉比司门，以少内譬职内，以尚书
> 准司会，以尚书作诰文类御史，官制已大戾矣。以汉算方九赋，以莽
> 制比国服，以国服为息，加师旅以殷周变制，议封建以乡、遂异制，
> 诬井田以贡助异法，释畿内邦国之税，此皆害《周礼》之大者也。①

郑伯谦曰：

> 郑氏不深于《周礼》，乃谓太府若汉之司农，司会若汉之尚书。
> 不知汉以司农、少府掌内外之材，而尚书特少府之属官耳，纠察钩考
> 之权，安得以其属而行于其长也。②

易袚曰：

> 郑氏于《大府》之序官注曰："若今之司农。"夫司农岂大府比
> 哉？汉之设官惟无大府一职，是以上无所统，下无所受，一代之制，
> 无足观焉。近世先儒谓汉之司农掌谷货，以共军国之用，则犹外府
> 也；少府掌山海陂池之税，以给天子之私橐，则犹玉府、内府也。虽
> 无大府一职以总其出内，而当时所谓计相则犹司会之任。计相与司
> 农、少府尽属于丞相、御史，则犹冢宰制国用之旧，自计相罢，不复
> 置，而司农、少府不相统属，以比周之大府，岂其然乎？以史证经，
> 固为不类，因郑氏之说而知《周官》设太府之职，其出内有制，而事
> 无乏用，与汉制异矣。③

陈傅良、叶时、郑伯谦和易袚都指出郑玄在官制和制度方面以汉制比况古
制，并不完全允当，如以汉代的御史大夫比拟小宰，以城门校尉比拟司
门，以尚书比拟司会，以司农比拟大府，如此类比非但不能达到说明经文
的目的，反会造成后学对《周礼》官制不正确的理解。郑伯谦认为这是由
于郑玄对《周礼》研究不深造成的，叶时则痛心地指出"此皆害《周礼》
之大者也"。

　　叶适也批评郑玄以汉制解《周礼》，不合经文本意。其曰：

> 《大宰》："以九赋敛财贿：一曰邦中之赋，二曰四郊之赋，三曰

---

① （宋）叶时：《礼经会元》卷一上《注疏》。
② （宋）郑伯谦：《太平经国书》卷一一《会计上》。
③ （宋）易袚：《周官总义》卷五。

邦甸之赋，四曰家削之赋，五曰邦县之赋，六曰邦都之赋，七曰关市之赋，八曰山泽之赋，九曰币余之赋。"《载师》："以廛里任国中之地，以场圃任园地，以宅田、士田、贾田任近郊之地，以官田、牛田、赏田、牧田任远郊之地，以公邑之田任甸地，以家邑之田任稍地，以小都之田任县地，以大都之田任疆地。"太宰总其法，载师专其任，非二事也。而郑玄以为："赋，口率出泉。今之算泉，民或谓之赋，此其旧名与？"尧、舜三代之治法，任民以地而不责其身，故用民之力丰年无过三日，其爱惜之如此。且"赋，口率出泉"，后世之暴敛，玄乃举以为此，玄虽博洽群书，训释经义而不知帝王大意，随文彼此，辄形笺传，以误后世，其害甚矣。①

叶适认为，载师分田地同大宰敛财贿为一事，只是分工不同而已，大宰总掌九赋之法，而载师负责具体分配田地，并掌征赋税、力役。且三代先王是任民以地，再责之赋役，并知爱惜民力，而郑玄虽博洽群经，却以后世赋敛之法训"赋"字曰"口率出泉"，既不合于先王赋役制度大义，也不符合《周礼》经文本意，还成为后世依托《周礼》行赋敛之实的根据，为害甚大。

魏了翁还将郑玄《周礼注》中引汉制解经的问题上升到"尤害义理"、引起社会动乱的高度进行批评。其曰：

然其间以汉制"没入家财为夺以驭贫"一条，尤害义理。三代安得有没入人臣家财之法，古者待臣下无绝法。如臣之去国，素车白马，以丧服去，虽待放于郊，然犹爵禄有诏于朝，出入有诏于国，三年然后收其田里，虽夺之而不使其妻子至于乏绝。故礼为旧君有服，上下皆以忠厚存心。及至战国，孟子始有"君之视臣如草芥，则臣视君如寇雠，寇雠何服之有"之言。如臧武仲去国，犹以防求为后于鲁，为臧为也。武仲去而犹据防以请立臧为为后，故孔子以为要君。是三代之法，臣有罪而夺爵之类，亦必斟酌而不使至于贫困，此其所为驭，而康成之误解经，当表而出之。②

三代"赋"字，只是颁其式以任井地，所出献于上，初非计口出泉。唐陆贽犹以民间出泉为不便，况成周乎？郑氏以汉法解经，至熙

---

① （宋）叶适：《习学记言》卷七。
② （宋）魏了翁：《鹤山集》卷一〇四《周礼折衷》。

宁而祸不可胜言，此九赋又其一也。①

上述第一条材料中，魏了翁认为郑玄以汉代"臣有大罪，没入家财"来训诂"夺"字，不符合《周礼》所记载的三代君臣关系。在魏了翁看来，三代时期"君使臣以礼，臣事君以忠"，君臣关系讲求恩义，君主即便对有罪大臣也不会赶尽杀绝，而郑玄此处引汉制解经"尤害义理"，影响了后学对《周礼》经文本意、三代古制的理解。第二条材料中，魏了翁对郑玄以汉代实行的"口率出泉"解释"赋"字表示反对，认为郑玄此说误导了后学，以致王安石熙宁年间据此推行新法，造成了很大的社会动乱。

客观而言，以今况古，引汉制解经，本是郑玄《周礼注》的一大特色，但其间也出现了不少以今代古、以今乱古的情况，这也成为郑玄《周礼注》的缺憾。宋人就此对郑玄《周礼注》提出批评，是具有卓见的。

三、臆断解经

《周礼》所载的名物制度繁杂，郑玄对有些制度的注解确实出于己见，无明确依据，因郑氏博学多闻，这些见解中确有超越前人之处，但也有些见解由于缺乏根据，有臆断之嫌。宋人抓住此点，批评郑玄《周礼注》对经文的注解证据不足，存在臆断的情况。

如郑玄注解《匠人》，主张"夏后氏世室""殷人重屋""周人明堂"三者制度相同，皆为五室。李觏不赞同郑玄提出的明堂五室说，在《明堂定制图序》中批评郑注，曰：

> 既曰明堂将以事上帝也，宗庙将以尊先祖也，而以己之正寝与之同制，盖非尊祖事天之意也。矧郑之此说，并由胸臆，必谓明堂、宗庙、路寝同为五室，三代皆然。

在李觏看来，郑玄之说"并由胸臆"，属臆断之见，不见得合乎三代的明堂、宗庙、路寝建制。

又如陈傅良批评郑玄《周礼注》擅自"改定经文"，其曰：

> 至于改定经文，以七伯为十一伯之类，臆决弥甚，数说不暇尽论。②

---

① （宋）魏了翁：《鹤山集》卷一〇四《周礼折衷》。
② （宋）陈傅良：《止斋集》卷三六《答黄文叔》。

陈傅良认为，郑玄为疏通其注说，易经文"七"为"十一"，"臆决弥甚"。

再如魏了翁批评郑玄好以己意解经，其曰：

> 凡言画，郑康成皆臆决，以为云雷，于义无所考。以周尚武，用黼；夏尚揖让，用黻。恐亦未必然。①
>
> 又云：《周礼》制度数目，康成多是使约法推之，如大夫五命，士三命，周七庙，便推殷六庙，不知何书出来，却殷已有七世之庙，可以观德之辞，则约法遂穷。②

第一条材料中，魏了翁批评郑玄的注解"皆臆决"，"恐亦未必然"；第二条材料中，魏了翁又批评郑玄注解《周礼》制度数目"多是使约法推之"，"不知何书出来"。

易祓也批评郑玄《周礼注》中对经文的注解证据不足，存在臆断。其曰：

> 郑氏谓"授当为受"，非也。其意谓国中嫔妇所作，共典妇功之所受，故言"受"。秋献功则女御所作，而王后所受，故此不言"受"而言"献"，其说亦无据。③
>
> 经之言舄者，赤舄、黑舄而已，而郑氏则有白舄、元舄、青舄之说。经之言屦者，素屦、葛屦与命夫、命妇之功屦、散屦而已，而郑氏则有黄屦、黑屦、白屦之说。要之臆说无据，不可信也。④

第一条材料中，易祓批评郑玄注解《典妇功》"凡授嫔妇功"中的"授"为"受"之说，"亦无据"。第二条材料中，易祓批评郑玄对《屦人》的注解"要之臆说无据，不可信也"。

林希逸也批评郑玄注解《周礼》有时证据不充分，有臆断嫌疑。其曰：

> 隅者，城角也。罘罳，角处也。角处又高二丈，故曰七雉；城隅又高四丈，故曰九雉。门阿可以论长，若宫隅、城隅则只论高，不论广矣，盖宫城甚长，非七雉、九雉而止也。然度高以高，度广以广，郑之说经无明文，但恐度其高而已。《左氏》曰都城过百雉，则是论

---

① （宋）魏了翁：《鹤山集》卷一○七《周礼折衷》。
② （宋）魏了翁：《鹤山集》卷一○四《周礼折衷》。
③④ （宋）易祓：《周官总义》卷六。

其广矣。①

郑玄以为宫隅、城隅是以"雉"作为其长度、高度单位的，至于何时以高度计，何时以长度计，则看需要的角度，即"度高以高，度广以广"。林希逸不赞同郑玄此说，他认为宫隅、城隅只论高，不论广，因为"宫城甚长，非七雉、九雉而止也"，并批评郑玄之说"经无明文"，属臆断之见。

客观而言，郑玄常以己意解经，《周礼注》中颇多臆说，宋人就此对郑玄《周礼注》提出批评是有道理、有见地的。但另一方面，郑玄对《周礼》的哪些注解属于臆断，宋人有时也是凭己意裁断的，他们同样缺乏坚实的立论基础。

四、引谶纬之说解经荒诞

西汉末年，谶纬之书大出，至东汉，由于统治者的提倡，以谶纬之说解经之风盛行。受此时代学风影响，郑玄解经也好引谶纬之说，这一点在《周礼注》中也有体现。宋人对此大不以为然，认为郑玄《周礼注》援引谶纬之说解经荒诞可笑。

如二程曰：

> 又问六天之说。曰：此起于谶书，郑玄之徒从而广之，甚可笑也。帝者气之主也，东则谓之青帝，南则谓之赤帝，西则谓之白帝，北则谓之黑帝，中则谓之黄帝，岂有上帝而别有五帝之理？此因《周礼》言祀昊天上帝，而后又言祀五帝亦如之，故诸儒附此说。②

"六天说"是郑玄根据谶纬之书构建的天帝人神系统，他认为天上有一个至上帝，其名为"天皇大帝耀魄宝"，至上帝之下又有五天帝为之佐，即东方苍帝灵威仰，南方赤帝赤熛怒，中央黄帝含枢纽，西方白帝白招拒，北方黑帝汁光纪，至上帝加五天帝即所谓"六天"。祭祀五天帝时，各以其精所感生的五人帝配食。这五人帝是：太昊（配苍帝）、炎帝（配赤帝）、黄帝（配黄帝）、少昊（配白帝）、颛顼（配黑帝）。五帝之下又有五官，五官死后为神，亦各配食其帝，即句芒配太昊，祝融配炎帝，后土配黄帝，蓐收配少昊，玄冥配颛顼，此系统中的天皇大帝与五天帝即出自谶纬书。郑玄构建此天帝人神系统的"六天说"后，在其经注中广为运用，

---

① （宋）林希逸：《考工记解》卷下。
② （宋）程颢、程颐：《二程遗书》卷二二上。

而二程此处就批评郑玄引谶纬解经的"六天说"荒谬可笑。

易祓亦曰：

> 郑氏信汉儒纬书，误认此四方与中央为五帝，故于《小宗伯》之
> "兆五帝"则详著其说，殊不知《周礼》有五帝，又有四方，其礼
> 不同。①

此处易祓就直言因为郑玄信谶纬之书，并引之解经，所以造成对经文注解
的失误。

叶时还将"引纬书"作为郑玄"说经五失"之首，提出批评。其曰：

> 大抵康成说经有五失：一引纬书，二引《司马法》，三引《春秋
> 传》，四引《左氏》《国语》，五引汉儒《礼记》。姑摭一二言之：《周
> 礼》无天帝之异名，而注有北辰、耀魄宝之说，后儒是以有天帝之
> 辨，此纬书之失也。②

叶时此处总结了郑玄说经的五大失误，把引纬书解经作为第一大失误提
出，并举例说明郑玄引谶纬之书解经，造成了后儒对天帝名称理解的
混淆。

客观而言，郑玄引谶纬之书注经不可一概斥之为荒谬，因为这其间也
夹杂了我国古代自然科学方面的知识和生产技术方面的经验，但宋人提出
郑玄用来广泛注经的"六天说"荒谬可笑是有道理的。总之，引谶纬之书
注经不仅是郑玄的失误，也是汉儒的一大通病。

五、注经之说前后矛盾

宋人还批评郑玄《周礼注》中的注经之说存在前后矛盾的情况。

如刘恕注解《大司乐》曰：

> 祀天圜丘，祀天帝也；祭地方泽，祭地　也；享人鬼于宗庙，后
> 稷已下先王先公也。先儒言三者皆禘大祭。夫禘者，禘其祖之所自
> 出，天神、地示谓之皆禘大祭，可乎？又言天神主北辰，地　主昆
> 仑，则是祀天又非昊天上帝，祭地又非地　。既言人鬼主后稷，又援
> 《祭法》"禘喾而郊稷"，祀天圜丘，以帝喾配，则是夫子郊祀后稷以

---

① （宋）易祓：《周官总义》卷一一。
② （宋）叶时：《礼经会元》卷一上《注疏》。

配天，《诗》言"文、武之功，起于后稷"，故推以配天之说。皆不足信，多自背戾如此。①

郑玄认为，《大司乐》经文中提及的三种舞乐是祭祀天神、地祇、人鬼时所用，而对天神、地祇、人鬼的祭祀是最大之祭，谓之禘。其中，祭祀天神以北辰为主，祭祀地祇以昆仑为主，祭祀人鬼则以后稷为主。刘恕不赞同郑玄此论，理由有三：其一，既然《礼记·大传》明言"王者必禘其祖之所自出"，那么禘祭当用于祭始祖，而郑玄将对天神、地祇的祭祀同对始祖的祭祀相并列，通谓之禘，恐有误。其二，郑玄此处注云祭祀天神以北辰为主，祭祀地祇以昆仑为主，同他在《大宗伯》所注"圜丘祭昊天上帝"、《神仕》所注"方泽祭地"相矛盾。其三，郑玄既言祭祀人鬼以后稷为主，主张尊后稷，为何其后又援引《祭法》"禘喾而郊稷"，讲圜丘祀天，以帝喾配，即尊帝喾？在刘恕看来，郑玄之所以能将二者相统一，不过是依据《大雅·生民》的《诗序》②，由祭祀以后稷配天推论至以帝喾配天，因帝喾为后稷所自出。此处刘恕驳斥郑玄注说的第二点，即指出郑玄《周礼》注说前后矛盾，在他看来郑玄注《周礼》"多自背戾如此"，"皆不足信"。

再如刘彝注解《司服》"享先王则衮冕"一句，驳斥郑玄《周礼》注说，也指出郑注中自相矛盾之处，云：

> 《书》称舜曰："予欲观古人之象，日、月、星辰、山、龙、华虫、作会、宗彝、藻、火、粉米、黼、黻、缔绣，以五采彰施于五色，作服，汝明。"舜而欲观乎古，则衣裳之章十有二，其来远矣。周之礼乐因于虞夏者众矣。郑康成见《司常》之职云："日月为常。"则谓周人以日月星辰画于旌旗，而冕服九章登龙于山、登火于宗彝，非也。且交龙为旗，周之衣不去其龙矣；熊虎为旗，周之裳不去其虎蜼矣，何独日月为常，而去衣章日、月、星辰乎？案《周礼·典命》之职"上公九命为伯"，其国家、宫室、车旗、衣服、礼仪皆以九为节，则其衣裳九章，推而上之，天子衮冕十有二章，明矣。所谓登龙于山，登火于宗彝，上公之服也。日月之合为朔，十有二朔而岁成，天之道也，天子代天以施德生物，故衣裳、旍常皆有十二为数。日以

---

① （宋）王与之：《周礼订义》卷三八引"刘氏曰"。
② 《大雅·生民》的《诗序》云："《生民》，尊祖也。后稷生于姜嫄，文、武之功，起于后稷，故推以配天焉。"

象其阳德，发生万物；月以象其阴德，养成万物；星辰以象其经纬，以象四时；龙以象其变化，以配天；山以象其生植，以配地；雉以象其耿介文明之美；火以象其光辉化物之功。①

郑玄认为，上古天子冕服为十二章，至周代，画日、月、星辰于旌旗之上，冕服为九章。刘彝不赞同郑玄此说，他认为上古天子的冕服为十二章，周代的礼乐制度多承虞夏时期的遗制，冕服制度也不应相异。刘彝重点指出，郑玄注说的依据是《司常》的相关记载，但其说有自相矛盾处，如果说因为旌旗上画日、月、星辰就除去冕服上的日、月、星辰，那么为何不除去冕服上的龙、虎，因为旌旗上也画龙、虎。最后，刘彝引《典命》的相关记载，证明周天子之冕服有十二章，并阐发十二种图案的蕴义。此处刘彝驳斥郑注的入手处和重点，也在于对郑玄《周礼注》中解经之说前后矛盾的批评。

又如易祓在《周官总义》中也批评郑玄注解《周礼》经文存在前后矛盾的情况，以致学者莫衷一是。其曰：

> "嫔妇"谓九职之"嫔妇"。郑氏以为"九嫔、世妇而言，'及'以殊之者，容国中妇人"。至"授嫔妇功"，则又云"国中嫔妇所作"。至《典丝》"内外工"之说，则又云"外工，外嫔妇"。其说亦自背驰，且国中妇人岂可与九嫔、世妇并称"嫔妇"哉？要之九嫔、世妇在经未尝并言"嫔妇"，凡并言"嫔妇"者，皆九职之"嫔妇"也。②
>
> 先告"后土"者，郑氏释《大宗伯》之"告后土"，则曰"后土，土神也"；释《大祝》之"告后土"，则曰"后土，社神也"。既曰"土神"，又曰"社神"，郑氏固已二其说。③

上述第一条材料中，易祓例举在《典妇功》中，郑玄对"以授嫔妇及内人女功之事赍"中的"嫔妇"，与下文"凡授嫔妇功"中的"嫔妇"的注解不一致，其中一曰"嫔妇，九嫔、世妇"，一曰"国中嫔妇"，其后，郑玄注解《典丝》"颁丝内外工"一句，又云"外工，外嫔妇"。易祓就此指出郑玄训诂经文"其说亦自背驰"。材料二中，郑玄注解《大宗伯》中"王大封，则先告后土"中的"后土"曰"土神也"，其后又解释《大祝》中

---

① （宋）王与之：《周礼订义》卷三六引"刘执中曰"。
② （宋）易祓：《周官总义》卷六。
③ （宋）易祓：《周官总义》卷一一。

"建邦国，先告后土"中的"后土"曰"社神也"。易袚就此指出"郑氏固已二其说"。

客观而言，郑玄注解《周礼》同一名物或制度，说法前后不一，的确不利于学者学习并理解《周礼》经文大意，还容易造成关于礼制理解的混乱和聚讼。宋人批评郑玄《周礼注》的注经之说前后矛盾，是有道理的。

六、欠缺对经典义理的阐发

清代学者曾评价曰：

> 《周礼》一书，得郑《注》而训诂明，得贾《疏》而名物制度考究大备，后有作者，弗能越也。①

郑玄《周礼注》作为汉唐《周礼》学文献的代表作，在训诂名物、考论制度方面取得了后人难以逾越的成就。宋人一方面吸纳郑玄《周礼注》之说解经，另一方面又对郑玄汲汲于名物训诂、制度考证的治经路径提出质疑。如陈傅良曰：

> 尝缘《诗》《书》之义，以求文、武、周公、成、康之心，考其行事，尚多见于《周礼》一书，而传者失之，见谓非古。彼二郑诸儒，崎岖章句，窥测皆薄物细故，而建官分职，关于盛衰二三大指，悉晦弗著，后学承误，转失其真。②

叶适曰：

> 刘歆、苏绰、王安石，固此书之腥秽，而郑玄已下又其糠秕尔。③

朱熹曰：

> 秦汉以来，圣学不传，儒者惟知章句训诂之为事，而不知复求圣人之意，以明夫性命道德之归。至于近世，先知先觉之士始发明之，则学者既有以知夫前日之为陋矣。④

---

① （清）永瑢：《四库全书总目》卷一九《周礼注疏删翼》提要。
② （宋）陈傅良：《止斋集》卷四〇《进周礼说序》。
③ （宋）叶适：《习学记言》卷七。
④ （宋）朱熹：《晦庵集》卷七五《中庸集解序》，见文渊阁《四库全书》，第 1143～1146 册。

真德秀曰：

>　　郑、贾诸儒，析名物，辨制度，不为无功，而圣人微旨终莫之睹。①

在陈傅良、真德秀看来，文王、武王和周公时期的王道政治多存于《周礼》一经，而郑玄等汉儒诠释《周礼》仅措意于文字句读、训诂和名物考证，多为薄物细故，对建官分职的大义、圣人微旨则少有阐发。后学宗郑玄《周礼注》，也重于从训诂考证方面诠释《周礼》，久而久之，《周礼》中所蕴含的王道大义越来越隐晦，不为学人所知和重视了。叶适认为，刘歆、苏绰和王安石依托《周礼》或行篡夺之实，或行新法，皆招致祸乱，并累及《周礼》遭世人怀疑，而郑玄虽推尊《周礼》，但他训解《周礼》不得经义，贻害后世更甚。

　　易祓还从具体注解经文的角度批评郑玄《周礼注》在阐发经典义理方面存在失误和不足。其曰：

>　　郑氏谓"君无酌臣之礼"，大宗伯代摄酌献，殊非义理。且上经两言"摄"者，皆王与后不与祭祀之礼，大宾客，王与后皆与，则不当言"摄"，此言"摄"，则蒙王后不与之。②

>　　郑氏乃引《聘礼》曰："若有言，则束帛如享。"所谓有言者，盖因聘而有所请于王，言则天子听之，束帛则天子受之，非大行人所得而与，若援此以证，必如享礼，则缓不及事，失先王之意。夫兵寇而有请，若解倒悬然，岂可以常礼拘？大行人受其币而听其辞，为诸侯之告急者设也。③

以上第一条材料，郑玄以"君无酌臣之礼"来解释大宗伯在大宾客时"摄而载果"，易祓认为郑玄此说"殊非义理"，如此作解就失去了先王以礼待臣之义。第二条材料，易祓认为郑玄援引《聘礼》之说证明自己对经文的解释，恰恰"失先王之意"，因为此处经文中大行人"受其币而听其辞"，就是为了诸侯告急设置的，于此体现了先王顾虑周全深远之义，郑玄如是作解，反失先王设官之义。

　　客观而言，郑玄在《周礼注》中对经文义理是有所阐发的，但阐发义

① （宋）真德秀：《周礼订义》卷首《周礼订义序》。
② （宋）易祓：《周官总义》卷一一。
③ （宋）易祓：《周官总义》卷二四。

理非郑玄诠释经文的重点，所以《周礼注》的义理阐发是点到即止而已，没有深入地论述思想来源和体现的圣人精神。正是有鉴于此，宋人另辟蹊径，从义理的角度阐发《周礼》制作之精义、圣人之微旨，宋代的不少《周礼》学文献皆以"义"命名，如王安石《周官新义》、易祓《周礼总义》、黄裳《周礼义》等，重视对《周礼》经文义理的阐发成为宋代《周礼》学的一大特色。

七、解经牵强穿凿

易祓在《周官总义》中还批评郑玄《周礼注》解经有牵强、穿凿、浅陋之弊。

如《槀人》："春献素，秋献成。"易祓注曰：

> 此经继于"弓弩矢箙"之下，即弓弩矢箙皆"春献素，秋献成"也。郑氏释之，则曰"矢箙，春作秋成"，而不及弓弩者，盖以"弓人为弓"之制，自冬析干，春液角，以至寒奠体，冰析灂，春被弦则一年之事，合于《司弓矢》中"春献弓弩"之说，故不及弓弩，而专言矢箙。考此文意，则矢箙取乎秋之献其成，而弓弩亦未尝不同其献，然《司弓矢》之说与《槀人》之说何其不同耶？盖槀人受财于职金，以赍其工，故工以时而献其器，春为始事则献素，秋为既事则献成，乃入功于司弓矢焉。然后司弓矢取槀人之所已成者，为中春、中秋之献，故止言献而已，与槀人所谓"献素献成"者各有次第，不相侵紊，岂可牵强而求合乎"弓人为弓"之说？要之弓人为弓之制，未必皆槀人之法，郑说类乎凿。[①]

易祓认为，郑玄注解《槀人》"春献素，秋献成"，为了与《司弓矢》和《弓人》的相关记载配合，就解释槀人"秋献成"献的仅是矢箙，不包括弓弩。在易祓看来，《司弓矢》与《槀人》所谓"献素献成"实际上各有次第，不相侵紊，郑玄如此作解不仅牵强，而且"类乎凿"。

再如《大行人》："邦畿方千里，其外方五百里谓之侯服……又其外方五百里谓之甸服……又其外方五百里谓之男服……又其外方五百里谓之采服……又其外方五百里谓之卫服……又其外方五百里谓之要服……"易祓注曰：

---

① （宋）易祓：《周官总义》卷一九。

惟夷、镇二服不见于《大行人》之职，其言九州之外谓之蕃国，则此夷、镇二服实在九州之内，盖先王以其荒远，非巡守所至，故不列于六服。郑氏徒见此二服不列于六服，遂一概以为九州之外，曰九州之外夷服、镇服、蕃服也，经止言蕃服，而郑氏乃加之以夷、镇二服，非矣。①

易祓此处指出，郑玄"徒见"《大行人》此处经文中不见夷服、镇服，就错误地认为夷服、镇服和蕃服一样位于九州之外，其说浅陋。

又如《桌氏》："概而不税。"易祓注曰：

概所以平物也，不税所以公天下也。贾氏援赵商之问："概而不税，《廛人》何以有税？"郑曰："官量无税。"彼《廛人》有税在肆，常用者也，其说陋矣。今考《廛人》敛市之总布，后郑以为"守升斛者之税"，非谓升斛有税也，以升斛受其税耳。不然则《角人》之"齿骨以度量受之"，《掌染草》之"草物以权量受之"，岂皆谓之税哉？以此量概之平，通用于民，亦通用于官，此所以为不税也。②

郑玄以"官量不税"解释此句经文，而易祓认为以此量概之平，既通用于民，也通用于官，所以"不税"，非因为所谓"官量"的关系，郑玄之说"陋矣"。

八、解经拘泥

魏了翁在《周礼折衷》中，批评郑玄《周礼注》的有些注解拘泥，不通达。

如《大宰》"以九职任万民……七曰嫔妇，化治丝枲"一句，郑玄注"嫔"曰：

嫔，妇人之美称也。《尧典》曰："釐降二女嫔于舜。"

魏了翁批评郑玄此说，曰：

嫔止匹妃之称，传注泥。尧女邑姜，是有德行之妃，故以为美称。横渠破"生曰妻""死曰嫔"之说最是。③

---

① （宋）易祓：《周官总义》卷二四。
② （宋）易祓：《周官总义》卷二七。
③ （宋）魏了翁：《鹤山集》卷一○四《周礼折衷》。

魏了翁此处肯定张载之说，认为嫔指帝王妃匹，而郑玄"妇人美称"的解释拘泥了。

又如《大宰》："乃施法于官府，而建其正，立其贰，设其考，陈其殷，置其辅。"郑玄注曰：

> 正谓冢宰、司徒、宗伯、司马、司寇、司空也。贰谓小宰、小司徒、小宗伯、小司马、小司寇、小司空也。考，成也，佐成事者，谓宰夫、乡师、肆师、军司马、士师也。司空亡，未闻其考。

魏了翁批评此处郑注，曰：

> 此文先云施法则于官府，则官府乃总言三百六十之官，非止六官也。《左传》云，百官之正，长师旅，是每官秩之最高者为正，其次为贰，为考，惟独员及员少者则不能备贰、考及殷。郑专云六官则拘矣。[1]

魏了翁认为，经文所指的"官府"不仅仅是天地春夏秋冬六官，还包括三百六十官在内的官僚系统，"正""贰""考"是这一官僚系统中每一部分的主管和辅助主管的副手。而郑玄以六官之长司徒、宗伯、司马、司寇、司空解释"正"，以六官之长的副手小宰、小司徒、小宗伯、小司马、小司寇、小司空解释"贰"，以宰夫、乡师、肆师、军司马、士师解释"考"，在魏了翁看来就是拘泥。

九、解经不简明

林希逸在《鬳斋考工记解》中，批评郑玄注解《周礼》多辗转论说，颇为繁杂费力，不利于读者的理解。

如《梓人》："上两个，与其身三，下两个半之。"郑玄注曰：

> 玄谓个读若"齐人撩干"之干。上个、下个，皆谓舌也。身，躬也。《乡射礼》记曰："倍中以为躬，倍躬以为左右舌，下舌半上舌。"然则九节之侯，身三丈六尺，上个七丈二尺，下个五丈四尺。其制，身夹中，个夹身，在上下各一幅。此侯凡用布三十六丈。言上个与其身三者，明身居一分，上个倍之耳，亦为下个半上个出也。个或谓之舌者，取其出而左右也。侯制上广下狭，盖取象于人也。张臂八尺，

---

① （宋）魏了翁：《鹤山集》卷一〇四《周礼折衷》。

张足六尺，是取象率焉。

林希逸注曰：

> 郑云"个"读为"干"，干乃上下舌也。明堂左个、右个即两边也，看此两个恐只是两边。依字亦可通侯之制，上广而下狭，自栖鹄而上，以侯为三分，身居中，两个居两边，皆小大一同，自鹄而下，则其身与上身同，而两边比其身只有一半，盖下狭也。注说颇费力，以此言之，似稍简而易明。皆不言尺寸者，随大小，以此为准，非可预定也。①

郑玄的注解为求周详确实，引经据典，堪为学术典范。而在林希逸看来，"注说颇费力"，如把握"侯"的"上广而下狭"的特点，再将"个"解释成容易理解的"边"，较之郑玄"舌"的解释，就稍简而易明了。

再如《玉人》："继子男执皮帛。"郑玄注曰：

> 谓公之孤也。见礼次子男，贽用束帛，而以豹皮表之为饰。天子之孤，表帛以虎皮。此说玉及皮帛者，遂言见天子之用贽。

林希逸注曰：

> 郑注以此为公之孤，非天子之孤与大国之孤者，谓王之孤六命，与卿同，不当继子男之后也。然此说亦费力，窃恐此句只是总言子男以上则用玉，子男以下则执皮帛。《尚书》五玉之下即曰三帛，亦是等则如此。②

林希逸评价郑玄对"继子男"的解释"亦费力"，在他看来解说不必如此之繁，掌握此句"总言子男以上则用玉，子男以下则执皮帛"的大意即可。

此外，林希逸在《鬳斋考工记解》中强调，《考工记》是独立的著作，非《周礼》的附庸，既然二书各自独立，都有自己的体系，那么郑玄屡引《周礼》制度解释《考工记》，并辗转解释，求二书相合，非但不利于对《考工记》制度的理解，还会造成淆乱和阻碍。如《匠人》"匠人为沟洫"一句，林希逸注曰：

> 沟洫一事，乃《周礼》大节目。盖匠人之制与遂人不合，故郑氏

---

① ② （宋）林希逸：《考工记解》卷下。

以为遂人所言乡、遂之制，匠人所言乃三等采地之制。王畿之内，环以六乡，又环以六遂，其地窄，故其所述至万夫有川而止。三等采地散在王畿之内，地颇宽，故匠人所言至方百里也。然子细推算，大有差殊处，郑氏之说难以牵合。若知《周礼》自为一书，《考工》自为一书，本不相关，皆非周公旧典，则无复此拘碍矣。①

此处，林希逸批评郑玄用《周礼》遂人之制解释《考工记》中匠人的沟洫制度"难以牵合"，因为"二者大有差殊处"，勉强解释，只会造成对经文理解的阻碍。

再如《匠人》："九夫为井，井间广四尺，深四尺，谓之沟。方十里为成，成间广八尺，深八尺，谓之洫。方百里为同，同间广二寻，深二仞，谓之浍。"林希逸注曰：

> 遂人曰："凡治野，夫间有遂，遂上有径；十夫有沟，沟上有畛；百夫有洫，洫上有涂；千夫有浍，浍上有道；万夫有川，川上有路。"夫间有遂，合于田首之遂可也；九夫举井田正数，十夫举其成，则九夫之沟合于十夫之沟可也。此言方十里为成，成间有洫，即九百夫之地，而遂人曰"百夫有洫"，何可强合乎？此言方百里为同，同间有浍，即九万夫之地，而遂人曰千夫有浍，何可强合乎？……说者又曰"遂人"井田之法，乃成周开方之数，《匠人》所言井间之沟为一里，十倍之而为十里之洫，又十倍之而为百里之浍，特言其一面之长而已，然《匠人》方十里之洫，是每一面各十井，以开方而论，则方十里者为方一里者百，是洫为百，井乃九百夫之地，何与于《遂人》百夫之洫？《匠人》言百里之浍，是每一面为百井，以开方而论，则方百里者为方十里者百，是浍为万井，乃九万夫之地，何与于《遂人》千夫之浍？彼据一间而言，亦自奇特，然终不可合。大抵二书之不同，艾轩所见高矣，若郑氏乡、遂异于采地之说，前辈间字之说皆可为场屋之用，若求其至当，皆不然也。洫大于沟，浍大于洫，而皆同归于两山间之大川，《遂人》曰"万夫有川"，此经无之，二书之异明矣……《周礼》出于一时所作，将为经理天下之图，故立法大约如此，亦与公侯伯子男分地同，此皆其人一意规模也。今人以"六官"、《考工》皆出于周公，宜其牵合窒碍也。②

---

①②　（宋）林希逸：《考工记解》卷下。

此处，林希逸运用推算的方法，采用设问的形式，接连几问："何可强合乎？""何可强合乎？""何与于遂人百夫之洫？""何与于遂人千夫之浍？"以此证明《周礼·地官·遂人》记载的沟洫制度与《考工记·匠人》记载的沟洫制度"终不可合"。在林希逸看来，究其原因，在于《周礼》与《考工记》各自独立，所载制度不同，勉强比附，只会成为正确理解的阻碍。

十、小结

　　我们以下从两方面评价宋人批评郑玄《周礼注》的学术价值和意义。

　　第一，打破对郑玄《周礼注》的迷信，开后世批评郑玄《周礼注》之先河，并为之启示方法。

　　郑玄一生专精于经学，曾遍注群经，《三礼注》是他用力最深的著作。"三礼"之中，郑玄特崇《周礼》，不仅将《周礼》排在《仪礼》《礼记》之前作为"三礼"之首，还以《周礼》移释他经，并将其他经义纳入礼学阐释系统。《周礼注》融汇了郑玄对《周礼》经文的校勘、对名物的训诂和对制度的考证，这些都极大地丰富了《周礼》本经的内容，奠定了后世研究《周礼》的基础，堪称《周礼》学奠基之作。曹魏正始年间，郑玄《周礼注》得到官方认可，首次立于学官。后王肃依凭与司马氏的姻戚关系，所撰《周官礼注》亦被立为学官，由于"肃善贾、马之学，而不好郑氏"①，故王肃《周官礼注》多与郑玄《周礼注》立异。至永嘉之乱后，东晋元帝减省博士，置《周礼》博士一人，宗郑玄《周礼注》。南北朝分立时代，南北经学所治章句虽好尚互有不同，但《周礼》之学则同遵郑玄《周礼注》。隋唐以下，郑玄《周礼注》久立学官，益成独尊之势，学界甚至形成了"宁道孔圣误，讳闻郑服非"的风气。②

　　宋代经学以变古求解放，经学变古的重要方面就是对汉唐经学进行批判和反思，从北宋开始，勇敢而富于创新精神的宋人开始攻驳郑玄《周礼注》，并对郑玄《周礼注》提出批评。至南宋，学者们不仅有力地攻驳郑玄《周礼注》，更对郑玄《周礼注》提出系统批评，并将批评的焦点集中于六大方面：如批评"郑玄《周礼注》注经不合经文本意，贻误后学，甚至开启后世对《周礼》的怀疑"，批评"郑玄《周礼注》引汉制解经多有

---

① （清）皮锡瑞：《经学历史》。

② 《旧唐书》卷一〇二《元行冲传》。

不当"，批评"郑玄《周礼注》臆断解经"，批评"郑玄《周礼注》引谶纬之说解经荒诞"，批评"郑玄《周礼注》注经之说前后矛盾"，批评"郑玄《周礼注》在阐发经典义理方面存在欠缺"。

一方面，客观而言，宋人对郑玄《周礼注》的这些批评，有些还不够成熟，也有主观臆断的嫌疑。如宋人批评"郑玄《周礼注》注经不合经文本意，贻误后学，甚至开启后世对《周礼》的怀疑"，其说不无道理，但我们也应该看到，宋人评价郑玄注经是否合乎经文本意，也是依据自身的学术修养做出的判断，其论互有短长，既不能一律肯定，也不可全盘否定。又如宋人批评"郑玄《周礼注》臆断解经"是有道理，但宋人判别郑玄对《周礼》的哪些注解属于臆断，多数也是凭己意裁断的，同样缺乏坚实的立论基础。另一方面，我们也要承认宋人批评郑玄《周礼注》的大部分观点是颇有见地的，足以启发后学。如宋人批评"郑玄《周礼注》引汉制解经多有不当"，就具有卓见，引汉制解经本是郑玄《周礼注》的一大特色，但其间也出现了不少以今代古、以今乱古的情况，这也成为郑玄《周礼注》的缺憾。又如宋人批评"郑玄《周礼注》注经之说前后矛盾"，是有道理的，《周礼注》中郑玄注解《周礼》同一名物或制度，说法前后不一，的确不利于学者学习并理解《周礼》经文大意，还容易造成关于礼制理解的混乱和聚讼。再如宋人批评"郑玄《周礼注》引谶纬之说解经"荒诞可笑，批评"郑玄《周礼注》阐发经典义理方面存在欠缺"也是有道理的。

宋人对郑玄《周礼注》提出的这些批评开启了后世批评郑玄《周礼注》之先河，元、明、清就有不少学者继踵宋人之后，批判郑玄《周礼注》，这其实也是对郑玄《周礼注》的一种补充和完善。宋人对郑玄《周礼注》提出的这些批评，也启示了后学批判郑玄《周礼注》的方向和方法，如清代四库馆臣评价郑玄《周礼注》曰："元于三礼之学，本为专门，故所释特精，惟好引纬书，是其一短。"① 这其间提到的郑玄《周礼注》之缺憾与宋人对郑注的批评如出一辙。再如杨天宇先生《郑玄三礼注研究》中，总结郑玄《三礼注》的问题和错谬七点，这其中"其二，郑《注》之谬，还在于用与阴阳五行思想紧密结合的宗教神学思想注经"，"其四，郑玄常以己意解经，因此《注》中颇多臆说"，"其五，郑注'三礼'，常以今况古，使经义易明，这本是郑《注》之一长，但他又常常犯

---

① （清）永瑢等：《四库全书总目》卷一九《周礼注疏》提要。

以今代古、以今乱古的错误","其六,郑玄之经《注》,意思不明,或解释不确切,甚至自相矛盾处,亦往往有之"。杨先生提到的郑玄《三礼注》的这些问题和错谬,我们在宋人对郑玄《周礼注》的批评中也可找到。可知,宋人对郑玄《周礼注》提出的这些批评也启示了后学批判郑玄《周礼注》的方向和方法。

第二,打破以训诂考证为中心的《周礼》"汉学"研究范式下的解经方法,建立新的《周礼》"宋学"研究范式下的解经方法。

清代四库馆臣评价郑玄《周礼注》、贾公彦《周礼疏》曰:

> 《周礼》一书得郑《注》而训诂明,得贾《疏》而名物制度考究备,后有作者弗能越也。①

包括《周礼》在内的"三礼"之学乃征实的学问,非空言可讲,所以郑玄《周礼注》、贾公彦《周礼疏》侧重从训诂名物、考证制度方面诠释《周礼》,目的就是彰明儒家经典,使学者对圣人之意有确切的理解。他们取得了后人难以逾越的成就,至今郑玄《周礼注》和贾公彦《周礼疏》也是我们读懂《周礼》不能不依靠的经典和工具书。

但另一方面,"由于注疏之学的过于繁琐,经典中的微言大义、儒学的真精神反而被淹没在文字训诂的海洋之中,变得模糊不清、难以捉摸,先王之道隐晦不明"②。宋人通过对郑玄《周礼注》批判与反思,敏锐地抓住这一点,他们开始以"义理"解《周礼》,侧重开掘《周礼》本身所蕴含的制作之精义、圣人之微旨,同时开创别立标题、借经抒议的新体例,以"议论"解《周礼》,并将"通经"和"致用"紧密地结合起来。

自此,宋人建立起新的解释《周礼》的方法,与《周礼》"汉学"研究范式下以训诂考证为中心的解经方法并峙而立。无论是以"义理"解《周礼》,还是以"议论"解《周礼》都深深影响了元、明、清的《周礼》研究。

第二节　宋人驳斥郑玄《周礼注》的方法

郑玄《周礼注》训诂、考证《周礼》所载名物制度准确而周详,为历

---

① (清)永瑢等:《四库全书总目》卷一九《周礼注疏删翼》提要。
② 杨世文:《走出汉学——宋代经典辨疑思潮研究》,51页。

代研治《周礼》者奉为圭臬。然宋人治经，不囿成说，往往能突破对学术权威的迷信，在《周礼》研究方面，宋人立新说，对他们认为失当的郑玄《周礼注》之说进行驳斥。我们下面就总结并分析宋人驳斥郑玄《周礼注》主要使用的六种方法。

一、运用其他经典的相关记载驳斥郑玄《周礼注》

运用其他经典的相关记载驳斥郑玄《周礼注》之说，是宋人驳斥郑玄《周礼注》较为常用的一种方法。兹举几例进行说明：

例1：《膳夫》："王燕食，则奉膳赞祭。"郑玄注"奉膳"曰：

> 奉膳，奉朝之余膳。所祭者牢肉。

王昭禹不赞同郑玄此说，曰：

> 郑氏谓奉朝之余膳，非也。《曲礼》曰"馂余不祭"，盖祭所以致敬于鬼神，奉余膳而祭，非所以致敬也。且渔人辨鱼物为鲜薧，以共王膳羞，掌畜掌膳献之鸟，则王举之膳，膳用六牲，而燕食固有鱼、鸟之膳矣。奉膳赞祭，其鱼、鸟之祭欤？[①]

此处，王昭禹就是根据《礼记·曲礼》的记载驳斥郑玄《周礼注》之说。郑玄训"奉膳"为"奉朝之余膳"，王昭禹认为郑玄此说不符合《曲礼》"馂余不祭"的原则，且祭祀是致敬鬼神之礼，若奉余膳而祭，非致敬之道。至于用以致祭的祭品，郑玄云"牢肉"，而王昭禹根据《周礼》中《渔人》《掌畜》的记载，认为可能是鱼和鸟。

例2：《周礼》"叙官"："惟王建国，辨方正位，体国经野。设官分职，以为民极。"郑玄训"极"曰：

> 极，中也。令天下之人各得其中，不失其所。

项安世不赞同郑玄训"极"为"中"之说，曰：

> 极，无定位，随所在而见。稷降播种，以为民极，故《诗》曰："立我烝民，莫匪尔极。"禹治水土，以为民极，故《书》曰："惟皇作极"。此六官之首皆言以为民极也。[②]

项安世认为，"极"无定位，随处皆可见，并非局限于"中"。《诗经·周

---

① （宋）王昭禹：《周礼详解》卷四。
② （宋）王与之：《周礼订义》卷一五引"项氏曰"。

颂·思文》言"极",是歌颂后稷推广农耕之德,《尚书·洪范》言"极"是推崇大禹治理水土之功,而《周礼》于各官之首曰"以为民极",其义在于勉励各官忠于职守,勤于职事,以造福人民。项安世此处就运用《诗经》《尚书》的相关记载,驳斥郑玄《周礼注》之说。

例3:《大师》:"大祭祀,帅瞽登歌,令奏击拊,下管播乐器,令奏鼓敔。大飨亦如之。"易祓注曰:

> 郑氏谓"拊形如鼓,以韦为之,著之以糠",然《书》言"击石拊石",则谓其有当大击者,有当小拊者,此言令奏击拊,则正所谓"击石拊石"也。郑氏又谓"鼓敔犹言击敔",然《诗》言"应敔县鼓",则鼓为大,敔为小,此言令奏鼓敔,则令奏大鼓与小敔也。奏击拊以导歌,而后瞽者歌焉,奏鼓敔以导管,而后乐器播焉,乐之与歌必有所导而后从,必有所令而后奏,此节奏之序也。①

此处易祓就援引《尚书》《诗经》的相关记载,驳斥郑玄的《周礼》注说。

以上3例,宋人援引《礼记》《诗经》《尚书》等经典记载驳斥郑玄《周礼注》之说,其实质是"以经释经""以经证经",因为其说有据,所以有些驳斥之论不仅能自出新意,还可补郑玄《周礼注》之失。

二、运用《周礼》本经的相关记载驳斥郑玄《周礼注》

《周礼》以记载官制见长,各职官之间存在不少的关联,宋人也从此处入手,以《周礼》本经的记载解释《周礼》经文,驳斥他们认为不当的郑玄《周礼》注说,提出己见。兹举几例进行说明:

例1:《大司寇》:"凡诸侯之狱讼,以邦典定之。凡卿大夫之狱讼,以邦法断之。凡庶民之狱讼,以邦成弊之。"郑玄注"邦典""邦法""邦成"曰:

> 邦典,六典也。以六典待邦国之治。邦法,八法也。以八法待官府之治。邦成,八成也。以官成待万民之治。

《大宰》经文曰:"凡治,以典待邦国之治……以法待官府之治,以官成待万民之治。"据此,郑玄认为,执掌刑法的秋官之长大司寇处理诸侯之间的诉讼,是以大宰所职之六典来审定的;处理卿大夫之间的诉讼,是以大宰所职之八法来评断的;处理庶民之间的诉讼,则是以小宰所职之八成来

判断的。刘迎斥郑玄此说为附会之论，曰：

> 诸侯之狱讼，定之以邦典，盖有轻典、中典、重典之不同，以此三典定其罪也。卿大夫之狱讼，断之以八法，盖八辟之丽邦法，有议亲、议故、议贤之不同，以此八法断其罪也。万民之狱讼，弊之以八成，盖有邦汋、邦贼、邦谍之不同，以此八成弊其罪也。先儒以邦典为邦之六典，以邦法为官府之八法，以邦成为万民之八成，此盖冢宰之治法，非司寇刑官之所得与。不知大司寇自有邦之三典以刑邦国，非此邦典而何？小司寇自有八辟以丽邦法，非此邦法而何？士师自有士之八成，非此邦成而何？惜乎先儒不考，误以冢宰之六典、八法、八成附会之。①

《大司寇》经文曰："掌建邦之三典，以佐王刑邦国，诘四方"；《小司寇》经文曰："以八辟丽邦法，附刑罚"；《士师》经文曰："掌士之八成"。据此，刘迎认为，大司寇在处理诸侯之间的诉讼时，是以大司寇所职之三典来审定的；处理卿大夫之间的诉讼时，是以小司寇所职之八辟之法来评断的；处理庶民之间的诉讼时，是以士师所职之八成来判断的。而六典、八法和八成既属大宰、小宰之治法，非是大司寇执掌刑法时所能够运用的，故郑玄对此句经文的训解系附会之论，当误。此处，刘迎就是运用《周礼》本经的相关记载驳斥郑玄《周礼注》之说，刘迎此说颇有说服力，为后世学者所采纳。

例2：《肆师》："以岁时序其祭祀及其祈珥。"易被解释"祈珥"曰：

> 因序祭祀而序祈珥，则祈珥之为义亦广矣。《小子》职曰"珥于社稷，祈于五祀"，《羊人》职曰"凡祈珥，共羊牲"，正与《肆师》之文同。至秋官《士师》职则曰："凡刉珥，奉犬牲。"若以祈为刉，则《肆师》之文为非；若以刉为祈，则《士师》之文为非。后郑皆改祈为刉，谓毛牲曰刉，羽牲曰珥，且以珥之字当从血为衈，取其以血为衈之义，引《杂记》之言曰"成庙则衈"之谓。官兆始成，则有衈礼，其说非无所据，然《羊人》《小子》亦自言衈积、衈邦器、衈军器之事，兹数者皆直谓之衈，不应官兆始成之衈而独谓祈珥。况刉珥之见于经者独一《士师》而已，如祈珥则《肆师》《羊人》《小子》凡三出焉，不应以三出之祈而尽改为刉也。又羽牲曰珥，如《司约》言

---

① （宋）王与之：《周礼订义》卷五八引"刘迎曰"。

珥，而辟藏者固曰以血涂户，至《山虞》职言"致禽而珥"，则又曰
取左耳以效功，言效功则与衈礼不同，言取左耳则为毛牲，与羽牲曰
珥之文自相背驰，何耶？按刘氏《中义》云："珥当为衈字之误也，
祈谓小祝之祈福祥，衈谓小祝之衈兵灾。"然则社稷五祀曰祈、曰衈，
山川曰侯、曰禳，落成曰衈，各有伦类矣。①

易祓广泛征引《周礼》本经中《小子》《羊人》《士师》《司约》《山虞》中
有关"祈""珥"的经文及郑玄注说，并类比经文和郑注，指出郑玄
"'珥'当为'衈'"一说，是取以牲血行衈礼之义，他肯定郑玄此说有一
定道理的同时，批评郑氏引《礼记·杂记》佐证此说有欠允妥，因衈礼并
不仅仅是在始成宫兆之际才实施的。此处，易祓就是综合运用《周礼》本
经的相关记载驳斥郑玄《周礼注》之说，易祓此说有其扎实的理据，受到
后世学者的赞同附和。

例3：《宫伯》："掌其政令，行其秩叙，作其徒役之事，授八次八舍
之职事。若邦有大事作宫众，则令之。"易祓注曰：

> "若大事作宫众，则令之"，郑氏谓"或选当行"，殊不知士庶子
> 之职有当行者，有不当行者。出而守御国鄙，如《诸子》所谓"帅国
> 子而致于太子，唯所用之"，则在所当行；入而宿卫王宫，若《宫正》
> 所谓"令于王宫之官府次舍，无去守而听政令"，岂所当行者哉？作
> 宫众则令，不过令无去守而已。②

郑玄解释"若邦有大事作宫众，则令之"，曰："谓王宫之士庶子，于邦有
大事，或选当行。"易祓不赞同郑玄此说，认为"庶子之职有当行者，有
不当行者"，并征引《诸子》《宫正》相关记载佐证其说，而后提出己见，
认为此句经文的意思"不过令无去守而已"。此处，易祓也是运用《周礼》
本经的记载驳斥郑玄注说。

例4：《大师》："教六诗：曰风，曰赋，曰比，曰兴，曰雅，曰颂。
以六德为之本，以六律为之音。"易祓注曰：

> 郑氏以为"教瞽矇"，非也。瞽矇，贱工也，知有六律之音而已，
> 何知乎六德之本？必待六德之成，而使之明六诗之义，非教国子不可
> 也，何以知之？以《大司乐》所言而知之，《大司乐》之职曰："以乐

① （宋）易祓：《周官总义》卷一二。
② （宋）易祓：《周官总义》卷二。

德教国子：中、和、祇、庸、孝、友。"是六德之本出于大司乐所教，
而后大师播之于六律之音，则知大师之教六诗其为国子，而非为瞽矇
也，明矣。①

郑玄认为大师教"六诗"的对象是"瞽矇"，而易祓认为是"国子"。为证
其说，易祓征引《大司乐》的相关记载，说明大司乐教国子以六德之本，
大师再将六德播之于六律之音，发为六诗，所以大师教导六诗的对象是
"国子"，而非"瞽矇"。此处，易祓也是运用《周礼》本经的记载驳斥郑
玄注说的。

以上 4 例，宋人运用《周礼》本经的相关记载驳斥郑玄《周礼注》之
说，其实质也是"以经释经""以经证经"，因对经义颇有考据，所以这些
驳斥之论并非凿空杜撰之说，有些真知灼见足补郑玄《周礼注》之误，启
发后学。

三、从义理的角度驳斥郑玄《周礼注》

宋人注经侧重经义阐发，他们甚至还从义理的角度驳斥郑玄《周礼
注》之说。兹举几例进行说明：

例 1：《巾车》："服车五乘：孤乘夏篆，卿乘夏缦，大夫乘墨车，士
乘栈车，庶人乘役车。"郑玄注"役车"曰：

役车，方箱，可载任器以共役。

王昭禹不赞同郑玄此说，曰：

役车，郑氏谓"方箱，可载任器以共役"，然谓之乘，则非特以
载任器而已。夫贵而孤卿，贱而庶人，率皆参稽其德位之隆杀以为之
制度，以立之差等，则德不称焉有所不用也，位不称焉有所不用也，
上不得以逼下，下不得以僭上，虽有桀骜者，不敢干也，虽有觊觎
者，不敢越焉，乃所以正名分之大，而杜窃拟之端欤。②

在王昭禹看来，郑玄注"役车"之说较狭隘，不能完全阐发经文之义，因
为服车五乘中任何一乘不仅仅用以"载任器"，更重要是的彰显"参稽其
德位之隆杀"而"立之差等"，如此则"上不得以逼下，下不得以僭上"，

---

① （宋）易祓：《周官总义》卷一四。
② （宋）王昭禹：《周礼详解》卷二四。

是正名分的重要手段。此处，王昭禹就是通对经文义理的分析，驳斥郑《注》的。

例 2：《天官》叙官："酒人，奄十人，女酒三十人，奚三百人。"郑玄注"奄"曰：

> 奄，精气闭藏者，今谓之宦人。

叶时不赞同郑玄此说，曰：

> 愚案：司马下腐刑，《答任安书》引景监、赵谈等以为喻，萧望之奏恭显用事，请罢宦官，以合古不近刑人之义，则是奄为刑人矣。《周礼·掌戮》曰："墨者使守门，劓者使守关，宫者使守内，刖者使守囿，髡者使守积。"先王无绝人之心，未尝不用刑人也。奄者犯宫刑，汉之所谓宦人也，然则周人果近刑人乎，曰非也。考之《周礼》，天官之属除阍人、寺人、内竖之外，用奄者凡二十九人，其职不过酒人、浆人、笾人、醢人、盐人、幂人、内司服、缝人而已。内小臣一职，以其掌后服位礼命，故择奄之贤士为之。地官之属用奄者十有二人，其职不过舂人、馕人、薰人而已。春官之属用奄者止八人，其职不过守桃而已。总三官而论之，直四十有九人耳，而其下为之供给服役者，皆不过女奚之徒，且皆不得预下士之列，独内小臣一官言士尔。成周之用奄人，非酒盐之微，则舂馕之贱，非户庭之隐，则桃庙之幽耳，虽曰刑人，何尝一日得在君侧，而天子与之相近邪！又况守桃则宗伯统之，舂人等则司徒统之，酒人等则太宰统之，其职卑，其数寡，而又临之以公卿大臣，岂容有不正者得以厕迹于其间哉？①

叶时引西汉司马迁《报任安书》、萧望之奏书，主张"奄"就是刑人，而非郑玄、王安石所说的患有精气闭藏病的残疾人。首先，根据《周礼·掌戮》的记载，犯罪受刑之人也会负责王国中的具体职事，如委派受墨刑的人守门，委派受劓刑的人守关，委派受宫刑的人守内，委派受刖刑者守囿，委派受髡刑者守积，如此安排体现了先王立官的仁厚之义，即便是曾犯罪的刑人也不能断绝他们的生路，应该安排适当的职事，保证他们的生计。其次，虽然用刑人担当职事，但不代表刑人就能接近王，考查《周礼》的天官系统、地官系统、春官系统，共用奄者 49 人，这些奄者所任职事非酒盐之微则舂馕之贱，非户庭之隐则桃庙之幽，不仅职卑、数寡，

---

① （宋）叶时：《礼经会元》卷二下《奄官》。

且受太宰、大司徒、大宗伯等公卿大臣统辖，不能出现在君侧，如此天子就无可能与刑人接近了。梳理叶时驳斥郑玄《周礼注》的思路，我们不难发现他是从阐发《周礼》设官之义入手的，主张先王设官"无绝人之心，未尝不用刑人"，再进一步说明即便用刑人，也周密安排，不可能使刑人接近王，所以"奄"也可以是刑人，不限于患有精气闭藏病的残疾人。

例3：《酒正》："掌酒之政令，以式法授酒材。"易祓注曰：

> 酒之政令，则《酒正》一职所掌者皆是也，郑氏以"式法为作酒之式法"，且引《月令》所谓"秫稻必齐，曲蘖必时，湛馈必洁，水泉必香，陶器必良，火齐必得"，以为此经之证，然《月令》所陈不过酒材而已，以为作酒之式法，则非矣。凡《周礼》所谓"式法"者，无非《大宰》"九式之法"，而酒正所授则其关系为尤重。盖酒以行礼，不继以淫，凡酺饮无常，纵欲败礼，皆淫也。晋知悼子卒，未葬，而平公饮酒鼓钟，小大之臣昵于其私，而忘君之疾，太师不诏，褻臣不规，而区区之宰夫反越刀匕之职进放滥之戒，则淫之害为甚大。今《酒正》之"式法"，不待其共酒、饮酒也，凡授酒材之初，已有几微存焉，若曰祭祀也，宾客也，凡王之燕饮、赐颁，凡飨士庶子、飨耆老孤子也，一物之所取，一岁之所用，纲目多寡具有常仪，酒人不敢专，受之于酒正，酒正不敢决，受之于大宰，共之有道，用之有时，日有成，月有要，岁有会，而诛赏亦有式，其意深矣哉！①

郑玄解释此句经文的"式法"为"作酒之式法"，还引《礼记·月令》的相关记载佐证其说。易祓不赞同郑玄此见，他认为此句经文的"式法"是《大宰》"九式之法"，至于郑玄引以为证的《月令》不过陈述酿酒之材，并非"式法"。为阐明其说，易祓指出酒以行礼，若酺饮无常，纵欲败礼，则有淫之过。酒正一职"掌酒之政令，以式法授酒材"，即是按照《大宰》"九式之法"授酒材，事先区分祭祀、宾客、王之燕饮赐颁、飨士庶子、飨耆老孤子所需要的酒量，然后按所需授予酒人酒材。如此处置，则"酒人不敢专，受之于酒正，酒正不敢决，受之于大宰，共之有道，用之有时，日有成，月有要，岁有会，而诛赏亦有式，其意深矣"，正体现了先王设官的深远考虑。此处，易祓也是从阐发义理的角度驳斥郑玄《周礼》注说的。

---

① （宋）易祓：《周官总义》卷四。

　　以上3例，宋人都是从义理的角度入手驳斥郑玄《周礼注》之说的。从义理的角度驳斥郑玄《周礼注》，是宋人驳斥郑《注》较有特色又切实可行的一种方法，此方法也为此后的元、明、清诸儒所效仿。

四、从情理的角度驳斥郑玄《周礼注》

　　宋人注解经文趋于精细，在《周礼》诠释方面，不仅好于郑玄、贾公彦无说处立论，也喜分析情理，并从是否合乎正常情理的角度入手驳斥郑玄《周礼注》之说。兹举几例进行说明：

　　例1：《医师》"岁终，则稽其医事以制其食。十全为上……"一句，郑玄训"全"曰：

> 全犹愈也。

二程、王安石皆不赞同郑玄此说，曰：

> 《周官》医以十全为上，非为十人皆愈为上，若十人不幸皆死病，则奈何？但知可治不可治者，十人皆中，即为上。[①]
>
> 郑氏为全犹愈也，人之疾固有不可治者，苟知不可治而信，则亦全也，何必愈？[②]

在二程和王安石看来，"全"并非"愈"，因为人的有些疾病是无法治愈的，所以医师诊断病患，如诊断病人所患之病是不可治愈的，后经验证无误，即便病患因病而亡，也算诊断正确，即是"全"，不一定是全部治好才算"全"。此处，二程和王安石从是否合乎常理的角度入手，赋予了"全"更加丰富的内涵，虽驳郑《注》，但其说具有合理性。

　　例2：《弓人》："凡昵之类不能方。"郑玄注"昵"曰：

> 玄谓枳脂膏腜败之腜，腜亦黏也。

王昭禹不赞同郑玄此说，注曰：

> 郑氏以昵为脂膏腜败之腜亦粘也，然则凡脂膏腜败者，虽非可用以粘，安能比方六胶之用哉，夫胶以水润，以火镕，腜之类非不能粘，特不可以为久也。[③]

---

①　（宋）程颢、程颐：《河南程氏遗书》卷一。
②　（宋）王安石：《周官新义》卷四。
③　（宋）王昭禹：《周礼详解》卷四〇。

在王昭禹看来，郑玄将"眤"解释成"枳脂膏腥败之腥"，不符合正常的情理。因为制造弓身的六胶需要以水润，以火锅，而腥之类不仅不能黏，就算一时黏住也不可长久，如何能用以制作弓身呢。此处，王昭禹也是从情理分析的角度入手，驳斥郑注的。

例3：《玉人》："继子男执皮帛。"郑玄注曰：

> 谓公之孤也。见礼次子男，贽用束帛，而以豹皮表之为饰。天子之孤，表帛以虎皮。此说玉及皮帛者，遂言见天子之用贽。

林希逸注曰：

> 郑注以此为公之孤，非天子之孤与大国之孤者，谓王之孤六命，与卿同，不当继子男之后也。然此说亦费力，窃恐此句只是总言子男以上则用玉，子男以下则执皮帛。《尚书》五玉之下即曰三帛，亦是等则如此。①

林希逸此处就是从情理分析的角度出发，批评郑玄的注解牵强费力，并联系上下文，从情理角度入手提出自己的见解。

以上3例，宋人都是从情理的角度入手驳斥郑玄《周礼注》，这显示了宋人在经学研究方面的精细化倾向。同时，宋人从情理的角度入手解释经文，对郑玄《周礼注》之说进行驳斥，有些见解新颖而不涉穿凿，也展现了宋代《周礼》研究勇于创新的一面。

五、引汉儒《周礼》注说驳斥郑玄《周礼注》

郑玄《周礼注》博综兼采，其间保存了杜子春、郑兴、郑众等多家《周礼》学说。郑玄吸纳他认为正确的诸家之说，对他不赞成的诸家见解给予保留的同时，提出己见，供后学参考。宋人研习郑玄《周礼注》，比较诸家经说，也常常援引其他汉儒的《周礼》注说驳斥郑玄《周礼注》之说。兹举几例进行说明：

例1："廛人"，郑玄注曰：

> 故书"廛"为"坛"。杜子春读坛为廛，说云"市中空地"。玄谓廛，民居区域之称。

朱申采纳杜子春之说解释"　"，在《周礼句解》中注曰：

---

① （宋）林希逸：《考工记解》卷下。

廛，市中空地也。①

此处对"　"的训诂，朱申是采纳杜子春之说，不取郑玄"廛"是"民居区域之称"的见解。

例2：叶时《礼经会元》卷二上《钱币》曰：

> 抑尝因是而考之《载师》，宅不毛者出里布，郑司农曰：里布者，布参印书，广二寸，长二尺，以为币，贸易物。案康成之说，布即泉尔。然布参印书之币可以贸易，亦名为布，则与泉布相为流通行使者也，殆今之所谓楮币欤？夫泉布以辅货赇之流行，参印书之布又以辅泉布之贸易，然郑司农不于泉府、外府等官言之，特于里布而及此，则是古之为参印书者以与廛里之民，而使之贸易耳，古人不以泉布待邦之大用，则其资于参印书之布又轻也。《周礼》一书，但言及布，后世动以楮币为大计，于是有钱楮轻重之议，岂识古人作布之意哉？

郑玄认为"布即泉"，郑众以为"布"与"泉"不同。叶时赞同郑众之说，结合宋代已经出现的纸币"交子"，叶时以为"泉"是金属货币，而"布"有类于纸币，虽可以参与贸易，但只作为"泉"这种主流金属货币贸易的一种补充手段，且主要在廛里之民间通行。此处，叶时即赞同郑众之说，并以郑众对《周礼》的注说驳斥郑玄《周礼注》之说。

例3：《小宰》《士师》中关于"傅别""书契"的解释，郑众与郑玄之说不同，叶时赞成郑众之说，曰：

> 傅别，郑司农谓券书也，后郑谓为大手书于一札，中字别之。愚案，《士师》言"以财狱讼者，正之以傅别"，令听称责以傅别，则是傅著文书，别为两本也，故以之决财货称贷之争。书契，郑司农谓符书也，后郑谓出予受入之凡要。愚案，《酒正》："凡有秩酒者，以书契授之。"今听取予以书契，则是取其券书之相符也，故以之决俸秩、取予之争。②

比较郑众和郑玄对"傅别"和"书契"的解释，叶时更赞同郑众之说，并举《士师》和《酒正》的例子，证明郑众之说比郑玄说更合乎经意。此处，叶时也是援引郑众说驳斥郑玄说。

---

① （宋）朱申：《周礼句解》卷四。
② （宋）叶时：《礼经会元》卷一下《官成》。

以上 3 例，宋人引汉儒《周礼》注说驳斥郑玄《周礼注》之说，这展现了宋人对汉唐《周礼》学成果的吸收和选择，这也是宋人驳斥郑玄《周礼注》采用较多的方法之一。

六、以宋人新说驳斥郑玄《周礼注》

郑玄《周礼注》是代表两汉《周礼》学成就的经典之作，其学术价值广受学界推崇。另一方面，虽是经典，郑玄《周礼注》本身也难免存在缺憾，富于怀疑创新精神的宋人就以己见或援引宋人新说驳斥郑玄《周礼注》之说，这也是宋人驳斥郑玄《周礼注》的重要方法之一。兹举几例进行说明：

例 1：叶时批评郑玄《周礼注》"凭私臆决，旁据曲证"，并总结郑玄注《周礼》的五大失误，曰：

> 大抵康成说经有五失：一引纬书，二引《司马法》，三引《春秋传》，四引《左氏》《国语》，五引汉儒《礼记》。①

叶时不仅批评郑玄《周礼注》，还从郑《注》本身的这些缺点入手进行驳斥。在《礼经会元》卷三上《教胄》，叶时曰：

> 今师保氏自诏王媺、谏王恶之外，惟及国子而不及世子，郑康成乃曰：国子，公卿大夫之子弟，师氏教之，而世子亦齿焉，举君臣、父子、长幼之道。郑氏毋亦因《礼记》之说而为是言欤！古人必使世子齿于学者，欲使之知所齿逊也。今《周礼》不言世子齿于司乐成均之学，惟曰合国之子弟教焉，又不言世子齿于师保行艺之教，惟曰国之贵游子弟学焉，何以知其世子亦齿也？愚案：《文王世子》周公之相成王，以为世子则无为也，故抗世子法于伯禽，使之与成王居，欲令成王知君臣、父子、长幼之义，然则师保等官不言教世子之法，意者亦抗世子法于国子，使之与世子居，乃其所以为教欤！

叶时驳斥郑玄对《师氏》中"国子"的解释，郑玄认为国子中包括世子，叶时认为郑玄此说是受《礼记·文王世子》的影响，就《周礼》本经而言，并无国子包括世子的明确出处。叶时认为，郑玄此处经注的臆断失误，是引《礼记》造成的，而后儒依据郑《注》也误解了经文本意。此处，叶时就是从郑玄《周礼注》本身问题出发，以己见驳斥郑《注》

---

① （宋）叶时：《礼经会元》卷一上《注疏》。

之说。

例 2：《保氏》之"保"字，郑玄训曰：

> 保，安也，以道安人者也。

朱申注解"保"字曰：

> 师道之教训。保，保其身体。①

此处，朱申训"保"为保护身体，不同于郑玄所云的"以道安人"。此例也属于以己见驳斥郑《注》。

例 3：《大宰》"体国经野"一句，郑玄注曰：

> 体犹分也。经谓为之里数。郑司农曰："营国方九里，国中九经九纬，左祖右社，面朝后市；野则九夫为井，四井为邑之属是也。"

朱申注解此句经文曰：

> 体犹分也。经犹画也。城中曰国，郊外曰野。体国，营其国之宫城门涂，犹人身之有四体。经野，治其野之丘甸沟洫，如织之有经纬。②

朱申不赞同郑玄对"经"的解释，认为"经"不是具体里数，是经画的意思。宋人魏了翁就将"体国经野"的"经"解释为经画，可知，朱申此处就是采纳魏了翁等人的新说驳斥郑玄《周礼注》之说的。

例 4：《医师》"聚毒药以共医事"一句，郑玄训"毒药"曰：

> 毒药，药之辛苦者。药之物恒多毒。

朱申注解"毒药"曰：

> 毒谓五毒，药谓五药。医师聚之，以共众医之所用。③

王安石在《周官新义》中，将"毒药"解释成"五毒""五药"，朱申此处就采纳王安石之说解释"毒药"，不从郑玄之说。

例 5：《玉人》："天子用全，上公用龙，侯用瓒，伯用将。"郑玄注曰：

---

① （宋）朱申：《周礼句解》卷四。
② （宋）朱申：《周礼句解》卷一。
③ （宋）朱申：《周礼句解》卷二。

郑司农云："全，纯色也。龙当为尨，尨谓杂色。"玄谓全，纯玉也……尨、瓒、埒皆杂名也。卑者下尊，以轻重为差。玉多则重，石多则轻，公侯四玉一石，伯子男三玉二石。

林希逸注曰：

诸家以为此一节言裸器也。全者，全用玉为之也，其制以玉为龙形，而置一杯于其中，以盛酒也。龙，鼻也。瓒，其中也。埒，其柄也。《记》曰"夏后氏用龙，谓龙鼻也"，《诗》曰"瑟彼玉瓒"。总言之也，裸将于京，执其柄也，天子纯用玉，上公以玉为龙鼻，诸侯以玉饰其中，伯以玉饰其柄，此尊卑之制也，其说亦通。但与上文不相属，突然曰天子用全，何以知其为裸器哉？郑氏以龙当为尨，瓒当为（音赞）[1]，汉时有膏　，食物也。尨　将，皆玉之不纯者，天子则用全玉，公侯则用不纯之玉，无他证据，又辄易经字，恐亦未安。况将之为杂，亦何所本乎？艾轩曰："裸玉有三：为龙首，一等玉也，必次于全玉；为瓒，一等玉也，又次于龙首，瓒，盛酒也；为裸将，又一等玉也，又次于瓒，裸将者酌酒所用也。上文言圭，此一节乃论为圭之玉，谓天子之圭则用纯全之美玉，上公之圭则用为裸瓒龙之玉，诸侯之圭则用为瓒之玉，伯之圭则用为裸将之玉。"其文正在言圭之下，此说极正而易通。[2]

林希逸此处批评郑玄对此处经文的注解臆断无据，他征引艾轩先生林光朝之说驳斥郑《注》，并赞誉林光朝"此说极正而易通"。

以上 5 例，是宋人意图从郑玄《周礼注》本身缺憾入手，以己见或援引宋人新说驳斥郑玄《周礼注》，这体现了宋人大胆怀疑、勇立新说的精神。

第三节　宋人驳斥郑玄《周礼注》之得失

宋人对郑玄《周礼注》的驳斥，有创获，亦有失误。我们下面就从"得""失"两方面评价宋人驳斥郑玄《周礼注》的成绩与缺憾。

---

① （　）内字是以双行小字的形式记注于下的。
② （宋）林希逸：《考工记解》卷下。

一、宋人驳斥郑玄《周礼注》之得

宋人研究《周礼》不迷信郑玄《周礼注》的权威，训释经文往往能提出自己的见解，其中有些见解是针对郑玄《周礼注》而发的驳斥之论，其说令时人惊讶之余，耳目也为之一新。宋人驳斥郑玄《周礼注》之说中，有些足补郑玄《周礼注》之误，有些质疑之见足以启发后学，有些新说还可自成一家之言，我们以为这些都是宋人驳斥郑玄《周礼注》之"得"。以下分别论述之。

（一）勇立新说，补正郑玄《周礼注》的失误

宋人治经不迷信权威，敢于怀疑，勇于创新。宋人驳斥郑玄《周礼注》之说中有些颇有见地，可补正郑玄《周礼注》的失误。兹举几例进行说明：

例1：《牛人》："凡祭祀，共其享牛、求牛，以授职人而刍之。"郑玄注云：

> 玄谓享，献也。献神之牛，谓所以祭者也。求，终也。终事之牛，谓所以绎者也。宗庙有绎者，孝子求神非一处。

郑玄依据《尔雅·释诂》解释"求"字，认为"求"是终的意思，所谓"求牛"，就是天子正祭之后的第二日又祭，宾尸所用的牛牲因祭事至此而终，故称所用之牛为求牛。刘敞驳斥郑玄此说，别立新解，曰：

> 享牛，享神之牛也。求读如遂，遂，配也，配神者之牛。以郊礼言之，享牛所谓帝牛，求牛所谓稷牛，《周书·召诰》："用牲于郊，牛二。"①

刘敞先运用"读如"之例正"求"字之音读②，即用本字"遂"来解释通假字"求"。遂为配之意，那么求牛就是所谓的配神之牛。为进一步明确其说，刘敞再举《尚书·召诰》"用牲于郊，牛二"的记载，指出郊天之礼所需牛牲有二，一为帝牛，一为稷牛，即享牛和求牛。因大祭祀当日须

---

① （宋）刘敞：《公是七经小传》卷中《周礼》。

② 清人段玉裁在《周礼汉读考序》曾对汉人经注中正字读之例加以总结，其中认为："'读如''读若'者，拟其音也。古无反语，故为比方之词。"而时贤杨天宇先生在遍考郑玄《三礼注》中的"读如""读若"之例一百条的基础上，指出段氏对"读如""读若"术语的界定存在片面性，因为"读如""读若"的运用有时与"读为""读曰"无异，即以本字读通假字。刘敞此处即是用"读如"之例，以本字读通假字。

占卜所用牛牲，如果事先所选享神之牛的卜筮结果不吉，就要再换一牛（所换的牛牲不再进行卜筮），故而在选择享神所需的牛牲时，要准备二头牛，其中一牛是备临时替换之用的，而"求牛"就是备临时替换之用的配神之牛。刘敞此说颇为新奇，虽与郑玄之说立异，但有其成立的依据。此后，陈祥道在刘敞之说的基础上加以引申，并援《礼记·曲礼》《礼记·郊特牲》《左传》所载转相发明互证，清代御撰《钦定周官义疏》征引了刘敞此说以备一家之言，孙诒让曾称赞陈祥道之说"校二郑为长"①，这都证明了刘敞新说的价值所在。

例2：《酒人》："掌为五齐三酒，祭祀则共奉之，以役世妇。"郑玄注曰：

> 世妇谓宫卿之官，掌女宫之宿戒，及祭祀比其具。酒人共酒，因留与其奚为世妇役，亦官联。

郑锷不赞同郑玄对此处经文的注解，曰：

> 《周礼》有两《世妇》，一在《春官》，以卿一人为之；一乃《天官》内宰世妇，与九嫔为列者也。先儒以此世妇谓春官之卿，掌女宫之宿戒者，殊不知内宰之世妇于祭祀之时当莅陈其具，酒人乃奄人也，奄人固宜与内人联事，则其听世妇役也宜矣，安可以为春官之卿耶？②

《周礼》之中世妇一职两见，一见于天官，不云官阶和人数；二见于春官，其职视卿，每宫二人，其下还设属官下大夫四人等。比较天官世妇和春官世妇执掌诸事，不难发现二官职掌多同。正因如此，郑玄认为《酒人》"以役世妇"的"世妇"是春官世妇，同酒人在祭祀供酒一事上相关联。而郑锷所见与郑玄相左，他认为此"世妇"非指春官世妇，是指天官世妇，因酒人为"奄人"，祭祀供酒事宜与宫内之人相连，故此"世妇"应指隶属于内宰之天官世妇。郑锷于此虽排弃郑《注》，但其说有相关的经文作理据，不无道理。清人孙诒让也认为此处经文中的"世妇不专指春官宫卿明矣"③。

例3：《大宰》："以九赋敛财贿……九曰币余之赋。"郑玄注"币

---

① （清）孙诒让：《周礼正义》卷二三。
② （宋）王与之：《周礼订义》卷八引"郑锷曰"。
③ （清）孙诒让：《周礼正义》卷九。

余"曰：

> 币余谓占卖国中之斥币。

郑玄此说是袭用郑众之见，以币余为币帛之余，其物为给公用之余，久藏容易朽蠹，故度其价值而卖之。刘迎不赞同郑玄对"币余"的训释，曰：

> 币余不在常赋之中，皆式法所用之余币也。今考职币所掌，凡用邦财之币，振掌事者之余财，盖此币余之赋也。惟其非常赋，故以之待赐予，而赐予亦无常故也。先儒以币余为占卖国中斥币，皆末作当增赋者，若贾人倍算矣。不知此何等赋邪？①

刘迎引《职币》相关记载，证明"币余"是供给公用财物之余者，非常赋，故用于赐予。刘迎此见类同于王安石、王昭禹、易祓等，确可正二郑经注之误，颇有价值。后世学者袭用此说者亦多，如陈友仁、方苞、江永等，清人王念孙更上层楼，从训诂学的角度揭示了"币"为"敝"的假借字，从而使"币余"的含义更加清晰有据。

　　例4：《考工记叙》"貉逾汶则死"一句，郑玄注"貉"曰：

> 貉或为猿，谓善缘木之猿也。

林希逸不赞同郑玄对"貉"的解释，曰：

> 貉，狐也。②

现代学者闻人军先生运用科学方法考察"貉"这种动物，指出"貉"学名Nyctereutes procyonoides，哺乳动物，似狸，锐头尖鼻，昼伏夜出，捕食鱼、虫、鸟类等，毛皮为珍贵裘料③。把林希逸和郑玄的注解相比较，林氏的注解更贴近科学。

　　例5：黄度驳斥郑玄对《女祝》《女史》的注解，曰：

> 郑曰："女祝，女奴晓祝事。""女史，女奴晓书者。"盖与女酒、女浆同也。酒人列职，故女酒为女奴晓酒者；浆人列职，故女浆为女奴晓浆者，可也。女祝、女史各自列职，其事略如春官大祝、大史，故上联嫔御，与酒、浆、醢、醯不同，必非女奴也。④

---

① （宋）王与之：《周礼订义》卷二引"刘迎曰"。
② （宋）林希逸：《考工记解》卷上。
③ 闻人军：《考工记译注》，6页，上海，上海古籍出版社，2008。
④ （宋）黄度：《宋黄宪献公周礼说》卷一。

郑玄认为，女祝、女史同女酒、女浆一样，皆以女奴当职。黄度不赞同郑玄此见，他认为，女祝、女史同女酒、女浆所承担的职事全然不同，女祝掌宫中巫祝之事，女史掌宫中文字记录之事，她们都是各自列职，职事又类同于春官属官大祝和大史，故女祝和女史不以女奴当职。黄度此说比较有道理，清人孙诒让亦持此见，云："女祝疑当以祝官之家妇女为之，与女巫略同。郑概以女奴当之，恐非。"①　"女史疑当以良家妇女知书者为之，奚乃女奴耳，郑义恐未允。"②

例6：《肆师》："以岁时序其祭祀及其祈珥。"易被解释"祈珥"曰：

> 因序祭祀而序祈珥，则祈珥之为义亦广矣。《小子》职曰"珥于社稷，祈于五祀"，《羊人》职曰"凡祈珥，共羊牲"，正与《肆师》之文同。至秋官《士师》职则曰："凡刉珥，奉犬牲。"若以祈为刉，则《肆师》之文为非；若以刉为祈，则《士师》之文为非。后郑皆改祈为刉，谓毛牲曰刉，羽牲曰珥，且以珥之字当从血为衈，取其以血为衈之义，引《杂记》之言曰"成庙则衈"之谓。宫兆始成，则有衈礼，其说非无所据，然《羊人》《小子》亦自言衈积、衈邦器、衈军器之事，兹数者皆直谓之衈，不应宫兆始成之衈而独谓祈珥。况刉珥之见于经者独一《士师》而已，如祈珥则《肆师》《羊人》《小子》凡三出焉，不应以三出之祈而尽改为刉也。又羽牲曰珥，如《司约》言珥，而辟藏者固曰以血涂户，至《山虞》职言"致禽而珥"，则又曰取左耳以效功，言效功则与衈礼不同，言取左耳则为毛牲，与羽牲曰珥之文自相背驰，何耶？按刘氏《中义》云："珥当为弭字之误也，祈谓小祝之祈福祥，弭谓小祝之弭兵灾。"然则社稷五祀曰祈、曰弭，山川曰侯、曰禳，落成曰衈，各有伦类矣。③

易被此处肯定郑玄之说有一定道理的同时，批评郑氏引《礼记・杂记》佐证其说有欠允妥，因衈礼不仅是在始成宫兆之时实施的。我们认为，易被对此处郑注的批驳是有一定道理的，清代惠士奇《礼说》和黄以周《礼书通故》于此处驳斥郑注，孙诒让《周礼正义》疏解此处郑玄注说，也曾云"郑《杂记》注义不容泥也"④。易被还指出郑玄"羽牲曰珥"一说，同其注解《山虞》"致禽而珥"一句的"取左耳以效功"说相矛盾，易被对此

---

① ② （清）孙诒让：《周礼正义》卷一。
③ （宋）易被：《周官总义》卷一二。
④ （清）孙诒让：《周礼正义》卷三七。

处郑玄注说的批驳是颇有见地的。

例 7：《冶氏》"是故倨句外博"一句，陈用之曰：

> 若以戈之用为在胡，谓援短则曲于磬折，援长则倨于磬折，"倨之外，为胡之里"，"句之外，为胡之表"，非徒牵合，而失其本旨，于形制亦无所考。①

郑玄注解此句云："倨之外，胡之里也。句之外，胡之表也。"陈用之批评此处郑注牵合，不符合经文本意，因为"外博"是指胡（戈的直下部分）与援（戈的横刃）所形成的角度，并非郑玄说的胡之表里。陈用之此说有一定道理，孙诒让在《周礼正义》卷七八中也持是论，云"郑说亦并非经义"。

以上 7 例中，我们分别列举了刘敞、郑锷、刘迎、林希逸、黄度、易祓和陈用之对郑玄《周礼注》的驳斥之说，皆属宋人驳斥郑玄《周礼注》之说中颇有价值者，可补正郑玄《周礼注》之误。

（二）对郑玄《周礼注》失误之处大胆提出驳斥，启发后学

宋人对郑玄《周礼注》的有些驳斥的确能正中郑《注》失误之处，但宋人提出的新说还不能纠正郑《注》之失，虽然如此，却为后学提供了质疑郑《注》的方向，并启发后学补正郑《注》的失误。兹举几例进行说明：

例 1：《钟师》："凡乐事，以钟鼓奏《九夏》：《王夏》《肆夏》《昭夏》《纳夏》《章夏》《齐夏》《族夏》《祴夏》《骜夏》。"郑玄注《九夏》云：

> 玄谓以《文王》《鹿鸣》言之，则《九夏》皆诗篇名，颂之族类也。此歌之大者，载在乐章，乐崩亦从而亡，是以颂不能具。

郑玄认为，《左传》襄公四年记载晋侯享穆叔，同时奏《文王》《鹿鸣》和《九夏》之一的《肆夏》，以类而言，《肆夏》当同《文王》《鹿鸣》一样是诗，《肆夏》既是诗，《九夏》也当是诗篇名。郑玄再据《左传》襄公四年、《国语·鲁语》所载的奏乐次第判断，《九夏》之一的《肆夏》奏乐次第位于《文王》之前，而《文王》是《大雅》的第一篇，故《九夏》当尊于《大雅》，为颂诗。刘敞所见不同于郑玄，其曰：

> 钟师掌奏《九夏》，郑、贾诸儒皆以《九夏》为颂诗之篇，《春秋

---

① （宋）王与之：《周礼订义》卷七三引"陈用之曰"。

传》称"金奏《肆夏》之三，工歌《文王》之三"，《夏》云金奏，《文王》云工歌，则《夏》非颂篇明矣。然则《九夏》乃有声而无辞者也。①

刘敞反对郑玄以《九夏》为颂诗之说，他依据《左传》襄公四年的记载："穆叔如晋，报知武子之聘也。晋侯享之，金奏《肆夏》之三，不拜。工歌《文王》之三，又不拜。歌《鹿鸣》之三，三拜。"他认为，既然《肆夏》言"金奏"，而《文王》言"工歌"，那就说明了二者并不相类。因为乐有金奏，有升歌，所谓金奏是以钟鼓奏乐曲，所谓升歌是人唱诗，这一点在《礼记·仲尼燕居》《左传》《国语》中均有明载，而郑玄将"金奏""升歌"混为一谈，故其主张的《九夏》为颂诗的结论并不可靠。在此基础上，刘敞别立新说，认为《九夏》是"有声而无辞者"。

刘敞此说颇受后人青睐，宋人欧阳谦之、元人毛应龙皆附和刘敞之见，还赞曰："《肆夏》之义，临江刘氏之说诚足以明注疏之谬，而祛强引颂诗之惑矣。"② 清人江永、李光坡也多据其说，再折中以己见。孙诒让则在广聚众说的基础上，公允地指出郑玄并非不查"金奏""工歌"之微异，只是郑氏以《肆夏》为诗，所以认为其亦可歌，并与《文王》等雅诗比附，据此得出《肆夏》为颂诗的结论，郑玄此说确有失当之处。同时，孙诒让也指出《九夏》并非有声无辞者，《九夏》有辞，当载于《乐经》，《乐经》亡佚，《九夏》也失传了。③ 孙氏之说虽然强有力地反驳了刘敞新说，但另一方面，他也同样指出郑注此处经文的失误，这未尝不是对刘敞卓识的一种肯定。

例2：《大司乐》："凡六乐者，一变而致羽物及川泽之　，再变而致羸物及山林之　，三变而致鳞物及丘陵之　，四变而致毛物及坟衍之　，五变而致介物及土　，六变而致象物及天神。"郑玄注曰：

此谓大蜡索鬼神而致百物，六奏乐而礼毕。

郑玄认为，此处经文以六乐致六物，与《礼记·郊特牲》"蜡也者，索也，岁十二月，合聚百物而索飨之也"的记载相符，故主张此处经文所言为祭蜡之乐。刘恕驳斥郑玄此说，曰：

---

① （宋）刘敞：《公是七经小传》卷中《周礼》。
② （元）毛应龙：《周官集传》卷六，见文渊阁《四库全书》，第95册。
③ （清）孙诒让：《周礼正义》卷四六。

六乐而文之五声，播之八音，其为乐亦大矣，非祭天地宗庙不
用。先儒止见其致羽物、蠃物之属，谓大蜡索百物之祭，不知大蜡止
息老物，乐田夫而已，六乐岂用于此乎？①

刘恕认为，郑玄虽然注意到经文中记载的包括羽物、蠃物在内的百物，但
将此处经文同《郊特牲》中索飨百物的记载相联系，进而主张此六乐为祭
蜡之乐，却犯了缘文生义的错误。因为郑玄忽略了《周礼》本经中有关蜡
祭的记载，据《籥章》所载："国祭蜡，则龡《豳颂》，击土鼓，以息老
物。"可知，大蜡虽用乐以感通天地四方之神而祭之，但所用之乐为《豳
颂》，非六乐，且祭蜡奏乐之事掌于籥章一官，非大司乐所司，故此六乐
并非用于蜡祭。

刘恕此说对后世学者颇有启发，清人李光第就借鉴其说，在《古乐经
传》中指斥郑玄《周礼注》之说无据②，清代御撰的《钦定周官义疏》中
也援引此说③，而孙诒让在《周礼正义》中肯定李光第之说的同时④，也
间接肯定了刘恕之说。可知，刘恕此处对郑《注》卓有见地的批驳，已经
得到了学界的肯定。

例3：《大司寇》："凡诸侯之狱讼，以邦典定之。凡卿大夫之狱讼，
以邦法断之。凡庶民之狱讼，以邦成弊之。"郑玄注"邦典""邦法""邦
成"曰：

邦典，六典也。以六典待邦国之治。邦法，八法也。以八法待官
府之治。邦成，八成也。以官成待万民之治。

《大宰》经文曰："凡治，以典待邦国之治……以法待官府之治，以官成待
万民之治"。据此，郑玄认为，执掌刑法的秋官之长大司寇处理诸侯之间
的诉讼，是以大宰所职之六典来审定的；处理卿大夫之间的诉讼，是以大
宰所职之八法来评断的；处理庶民之间的诉讼，则是以小宰所职之八成来
判断的。刘迎斥郑玄此说为附会之论，曰：

诸侯之狱讼，定之以邦典，盖有轻典、中典、重典之不同，以此
三典定其罪也。卿大夫之狱讼，断之以八法，盖八辟之丽邦法，有议

---

① （宋）王与之：《周礼订义》卷三八引"刘氏曰"。
② 参见（清）李光第：《古乐经传》卷一，见文渊阁《四库全书》，第220册。
③ 参见《钦定周官义疏》卷二二，见文渊阁《四库全书》，第98～99册。
④ 参见（清）孙诒让《周礼正义》卷四二。

亲、议故、议贤之不同，以此八法断其罪也。万民之狱讼，弊之以八成，盖有邦汋、邦贼、邦谍之不同，以此八成弊其罪也。先儒以邦典为邦之六典，以邦法为官府之八法，以邦成为万民之八成，此盖冢宰之治法，非司寇刑官之所得与。不知大司寇自有邦之三典以刑邦国，非此邦典而何？小司寇自有八辟以丽邦法，非此邦法而何？士师自有士之八成，非此邦成而何？惜乎先儒不考，误以冢宰之六典、八法、八成附会之。①

《大司寇》经文曰："掌建邦之三典，以佐王刑邦国，诘四方"；《小司寇》经文曰："以八辟丽邦法，附刑罚"；《士师》经文曰："掌士之八成"。据此，刘迎认为，大司寇在处理诸侯之间的诉讼时，是以大司寇所职之三典来审定的；处理卿大夫之间的诉讼，是以小司寇所职之八辟之法来评断的；处理庶民之间的诉讼，是以士师所职之八成来判断的。而六典、八法和八成既属大宰、小宰之治法，非是大司寇执掌刑法时所能够运用的，故郑玄对此句经文的训解系附会之论，当误。

清代学者李光坡对刘迎此说较为欣赏，其撰《周礼述注》中就采纳刘迎此说。清代学者惠栋也发挥郑众诠释"邦成"之义，认为此处经文的"邦成"非如郑玄所注的《小宰》职之"八成"，应是《士师》职之"八成"，其见与刘迎不谋而合。清末礼学大师孙诒让则申郑玄之说，认为六典、八法和八成虽不是专为刑法而设，但大司寇评断诸侯、卿大夫和万民诉讼时所依据的是非标准当是颇具权威性的立国之典、法、成，而无必要再建立一套专属于刑官的是非评判体系。② 其说颇有说服力，我们信从之。

以上 3 例中，我们分别列举了刘敞、刘恕、刘迎对郑玄《周礼注》的驳斥之说，他们的见解虽然还不能纠正郑玄《周礼注》的失误，但却为元、明、清的学者提供了质疑郑《注》的方向，并启发后学补正郑《注》的失误，也属宋人驳斥郑玄《周礼注》之说中颇有价值者。

（三）提出新见，成一家之言

宋人通过对郑玄《周礼注》进行驳斥，能提出新见，自成一家之言。兹举几例进行说明：

如《医师》"十全为上"一句，郑玄训"全"曰：

①　（宋）王与之：《周礼订义》卷五八引"刘迎曰"。
②　参见（清）孙诒让《周礼正义》卷六六的相关论述。

全犹愈也。

二程不赞同郑玄此说，曰：

《周官》医以十全为上，非为十人皆愈为上，若十人不幸皆死病，则奈何？但知可治不可治者，十人皆中，即为上。①

王安石也不赞同郑玄此说，曰：

郑氏为全犹愈也，人之疾固有不可治者，苟知不可治而信，则亦全也，何必愈？②

郑玄训"全犹愈也"，有其偏颇之处，二程和王安石不将"全"单一的解释为治愈，主张诊断病情无误即是"全"，其说新颖而有其合理性，可自成一家之言。

以上1例中，我们分别列举了二程、王安石对郑玄《周礼注》的驳斥之说，他们的见解新颖，能自成一家之言，也是宋人驳斥郑玄《周礼注》之说中较有价值者。

二、宋人驳斥郑玄《周礼注》之失

宋人驳斥郑玄《周礼注》之说中，也有不少失当之处，兹举几例进行说明：

例1：《大司乐》："凡乐，圜钟为宫，黄钟为角，大蔟为徵，姑洗为羽，雷鼓雷鼗，孤竹之管，云和之琴瑟，《云门》之舞，冬日至，于地上之圜丘奏之，若乐六变，则天神皆降，可得而礼矣。凡乐，函钟为宫，大蔟为角，姑洗为徵，南吕为羽，灵鼓灵鼗，孙竹之管，空桑之琴瑟，《咸池》之舞，夏日至，于泽中之方丘奏之，若乐八变，则地　皆出，可得而礼矣。凡乐，黄钟为宫，大吕为角，大蔟为徵，应钟为羽，路鼓路鼗，阴竹之管，龙门之琴瑟，《九德》之歌，九磬之舞，于宗庙之中奏之，若乐九变，则人鬼可得而礼矣。"郑玄注云：

此三者，皆禘大祭也。天神则主北辰，地祇则主昆仑，人鬼则主后稷，先奏是乐以致其神，礼之以玉而祼焉，乃后合乐而祭之。《大传》曰："王者必禘其祖之所自出。"《祭法》曰："周人禘喾而郊稷。"

---

① （宋）程颢、程颐：《河南程氏遗书》卷一。
② （宋）王安石：《周官新义》卷四。

谓此祭天圜丘，以喾配之。

郑玄认为，经文中的三种舞乐是祭祀天神、地祇、人鬼时所用，而对天神、地祇、人鬼的祭祀是最大之祭，谓之禘。其中，祭祀天神以北辰为主，祭祀地祇以昆仑为主，祭祀人鬼则以后稷为主，而后又引《礼记·大传》《礼记·祭法》以证其说。刘恕不赞同郑玄此论，曰：

> 祀天圜丘，祀天帝也；祭地方泽，祭地也；享人鬼于宗庙，后稷已下先王先公也。先儒言三者皆禘大祭。夫禘者，禘其祖之所自出，天神、地谓之皆禘大祭，可乎？又言天神主北辰，地主昆仑，则是祀天又非昊天上帝，祭地又非地。既言人鬼主后稷，又援《祭法》"禘喾而郊稷"，祀天圜丘，以帝喾配，则是夫子郊祀后稷以配天，《诗》言"文、武之功，起于后稷"，故推以配天之说。皆不足信，多自背戾如此。①

此处从三方面驳郑玄《周礼注》之说：第一，郑玄将对天神、地祇和始祖的祭祀通谓之禘，有误；第二，郑玄此处关于祭祀对象的注释与《大宗伯》《神仕》中的郑注自相矛盾；第三，郑玄援引《祭法》的记载佐证祭祀人鬼以后稷为尊并无说服力，且有牵强之嫌。据此，他认为，郑玄此处注说牵强而矛盾，故指斥其缪，其中就涉及礼家聚讼纷纭的禘祭问题。就此问题，王肃曾引《圣证论》驳难郑《注》，而后礼家讲禘祭或从王，或从郑，莫衷一是。刘恕于此驳郑《注》，多是袭用王肃之说，但王肃对禘祭的解释并不准确，清人金榜、孔广森、金鹗、孙诒让就此问题皆申郑驳王②，因此在禘祭问题上，肯定郑玄之说是清代以来学界的共识。可见，刘恕此处对郑《注》的驳斥并不恰当。

例2：《媒氏》："掌万民之判。"郑玄训"判"字云：

> 判，半也。得耦为合，主合其半，成夫妇也。《丧服传》曰："夫妻判合。"

郑锷不赞同郑玄此论，别立新说，云：

> 鲁昭娶吴为同姓，谓之吴孟子，陈司败讥其不知礼。盖婚姻合二姓之好，当辨氏别族，有百世而不可通者。周人立媒氏之官，虑万民

---

① （宋）王与之：《周礼订义》卷三八引"刘氏曰"。
② 有关清人对王肃之说的驳斥，对郑注的申辩，可参见（清）孙诒让《周礼正义》卷四三。

之愚，不知其别，乃为之掌其判，使男女者知其别，然后可以通婚。
郑康成以为，判者半，得耦为合，主合其半，成夫妇也。余以为，
判，别也，谓男女之别，知其族类之所由别，则无同姓为婚之
失也。①

郑玄训"判"为半，其意在于一人为半，二人为耦，合之乃成夫妇，引
《丧服传》也是为佐证判的合半之意。而郑锷引《论语·述而》所载陈大
夫讥讽鲁昭公娶吴女一事，申明周代婚姻的一大禁忌，即同姓不婚。《礼
记·昏义》明言"昏礼者，将合二姓之好"，同姓互通婚姻是违背礼法之
举，甚至会招致灭国之祸。圣人因忧虑万民愚昧，恐其不明姓氏之别，故
设媒氏一官，其专责之一就是帮助即将通婚的男女判别姓氏，以免其违背
同姓不婚的礼法。郑锷如此理解经文，"判"自然非合半之意，而作分别
之意解，即分别男女之族类。

郑锷训"判"为"别"之说可谓新颖可观，但以之解经，并非达诂。
联系《媒氏》下面的经文，"掌万民之判"一句大意就是使媒氏一官治百
族婚姻之事，郑玄训"判"为"半"之说较允当，能切合经文本意，而郑
锷的新说虽有些道理，但离此句经文的原意稍远，不若郑注贴切。

例3：《大宗伯》："王大封，则先告后土。"郑玄注"后土"曰：

后土，土神也，黎所食者。

郑玄认为经文中的"后土"是指土神，贾公彦从郑玄之说，也主张"后
土"非社，是土神，并引《左传》僖公十五年的记载加以佐证。在黄度看
来，郑玄《周礼注》和贾公彦《周礼疏》之说皆非，其曰：

注疏说"后土"，非也。古人常以后土对皇天，《春秋传》曰：
"君履后土而戴皇天"，后土，地也，五行之神后土，黎所食者，称号
同耳。《禹贡》：徐州贡土五色。孔《传》：王者封五色土为社，建诸
侯，则各割其方色土与之，使立社。《周礼》：大封告后土，谓将裂土
而封之，不曰社，而曰后土，社生物，后土主土。祈告因其事类而称
之，五行之神后土，四时分王与黄帝祭于南方，建国非其事类，故
《武成》告于皇天后土，孔《传》曰：告于天社是也。大封，宗伯告
后土；建邦国，大祝告后土。②

---

① （宋）王与之：《周礼订义》卷二三引"郑锷曰"。
② （宋）黄度：《宋黄宣献公周礼说》卷三上。

黄度认为，后土是土地，五行神之土神和黎所食之土皆曰后土，郑、贾以五行神中的土神来解释经文中的"后土"并不恰当。因为经文是讲封建诸侯时先告祭于后土，而祈祷告祭往往是因事而发，既然是分封诸侯，所告祭的后土自然当与封建相关，但土神与祭祀关系密切，与封建诸侯非一类事，故郑、贾之说有误。黄度征引《尚书·禹贡》中徐州贡土的记载，说明封建诸侯与分土立社关系密切，故《大宗伯》言大封则先告后土，《大祝》也云建邦国要告后土。可知，黄度认为经文中的后土是"社"的意思。

我们通校诸经注义，考知后土之意有三：一为大地之后土，一为五祀之土神，一是社。"后土"有"社"之意，在《礼记·檀弓》《礼记·曲礼》中郑玄也曾释"后土"为"社"。但《周礼》一经通例，"凡言社者，皆不云后土"①，故郑玄解《大宗伯》"王大封，则先告后土"一句中"后土"为土神之说不误，有其道理。但需要指出的是，郑玄和贾公彦对"后土"的解释确有不当之处。郑玄云"后土"为"黎所食者"，是因黎兼食的火土，但黎是人神，而后土是土神，属五行神，二者不相当。贾公彦引《左传》"君履后土而戴皇天"来解释"后土"也不对，因《左传》中的"后土"是大地之后土，没有土神的意思。所以，黄度解"后土为社"之说就不确。

例4：《轮人》："容毂必直，陈篆必正，施胶必厚，施筋必数，帱必负干。"郑玄注解"篆"曰：

> 篆，毂约也。

而陈用之不赞同郑玄此说，其曰：

> 陈篆，先儒以为毂约、夏篆、夏缦，未审所谓"孤乘夏篆，卿乘夏缦"，对"大夫乘墨车，士乘栈车"为言，岂止谓毂乎？此所谓篆以识之，若下文"二在外，一在内""凿之广深"之类，则其为之也，必有以识而定之，陈篆必正，恶其偏而差也。②

周人尚舆，舆车既可用于日常承载，同时也是战争所必备之物，故《考工记》对车的制作工艺记载尤为详尽。《轮人》专司车轮的制作，而毂则是所造车轮是否坚固耐用的关键因素之一，此句经文云整治毂须直，陈篆要

---

① （清）孙诒让：《周礼正义》卷三五。
② （宋）王与之：《周礼订义》卷七一引"陈用之曰"。

正，毂上所涂的胶要厚，所缠的筋要稠密，所缠裹的皮革要紧紧地贴附着毂干。郑玄认为"篆"是"毂约"，即毂上绕毂的圆周刻槽，槽与槽之间现出一道道突起，如竹节般，此即为"篆"，因篆象一条条绳子拴束着毂，故称"毂约"。陈用之不赞同郑玄对"篆"的解释，他认为，《巾车》"孤乘夏篆，卿乘夏缦"之下即云"大夫乘墨车，士乘栈车"，可知夏篆、夏缦与墨车、栈车并列，皆指不同等级官吏所乘的舆车，那么"篆"就不能仅指毂约而言，联系下文，此处经文的"篆"应是"识之"的意思，即均匀地度量毂上凿孔之意。依陈用之之说，所谓"陈篆必正"是指均匀地度量毂上所凿安置辐的孔，使之正而不偏，以有利于下一道安置车辐的工序。

郑玄关于《轮人》此句经文中"篆"的解释是正确的，清人王宗涑《考工记考辨》、郑珍《轮舆私笺》、孙诒让《周礼正义》皆赞同郑注，还指出"篆约为孤乘夏篆以上车毂之制"①。而陈用之对"篆"所做的新解并不正确。

例 5：《司会》："以参互考日成，以月要考月成，以岁会考岁成。"薛季宣训"参互"曰：

> 郑康成以"参互"谓司书之要贰，与职内之入，职岁之出。至王昭禹，又以三考之为参，以两考之为互。以职内考其入，以职岁考其出，以职币考其余，是所谓参也；以职内及会以逆职岁，职岁以式法赞逆会，是所谓互也。日成之事少，故以职之相参、相互者考之。二说皆不通。周官三百六十以象当期之日，分职任事皆有日成，何独于三官言之耶？盖天下之事合众数而为目，合众目而为凡，合众凡而为要，合众要以为会。目则日计，谓一日之内钱谷狱讼几何，总而结之曰目；凡则旬计，谓十日之内钱谷狱讼几何，总而结之曰凡；要则月计，以三旬而总之；会则岁计，以十二月而总之。司会以天下官府之职一日所莅之事有数，总其数而计之有目，总十日之数而结之有凡，以凡考目，以目考数，以数考凡，是之谓参；凡与数相考，数与目相考，是之谓互。不然月成既考以月要，岁成既考以岁会，则日成亦当考以日计之数目，何独于日成独云职岁、职内、职币、司书之数官乎！②

---

① （清）孙诒让：《周礼正义》卷七五。
② （宋）王与之：《周礼订义》卷一一引"薛氏曰"。

对"参互"的训释，薛季宣先举郑玄和王昭禹之说，而后评价二说皆不通，原因在于《周礼》所载三百六十余官任事皆有日成，但郑、王所释仅委参互之事于职内、职岁、职币三官，恐不妥。薛氏认为，参互之事不仅仅关系司书、职内、职币、职岁几官，诸官皆有此事。他借鉴王昭禹之说，分训"参""互"，认为以十日之账目考一日之账目，以一日之账目考具体进出之数，以具体进出之数考十日之账目，即为"参"；十日之账目与具体进出之数相考，具体进出之数与一日之账目相考，即为"互"。

客观而言，薛季宣之论有新意，可成一家之说，但用其说解释经文，则不见得符合经文本意。如"参互"之说是言司会等官会计之审慎、严密，而薛氏将此义推而广之，及于众官，就有悖经文原旨了。

例6：《小宗伯》"辨庙祧之昭穆"一句，王与之解曰：

> 愚案：郑氏之说，自为王肃所非，先儒多非之，已见于传。但王肃以下，谓文、武二庙不毁，其说是矣；而谓七庙之外，更有文、武二庙，恐未必然。郑氏谓文、武为祧，亦不无所谓。盖《祭法》谓七庙之制，太祖与亲庙四皆月祭，而二祧享尝乃止，此常礼也。太祖为始，自太祖而下，三昭三穆，共为七庙，至八世则迁去。其始为昭者，九世则迁去其始，为穆者，若周以文、武之故而不迁。且以共王之时论之，自穆王上至昭王、康王、成王为四亲庙，则文、武正在二祧之位。至懿王时，则文王当迁，又至孝王时，则武王当迁，然二庙不可去，故存于二祧之位，却自成王迁去，又再迁，则去康王，以次皆然。谓文、武二庙为祧者，正以居祧位而不可毁，故以文、武以下迁主藏乎此也。若文、武以上，皆文、武之父祖，故宜迁藏于后稷之庙，文、武以下之人，不可越文、武之庙而入后稷之庙，则宜迁于文、武之庙。以人情论之，意其如此，恐不应七庙之外又有文、武二庙。盖是累世之后，但以文、武居七庙之数，此则王肃所谓文、武之庙不迁者也。[1]

关于庙制问题，郑玄主张周天子七庙，包括祖庙一、文王和武王二祧庙、四亲庙[2]；王肃虽也主张周天子七庙（一祖庙、二祧庙、四亲庙），但认为二祧庙非文王和武王庙，文王和武王在七庙之外别立庙[3]。魏晋以来，

---

① （宋）王与之：《周礼订义》卷三二。
② 参见《周礼注疏》卷一七"叙官守祧"郑注。
③ 参见《通典》卷四七《吉礼六》所引王肃说及赞同王说者。

学者争论庙制，或祖郑，或佑王，莫衷一是。王与之此处也论及庙制，他更倾向于郑玄之说。因文王受命，武王始有天下，宜加尊礼，异于常制，故文王、武王二庙同祖庙一样，不迁不毁，王肃主张"文、武二庙不毁"，王与之就肯定其说。《礼记·祭法》云："王立七庙，一坛，一墠，曰考庙，曰王考庙，曰皇考庙，曰显考庙，曰祖考庙，皆月祭之。远庙为祧，有二祧，享尝乃止。"王肃据此难郑，提出问题：祖庙和四亲庙每月祭祀一次，二祧庙每季度祭祀一次（春祭称享，秋祭称尝），其礼简，其制杀，为何尊贵如文王、武王要居祧庙呢？在王与之看来，王肃赖以难郑的理据是不成立的，因为祭祀祖庙、四亲庙与祭祀二祧庙的差别，不过是常礼不同而已，不代表祧庙不及祖庙和四亲庙尊贵。而郑玄所云"文、武为祧"则有其道理，因为在迁庙过程中，文、武二祧庙不毁，文王、武王以上的父祖迁入祖庙，以下的成王、康王等依次按昭穆之序迁入文、武二祧庙，不再迁入祖庙，此即为"不迁"之义。既然文、武所居二祧庙不迁不毁，王肃主张"七庙外更有文、武二庙"，岂不是屋上叠屋，床上架床，失当明矣。

我们认为，王与之此申郑驳王之论，有长亦有短。他认识到文、武二庙异于四亲庙，不迁不毁，是正确的。但他用"常礼"说解答王肃之难，却不能提出相关文献作支撑，其说缺乏说服力；他对迁庙制度的理解也有误，祧庙既是迁主所藏之庙，焉能不迁不毁？

以上6例是宋人驳斥郑玄《周礼注》之说中失当者，虽然这些见解不正确，但我们仍能看到宋人敢于突破、勇立新说的创新精神。另一方面，宋人也钻研错综纷繁的礼制难题，并试图解决，虽然得出的结论不一定完全正确，但他们崇尚考据的实践和精神，也可在一定程度上纠正我们关于宋学"空疏不实"的偏见。

三、小结

张舜徽先生曾指出：

> 乾嘉考证之学，都由宋代学者开辟途径、启示方法、为之先导的。宋代学术范围本广，何可用"空疏"二字抹杀一切。①

杨世文先生也曾指出：

---

① 张舜徽：《清代学术的流派和趋向》，见《张舜徽学术论著选》，249页。

事实上，清学与宋学有非常深的渊源关系……可以说，清学虽然打的是"汉学"旗帜，但也深受宋学的沾溉，与宋学有着千丝万缕的联系，是宋学发展的必然结果。①

我们非常赞同张舜徽、杨世文二先生的见解。

梳理宋人驳斥郑玄《周礼注》的方法，我们可以发现宋人所采用的方法有其合理性、实用性，其中不少方法也为元、明、清诸儒所效仿，如"运用其他经典的相关记载驳斥郑玄《周礼注》之说""运用《周礼》本经的相关记载驳斥郑玄《周礼注》之说""从义理的角度驳斥郑玄《周礼注》之说""从情理的角度驳斥郑玄《周礼注》之说"等。

评价宋人驳斥郑玄《周礼注》的得失，我们也可发现无论是"得"还是"失"都体现了宋人敢于突破、勇立新说的创新精神。一方面，其中有些针对郑玄《周礼注》的驳斥之论，或可纠补郑玄《周礼注》之误，或可启发后学，或可自成一家之言，展现了宋代《周礼》学的学术价值和意义。另一方面，宋人驳斥郑玄《周礼注》之说中失当者，之于后世的《周礼》研究亦有启发意义，可引起后学对相关郑《注》的关注，并在宋人基础上继续研究，从而加深了我们对郑玄《周礼注》的认识，这也从另一侧面展现了宋代《周礼》学的学术价值和意义。

总之，评价宋学不能用"空疏"二字抹杀一切，普遍受到赞誉的清学与宋学有着千丝万缕的联系，是宋学发展的必然结果。

---

① 杨世文：《走出汉学——宋代经典辨疑思潮研究》，8页。

第九章 "《冬官》不亡"说的滥觞、发展及其学术影响

根据《经典释文·叙录》《隋书·经籍志》《礼记正义·礼器》中孔颖达疏和贾公彦《序周礼废兴》所引马融《传》记载，汉代发现的《周礼》已非完帙，缺《冬官》一篇，汉人求之不得，遂以《考工记》补《冬官》之缺。由汉迄唐，学者咸承其说，对《周礼》本经残缺问题并不怀疑。至宋代，富于变古创新精神的宋儒开始质疑《周礼》本经是否残缺，并形成两种主要观点：

其一，主张《周礼》原是一部未完成的著作，故谈不上残缺问题。持此论者有苏轼、苏辙、蔡沈、王柏、九峰蔡氏等，九峰蔡氏曰：

> 周公方条治事之官，而未及师保之职，《冬官》亦阙，首末未备，周公未成之书也。①

在九峰蔡氏看来，《周礼》本是周公未完成的著作，所以缺《冬官》一篇。

其二，主张《冬官》不亡，散于五官，即主张《周礼》本为全书，并不存在残缺。持此论者有俞庭椿，其曰：

> 后世传习之谬，谓司空之官主百工，而百工与居六职之一，《周官》之在者，乏工人之事也，故断以谓《司空》之篇俱亡，亦不复加考正于其中。嗟夫！此《司空》之篇所以亡，而由汉以来莫之察者，失于不思圣人设官之意欤！②

《司空》之篇为逸书，汉人以《考工记》附益之，相传之久，习以为然，虽有巨儒硕学，不复致思研虑，后世遂以《考工》之事为六

---

① （宋）王应麟：《困学纪闻》卷四引九峰蔡氏说，见文渊阁《四库全书》，第854册。
② （宋）俞庭椿：《周礼复古编》。

官之一司空所掌，日渐讹误，并与其官废。①

　　书出于亡逸，汉儒传授而信，遂安其习，以至于今，《司空》之篇阙焉，然则非《司空》之篇亡，人实亡之也。②

在俞庭椿看来，《冬官》本不亡，是后世传习之谬造成了"人实亡之"的局面，即《冬官》是人为佚亡的。

　　九峰蔡氏等主张的"《周礼》原是一部未完成的著作"的观点，在宋代逐渐湮没无闻，直到清代，江永才再倡是论，到了近现代，此观点得到了不少学者的拥护，如郭沫若、蒋伯潜、杨天宇等。而俞庭椿倡导的"《冬官》不亡"说则在南宋末年开始流行，得到了不少学者的赞同拥护，及至元、明，仍有很多学者推崇其说，补亡之作纷纷诞生，遂形成《周礼》研究史上的"《冬官》不亡"派。

　　"《冬官》不亡"说滥觞于南宋，是宋代辨疑《周礼》流传问题不断深化的结果，是《周礼》"宋学"研究范式下关于《周礼》流传问题较有特色的观点，对元、明的《周礼》研究深有影响。我们以下将论述宋代"《冬官》不亡"说的滥觞、发展及其影响。

第一节　"《冬官》不亡"说之滥觞

　　"《冬官》不亡"说虽因俞庭椿和《周礼复古编》而流行，但此说并不是俞庭椿首倡的，在俞氏之前，胡宏和程大昌已经提出"《冬官》未尝阙"的观点。以下分别论述他们的观点。

一、胡宏

胡宏曰：

　　《周官》司徒掌邦教，敷五典者也。司空掌邦土，居四民者也。世传《周礼》阙《冬官》，愚考其书而质其事，则《冬官》未尝阙也，乃刘歆颠迷，妄以《冬官》事属之《地官》，其大纲已失乱如是，又可信以为经，与《易》《诗》《书》《春秋》配乎。③

---

① ②　（宋）俞庭椿：《周礼复古编》。
③　（宋）胡宏：《五峰集》卷四《极论周礼》。

胡宏主张"《冬官》未尝阙",理由是"刘歆颠迷,妄以《冬官》事属之《地官》",即认为刘歆伪造《周礼》,将《冬官》事篡乱入《地官》,所以传世本《周礼》中不少应属《冬官》的职官隶属于《地官》。

胡宏提出的"妄以《冬官》事属之《地官》"一说,被后来的俞庭椿所吸收,成为"《冬官》不亡"说具有支撑性的观点。

二、程大昌

程大昌(1123—1195),字泰之,徽州(今安徽省黄山市休宁县)人。绍兴二十一年(1151)进士,官至国子司业兼权礼部侍郎、直学士院,著有《禹贡论》《考古编》《演繁露》等。

王应麟《困学纪闻》卷四《周礼》有处引"程泰之曰",当是程大昌的观点。其曰:

> 五官各有羡数,天官六十三,地官七十八,春官七十,夏官六十九,秋官六十六。盖断简失次,取羡数凡百工之事归之《冬官》,其数乃周。

《小宰》云:"以官府之六属举邦治:一曰天官,其属六十,掌邦治,大事则从其长,小事则专达;二曰地官,其属六十,掌邦教,大事则从其长,小事则专达;三曰春官,其属六十,掌邦礼,大事则从其长,小事则专达;四曰夏官,其属六十,掌邦政,大事则从其长,小事则专达;五曰秋官,其属六十,掌邦刑,大事则从其长,小事则专达;六曰冬官,其属六十,掌邦事,大事则从其长,小事则专达。"依据这段经文,则《周礼》六官每一系统属员当为六十,程大昌以此为据,指出传世本《周礼》"五官各有羡数",他一一列举传世本《周礼》中五官系统属员之数:"天官系统"属官六十三,"地官系统"属官七十八,"春官系统"属官七十,"夏官系统"属官六十九,"秋官系统"属官六十六,五官系统皆存在超员的现象,而《冬官》恰无。于是,程大昌大胆推断,《周礼》一经断简失次,如取五官系统中与百工之事相关的多余属官,归之《冬官》,则《小宰》经文中言及的每官"其属六十"之数也可得周全。

程大昌主张的"盖断简失次,取羡数凡百工之事归之《冬官》,其数乃周",被后来的俞庭椿所吸收,成为"《冬官》不亡"说具有支撑性的观点。

所以,若论"《冬官》不亡"说开其源者,当推胡宏和程大昌。

第二节　"《冬官》不亡"说之发展

"《冬官》不亡"说虽由胡宏、程大昌开其源，但由于他们对此观点缺乏系统的论述，所以他们提出的"《冬官》未尝阙"的观点并没有引起学界太多的震动。真正系统地论述"《冬官》不亡"说，提出具体的"《冬官》补亡"方案，首次运用割裂的方法进行补亡并引起后世"补亡《冬官》"热潮的当推俞庭椿与他精心撰著的《周礼复古编》。

一、第一部补亡《冬官》之作问世

《周礼》学史上，第一部补亡《冬官》之作就是俞庭椿的《周礼复古编》。此书之于《周礼》学史的意义，体现在三方面：一是系统论证了"《冬官》不亡"说，二是首次提出了具体的补亡方案，三是首次运用割裂的方法进行补亡。

（一）《周礼复古编》系统论证了"《冬官》不亡"说

我们认为，俞庭椿在《周礼复古编》中是从三方面入手，系统论证"《冬官》不亡"说的。

第一，依据《尚书·周官》、《礼记·王制》和《周礼》本经记载，考知《周礼》六官大纲。

具体论述可看"第三章　南宋《周礼》学（上）"下"第三节　俞庭椿《周礼复古编》"，其中"四、俞庭椿《周礼复古编》补亡《冬官》的尝试"之下"（二）补亡《冬官》"相关部分。兹不赘述。

第二，传世本《周礼》六官紊乱，已失古者设官本意。

具体论述可看"第三章　南宋《周礼》学（上）"下"第三节　俞庭椿《周礼复古编》"，其中"四、俞庭椿《周礼复古编》补亡《冬官》的尝试"之下"（二）补亡《冬官》"相关部分。兹不赘述。

第三，"冬官系统"各官混杂在五官之中，重新编次，则六官可正，《冬官》可复。

在俞庭椿看来，"冬官系统"各官混杂在五官之中，如割裂五官，重新编次，则六官可正，《冬官》可复，此观点是俞庭椿"补亡《冬官》"的立论之基、核心见解。具体论述可看"第三章　南宋《周礼》学（上）"下"第三节　俞庭椿《周礼复古编》"，其中"四、俞庭椿《周礼复古编》

补亡《冬官》的尝试"之下"（二）补亡《冬官》"相关部分。兹不赘述。

综上，俞庭椿先是依据《尚书·周官》《礼记·王制》等记载，考查《周礼》六官大纲，再以此大纲考察传世本《周礼》，得出六官紊乱、已失古者设官本意的结论。既然传世本《周礼》六官紊乱，不可靠，仔细分辨就能发现"冬官系统"各官混杂在五官之中，如割裂五官，重新编次，则六官可正，《冬官》可复。俞庭椿认为自己所进行的补亡之举是很有意义的，曾云："使万世恨遗逸而不可考者一旦稍复其故，则亦于圣经万一有补焉。"

（二）《周礼复古编》首次提出具体的补亡方案

俞庭椿的《周礼复古编》第一次提出了具体的"《冬官》补亡"方案，以下就陈述其方案：

第一，割"天官系统"11 职官补入"冬官系统"。

具体论述可参看"第三章　南宋《周礼》学（上）"下"第三节　俞庭椿《周礼复古编》"，其中"四、俞庭椿《周礼复古编》补亡《冬官》的尝试"之下"（一）割裂五官"，下面"1. 天官系统"相关部分。兹不赘述。

第二，割"地官系统"2 职官补入"春官系统"，割"地官系统"的23 职官补入"冬官系统"。

具体论述可参看"第三章　南宋《周礼》学（上）"下"第三节　俞庭椿《周礼复古编》"，其中"四、俞庭椿《周礼复古编》补亡《冬官》的尝试"之下"（一）割裂五官"，下面"2. 地官系统"相关部分。兹不赘述。

第三，割"春官系统"9 职官补入"天官系统"，割"春官系统"6 职官补入"冬官系统"。

具体论述可参看"第三章　南宋《周礼》学（上）"下"第三节　俞庭椿《周礼复古编》"，其中"四、俞庭椿《周礼复古编》补亡《冬官》的尝试"之下"（一）割裂五官"，下面"3. 春官系统"相关部分。兹不赘述。

第四，割"夏官系统"9 职官补入"冬官系统"。

具体论述可参看"第三章　南宋《周礼》学（上）"下"第三节　俞庭椿《周礼复古编》"，其中"四、俞庭椿《周礼复古编》补亡《冬官》的尝试"之下"（一）割裂五官"，下面"4. 夏官系统"相关部分。兹不赘述。

第五，割"秋官系统"8 职官补入"春官系统"。

具体论述可参看"第三章 南宋《周礼》学（上）"下"第三节 俞庭椿《周礼复古编》"，其中"四、俞庭椿《周礼复古编》补亡《冬官》的尝试"之下"（一）割裂五官"，下面"5. 秋官系统"相关部分。兹不赘述。

第六，割大、小司徒经文，拼凑大、小司空之职事。

具体论述可参看"第三章 南宋《周礼》学（上）"下"第三节 俞庭椿《周礼复古编》"，其中"四、俞庭椿《周礼复古编》补亡《冬官》的尝试"之下"（二）补亡《冬官》"相关部分。兹不赘述。

总之，经过割裂、补亡的工作，俞庭椿取传世本《周礼》五官中的49官补入《冬官》，这 49 官分别是：兽人、渔人、鳖人、兽医、司裘、染人、追师、屦人、掌皮、典丝、典枲、封人、载师、闾师、县师、均人、遂人、遂师、遂大夫、土均、草人、稻人、土训、山虞、林衡、川衡、泽虞、卝人、角人、羽人、掌葛、掌染草、囿人、场人、典瑞、典同、巾车、司常、冢人、墓大夫、弁师、司弓矢、槁人、职方氏、土方氏、形方氏、山师、川师、邍师。

俞庭椿认为如此就初步恢复了圣经原貌，总结曰：

> 右司空官属得于天官者十有一，得于地官者二十有三，得于春官者六，得于夏官者九，凡四十有九焉。大司空杂出于地官者，其凡可举矣，五官之属又自有重复错乱者，略可概见也。虽然书亡既久，传信已深，此议创起亦可骇且怪矣，管窥蠡测，何所逃讥，姑记所见云尔，若夫辨析厘正以为不刊之典，使圣经明于昭代，则有俟夫当世之大儒君子。①

即便认识到"此议创起亦可骇且怪矣，管窥蠡测何所逃讥"，俞庭椿仍坚信自己的观点和做法具有合理性，并希望此开创之举有功于圣经，更号召学界的有识之士进行深入研究，为匡正经典做出贡献。

（三）《周礼复古编》首次运用割裂的方法进行补亡

对俞庭椿《周礼复古编》提出的"《冬官》补亡"方案进行分析，我们不难发现"割裂"是他运用的最主要的补亡方法。之所以采用"割裂"的方法，俞庭椿有论述，曰：

---

① （宋）俞庭椿：《周礼复古编》。

　　　　盖尝紬绎是书，伏而读之，司空之篇实未尝尽亡也，六官之属诚
　　有颠错杂乱而未尽正者，编次而辨正之，庶几西周之盛可寻，而六官
　　之掌各得其所，复其旧而摘其讹，使万世恨遗逸而不可考者一旦稍复
　　其故，则亦于圣经万一有补焉。①

　　　　《周礼》司空之篇有可得言者，反覆之经，质之于《书》，验之于
　　《王制》，皆有可以是正焉者，而司空之篇实杂出于五官之属，且因司
　　空之复而六官之讹误亦遂可以类考，将一一摘其要者议之，诚有犁然
　　当于人心者，盖不啻宝玉大弓之得，而郓、讙、龟阴之归也。②

俞庭椿主张，《周礼》"六官之属诚有颠错杂乱而未尽正者"，而"司空之
篇实未尝尽亡"，且"杂出于五官之属"，若能"编次而辨正之"，则"六
官之掌各得其所"，"且因司空之复而六官之讹误亦遂可以类考"。对颠错
杂乱的六官之属进行编次而辨正，"割裂"自然是首当其冲的重要方法。

　　采用"割裂"的方法进行补亡，是俞庭椿《周礼复古编》的一大创
举，此后的"补亡《冬官》"之作也大多以"割裂"作为主要方法进行补
亡，如丘葵《周礼补亡》、方孝孺《周礼考次目录》、何乔新《周礼集注》、
陈凤梧《周礼合训》、舒芬《周礼定本》、陈深《周礼训隽》、金瑶《周礼
述注》、柯尚迁《周礼全经释原》、王圻《续定周礼全经集注》等。虽然大
家"割裂""补亡"的方案各有不同，但就方法而言，无一不是受俞庭椿
《周礼复古编》中"割裂"方法的影响。清代以后"割裂"之举虽深受学
界诟病，但不能否定此开创也是俞氏殚精竭虑多年研究的心血结晶。

　　至于割裂是否就真能复所谓先秦《周礼》的旧貌，补亡《冬官》，有
赞成者，也有否定者，无论如何此举开创后学界围绕此问题进行的争议和
尝试延续了几百年，直至清代初期。

二、"《冬官》不亡"说在南宋流行开来

　　对于《周礼复古编》割裂五官、恢复《冬官》的具体实践，俞庭椿本
人也感叹是"丘夷而渊实"之举，即便有"使圣经明于昭代"的使命感，
有"知我罪我所弗敢"的勇敢精神，俞氏也不无惶恐。其曰：

　　　　虽然由汉迄今，世代远邈，大儒硕学项背相望，而区区末学乃尔

---

① （宋）俞庭椿：《周礼复古编》之《司空》。
② （宋）俞庭椿：《周礼复古编》卷首《周礼复古编序》。

起义，是不得罪于名教者几希。呜呼！学者宁信汉儒而不复考之经耶，无宁观其说而公其是非，以旁证于圣人之言，而幸复于圣经之故耶！知我罪我所弗敢，知此《复古编》之所为作也。①

虽然书亡既久，传信已深，此议创起亦可骇且怪矣，管窥蠡测何所逃讥，姑记所见云尔，若夫辨析厘正以为不刊之典，使圣经明于昭代，则有俟夫当世之大儒君子。②

俞庭椿自云"此议创起亦可骇且怪矣，管窥蠡测何所逃讥"，还云"区区末学乃尔起义，是不得罪于名教者几希""有俟夫当世之大儒君子"，可知其惴惴之心。

正因如此，在完成《周礼复古编》后，俞庭椿曾将书稿或刊本送给当时的学界泰斗朱熹，向他请教。朱熹对俞氏的有些见解表示赞同，曰：

所示《周礼复古》之书，其间数处向亦深以为疑，今得如此区别，极为明白。③

但朱熹对俞庭椿的割裂补亡之说并未轻易附和，其曰：

但素读此书不熟，未有以见其必然，闻陈君举讲究颇详，不知曾与之商量否？欲破千古之疑，正当不惮子细讨论，必使无复纤毫间隙乃为佳耳。

朱熹以对《周礼》一经不熟为由，没有过多评价俞氏的观点，而是建议他向深于《周礼》研究的永嘉学派学者请教，主张唯有经过仔细地讨论，创立的新说才能破千古之疑，经得住时间的考验。

俞庭椿其后是否就教于永嘉学派的学者，我们今天已难知其详了，可确知的是《周礼复古编》所主张的"《冬官》不亡"说在南宋末年流行起来，并且得到了不少学者的拥护赞同。

如叶时《礼经会元》卷四下《补亡》曰：

又况《秋官》有典瑞，玉人不必补可也。《夏官》有量人，匠人不必补可也。《天官》有染人，钟氏、幌氏虽缺何害乎？《地官》有鼓人，鲍人、韗人虽亡何损乎？虽无车人，而巾车之职尚存，虽无弓

---

① （宋）俞庭椿：《周礼复方古编》卷首《周礼复古编序》。
② （宋）俞庭椿：《周礼复古编》。
③ （宋）朱熹：《晦庵续集》卷四《答俞寿翁》。

人，而司弓矢之职犹在，匠人沟洫之制已见于遂人、鼓人，射侯之制已见于射人，有如攻皮之工五，既补以三，而又阙其二，不知韦氏、裘氏岂非《天官》司裘、掌皮之职乎……而况《冬官》之书虽亡，《冬官》之意实未尝亡也，太宰事典以富邦国，以任百官，以生万民，小宰事职以富邦国，以养万民，以生百物，则事官之意在《周礼》可考也。《书》之《周官》亦曰"司空掌邦土，居四民，时地利"，则司空之意在《周官》可覆也，观此则司空职虽亡，而未尝亡，《考工记》不必补也。愚既以《考工记》为不必补，则区区百工之事，亦不必论也。

叶时受俞庭椿《周礼复古编》的影响，强调五官当中有与《冬官》相关的事职，如《天官》中的司皮、掌裘与《冬官》的韦氏、裘氏相关，染人与钟氏、幎氏相关；《地官》中的鼓人与《冬官》的鲍人、韗人相关，遂人与主理沟洫的匠人相关；《春官》中的巾车与《冬官》中的车人相关；《夏官》中的量人与《冬官》中的匠人相关，司弓矢之职与弓人相关，射人之职与射侯之职相关；《秋官》中的典瑞与《冬官》中的玉人相关。如此，则亡佚《冬官》篇中十之六七的事职都可以在五官中找到端绪。叶时还强调《冬官》之书虽亡，但《冬官》之意未尝亡，我们可以从《周礼·天官》中的太宰六典中的事典、《尚书·周官》中的司空职事来体会《冬官》之意。由此，叶时论定"观此则司空职虽亡，而未尝亡，《考工记》不必补也"。

再如王与之在《周礼订义》卷七〇中曰：

愚按：汉儒谓《冬官》亡，补以《考工记》，司空果亡乎？以《周官》司空之掌考之，司空未可以为亡也。夫《周官》言"司空掌邦土，居四民，时地利"，凡经言田莱、沟洫、都邑、涂巷者，非邦土而何？农、工、商、贾、市、井、里、室、庐者，非居民而何？桑、麻、谷、粟之所出，山、泽、林、麓之所生，非地利而何？及考《小宰》言"六官设属各有六十"，今治官之属六十有三，教官之属七十有九，礼官之属七十有一，政官之属六十有六，意者秦火之余，简编脱落，司空之属错杂五官之中，先儒莫之能辨，遂以《考工记》补之，其实司空一官未尝亡也。夫《考工记》可以补《周官》者，非三十工之制，有合周之遗法也。独《考工》之《序》，其议论有源委，非深于道者，莫能之。夫论百工之事，不止于工上立说，上而本于王公士大夫，则知工虽末伎，非王公发明乎是理，士大夫推而行之，其艺固不能以自成；下而及于商旅农妇，则知工虽有巧，非商旅之懋迁货贿，农夫之饬力地财，妇工之化治丝麻，其材于何而取给也。创此者有知，述此者有巧，业则传于世守，功则归于圣人，工何尝独立于天地间，能使器利用便乎？惟此等议论近古，足以发明圣经之秘，此所以取而为补亡之书也，如舍此而索于制度之末，则论周人上舆，奚及乎上梓、上匠之制？论周人明堂，奚取乎世室、重屋之制？言沟洫、浍川非遂人之制也，言旐、旗、　、旞非司马、司常、巾车之制也，其他纤悉有不可尽信者甚多，概以为周家之制度，岂其然乎？

王与之以《尚书·周官》所载司空执掌考《周礼》一经，认为司空"掌邦土，居四民，时地利"之事备载于《周礼》五官之中，故司空所统事典未尝亡佚。且《小宰》既明言"六官设属各有六十"，为何天官之属六十有三，地官之属七十有八，春官之属七十，夏官之属六十有九，秋官之属六十有六呢？五官皆有羡，《冬官》又缺失，可知历经秦火，《周礼》一经难免简编脱落，《冬官》所载诸职官错杂于五官之中，汉儒不能明辨，反以为《冬官》佚亡，遂取《考工记》补之，其实《冬官》一篇未尝亡也。王与之论述中提及的"五官皆有羡""司空之属错杂五官之中"，当是受俞庭椿《周礼复古编》的影响。

　　总之，"《冬官》不亡"说在南宋末年流行起来，甚至引发了元、明时期盛极一时的补亡热潮，并深深影响了此后的《周礼》研究，而这些恐怕是俞庭椿当初始料不及的吧！

第三节　"《冬官》不亡"说之学术影响

　　由胡宏、程大昌开其源，俞庭椿导其流的"《冬官》不亡"说，"是宋代经典辨疑思潮背景下的产物，它打破了汉唐以来有关《周礼》的陈说，看似新奇；但是，由于提出新说的学者有很多先入之见，他们提出的论据并不坚实，观点也站不住脚"[1]。即便如此，"《冬官》不亡"说臆断改经的新奇之论还是引发了元、明学者的纷纷推崇，五花八门的《周礼》"补

---

[1]　杨世文：《走出汉学——宋代经典辨疑思潮研究》，481页。

亡"方案也纷纷出炉,辗转蔓延,形成了《周礼》研究史上的"《冬官》不亡"派,并间接促成《考工记》研究的兴起。

一、"《冬官》不亡"派的出现与壮大

"《冬官》不亡"派一说首见于《四库全书总目提要》中《周礼复古编》提要,曰:

> 然复古之说始于庭椿,厥后邱葵、吴澄皆袭其缪,说《周礼》者遂有"《冬官》不亡"之一派,分门别户,辗转蔓延,其弊至明末而未已。

清代的四库馆臣提出的"《冬官》不亡"派,是指在《周礼》研究上信主"《冬官》不亡"说的学者。我们认同这一观点,也袭用"《冬官》不亡"派这一提法。我们认为,"《冬官》不亡"派出现于南宋,经历元、明,逐渐壮大,清代以后渐趋销声匿迹。

南宋学者胡宏和程大昌最先提出"《冬官》不亡"说,但由于他们对此观点缺乏系统的论述,所以他们提出的观点并没有引起学界太大的震动。直到俞庭椿撰著《周礼复古编》,系统地论证"《冬官》不亡"说,提出具体的补亡《冬官》的方案,新奇的"《冬官》不亡"说才引起学界的关注。叶时、王与之、赵汝腾等皆赞同其说,王与之和胡一桂更是效仿《周礼复古编》,分别撰著《周官补遗》和《古周礼补正》,也进行补亡《冬官》的具体实践。总之,"《冬官》不亡"说在南宋末年开始流行,"《冬官》不亡"派出现了。

元、明时期,"《冬官》不亡"说大畅,"《冬官》不亡"派也日益壮大。如元代陈友仁《周礼集说》10卷后附俞庭椿《周礼复古编》1卷,可知陈友仁推崇俞庭椿"《冬官》不亡"之说,欲推而广之。丘葵殚精竭虑著《周礼补亡》,在俞庭椿、王与之补亡之说的基础上,参考诸家之说,重新补亡《冬官》,成为"《冬官》不亡"说的推波助澜者。明代更是出现了层出不穷的"补亡《冬官》"之作,目前尚可考知的就有方孝孺的《周礼考次目录》《周礼辨正》,何乔新的《周礼集注》,陈凤梧的《周礼合训》,舒芬的《周礼定本》,陈深的《周礼训隽》,金瑶的《周礼述注》,柯尚迁的《周礼全经释原》,王圻的《续定周礼全经集注》,郝敬的《周礼完解》,钱士馨的《冬官补亡》等。

至清代,以四库馆臣为代表的官方学者目俞庭椿《周礼复古编》为

"窜乱圣经"的始作俑者，评价其说曰：

> 庭椿之说谓五官所属皆六十，不得有羡，其羡者皆取以补《冬官》，凿空臆断，其谬妄殆不足辩。又谓《天官·世妇》与《春官·世妇》、《夏官·环人》与《秋官·环人》为一官，复出当省并之，其说似巧，而其谬尤甚……此好立异说者之适以自蔽也。①

> 窜乱五官，以补冬官之亡，经遂更无完简。②

俞庭椿的割裂补亡之论受到清代四库馆臣的严厉批判和抵制，然民间仍有持"《冬官》不亡"之论并进行补亡实践者，如李文炤《周礼集传》、高宸《周礼三注粹抄》、王宝仁《周官参证》，可知争议仍在继续。然而伴随清代学术的发展，倡导割裂补亡的"《冬官》不亡"之说最终受到学界的广泛指摘，"《冬官》不亡"派逐渐销声匿迹了。

我们以为，"《冬官》不亡"派对南宋、元、明和清初的《周礼》研究深有影响，且此派所持观点虽有狂妄臆断、荒诞不经之弊，但也从另一方面深化了我们对《周礼》本经内容的思索和检讨。今天研究《周礼》学史，不可对"《冬官》不亡"派一律抹杀，忽视此段学术史的价值和意义。

二、促成《考工记》专门研究的兴起

《考工记》之所以依附于《周礼》传世，是因为汉人认为《考工记》记载的百工之事与佚亡的《周礼》"冬官"篇有相近之处，所以取《考工记》补《冬官》之缺。而"《冬官》不亡说"的流行，提出了一种新的观点，即《周礼》本身不存在残缺，这就对《考工记》依附《周礼》的地位造成了冲击。既然《冬官》不亡，那《考工记》所谓补亡《冬官》就是多此一举，这为学界以独立的视角审视和研究《考工记》创造了条件。

总之，宋末"《冬官》不亡"说的流行和元明"《冬官》不亡"派的壮大，为《考工记》从《周礼》中剥离、摆脱《周礼》的附庸地位创造了条件。作为独立的古书，针对《考工记》本身的研究日益增多，出现了多部专著，最终促成了《考工记》专门研究的兴起发展。

---

① （清）永瑢：《四库全书总目提要》卷一九《周礼复古编》提要。
② （清）永瑢：《四库全书总目提要》卷一九《周礼注疏删翼》提要。

第十章 《考工记》专门研究的兴起及其学术影响

汉代发现的《周礼》缺《冬官》一篇，汉人求之不得，遂取《考工记》补冬官之缺，并冠以"冬官考工记"之名。① 自此之后，《考工记》依附于《周礼》，获得了经典的地位与学界的关注。汉唐时期，凡为《周礼》作注疏者也将《考工记》作为《周礼》的一部分进行注解、疏释，如杜子春《周官注》、郑众《周礼解诂》、郑玄《周礼注》和贾公彦《周礼疏》等。② 这些研究的共同特点是把《考工记》作为《周礼》的一部分进行诠释，并试图沟通弥合《考工记》与《周礼》所载制度相抵牾处，从而忽略了《考工记》作为一部古书本身的独立性。

从南宋开始，学界有意识地将《考工记》从《周礼》中剥离出来，关注《考工记》本身的独立性，将其作为独立著作进行注解、研究，甚至试图脱离经学研究的范式，侧重对《考工记》本身记载的工艺制度进行开掘。我们认为，对《考工记》的专门研究兴起于南宋，是宋人突破《周礼》"汉学"研究范式，对《周礼》流传问题进行辨疑产生的副产品。承认《考工记》非《周礼》附庸，而是独立的古书，已经成为《周礼》"宋学"研究范式较为重要的观点。

第一节 宋代《考工记》专门研究兴起之原因

我们以下从三方面分析宋代《考工记》专门研究兴起的原因。

---

① 孙诒让认为："'冬官考工记第六'者，此西汉补阙时所题署也。"见于《周礼正义》卷七四。

② 郑玄《周礼注》引杜子春《周礼注》、郑兴《周礼解诂》、郑众《周礼解诂》之说，其中郑玄注解《考工记》部分仍保留杜子春和郑兴之说，据此可确切知道杜子春《周礼注》、郑众《周礼解诂》必对《考工记》进行了注解。

一、宋代文化繁荣，经学变古创新

北宋国力积贫积弱，南宋只有半壁江山，但宋代的整体社会氛围却有利于学术事业的发展，陈寅恪曾指出："华夏民族之文化，历数千载之演进，造极于赵宋之世。"① 邓广铭也评价："宋代的文化，在中国封建社会历史时期之内，截至明清之际的西学东渐的时期为止，可以说，已经达到了登峰造极的高度。"② 的确，宋代包括教育、史学、文学、经学在内的社会文化思想都发生了引人注目的变化。经过长时间的酝酿，儒学复兴运动掀起高潮，古文运动蓬勃展开，政治变革风起云涌，文化巨人相继而出。新儒们怀着"为万世开太平"的雄心，为中国文化创造了光辉灿烂的一页。总之，宋代文化在许多方面都达到了前所未有的高度。③

经学是宋代文化发展的重要方面，皮锡瑞在《经学历史》中称宋代经学为"经学变古时代"，其论确然，变古创新是宋代经学的灵魂。北宋庆历以后变古之风渐渐流行，先是刘敞、欧阳修对旧有经说提出相当全面的批判，而后王安石于熙宁年间（1068—1077）执政，设置"经义局"，撰《三经新义》，于汉唐旧说多所不取，学官授徒、学子仕进，尽皆以此为本，风气所及，汉唐之学被视为土埂草芥。后王安石借由政治力量所推动的学说和观点遭到政敌的全面排斥，但诸多反对者针对的只是"王学"本身，对《三经新义》所体现的扬弃旧说、标举新义的行为并未有所针砭，"其中最著者如程颐、苏轼，都针对'王学'问难发驳，然而程颐撰写《易传》，苏轼撰写《易传》《书传》，也都是各有准据，标新立异"④。正如司马光所云：

> 新进后生，未知臧否，口传耳剽，翕然成风。至有读《易》未识卦爻，已谓《十翼》非孔子之言；读《礼》未知篇数，已谓《周官》为战国之书；读《诗》未尽《周南》《召南》，已谓毛、郑为章句之

_____

① 陈寅恪：《邓广铭宋史职官志考证序》，见《金明馆丛稿二编》，上海，上海古籍出版社，1982。

② 邓广铭：《宋代文化的高度发展与宋王朝的文化政策——〈北宋文化史述论稿〉序引》，见《邓广铭治史丛稿》，66 页，北京，北京大学出版社，1997。

③ 参见刘复生：《中国古代思想史·宋辽西夏金元卷》中《绪论》，2～11 页，南宁，广西人民出版社，2006。

④ 冯晓庭：《导言》，见《宋代经学国际研讨会论文集》，4 页，"中央研究院"中国文哲研究所，2006。

学；读《春秋》未知十二公，已谓《三传》可束之高阁。循守注疏者
谓之腐儒，穿凿臆说者谓之精义。①

由此可见，"根据旧说而有所省察、提出合乎时代文化暨现实观点的学说，
从此时开始已经逐渐成为宋代经学研究者的基本态度，经学研究者自是完
全脱离原有窠臼，构建全然展现宋代学风的'新经学'"②。南宋经学承袭
北宋遗风，清楚地呈现出"变古"的面貌，在扬弃注疏、移易删改经书文
字篇章、创制新说、怀疑旧传经书作者可信度等事项上用力更深，还针对
经书内容真伪提出疑义，如朱熹怀疑《伪孔传》非孔安国所撰，怀疑《古
文尚书》真伪，这些质疑和辩驳对后世颇有影响。

在这样的文化氛围下，更多的学者愿意致力于经学研究，以变古创新
为特色，宋代经学研究呈现繁荣之势，经典之中尤以对《周易》、《春秋》
和《周礼》的研究最为集中。③ 而《考工记》作为《周礼》的一部分，也
受到了学界的关注，研究渐趋细致深化，这为《考工记》专门研究的兴起
创造了必不可少的学术条件。

二、《考工记》补亡《冬官》合理性受到质疑

宋代学者开始质疑《周礼》本经是否存在残缺，有的学者认为《周
礼》本就是一部未完成的著作，所以谈不上残缺问题，如苏轼、苏辙、蔡
沈、王柏、九峰蔡氏即持此论；还有学者认为《冬官》并未亡，只是散佚
于五官之中，所以《周礼》本为全书，不存在残缺，如俞庭椿《周礼复古
编》、叶时《礼经会元》即持此论。

《考工记》与《周礼》本为二书，是汉人因《周礼》缺《冬官》一篇，

---

① （宋）司马光：《传家集》卷四二《论风俗札子》，见文渊阁《四库全书》，第 1094 册。
② 冯晓庭：《导言》，见《宋代经学国际研讨会论文集》，4 页。
③ 卢国龙在《宋儒微言》（北京，华夏出版社，2001）中说："儒学复兴表现为推阐《易》
理，发挥《春秋》微言大义，研述《周礼》典章制度……在儒家经典中，《周易》讲变通，讲变
通中的一以贯之道，有助于从思想理论上解决体与用、师古与用今等问题，所以在北宋儒学复
兴中，《周易》始终是一门显学……《春秋》是一部有关政治批评的经典，它在庆历学术初兴之
时，能起到破沉滞的作用，而且《春秋》包含'尊王'之义，包含'攘夷'的引申义，对于政治
上增强民族凝聚力、抵御北方异族侵扰，思想上排斥释老，都具有现实意义，所以在庆历学术中
很凸现。至于《周礼》，更是儒家推求政治制度的经典依据，所以在庆历和熙宁的儒学复兴以及
政治变革中，发挥了直接作用。"张国刚、乔治忠《中国学术史》（上海，东方出版中心，2006）
认为："宋代学者治经开始集中在'三经'即《易》、《周礼》和《春秋》上，之所以独钟'三
经'，在于《易》讲抽象的通理，宋代学者乐于借此发挥自己的哲学思想；《春秋》讲名分，《周
礼》讲兴治太平的教训和策略，适合北宋巩固统一政权的需要。"

遂取《考工记》补之。由汉迄唐,《考工记》附属于《周礼》,已经被视为《周礼》的一部分,至于它补亡《冬官》是否合理,无人质疑。宋代经学变古,《周礼》本经是否残缺被作为问题提出,而与此有关联的《考工记》补亡《冬官》的合理性也被拿出来讨论。前文已述,宋代学者就此问题的认识分为壁垒分明的两派:一派主张《考工记》补亡《冬官》具有合理性,以林希逸、赵溥、易祓为代表;一派反对《考工记》补亡《冬官》,以叶时、俞庭椿和王与之为代表。

就此问题的争议和讨论,赞成也好,反对也罢,都增进了学界对《考工记》本身的关注。人们认识到《考工记》是独立的著作,与《周礼》本为二书,这为《考工记》摆脱《周礼》的附庸地位创造了条件,从而为《考工记》专门研究的开展和深入提供了先导,开辟了道路。

三、"《冬官》不亡"说流行

宋代出现的"《冬官》不亡"说肇始于胡宏、程大昌,后俞庭椿沿袭其说,撰《周礼复古编》,第一次提出具体的《冬官》补亡方案。《周礼复古编》提出的割裂补亡之说很快引起学界的关注,叶时《礼经会元》中的《补亡》一篇就附和俞庭椿之说,认为《冬官》设官之意可推求,《周礼》现存五官中存在《冬官》的内容,主张《考工记》不必强补《冬官》之缺,王与之和胡一桂更是效仿《周礼复古编》,分别撰著《周官补遗》《古周礼补正》,也进行了补亡《冬官》的具体实践。

《考工记》之所以依附于《周礼》传世,是因为汉人认为《考工记》记载的百工之事与佚亡的《冬官》篇有相近之处,所以取《考工记》补《冬官》之缺。而"《冬官》不亡"说的流行,提出了一种新的观点,即《周礼》本身不存在残缺,这就对《考工记》依附《周礼》的地位造成了冲击。既然《冬官》不亡,那《考工记》所谓补亡《冬官》就是多此一举,这为学界以独立的视角审视和研究《考工记》创造了条件。

总之,"《冬官》不亡"说的流行,为《考工记》剥离、摆脱《周礼》的附庸地位创造了条件。作为独立的古书,针对《考工记》本身的研究日益增多,出现了多部专著,最终促成了宋代《考工记》专门研究的兴起。

第二节　南宋《考工记》专门研究兴起之概况

与汉唐相较,宋代不仅出现了传统的附属《周礼》类之外的专门类《考工记》文献,而且对《考工记》的研究从整体而言也趋于细致、深入。汉唐时期有论及的《考工记》作者、成书时代的问题在宋代继续被讨论,出现了对后世颇有启发的见解;汉唐时期没有讨论过的《考工记》名官之义、《考工记》本身残缺错乱、《考工记》补亡《冬官》的合理性等问题在宋代也被提出,有的还进行了充分讨论。以下我们就分六方面对宋代《考工记》专门研究兴起的情况进行论述。

一、两类《考工记》文献

我们把宋代的《考工记》文献分为两类:一类是作为《周礼》的一部分被注解的《考工记》文献,我们称之为"附属《周礼》类《考工记》文献";另一类是专门注解《考工记》的文献,我们称之为"专门类《考工记》文献"。下面我们就分类概述宋代《考工记》文献情况,并总结宋代《考工记》文献特点。

(一) 宋代附属《周礼》类《考工记》文献

遵循汉唐传统,宋代部分《周礼》学文献仍将《考工记》作为《周礼》的一部分进行注解,如王昭禹《周礼详解》、易祓《周官总义》、朱申《周礼句解》、王与之《周礼订义》、郑锷《周礼解义》[①]、薛季宣《周礼释疑》[②]、王氏《周礼详说》[③] 等。其中,王昭禹《周礼详解》卷三五至卷四〇是《冬官考工记》,卷三五注解的内容包括"考工记叙"和"轮人"2官,卷三六注解的内容包括"轮人"至"桃氏"的6官,卷三七注解的内

---

① 据夏微《〈周礼订义〉研究》第五章"《周礼订义》引用宋代诸家考 (下)"中"第十一节 郑锷"部分统计,《周礼订义》共征引郑锷《周礼解义》2250条,其中《考工记》部分即占385条。据此可知,郑锷《周礼解义》包括对《考工记》的注解。

② 据夏微《〈周礼订义〉研究》第五章"《周礼订义》引用宋代诸家考 (下)"中"第十二节 薛季宣"部分统计,《周礼订义》共征引薛季宣《周礼释疑》117条,其中《考工记》部分即占24条。据此可知,薛季宣《周礼释疑》包括对《考工记》的注解。

③ 据夏微《〈周礼订义〉研究》第五章"《周礼订义》引用宋代诸家考 (下)"中"第十六节 王氏《周礼详说》"部分统计,《周礼订义》共征引王氏《周礼详说》332条,其中《考工记》部分即占14条。据此可知,王氏《周礼详说》包括对《考工记》的注解。

容包括"凫氏"至"幌氏"的12官，卷三八注解的内容包括"玉人"至
"梓人"的8官，卷三九注解的内容包括"庐人"至"车人"的3官，卷
四〇注解的内容包括"弓人"1官。易被《周官总义》卷二六至三〇是
《冬官考工记第六》，卷二六注解的内容包括"考工记叙"和"轮人"2
官，卷二七注解的内容包括"舆人"至"段氏"的8官，卷二八注解的内
容包括"函人"至"矢人"的14官，卷二九注解的内容包括"陶人"至
"匠人"的5官，卷三〇注解的内容包括"匠人"至"弓人"的3官。朱
申《周礼句解》卷十一是《冬官考工记上》，注解内容包括"轮人"至
"幌氏"的18官；卷十二是《冬官考工记下》，注解内容包括"布宪"至
"弓人"的13官。王与之《周礼订义》卷七〇至卷八〇是《冬官考工记》，
卷七〇注解内容包括"考工记叙"，卷七一注解内容包括"轮人"，卷七二
注解内容包括"舆人""辀人"2官，卷七三注解内容包括"筑氏"至
"凫氏"的4官，卷七四注解内容包括"㮚氏"至"函人"的3官，卷七
五注解内容包括"鲍人"至"幌氏"的8官，卷七六注解内容包括"玉
人"至"磬氏"的4官，卷七七注解内容包括"矢人"至"梓人"的4
官，卷七八注解内容包括"庐人""匠人"2官，卷七九注解内容包括
"匠人""车人"2官，卷八〇注解内容包括"弓人"1官。

　　由于宋人质疑《考工记》补亡《冬官》的合理性，加之"《冬官》不
亡"说流行，也有部分宋代的《周礼》学文献只解五官，不解《考工记》。
如王安石《周官新义》，《直斋书录解题》卷二著录曰：

　　　　《周礼新义》二十二卷，王安石撰……熙宁八年，诏颁之国子监，
　　　　且置之"义解"之首，其解止于《秋官》，不及《考工记》。

再如黄度《周礼说》（又名《周礼五官说》），《直斋书录解题》卷二著
录曰：

　　　　《周礼说》五卷，黄度撰。不解《考工记》，叶水心序之。

宋代附属《周礼》类《考工记》文献注解《考工记》皆遵循汉唐注疏模
式，先列经文，而后对经文进行亦步亦趋的注解、阐释，其间也论及《考
工记》作者、成书时代等问题。

（二）宋代专门类《考工记》文献

　　宋代经学以怀疑见长，《周礼》本经是否存在残缺、《冬官》一篇是否
佚亡、《考工记》补亡《冬官》是否具有合理性等问题都被提出，对这些
问题进行反思、探讨的同时，《考工记》开始摆脱《周礼》附庸的地位，

其本身作为一部独立的古书得到了学界的越来越多的关注，专门注解《考工记》的文献，即"专门类《考工记》文献"在南宋开始出现。

现今能够考知的宋代专门类《考工记》文献有 6 部，分别是：陈用之《考工记解》、赵溥《兰江考工记解》、林亦之《考工记解》、王炎《考工记解》、叶皆《考工记辨疑》、林希逸《鬳斋考工记解》。这其中除林希逸《鬳斋考工记解》流传至今外，其余 5 部著作皆已佚亡。值得庆幸的是，王与之《周礼订义》作为宋代完整流传至今的唯一一部集解体著作，保留了宋人大量的《周礼》学说，书中征引陈用之《考工解》说 177 条，征引赵溥《兰江考工记解》说 233 条，几乎遍及《考工记》所涉及的三十工，如此大的见引规模，使得我们今天能够通过《周礼订义》略窥陈用之《考工记解》和赵溥《兰江考工记解》之崖略。

林希逸《鬳斋考工记解》是宋代流传至今的唯一一部专门类《考工记》文献，此书分上下两卷，其中上卷注解内容包括：考工记叙、轮人、舆人、辀人、筑氏、冶氏、桃氏、凫氏、㮚氏、段氏、函人、鲍人、韗人、韦氏、裘氏、画缋、钟氏、筐氏、㡛氏；下卷注解内容包括：玉人、榔人、雕人、磬氏、矢人、陶人、旊人、梓人、庐人、匠人、车人、弓人。就体例而言，林希逸《鬳斋考工记解》属于传统的诂经之作，即以经文为中心，一字一句地注解《考工记》，较有新意的是，作者注意分段小结器物形制或工艺的尺寸、度数，还能为读者细心考虑，附礼图于相关经文之后，附释音于每卷之后，帮助初学者了解器物形制、生僻字的读音。除此之外，林希逸在书中也论及对《考工记》作者、《考工记》成书年代、《考工记》补亡《冬官》合理性、《考工记》内容残缺错乱、《考工记》独立性等问题的认识。

（三）宋代《考工记》文献特点

通过将宋代《考工记》文献与汉唐《考工记》文献相对比，我们从四方面分析宋代《考工记》文献的特点。

第一，与汉唐相较，宋代出现了专门类《考工记》文献。

汉唐时期的《考工记》文献基本属于附属《周礼》类《考工记》文献，即将《考工记》作为《周礼》的一部分进行注解的文献，如杜子春《周官注》、郑众《周礼解诂》、郑玄《周礼注》和贾公彦《周礼疏》等。至于专门类《考工记》文献，见于记载的有 2 种：一是郑玄《考工记注》2 卷，收入《合刻周秦经书十种》；一是杜牧《考工记注》2 卷，收入《关中丛书》《琳琅秘室丛书》中。其中，郑玄《考工记注》2 卷是后人抽出

郑玄《周礼注》中《考工记》的部分编纂成书的，不属于我们所界定的
"专门类《考工记》文献"。而杜牧《考工记注》2 卷被认为是后世伪作，
如孙诒让曰："近世所传有唐杜牧《考工记注》二卷，义旨舛陋，多袭宋
林希逸《考工记解》说，伪托显然，今并不取。"① 胡玉缙云："是书注文
颇简括，其说制度处，往往袭用郑玄《注》义，而删削不完，多失其旨，
间或参以己意，亦未精确，文笔亦不类唐人，其为依托无疑。卷首无序，
仅载宋人程迥论《考工记》语，尤与是书不相谋也。此仁和胡树声所藏旧
抄本，其子珽刊入《琳琅秘室丛书》者。目录下识语，固已疑及之矣。"②
王锷云："《经义考》卷 129 载之，此书与林希逸《鬳斋考工记》相出入，
林书称杜注不传③，殊为可疑。是书多与郑注违异，间或袭用郑兴而不得
其旨，文笔浅陋，非唐人之作，与杜牧纵横奥衍者迥异，是必为林希逸同
时或后世之伪作……又卷首有宋人程迥论《考工记》，语与本书经不相涉，
尤伪中之伪。仁和胡珽以其父树声所藏旧抄付刊，目录下存识语，亦疑及
之，是为伪书无疑也。"④ 因此，我们认为汉唐时期可能没有专门类《考
工记》文献，所有注解《考工记》之作都属于附属《周礼》类《考工记》
文献。

　　至宋代，经学变古，学界对《周礼》本经是否存在残缺、《冬官》一
篇是否佚亡提出了质疑，遂出现"《冬官》不亡"说，与之相伴，《考工
记》补亡《冬官》是否合理作为问题被提出，探讨也随之产生。这些反思
和探讨，共同促成了学界对《考工记》本身的关注，不是作为《周礼》的
一部分，而是作为一部独立的古书，《考工记》的价值日益彰显，专门注
解之作应运而生，如陈用之《考工解》、赵溥《兰江考工记解》、林亦之
《考工记解》、王炎《考工记解》、叶皆《考工记辨疑》、林希逸《鬳斋考工
记解》等。这些著作的共同特点就是以《考工记》为中心进行名物训诂、
工艺解读、经义阐发，研究范式虽还局限于经学领域，但却不可否认，宋
代专门类《考工记》文献的出现促成了《考工记》专门研究的兴起，也带
动了元、明、清的《考工记》专门研究的深入，对今天科学技术史的研究

---

① （清）孙诒让：《周礼正义》卷首《周礼正义略例十二凡》。
② 胡玉缙撰，吴格整理：《续四库提要三种》之《四库未收书目提要续编》，19 页，上海，
上海书店出版社，2000。
③ 云"杜注不传"者非林希逸《鬳斋考工记解》，而是《四库全书总目提要》中的林希逸
《考工记解》提要。
④ 王锷：《三礼研究论著提要》，37 页，兰州，甘肃教育出版社，2001。

亦有裨益。

总之，宋代专门类《考工记》文献的出现，意味着《考工记》作为一部独立古书的价值和地位得到了学界的认可，从此之后，《考工记》不再仅仅作为《周礼》的附庸被关注了。

第二，对《考工记》本身的研究更加细致深化。

与汉唐相较，宋代《考工记》文献对《考工记》本身的研究更加细致，如对《考工记》名官之意的研究，对《考工记》内容残缺错乱的研究，对《考工记》补亡《冬官》合理性的探讨，强调《考工记》是独立的古书，都彰显了宋代《考工记》研究的这一特点。至于汉唐学者曾有探讨的《考工记》作者问题、《考工记》成书时代问题，宋代学者也继续探讨，其中有些观点对后来的研究还颇有启发。

本章"二""三""四""五""六""七"各部分对此问题将展开详细的论述，故此不再赘述。

第三，多驳斥郑玄《周礼注》的注解。

受宋代疑经惑传风气之影响，宋人注解《考工记》也多批评、驳斥郑玄《周礼注》之说。其中，林希逸《鬳斋考工记解》是宋代较为完整流传至今的唯一一部专门类《考工记》文献，书中对郑玄《周礼注》的批评主要集中在五方面：第一，批评郑玄臆断解经，擅易经字；第二，批评郑玄强引《周礼》解释《考工记》，造成淆乱，成为解读《考工记》制度的阻碍；第三，批评郑玄解经贻误后学；第四，批评郑玄解经繁杂费力，不易理解；第五，批评郑玄解经文意未通。我们认为，林希逸对郑玄《周礼注》的有些批评是有道理的，如批评郑玄强引《周礼》解释《考工记》，造成对《考工记》制度的理解的淆乱和障碍；但也有些批评是不恰当的，如批评郑玄解经文意未通，就有主观臆断的嫌疑。

除了对郑玄《周礼注》之说提出批评，宋人注解《考工记》也会针对郑玄《周礼注》之说进行驳斥。如《考工记叙》："材美工巧，然而不良，则不时、不得地气也。"郑玄注解"不时"曰：

不得天时。

赵溥不从郑注，赞同刘彝《周礼中义》之说，曰：

不时，"注"谓不得天时也；刘执中云："不言不得天时、地气，而曰则不时、不得地气者，盖东西南北之异，宜在地之气不均也，而器迁乎其地而不能良者，则于地之气有得、有不得之辨。若天时，春

夏秋冬之行，孰有不同之方欤？其失之者非时不然也，人也。"此说
甚好。①

在赵溥看来，刘彝对"不时"的解释较郑玄更为优胜，即主张得美材良
工，造物却不甚理想的原因，非是天时和地气，而是地气和人为因素。

再如《冶氏》"是故倨句外博"一句，陈用之曰：

> 若以戈之用为在胡，谓援短则曲于磬折，援长则倨于磬折，"倨
> 之外，为胡之里"，"句之外，为胡之表"，非徒牵合，而失其本旨，
> 于形制亦无所考。②

郑玄注解"倨句外博"云："倨之外，胡之里也。句之外，胡之表也。"陈
用之不赞同郑玄的解释，从戈的形制角度进行注解，其说有一定道理。

总之，宋代注解《考工记》多驳斥郑玄《周礼注》之说，其论互有
得失。

第四，注解《考工记》喜推阐义理。

宋代经学以义理见长，宋人注解《考工记》也比较重视阐发义理。如
《玉人》："璧琮九寸，诸侯以享天子。"陈用之注解曰：

> 员谓之璧，方谓之琮。璧以辟为义，琮以宗为义。王者父事天，
> 母事地，盖继天而为之子故也。诸侯之于天子，犹天子之于天也，其
> 尊之如天，故享以璧；其亲之如地，故享以琮。天子当阳，诸侯用
> 命，故璧、琮之制同以九寸为度。③

在陈用之看来，璧圆琮方，各有其义，王者贵为天之子，故以事父之礼事
天，以事母之礼事地。对诸侯而言，天子与天同尊，故以尊天地所用的璧
与琮尊礼天子。又因天子当阳，诸侯用命，故璧、琮皆以九寸为制。

再如《匠人》："经涂九轨，环涂七轨，野涂五轨。"赵溥解曰：

> 涂必以轨取类者，一说谓欲使天下共由之而无异道，故以轨，以
> 天下有道，则书同文，车同轨也；一说涂是车徒所由者，故度以轨，
> 欲能容车行；一说涂制男右、女左、车中央，不敢争乱，是约民于轨
> 物之意，故度必以轨。三说皆通。雉、涂皆以九、七、五者，盖阳数

---

①　(宋) 王与之：《周礼订义》卷七〇引"赵氏曰"。
②　(宋) 王与之：《周礼订义》卷七三引"陈用之曰"。
③　(宋) 王与之：《周礼订义》卷七六引"陈用之曰"。

奇，阴数耦，天子体阳用九，故数以九，而七、五以为差，皆奇也。①

赵溥认为，涂以轨取类之义有三：一是天下有道，则大道规模相类，无异道，此为统一之义；二是大道供车行，以轨为度，有方便车行之义；三是在大道上行走有一定之规，男右行，女左行，车中央行，不可争抢乱行，这有约束民众以成规矩之义。此三义皆有可取之处。至于经涂、环涂和野涂按九、七、五三数依次递减，是因为此三数皆为阳数。

再如《梓人》："祭侯之礼，以酒脯醢，其辞曰：惟若宁侯，毋或若女不宁侯，不属于王所，故抗而射女，强饮强食，诒汝曾孙，诸侯百福。"林希逸注曰：

> 侯乃射埻之名，因其祭而寓意，乃以为诸侯之戒。盖射是武事，所以及此意也。古者处事以敬，件件有祭，祃有祭，侯有祭是也，如蜡祭猫虎之类亦然。宁，安也，顺理而安于职分者，王则享之、燕之，不宁而为逆，不顺王命则伐之，如射此侯也。若者，戒之之意，谓其必似彼而不可似此也，凡为宁侯，则勉其加饮加食以自寿，诒其国于汝曾孙，世世为诸侯，享有百福也。酒脯醢之祭，不用生物也。郑云宁侯为有功德故祭之，文意未通。②

林希逸此处阐发了祭祀射侯之义，他认为祭射侯体现了古人处事以敬的态度，同时也有告诫诸侯顺理安分之义。

总之，喜好阐发《考工记》所蕴义理是宋代《考工记》文献的一大特点。

二、对《考工记》作者的探讨有所增加

关于《考工记》的作者问题，汉唐时期的观点以郑玄和孔颖达较有代表性。郑玄之说见于陆德明、贾公彦引郑玄《三礼目录》，云：

> 象冬所立官也。是官名司空者，冬闭藏万物，天子立司空，使掌邦事，亦所以富充国家，使民无空者也。司空之篇亡，汉兴，购求千金，不得。此前世识其事者，记录以备大数，《古周礼》六篇毕矣。③

① （宋）王与之：《周礼订义》卷七八引"赵氏曰"。
② （宋）林希逸：《考工记解》卷下。
③ （汉）郑玄注，（唐）贾公彦疏：《周礼注疏》卷三九。

郑玄仅言《考工记》的作者是"前世识其事者",至于"前世"是何时,郑玄没有具体说明,能确知的是"前世"当在汉之前,因郑玄云汉兴后,千金购求"司空之篇"不得,才以《考工记》补之。故可知,郑玄认为《考工记》的作者是汉之前通晓百工之事的人。

孔颖达之说见于《礼记正义》中《礼器》篇"疏",曰:

> 经秦焚烧之后,至汉孝文帝时……①博士作《考工记》补之。②

据此可知,孔颖达认为《考工记》是汉文帝时博士所作。

宋代学者对《考工记》的作者问题讨论不多,主要形成三种观点,现分别述之。

其一,以林希逸为代表,主张作者是先秦时期的齐国人。

林希逸曰:

> 今且依之看来,《考工记》须是齐人为之,盖言语似《穀梁》,必先秦古书也。③

林希逸依据语言特点,判断《考工记》的作者是先秦时期的齐国人。此说由林希逸首倡,后得到清代著名汉学家江永的赞同附和,江永在《周礼疑义举要》卷六中进一步指出:

> 《考工记》,东周后齐人所作也……盖齐鲁间精物理善工事而工文辞者为之。

近现代以来,《考工记》齐人所作说得到学界的广泛认同,如郭沫若在《考工记的年代与国别》一文中补充江永旧说,认定"《考工记》实系春秋末年齐国所记录的官书"。陈直在《古籍述闻》中指出:"《考工记》疑战国时齐人所撰,而楚人所附益。"孙以楷《稷下学宫考述》中引胡家聪的观点:《考工记》是稷下学者所编写的。闻人军在《考工记导读》中指出:"我们依然赞同《考工记》是齐国官书的说法。"

林希逸之所以判定《考工记》作者是先秦时期齐国人,主要依据是《考工记》的语言特点,这一方法此后也被江永、郭沫若、杨向奎所借鉴,对后世同样影响较大。

---

① 此处标曰"阙",是存在缺文,我们以省略号代替。
② (汉)郑玄注,(唐)孔颖达疏:《礼记正义》卷二三。
③ (宋)林希逸:《考工记解》卷上。

其二，以《周礼详说》的作者为代表，主张作者绝非汉儒。

《周礼详说》的作者驳斥孔颖达之论，认为《考工记》非汉儒所作。其曰：

> 《考工记》曰"攻皮之工五"，函、鲍、韗、韦、裘是已。然《考工》今有函人、鲍人、韗人，而韦氏、裘氏缺焉，裘氏其司裘欤？韦氏其掌皮欤？知此则知《考工记》一篇必非汉儒作。①

《周礼详说》的作者从《考工记》所载治理皮革的五种工匠：函人、鲍人、韗人、韦人、裘人入手立论，认为韦人、裘人所承担的职事与《天官》部分的司裘、掌皮二职官类同，可知《考工记》的成书时代应接近《周礼》正在践行的周代，故《考工记》不可能是汉儒所作。

其三，以赵溥为代表，主张作者是熟悉先王制器之法的秦代儒生。

赵溥所见不同于林希逸和《周礼详说》的作者，他认为《考工记》是秦代儒生撰著的。其曰：

> 郑注云："此篇司空之官也。司空篇亡，汉兴，购求千金，弗得。此前世职其事者，记录以备大数尔。"然秦火之后，司空"居四民，时地利"之事亡矣，先儒据所闻者记之而已，今观所记如营国、为沟洫等事尚有"居四民，时地利"之遗意，但不若制器之为详，岂非当时诸儒于先王制器之法闻之颇悉，故记之特备欤？②

在赵溥看来，《考工记》是秦焚书之后，熟悉先王制器之法的秦代儒生撰著的。

综上，宋人关于《考工记》作者问题形成的三种观点皆独树一帜，未蹈袭以郑玄、孔颖达为代表的汉唐观点，其中林希逸的见解对后世较有影响。

三、对《考工记》成书时代的探讨趋向多元

关于《考工记》的成书时代问题，汉唐时期以贾公彦的观点较有代表性。其曰：

> 以此观之，《冬官》一篇其亡已久，有人尊集旧典，录此三十工

---

① （宋）王与之：《周礼订义》卷一一引"王氏《详说》曰"。
② （宋）王与之：《周礼订义》卷七〇引"赵氏曰"。

以为《考工记》。虽不知其人，又不知作在何日，要之在于秦前，是以得遭秦灭焚典籍，《韦氏》《裘氏》等阙也，故郑云"前世识其事者，记录以备大数耳"。

据此可知，贾公彦认为《考工记》成书于先秦时期，因此遭遇秦火，才造成书中内容的缺失。

宋代学者对《考工记》的成书时代问题存在争议，主要有四种观点，现分别述之。

其一，以易祓、王应麟为代表，主张《考工记》成书于先秦时期。

此观点与贾公彦的观点一致，如易祓曰：

> 或曰《考工记》非周书也，言周人上舆而有梓、匠之制，言周人明堂而有世室、重屋之制，言沟洫、浍川而非遂人之制，言旐、旗、旟、旐而非大司马、司常、巾车之制，其视周典，诚大不类。而不知三代有异制，以意逆之而已。《书》曰："司空掌邦土，居四民，时地利。"而百工即四民之一也，况其制度纤悉，靡不备举，而其文亦遒伟闳丽，足以发圣经之秘，学者遗其迹而探其本，则其于《冬官》也亦思过半矣。①

易祓不赞同"《考工记》非周书"之说，在他看来，《考工记》所载制度虽然与《周礼》有出入，但"三代有异制"之见，不过是后人"以意逆之而已"。再观《考工记》，内容为百工之事，且"制度纤悉，靡不备举"，语言文字"亦遒伟闳丽，足以发圣经之秘"。因此，我们认为易祓主张《考工记》是周书，成书于先秦时期。

王应麟亦持是论，其曰：

> 《考工记》或以为先秦书，而《礼记正义》云："孝文时求得《周官》，不见《冬官》一篇，乃使博士作《考工记》补之。"马融云："孝武开献书之路，《周官》出于山岩屋壁。"《汉书》谓河间献王得之，非孝文时也。《序录》云："李氏上五篇，失《事官》一篇，取《考工记》补之。"《六艺论》云"壁中得六篇"，误矣。齐文惠太子镇雍州，有盗发楚王冢，获竹简书，青丝编简，广数分，长二尺，有得十余简以示王僧虔，僧虔曰："是科斗书《考工记》，《周官》所阙文

---

① （宋）易祓：《周官总义》卷二六。

也。"汉时科斗书已废，则《记》非博士所作也。①

王应麟不赞同孔颖达《礼记正义》等文献中的论说，他的立论依据是《南齐书》中的记载，南北朝时，有贼盗掘古墓，发现了竹简书，上面的文字是"科斗书"，即战国古文字，有人将竹简书拿给饱学的王僧虔辨识，王僧虔云是用"科斗书"写就的《考工记》。汉代的通行的主要字体是隶书，战国时期的科斗书已经不行于世了，所以王应麟断定《考工记》非汉博士所撰，"或以为先秦书"是有一定道理的。

其二，以林希逸为代表，主张《考工记》成书于战国时期。

林希逸曰：

> 《周官》六典，本有六篇，当时所得只五篇，故以《考工记》补之。此《记》元无"冬官"二字，乃汉人所增也，但文字简古，必战国以来先秦古书。如《小戴·檀弓》一篇，《公羊》《穀梁春秋传》亦先秦古书也，盖其文简当且聱牙，非汉文字之比。汉人以金帛募书，多有伪作，如此等文字，非后世铅椠书生所及也。②

林希逸从"文字简古""其文简当且聱牙""非汉文字之比"的角度，判定《考工记》是战国以来的古书。

其三，以赵溥为代表，主张《考工记》成书于秦代。

上文我们介绍了赵溥对《考工记》作者的见解，赵溥认为熟悉先王制器之法的秦代儒生撰著了《考工记》，故他认为《考工记》当成书于秦代。

其四，以黄震为代表，主张《考工记》晚出，可能纂成于汉代。

黄震曰：

> 此本《尚书·周官》"司空掌邦土，居四民，时地利"之说而名《冬官》。郑注云："《司空》篇亡，汉兴，购求千金弗得，先儒据所闻记之。"王次点曰："以《周官》司空之掌放之，司空未可以为亡也。夫《周官》言'司空掌邦土，居四民，时地利'，凡经言田莱沟洫都邑涂巷者，非邦土而何？农工商贾、市井里室庐者，非居民而何？桑麻谷粟之所出、山泽林麓之所生，非地利而何？及考《小宰》言六官设属各有六十，今治官之属六十有三，教官之属七十有八，礼官之属七十，政官之属六十有九，刑官之属六十有七，意者简编错杂，先儒莫

---

① （宋）王应麟：《困学纪闻》卷四。
② （宋）林希逸：《考工记解》卷首《考工记解序》。

之能辨，遂以《考工记》补之，其实司空一官未尝亡也。"愚按：《周礼》出于汉末，郑氏谓汉兴购求《司空》篇不得，恐未可信。今以五官所余之数，合考工三十之数，自可足本篇六十，而谓先儒莫之能辨，此岂难见之事，而先儒莫之能哉？或疑此书正因晚出，故为错脱以示其为古，未知然否，然五官之属皆差互不伦，非特司空一官而已也。①

在黄震看来，《周礼》晚出，现于汉末，先儒所云亡佚《司空》篇，以《考工记》补缺之说不可轻信。他认为同《周礼》一样，《考工记》亦晚出，成书时代非先儒所云的先秦时期，可能同《周礼》一样成书于汉代，内容之所以存在错脱，是为了"示其为古"，即出于作伪的需要。

综上，宋人关于《考工记》成书时代问题的认识趋向多元化，主要形成四种观点，其中林希逸主张的战国成书说，是目前学界关于《考工记》成书时代问题较有影响的一派观点，如王燮山《"考工记"及其中的力学知识》、杨宽《战国史》和闻人军《〈考工记〉成书年代新考》主张《考工记》成书于战国初期，梁启超《古书真伪及其年代》、史景成《考工记之成书年代考》主张《考工记》成书于战国后期。

四、出现对《考工记》补亡《冬官》合理性的探讨

据《经典释文·叙录》和《隋书·经籍志》记载，汉代发现的《周礼》已非完书，缺《冬官》一篇，汉人求之不得，遂以《考工记》补《冬官》之缺。由汉迄唐，学者多承其说，对《周礼》本经残缺问题并无怀疑。至宋代，学风丕变，学者开始质疑《周礼》本经是否残缺，与之相关，《考工记》补亡《冬官》合理性问题也被探讨。就此问题的认识，宋代学者分为壁垒分明的两派：一派主张《考工记》补亡《冬官》具有合理性；一派反对《考工记》补亡《冬官》。以下我们分别述之。

（一）赞同以《考工记》补亡《冬官》的一派

此派以林希逸、赵溥、易袚为代表，认为《考工记》补亡《冬官》具有合理性。如林希逸曰：

《周礼》六官，其五官体制皆同，而《冬官》以《考工记》补之，又自一体，似造物之意，特亡彼而存此，以成此经之妙也。②

① （宋）黄震：《黄氏日抄》卷三〇。
② （宋）林希逸：《考工记解》卷首《考工记解序》。

在林希逸看来，《考工记》撰著体制虽自成一体，不同于《周礼》其他五官，但以《考工记》补《冬官》并不突兀，似之造物神奇，共同促成了《周礼》一经之妙。可知，林希逸认为《考工记》补亡《冬官》有其合理之处。

易祓所见同于林希逸，其曰：

> 《冬官》非火于秦也，其亡久矣。盖自周辙既东之后，诸侯恶其害己，而灭去其籍，是以太平巨典不闻于孔门学者之传习，亦不见于先秦传记之所纪载，遗言湮没，诚可于邑。其亦幸而煨烬既息，复出于汉也，其又不幸而编帙散逸，《冬官》空焉，河间献王以千金求之，弗获，于是以《考工记》补其阙……《书》曰："司空掌邦土，居四民，时地利。"而百工即四民之一也，况其制度纤悉，靡不备举，而其文亦邃伟闳丽，足以发圣经之秘，学者遗其迹而探其本，则其于《冬官》也亦思过半矣。①

因《考工记》所载制度与《周礼》所载制度互有同异，故以《考工记》补《冬官》之缺为学者所诟病。但在易祓看来，《考工记》对工艺制作、城邦建筑等靡不备举，且记载纤悉，文字奇古奥美，在有些方面确能够与《周礼》所载制度转相发明，互为表里，故以《考工记》补《冬官》有合理并可行之处。

赵溥认为，以《考工记》补亡《冬官》虽有不尽如人意之处，但《考工记》"苟于理未大戾，当尊经可也"。其曰：

> 先王建官，始于天官掌邦治，至冬官，而经理之事终矣，名官以冬，此其旨也。工，百工也；考，察也。以其精巧，工于制器，故谓之工；以其所制之器，从而察其善、不善，故谓之考。《小宰》"六曰冬官，其属六十，掌邦事"，则冬官之事不止于制器，《记》者止谓之"考工"，何也？郑注云："此篇司空之官也。司空篇亡，汉兴，购求千金，弗得。此前世职其事者，记录以备大数尔。"然秦火之后，司空"居四民，时地利"之事亡矣，先儒据所闻者记之而已，今观所记如营国、为沟洫等事尚有"居四民，时地利"之遗意，但不若制器之为详，岂非当时诸儒于先王制器之法闻之颇悉，故记之特备欤？至于有一二可疑者，意其古制不可悉闻，则间自为说，以补其亡尔，苟于

---

① （宋）易祓：《周官总义》卷二六。

理未大戾，当尊经可也。①

赵溥认为，《冬官》内容应比《考工记》更加丰富，《考工记》所载百工之事仅为《冬官》的一部分，因《冬官》亡于秦焚书，寻觅不得，而《考工记》所载工艺制作尚有《尚书·周官》"居四民，时地利"之遗意，所以以《考工记》补《冬官》之缺不失为一种可行的选择。

（二）反对以《考工记》补亡《冬官》的一派

此派以叶时、俞庭椿、林之奇和王与之为代表，他们都反对以《考工记》补亡《冬官》。比如在叶时看来，以《考工记》补《周礼》"何异拾贱医之方，以补卢扁之书"，其曰：

> 汉室龙兴，山岩屋壁之间稍稍间出《周礼》，六官缺一而五存，天之未丧斯文亦幸矣。河间献王得之不啻如获圭璧，不吝千金重赏，募求全书，献王之意厚矣。然全书竟不可致，献王怅之，乃求《考工记》以足其书，谓可以备《周官》之缺，不知以《考工记》而补《周礼》，何异拾贱医之方，以补卢扁之书，庸人案之，适足为病。五官尚存，武帝且以为末世渎乱不验之书，则武帝之忽略圣经，未必不自《考工记》一篇启之也。嗟夫！《书》亡而张伯伪书作，《诗》亡而束皙补《诗》作，适资识者一捧腹耳，曾谓《考工记》而可补礼经乎？且百工细事尔，固非《周官》所可无，而于《周官》设官之意何补……《周礼》无待于《考工记》，献王以此补之亦陋矣！大抵献王之补亡也，汉儒之习未脱也，《乐记》一篇欲以备乐书之阙，《考工记》一篇欲以补礼书之亡，献王之见然尔。②

> 河间献王乃以《考工记》补之，司空一职岂《考工记》之事邪？观其言曰："国有六职，百工与其一焉。"是以治教刑政之属，特与工匠器械等耳，即此一语，可谓不识《周礼》矣。异时奏入秘府，《周礼》虽存，而汉君诋之以为末世渎乱之书，得非刘德一记累之邪！③

叶时认为，河间献王所得《周礼》虽非全书，但能见五官已属难得，不必求全责备，其后擅取《考工记》补入《周礼》实属浅陋之举，不仅多余，而且有累圣经。叶时以为《周礼》一书奏入秘府后，被汉武帝诋毁为末世

---

① （宋）王与之：《周礼订义》卷七〇引"赵氏曰"。

② （宋）叶时：《礼经会元》卷四下《补亡》。

③ （宋）叶时：《礼经会元》卷一上《注疏》。

渎乱之书就是受《考工记》之累！再者，叶时也指出以《考工记》补亡
《冬官》，于《周礼》设官之意的传达无助益，不过是汉儒乐于补亡古书的
积习罢了。

与叶时不同，俞庭椿认真分析了汉人以《考工记》补亡《冬官》的依
据，认为"天官系统"中大宰"九职"的记载是《考工记》补亡《冬官》
的源流所在。至于《考工记》补亡《冬官》是否合理，俞庭椿的观点是
《冬官》未亡，补亡之举当然不合适。其曰：

> 司空之篇为逸书，汉人以《考工记》附益之，相传之久，习以为
> 然，虽有巨儒硕学，不复致思研虑，后世遂以《考工》之事为六官之
> 一司空所掌，日渐讹误，并与其官废。①

> 曰司空篇亡，汉兴以千金求之不得，若以此论，则传授之误似不
> 必责，郑司农贯通博学，犹不能思索于此，汉儒信于师传之故耳。孟
> 子曰"尽信书不如无书"，武、成之事，孟子去古未远，已不敢信，
> 《周礼》经秦火之后，复出于诸儒之口，传其当熟，复详考，不宜尽
> 信也决矣。②

> 成周建官限于三百六十，其不以一工人专一官明矣，凡其器物须
> 工为之，而官掌之，即百工之事在其间矣，如典瑞、典同之类是也，
> 必以一工为一官，如今《考工》所载，则司空者乃一大匠、梓人之类
> 耳，何以为司空？若夫攻木、攻金、攻皮、设色、刮摩、抟埴之类，
> 皆得命而充职者，将不胜其繁，亦非圣人设官之意，而周之冗食者多
> 矣。后世传习之谬，谓司空之官主百工，而百工与居六职之一，《周
> 官》之在者，乏工人之事也，故断以谓《司空》之篇俱亡，亦不复加
> 考正于其中。嗟夫！此《司空》之篇所以亡，而由汉以来莫之察者，
> 失于不思圣人设官之意欤！③

俞庭椿反对以《考工记》补亡《冬官》，他的主要理由是：其一，体察圣
人设官之意，成周建官"不以一工人专一官"，而汉人以《考工记》补亡
《冬官》，累世相传，后学就认为《考工记》记载的百工之事就是六官之一
的司空及其属官所掌职事，渐成讹误。其二，西汉发现的《周礼》出于亡
逸之余，《冬官》一篇汉人千金求之不得，就取《考工记》附益于后，即
便有郑众这样的巨儒硕学，也未能致思研索其补亡的合理性，师传已久，

---

① ② ③　（宋）俞庭椿：《周礼复古编》。

习以为然。俞庭椿感叹"由汉以来莫之察者，失于不思圣人设官之意"，所以他大胆断言《冬官》一篇"人实亡之"，而"非司空之篇亡"！既然《冬官》未亡，所谓的"补亡"也就多此一举了。

王与之也反对以《考工记》补亡《冬官》，其曰：

> 愚案：事典乃司空之职。《书》言司空"居四民，时地利"，所谓事者，非止如今《考工记》之补亡，止言百工之事也。①

> 愚案：事职多百工事。百工饬化八材，蠹物则有之，何以使百物之能生？刘氏曰："不以生百物为职，则事为广而八材枯。"此乃指《考工记》补亡书言之，非古之事职。《书》曰："司空掌邦土，居四民，时地利。"百物虽生于土，必四民各安其居，地利不失其时，然后生长繁殖，物物皆遂。事职之生百物，犹三农之生九谷，所以言于"富邦国""养万民"之后。②

王与之根据《尚书·周官》的记载，认为冬官之长司空的执掌非限于百工之事，司空掌管事典，使万民各司其职，各尽其能，以使天下各国富强，百官胜任职事，民众能得生养。而《考工记》所载不过是百工之事，故汉儒以《考工记》补《冬官》之亡并不妥当。王与之还指出，《冬官》固然多涉百工生产之事，但司空重要的职责在于"生百物"，即尽地之利，增殖各种财物，以养育四民，使天下各国富庶。而《考工记》主要记载百工利用八材制作百物，蠹物则有之，生百物则远不及，故《考工记》是无法补《冬官》缺失的。

总之，赞成《考工记》补亡《冬官》也好，反对《考工记》补亡《冬官》也罢，宋代学者对此问题的反思和探索，都增进了学界对《考工记》本身的关注，为《考工记》摆脱《周礼》的附庸地位创造了条件。

五、出现对《考工记》名官之意的研究

《考工记》共记载 31 职官，其中称"人"者 19 职官，如轮人、舆人等；称"氏"者 11 职官，如筑氏、冶氏等。如此有规律地命名职官，其间是否有所意指呢？郑玄就此发表过见解，曰：

> 其曰某人者，以其事名官也。其曰某氏者，官有世功，若族有世

---

① （宋）王与之：《周礼订义》卷一。
② （宋）王与之：《周礼订义》卷四。

业，以氏名官者也。①

郑玄认为，以"人"命名者是据该职官所从事的职业命名的，以"氏"命名者是据该职官家族世守之业命名的。

宋人就此问题继续进行探讨，如易祓认为：

> 《考工记》之言工者，其数凡三十，然攻木之工七，而外复有"辀人"之职，其实则八也。设色之工五，而画缋分为二，其实则四也。析而言之，其数若差，合而言之，皆三十而已。然有以人名者，有以氏名者，有以事名者，惟画缋一职独言所职之事，其他如"轮人""舆人"之类则以人名之，谓工以巧为能，不必责之世守也。如"筑氏""冶氏"之类，则以氏名之，谓官有世功，族有世业，必世习之为贵也。言人则上经所谓"工有巧"是已，言氏则上经所谓"守之世，谓之工"是已，然攻木无称氏者，攻金、抟埴无称人者，盖制木必以巧，而金土实贵乎世习，宁非《记》者深得先王制作之意乎？②

易祓在郑玄基础上，将《考工记》中命名职官的情况分为三类，分别是："以人名者"、"以氏名者"和"以事名者"，其中"以事名者"独画缋一官。易祓认为，《考工记》中职官"以人名之"是"谓工以巧为能，不必责之世守"；"以氏名之"是"谓官有世功，族有世业，必世习之为贵"。易祓还进一步指出"攻木无称氏者，攻金、抟埴无称人者"，并分析其中原因，"盖制木必以巧，而金土实贵乎世习"。整体来看，易祓此说本于郑玄，而略加细致而已。

赵溥对此问题亦有研究，其云：

> 《考工》名官，有假物而名者，有假意而名者，有直以器而名者。如"凫氏为钟""枭氏为量"，此假物而名官也；如"筑氏为削""钟氏染羽"，此假意而名官也；至于物无可假，意无可取，直以所制器名官，如"轮人为轮"、"矢人为矢"与"磬氏为磬"是也。③

赵溥此见已不同于郑玄，他将《考工记》中的名官之法分成三类：一是假物名官者，如凫氏、枭氏；一是假意名官者，如筑氏、钟氏；一是直以器而名官者，如轮人、矢人、磬氏。虽不同于郑玄，但赵溥此说是有一定道

---

① （汉）郑玄注，（唐）贾公彦疏：《周礼注疏》卷三九。
② （宋）易祓：《周官总义》卷二六。
③ （宋）王与之：《周礼订义》卷七六。

理的。

除对《考工记》整体名官现象进行研究，宋人也聚焦《考工记》中具体职官的官名意旨，如陈用之阐发"钟氏"名官之义，曰：

> 钟，聚也。染羽之工名以钟氏，取其色之聚也。①

又阐发"幌氏"名官之义，曰：

> 幌氏，治丝而涑者名谓之幌，治荒之意也。②

再如赵溥分析"函人"一职的名官之意，曰：

> 《孟子》曰"函人惟恐伤人"，谓之函者，取其包含之义，甲能包裹人身，物不能伤，所以名官以函人也。傅说告高宗曰："惟甲胄起戎"，鲁侯誓师曰："善谷乃甲胄"，盖古人用兵本以自卫，故以甲为重。③

赵溥认为，函人负责制作甲衣，征战时甲衣能包裹身体，避免伤害，故以"函人"名官是取其包含之义。为证其说，赵溥援引《尚书·说命中》《尚书·费誓》，说明古人用兵本于自卫，而函人制作的甲可包裹身体，也出于自卫之义。

六、出现对《考工记》内容残缺错乱的研究

汉代补入《周礼》的《考工记》本身就有缺文，如段氏、韦氏、裘氏、筐氏、柳人等，汉唐学者承认这些缺文的存在，如贾公彦曰：

> 以此观之，《冬官》一篇其亡已久，有人尊集旧典，录此三十工以为《考工记》。虽不知其人，又不知作在何日，要之在于秦前，是以得遭秦灭焚典籍，《韦氏》《裘氏》等阙也。故郑云"前世识其事者记录以备大数耳"。④

贾公彦承认《考工记》有缺文，且认为这是由于秦朝焚书造成的。

宋代学者林希逸对《考工记》有较为专门的研究，他认为《考工记》的缺文不仅限于段氏、韦氏、裘氏、筐氏、柳人等职官，现有诸职官在内容上也存在缺失。其曰：

---

① ② （宋）王与之：《周礼订义》卷七五。
③ （宋）王与之：《周礼订义》卷七四。
④ （汉）郑玄注，（唐）贾公彦疏：《周礼注疏》卷三九。

> 《考工记》不特为周制也，尽纪古百工之事，故匠人以世室、重屋、明堂并言之，三代制度皆在此也，但书不全矣。①

> 此书续出，阙略不全，不止韦氏、裘氏、段氏等官而已。②

他仔细推敲《考工记》前后经文，指出多处他认为存在缺失的地方。其曰：

> 自王、公、士大夫至于农、工、商，无衣无褐不可也，《考工》诸官不及织纴之事，疑有阙也。③

> 舟楫之事，自十三卦已有之，造舟为梁，西周亦有之，《风》诗咏舟者不一，然则舟车之用皆大矣。《考工》言车而不及舟人之事，岂攻木之工尚有遗阙邪？④

> 画、缋二官，今《记》中只曰画缋之事，必有缺漏不全，恐画是为墨本者，缋是用采色者。钟氏染羽，筐氏已阙，或是绣作之工，慌氏练丝。汉武帝画周公辅成王，则画工自古有之矣，《书》曰作绘，《语》曰绘事后素，是彩色之工也。⑤

> 此下似有脱文，不应以此一节，而称其为国辀也。⑥

> 郑云：凡金多锡，则刃白且明，故诸齐皆以锡和之。但此文有鼎，有斧、斤、鉴、燧，而经无此官，疑有缺失。恐冶氏、桃氏所职亦不止一项，以此推之，《考工记》之所失者多矣。⑦

在林希逸看来，《考工记》缺文很多，不仅所记职官存在缺失，职官负责的职事也存在缺失的情况。如上所列，他举了不少例子：如《考工记》中没有负责"织纴之事"的职官；画与缋应是二官，而传世《考工记》中只涉及画缋之事，其间必有缺漏不全的情况存在；再如攻木之工只云造车，不云造舟，舟车皆是民生日用的重要交通工具，言车不言舟，恐有内容有缺失；冶氏、桃氏所职亦不止一项，所职内容存在缺失。

林希逸认为，《考工记》不仅内容残缺不全，内容的先后次序也存在"参错不齐"、颠倒错乱。其曰：

> 此书续出，阙略不全，不止韦氏、裘氏、段氏等官而已。其先后次序亦自参错不齐，如攻木之工：轮、舆、弓、庐、匠、车、梓，若以序言，当在上篇，今梓、庐、匠、车、弓皆在下篇，而其序亦自不

---

① ② （宋）林希逸：《考工记解》卷首《考工记解序》。
③ ④ ⑤ ⑥ ⑦ （宋）林希逸：《考工记解》卷上。

同；又画、缋二官，而止曰画缋之事；玉人亦然。意其全书凡曰"之事"者，皆总言之，其列官自别，即车人之事，又有车人为某、为某，可知也。况一官非止为一事，如轮人、梓人、匠人、车人，皆一官之名而分主数事，惜乎其不全见也。①

此一官所记与典瑞略同。盖《周礼》自是一手，追记周人之事，《考工记》又是一手，或先或后，固不可知，亦皆追述古制而已，况其间亦有错乱残缺处，所以与典瑞又稍异也。②

诸侯聘女用大璋，与三璋之大璋同名，简编错乱，误置于此，文不相属，难以强通，或曰当继之天子以聘女之下。③

林希逸也是运用举例的方式陈述《考工记》内容的先后次序存在"参错不齐"、颠倒错乱的情况。如《考工记》叙官记载"攻木之工"分别是轮人、舆人、弓人、庐人、匠人、车人、梓人，林希逸认为若依此顺序言，则轮人、舆人、弓人、庐人、匠人、车人、梓人当在上篇，但传世本《考工记》中梓人、庐人、匠人、车人、弓人皆在下篇，排列的顺序也与《考工记叙》不同；再如玉人部分存在经文误置、错乱残缺的情况，以致文不相属，难以强通，与《周礼·春官·典瑞》的内容稍异。

总之，较之汉唐，宋人对《考工记》内容本身的研究更加细致。

七、开始强调《考工记》是独立的古书

汉人既取《考工记》补入《周礼》，又冠以"冬官考工记"之名，此后《考工记》就依附《周礼》，成为《周礼》的一部分。汉唐学者为《周礼》作注疏会取《考工记》解释或佐证《周礼》的记载，也取《周礼》解释或佐证《考工记》的记载，如遇二者制度不合，就试图沟通弥合。至于《考工记》作为古书本身的独立性，汉唐学者鲜有考虑，所以汉唐时期只有附属《周礼》类的《考工记》文献，几乎没有专门类的《考工记》文献。

宋代经学以"变古"求解放，《考工记》补亡《冬官》的合理性受到质疑，更出现了"《冬官》不亡"之说。学界在反思《考工记》补亡《冬官》合理性的同时，也给了《考工记》"新生"的机会，专门类的《考工记》文献出现并日益增多，如陈用之《考工解》、林亦之《考工记解》、叶

---

① （宋）林希逸：《考工记解》卷首《考工记解序》。
②③ （宋）林希逸：《考工记解》卷下。

皆《考工记辨疑》、赵溥《兰江考工记解》等，这些表明《考工记》开始
摆脱《周礼》的附庸地位，走向独立。林希逸在《鬳斋考工记解》中更是
多处强调《考工记》是独立的著作，其曰：

> 况《考工》自是一书，不可以《周礼》参论，谓既有染人，又有
> 钟氏，其意如何，如此则必有牵强之论。①

> 盖《周礼》自是一手，追记周人之事，《考工记》又是一手，或
> 先或后，固不可知，亦皆追述古制而已。②

> 若知《周礼》自为一书，《考工》自为一书，本不相关，皆非周
> 公旧典，则无复此拘碍矣。③

林希逸主张，《周礼》和《考工记》都是追述周代制度的先秦古书，二书
作者皆非周公，成书时代先后也不可考，但"《周礼》自为一书，《考工》
自为一书"，二书都是独立的著作。

总之，强调《考工记》非《周礼》的附庸，而是独立的著作，就为
《考工记》专门研究的开展和深入提供了先导，开辟了道路。

第三节　宋代《考工记》专门研究兴起之学术影响

与汉唐相较，宋代出现了专门类《考工记》文献，对《考工记》本身
的研究也趋于细致深入，《考工记》开始摆脱《周礼》的附庸地位，显示
出独立的学术价值和地位。以下我们就从两方面谈谈宋代《考工记》专门
研究的兴起之于元、明、清乃至现代的学术影响。

一、宋以后专门类《考工记》文献日益增多

宋代之后，针对《考工记》的专门研究多了起来，最直接的表现就是
论解《考工记》的专著日益增多。查考宋代以后的官私目录，元代的专门
类《考工记》文献有吴澄的《批点考工记》2 卷。明代的专门类《考工
记》文献有周梦旸辑注并评《批点考工记》2 卷《图说》1 卷、林兆珂
《考工记述注》2 卷、陈与郊《考工记辑注》2 卷、郭正域批《考工记》2

---

① （宋）林希逸：《考工记解》卷上。
②③ （宋）林希逸：《考工记解》卷下。

卷、朱大启《考工记集注》、程明哲《考工记纂注》2卷首1卷图附1卷、徐昭庆《考工记通》2卷《图》1卷、陈深《考工记句诂》1卷、徐应曾《考工记标义》2卷、焦竑《考工记解》2卷、叶秉敬《考工绪论》1卷、张睿卿《考工记备考》1卷、朱襄《考工记后定》1卷、张鼎思《考工记解》1卷、陈仁锡《考工记句解》1卷、林孟鸣《考工记述注》2卷。清代的专门类《考工记》文献有程瑶田《遂人匠人沟洫异同考》1卷、程瑶田《考工创物小记》8卷、程瑶田《磬折古义》1卷、方苞《考工记析疑》4卷、戴震《考工记图注》2卷、庄有可《考工记集说》2卷、吕调阳《考工记考》1卷《图》1卷、陈衍《考工记辨证》3卷、陈衍《考工记补疏》1卷、章震福《考工记论文》2卷首1卷、王宗涑《考工记考辨》8卷、牛运震《考工记论文》1卷、丁晏《考工记评注》1卷、陈宗起《考工记鸟兽虫鱼释》1卷、孔继涵《补林氏考工记》1卷、俞樾《考工记世室重屋明堂考》1卷、钱坫《车制考》、张象津《考工记释车》1卷、郑珍《轮舆私笺》2卷附《图》1卷、孔继涵《考工车度记》1卷、李承超《车制考误》、徐养原《考工杂记》、吴治《考工记集说》1卷、张泰来《考工记纂要》2卷、王泰征《周礼考工辨》、李惇《考工车制考》、江藩《考工戴氏车制翼》、寇钫《考工释车》1卷、阮元《考工记车制图解》2卷。

元明清的专门类《考工记》文献日益增多，蔚为大观，可见宋代以后《考工记》研究引起了越来越多学者的关注，取得了不少成果，有的学者开始专门考论《考工记》记载的工艺制度，并运用科学的眼光加以考察，如明代徐光启撰著的《考工记解》就力图开掘以《考工记》为代表的科技传统。总之，宋代以后《考工记》研究逐渐摆脱经学研究范式，成为一门独立的学问，对今天科技史的研究亦有裨益。

二、宋以后以图注解《考工记》的方式开始流行

宋人林希逸的《鬳斋考工记解》为了方便初学者了解《考工记》所载器物形制，附图于注解中，这种以图注解《考工记》的方式被后世学者继承并发扬光大，明清不少论解《考工记》之作都有附图，如周梦旸《批点考工记》附《图说》1卷，程明哲《考工记纂注》附《图》1卷，徐昭庆《考工记通》附《图》1卷，吕调阳《考工记考》附《图》1卷，郑珍《轮舆私笺》附《图》1卷。清代还出现了以图为主的"图注""图解"之作，如戴震《考工记图注》、阮元《考工记车制图解》等。直至现代，学者们注译《考工记》仍采用图注的方式，辅助说明《考工记》所载器物形制、

工艺制作，如闻人军注译的《考工记译注》就广泛采用最新的出土器物图、画像石拓片、工艺原理示意图等图片辅助说明《考工记》中的器物工艺，收到了很好的注解效果。

　　总之，宋代是《考工记》专门研究兴起的重要时期，此时期的《考工记》专门研究虽仍受到经学研究范式的左右，但研究者所开启的研究方向、研究方法对后世学者颇有启发，并最终促成了《考工记》研究成为一门独立的学问。今天我们将《考工记》视为中国古代科学技术的源流，若论对其进行专门研究的开先之功，当推宋人。

第十一章 宋代《周礼》学的特点

《周礼》是宋人研究最多的儒家经典之一。宋代的《周礼》学以辨疑为方法，突破魏晋以后形成的《周礼》汉学研究范式，建立《周礼》宋学研究范式，在《周礼》学观点、《周礼》解释方法上广泛而深远地影响了元、明、清的《周礼》研究，堪称宋代经学之显学，具有重要的研究价值。但目前学界对宋代《周礼》学的研究还不深入，研究成果多集中于名家名作，探讨宋代《周礼》学整体发展变化和特点的成果寥寥。笔者以为，若对宋代《周礼》学没有清楚的认识，则对宋代经学特点和《周礼》学史难有全面的把握。鉴于此，笔者拟从《周礼》学文献、《周礼》学观点、经典解释方法三方面入手，探讨宋代《周礼》学的基本面貌及其特点。

第一节 宋代《周礼》学文献的特点

我们以为，宋代《周礼》学文献的特点体现在五方面，以下分别进行论述。

第一，就《周礼》学文献数量而言，宋代较之前各时代有大幅增加。

清人朱彝尊《经义考》著录的两汉《周礼》学文献有 10 种[①]，王锷先生《三礼研究论著提要》在此基础上增补了 6 种[②]，现今可考知的两汉

---

① 分别是《周官传》、杜子春《周官注》、郑兴《周官解诂》、郑众《周官解诂》、贾逵《周官解故》、卫宏《周官解诂》、张衡《周官训诂》、马融《周官礼注》、郑玄《周官礼注》、郑玄《周礼音》。

② 分别是班固《周礼班氏义》、胡广《周官解诂》、卢植《周官礼注》、临硕《周礼难》、郑玄《答临硕周礼难》、郑玄《周礼序》。

《周礼》学文献为 16 种。《经义考》著录的魏晋《周礼》学文献有 13 种①，《三礼研究论著提要》在此基础上增补了 3 种②，现今可考知的魏晋《周礼》学文献有 16 种。《经义考》著录的南北朝《周礼》学文献有 11 种③，《三礼研究论著提要》在此基础上增补了 5 种④，现今可考知的南北朝《周礼》学文献为 16 种。《经义考》著录的唐代《周礼》学文献有 4 种⑤，《三礼研究论著提要》无增补，故现今可考知的唐代《周礼》学文献有 4 种。《经义考》著录的宋代《周礼》学文献有 97 种⑥，《三礼研究论著提要》在此基础上增补了 9 种⑦，笔者参考历代公藏目录、私藏目录、序跋目录、史志目录和省府地方志，对宋代《周礼》学文献的数量进行统计，认为目前尚可考见的宋代《周礼》学文献约有 120 种。就数量而言，宋代《周礼》学文献比由汉迄唐《周礼》学文献的总和还多，这从侧面反映出宋代《周礼》研究之繁盛，无怪清儒评价曰："宋儒喜谈三代，故讲《周礼》者恒多。"⑧

　　第二，就《周礼》学文献体例而言，宋代出现了新的体例。

　　由汉迄唐的《周礼》学文献体例主要有"传""注""音义""集注""义疏"，前几种体例主要解释《周礼》经文，"义疏"是以一家"注"为中心，主要解释注文。宋代的《周礼》学文献多以"义""说""解"命名，就体例而言，这些文献仍属"传""注"体，因为它们主要解释《周礼》经文，这与两汉、魏晋的"传""注"体是一致的；二者之间的区别

---

　　①　分别是王肃《周官礼注》、王肃《周礼音》、司马仙《周官宁朔新书》、傅玄《周官论评》、陈邵《周官礼异同评》、徐邈《周礼音》、李轨《周礼音》、虞喜《周官驳难》、干宝《周官礼注》、干宝《答周官驳难》、伊说《周官礼注》、宋氏《周官音义》、孙略《周官礼驳难》。

　　②　分别是王朗《周官传》、干宝《周礼音》、袁淮《周官传》。

　　③　分别是刘昌宗《周礼音》、崔灵恩《集注周官礼》、沈重《周官礼义疏》、王晓《周礼音》、戚衮《周礼音》、聂氏《周官注》、无名氏《周官礼义疏》3 种、无名氏《周官分职》、无名氏《周官礼图》。

　　④　分别是雷次宗《周礼注》、刘芳《周官音》和《周礼义证》、沈重《周礼音》、熊安生《周礼义疏》。

　　⑤　分别是贾公彦《周礼疏》、陆德明《周礼释文》、王玄度《周礼义决》、杜牧《考工记注》。

　　⑥　因数量多，兹不一一列举，请看《经义考》卷一二二至卷一二五、卷一二九。

　　⑦　分别是黄君俞《周礼关言》、沈季长《周礼讲义》、马之纯《周礼说》、徐邦宪《周礼解》、王与之《周官补遗》、陈巳《周礼详说》、郑若《周礼疑误解》、陈尧英《周礼说》、唐诸儒《周礼要义》。

　　⑧　（清）永瑢：《四库全书总目》卷一九《周礼述注》提要，155 页，北京，中华书局，1965。

在于，汉晋的"传""注"体侧重经文的训诂考证，宋代的"传""注"体侧重经文的义理阐发。宋代还有部分《周礼》学文献采用了全新的体例，如李觏《周礼致太平论》、叶时《礼经会元》和郑伯谦《太平经国之书》采用了"别立标题，借经抒议"的方式论解《周礼》。李觏《周礼致太平论》是这一体例的开创者，其新体现在：第一，全书共 10 卷，由 51 篇（含《序》）有独立的标题的论文组成，包括《内治》7 篇、《国用》16 篇、《军卫》4 篇、《刑禁》6 篇、《官人》8 篇、《教道》9 篇；第二，全书没有罗列在前的、顶格书写的《周礼》经文，也没有对经文亦步亦趋的注解，《周礼》经文及其注解被浓缩为先王政治的制度资源和思想资源，服务于作者纵横捭阖地议论，并最终落实为对时政的建议。此种体例便于作者抒发自己的思想，以议论见长。再如俞庭椿《周礼复古编》一书，既没有罗列在前的、顶格书写的《周礼》经文，也没有对经文的注解，全书主要采用"割裂五官，补亡《冬官》"的体例发表作者恢复古《周礼》的设想。这一体例首创于宋代，元明继踵者颇多。

第三，宋代以图注解《周礼》的文献，较之前各时代明显增加。

早在东汉就出现了以图注解"三礼"之作，如阮谌的《三礼图》。至南北朝，出现了以图注解《周礼》的文献，如《隋书·经籍志》记载："《周官礼图》十四卷。梁有《郊祀图》二卷，亡。"但南北朝、隋唐时期此类文献的数量极少，屈指可数。至宋代，以图注解《周礼》的文献数量明显增加，目前尚可考知的就有王洙《周礼礼器图》、陈祥道《周礼纂图》、龚原《周礼图》、吴沆《周礼本制图论》、项安世《周礼丘乘图说》、魏了翁《周礼井田图说》、王与之《周礼十五图》、郑景炎《周礼开方图说》。此外，宋代非"图解"体例的《周礼》学文献也有不少配图表的，如叶时《礼经会元》中《内朝仪》后附《路寝图》、《宫卫》后附《汉南北军图》、《王畿》后附《王畿千里之图》、《井田》后附《井邑丘甸图》等；郑伯谦《太平经国之书》首列《成周官制》《秦汉官制》《汉官制》《汉南北军》四图；林希逸《鬳斋考工记解》附图表 100 余幅。这些图表为学者了解《周礼》的名物制度提供了不少便利。

第四，南宋出现了专门论解《考工记》文献。

西汉时发现的《周礼》已缺《冬官》一篇，汉人求之不得，才取《考工记》补缺，并冠以"冬官考工记"之名。自此，《考工记》附庸于《周礼》，成为《周礼》的一部分。由汉迄唐学者注解《周礼》也一并注解《考工记》，如郑玄《周礼注》和贾公彦《周礼疏》无不如此，没有专门论解《考工记》的文献。① 南宋出现了专门论解《考工记》的文献，如陈用之《考工解》②、赵溥《兰江考工记解》、林亦之《考工记解》、王炎《考工记解》、叶皆《考工记辨疑》、林希逸《鬳斋考工记解》。自此《考工记》逐渐摆脱《周礼》的附庸地位，开始彰显其作为先秦古书的学术价值。

第五，宋代对《周礼》经文的删、移，较之前各时代多且随意。

由汉迄唐，删、移《周礼》经文的现象很少，仅陆德明《经典释文》记载东晋干宝《周官礼注》将"叙官"部分经文移列于各职官之前。至宋代，删、移《周礼》经文的现象多起来，如北宋王昭禹《周礼详解》删去了大部分"叙官"经文，仅不规则地保留部分，南宋朱申《周礼句解》基本删去"叙官"经文，仅保留"惟王建国，辨方正位，体国经野，设官分职，以为民极"等几句。王昭禹和朱申都没有解释删去"叙官"经文的原因，清人臆测"以其无假诠释，遂削而不载"③，也许王昭禹和朱申认为《周礼》"叙官"所述五官执掌及属官编制烦冗无用，对于解释经文作用不大，所以将其删去。再如南宋王与之《周礼订义》也将"叙官"部分经文打散，分置于每一职官经文前，王与之对此解释说："分序官目录于每职之前，欲因爵之尊卑、权之轻重，与其属府、史、胥、徒之多寡、有无，以知所职之事安在。"④ "分目录于每官之首令学者易见。"⑤ 在王与之看来，此举可方便学人检阅，也可凸显每一职官所司职事的轻重缓急。又如俞庭椿《周礼复古编》，为复《周礼》古貌，移五官属官补《冬官》属官，移《大司徒》《小司徒》经文补《大司空》经文。总之，与之前各时代比较，宋代对《周礼》经文的删、移现象多且随意，笔者以为这既体现了宋人治经的大胆精神，也暴露了他们的无知轻率，《周礼》"叙官"是经文的

---

① 查考目录可知，汉唐注解《考工记》的文献有 2 部，一是郑玄《考工记注》2 卷，二是杜牧《考工记注》2 卷。我们认为，郑玄《考工记注》是后人抽取郑玄《周礼注》中注解《考工记》的部分编纂成书的，杜牧《考工记注》被认为是后世伪作。孙诒让在《周礼正义》卷首《周礼正义略例十二凡》中说："近世所传有唐杜牧《考工记注》二卷，义旨舛陋，多袭林希逸《考工记解》说，伪托显然，今并不取。"胡玉缙（《续四库提要三种》之《四库未收书目提要续编》，19 页，上海，上海书店，2000）和王锷（《三礼研究论著提要》，37 页，兰州，甘肃教育出版社，2001）赞同孙诒让此说。所以，我们主张汉唐时期没有专门论解《考工记》的文献。

② 《经义考》卷一二九著录《考工解》一书，云："陈氏祥道《考工解》，未见。王与之曰：'天台陈用之，有《考工解》。'"朱彝尊将《考工解》一书归于陈祥道名下，其说有误。原因可参看笔者《〈周礼订义〉研究》，378 页。

③ （清）永瑢等：《四库全书总目》卷一九《周礼句解》提要。

④ （宋）王与之：《周礼订义》卷首《编集条例》。

⑤ （宋）王与之：《周礼订义》卷首《论五官目录》。

纲领，将其删去，反不利于《周礼》经文的理解。至于移动《周礼》经文，既缺乏对经典原貌的尊重，也不一定有助于解释经典。

第二节　宋代《周礼》学观点的特点

清儒皮锡瑞在《经学历史》中称宋代是"经学变古时代"，辨疑是宋代经学"变古"的重要方法。在《周礼》学上，宋人辨疑《周礼》真伪、作者、流传诸问题，提出不少新的观点，这是《周礼》宋学研究范式得以确立的重要支点。笔者以下从四方面论述宋代《周礼》学观点的特点。

第一，对《周礼》真伪和作者的认识趋向多元化。

两汉学界对《周礼》真伪的认识主要有两种观点：一是尊《周礼》为经，如刘歆认为"周公致太平之迹"具在《周礼》[1]，郑玄赞同刘歆此说，注"三礼"时以《周礼》为首，冠于《礼仪》《礼记》前；二是疑《周礼》非经，如西汉刘向父子校书，发现了《周礼》，当时"众儒并出共排，以为非是"[2]，东汉的林孝存认为《周礼》是"末世渎乱不验之书"[3]，何休说《周礼》是"六国阴谋之书"[4]。两汉学界对《周礼》作者的认识主要有三种观点：一是周公作《周礼》，郑玄持此论[5]；二是成王作《周礼》，郑众持此论[6]；三是战国人作《周礼》，何休持此论[7]。由曹魏迄隋唐，郑玄《周礼注》一直被官方奉为经典，渐成独尊之势。郑玄尊《周礼》为经的立场和周公作《周礼》说的主张成为这六百多年间对《周礼》真伪和作者认识的主要观点。

北宋仁宗庆历（1041—1048）以后，学风发生了转变，对儒家经典的辨疑全面展开。对《周礼》真伪的认识，尊《周礼》为经的观点受到怀疑，认识开始趋向多元化，形成了三种观点：一是尊《周礼》为经，如李觏；二是在尊《周礼》为经的前提下怀疑，如欧阳修怀疑《周礼》官制冗滥、田制不合实用，刘敞怀疑经文存在讹误；三是怀疑《周礼》非经，如蔡襄从"奔者不禁"有碍人伦教化入手，怀疑《周礼》不堪为经。北宋神宗熙宁（1068—1077）以后，学界对《周礼》真伪的认识有四种观点：一

①②③④　（汉）郑玄注，（唐）贾公彦疏：《周礼注疏》卷首《序周礼废兴》。

⑤　（汉）郑玄注，（唐）贾公彦疏：《周礼注疏》卷一"惟王建国"下"注"曰。

⑥⑦　（汉）郑玄注，（唐）贾公彦疏：《周礼注疏》卷首《序周礼废兴》。

是尊《周礼》为经，如黄裳、王昭禹；二是在尊《周礼》为经的前提下怀疑，如张载怀疑盟诅之事不合周公制礼作乐本旨，王安石怀疑复仇之事会造成社会混乱，二程怀疑《周礼》有讹缺，王开祖怀疑《周礼》经文有不合"圣人之心"处，杨时怀疑盟诅非盛世事；三是怀疑《周礼》非经，如苏轼认为"《周礼》非圣人之全书"，其间有"战国所增之文"，苏辙认为《周礼》"秦汉诸儒以意损益之者众矣，非周公之完书也"；四是诋《周礼》为伪书，如晁说之评价《周礼》"诞迂不切事"，不过是"适莽之嗜"的"残伪之物"。南宋高宗建炎迄宋末（1127—1279），学界对《周礼》真伪的认识延续了北宋庆历以来形成的多元化的认识倾向，有四种观点：一是尊《周礼》为经，如林之奇、郑伯熊、张栻、薛季宣、吕祖谦、楼钥、陈亮、郑锷、陈淳、易袚、叶时、郑伯谦、《周礼详说》作者、真德秀、章如愚、阳枋、赵汝腾、陈汲、李叔宝、王与之；二是在尊《周礼》为经的前提下怀疑，如范浚怀疑《周礼》部分内容缺乏周公应有的仁民爱物之心，朱熹怀疑《周礼》所载蔹氏等官有琐屑残酷之嫌，王炎怀疑《周礼》中某些制度不合情理，陈傅良怀疑《周礼》中设官交互问题，陆九渊怀疑《周礼》有"未可尽信"处，叶适怀疑《周礼》以洛邑为中心的治国方略是否曾践行，俞庭椿怀疑《周礼》经文存在简编错乱，魏了翁怀疑《周礼》部分经文不合圣人之心，《礼库》作者怀疑《周礼》部分经文不合情理，王应麟怀疑《周礼》"恐非周公之典"，方大琮怀疑《周礼》制度不合古制，陈振孙怀疑《周礼》内容"繁碎驳杂"，陈藻和黄仲元怀疑《周礼》的传承过程；三是怀疑《周礼》非经，如洪迈认为《周礼》出于刘歆之手，没有忝列经典的资格，黄震怀疑《周礼》在西汉前的传承过程，怀疑《周礼》官制冗滥、"五官之属皆差互不伦"、官制有不合理处、设官之义不可解等，主张《周礼》不具备经典的资格，勉强可视之为《尚书·周官》之注疏；四是诋《周礼》为伪书，如胡宏主张《周礼》是刘歆迎合王莽嗜欲伪造的，是"乱臣贼子伪妄之书"，不配称经，包恢也持是论。

北宋熙宁以后，周公作《周礼》说的垄断局面被打破，学界对《周礼》作者的认识开始趋向多元化，形成了五种观点：一是周公作《周礼》，王昭禹持此论；二是《周礼》非周公作，但同周公关系密切，张载、程颢和程颐持此论；三是战国人作《周礼》，苏轼持此论；四是秦或汉初人作《周礼》，苏辙持此论；五是汉代人作《周礼》，晁说之持此论。南宋建炎迄宋末，学界对《周礼》作者的认识也延续了北宋熙宁以来形成的多元化的认识倾向，有六种观点：一是周公作《周礼》，王炎、薛季宣、易袚、叶时、郑伯谦、郑锷、《周礼详说》作者、度正、真德秀、朱申、赵汝腾持此论；二是《周礼》非周公所作，但与周公关系密切，林之奇、朱熹、叶适、蔡沈持此论；三是战国人作《周礼》，林希逸持此论；四是秦或汉初人作《周礼》，魏了翁持此论；五是西汉人作《周礼》，范浚、胡宏、洪迈、黄震持此论；六是由周迄汉的学者编纂前代书中的典章法度汇集成《周礼》，成书可能非一时，作者也可能非一人，陈汲、黄仲元持此论。

由上可知，两汉对《周礼》真伪的认识有尊、疑两种观点，对《周礼》作者的认识有三种观点。由曹魏迄隋唐，这六百多年间郑玄《周礼注》一直受到官方的尊奉，因此郑玄所持的尊《周礼》为经的立场、周公作《周礼》的主张成为这漫长时期内对《周礼》真伪、作者认识的主要观点，这具有认识单一化的特点。宋人以辨疑为突破口，对《周礼》真伪和作者的认识提出了很多新观点，从而打破了此前长期处于垄断地位的单一化的认识，形成了多元化的认识倾向，为《周礼》研究注入了新的活力。

第二，对《周礼》真伪的认识与对《周礼》作者的认识开始分道扬镳。

两汉《周礼》学观点的一大特点就是把对《周礼》真伪的认识和对《周礼》作者的认识扭合在一起。尊《周礼》为经的，必称周公作《周礼》；疑《周礼》非经的，必坚持《周礼》非周公作。何休、郑玄无不如此。曹魏迄隋唐，郑玄《周礼注》独尊，郑玄所持的《周礼》学观点被广泛接受，潜移默化中，郑玄将对《周礼》真伪的认识与对《周礼》作者的认识扭合在一起的特点，也被学界接受，并长期传承。

笔者以为，将对《周礼》真伪的认识与对《周礼》作者的认识分开的第一个人是北宋的王安石，王安石推崇《周礼》，他认为三代之治"莫盛于成周之时"，而成周"可施于后世""有见于载籍"的太平之法"莫具于《周官》之书"，《周礼》蕴含了三代先王的为政精华，是"后世无以复加"[①] 的。王安石虽尊《周礼》，但他并不认为《周礼》是周公作的，研读清代四库馆臣辑佚的《周官新义》，字里行间找不到他对周公与《周礼》关系的论述。作为务实的政治家，王安石推崇《周礼》，不是因为《周礼》出于周公，而是因为欣赏《周礼》记载的先王政治制度和政治思想，他甚

① （宋）王安石：《周官新义》卷首《周官新义序》。

至想"立政造事,追而复之"①。北宋熙宁以后,学界研判《周礼》真伪
多从《周礼》的内容(所载制度)和思想出发,逐渐剥离与《周礼》作者
问题的牵绊,如与王安石生活于同一时代的张载、程颢和程颐,他们都尊
《周礼》为经,但不认为《周礼》出于周公亲撰。至南宋,林之奇、陈汲
尊《周礼》为经,但他们不认为《周礼》是周公作的。

我们认为,与仅凭作者就肯定或否定《周礼》真伪的认识方法相比
较,从《周礼》的内容或制度、思想角度研判其真伪更具理性。北宋熙宁
以后,学界对《周礼》真伪的认识与对《周礼》作者的认识就呈现出分道
扬镳之势,这在《周礼》研究史上是一大进步。

第三,首倡"《冬官》不亡"说,集结成最初的"《冬官》不亡"派。

"《冬官》不亡"说出现于南宋,是由胡宏、程大昌开其源,俞庭椿导
其流的。胡宏最先提出"《冬官》未尝阙",认为"刘歆颠迷,妄以《冬
官》事属之《地官》"②,程大昌附和其说,主张"五官各有羡数","取羡
数凡百工之事归之《冬官》,其数乃周"③。胡、程二人仅是提出观点,真
正系统论述《冬官》不亡,拿出具体补亡方案,并首次运用割裂方法进行
补亡实践的,当推俞庭椿的《周礼复古编》。

俞庭椿认为,汉代以来流传的《冬官》佚亡说是错的,因为传世本
《周礼》"六官大抵皆紊乱,统纪非先秦之旧",存在"名与事违,官与职
戾"的讹误,而《冬官》篇就混杂于现存的五官之中,学者不察,长期以
讹传讹,人为地造成了《冬官》亡佚的结果。他想做的工作就是"复其旧
而摘其讹",对传世本《周礼》"编次而辨证之",达成"西周之盛可寻,
而六官之掌各得其所"的目标。那俞庭椿是怎样恢复古《周礼》的呢?他
先是根据《尚书·周官》《礼记·王制》等相关记载考知《周礼》六官大
纲,而后比照此大纲,用割裂五官的方法完成补亡与调整,具体做法是:
割《天官》11、《地官》23、《春官》6、《夏官》9职官补入《冬官》,割
《春官》9职官补入《天官》,割《地官》2、《秋官》8职官补入《春官》,
最后截取《大司徒》《小司徒》经文,略加考辨,作为《大司空》《小司
空》的经文。俞庭椿认为如此就初步恢复了《周礼》先秦旧貌,他在《周
礼复古编》篇末总结曰:"右司空官属得于《天官》者……凡四十有九焉。

---

① (宋)王安石:《周官新义》卷首《周官新义序》。
② (宋)胡宏:《五峰集》卷四《极论周礼》。
③ (宋)王应麟:《困学纪闻》卷四《周礼》引"程泰之云"。

大司空杂出于《地官》者，其凡可举矣，五官之属又自有重复错乱者，略可概见也。"对于自己的"丘夷而渊实"① 之举，俞庭椿不无惶恐，曾云"书亡既久，传信已深，此议创起亦可骇且怪矣，管窥蠡测何所逃讥"，但他坚信自己的观点和做法具有合理性，因此呼吁学界同人："若夫辨析厘正以为不刊之典，使圣经明于昭代，则有俟夫当世之大儒君子。"②

经俞庭椿系统论证，新奇的"《冬官》不亡"说引起南宋学界关注，叶时、王与之、赵汝腾、黄震皆赞同其说，王与之和胡一桂还效仿《周礼复古编》进行补亡实践，王著《周官补遗》，胡著《古周礼补正》。俞庭椿可能想不到，"《冬官》不亡"说在元、明大行其道，五花八门的补亡之作层出不穷，尚可考知的就有丘葵《周礼补亡》、方孝孺《周礼辨正》、陈凤梧《周礼合训》、舒芬《周礼定本》、陈深《周礼训隽》、金瑶《周礼述注》、柯尚迁《周礼全经释原》、郝敬《周礼完解》、钱士馨《冬官补亡》等，辗转蔓延，结成了《周礼》研究史上的"《冬官》不亡"派。我们认为，南宋出现的"《冬官》不亡"说是经典辨疑思潮不断深化背景下疑经过头的产物，其说缺乏坚实的立论基础，臆断太多。诚如清人评价"其说似巧，而其谬尤甚"③，"窜乱五官，以补《冬官》之亡，经遂更无完简"④。

第四，《考工记》是独立的古书，非《周礼》的附庸。

由汉迄唐，《考工记》依附于《周礼》，获得了经典地位与学界关注，凡为《周礼》作注疏者，一并注疏《考工记》，对于二者记载的抵牾处也尽量弥合沟通，《考工记》此时期是作为《周礼》的附庸而存在的。

宋代，学界开始质疑《周礼》残缺问题，进而形成两种观点：一是《周礼》原是未完成的著作，谈不上残缺⑤；二是《冬官》不亡，散于五官，《周礼》不存在残缺。这两种观点又衍生出一个问题，《考工记》补亡《冬官》是否合理。南宋对这一问题探讨尤多，林希逸、赵溥、易被认为《考工记》补亡《冬官》是合理可行的，叶时、俞庭椿、王与之主张《考工记》补《冬官》"何异拾贱医之方，以补卢扁之书"，持反对立场。他们

---

① （宋）俞庭椿：《周礼复古编序》。
② （宋）俞庭椿：《周礼复古编》。
③ （清）永瑢等：《四库全书总目》卷一九《周礼复古编》提要。
④ （清）永瑢等：《四库全书总目》卷一九《周礼注疏删翼》提要。
⑤ 持此说者有蔡沈（其观点参见《书集传》卷六《周官》解题）、王柏（其观点参见《书疑》卷八《无逸疑》）。

的讨论促使越来越多的人关注《考工记》，认识到《考工记》也是一部独立的古书，如林希逸所云"《周礼》自为一书，《考工》自为一书，本不相关"。南宋，开始出现专门论解《考工记》的文献，部分注解《周礼》的文献也把《考工记》剔除在外，如黄度《周礼说》（又名《周礼五官说》），南宋学界对《考工记》作者、成书时代的研究也多了起来。在《考工记》作者问题上，郑玄仅言"前世识其事者"①，孔颖达认为是汉文帝时的博士②。南宋学者大致提出三种看法：其一，以林希逸为代表，主张先秦时的齐国人；其二，以《周礼详说》为代表，驳孔颖达之说，主张绝非汉儒；其三，以赵溥为代表，主张秦代儒生。在《考工记》成书时代问题上，贾公彦主张成书于先秦，南宋学者大致提出四种看法：其一，以易祓、王应麟为代表，赞同贾说，主张成书于先秦；其二，以林希逸为代表，主张成书于战国；其三，以赵溥为代表，主张成书于秦代；其四，以黄震为代表，主张成书于汉代。除此之外，南宋学者对《考工记》的名官之意、内容残缺错乱皆有研究。

南宋，伴随《考工记》专门研究的兴起，这部古书开始摆脱《周礼》的附庸地位，彰显出自己独立的学术品格。元、明、清围绕《考工记》的专门研究不断发展，专著文献蔚为大观，研究内容渐趋摆脱经学范畴，开掘其书所代表的中国古代科技传统。

第三节　宋代《周礼》学在经典解释方法上的特点

《周礼》"汉学"范式在《周礼》解释方法上以训诂考证为中心，也以此见长，取得了后人难以超越的成就。宋代《周礼》学在经典解释方法上另辟蹊径，长于以义理、议论解《周礼》，"于是考证之学渐变为论辩之学，而郑、贾几乎从祧矣"③。我们以下从三方面论述宋代《周礼》学在经典解释方法上的特点。

一、以义理解《周礼》

郑玄《周礼注》、贾公彦《周礼疏》作为《周礼》"汉学"范式下解释

---

① （汉）郑玄注，（唐）贾公彦疏：《周礼注疏》卷三九。
② （汉）郑玄注，（唐）孔颖达疏：《礼记正义》卷二三。
③ （清）永瑢等：《四库全书总目》卷一九《周礼注疏删翼》提要。

《周礼》的权威，在训诂名物、考论制度方面取得了后人难以逾越的成就。宋人一方面吸纳郑、贾之说解经，另一方面又对郑玄、贾公彦汲汲于名物训诂、制度考证的治经路径提出批评。如王安石曰：

> 章句之文胜质，传注之博溺心，此淫辞诐行之所由昌，而妙道至言之所为隐。①

陈傅良曰：

> 尝缘《诗》《书》之义，以求文、武、周公、成、康之心，考其行事，尚多见于《周礼》一书，而传者失之，见谓非古。彼二郑诸儒，崎岖章句，窥测皆薄物细故，而建官分职，关于盛衰二三大指，悉晦弗著，后学承误，转失其真。②

叶适曰：

> 刘歆、苏绰、王安石固此书之腥秽，而郑玄已下又其糠粃尔。③

朱熹曰：

> 秦汉以来，圣学不传，儒者惟知章句训诂之为事，而不知复求圣人之意，以明夫性命道德之归。至于近世，先知先觉之士始发明之，则学者既有以知夫前日之为陋矣。④

真德秀曰：

> 郑、贾诸儒，析名物，辨制度，不为无功，而圣人微旨终莫之睹。⑤

在宋人看来，以郑玄、贾公彦为代表的汉唐注疏之学，以章句训诂为主，不仅破碎大道，而且是非各异，难以穷尽经典的大义，甚至累及《周礼》遭世人怀疑。正是基于对汉唐《周礼》学的批判与反思，宋人开辟了以义理解《周礼》的研究新途径，诠释《周礼》侧重阐发经文间蕴含制作之精义、圣人之微旨，从而变考证之学为论辩之学，在《周礼》本经诠释方法上突破汉唐《周礼》学之窠臼，独树一帜。兹举几例进行说明：

例1：《膳夫》："大丧则不举，大荒则不举，大札则不举，天地有灾

---

① （宋）王安石：《临川文集》卷五七《除左仆射谢表》。
② （宋）陈傅良：《止斋集》卷四〇《进周礼说序》。
③ （宋）叶适：《习学记言》卷七。
④ （宋）朱熹：《晦庵集》卷七五《中庸集解序》。
⑤ （宋）真德秀：《周礼订义》卷首《周礼订义序》。

则不举，邦有大故则不举。"王安石注曰：

> 王以能承顺天地，和理神人，使无灾害变故，故宜缮备味，听备乐。今不能然，宜自贬而弗举矣。①

王安石此处不再对名物进行新的训解，而是从义理阐发角度入手，指出王若能顺承天地，和谐神人关系，使天下平安，无灾害变故，则可以享受美食、美乐；如若不然，天下发生灾荒变故，王就应该减省饮食以示自贬。

例2：《卝人》："掌金玉锡石之地，而为之厉禁以守之。"易祓注曰：

> 天地之宝生于山泽，金玉锡石之贵，饥不可食，寒不可衣，先王不尽以予民，设之官为厉禁以守之，非私之也，上以资邦用，下以使斯民之弃末厚本而已。②

易祓此处对经文的注解，也侧重从义理阐发的角度入手。他指出，先王设卝人一职掌管出产金玉锡石之地，并设置藩界、颁布禁令加以守护，并不是出于私意，想占有财富，而是想在资取邦用的同时，劝导民众弃末厚本，从事农业生产，以富国富民。

例3：《梓人》："祭侯之礼，以酒脯醢，其辞曰：惟若宁侯，毋或若女不宁侯，不属于王所，故抗而射女，强饮强食，诒汝曾孙，诸侯百福。"林希逸注曰：

> 侯乃射埻之名，因其祭而寓意，乃以为诸侯之戒。盖射是武事，所以及此意也。古者处事以敬，件件有祭，祸有祭，侯有祭是也，如蜡祭猫虎之类亦然。宁，安也，顺理而安于职分者，王则享之、燕之，不宁而为逆，不顺王命则伐之，如射此侯也。若者，戒之之意，谓其必似彼而不可似此也，凡为宁侯，则勉其加饮加食以自寿，诒其国于汝曾孙，世世为诸侯，享有百福也。酒脯醢之祭，不用生物也。郑云宁侯为有功德故祭之，文意未通。③

林希逸此处也从阐发祭祀射侯之义的角度解释经文。他指出：首先，古人处事以敬，对件件事物皆有祭祀，射侯当然也有祭；其次，射属武事，而祀与戎是先秦时期的国家大事，借祭祀射侯也告诫诸侯，顺理而安于职分，

---

① （宋）王安石：《周官新义》卷三。
② （宋）易祓：《周官总义》卷一〇。
③ （宋）林希逸：《考工记解》卷下。

王则享之、燕之，不宁而为逆、不顺王命，则伐之；最后，勉励顺理而安于
职分者加饮加食以自寿，留住其国于各自曾孙，世世为诸侯，享有百福。

例4：《掌交》："掌以节与币巡邦国之诸侯及其万民之所聚者，道王
之德意志虑，使咸知王之好恶，辟行之。"王与之解曰：

> 愚案：节以为信，币以为礼，王者未尝轻用，以节、币巡诸侯及
> 万民所聚者，此正是王者固结人心最切处。大凡上情之不下达，非生
> 于疑，则生于玩，上既示人以信，待人以礼文焉，人孰不应王者。得
> 于中而好生者，德也；动于心而至诚者，意也；志则心有所之，而见
> 于施为；虑则心有所思，而见于图。四者有掌交以道之，如是而为王
> 之所好，如是而为王之所恶，使天下皆知所好者当从而行之，所恶者
> 当避而勿为。一人之心，庶乎明白洞达，与天下以为公，合天下以为
> 一，不然徒言岂足以感人动物耶！①

王与之认为，节是信之物，币是礼之物，王者委派掌交持代表信与礼的
节、币巡视诸侯国和民众所聚的城邑，宣扬王的德行、意志、志向和思
虑，以便四方人民了解王之好恶，进而行王之所好，避王之所恶，这就是
王者固结人心最重要的措施。因为上情不能下达，民众容易滋生疑虑，也
容易玩忽职守，王者既能示民以信，又能待民以礼，使民众知其之德、意、
志、虑，四方民众自然一心向王。王与之此处也是从阐发义理的角度解释
经文。

例5：叶时在《礼经会元》卷一上《驭臣》中曰：

> 太宰既以八法治官府，胡为而又以八柄驭群臣？盖八法以治官
> 者，治之经也；八柄以驭臣者，治之权也。不守经则无以为联属听断
> 之常，不达权则无以尽操纵阖辟之变。故经者大臣守也，而权者必以
> 诏王也。今以八柄观之，人情莫不欲贵，任官而后爵之，所以驭其
> 贵，则贵不可以苟得也；人情莫不欲富，位定而后禄之，所以驭其
> 富，则富不得以苟取也。一时之所觊望者幸也，吾则驭之以赐予之
> 恩，而使无侥幸之习；平日之所践履者行也，吾则驭之以选置之任，
> 而使无妄行之人。福者人之所祈，生之自我，是福我所驭也，人恶得
> 而徼之乎；贫者人之所恶，夺之自我，是贫我所驭也，人恶得而避之
> 乎！罪之显者则废放以驭之，使有罪者不得幸免也；过之微者则诛责

---

① （宋）王与之：《周礼订义》卷六九。

以驭之，使有过者不敢以自文也。夫所谓驭者，岂必阳开阴阖，而使
人不得以窥其术邪，岂必变轻易重，而使人不得以用其情邪！特以八
者以柄为言，是则人主之所独操，而非臣下之所得专，人情之所可觊
也，故福威则惟辟，赏刑则曰君，富贵则曰人主之操柄，德威则曰君
人之大柄，皆言其权之自上出也。不然则太宰兼正百工，得以自用其
柄可也，何必以之诏王哉？太宰既以诏王矣，春官内史又掌八枋以诏
王治，而其爵禄废置、生杀予夺之序与太宰不同，且又变诛而言杀
者？盖太宰所诏则先庆而后威，内史所诏则杂施而并用。诛者，责
也，如《司救》所谓诛责之义；杀者，戮也，如《司刺》所谓刑杀之
谓。诛言其过之轻，太宰之诏王以仁；杀言其罪之重，内史之诏王以
义。然既曰诏王，则其权当自上出也，今诏之以太宰，又诏之以内史，
则其权之所分，得无制于臣下之手乎？案《内史》之职，中大夫一人，
下大夫一人，中士、下士凡二十四人，其秩甚尊，其职甚详，然后可
以守法于内，而王不得以轻用其权也，既有道揆大臣诏之于外，又有
法守近臣诏之于内，外有以诏其驭，内有以诏其治，外则临之以相，
内则律之以史，则君上岂得以揽权自用而肆其意乎！臣下岂得以窃权
自专而行其私乎！

叶时此处是采用自问自答的方式阐发《周礼》官制蕴义的。他先提出问题
一："太宰既以八法治官府，胡为而又以八柄驭群臣？"而后从"八法"
"八柄"的区别入手进行自答，指出治官的八法乃治之经，驭臣的八柄乃
治之权，八法大臣可守，而八柄必诏王才行，唯有如此才能尽操纵阖辟之
变故。再逐一分析八柄后，叶时感叹驾驭群臣的八柄唯有人主所独操，自
上而出，虽太宰可兼，却非臣下之所得专，人情之所可觊！接着，叶时提
出问题二："太宰兼正百工，得以自用其柄可也，何必以之诏王哉？太宰
既以诏王矣，春官内史又掌八枋以诏王治，而其爵禄废置、生杀予夺之序
与太宰不同，且又变诛而言杀者？"太宰和内史虽然皆"诏王"，但叶时认
为两者内容不同，太宰所诏先庆后威，内史所诏则杂施而并用。至于太宰
言"诛"，内史言"杀"，叶时以为太宰诏王以仁，言诛是表明其过轻；内
史诏王以义，杀言是为了表明其罪重。最后，叶时提出问题三："然既曰
诏王，则其权当自上出也，今诏之以太宰，又诏之以内史，则其权之所
分，得无制于臣下之手乎？"在叶时看来，王不能轻用其权，既有大宰于
外诏其驭，又有内史于内诏其治，如此则君上不能揽权自用而肆其意，臣

下也不能窃权自专而行其私。通过设为问答的形式，叶时对《周礼》中相互制衡的设官安排进行了详尽地阐发。

通过以上 5 例，我们可以发现名物训诂、制度考证已非宋人解经的重点，阐发制作之精义、圣人之微旨才是宋人诠释《周礼》经文的重中之重。需要指出的是，宋人虽然强调自己阐发的是《周礼》制作之精义、圣人之微旨，但实际是借阐述先王政治的微言大义来表达自己的思想，至于是否符合所谓《周礼》制作之精义、圣人之微旨则是仁者见仁、智者见智的问题了。

二、以议论解《周礼》

以议论解《周礼》是宋代《周礼》学在《周礼》本经诠释上的一大创新，而这一创新与新体例的《周礼》学文献的出现是分不开的。宋代出现了一种新体例的《周礼》学文献，此类文献采用别立标题、借经抒议的全新方式诠释《周礼》，解经不列经文，也甚少涉及对经文的训诂、考证，作者诠释的侧重点在于表达自己的思想，而不是注解《周礼》经文，经文仅是作者表达思想的工具，不再是注解的中心。这既不同于汉代出现的传体、注体，也不同于南北朝以来大行其道的义疏体。以下我们举例说明宋人是如何用议论的方式诠释《周礼》的：

例 1：李觏在《周礼致太平论》中的《官人第八》，曰：

内小臣，奄上士四人。寺人，王之正内五人。内竖，倍寺人之数。酒人，奄十人。浆人，奄五人。笾人，奄一人。醢人，奄一人。醯人，奄二人。盐人，奄二人。幂人，奄一人。内司服，奄一人。缝人，奄二人。舂人，奄二人。饎人，奄二人。稾人，奄八人。守祧，奄八人。内小臣称士者，异其贤，其余盖皆不命也。夫宦官之位，天象所有。指其居次，则或在帷薄之内；论其职掌，则或闻床笫之言。固不可以诎辱俊义，浑淆男女。其用腐身之类，是乃制事之宜矣。然而先王不以恩夺义，不以私废公，虽其亵臣，无得过宠。奄称士者，止于四人，况可为卿大夫乎哉？汉文帝时，赵谈骖乘，爰盎伏车前曰："天子所与共六尺舆者，皆天下豪英。今汉虽乏人，独奈何与刀锯之余共载？"如使之尸天官，又非骖乘之比也。自郑众谋诛窦宪，为大长秋，封侯，其后孙程定立顺之功，曹腾参建桓之策，续以五侯合谋，梁冀受钺。高冠长剑，纡朱怀金者，布满宫闱；苴茅分土，南面臣人者，盖以十数。故曰："三世以嬖色取祸，嬴氏以奢虐致灾。"西京自外戚失祚，东都缘阉尹倾国，岂不哀哉！唐之北司，同归于乱。《说命》曰："事不师古，以克永世，匪说攸闻。"信矣！

李觏在此篇主要论及《周礼》中驾驭奄官的方法。文章开篇首先一一罗列《周礼》中的奄官，而后指出除了特别突出的贤能之士，奄官皆没有爵命，即便有爵命，也仅为士，这体现了先王不以恩夺义、不以私废公的设官意图，所以奄官虽为王左右之褺臣，但没有因奄官受到过度宠信而引发统治危机。而后，李觏结合后世历史展开议论，指出西汉时文帝与宦官赵谈骖乘，爰盎尚能直言不讳，而自东汉郑众开宦官封侯之始，宦官势力日大，甚至可以参与皇帝的废立，这种宦官专权的局面最终导致了东汉的覆灭。唐代的宦官专权也同样严重，最终也使强盛一时的唐王朝日趋没落。最后，李觏发出"事不师古，以克永世，匪说攸闻"的感叹，希望统治者能从《周礼》中吸取驾驭奄官的为政策略，同时吸取历史教训，避免重蹈覆辙。

由上可知，李觏注解《周礼》不再一板一眼地训诂、疏解《周礼》经文，而是以《周礼》为工具，选取经文中与表达主题相关的地方，按照自己的意图提炼其中的政治思想，而后结合历史或现实展开议论，重点阐发对经典中所蕴微言大义的领悟，对历史事件的评价和对时政的建议。

例2：《礼经会元》卷二上《膳羞》，叶时曰：

　　然圣人岂自奉养，而使肥甘日足于口邪？今观膳夫之掌膳也，王燕食则奉膳，赞祭所以起其敬授祭品，尝食，王乃食，所以谨其微，侑食以乐，卒食以乐，所以导其和。庖人则辨香、臊、腥、膻之膏，而欲适四时之宜。内饔则辨庙、膻、臊、狸、腥、蝼之臭，而去其六物之不可食。兽人则辨冬、夏、春、秋狼麋兽物之献，而取其聚散温凉以救四时之苦。古人之于饮食，凡可以均平其气体而卫护其生理者，无不曲致其详，是以居移气，养移体，耳目聪明，血气和平，盖存我则可以厚苍生，安身则可以保国家也。又况膳夫之膳，诸臣祭祀归脤于王，如祭仆，凡祭祀致福者，展而受之，及受都宗人、家宗人之致福者，则受之以给王膳。以羔、雁、雉为挚，而见于王，如司士，赏摈士者膳其挚，即宗伯以禽作挚者亦受之，以给王膳羞。致福之内享，挚见之禽，不惟起人主之敬心，亦见王之不妄费物也。兽以时田，鱼以时梁，龟鳖亦以时籍，则是王之奉养有节，而交万物有道也。虽曰王后、世子之膳与禽，膳夫、庖人不敢会，然太宰已有膳羞之式，王既无妄用，臣亦无妄供，虽不会，犹会也。至于杀牲盛馔日举，王举则内饔陈其鼎俎，以牲体实之，醢人则共醢六十瓮，醯人则共醯六十瓮。王日一举，齐日则三举，盖其将交神明，必变食以致养，宜丰于常日也，否则一日一举焉。若有丧荒礼灾变故，则又彻常日之膳而不举，盖人君以天地万物为一体，一有凶变则戚而心戚而颎，而莫敢遑安矣，况敢以盛馔自丰邪！历考数官，凡所以奉承于王者，其辨物也以时，其用物也不妄，其取物也有道，其视物也同体，不徒为口体之养，而且有以养其心，此之所谓饮食宴乐之所谓养，八珍九鼎之所谓馔，而耳目聪明，大人格心之学，此为有助于王，而掌于太宰也。西汉太官令犹膳夫等官也，汉以隶于少府，而掌于丞相、御史，犹有《周官》遗意。东汉则以奄人主，晋人则属之光禄，渡江以后则又隶之侍中，至唐则隶之内侍省，而大臣皆无所政令于其间矣，大臣无所统，则小臣无所忌，养体且不足，况能养心乎？

叶时此处着重阐发《周礼》中负责王饮食的诸官，如膳夫、庖人、内饔、兽人等，不仅为口体之养，更注重从饮食方面助王者养心。一方面，膳夫以诸臣祭祀后用来致福的祭肉作为王膳，诸臣以羔、雁、雉作为礼物见王，这些礼物也会被作为王膳，如此可助人主发起敬心，也不浪费财物。取用兽、鱼、龟、鳖以时，表明王之奉养有节，而交万物有道。另一方面，王有杀牲盛馔日，是因为将交于神明，丰富饮食以致养，但若遇到丧荒灾变，则减省饮食以示忧戚不安。如此，口体与心皆养，可存我以厚苍生，安身以保国家。对《周礼》设官之义进行阐发后，叶时又以后世负责君王饮食的官长来进行对比。他认为，西汉饮食之官的设立犹有《周官》遗意，以丞相、御史这样的三公负总责，东汉以后，渐失《周礼》设官养心之意，君王饮食逐渐由宦官负责，因为朝廷大臣不再负总责，宦官只一味讨好君王，以饮食养心的古意也就失落了。

　　由上可知，叶时是从官制沿革角度议论《周礼》制度的，并以此辅助或证明对经义的阐发，这表达了他拳拳爱国之心。叶时希望能借对《周礼》蕴含先王政治精髓的阐发，通经致用，对当时的弊政进行建议，并希望能有所改善。

　　例 3：郑伯谦在《太平经国书》卷九《爱物》中曰：

　　　　或问：天官有兽人掌罟田兽，冬夏献狼、麋，春秋献兽物；有渔人、鳖人，掌以时渔为梁，春献王鲔、鳖、蜃，秋献龟鱼。则凡鸟兽

虫鱼之琐碎，三人皆可兼之矣。服不氏之教养猛兽，射鸟氏之驱射鸟
鸢，罗氏、掌畜之网罗、驯扰，何以复见于夏官？冥氏设弧张为阱
擭，以攻猛兽，庶氏除毒虫，穴氏攻蛰兽，翨氏攻猛鸟，柞蔟氏以方
书去夭鸟，剪^①氏以荧莽草除蠹物，赤友氏以炭灰除狸虫，蝈氏以牡
鞠去蛙黾，壶涿氏以牡橭象齿杀渊神，庭氏以救日月之弓矢射夭鸟，
何以复列于秋官？

郑伯谦于此先提出几点疑问，天官之属有兽人、渔人和鳖人，此三官既然
负责捕捉、进献鸟兽虫鱼等琐碎事务，为何夏官之属又专设服不氏、射鸟
氏、罗氏、掌畜负责网罗、驯扰鸟兽？为何秋官之属又特设冥氏、庶氏、穴
氏、翨氏、柞蔟氏、剪氏、赤友氏、蝈氏、壶涿氏、庭氏负责捕杀虫鱼等？

提出问题引起关注后，郑伯谦自答曰：

> 天官所掌惟畜兽、鱼、鳖，以供王饮膳之物耳，而禽兽之属、昆
> 虫之类所以为害于国中者，不暇及焉，彼服不氏之所养与其所共，冥
> 氏、穴氏之所攻与其所献，独不可合于兽人乎？而事有其官，官分隶
> 于数处，先王岂好为是不急之物，禄无用之官，以待有事之用邪？
> 曰：先王司事以会官，作吏者因官以存名，其名不可废，其官则未必
> 皆有试……事至则临事而兼之，三百六十官其临事而兼者殆相半也。
> 且自服不氏以至罗氏，自冥氏以至庭氏，大抵皆下士一人，否则二
> 人，皆徒二人，否则四人，惟掌畜下士二人，则有史、有胥、有徒二
> 十人，然比之天官兽人、渔人，府、史、胥、徒皆具，而徒之多至于
> 三百，则又不同矣。由此言之，天官兽人以下虽具官而设局，而夏
> 官、秋官如服不氏、罗氏、掌畜一二职之外，意其必皆临事而兼之
> 耳……先王于鸟兽之微，鱼鳖昆虫之细，其在所当养，则设官以养
> 之，以顺春生夏长之道，非独养民而已也。其猛鸷在所当去，其托为
> 神奸，在所当除，则设官以去之、除之，以象刑罚之威，以顺天地肃
> 杀之气，非独诘奸慝刑暴乱而已也。夫以鸟之高飞，兽之远走，鱼之
> 深潜，昆虫之杂出，至难及以政者也，而先王于此犹无所不尽其心
> 焉，甚矣！法制之修明，而先王为天下兴利除害之意，非若后世之苟
> 且也，如是而受天下之报，享天下之利，备四海九州之美味，可以共
> 受之而无愧矣。

---

① 以《周礼·秋官·翦氏》经文，此字非"剪"，当为"翦"。

郑伯谦认为，天官之属的兽人、渔人和鳖人专供王膳饮所需的鸟兽虫鱼，至于危害国中的鸟兽虫鱼则无暇顾及，至于夏官之属服不氏等官和秋官之属冥氏等官则专司除去妖兽、妖鸟、害虫和水怪。郑氏再发一问，指出《周礼》是因事命官，但夏官、秋官之下所设除害虫妖鸟之官颇显冗杂，先王似有以不急之物而禄无用之官的嫌疑。而后自答，夏官之属服不氏等官和秋官之属冥氏等官，除服不氏、罗氏、掌畜外，其余诸官皆事至而临时兼任，并非委以专员，但先王因职事所在，故仍保留此官之名。最后，郑伯谦又阐发先王如此设官分职所体现的养民至厚、顺和天地之道、为天下兴利除害之义。

由上可知，郑伯谦将《周礼》所载制度类聚贯通，采用问答的方式，从《周礼》所载诸官职事关联处入手，比较同异，剖析先王如是设官的深思远虑，这是《太平经国书》议论解经的精巧之处，能启发学者从细微处入手研究《周礼》所载职官职事。

例4：《太平经国书》卷九《盐酒》，郑伯谦曰：

> 酒祸至无穷也，不为之禁，则淫酒而无度，是以民人及市群饮而斗嚣，酒乱其德，而狱讼日益繁滋矣。周公于此则一切有法以待之，其盐人、酒正之政令，彼特施之上者也，而犹有式法以受酒材，有酌数以供祭祀，有法以行颁赐，有书契以授秩酒，有日成月要以考出入，自王、后之外，虽世子之饮亦有岁终之会，而况敢纵民于酗饮乎！其取盐也，必有簿书以责其数；其受盐也，必有符节以防其伪，况敢纵民于浮食乎！故公盐之入有数，而民之食盐者亦有数；公酒之用有数，而民之饮酒者亦有节。但酒正内官耳，自酒人而下皆奄、奚为之，势不可以行呵禁于外，故至市官之属则有司虣以掌之，刑官之属则有萍氏以掌之。盐人既共祭祀、宾客之盐，共王、后、世子之盐，与凡牲、膳、羞、酱、百事之盐，故虽专鬻盐之命，而掌天下鬻盐之数，而山林、川泽盐铁之藏则有泽虞、川衡以掌之……内外相若、相维，而法令可次相考，大抵劝农而美风俗耳。其禁虽严，初不以自利也，其民安于禁而乐于生，初不以为怨也。若夫后世则不然，自文帝以来，虽不与民争利，然徒善不足以为政，而盐铁在民，酒利在民，其亦太无制矣，徒知其害而不能定其法，岁虽劝民耕殖，不知固已导民而趋末也。至于孝武，则又不顾斯民之无以为生，一举而尽夺之，干官、铁官之设虽近于酒正、盐人，水衡、都水之设虽近于萍

氏，大抵不过干盐、铁而榷酒酤耳。而又或属于内史，或属于少府，大臣之政令不行于其间，而取之无艺，敛之不惬众心，取敛有不平于下，而盐铁、酒榷、均输之议，所以起后日贤良文学之纷纷也。自是而后，其禁益严，其犯愈众，吏卒搜索私屠酤，至于坏室庐而毁釜灶，兄弟妻子离散，生业破荡无余，而民之以酒获罪者方日来而未已，髡黥积于下，私酝不为衰减，力不足以执之，则浸成顽俗，而流入奸盗，民岂乐为此哉！

郑伯谦将《周礼》所载酒正、司虣、萍氏和盐人所司酒政、盐政同汉代以后相关制度相对比，指出先王之法能有效地防治民间贩卖私盐、酿制私酒，而后世之政则逼民为生计铤而走险，舍本逐末。他指出，周代的酒正、盐人有严格的颁酒、授盐制度，一切依法而行，既能防治人民因饮酒过度所致的狱讼繁滋，又能使民重视农业生产，不追逐私贩盐酒所获之利。汉文帝时，政府放盐、铁、酒经营之利于民，其政虽宽，但民贪慕经营盐酒获利之丰，反而不愿从事农业生产。至汉武帝，将盐、铁、酒的专营权全部收归国家，其所设官职虽近于酒正、盐人、萍氏等，但其官不隶属于朝廷重臣，仅附属于内史、少府，又仅仅关注获利，不重视用酒之度，故不仅不能如先王般导民于耕种稼穑，抑末重本，反而由此引发民议汹汹。自此之后，国家为独占盐、铁、酒之利，对民间私贩盐酒管制日严，而民众苦于生计无门遂铤而走险，甚至沦为奸盗。从中可知，先王之政是予民土地，而后禁私买私卖盐酒，是促其民返本；而后世之政，专营盐铁，是重在牟利，不顾民生疾苦，反使民舍本逐末。

郑伯谦此处是从制度沿革的角度议论《周礼》，采用以史证经的方式，阐发《周礼》所载制度的优越性，推崇古法之善。

综上，宋代以议论解《周礼》，突破了传统经注先列经文，次列传注的模式，而是基本不列经文，作者依据想表达的主题，选取经文中与其相关的内容，直接切入，广征博引，开展论述。这一方面跳脱了经文次序的限制，另一方面突破了注疏对表达的束缚，作者可以更加灵活、自由地表达自己的思想。需要指出的是，以议论解《周礼》这种诠释方式也有其自身的局限性，如议论太盛，经义反淆，虽然作者能更自由灵活地表达个人思想，但就解经而言，与其说是注经，倒不如说以经注己更为贴切。

三、通经和致用紧密结合

"汉代确立了儒家经典的权威，经典成为朝廷、大臣的话语工具和决断政治事务的准则，汉儒也多标榜'以经术饰吏事'。"① "但另一方面，章句训诂之学支离烦琐，党同伐异，又限制了通经致用功能的发挥。"② 宋人对汉儒的通经致用观持批评态度，很多宋人认为，通经只是手段，致用才是目的。如李觏曾云：

> 岂徒解经而已哉！唯圣人君子知其有为言之也。③

王安石曾云：

> 经术者，所以经世务也。果不足以经世务，则经术何赖焉？④

宋人讲的"通经致用"，是强调研究学问应当关注现实问题，注重社会实践，把经典研究和政治实践紧密结合。李觏、王安石、张载、薛季宣、陈傅良、叶适等很多宋代学者诠释《周礼》，都具有鲜明的通经致用的特点。兹举几例进行说明：

例1：宋朝的考官制度是按资排辈，无功无过者升，在这样的制度下，各级官吏多因循守旧，不思有所建树，但求三年能升一官。有鉴于此，李觏在《周礼致太平论》之《官人第三》中总结先王的考官制度，并评价曰：

> 先王所以课吏考功，如是其密也。日入其成，是无一日而可散荡；岁终废置，是无一岁而不劝惩。三年有成，则申之以诛赏。有功者骤获其利，无功者卒伏其辜。虽能言之类，亦知劝勉愧耻矣，况智者乎？……董仲舒曰：古所谓功者，以任官称职为差，非谓积日累久也。故小材虽累日，不离于小官；贤才虽未久，不害为辅佐必也。不求功实，而以日月为限，三年而迁一官，则人而无死，孰不可公卿者乎？

李觏对先王的考官制度甚为推崇，他认为先王考官制度周密而严格，能促使各级官吏勤政廉洁、奋发有为，有助于国家的长治久安。在对先王考官制度的精义进行阐发的同时，李觏引入董仲舒的观点，主张擢升贤材，斥退庸人，反对不论政绩好坏仅凭年资升官的考官制度，并斥其为误国害民之政。可知，李觏论解《大宰》等职官的考官制度，是想对当朝不合理的

---

① 杨世文：《走出汉学——宋代经典辨疑思潮研究》，54 页。
② 同上书，55 页。
③ （宋）李觏：《盱江集》卷五《周礼致太平论序》。
④ 《宋史全文》卷一一《宋神宗一》，见文渊阁《四库全书》，第 330~331 册。

考官制度有所建议，经世意图明显。

　　例 2：青苗法颁行后，出现一些弊端，韩琦、范镇等人遂指斥青苗法为"盗跖之法"。为驳斥政敌对新法的攻击，王安石诠释《旅师》"掌聚野之锄粟、屋粟、间粟，而用之，以质剂致民，平颁其兴积，施其惠，散其利，而均其政令"，曰：

　　　　掌聚野之锄粟、屋粟、间粟而用之者，聚此三粟而用以颁、以施、以散也。施其惠，若民有艰阨，不责其偿。①

于此王安石清晰地阐明了青苗法的经典依据和制作本意。他申明向百姓借贷属先王之政，目的是施惠于民，而今自己结合历史新形势，将先王之政变通行之，颁行青苗法，目的也是帮助百姓渡过难关，抑止土地的兼并，增加国家财政收入，并非以取息敛财为终极目的。可知，王安石借诠释《周礼》，为新法寻找理论依据，通经致用意图鲜明。

　　例 3：宋朝实行"不抑兼并"的土地政策，造成土地兼并现象日益严重，也加剧了社会的动荡不安，有识之士深以之为忧，他们试图在经典中寻找解决土地不均问题的良方。张载主张以井田之法解决当时日益严重的土地兼并问题，他依据《周礼》中《小司徒》所载井田制度，《载师》所载分田制度，提出了贯彻井田之法的具体方案。曰：

　　　　井田至易行，但朝廷出一令，可以②笞一人而定。盖人无敢据土者，又须使民悦从，其多有田者，使不失其为富。借如大臣有据土千顷者，不过封与五十里之国，则已过其所有；其它随土多少与一官，使有租税，人不失故物。治天下之术，必自此始。今以天下之土棋画分布，人受一方，养民之本也。后世不制其产，止使其力，又反以天子之贵专利，公自公，民自民，不相为计。"百姓足，君孰与不足！百姓不足，君孰与足！"其术自城起，首立四隅；一方正矣，又增一表，又治一方，如是，百里之地不日可定，何必毁民庐舍坟墓？但见表足矣。方既正，表自无用，待军赋与治沟洫者之田各有处所不可易，旁加损井地是也。③

　　　　井田亦无他术，但先以天下之地棋布画定，使人受一方，则自是

　　① （宋）王安石：《周官新义》卷七。
　　② 中华书局出版的《张载集》"可以"二字连上点读，笔者以为"可以"二字连下点读更为合理，有助于理解此句意思。
　　③ （宋）张载：《经学理窟·周礼》。

均。前日大有田产之家，虽以田授民，然不得如分种、如租种矣，所
得虽差少，然使之为田官以掌其民。使人既喻此意，人亦自从，虽少
不愿，然悦者众而不悦者寡矣，又安能每每恤人情如此！其始虽分公
田与之，及一二十年，犹须别立法。始则因命为田官，自后则是
择贤。①

学得《周礼》，他日有为，却做得些实事。以某且求，必复田制，
只得一邑用法，若许试其所学，则《周礼》田中之制，皆可举行，使
民相趋如骨肉，上之人保之如赤子，谋人如己，谋众如家，则民
自信。②

在张载看来，井田制度并不难推行，只需朝廷颁令收归土地国有，就无人
敢据土地为私有，但对于占有土地多者，须给予适当的补偿，补偿办法
有二：一是地主交纳私有土地给国家的同时，国家授予其一定数量的土
地；二是根据收归地主私有土地的数量，官府授予其不同等级官职，即
委派他们掌管一方民众和田地，此方田地的部分税收可归其所有。张载
认为通过此种办法，可以保持地主的若干既得利益，以使其乐行井田之
法。而国家将土地收归国有后，就具体划定井田，民众可分井田中的一
方之田，而原有的民居坟墓不毁，已有军田、沟洫不迁。张载特别指
出，当时大有田产之家所采取的分种、租种之制须废除，不可实施于井
田之中，即明确反对佃户制和租地制。张载还明言，授地主以田官之职
只是实施井田之初的权宜之计，待井田制度稳固之后，要再立新法，择
贤者为田官。可知，张载是想通过阐发《周礼》中的井田、分田制度，
建议政府恢复井田制度，以解决北宋中期内忧外患的社会现状，经世致
用的意图非常明显。

例4：铜钱是宋代最主要的货币，伴随商品经济的发展，宋朝对钱币
的需求激增，铸钱数量不断增长，然而却常闹"钱荒"，王与之对此亦有
感触，他借阐发《周礼》所载理财制度，表达了自己对解决"钱荒"问题
的认识。曰：

愚案：《周官》一书，半为理财，大率多是谷、粟、布、帛，出
于天之所产，人之所成，上下所赖，以供不穷之用者。在是其实，以

---

① （宋）张载：《经学理窟·周礼》。
② （宋）张载：《张子全书》卷六《学大原上》，见文渊阁《四库全书》，第697册。

钱与世交易绝少，观《司市》"国凶荒，则市无征，而作布"，则冶铸
之事有时，无后世穷山竭冶以供鼓铸者矣。又司市一属，与民贸易，
而上下交征利之地，"布"之一字绝无而仅有，自司市"以商贾阜货
而行布""以泉府同货而敛赊"，而后廛人有五布之入，肆长有总布之
敛，极而泉府"以市之征布，敛市之不售"。泉布之行用有数，亦无
后世倾市合廛，以取办于钱者矣。故《周官》自廪人以下，数官掌九
谷之入出，以待国家之用者。姑未暇论，而自大府、玉府、内府而
下，不知其几府，有下大夫，有上士、中士、下士，不知其几人，而
大府实为之长，自其受货贿之入，金玉曰货，则颁之于受藏之府；布
帛曰贿，则颁之于受用之府；而后王之金玉、玩好、兵器，凡良货贿
之入则内府掌之；而邦布之入出，以共百物者，则专掌于外府之一
官，则泉布之藏用有限，必无后世贯朽索腐，与夫见钱流地上者矣。
以此知当时之国本在农，国计在桑麻谷粟，国用在金玉布帛，则邦布
本以权百物之低昂，时出以佐国用之不及。是以未尝不用夫钱也，开
之以百物之共，而制之以有法之严，此邦布所以流行而不匮，变通而
不穷。苟上之人不能守经常之法，泛取而亵用之，手头一开，而邦布
不给，冶铸一兴，而邦本始病矣。①

王与之赞同王安石主张的"一部《周礼》，理财居其半"② 之说，但他认
为《周礼》所理之财主要是指谷、粟、布、帛，而非流布天下的钱。因为
周代重视农事，桑麻谷粟关系民生日用，故官府专门委派廪人、舍人、
仓人、司禄、司稼、舂人等官掌管九谷的出入；金玉布帛关系国家各部
门收支用度，故官府又委派大府、玉府、内府、外府、司会、司书等官
掌管货贿的受用与供给；而钱在当时主要用来衡量百物价值，绝少用来
交易，虽见于逐利之市场，但受司市、廛人、肆长、泉府等管理市场的
官吏的约束，只在国用不足时出给国用。且据《司市》记载，国有大灾
荒、大瘟疫，不仅不征税，还铸造钱币。可知，周代以农业为立国之
本，钱只用于不时之需，且监管钱财之法颇为严格，所以周代的钱币可
以常流行而不匮乏，冶铸钱币之事自然不须时时进行。后世失先王之
法，监管钱财的制度不力，操持权柄之人滥取钱财而挥霍无度，以致流
通的钱币不断减少，国家财政陷入匮乏之境，故才穷竭山野之矿铸钱，

---

① （宋）王与之：《周礼订义》卷一〇。
② （宋）王安石：《临川文集》卷七三《答曾公立书》。

以缓解困窘，长此以往，赖以立国的农业被忽视，自然国用不给，国家贫弱。在王与之看来，单纯地"穷山竭冶以供鼓铸"，并不能从根本上解决"钱荒"问题，要想钱币"流行而不匮，变通而不穷"，就要仿效周代的理财制度，真正的以农业为立国之本。农业兴，则关乎民生的桑麻谷粟足用，与之相关的金玉布帛也能给国用，再严格监管钱财之法，自然钱币流通而不匮。可知，王与之考论《周礼》所载理财制度，是从经世致用的角度出发的，希望通过古今理财制度优劣的比较，能对解决现实的"钱荒"问题有所建议。

例 5：薛季宣论解《臬氏》所载"钧"曰：

臬氏之鬴深尺，内方尺而圜其外，其重一钧。《律历》之斛亦方尺而圜其外，其重二钧。其方尺圜外则同其所容之多寡，所权之轻重不同者，以尺有长短之异也。周人璧羡之制，从十寸，横八寸，皆为度尺。鬴亦如之，则外深尺者，十寸之尺也；内方尺者，八寸之尺也；自方八寸而八之，则为方六十四寸。汉无八寸之尺，斛内之方皆十方也，故言方尺而不言深尺，自方十寸而十之，则为百寸，此其实所以不同也。故周量方尺而狭，故其实一鬴而重一钧，汉量方尺而大，故其实一斛而重二钧。二钧犹不失周人权衡之制，而尺之长短则差矣，后世不特尺之差，而并失其权衡之制。晋氏之迁，亡其彝量，后世小大之制增损不同。在隋以三升为一升，三两为一两，一尺二寸为一尺，开皇十七年，校正张文收所定律云以常用度量校之，尺当六之五，衡皆三之一，此隋之制也。唐用隋制，本朝因之，著为令式，李昭议乐乃用太府尺，自为其法，六其仑为合，十合为升，十其升为斗，九升五合得太府量斗，十斗为尺，校大府尺得七寸八分六厘，权衡一斤得大府七两二十一铢半弱。则古之权衡度量至汉而失，隋而增，今而倍之。范镇《乐书》云："开皇官尺今之太府尺是也，今之权衡亦古之权衡也，臣今所铸编钟之黄钟重半钧，周之鬴重一钧，汉之斛重二钧，其声皆中，黄钟乃知尺与权衡相传至今不变，唯量有不同，今之太府量比古量半之。"夫史书以开皇变古之度量衡，而增其数，镇以声合黄钟，而谓隋尺为古尺。不知镇所谓声合黄钟者，果真与古合乎？古人之制失于汉，增于隋，而倍于今，镇乃认今尺为隋尺，以隋尺为古尺，故谓今之黄钟重半钧，而周之鬴一钧，不知周公之一钧即今之半钧也，量比古得其半，其半即古人之全也，权度既失尚，足以言量乎。①

橐氏负责制作量器，薛季宣借论解橐氏职事，讲论古今度量衡制度的变化。他认为，周代有八寸之尺，有十寸之尺，一鬴重一钧，即三十斤；汉代只有十寸之尺，一斛而重二钧，即六十斤；永嘉南渡后，失去作为度量标准的彝量，故后世度量衡制度已不同于汉制；隋代即以三升为一升，三两为一两，一尺二寸为一尺；唐代的度量衡制沿用隋朝之制，北宋又因唐代的度量衡制，而今度量衡制又有所增加，过去一尺为今太府尺的七寸八分六厘，过去的一斤为今大府七两二十一铢半弱。在此基础上，薛季宣驳斥了范镇《乐书》之说，并尖锐地指出古代之度量衡制汉代已失，隋增其制，而今更倍之。通过对度量衡制度古今变化的考察，薛季宣隐讳地表达了对当时赋役制度的不满。因为依当时的度量衡制，即便按古制征收赋税，所征之赋税已经较古代为多，而今所征赋税更倍于古代，可知剥削之重，民情之苦，若执政者能知此制，适当减轻百姓负担的沉重赋役，当为造福天下之事。

例6：叶适讲论《周礼》中掌固、司险二职，曰：

> 掌固造都邑，则治其固与其守法。国都之境，有沟树之固，郊亦如之，民皆有职焉。司险设国之五沟、五涂，而树之林以为阻固，皆有守禁而达其道路。禹、汤以前不知何如，而周司马之任如此，故虽小侯陋国各有阻固，不得轻侵，而存者数百十年。孔子亦言"王公设险，以守其国"，盖不如是，则无以国为也。而孟子乃言"域民不以封疆之界，固国不以山溪之险"，此说既行，儒者世祖之，今长淮连汉、荆襄犬牙错处绵数千里，无复阻隔，敌之至我常荡然，而我之于敌尺寸不能至也，此今世大议论，有国者不知讲，以存亡为戏，奈何！②

在叶适看来，执掌军政的最高长官大司马麾下有掌固、司险二官，负责建设险阻城防，保卫国境安全，因此周代的诸侯国，即便是小国，也不易被攻破。而南宋当时朝廷，从长江、淮河连同汉江、荆襄数千里的土地，皆不设险阻城防，一旦强敌犯境，可轻而易举地攻城破池。有鉴于此，叶适恳切地建议当政者重视经营防御工程，勿以国家存亡为儿戏，其忧国忧民

---

① （宋）王与之：《周礼订义》卷七四引"薛氏曰"。
② （宋）叶适：《习学记言》卷七。

之情怀于此可见。

通过以上 6 例，我们不难发现宋人把经典诠释和政治实践紧密地结合在一起，他们关注现实问题，依照《周礼》中的理想模式对现实政治提出批评，并希望能从《周礼》中找到解决现实问题的良方，按照自己的理想去改造社会。

四、改经、删经、移易经文以就己说

皮锡瑞在《经学历史》之《经学变古时代》中评价宋人治经习气，曰：

> 宋人不信注疏，驯至疑经；疑经不已，遂至改经、删经、移易经文以就说，此不可为训者也。

这在宋代的《周礼》研究方面也有体现，宋人对待《周礼》文本的态度比较轻率，存在改经、删经、移易经文的现象。

如刘敞是宋代疑经发展的重要人物，在其代表作《七经小传》中就有对《周礼》经文的改易。如刘敞曰：

> 太宰以八柄诏王驭群臣……八曰诛，以驭其过。诛者，杀也。"过"当作"祸"，声之误耳，有驭其福，则有驭其祸矣，福称生，则祸称诛矣。①

此处，刘敞改《大宰》经文"八曰诛，以驭其过"中的"过"为"祸"，理由有二：其一，"过"与"祸"音近，由于"声之误"造成经文之误；其二，经文上言"福"，与之相对，此则应言"祸"，且上言"福"称"生"，下既称"诛"，当称"祸"，而非"过"。

又如刘敞曰：

> 《载师》职曰"以宅田、士田、贾田任近郊之地"……士田者，"士"当作"工"字误耳。工亦受田，此是矣。贾亦受田，贾田是矣。于近郊之地授处士之田，授百工之田，授商贾之田，三者皆居国中，故授近地。《孟子》曰："国中什一，使自赋。"下文云"近郊什一"，义相发也，凡言国中者，皆指士、工、商言，野者皆农夫也。

此处，刘敞改《载师》经文"以宅田、士田、贾田任近郊之地"中的

---

① （宋）刘敞：《公是七经小传》卷中《周礼》。

"士"为"工",理由有二:其一,载师"以宅田、士田、贾田任近郊之地",而士、工、商乃居国中者,授田需授近地,故"工"也应当被给予土地;其二,《载师》征收赋税"近郊什一"的记载,同《孟子》"国中什一"的记载,可相互发明,故此处经文的"士"当作"工"。

再如刘敞曰:

> 筮人掌《三易》,以辨九筮之名,一曰巫更,二曰巫咸,三曰巫式,四曰巫目,五曰巫易,六曰巫比,七曰巫祠,八曰巫参,九曰巫环,以辨吉凶……此乃前世通于占者九人,其遗法存于书可传者也。古者占筮之工通谓之巫,更、咸、式、目等皆其名也,巫咸见于他书多矣。"易"疑为"易"。"易",古阳字,所谓"巫阳"也。其它则未闻,虽未闻,不害其有也。

此处,刘敞改《筮人》经文"五曰巫易"中的"易"为"易",又进一步说明"易"为古阳字,而"巫阳"是人名,是前世精通占卜的九人之一。理由是刘敞认为,九筮之名"乃前世通于占者九人,其遗法存于书可传者也",即巫更、巫咸、巫式、巫目与巫阳皆是人名。

以上,是以刘敞为代表的宋人对《周礼》经文的改易,虽然宋人能说出改易经文的理由,可是这些理由给出的证据并不充分,臆断的成分更大些。

宋代对《周礼》经文的删改主要集中于《周礼》的"叙官"部分。"叙官"位于《天官》《地官》《春官》《夏官》《秋官》每篇的起始部分,皆以完全相同的五句话开头,即:"惟王建国,辨方正位,体国经野,设官分职,以为民极。"而后以四个格式整齐对称、文字略异的文句,如"乃立天官冢宰,使帅其属而掌邦治,以佐王均邦国",简明扼要地介绍五大官的执掌及其职责。其后,再分述各官编制,这包括五大官所属官员的官名、爵等、人数等。"叙官"之后,每篇才分述各官的所属职事、职权范围等。

王昭禹在《周礼详解》一书中,基本删去了"叙官"部分的经文,但也有部分保留,如《天官》部分保留的"叙官"经文如下:

> 惟王建国,辨方正位,体国经野,设官分职,以为民极。乃立天官冢宰,使帅其属而掌邦治,以佐王均邦国。治官之属:大宰,卿一人;小宰,中大夫二人;宰夫,下大夫四人。上士八人,中士十有六人,旅下士三十有二人。府六人,史十有二人,胥十有二人,徒百有

二十人。

《地官》部分保留的"叙官"经文如下：

> 惟王建国，辨方正位，体国经野，设官分职，以为民极。乃立地官司徒，使帅其属而掌邦教，以佐王安扰邦国。教官之属：大司徒，卿一人；小司徒，中大夫二人；乡师，下大夫四人。上士八人，中士十有六人，旅下士三十有二人。府六人，史十有二人，胥十有二人，徒百有二十人。乡老，二乡则公一人。乡大夫，每乡卿一人。州长，每州中大夫一人。党正，每党下大夫一人。族师，每族上士一人。闾胥，每闾中士一人。比长，五家下士一人。

《春官》部分保留的"叙官"经文如下：

> 惟王建国，辨方正位，体国经野，设官分职，以为民极。乃立春官宗伯，使帅其属而掌邦礼，以佐王和邦国。

《夏官》部分保留的"叙官"经文如下：

> 惟王建国，辨方正位，体国经野，设官分职，以为民极。乃立夏官司马，使帅其属而掌邦政，以佐王平邦国。政官之属：大司马，卿一人；小司马，中大夫二人；军司马，下大夫四人；舆司马，上士八人；行司马，中士十有六人；旅下士三十有二人。府六人，史十有六人，胥三十有二人，徒三百有二十人。凡军制，万有二千五百人为军，王六军，大国三军，次国二军，小国一军。

《秋官》部分保留的"叙官"经文如下：

> 惟王建国，辨方正位，体国经野，设官分职，以为民极。乃立秋官司寇，使帅其属而掌邦禁，以佐王刑邦国。

由上可知，王昭禹《周礼详解》一书的《天官》《地官》《春官》《夏官》《秋官》，基本保留了"惟王建国，辨方正位，体国经野，设官分职，以为民极"开篇几句，《天官》《地官》《夏官》还保留了部分叙述官员官名、爵等、人数等内容的经文，而《春官》《秋官》则没有这部分内容。

朱申《周礼句解》一书也删去了"叙官"部分的经文，只保留了"惟王建国，辨方正位，体国经野，设官分职，以为民极"和其后四个格式整齐对称、文字略异的文句，分述各官职系统所属官员的官名、爵等、人数的大部分叙官经文被删去。

　　王昭禹、朱申这种随意删去"叙官"经文的做法颇受清儒诟病。清代的四库馆臣就曾评价曰：

　　　　五官皆不载叙官，元末朱申作《句解》，盖从其例，究为一失。①
　　　　惟序官乃经文之纲领，申以其无假诠释，遂削而不载，颇乖体要，是则因陋就简之失矣。②
　　　　且自朱申以后，苟趋简易，以叙官为无用而删之，经遂有目无纲。③

在清儒看来，叙（序）官乃《周礼》经文之纲领，王昭禹擅自将其删去是《周礼详解》一书的失误。朱申以为无用而删去，也有因陋就简之失。我们比较赞同清人的看法，也反对宋人随意删改经文的做法。

　　宋代对《周礼》经文的移易主要有两种情况：其一，移易"叙官"部分经文于各官经文之前；其二，移易五官经文补亡《冬官》。

　　移易"叙官"部分经文于各官经文之前，主要见于王与之《周礼订义》一书。据陆德明《经典释文》记载，晋人干宝《周官礼注》曾将"叙官"列于各职之前，而《周礼订义》也循干宝《周官礼注》之旧例，将"叙官"分列于各职之前。王与之明言此举的用意有二：其一，"分'序官'目录于每职之前，欲因爵之尊卑、权之轻重，与其属府、史、胥、徒之多寡、有无，以知所职之事安在"④；其二，"分目录于每官之首令学者易见"⑤。可知，王与之分列"叙官"于各职之前，既出于凸显每一职官所司职事轻重缓急的考虑，也顾及了学人检阅的方便。

　　王与之分列"叙官"之举也为清儒所诟病，曰：

　　　　其以序官散附诸官，考陆德明《经典释文》，晋干宝注《周礼》虽先有此例，究事由意创，先儒之所不遵，不得援以为据也。⑥

民国学者胡玉缙则有不同之论，其曰：

　　　　臧琳《经义杂记》云："郑于每一官之前总列六十职序，当是古本，干于各职前列之，盖如《诗》三百篇，序别为一卷，毛公冠于每

① （清）永瑢：《四库全书总目提要》卷一九《周礼详解》提要。
② （清）永瑢：《四库全书总目提要》卷一九《周礼句解》提要。
③ （清）永瑢：《四库全书总目提要》卷一九《周礼注疏删翼》提要。
④ （宋）王与之：《周礼订义》卷首《编集条例》。
⑤ （宋）王与之：《周礼订义》卷首《论五官目录》。
⑥ （清）永瑢：《四库全书总目》卷一九《周礼订义》提要。

篇之前；《书》百篇序，马、郑、王为一卷，伪孔移于每篇之首，皆
变乱旧章。"其意颇致不满，窃谓马融《周官传》欲省学者两读，就
经为注，近皆承袭之，于移于各职前，亦所以省便学者也。①

在胡玉缙看来，干宝等人移"叙官"于每职之前虽不遵先儒成例，但与马
融合《周礼》经注为一相同，皆有便省学者之意。胡氏此论，也可备一家
之说。

移易五官经文补亡《冬官》，主要见于俞庭椿《周礼复古编》一书。
俞庭椿的《周礼复古编》主要阐述"《冬官》不亡"说，即主张《冬官》
未亡，只是由于简编错乱，散于五官之中了。

俞庭椿分"天官系统""地官系统""春官系统""夏官系统""秋官系
统"五部分陈述了移易五官经文的方案：他将"天官系统"的 11 职官割
裂出来补入"冬官系统"；将"地官系统"的 2 职官割裂出来补入"春官
系统"，23 职官割裂出来补入"冬官系统"；将"春官系统"的 9 职官割
裂出来补入"天官系统"，6 职官割裂出来补入"冬官系统"；将"夏官系
统"的 9 职官割裂出来补入"冬官系统"；将"秋官系统"的 8 职官割裂
出来补入"春官系统"。

经过以上一番移易五官经文的工作，俞庭椿完成了对《冬官》的补
亡，即取传世本《周礼》五官中的 49 官补入《冬官》，这 49 官分别是：
兽人、渔人、鳖人、兽医、司裘、染人、追师、屦人、掌皮、典丝、典
枲、封人、载师、闾师、县师、均人、遂人、遂师、遂大夫、土均、草
人、稻人、土训、山虞、林衡、川衡、泽虞、卝人、角人、羽人、掌葛、
掌染草、囿人、场人、典瑞、典同、巾车、司常、冢人、墓大夫、弁师、
司弓矢、槁人、职方氏、土方氏、形方氏、山师、川师、邍师。

至清代，"《冬官》不亡"说受到学界的广泛指摘。四库馆臣的评价很
有代表性，曰：

> 此好立异说者之适以自蔽也，然复古之说始于庭椿，厥后邱葵、
> 吴澄皆袭其缪说，《周礼》者遂有"《冬官》不亡"之一派，分门别
> 户，辗转蔓延，其弊至明末而未已，故特存其书，著窜乱圣经之始，
> 为学者之炯戒焉。②

---

① 中国科学院图书馆整理：《续修四库全书总目提要（经部）》上册，461 页。
② （清）永瑢：《四库全书总目提要》卷一九《周礼复古编》提要。

　　俞庭椿凭借移易五官经文完成的补亡之作——《周礼复古编》，被清儒目为"窜乱圣经"的始作俑者，他所倡导的割裂补亡之论也受到清儒的严厉批判和抵制。

　　总之，宋人是为了更好地解释经典才擅出己意改、删、移易《周礼》经文，但正确解经的前提是保持经典原貌，改、删、移易《周礼》经文以就己说缺乏对经典的尊重，所做出的解释也不一定符合经典本意。

第十二章　宋代《周礼》学在《周礼》学史上的地位

在《周礼》学史上，宋人继承汉唐《周礼》学成果，反思其流弊，经由疑古创新，建立了有别于汉唐的《周礼》学范式。如在《周礼》观上，宋人趋于多元化，有尊崇，有尊且疑，有怀疑，还有诋毁；在《周礼》辨疑上，宋人从作者、内容是否完整、是否践行于世等方面研判《周礼》真伪，质疑《考工记》补亡《冬官》的合理性，提出"《冬官》不亡"说，强调《考工记》是独立的古书，而非《周礼》附庸；在解释《周礼》方法上，宋人批评并驳斥代表着汉唐《周礼》学权威的郑玄《周礼注》，开创了以义理解《周礼》、以议论解《周礼》的全新路径。宋代《周礼》学在《周礼》学史上占据着承上启下的重要地位，能自成一派，其学术价值不容轻忽。

第一节　宋代《周礼》学对汉唐《周礼》学成果的继承

我们以为，宋人对汉唐《周礼》学成果的继承主要体现在两方面：一是对汉唐《周礼》学观点的继承，二是对汉唐《周礼》学训诂考据之说的吸纳，以下分别述之。

一、对汉唐《周礼》学观点的继承

关于《周礼》真伪问题、《周礼》作者问题、《考工记》补亡《冬官》，汉唐学者都有讨论，并形成一系列观点。宋代经学虽以变古、创新著称，可也有不少宋人继承了汉唐《周礼》学的观点。

在《周礼》真伪问题上，西汉刘歆、东汉郑玄主张尊《周礼》为经，

刘歆说"周公致太平之迹"①具在《周礼》，郑玄尊《周礼》胜过《仪礼》
和《礼记》，注"三礼"时以《周礼》为首。此后，曹魏王肃、东晋干宝、
唐代贾公彦皆尊《周礼》为经。到宋代，尊《周礼》为经的观点受到了质
疑，但仍有不少学者赞同这一传统观点，如北宋的石介、李觏、黄裳、王
昭禹，南宋的林之奇、郑伯熊、薛季宣、张栻、吕祖谦、楼钥、陈亮、郑
锷、陈淳、叶时、易祓、郑伯谦、章如愚、真德秀、阳枋、赵汝腾、《周
礼详说》作者、陈汲、李叔宝、孙之宏、王与之、《六经奥论》作者。此
外，与刘歆同时的西汉众儒对《周礼》"并出共排，以为非是"②，东汉林
孝存斥《周礼》是"末世渎乱不验之书"③，何休说《周礼》是"六国阴
谋之书"④，他们都疑《周礼》非经。这一观点在宋代也得到了不少学者
的赞同，如北宋的蔡襄、苏轼、苏辙，南宋的范浚、洪迈和黄震。

在《周礼》作者问题上，西汉刘歆、东汉郑玄主张周公作《周礼》⑤，
到了宋代，周公作《周礼》的观点受到质疑，但还是有不少宋人拥护这一
传统观点，如北宋的刘敞、李觏、王昭禹⑥，南宋的郑锷、叶时、易祓、
郑伯谦、朱申、王与之、王炎等学者皆信主周公作《周礼》说⑦。此外，
东汉何休主张战国人作《周礼》⑧，这一观点也有宋人赞同，如北宋苏轼
和南宋林希逸⑨。中唐学者赵匡主张"《周官》是后人附益"⑩ 之书，北
宋晁说之说《周礼》为"残伪之物"⑪，南宋胡宏说《周礼》是刘歆伪造
之书⑫。

---

①②③④　（汉）郑玄注，（唐）贾公彦疏：《周礼注疏》卷首《序周礼废兴》。

⑤　刘歆观点参见《周礼注疏》卷首《序周礼废兴》引马融《传》，郑玄观点参见《周礼注
疏》卷一。

⑥　刘敞观点参见《春秋权衡》卷九，李觏观点参见《旴江集》卷五《周礼致太平论序》，
王昭禹观点参见《周礼详解》卷首《周礼互注总括》。

⑦　郑锷观点参见《周礼订义》卷首《序周礼兴废》，叶时观点参见《礼经会元》卷一上
《礼经》，易祓观点参见《周官总义》卷四、卷一〇，郑伯谦观点参见《太平经国书》卷二《官
民》，朱申观点参见《周礼句解》卷一，王与之观点参见《周礼订义》卷首《论周礼兴废》，王炎
观点参见《双溪类稿》卷二六《周礼论》。

⑧　何休观点参见《周礼注疏》卷首《序周礼废兴》。

⑨　苏轼观点参见《书传》卷九、《东坡全集》卷四八《天子六军之制》，林希逸观点参见
《考工记解》卷上。

⑩　唐人陆淳在《春秋集传纂例》卷四《盟会例第十六》引："赵子曰：《周官》之伪，予已
论之矣。"陆淳注曰："赵子著《五经辨惑》，说《周官》是后人附益也。"赵子即赵匡，《五经辨
惑》已佚。

⑪　晁说之观点参见《景迂生集》卷一《元符三年应诏封事》、卷一四《辩诬》。

⑫　胡宏观点参见《五峰集》卷四《极论周礼》，洪迈观点参见《容斋续笔》卷一六《周礼
非周公书》。

二、对汉唐《周礼》学训诂考据之说的吸纳

东汉郑玄《周礼注》在名物训诂、制度考证方面取得了后人难以逾越的成就，被历代学人奉为研究《周礼》的必读书，代表着汉唐《周礼》学权威。即便在"视汉儒之学若土埂"① 的宋代，宋人注解《周礼》也不能不依靠并借鉴郑玄之说。我们认为，宋人对郑玄《周礼》注说的吸纳可分三种情况。

其一，征引郑玄《周礼注》说，不予置评。

宋人有时仅直接征引郑玄《周礼注》说，不予评价。如《周礼致太平论》中《内治第六》，李觏论解《春官》"内宗，凡内女之有爵者""外宗，凡外女之有爵者"二句，先解释"内女""外女"曰：

内女，王同姓之女，有爵，其嫁于大夫及士者。

外女，王诸姑姊妹之女。

李觏此处对"内女""外女"的注解就是采纳了郑玄《周礼注》说。

再如《戎右》"赞牛耳桃茢"一句，王昭禹注曰：

郑氏谓桃鬼所畏也；茢，苕帚，以扫除不祥是也。②

此处，王昭禹征引郑玄《周礼注》说之大意，不置评价。

又如《礼经会元》卷一上《邦典》，叶时引郑玄《周礼注》之说，曰：

郑氏曰：典者，常也；经也，法也。

郑玄此注见于《周礼注疏》卷二，解释"大宰之职，掌建邦之六典"一句，叶时直接引之论说经文。

又如《考工记》："燕之角，荆之干，妢胡之笴，吴粤之金、锡，此材之美者也。"林希逸注曰：

燕地耐寒，故出角，角耐寒物也。荆之干，干，弓弩之材也。妢胡，胡子之国也。笴，箭干也。吴粤出金、锡。皆材之美者，凡物随土地所宜也。③

林希逸此处对"妢胡"的解释，就直接采用郑玄《周礼注》说，但并非原

---

① （清）皮锡瑞：《经学历史》，156 页。
② （宋）王昭禹：《周礼详解》卷二八。
③ （宋）林希逸：《考工记解》卷上。

文摘录，而是保留其观点的主要意思而已。

其二，采纳郑玄《周礼注》说，并给予肯定。

宋人对征引的郑玄《周礼注》说，有时给予肯定，如《腊人》："凡祭祀，共豆脯，荐脯、脤、胖，凡腊物。"王昭禹注曰：

> 脯非豆食，而祭祀共豆脯，郑氏当作羞脯，理宜然也。①

此处，王昭禹征引郑玄《周礼注》说大意，而后评价"理宜然也"，对郑玄注经之说表示肯定。

又如《桌氏》"量之以为鬴，深尺，内方尺而圜其外，其实一鬴"一句，易祓注"鬴"曰：

> 郑氏以鬴为六斗四升，诚得之矣。②

此处，易祓征引郑玄注说，而后评价"诚得之矣"，对郑玄的《周礼》注说表示肯定、赞同。

又如《宰夫》："凡朝觐、会同、宾客，以牢礼之法掌其牢礼、委积、膳献、饮食、宾赐之飧牵，与其陈数。"魏了翁注曰：

> 飧，夕食，以文解字。后郑以为客始至所致礼，其义方该。③

此处，魏了翁对他认为允当的郑玄《周礼注》之说给予肯定和好评，曰"其义方该"。

其三，赞成郑玄《周礼注》说，并进行补充。

宋人对征引的郑玄《周礼注》说，有时表示赞成，并进行补充。如《天官》叙官"酒人，奄十人"一句，郑玄训释"奄"曰：

> 奄，精气闭藏者，今谓之宦人。《月令》：仲冬"其器闳以奄"。

王安石对郑玄此说进行补充，训诂"奄"字曰：

> 郑氏以奄为精气闭藏者，盖民之有是疾，先王因择而用焉，与籧篨蒙璆、戚施直镈、聋聩司火、瞽蒙修声同。若以是为刑人，则国君不近刑人，而况于王乎？若以为刑无罪之人而任之，则宜先王之所不忍也。

---

① （宋）王昭禹：《周礼详解》卷五。
② （宋）易祓：《周官总义》卷二七。
③ （宋）魏了翁：《鹤山集》卷一〇四《周礼折衷》。

王安石从推崇先王政治的角度出发，补充郑玄对"奄"字的训解，主张王宫中充任酒人之职的"奄"，既非刑余之人，也非对无罪之人施刑，而是选择天生患病者居之，如此安排就能体现先王政治无微不至的仁爱。王氏此说新颖，可视为对郑《注》的补充。

又如《幌氏》："以涚水沤其丝七日，去地尺暴之。"郑玄注曰：

> 故书"涚"作"湄"。郑司农云："湄水，温水也。"玄谓涚水，以灰所沸水也。沤，渐也。楚人曰沤，齐人曰涹。

林希逸注曰：

> 郑氏谓涚水者以灰沸水也。沤，渍也。以灰水渍丝七日，然后漉起，县而暴晒之。去地尺者，丝上带水，不宜县高也。①

此处，对"沤"的解释，郑玄云"渐也"，而林希逸解释为"渍也"，乍看之下，似乎林希逸不采纳郑玄之说，可了解"渐"的字意，我们知道"渐"本有"浸渍"的意思，只是这个意思已经不是"渐"字的主要意思了，所以林希逸用"渍也"也代替"渐也"，既保留了郑玄"浸渍"的本意，也方便宋人理解。这也可视为林希逸对郑玄《周礼注》之说的一种变通补充。

又如《内饔》："辨腥臊膻香之不可食者……豕盲眡而交睫，腥；马黑脊而般臂，蝼。"魏了翁注曰：

> 交睫星，郑以为肉有米似星。乡在靖州，人或告以屠所市豕肉不可食者，问其故，则云夜于星下饲豕，则肉上尽有星如米状，此不可食。索而观之，信然。乃知康成之言有所据。②

魏了翁根据自己家乡人实际生活的经验，赞同郑玄的注解，认为郑玄注经言而有据，并引用乡人之说试图说明这种现象产生的原因。

第二节　宋代《周礼》学对元、明、清《周礼》学研究的影响与启发

我们以为，宋代《周礼》学对元、明、清《周礼》学研究的影响与启

---

① （宋）林希逸：《考工记解》卷上。
② （宋）魏了翁：《鹤山集》卷一〇五《周礼折衷》。

发主要体现在五方面，以下分别论述之。

第一，打破对郑玄《周礼注》的迷信，开元、明、清批评、驳斥郑玄《周礼注》之先导，并为之启示方法。

宋代经学以变古求解放，经学变古的重要方面就是对汉唐经学进行反思和批判，北宋学人开始批评郑玄《周礼注》，并驳斥郑玄《周礼注》中的具体经说，至南宋，学者们对郑玄《周礼注》的批评更加系统，批评焦点逐渐集中于五方面：批评郑玄《周礼注》引汉制解经多有不当；批评郑玄《周礼注》引谶纬之说解经荒诞；批评郑玄《周礼注》在阐发经典义理方面存在欠缺；批评郑玄《周礼注》解经不合经文本意，贻误后学，甚至开启后世对《周礼》的怀疑；批评郑玄《周礼注》解经臆断，且注说前后矛盾。与此同时，南宋学人对郑玄《周礼注》具体经说的驳斥更全面、更有力。

宋人对郑玄《周礼注》提出的这些批评，启示了元、明、清后学批判郑玄《周礼注》的方向，如清代四库馆臣评价郑玄《周礼注》曰："元于'三礼'之学，本为专门，故所释特精，惟好引纬书，是其一短。"① 这其间提到的郑玄《周礼注》之缺憾与宋人对郑《注》的批评如出一辙。再如杨天宇先生《郑玄三礼注研究》中，总结郑玄《三礼注》的问题和错谬七点，其中"其二，郑《注》之谬，还在于用与阴阳五行思想紧密结合的宗教神学思想注经"② "其四，郑玄常以己意解经，因此《注》中颇多臆说"③，"其五，郑注"三礼"，常以今况古，使经义易明，这本是郑《注》之一长，但他又常常犯以今代古、以今乱古的错误"④ "其六，郑玄之经《注》，意思不明，或解释不确切，甚至自相矛盾处，亦往往有之"⑤。杨先生提到的郑玄《三礼注》的这些问题和错谬，我们在宋人对郑玄《周礼注》的批评中皆可找到。可知，宋人对郑玄《周礼注》提出的这些批评启示了后学批判郑玄《周礼注》的方向。

宋人对郑玄《周礼注》具体经说的驳斥，有些颇有价值，或可纠补郑玄《周礼注》之误，或可成一家之言，或可启发后学，能为元、明、清学者驳斥郑玄《周礼注》提供示范。另一方面，宋人驳斥郑玄《周礼注》的不少失当之论，之于元、明、清的《周礼》研究亦有启发意义，能引发后

---

① （清）永瑢等：《四库全书总目》卷一九《周礼注疏》提要。
② 杨天宇：《郑玄三礼注研究》，203 页，天津，天津人民出版社，2007。
③ 同上书，208 页。
④⑤ 同上书，209 页。

学对相应郑玄《周礼》注说的关注，并在宋人基础上继续研究，无论是申郑玄注说驳宋人之论，还是从宋人之说驳郑玄注说，都能丰富并加深我们对郑玄《周礼注》的认知。诚如张舜徽先生所说："乾嘉考证之学，都由宋代学者开辟途径、启示方法、为之先导的。"①

宋人驳斥郑玄《周礼注》的方法，也有许多可取之处。我们梳理并总结宋人驳斥郑玄《周礼注》的方法，认为主要方法有六：其一，运用其他经典的相关记载驳斥郑玄《周礼注》之说；其二，运用《周礼》本经的相关记载驳斥郑玄《周礼注》之说；其三，从义理的角度驳斥郑玄《周礼注》之说；其四，从情理的角度驳斥郑玄《周礼注》之说；其五，引汉儒《周礼》注说驳斥郑玄《周礼注》之说；第六，以宋人新说驳斥郑玄《周礼注》之说。这其中有不少方法有其合理性、实用性，也为元、明、清诸儒所仿效，如运用其他经典的相关记载驳斥郑玄《周礼注》之说，运用《周礼》本经的相关记载驳斥郑玄《周礼注》之说，从义理的角度驳斥郑玄《周礼注》之说，从情理的角度驳斥郑玄《周礼注》之说。元、明、清诸儒也常用这些方法驳斥郑玄《周礼注》。

第二，宋人开创的以义理解《周礼》的经学解释新方法，为元、明、清诸儒所接受并效仿。

郑玄《周礼注》和贾公彦《周礼疏》作为汉唐《周礼》学权威著作，在训诂名物、考论制度方面取得了后人难以逾越的成就。宋人一方面吸纳郑玄、贾公彦解经之说，另一方面又对郑玄、贾公彦汲汲于名物训诂、制度考证的治经路径提出批评。他们认为，以郑玄、贾公彦为代表的汉唐《周礼》学，过分侧重章句训诂，进而流于烦琐支离的训诂考证，不仅破碎大道，而且是非各异。更重要的是，"经典中的微言大义、儒学的真精神反而被淹没在文字训诂的海洋之中，变得模糊不清、难以捉摸，先王之道隐晦不明"②。有鉴于此，宋人诠释《周礼》不再把诠释重点放在训诂考证上，而是特别重视阐发《周礼》所蕴制作之精义、圣人之微旨，还借经抒议，将通经和致用紧密结合，从而开辟了以义理解《周礼》的研究新途径，变"考证之学"为"论辩之学"。

宋人开创的以义理解《周礼》的经学解释新方法，为元、明、清诸儒接受并效仿。如元代吴澄《周礼考注》，明代王应电《周礼传》、柯尚迁

① 张舜徽：《清代学术的流派和趋向》，见《张舜徽学术论著选》，249 页。
② 杨世文：《走出汉学——宋代经典辨疑思潮研究》，51 页。

《周礼全经释原》、唐枢《周礼因论》，清代李光地《周官笔记》、李钟伦《周礼训纂》、庄有可《周官指掌》、陈龙标《周礼精华》、孙诒让《周礼政要》、李步青《周官讲义》、胡翘元《周礼会通》，都侧重阐发《周礼》经文大义，欲通古制于今政，以裨益国治。除此之外，不少清代学者还强调研究《周礼》要考据、义理并重，既从文字训诂和名物制度考证方面诠释《周礼》，也从通经致用的角度阐发《周礼》蕴含的微言大义，要求考据、义理兼而有之。如姜兆锡《周礼辑义》、官献瑶《石溪读周官》、庄存与《周官记》、惠士奇《礼说》、江永《周礼疑义举要》、方苞《周官集注》、庄有可《周官集说》、蒋载康《周官心解》、连斗山《周官精义》、刘沅《周官恒解》、沈豫《周官识小》、曾国藩《读周官录》、孙诒让《周礼正义》都做到了兼考据、义理之长。

由此可知，元、明、清诸儒接受了宋人开创的以义理解《周礼》的经学解释新方法，并将此方法与汉唐学者倡导的以训诂考证解《周礼》的方法并举，作为研究《周礼》必不可少的两轮。

第三，宋人首倡"《冬官》不亡"说，对元、明、清初的《周礼》研究广有影响，并促成《周礼》学史上"《冬官》不亡"派的出现。

南宋初，胡宏和程大昌最先提出"《冬官》不亡"说①，但他们都没有论述此观点，后俞庭椿撰《周礼复古编》，系统论证了"《冬官》不亡"说，还提出具体的《冬官》补亡方案，至此新奇的"《冬官》不亡"说开始引起南宋学界关注。如叶时、王与之、赵汝腾、黄震皆赞同其说②，王与之和胡一桂效仿《周礼复古编》，也进行补亡《冬官》的具体实践，王著《周官补遗》，胡著《古周礼补正》。"《冬官》不亡"说在南宋末年流行开来，并逐渐集结成"《冬官》不亡"派。

元代，陈友仁推崇俞庭椿"《冬官》不亡"说，欲推而广之，在其著作《周礼集说》后附《周礼复古编》；丘葵在俞庭椿、王与之补亡之说的基础上，参考诸家，穷毕生之力撰著《周礼补亡》，成"《冬官》不亡"说的推波助澜者。明代，补亡《冬官》之作层出不穷，尚可考知的有：方孝孺《周礼考次目录》和《周礼辨正》，何乔新《周礼集注》，陈凤梧《周礼合训》，舒芬《周礼定本》，陈深《周礼训隽》，金瑶《周礼述注》，柯尚迁

---

① 胡宏观点参见《五峰集》卷四《极论周礼》，程大昌观点参见《困学纪闻》卷四《周礼》引"程泰之云"。

② 叶时观点参见《礼经会元》卷四下《补亡》，王与之观点参见《周礼订义》卷七〇，赵汝腾观点参见《周礼订义》卷八〇《周礼订义后序》，黄震观点参考《黄氏日抄》卷三〇《读周礼》。

《周礼全经释原》，王圻《续定周礼全经集注》，郝敬《周礼完解》，钱士馨《冬官补亡》。由此可知，元、明时期"《冬官》不亡"说大畅，"《冬官》不亡"派日益壮大。

清初，"《冬官》不亡"说仍有追随者，进行补亡实践者也大有人在，尚可考知的就有王芝藻《周礼订释古本》、李文炤《周礼集传》、高宸《周礼三注粹抄》。清中期以后，学界视俞庭椿《周礼复古编》是窜乱圣经的始作俑者，评价曰"凿空臆断，其谬妄殆不足辩"[1]，"其说似巧，而其谬尤甚"[2]，"窜乱五官，以补《冬官》之亡，经遂更无完简"[3]。主张割裂补亡的"《冬官》不亡"说受到当时学界严厉地批判、抵制，虽仍有从事补亡者，如王宝仁《周官参证》，但"《冬官》不亡"派逐渐销声匿迹了。

我们以为，"《冬官》不亡"派所持观点虽狂妄臆断、荒诞不经，但从侧面深化了我们对《周礼》内容的认识，其所独具的学术史研究的价值不可轻忽。

第四，宋代兴起的《考工记》专门研究，对元、明、清乃至现代的《考工记》研究都深有影响。

因西汉发现的《周礼》残缺《冬官》，汉人求之不得，遂取内容近似的《考工记》补缺，冠名曰"冬官考工记"。汉唐时期，《考工记》附庸于《周礼》，作为《周礼》的一部分被注解，对于《考工记》与《周礼》记载相抵牾处，经学家们也尽量沟通弥合。至宋代，学界质疑《冬官》是否佚亡，质疑《考工记》补亡《冬官》的合理性，《考工记》开始摆脱《周礼》附庸的地位，作为一部独立的古书被关注，南宋出现了专门注解《考工记》的著作，如陈用之《考工记解》、赵溥《兰江考工记解》、王炎《考工记解》、林希逸《鬳斋考工记解》等。这些针对《考工记》的研究渐趋细化，虽未摆脱经学范畴，但彰显了《考工记》独立的学术价值。

宋代之后，针对《考工记》的专门研究多了起来，最直接的表现就是注解《考工记》的专著日益增多。如元代吴澄《批点考工记》，明代周梦旸《批点考工记》、林兆珂《考工记述注》、陈与郊《考工记辑注》、郭正域《考工记》、朱大启《考工记集注》、程明哲《考工记纂注》、徐昭庆《考工记通》、陈深《考工记句诂》、徐应曾《考工记标义》、焦竑《考工记解》、叶秉敬《考工绪论》、张睿卿《考工记备考》、朱襄《考工记后定》、

①②　（清）永瑢：《四库全书总目提要》卷一九《周礼复古编》提要。
③　（清）永瑢：《四库全书总目提要》卷一九《周礼注疏删翼》提要。

张鼎思《考工记解》、陈仁锡《考工记句解》、林孟鸣《考工记述注》，清代程瑶田《考工创物小记》、方苞《考工记析疑》、戴震《考工记图注》、庄有可《考工记集说》、吕调阳《考工记考》、陈衍《考工记辨证》、陈衍《考工记补疏》、章震福《考工记论文》、王宗涑《考工记考辨》、牛运震《考工记论文》、丁晏《考工记评注》、陈宗起《考工记鸟兽虫鱼释》、孔继涵《补林氏考工记》、俞樾《考工记世室重屋明堂考》、钱坫《车制考》、张象津《考工记释车》、郑珍《轮舆私笺》、孔继涵《考工车度记》、李承超《车制考误》、徐养原《考工杂记》、吴治《考工记集说》、张泰来《考工记纂要》、王泰征《周礼考工辨》、李惇《考工车制考》、江藩《考工戴氏车制翼》、寇钫《考工释车》、阮元《考工记车制图解》等。总之，元、明、清研究《考工记》的专著蔚为大观，内容也渐趋摆脱经学范畴，趋于多元化、专门化，如明代徐光启的《考工记解》就运用科学技术考察《考工记》记载的工艺制度，力图开掘以《考工记》为代表的科技传统。

　　研究方法上，南宋林希逸为方便初学者了解《考工记》所载器物形制，在《鬳斋考工记解》中附图注解，这种以图注解《考工记》的方式对后世学者颇有启发，被继承并发扬光大，如明、清不少论解《考工记》之作都附图。如明代周梦旸《批点考工记》附《图说》、程明哲《考工记纂注》附《图》、徐昭庆《考工记通》附《图》，清代吕调阳《考工记考》附《图》，郑珍《轮舆私笺》附《图》。清代还出现了以图为主的"图注""图解"之作，如戴震《考工记图注》、阮元《考工记车制图解》等。现代学者注译《考工记》也仍采用图注的方式，如闻人军的《考工记译注》就广泛采用当时最新的出土器物图、画像石拓片、工艺原理示意图等图片辅助说明《考工记》中的器物形制、工艺制作，收到了很好的注解效果。

　　今天我们将《考工记》视为中国古代科学技术的源流，若论对《考工记》进行专门研究的开先之功，当推宋人。

　　第五，推动了《周礼》辨疑之风的拓展与深入。

　　自西汉《周礼》现于世，辨疑就一直伴随着这部经典。如贾公彦《序周礼废兴》引马融《传》曰："时众儒并出共排，以为非是。唯歆独识……末年，乃知其周公致太平之迹，迹具在斯。"可知，西汉围绕《周礼》真伪曾有过争辩。东汉，林孝存认为《周礼》是"末世渎乱不验之书"，作《十论》《七难》加以排弃，郑玄则作《答林孝存周礼难》，回答林氏对《周礼》的质疑。魏晋，王肃不疑《周礼》之真伪，仅在注说上与郑玄立异，故针对《周礼》的辨疑之风一度衰熄。直到中唐，赵匡主张

"《周官》是后人附益"之书，辨疑之风再起，但赵匡此说影响不著，并未引起当时学界的反响。

北宋庆历以后，学风转变，对经典的辨疑蔚然成风，欧阳修、苏轼、苏辙最先对《周礼》的内容提出怀疑①，张载、程颐、晁说之也认为《周礼》中有后人附会的内容②。南宋，不少学者将国家变乱归咎于王安石变法，因王安石自称法《周礼》行变革，故《周礼》成众矢之的，围绕《周礼》真伪及作者的争辩更加激烈。与汉唐不同的是，宋人关于《周礼》真伪的讨论逐渐与《周礼》作者是谁的问题分道扬镳，开始趋向从整体架构、具体内容角度判定《周礼》真伪，此点对后世学者颇有影响。此外，《周礼》是否残缺、《周礼》是否践行于世、《考工记》补亡《冬官》合理性等问题纷纷被提出，《周礼》的辨疑的范围被宋人拓宽了。

宋代广泛而深入开展的《周礼》辨疑，直接影响了元、明、清的《周礼》研究，清代就有不少《周礼》辨疑之作问世，如毛奇龄《周礼问》、万斯大《周官辨非》、龚元玠《周礼客难》、许珩《周礼注疏献疑》、蒋载康《周官心解》等，这些《周礼》辨疑之作虽瑕瑜互见，但都承袭了宋代大胆怀疑、勇于创新的精神，一些《周礼》学史上聚讼纷纭的问题也因此得以愈辩愈明。

---

① 欧阳修观点参见《文忠集》卷四八《问进士策三首》《南省试进士策问三首》，苏轼观点参见《东坡全集》卷四八《天子六军之制》和《书传》卷九，苏辙观点参见《栾城后集》卷七《周公》。

② 张载观点参见《经学理窟·周礼》，程颐观点参见《河南程氏外书》卷一〇，晁说之观点参见《景迂生集》卷一《元符三年应诏封事》。

结　语

《周礼》是宋人议论最盛、研究最多的儒家经典之一。《周礼》学是宋代经学之显学，研究价值重要。《周礼》学史上，宋代是具有转折意义的重要时期。宋代《周礼》学不循蹈两汉以后特别是唐代经学统一后形成的研究《周礼》的方法，而是建立了新的《周礼》研究方法，这一新方法被元、明、清前期《周礼》学所承袭，可谓影响深远。

一、北宋太祖建隆至仁宗康定年间，循蹈唐代经学统一后形成的研究《周礼》的方法

太祖建隆至仁宗康定年间（960—1041）的《周礼》学，就研究方法言，仍旧循蹈两汉以后，特别是唐代经学统一后形成的研究《周礼》的方法。

为说明此时期《周礼》学的特点，我先概论由汉迄唐的《周礼》学。《周礼》发现于西汉，因为是儒家经典中发现最晚的一部，所以自发现之初真伪争论就随之而起。两汉学界对《周礼》真伪的认识主要有两种观点：一是西汉刘歆、东汉郑玄主张尊《周礼》为经；二是与刘歆同时的西汉众儒、东汉林孝存和何休疑《周礼》非经。两汉学界对《周礼》作者的认识主要有三种观点：一是郑玄主张周公作《周礼》；二是郑众主张周成王作《周礼》①；三是何休主张战国人作《周礼》。由曹魏迄隋，郑玄《周礼注》一直被官方奉为经典，郑玄尊《周礼》为经、主张周公作《周礼》的观点遂成为这四百年间学界对《周礼》真伪及作者认识的主要观点。郑玄解释《周礼》的主要方法——训诂名物和考证制度，也成为这四百年间学界解释《周礼》的主要方法。唐代官方为统一儒家经典的文字，数次整理群经文字，文宗开成二年（837）刻成"开成石经"，《周礼》经文用郑

---

① （汉）郑玄注，（唐）贾公彦疏：《周礼注疏》卷首《序周礼废兴》。

玄《周礼注》本经文；唐代官方还统一儒家经典的义疏，高宗永徽四年
（653）颁《五经正义》于天下，因《五经正义》不包括《周礼》，后贾公
彦撰《周礼疏》，本"疏不破注"的原则解释郑玄《周礼注》。唐代的科举
考试明经科，规定《周礼》是中经，以郑玄《周礼注》为依据，这进一步
巩固了郑玄在《周礼》学上的权威。唐代经学统一后，学界对《周礼》真
伪及作者的认识唯郑玄是从，仅中唐时的赵匡和陆淳怀疑《周礼》是后人
附益的伪书，但影响有限。整体而言，两汉以后，特别是唐代经学统一
后，学界对《周礼》真伪及作者的认识具有单一化的特点；解释《周礼》
的方法，以训诂名物和考证制度为主，其特点是侧重对《周礼》文本意思
的解读。

　　太祖建隆至仁宗康定年间的《周礼》学，从学术观点到解经方法，仍
旧循蹈两汉以后特别是唐代经学统一后形成的研究《周礼》的方法。如石
介尊《周礼》为经，赞同周公作《周礼》，他对《周礼》经邦济世的功用
大加推崇，因《周礼》不能用世而深感遗憾。又如聂崇义的《三礼图注》
虽以图注解"三礼"，但书中礼图和所附文字主要是说明"三礼"中的名
物制度是什么，重视对《周礼》文本意思的解读。从唐代经学统一到北宋
前期，三百多年一直循蹈两汉以后特别是唐代经学统一后形成的研究《周
礼》的方法，缺乏改变、创新，这使《周礼》研究陷入呆板而固化的氛围
中。《周礼》在唐代已是少有人研究的儒家经典，几乎陷入不绝如缕的境
地。如何打破长久循蹈造成的沉滞，发掘《周礼》经邦济世的制度资源和
思想资源，成为摆在宋人面前的时代课题。

二、北宋仁宗庆历至英宗治平年间，以开新为主，兼有守旧气象

　　仁宗庆历年间（1041—1048），是北宋尝试政治变革的转折期，也是
学风转变的重要时期。庆历以后，对儒家经典的辨疑全面展开，传统的
《周礼》学观点受到质疑，郑玄《周礼注》受到攻驳，这些为《周礼》研
究注入了新鲜活力。仁宗庆历至英宗治平年间（1041—1067）成为宋代
《周礼》学开新之始。

　　此时期重要的《周礼》学著作有刘敞（1019—1068）《公是七经小
传·周礼》和李觏（1009—1059）《周礼致太平论》，我以为二书之于宋代
《周礼》学的贡献主要体现在解经方法的开新上。刘敞以其博识自信，在
《公是七经小传·周礼》中多处驳斥郑玄《周礼注》，且有些观点颇具价
值，被后学采纳，这冲击了学界长期形成的对郑玄《周礼注》的迷信。李

觏《周礼致太平论》采用"别立标题,借经抒议"的新体例,摆脱了经文的束缚,自由地抒发治国义理,开以议论解《周礼》之先河,这跳脱了两汉以后形成的以训诂考证为主的解经方法,可谓另辟蹊径。刘敞驳斥郑玄《周礼注》的做法,李觏以议论解《周礼》的方法,都被后来的宋人采纳吸收,为宋代建立新的解《周礼》的方法奠定了基础。

此时期《周礼》学的特点是以开新为主,兼有守旧气象。开新体现在两方面。一方面,在《周礼》真伪认识上,传统的尊《周礼》为经的观点受到质疑,认识开始趋向多元化,形成了三种观点:一是尊《周礼》为经,如李觏;二是在尊《周礼》为经的前提下怀疑,如欧阳修怀疑《周礼》官制冗滥,田制不合实用,刘敞怀疑经文存在讹误①;三是怀疑《周礼》非经,如蔡襄从"奔者不禁"有碍人伦教化入手,怀疑《周礼》不堪为经。另一方面,在解释《周礼》的方法上,对郑玄《周礼注》的怀疑、攻驳,挑战了郑玄在《周礼》解释上的权威,以议论解《周礼》则是宋人在《周礼》解释方法上的重要创造,是用议论的方式开掘《周礼》中蕴含的制度资源和思想资源,借此表达对时政的建议。这标志着《周礼》解释的中心开始转向《周礼》文本蕴含的思想,而不再是《周礼》文本的意思。

此时期《周礼》学的守旧气象主要表现在学界对周公作《周礼》说的盲从上。周公作《周礼》,是两汉以后学界对《周礼》作者的主要认识,李觏、刘敞和司马光都接受这一观点。我认为,李觏等人对周公作《周礼》说的承袭是盲目的,区别于神宗熙宁(1068—1077)以后的《周礼》学。熙宁以后,无论北宋还是南宋,都存在对传统的《周礼》学观点的继承,但继承者会就其承袭原因进行论证说明。所以,虽然都是承袭传统的《周礼》学观点,但此时期的承袭偏向于惰性地盲目接受,熙宁以后更倾向于研究后的理性选择。

三、北宋神宗熙宁至钦宗靖康年间,新的《周礼》研究方法建立

神宗熙宁年间,王安石主持变法,为驳斥反对派对新法的攻击,他亲撰《周官新义》,以经典缘饰新法,由此引发政界、学界对《周礼》空前的关注,伴随研究者增多,宋代《周礼》学突破两汉以后特别是唐代经学统一后形成的研究《周礼》的方法,建立了新的研究《周礼》的方法。

---

① (宋)刘敞:《公是七经小传》卷中《周礼》。

　　王安石《周官新义》是此时期最重要的《周礼》学著作，此书之于宋代《周礼》学的贡献主要体现在解经方法的创新上，即以义理解《周礼》。这是对以训诂考证解《周礼》的方法的根本性突破，其学术开创意义在以议论解《周礼》之上。以郑玄《周礼注》为代表的汉唐《周礼》学著作，主要采用训诂考证的方法，解释《周礼》涉及的名物制度是什么。因为郑玄是纯粹的学者，他更关注对《周礼》文本意思的正确解读。王安石既是学者，又是政治家，这使他的治学具有更深的社会责任感，在《周官新义》中王安石花费了更多力气解释《周礼》经文为什么要如是安排，甚至会探究《周礼》作者如是安排的用意，他关注的不是《周礼》文本意思的正确解读，而是能否结合时代需要更有的放矢地解读《周礼》文本的意义和作者的创作意图，这就是以义理解《周礼》。伴随《周官新义》颁于学官，学子们为了科考，要熟读《周官新义》，学习从义理的角度解释《周礼》，这直接导致解释《周礼》的方法在熙宁以后发生了转变，即从训诂考证转移到义理阐发，如撰著于此时期的黄裳《周礼义》和王昭禹《周礼详解》，都采用了阐发义理的方法解释《周礼》。

　　此时期周公作《周礼》的观点受到质疑，学界对《周礼》作者的认识也开始趋向多元化，形成了五种观点：一是周公作《周礼》，王昭禹持此论；二是《周礼》非周公作，但同周公关系密切，张载、程颢和程颐持此论；三是战国人作《周礼》，苏轼持此论；四是秦或汉初人作《周礼》，苏辙持此论；五是汉代人作《周礼》，晁说之持此论。

　　此时期学界对《周礼》真伪的认识有四种观点：一是尊《周礼》为经，如黄裳、王昭禹；二是在尊《周礼》为经的前提下怀疑，如张载怀疑盟诅之事不合周公制礼作乐本旨，王安石怀疑复仇之事会造成社会混乱，二程怀疑《周礼》有讹缺，王开祖怀疑经文有不合"圣人之心"处，杨时怀疑盟诅非盛世事；三是怀疑《周礼》非经，如苏轼认为"《周礼》非圣人之全书"，其间有"战国所增之文"，苏辙认为《周礼》"秦汉诸儒以意损益之者众矣，非周公之完书也"，他们怀疑的焦点都在制度上；四是诋《周礼》为伪书，如晁说之评价《周礼》"诞迂不切事"，不过是"适莽之嗜"的"残伪之物"。整体而言，此时期学界对《周礼》真伪的认识延续了庆历至治平年间趋向多元化的特点，且怀疑开始压倒尊崇，占据上风。

　　综上，此时期学界对《周礼》真伪及作者的认识均突破两汉以后特别是唐代经学统一后形成的单一化的认识，形成了多元化的认识；在《周礼》解释方法上，突破两汉以来以训诂名物和考证制度为主的解经方法，以义理解《周礼》，以议论解《周礼》，将《周礼》解释的中心从文本意思的解读转移到文本思想和作者创作意图的解读上，新的《周礼》研究方法建立起来了。

四、南宋高宗建炎至宋亡，完善新建立的《周礼》研究方法

高宗建炎至宋亡（1127—1279）的一百多年间，《周礼》研究继承了神宗熙宁至钦宗靖康年间建立的新的研究方法，并在多方面进行完善，最终缔造了有别于汉唐的、独具特色的宋代《周礼》学。因此，我将高宗建炎至宋亡划定为宋代《周礼》学发展的第四阶段。

南宋的《周礼》学著作从数量上远超北宋，但缺乏王安石《周官新义》那样卓有影响的代表作。在解经方法上，南宋的《周礼》学著作以义理解《周礼》为主，以议论解《周礼》为辅，也有以训诂考证解《周礼》的，如黄度《周礼说》、易祓《周官总义》、魏了翁《周礼折衷》和王与之《周礼订义》是以义理解《周礼》之作；叶时《礼经会元》和郑伯谦《太平经国书》是以议论解《周礼》之作；朱申《周礼句解》是以训诂考证解《周礼》之作。由于宋代学者解释《周礼》大多有鲜明的"致用"目的，所以他们重视阐发《周礼》蕴含的制度和思想精华，不大重视对《周礼》文本意思的解释。但"通经"，即对《周礼》文本意思的解释，是"致用"的基础和手段，不重视"通经"，片面强调"致用"，便出现了不契合《周礼》经文意思的随意的甚至是胡乱的义理阐发和托古议今。这一问题在南宋中后期表现得愈发突出，于是南宋后期的《周礼》学著作出现了有意识地对郑玄《周礼注》说的采纳，如魏了翁《周礼折衷》、朱申《周礼句解》和林希逸《考工记解》无不如此。尤其是王与之《周礼订义》，此书以采摭宋人《周礼》学说广博著称，但书中征引郑玄《周礼注》达 2 166 条，是全书征引诸家著述第二多者①。这表明南宋后期学界在有意识地纠正以义理、议论解《周礼》的偏颇，意图将义理、议论建立在扎实的训诂考证基础上，从而完善宋代新建立的解释《周礼》的方法，这远启了清代考据、义理并重的解释《周礼》的方法。

在《周礼》真伪认识上，南宋基本继承了北宋提出的四种观点，但受政治影响，争论比北宋要激烈得多。尤其是胡宏提出的《周礼》是刘歆伪造之书一说，虽是两宋关于《周礼》真伪问题最惹人瞩目的观点，却绝非

---

① 参见笔者《〈周礼订义〉研究》，94～95 页。

南宋对《周礼》真伪认识的主流意见。南宋前期，秦桧等投降派奸臣效仿蔡京，有意抬高王安石新学，借此打击政敌，由此引发政界与学界对王安石变法的批评，不少士大夫甚至将北宋灭亡归咎于王安石变法，他们批判王安石新学，批判《周官新义》，最后牵累《周礼》，所以怀疑甚至否定《周礼》是南宋前期学界对《周礼》真伪认识的主流。如范浚怀疑《周礼》"不尽为古书"，其间缺乏周公应有的仁民爱物之心；胡宏主张《周礼》是刘歆为迎合王莽嗜欲伪造的，是"乱臣贼子伪妄之书"，不配称经。南宋中期，胡宏的这一观点引发了学界对《周礼》有意识地维护尊崇，不少学者立场鲜明地尊《周礼》为经，如郑伯熊、张栻、薛季宣、吕祖谦、楼钥、陈亮、郑锷、陈淳、易祓、叶时、郑伯谦、《周礼详说》作者。还有不少学者虽对《周礼》有所怀疑，但仍持尊《周礼》为经的立场，如朱熹、王炎、陈傅良、陆九渊、叶适、俞庭椿。只有少数学者怀疑《周礼》非经，如洪迈，却没有学者跟随胡宏，主张《周礼》是伪书。我以为，南宋中期学界之所以对《周礼》特加尊崇，是因为宋人疑经不是要打倒经典权威，而是要维护经典的神圣性，拂去混杂在经典中的"非圣"内容①，疑经是为了尊经，是为了重新确立经的权威②，胡宏说《周礼》是刘歆伪造之书的观点背离了疑经当以尊经为基础的思想，触及了宋人疑经的底线，所以才招致了学界的集体反对。南宋后期，学界对《周礼》真伪的认识虽仍以尊崇为主，但怀疑明显上升，有四种观点：一是尊《周礼》为经，如真德秀、章如愚、阳枋、赵汝腾、陈汲、李叔宝、王与之；二是在尊《周礼》为经的前提下怀疑，如魏了翁怀疑《周礼》部分经文不合圣人之心，《礼库》作者怀疑《周礼》部分经文不合情理，方大琮怀疑《周礼》制度不合古制，陈振孙怀疑《周礼》内容"繁碎驳杂"，王应麟怀疑《周礼》"恐非周公之典"，陈藻和黄仲元怀疑《周礼》的传承过程；三是怀疑《周礼》非经，如黄震怀疑《周礼》在西汉前的传承过程，怀疑《周礼》官制冗滥、"五官之属皆差互不伦"、官制有不合理处、设官之义不可解等，主张《周礼》不具备经典的资格，勉强可视之为《尚书·周官》之注疏，可谓集两宋怀疑《周礼》之大成；四是诋《周礼》为伪书，如包恢（1182—1268）断定《周礼》是刘歆伪造的书。

在《周礼》作者的问题上，南宋在继承北宋提出的五种观点的基础

---

① 杨世文：《走出汉学——宋代经典辨疑思潮研究》，109 页。
② 杨新勋：《宋代疑经研究》，285 页。

上，又提出了两种新的观点。南宋前期，范浚和胡宏主张西汉人作《周礼》，胡宏更明确地指出《周礼》的作者就是刘歆，这在北宋晁说之提出的汉代人作《周礼》的基础上更进一步，是南宋提出的有关《周礼》作者的新观点。除此之外，南宋前期学界受政治影响，贬损《周礼》，所以无人再主张周公作《周礼》了。到了南宋中期，周公作《周礼》说回归，王炎、薛季宣、易袚、叶时、郑伯谦、郑锷、《周礼详说》作者皆主张周公作《周礼》，朱熹和叶适认为《周礼》非周公作，但与周公关系密切，只有洪迈主张刘歆作《周礼》。南宋后期，学界对《周礼》作者的认识有六种观点：一是周公作《周礼》，度正、真德秀、朱申、赵汝腾持此论；二是《周礼》非周公所作，但与周公关系密切，蔡沈持此论；三是战国人作《周礼》，林希逸持此论；四是秦或汉初人作《周礼》，魏了翁持此论；五是西汉人作《周礼》，黄震持此论；六是由周迄汉的学者编纂前代书中的典章法度汇集成《周礼》，成书可能非一时，作者也可能非一人，陈汲、黄仲元持此论。其中，最后一种观点也是南宋提出的有关《周礼》作者的新观点，我以为这一观点代表了两宋对《周礼》作者认识的最高水平。

南宋前期，胡宏首倡"《冬官》不亡"说，主张"刘歆颠迷，妄以《冬官》事属之《地官》"。南宋中期，程大昌和俞庭椿赞同胡宏的"《冬官》不亡"说，俞庭椿作《周礼复古编》，提出《周礼》学史上第一个《冬官》补亡方案，引发学界关注。南宋后期，"《冬官》不亡"说流行，王与之《周官补遗》和胡一桂《古周礼补正》分别阐发《冬官》补亡方案，《周礼》学史上的"《冬官》不亡"派出现了。随着"《冬官》不亡"说的流行，衍生出《考工记》补亡《冬官》合理性的问题，学界对此问题进行探讨，林希逸提出《考工记》是独立古书，而非《周礼》附庸的观点，促成了南宋后期《考工记》专门研究的兴起。此外，黄震质疑补亡《冬官》之举，认为《冬官》错脱，正是因为《周礼》晚出，作者为"示其古"而刻意为之，这一说法对明代反对"《冬官》不亡"说的学者有启发。

五、余论

《周礼》学史上，宋代《周礼》学独树一帜，建立了新的《周礼》研究方法，直接影响了元、明的《周礼》研究，对清代的《周礼》研究亦有启示。宋代《周礼》学对后世《周礼》研究的影响主要体现在五方面：一是以义理、议论解《周礼》的方法，为元、明、清学者继承，与训诂考证并立，成为解释《周礼》的重要方法；二是打破对郑玄《周礼注》的迷信，为元、明、清学者批评、补正郑玄《周礼注》提供先导，启示方法；三是"《冬官》不亡"说辗转蔓延，"《冬官》不亡"派扩大，成为元、明《周礼》研究的重要特点；四是《考工记》研究在元、明、清不断扩展，愈益专精，成了独立的学问；五是掀起了《周礼》辨疑之风，元、明、清学者对《周礼》真伪、作者的认识，都不再主张一种观点，而是保持了多元化认识的趋势。

索　引

后　记

　　《宋代〈周礼〉学史》是我从事《周礼》学史研究的第二部专著，引领我进入《周礼》学史研究领域的是四川大学古籍整理研究所的舒师大刚研究员。犹记 2006 年春夏之交，舒老师与我讨论博士论文的选题方向，当时四川大学古籍整理研究所正进行《儒藏》的编纂，加之研究所在宋代文献的整理与研究方面具有国内领先优势，所以我的同门师兄和师姐分别以宋代的《尚书》《易经》《春秋》《诗经》研究作为博士论文选题，舒老师建议我进行宋代"三礼"学方面的研究。要研究宋代的"三礼"学，必须精熟宋代的"三礼"学文献，而我当时仅读过《周礼》、《仪礼》和《礼记》的部分篇章，对宋代研究"三礼"的文献知之甚少。自知难以把握如此大的研究题目，我就和舒老师商量将研究范围从宋代"三礼"学缩小至宋代《周礼》学，以宋代流传至今的唯一一部集解体《周礼》学文献《周礼订义》作为研究对象。我的想法得到了舒老师的支持，他建议我以《周礼订义》的研究为点，逐步扩展至宋代《周礼》学研究的面，再上下贯通，完成《周礼》学史研究的线。而后的两年多时间，在舒老师的指导下，我编制了由汉迄清的《周礼》学文献目录，参与了舒老师主持的山东大学教育部人文社会科学重点研究基地重大项目"儒家文献学研究"，撰写了经部礼类的《〈周礼〉学文献概论》。通过这些学术训练，我对由汉迄清的《周礼》学文献情况有了一定程度的把握，在此基础上，我完成了博士学位论文《〈周礼订义〉研究》。2008 年 11 月，在我完成博士学位论文答辩后，舒老师希望我能将对《周礼订义》的研究扩展开来，完成对宋代《周礼》学的研究。我深以为然，决心毕业后继续从事宋代《周礼》学的研究。

　　2010 年，我以《宋代〈周礼〉学研究》为题目，申报四川省哲学社会科学 2010 年度青年项目，有幸获准立项。2012 年 9 月结项，被评为优秀。经过篇章结构的调整修改，2014 年 9 月，我以《宋代〈周礼〉学史》

为题目，申报国家社会科学基金 2014 年度后期资助项目，不仅有幸获准立项，还得到了五位匿名评审专家针对申报书稿提出的宝贵的修改意见。吸取五位匿名评审专家的意见，我对申报的书稿进行了修改，2016 年 3 月获准结项。《宋代〈周礼〉学史》是《〈周礼订义〉研究》的扩展，是我博士研究生毕业 8 年后向业师舒大刚研究员上交的一份作业。感谢舒老师引领我进入《周礼》学史研究领域，感谢舒老师为我规划了有意义的研究方向，学生当自勉，继续在《周礼》学史研究领域踏实工作，争取有所贡献。

在《宋代〈周礼〉学史》书稿修改过程中，我得到了詹师海云教授给予的诸多教导和启发。詹老师祖籍广东文昌，成长于台湾，受业于钱穆先生、戴君仁先生、屈万里先生、王叔岷先生、郑骞先生等国学耆宿，深受民国初期学风影响，曾在台湾交通大学、元智大学任教，并担任行政职务，对中国文学、中国哲学、清代学术、宋明理学等领域有深入的研究。我与詹老师相识于 2012 年春天，当时就很惊讶，这样一位大教授，怎么如此谦虚和蔼，礼数周全！后詹老师被聘为四川大学古籍整理研究所客座教授，我慕名旁听了詹老师主讲的"清代学术史"和"中国经学史"两门课程，詹老师以钱穆先生的《中国近三百年学术史》和《讲堂遗录》分别作为这两门课程的主要参考书，重视并继承钱穆先生的学术观点。课堂上，詹老师经常会提点学生哪些题目有研究价值，值得去挖掘；课堂下，詹老师最乐衷于请学生吃饭，每门课程的最后一次课，下课后他都主动做东，召集大家聚餐；有学生毕业离校，他会做东聚餐给毕业生饯行；平时和我这样有工作的人喝茶吃饭，他也总是抢先付钱。

修改《宋代〈周礼〉学史》书稿时，我需要做的最重要的工作是打破此前"个案研究"、"专题研究"和"综合研究"的框架结构，分时段论述、归纳、总结宋代《周礼》学发展演变的过程，突出不同时段《周礼》研究的特点和阶段性变化。为此，我写了《论宋代〈周礼〉学发展的六个阶段》一文向詹老师求教，往复六次，詹老师一直耐心地解答我的疑问，指出我论证的疏漏，六份求教使用的论文稿上都密布着詹老师用红笔手写的文字。我以庆历年间、熙宁年间为节点，将北宋的《周礼》研究分为三个阶段，詹老师表示赞同；我将南宋的《周礼》研究也分为三个阶段，詹老师则认为没有必要，因为南宋的《周礼》研究是沿着北宋熙宁以后《周礼》研究的路径走下去的，变化不大。我接受了詹老师的观点，将论文题目更改为《论宋代〈周礼〉学发展的三个阶段》。詹老师还用"于不疑处有疑"和"有疑处不疑"概括北宋、南宋《周礼》研究的特点，对我很有启发。学术之外，詹老师热爱生活，乐于接受新生事物（喜欢使用最新的电子产品），待人热诚友善，富于生活智慧，是让我感到温暖、愿意亲近的师长。

　　这里我还要向西南财经大学人文学院潘斌副教授、西南财经大学人文学院院长杨海洋教授、西南财经大学人文学院副院长刘金石副教授、西南财经大学人文学院副书记兰敏副教授表示感谢，谢谢各位领导和同人给予我的帮助和支持。中国人民大学出版社的王鑫编辑认真负责，为书稿出版花费了不少心血，我在此也致以感谢。

　　最后，感谢我平凡而伟大的父亲、母亲，你们总是在我需要时给予无私的扶助；谢谢我的丈夫于孟洲副教授，在繁忙的科研教学之余，照顾我的生活，分担我的忧愁，也包容我的任性；谢谢我的儿子，给了我很多快乐，还有为人母才能体会的成长滋味。你们是我最温暖的港湾，最安心的依靠，也是我努力工作的动力。谢谢！

夏微

2018 年 1 月 19 日于四川大学竹林公寓

图书在版编目（CIP）数据

宋代《周礼》学史/夏微著. —北京：中国人民大学出版社，2018.7
ISBN 978-7-300-24009-1

Ⅰ.①宋… Ⅱ.①夏… Ⅲ.①礼仪-中国-周代 ②《周礼》-研究Ⅳ.①K224.06

中国版本图书馆 CIP 数据核字（2017）第 021472 号

国家社科基金后期资助项目
宋代《周礼》学史
夏微 著
Songdai Zhouli Xueshi

出版发行	中国人民大学出版社		
社　　址	北京中关村大街 31 号	邮政编码	100080
电　　话	010－62511242（总编室）		010－62511770（质管部）
	010－82501766（邮购部）		010－62514148（门市部）
	010－62515195（发行公司）		010－62515275（盗版举报）
网　　址	http://www.crup.com.cn		
	http://www.ttrnet.com（人大教研网）		
经　　销	新华书店		
印　　刷	北京玺诚印务有限公司		
规　　格	165 mm×238 mm　16 开本	版　次	2018 年 7 月第 1 版
印　　张	38.75 插页 2	印　次	2018 年 7 月第 1 次印刷
字　　数	647 000	定　价	118.00 元

ROBIN
知更鸟

看见你灵魂所有的颜色